# 전시국제공법

1905 제2·6권
보성전문학교 교과서번역사업 6
고려대학교 仁星기금 후원

# 전시국제공법

## 戰時國際公法

주정균 지음
박기갑 옮김

KOREA
UNIVERSITY
PRESS
고려대학교
출판문화원

인성기금

"인성기금은 유휘성 회장이
고려대학교에 기부하여 조성된 연구기금입니다"

# 역자 서문

20세기 초 보성전문 시대 교과서로 사용되었던 주정균(朱定均) 저 『전시국제공법(戰時國際公法)』의 현대 한글판으로 바꾸는 작업은 2019년 2월 당시 고려대 법전원 원장이었던 명순구 교수의 아래와 같은 제안으로 시작되었다.

> 법학전문대학원에서는 보성전문 시대 교과서 번역 사업을 진행하고 있습니다. 이를 위해 해당 교과서를 검색하고 수집하는 작업을 수행하고 있으며, 현재 확보된 것으로 번역해야 할 책은 첨부파일과 같습니다(총 18권). 20세기 초 교과서를 가진 학교는 우리 학교가 유일합니다. 보성전문 시대 교과서 번역 사업은 학술사의 측면에서 매우 중요한 의미를 가집니다.

고려대학교 중앙도서관에 소장되어 있는 주정균의 『전시국제공법』 원본은 옛한글과 한자를 혼용하여 세로쓰기로 작성되었으며, 총 301쪽의 방대한 분량이지만 그 출판

년도는 미상이다. 구한말 당시 사용되었던 국내 법학 교재는 일본에서 발행된 책을 번역하여 사용하고 있었다는 점에 착안하여[1] 일본 아키야마 마사노스케(秋山 雅之介)가 메이지(明治) 43년(1910년)에 출판한『戰時國際法』을 찾아 비교한 결과 그 내용과 목차 등에서 상당히 유사한 점을 발견할 수 있었다.[2] 따라서 주정균의『전시국제공법』이 보성전문에서 강의교재로 사용된 시기는 아마도 주정균이 일본『戰時國際法』을 번역한 1910년 이후부터 제1차 세계대전이 발발한 1914년 이전이었을 것이라는 추측을 해본다. 왜냐하면 이 교재에는 제1차 세계대전에 대해서는 언급이 없기 때문이다. 이하에서는 구한말 국제법 강의 현황, 주정균의 행적 그리고 출판된 지 100여년이 넘은 책을 현대 한글 표기법으로 바꿈에 있어서 유의한 점 등을 설명한다.

---

1 "법학교과서들은 발행처, 발행 연월일이 명기되어 있지 않다. 대개 1907, 1908년을 전후하여 보성관(普成館)에서 나왔다. 거의 법학 강의에 필요해서 저술된 기록이기 때문에 당시의 일본 법학 교과서를 참고하여 번역에 가까운 저술을 하였다." 김효전, "養正義塾의 법학교육", 법사학연구 제45호(2007년), 90쪽.

2 秋山 雅之介(아키야마 마사노스케, 1866-1937) 일본의 외교관, 정부관료, 법조인. 1890년 외무성 입부, 영국, 러시아 소재 일본 공관에서 근무하였으며, 육군성 참사관 자격으로 1906년 개정적십자조약 회의에 참여하였다. 또한 1916년 조선총독부에서도 근무한 것으로 알려져 있다. 학계 관련해서는 동경전문학교(현 와세다대), 일본·프랑스 법률학교(和仏法律學校)에서 강의하였으며, 1933년 法政(호세이)大學 총장에 취임하였다. 주정균이 보성전문 재학 중 국제법을 강의하였을 것으로 짐작되는 석진형이 일본 유학시 秋山 雅之介로부터 국제법을 배운 것으로 알려져 있다. 김효전,『법관양성소와 근대한국』(소명출판, 2014), 274쪽. 주정균의 교재에 인용된 조약, 선언, 국제회의 등은 일본『戰時國際法』28-56쪽의 연혁 부분 참고.

## 구한말 국제법강의 현황

1) 1895년 설립된 법관양성소의 교과목에는 국제법이 포함되어 있지 않았다. 법관양성소는 1895년과 1896년 각각 1회씩 졸업생을 배출하였다. 1903년에 수업연한을 개편하고 수업을 재개하였는데, 1904년의 교과목 편제에 국제법이 포함되었다.[3] 1906년의 교과목 편람에도 국제법이 포함되어 있었으며, 1907년의 「진급증(進級證)」에 따르면 국제공법(평시)을 나 진이라는 교관이 가르친 것으로 나오며,[4] 1908년의 학칙에도 국제공법이 교과목으로 편성되고, 이 때의 평시국제공법의 담당 교관은 석진형(石鎭衡)이었다.[5] 국제법은 1883년의 원산학사(元山學舍), 1886년의 육영공원(育英公院)에서도 교수되었으나 법관양성소 설립 당시의 교과목에서는 배제되었다. 1899년의 한성의숙의 교과목에도 국제법이 포함되어 있었고, 같은 해 설립된 시무학교에서도 각국 통상조약을 가르쳤으며, 1905년에 설립된 한성법학교와 양정의숙, 1907년의 경감학교, 1908년의 대동전문학교와 융희법률학교에서도 국제법을 교수하였다. 이처럼 사립학교에서도 국제법을 가르쳤는데 법관양성소에서 국제법을 소홀히 한 것은 국제법이 자주 독립국가로서 대외 접촉을 할

---

3 김효전, 앞의 책, 79쪽.
4 김효전, 앞의 논문, 80쪽.
5 김효전, 앞의 논문, 82쪽.

경우 필수불가결의 교과목임을 감안할 때 일제의 음모가 아니면 당국의 무지의 소산이라는 비판도 있다.[6] 그러나 1906년의 법관전고(法官銓考)의 시험과목이기도 하였다.

2) 보성전문학교의 개교 당시 교과과정에는 제2학년 교과목으로 평시국제공법과 전시국제공법이 포함되어 있으며 각각의 강의시수 강의교재 면수가 42시간 172면, 19시간 72면이었다.[7] 1905년 9월 한성법률학교가 문을 닫게 되어 수학 중인 학생들이 보성전문학교로 편입되고 이들을 위해 법률학전문 야학과가 신설되었는데 그 교과목에는 평시국제공법이 제1학년에 9시간의 강의시수와 40면의 강의교재 면수의 강의가, 제2학년에 64시간의 강의시수와 296면의 강의교재 면수의 강의가 진행되었다.[8] 1907년부터 학제가 3년제로 변경되고 그 교과과정표에는 평시국제공법이 제2학년 1학기, 전시국제공법이 제3학년 제1학기·제2학기 교과목으로 편성되었다.[9]

3) 1905년 4월 보성전문학교 교칙에 따르면 제1학년 1·2학기 교과목으로 국제공법대의, 제2학년 1·2학기 외

---

6 김효전, 앞의 논문, 82쪽.
7 김형배, 「보전의 법학교육과 한국의 근대화 — 사법분야를 중심으로 —」 《근대서구학문의 수용과 보전》 (고려대학교, 1986), 262쪽. 강병근, "고려법학 106년의 회고와 전망: 당대를 진단하고 신시대를 예지한 국제법학" 고려법학 제68호(2013년), 279-284쪽 참조.
8 김형배, 앞의 논문, 263쪽.
9 명순구, "3.1운동 전후 법학교육과 보성전문", 3.1운동 100주년 기념 학술회의 1919년 보성전문, 시대 사회문화, 2019년 11월 9일 세미나. 86쪽

교관영사관제도가 편제되어 있다. 그러나 당시 실제 강의된 내용을 제1회 졸업생의 실제 수업정도에 따르면 주간 제1학년 평시국제법 강의시수 58시간 강의교재 면수 176면, 제2학년 강의시수 42시간 강의교재 면수 172면, 제3학년 전시국제공법 강의시수 19시간 강의교재 면수 72면이었다.[10] 국제공법대의가 평시국제공법의 명칭으로 교수되고, 외교관영사관제도는 강의되지 않았으며 전시국제공법이 개설·강의된 것이다. 제1회 야학과 졸업생도 평시국제공법을 제1학년 강의시수 9시간 강의교재 면수 40면, 제2학년 강의시수 64시간 강의교재 면수 296면, 전시국제공법을 제1학년 강의시수 17시간 강의교재 면수 68면 수학하였다.[11] 1906년 입학한 제2회 법률학 주학과 학생들은 평시국제공법을 제1학년 1학기에 강의시수 15시간 강의교재 면수 64면 수학한 것으로 나타난다.[12] 전시국제공법이 제2학년 2학기에 개설되었는지 아니면 폐강되었는지는 알 수 없다. 야학과 제2회 졸업생들도 평시국제공법을 제1학년 강의시수 3시간 강의교재 면수 12면, 제2학년 1학기 강의시수 41시간 강의교재 면수 188면 수학하였다.[13] 1907년 수학연한이 3년으로 변경되어

10 이윤영, 「보성전문학교의 법학·경제학 교과과정에 대한 연구」 《근대서구학문의 수용과 보전》 (고려대학교, 1986), 416-418쪽.
11 이윤영, 앞의 논문, 420쪽.
12 이윤영, 앞의 논문, 421쪽.
13 이윤영, 앞의 논문, 422쪽.

새로 작성된 교과과정표에 따르면 평시국제공법이 제2학년 1·2학기, 전지국제공법이 제2학년 1·2학기에 편성되었다. 평시국제공법 교과서는 개교시의 강사 석진형이 저술한 것(발행처 미상)과 이용무의 『평시국제공법』, 주정균의 『만국공법』이 있다.[14] 제1회, 2회 입학생들에게 평시국제법은 석진형이 담당하였을 것으로 추정한다.[15] 유지회(維持會) 사건으로 석진형을 제외한 개교 당시의 강사들이 그만두고 보전 졸업생들이 강사로 초빙되었다.[16] 1915년 4월 보전은 보성법률상업학교로 변경되어 그 일람에 따르면 국제공법은 2학년 4시간, 3학년 국제사법과 함께 3시간 강의로 편제되었다.[17]

## 주정균(朱定均)의 행적

저자인 주정균에 대해서는 몇 가지 문헌을 통하여 아래와 같이 정리해 볼 수 있다.[18] 주정균은 인천 출신으로 1897년 한성사범학교를 졸업한 후 1900년부터 1907년까지 과천과 인천 등지에서 소학교 교원을 지내다가[19] 1907

---

14 이윤영, 앞의 논문, 423쪽.

15 이윤영, 앞의 논문, 426쪽. 참고로 당시 외국 국제법 서적의 번역서로는 勞隣錫(Thomas Lawrence), 萬國公法要略, 廣文社, 1903, 1906년 重刊

16 이윤영, 앞의 논문, 426-427쪽.

17 이윤영, 앞의 논문, 428쪽.

18 김효전, "養正義塾의 법학교육", 법사학연구 제45호(2007년). 명순구, "3.1운동 전후 법학교육과 보성전문", 3.1운동 100주년 기념 학술회의 1919년 보성전문, 시대 사회문화, 2019년 11월 9일 세미나

19 1894년 가을에 개교한 「사범학교」에 입학하여 1896년 교원으로 임용되었다고 하나, 승정원일기에 나오는 주정균의 관직 이력은 다음과 같다. 1900(고종 37)년 윤8월 17일 병진; 주정균 과천군공립소학교 교원으로 임용

년 보성전문학교 법과(법률학 전문 야학과)를 1회로 졸업하였다. 군부 군법과에서 잠시 근무하다가 법학협회의 발기인으로 참여하였다. 주정균은 보성전문 이외에도 양정의숙(1908년)과 대동법률전문학교 등에서 법학을 강의하였다고 알려진다. 그는 『상법총론』(1907년), 『전시국제공법』(1908년경)의 저자이며, 『법학통론』(1907년)과 『최신경제학』(1908년경) 교재는 당시의 베스트셀러로서 각각 4천여 부와 3천여 부가 팔렸다고 한다. 오늘날로 말하자면 모든 법을 가르친 "만법학자"(萬法學者)였던 셈이다.[20] 1923년 보성전문학교 교장으로 내정되었으나 교우회들이 반대하여 허헌(許憲)이 임명되었다. 주정균의 그 이후의 행적은 알 수 없다.

---

됨. 1901(고종 38)년 4월 18일 계축; 주정균 인천부공립소학교 교원으로 임용됨. 1903(고종 40)년 4월 13일 정유; 인천부공립소학교 교원 주정균 의원면관. 1905(고종 42)년 9월 12일 임오; 관립소학교 교원 주정균 풍덕군공립소학교 교원으로 임용됨. 1905(고종 42)년 9월 19일 기축; 풍덕군공립소학교 교원 주정균 의원면직. 1905(고종 42)년 12월 25일 계해; 구품 주정균 6품으로 승진. 1907(고종 44)년 6월 3일 임술; 6품 주정균 군부 군무국 군법과 이사로 임용됨. 1907(순종 1)년 7월 22일 신해; 6품 주정균 군부 군무국 군법과 이사로 임용됨. 1907(순종 1)년 8월 9일 무진; 군부 군무국 군법과 이사 주정균 의원면직. 주정균 이력사항은 다음을 참고하였다. 임후남, "개명관료로서의 근대교육", 아시아교육연구 4권 1호(2003). 한성사범학교 학적부 자료

20 주정균의 저서는 다음과 같다. 『법학통론』(滙東書館, 1908) 4천여 부 판매의 베스트셀러(1908. 4. 10자 매일신보 기사), 『상법총론』 1907~1908년 경성일보사 인쇄(연세대도서관 소장) 3천여부 판매, 『전시국제공법』 1908~1909년경 발간, 兪鈺兼 공저 《精選법학통론》(文華堂, 1911), 朴承金熹 공저 《최신경제학》(보문사, 1908) 兪承兼 교열, 강술 필사본 민사소송법

## 현대 한글 표기법으로 바꿈에 있어서 유의한 점

고려대학교출판문화원에서 펴내는 책은 1908~1910년경에 출판된 원본과 2020년 현재 한글 표기본을 비교하는 형식이다. 따라서 역자는 나름대로 다음과 같은 원칙을 세우고 작업을 하였다.

1) 한자는 모두 국문으로 바꾸는 것을 원칙으로 하였으며, 혼동될 우려가 있는 경우에는 국문 뒤에 한자를 괄호 안에 병기하였다. 외국 인명과 지명은 거의 대부분 원어로 표기하였다. 원본 내용은 명백한 오류를 제외하고는 거의 변경하지 않았으며 마치 번역작업처럼 내용을 존중하였다. 현대인이 읽기에 어색한 표현 어법, 가령 "제15세기"는 "15세기", "그로티우스씨"는 "Grotius", "일청전쟁"은 "청일전쟁", "평화회의"는 문맥에 따라 "제1차 만국평화회의" 또는 "제2차 만국평화회의" 이런 식으로 바꾸었다. 원본의 일본식 발음의 외국인명과 지명을 현대 한글과 영어로 옮기는 작업은 매우 어려웠다. 마지막까지 정확한 영어철자를 찾지 못하였던 몇몇 단어는 일본 와세다(早稻田)대학 반자이 히로유키(萬歲寬之) 교수의 도움을 얻어 해결할 수 있었다. 원본의 "오늘날", "현대" 등의 표현은 독자가 혼동을 할 수 있기 때문에 "오늘날(역자주: 1910년경 당시)" 이런 식으로 첨언하였다.

2) 주정균의 『전시국제공법』 교재에는 각주가 전혀 없

다. 현대한글로 바꾼 내용의 각주는 모두 역자에 의한 것이다. 각주는 한글전용세대가 이해하기 어려운 한자의 뜻을 풀어썼거나 본문에 언급된 학자, 국제조약과 선언 등의 내용에 대해 정확도를 기하기 위하여 원문 또는 공식 번역본을 찾아서 부연설명하였다. 예외적으로 원본의 명확한 오류를 교정하기도 하였다.

3) 대한민국 정부가 가입한 국제조약의 경우 교재에 인용된 조문은 일본식 번역에서 공식 한글번역본을 찾아서 대체하였다. 가령 교재에 "육전법규관례조약"이 많이 언급되고 있는데 이는 대한제국이 1903년에 가입서를 기탁하고 대한민국에 대해서는 1986년 8월 8일 조약 제886호로 발효된 "1899년 육전의 법 및 관습에 관한 협약 (헤이그 제2협약)"이다. 주정균의 『전시국제공법』 원본에 언급된 동 협약 부속서 "육전법 및 관습에 관한 규칙"의 조항 내용은 일본식 번역이기 때문에 역자가 대한민국 외교부의 공식 한글번역본으로 바꾸었다.

## 주정균(朱定均) 저 『전시국제공법(戰時國際公法)』의 현대적 의의

2013년에 발간된 『대한국제법학회 60년사』 141쪽을 보면 학계 원로이신 이중범 선생께서 주정균의 『만국공법』 책은 "우리나라에서 최초로 국제법이란 제목의 단행본"이었다는 회고가 나온다. 이런 맥락에서 본다면 비슷한 시기에 보성전문에서 교재로 사용되었던 주정균의 『전시국제공법』 역시 국내 국제법 교과서의 효시라고 볼 수 있다. 출판된 지 백여 년이 지난 이 책의 내용은 지금도 상당히 유용하다. 전쟁의 개시와 종료, 육전과 해전, 전시점령법, 전시중립 등 오늘날 국제적 무력충돌법에 해당하는 모든 분야를 망라하고 있다. 비록 전쟁에 호소하는 권리(*jus ad bellum*)와 전쟁/무력충돌시 적용되는 법(*jus in bello*) 또는 국제인도법(international humanitarian law)은 오랜 세월을 거치면서 일부는 사문화(死文化)되거나 변경되기도 했지만, 그럼에도 불구하고 상당 부분은 국제관습법적 성격을 갖는 법규칙으로 여전히 우리에게 시사하는 바가 크다.

이 책은 19세기 말 전통국제법의 시각을 고스란히 보여주고 있다. 당시 정의(justice)와 국가간 적용되는 원칙(principle)과 규칙(rule)은 유럽 중심의 사고(思考)이었으며, 그러한 유럽 우월 사상은 만국공법이라는 포장 하에 여과없이 그대로 동양에 유입되었다. 독자는 이 책에 언급된 문명국/야만국의 구별 등은 생소하겠지만 전통국제법 역사를 읽는다고 생각하면 될 것이다. 또한 국제법의 무력충돌법과 국제인도법의 양대 축을 이루는 헤이그법과 제네바법 체계의 초창기 문헌들인 1874년 Brussel

선언, 1880년 국제법학회의 옥스포드 육전법규(陸戰法規), 1899년과 1907년 네덜란드 헤이그 만국평화회의에서 채택된 조약[21] 등의 인용과 1872년 「Alabama」호 국제중재판결의 상세한 분석은(주정균 교재 255쪽 이하) 전시국제법의 역사를 연구하려는 실무가와 학자에게도 많은 도움을 줄 것으로 기대된다.

그러나 이 책은 다른 한편 우리에게 어둡고 부정적인 측면도 보여준다. 역자가 주정균의 『전시국제공법』을 읽으면서 받은 느낌은 과거 유럽에서 발행된 전쟁법 교재 내용에 일본이 청일전쟁과 러일전쟁에서 승리한 군사적 치적을 덧붙인 교본 같다는 것이었다. 일본은 1868년 메이지 유신(明治維新)을 통하여 서양문물을 빨리 받아들이고 만국공법 시류에 편승하여 자신의 제국주의 야욕을 합법화시킨 반면, 조선(대한제국)의 19세기 말과 20세기 초는 그야말로 풍전등화 격이었다. 특히 1894년은 대내적으로는 갑오경장, 동학농민운동, 대외적으로는 청일전쟁이 발발하고, 이후 을미사변(1985), 고종의 아관파천(1896), 을사보호조약(1905)과 한일합병(1910)으로 이어졌다.

일본 아키야마 마사노스케(秋山 雅之介)의 『戰時國際

21 관련 조약과 문서들은 국제적십자위원회의 국제인도법 역사적 문헌의 데이터베이스 웹사이트에서 찾을 수 있다. https://ihl-databases.icrc.org/applic/ihl/ihl.nsf/vwTreatiesHistoricalByDate.xsp

法』을 거의 그대로 번역한 주정균의 『전시국제공법』에는 직간접적으로 일본의 우월성을 드러내는 내용을 접할 수 있다. 가령 교재 96쪽과 106쪽 등에는 일본-러시아 전쟁 당시 일본 군대가 전시법을 준수하는데 선도적 역할을 했다는 식의 설명이 있으며, 당시 일본 해군의 포획규정은 문명국인 영국과 프랑스의 국내 제도와 유사하다는 자화자찬도 눈에 띈다(교재 해상포획편 171쪽 이하). 그러면 일본군은 전시국제법을 준수하였는가? 개전(開戰)편을 다루는 교재 51-52쪽에는 청일전쟁의 단서가 된 일본 함선에 의한 영국 상선 고승호(高陞號) 격침사건을 일본측 입장에서 상세히 설명하고 있다. 그런데 1894년 7월 25일 고승호가 격침된 지점은 조선의 충청도 당진과 태안 연안에 위치한 울도 앞바다였다. 교재 235쪽 이하에서 교전국의 중립국 영토의 불가침 원칙과 그러한 의무를 위반한 교전국은 중립국에 대해 배상책임을 진다고 설명하면서도 (교재 239쪽 이하와 254쪽 이하) 막상 청일전쟁 당사국이 아닌 중립국인 조선의 영해에서 범해진 일본국의 무력행사에 대해서는 전혀 언급이 없다. 또한 교재 138쪽 이하의 군대점령 편에서는 청일전쟁 당시 일본군이 중국 여순을 점령한 후 자행한 민간인 대학살에 대해서도 언급이 없다. 주정균의 『전시국제공법』의 원본 격인 일본 아키야마 마사노스케의 『戰時國際法』을 배웠던 일본의 젊은 대학생들은 자신의 국가에 우호적이며 일방적인 서술 방식에 대해 일종의 맹목적인 자부심과 왜곡된 역사관에 환호했을 것이다. 그러나 1910년경 당시 조선의 학도들은 '문명국'이라고 주장하는 일본에 의해 국권을 강제로 빼앗긴 상황에서 거의 같은 내용을 수강하면서 느꼈던 심정은 어떠했을까? 독자 여러분의 상상에 맡긴다.

이 작업이 순탄하게 마무리되고 책으로 출판되기까지 큰 도움을 주신 몇 분께 출판과정의 순서대로 감사의 말씀 전한다. 이미 앞에서 밝혔지만 명순구 전 법학전문대학원 원장의 뜻이 뒷받침되지 않았더라면 국내 국제법 교과서의 효시격인 주정균의 『전시국제공법』은 빛을 보지 못했을 것이다. 신영호 명예교수님은 난해한 원본을 현대한글로 번역하는 데 큰 도움을 주셨을 뿐만 아니라 내용의 정확도를 기하기 위하여 아키야마 마사노스케의 『戰時國際法』 내용과 일일이 대조하여 교열하는 인고(忍苦)의 작업을 하셨다. 신 교수님의 이러한 작업이 없었더라면 책 출판은 매우 늦어졌을 것이다. 신 교수님을 공동역자로 모시는 게 지극히 당연하나 당신께서 거듭 사양하셔서 그렇게 하지 못했다. 죄송하고 감사드릴 따름이다. 최종 검토과정에서 해군사관학교 고은수 교수는 젊은 세대의 입장에서 원고를 정독한 후 여러 가지 좋은 의견을 주었다. 국립국어원 이은조 연구원은 역자의 능력으로는 도저히 해독할 수 없었던 옛 일본어로 쓰여진 외국 인명과 지명 등을 영어로 복원하였을 뿐만 아니라 아키야마 마사노스케의『戰時國際法』내용과 역자의 번역본을 꼼꼼히 상호비교 후 교열해 주었다. 이처럼 많은 도움을 주신 모든 분께 지면을 통해 다시 한번 고마움을 표한다. 아무쪼록 이 책이 단순히 보성전문 시대 교과서 번역물로서 머물지 않고 국내 국제법의 사료로서 평가받기를 희망한다.

2021년 2월

역자 박기갑

# 차례

## 제3편 국외중립의 법칙

# 일러두기

아래는 주정균의 『전시국제공법』에 자주 나오는 국제조약과 문헌의 정식 제목이다.

1856년 파리 선언: Declaration Respecting Maritime Law. Paris, 16 April 1856

1863년 미국육군훈령: Instructions for the Government of Armies of the United States in the Field (Lieber Code). 24 April 1863

1864년 Geneva 조약, 적십자조약, 구적십자조약: 1864년 육전에 있어서의 군대의 부상자 및 병자의 상태 개선에 관한 제네바협약

1874년 Brussel 선언: Project of an International Declaration concerning the Laws and Customs of War

1880년 Oxford 육전법규: Institute of International Law, the Laws of War on Land, Oxford

(만국)국제법협회 포획규정: 국제법학회(Institute of International Law)가 1882-83년 검토 후 채택한 International Regulations concerning Prizes (참고: 교재 본문에 나오는 국제법협회는 그대로 두면서 역자가

붙인 각주에서 국제법학회라고 고쳤다.)

육전법규관례조약: 1899년 헤이그 제2협약 부속서 육전법 및 관습에 관한 규칙

적십자조약을 해전에 응용할 조약: 1899년 헤이그 제3협약 Convention (III) for the Adaptation to Maritime Warfare of the Principles of the Geneva Convention of 22 August 1864. The Hague, 29 July 1899

개정 적십자조약: 1906년 육전에 있어서의 군대의 부상자 및 병자의 상태개선에 관한 제네바 협약

교재에 나오는 '평화회의'는 역자가 '만국평화회의'로 일관되게 고쳤다. 또한 '제1회 평화회의'는 '1899년 제1차 만국평화회의', '제2회 평화회의'는 '1907년 제2차 만국평화회의' 등으로 시점을 명확히 하였다. 아울러 '만국평화회의 조약' 역시 문맥에 따라 1899년 또는 1907년 헤이그 만국평화회의에서 채택된 조약으로 바꾸었다. 아주 예외적으로 '1906년 제네바협약'으로 바꾼 경우도 있다.

# 戰時國際公法

講師　朱定均

## 第一編　總論

### 第一章　國際公法의性質

今日의世界ᄂᆞᆫ古代와逈殊ᄒᆞ야萬國의交通이日增月加ᄒᆞ야各其技能으로써競爭ᄒᆞᄂᆞᆫ時代니國과國間에紛議가生ᄒᆞᆷ은事實上未免ᄒᆞᆯ바ㅣ오此等의紛議를一々히談判이나條約으로處理코져ᄒᆞᆯ진대其煩雜은勝言ᄒᆞ기不得ᄒᆞᆯ지라故로國內에在ᄒᆞ야各人行爲의限界를規定ᄒᆞᆫ法則이有ᄒᆞᆷ과如히國際에在ᄒᆞ야도各國이遵守ᄒᆞᄂᆞᆫ行爲의法則即國際公法이有ᄒᆞᆫ바ㅣ니玆에其性質의大要를擧論ᄒᆞ건ᄃᆡ

第一　國際公法은文明國間에行ᄒᆞᄂᆞᆫ法則이라　凡野蠻人團体間에ᄂᆞᆫ其團体各自를管理ᄒᆞᆯ準則이無ᄒᆞ며設或存在ᄒᆞ야도此로써國際公法이라未稱ᄒᆞᆯ지니即今日所謂國際公法은文明國間에行ᄒᆞᄂᆞᆫ法則을指稱ᄒᆞᆷ이라然而所謂文明國은如何ᄒᆞᆫ國을指稱ᄒᆞᆷ이며野蠻國과文明國의區別은如何ᄒᆞᆫ標準이有ᄒᆞᆫ

# 전시국제공법

강사 주정규

## 제1편 총론

### 제1장 국제공법의 성질

오늘날(역자 주: 1910년경 당시)의 세계는 고대(古代)와는 매우 달라서 세계 모든 나라의 교통이 나날이 증가하여 각각 그 기능으로써 경쟁하는 시대이다. 나라와 나라 사이에 분규가 발생하는 것은 사실상 피할 수 없다. 이들 분규를 하나하나 담판이나 조약으로 처리하고자 할 경우 그 번잡함은 이루 말할 수 없다. 그 때문에 국내에서 각자의 행위의 한계를 규정하는 법칙이 있는 것과 마찬가지로 국제관계에서도 각국이 준수하는 행위의 법칙 즉 국제공법이 있는 것이다. 이에 그 성질의 개요를 거론한다.

1. 국제공법은 문명국[1] 사이에 행해지는 법칙이다.

무릇 야만인 단체 사이에는 그 단체 각자를 관리할 준칙이 없다. 설사 있다 해도 이를 가지고 국제공법이라 일컬을 수는 없다. 즉 오늘날(역자 주: 19세기 말 또는 이 교재가 사용되던 1910년경을 일컫는다) 이른바 국제공법은 문명국 사이에 행해지는 법칙을 가리키는 것이다. 그렇지만 이른바 문명국은 어떠한 나라를 가리키며, 야만국과 문명국의 구별에는 어떠한 표준이 있는가는

1 현대국제법상 "문명국"과 "야만국"의 구별은 없다. 주정규 교재의 원본격인 일본 秋山 雅之介의 『戰時國際法』은 메이지(明治) 43년, 즉 1910년에 쓰여진 것이다. 당시 상황은 전쟁에 호소할 수 있는 국가의 권리가 인정되었으며, 문명국과 야만국 구별 역시 인정되었다.

지容易히發見치못홀一大問題라

文明國과野蠻國을區別ᄒᆞᄂᆞᆫ標準은文明의優劣을因ᄒᆞ야立論ᄒᆞ기不能ᄒᆞᄂᆞ니何者오古來埃及의文明、支那의文明、印度의文明、歐州의文明、墨西哥等의文明은人文의開進上各々系統이相異ᄒᆞ야其間에容易히優劣을判斷ᄒᆞ기不能ᄒᆞ며且同一系統의文明諸國民間에在ᄒᆞ야도其高低의程度를測定ᄒᆞ기不能ᄒᆞᄂᆞ니故로如何ᄒᆞᆫ程度에達ᄒᆞ면文明國이라稱ᄒᆞ며又或未開國及野蠻國이라云홈은其標準을發見ᄒᆞ기不能홈과如ᄒᆞᄂᆞ니然則文明國或野蠻國이라稱홈은오작一部感情家의夢想에不過홀가凡世人一般이此點에關ᄒᆞᄂᆞᆫ論議ᄂᆞᆫ姑舍ᄒᆞ고國際公法의當事者됨을得홀國家ᄂᆞᆫ반다시文明國됨을要ᄒᆞ고決코野蠻國의行홀바ㅣ아니니元來個々의國家를指ᄒᆞ야文明國되ᄂᆞᆫ與否를立論홈은事實問題에屬ᄒᆞ야斷言ᄒᆞ기容易치아니ᄒᆞ나然이나國際公法의當事者됨을文明國에限ᄒᆞᄂᆞᆫ趣旨를裏面으로說明홀時ᄂᆞᆫ其意義의眞像을認得홀지며又其野蠻國間에行치못홀所以를了解ᄒᆞ기不難홀바ㅣ라

現今世界ᄂᆞᆫ交通의世界니理學의進步를伴ᄒᆞ야地球上如何ᄒᆞᆫ僻地라도將來

쉽게 발견할 수 없는 매우 큰 문제이다.

문명국과 야만국을 구별하는 표준은 문명의 우열을 원인으로 하여 논할 수 없다. 왜냐하면 고대 이집트 문명, 중국 문명, 인도 문명, 유럽 문명, 멕시코 등의 문명은 인문의 전개와 진보에 있어 각각 계통이 상이하여 그 사이에 쉽게 우열을 판단할 수 없으며 또한 동일 계통의 여러 문명 국민 사이에서도 그 높고 낮음의 정도를 측정할 수 없다. 따라서 어느 정도에 도달하면 문명국이라 일컬으며 또는 미개국 및 야만국이라 이를 것인가는 그 표준을 발견할 수 없는 것이나 마찬가지이다. 그렇다면 문명국 또는 야만국이라 일컫는 것은 오직 일부 감정가의 몽상에 지나지 아니한가. 무릇 세상 사람들 일반이 이 점에 관한 논의는 짐짓 그대로 두고, 국제공법의 당사자가 될 수 있는 국가는 반드시 문명국이어야 하고, 야만국은 될 수 없다. 원래 개개의 국가를 가리켜 문명국인지 아닌지를 입론하는 것은 사실문제에 속하여 단언하기 쉽지 않다. 그러나 국제공법의 당사자가 될 수 있는 것을 문명국으로 한정하는 취지를 이면에서 설명할 때에는 그 의의의 진정한 모습을 알 수 있으며 또한 그 야만국 사이에 행해지지 못하는 까닭을 이해하기 어렵지 않다.

지금의 세계는 교통의 세계이고 이학(理學)의 진보에 따라 지구상의 어떠한 벽지일지라도 장래에는

交通의不便이少無ᄒᆞᆯ지라大勢가如此ᄒᆞᆯ진ᄃᆡ如何ᄒᆞᆫ國家又如何ᄒᆞᆫ人類團体라도他國又는他種族과交好通商의關係를杜絶ᄒᆞ고鎖國主義를固執ᄒᆞ기不能ᄒᆞᆷ은智者를不待ᄒᆞ고可知ᄒᆞᆯ바ㅣ라故로野蠻人又未開人民의團体라도諸國과交通關係를難免ᄒᆞ며且其關係上에利害가相同ᄒᆞᆫ事實과又或利害가相反ᄒᆞᆫ事實이不無ᄒᆞᆯ지니如斯ᄒᆞᆫ團体中에人智가發達치못ᄒᆞᆫ者는今日文明國間에行ᄒᆞ는國際法의法則을依ᄒᆞ야他國間의關係를處理ᄒᆞ기不能ᄒᆞᆫ境遇가不尠ᄒᆞᆯ지니假令南洋의野蠻人團体로ᄒᆞ야곰他國과交好通商의條約을締結ᄒᆞ야外交官及領事官을派遣ᄒᆞ거나又或戰爭을際ᄒᆞ야는陸上及海上에關ᄒᆞᆫ國際公法上法規、慣例를嚴格히遵守ᄒᆞᆯ事를企望치못ᄒᆞᆯ지니元來其團体는如斯ᄒᆞᆫ法規、慣例를遵據ᄒᆞᆯ根本的觀念이缺乏ᄒᆞ며設或其團体의行動은國際法規를遵據코져ᄒᆞ는意思가有ᄒᆞ다云ᄒᆞᆯ지라도他國에對ᄒᆞ는義務를履行ᄒᆞᆯ能力이尠少ᄒᆞ며既已此等團体가交通關係上에國際法規를遵據ᄒᆞᆯ觀念이無ᄒᆞ고又國際法의義務를履行ᄒᆞᆯ能力이無ᄒᆞᆫ以上은斯法上權利를相對國에向ᄒᆞ야主張ᄒᆞ기不能ᄒᆞᆷ은當然ᄒᆞᆫ바ㅣ니故로如斯ᄒᆞᆫ團体의行動은

교통의 불편이 적어지고 없어질 것이다. 대세가 이와 같다면 어떠한 국가 또한 어떠한 인류단체라도 다른 나라 또는 다른 종족과 상호통상의 관계를 두절하고 쇄국주의를 고집할 수 없음은 지혜로운 사람을 기다리지 아니하고도 알 수 있는 것이다. 따라서 야만인과 미개 인민의 단체라도 여러 나라와 교통관계를 피하기 어렵다. 또한 그 관계상 이해가 서로 같은 사실과 또는 이해가 서로 반하는 사실이 없을 수 없다. 이와 같은 단체 중에 인지가 발달하지 못한 자는 오늘날 문명국 사이에 행해지는 국제법의 법칙에 따라 다른 나라와의 관계를 처리할 수 없는 경우가 적지 않을 것이다. 가령 태평양 적도 근처의 야만인 단체가 다른 나라와 상호통상의 조약을 체결하고 외교관과 영사관을 파견하거나 또는 전쟁을 할 때 육상 및 해상에 관한 국제공법상의 법규, 관례를 엄격히 준수할 것을 바랄 수는 없는 일이다. 원래 그 단체는 이와 같은 법규, 관례를 준거할 근본적인 관념이 없거나 모자란다. 설령 그 단체의 행동에 국제법규를 준거[1]하고자 하는 의사가 있다고 말할지라도, 다른 나라에 대한 의무를 이행할 능력이 얼마 안 된다. 이미 이들 단체가 교통관계상 국제법규를 준거할 관념이 없고 또한 국제법의 의무를 이행할 능력이 없는 이상, 이 법상의 권리를 상대국에 대해 주장할 수 없음은 당연하다. 따라서 이와 같은 단체의 행동은

1 준거(遵據): 따르고 의지함.

國際法上의權利義務로써規律ᄒᆞᆯ바ㅣ아니며他國도ᄯᅩᄒᆞᆫ其團体로써國際公法社會의一員됨을希望치아니ᄒᆞᄂᆞ니然則國際公法은野蠻國又ᄂᆞᆫ未開人民의團体間과又如斯ᄒᆞᆫ團体와他文明國間關係에在ᄒᆞ야ᄂᆞᆫ行치못ᄒᆞᆯ바ㅣ라今日諸國現像에在ᄒᆞ야抽象的으로文明의程度를測定ᄒᆞ야文明、未開及野蠻의區別을劃然케ᄒᆞᆷ은困難ᄒᆞᆫ事ㅣ며又實際上行得ᄒᆞᆯ바ㅣ아님과如ᄒᆞ나然이나國際公法에在ᄒᆞ야ᄂᆞᆫ各國의文明實質에對ᄒᆞ야其種類及程度를細別ᄒᆞᆯ必要가無ᄒᆞ고但他國과國際關係上에斯法의義務를履行ᄒᆞᆷ과同時에權利를主張ᄒᆞᆯ能力이有ᄒᆞ며且斯法上의法則을從ᄒᆞ야行動ᄒᆞ며他國도ᄯᅩᄒᆞᆫ國際公法의法規를依ᄒᆞ야同國에對ᄒᆞᄂᆞᆫ關係를有ᄒᆞᆫ後에國際公法社會의一員됨을始得ᄒᆞ며同時에斯法上의一員됨을得ᄒᆞᆯ性格이有ᄒᆞᆫ者를文明國이라稱ᄒᆞ고不然ᄒᆞᆫ者를非文明國이라稱ᄒᆞᄂᆞ니然則國際公法은非文明國互相間과文明國과非文明國間에ᄂᆞᆫ可히行치못ᄒᆞᆯ바ㅣ라云ᄒᆞᆯ지로다

第二　國際公法은文明國一般의承認을依ᄒᆞ야行ᄒᆞᄂᆞᆫ規則이라　凡國際公法은國家間에行ᄒᆞᄂᆞᆫ法則됨으로國內法과如히一國主權者의制定或認定에依

국제법상의 권리의무로써 규율할 것이 아니다. 다른 나라도 또한 그 단체로써 국제공법 사회의 일원이 되는 것을 희망하지 않을 것이다. 그렇다면 국제공법은 야만국 또는 미개 인민의 단체 사이와 또 이와 같은 단체와 다른 문명국 사이의 관계에서는 행해질 수 없는 것이다. 오늘날 여러 나라 현상에서 추상적으로 문명의 정도를 측정하여 문명, 미개 및 야만의 구별을 명확하게 하는 것은 곤란한 일이다. 또한 실제상 할 수 있는 바가 아닌 것이기도 하다. 그러나 국제공법에서는 각국의 문명 실질에 대해 그 종류와 정도를 자세하게 구별할 필요가 없으나, 다만 다른 나라와의 국제관계상 이 법의 의무를 이행하는 동시에 권리를 주장할 능력이 있으며, 또한 이 법상의 법칙에 따라 행동하며 다른 나라도 또한 국제공법의 법규에 따라 그 나라에 대한 관계를 맺은 후에 비로소 국제공법상 사회의 일원이 될 수 있으며, 동시에 이 법상의 일원이 될 수 있는 성격을 지닌 나라를 문명국이라 일컫고 그렇지 아니한 나라를 비문명국이라 할 수 있다. 그렇다면 국제공법은 비문명국 서로 사이 및 문명국과 비문명국 서로 사이에서는 행해질 수 없는 것이라고 말할 수 있다.

2. 국제공법은 문명국 일반의 승인에 따라 행해지는 규칙이다.

무릇 국제공법은 국가 사이에 행해지는 법칙이다. 따라서 국내법과 같이 한 나라의 주권자의 제정 또는 인정에 따라

ᄒᆞ야成ᄒᆞᄂᆞᆫ바ㅣ아니니盖文明國間의國際關係ᄂᆞᆫ列國主權이互相對立ᄒᆞᆫ바ㅣ며各獨立國의主權은並히絶對無限의權力이니若一國의主權이制定或認定ᄒᆞᆫ法則을他國으로ᄒᆞ야곰服從ᄒᆞᆷ을强制ᄒᆞᆯ진ᄃᆡ其强制되ᄂᆞᆫ國家ᄂᆞᆫ旣已主權을喪失ᄒᆞ야主權國又ᄂᆞᆫ獨立國이아니니是故로國際公法은各獨立國이各自最高權力되ᄂᆞᆫ主權의作用을依ᄒᆞ야其規則을遵守ᄒᆞᆯ事를承認ᄒᆞᆷ과同時에國家行爲의法則으로遵守치아니치못ᄒᆞᄂᆞᆫ바ㅣ라

玆에所謂文明國一般의承認은如何ᄒᆞᆫ意義인지是亦容易치아니ᄒᆞᆫ問題라若一般이라ᄒᆞᄂᆞᆫ意義를廣博히世界文明諸國이라幷稱ᄒᆞᆯ진ᄃᆡ國際公法의諸法則은文明國中一國이라도遺漏ᄒᆞᆷ이無ᄒᆞ고諸國全体의承認을依치아니ᄒᆞ면成立치아니ᄒᆞᆯ바와如ᄒᆞ나然이나實際에在ᄒᆞ야ᄂᆞᆫ不然ᄒᆞ야文明國中一國或數國의反對가設有ᄒᆞᆯ지라도其法則은國際公法上의法則됨에無碍ᄒᆞᄂᆞ니然則某程度의例外를設ᄒᆞ야諸文明國의一般承認이難無ᄒᆞ야도國際公法上法規를可作ᄒᆞᆯ標準을求코져ᄒᆞᆷ은上述ᄒᆞᆫ바如何ᄒᆞᆫ國을文明國이라ᄒᆞᆷ과如히자못不可能의疑問을成ᄒᆞᆯ듯ᄒᆞ나然이나此文明國一般의承認이라云ᄒᆞᄂᆞᆫ意義

성립되는 것이 아니다. 대개 문명국 사이의 국제관계는 각국의 주권이 서로 대립하는 것이다. 각 독립국의 주권은 모두 절대 무한의 권력이다. 그러므로 만일 한 나라의 주권이 제정 또는 인정하는 법칙을 다른 나라로 하여금 복종하게 할 것을 강제한다면, 그 강제되는 국가는 이미 주권을 상실하여 주권 또는 독립국이 아니다. 이 때문에 국제공법은 각 독립국이 각자 최고권력이 되는 주권의 작용에 따라 그 규칙을 준수할 사항을 승인하는 동시에 국가행위의 법칙으로 준수해야 하는 것이다.

이에 소위 문명국 일반의 승인은 어떠한 의의인가. 이 또한 쉽지 아니한 문제이다. 또 일반이란 의의를 널리 세계문명국이라 아울러 일컫는다면, 국제공법의 여러 법칙은 문명국 중 한 나라라도 빠짐없이 여러 나라 전체의 승인에 의하지 아니할 경우에는 성립될 수 없는 것과 같다. 그러나 실제에서는 그렇지 아니하다. 문명국 중 혹시 한 나라 또는 몇몇 나라의 반대가 있더라도 그 법칙이 국제공법상의 법칙으로 되는 것에 장애는 없다. 그렇다면 어느 정도의 예외를 두고 비록 여러 문명국의 일반적 승인이 없을지라도, 국제공법상 법규를 만들 수 있는 표준을 구하고자 하는 것은 위에서 설명한 바와 같이 어떤 나라를 문명국이라고 할 것인가와 같이 자못 불가능한 의문이 될 듯하다. 그러나 이 문명국 일반의 승인이라고 하는 의의를

를裏面으로브터反對的으로說明ᄒᆞᆯ진ᄃᆡ其眞意를容易히解得ᄒᆞᆯ지니左에畧辨코져ᄒᆞ노라

千八百五十六年에歐洲諸國이海上戰時法에關ᄒᆞ야「巴里宣言」이라稱ᄒᆞ는四個條約을締結ᄒᆞ얏스니（一）私船을拿捕用에供ᄒᆞᆷ은自今으로廢止ᄒᆞᆯ事（二）局外中立國의旗章을揭ᄒᆞᆫ船舶에搭載ᄒᆞᆫ敵國貨物은戰時禁制品을除ᄒᆞᆫ外에는拿捕ᄒᆞᆷ이不可ᄒᆞᆫ事（三）敵國의旗章을揭ᄒᆞᆫ局外中立國의貨物은戰時禁制品을除ᄒᆞᆫ外에는拿捕ᄒᆞᆷ이不可ᄒᆞᆫ事（四）港口의封鎖를有効케ᄒᆞᆷ에는實力을不用ᄒᆞ면不可ᄒᆞ니即敵國의海岸에接到ᄒᆞᆷ을實際防止ᄒᆞᆷ에可足ᄒᆞᆯ兵備를要ᄒᆞ는事等이라此等法則은國際公法上의法則으로今日ᄭᆞ지一般히承認ᄒᆞ는바ㅣ나此宣言이成立ᄒᆞᆯ當時에는北米合衆國、西班牙國及墨西哥國等은此를反對ᄒᆞ야盟約에不參ᄒᆞᆫ지라然而今日에在ᄒᆞ야는右三國이該宣言에加盟치아니ᄒᆞᆷ을不拘ᄒᆞ고依然히國際公法上의法則으로看做ᄒᆞ는所以는同規定이他文明國一般의承認을依ᄒᆞ야戰爭中에實行될뿐아니라米、西、墨等三國도今世戰爭에在ᄒᆞ야는此를遵守치아니치못ᄒᆞᆯ實際의事情

이면으로부터 반대로 설명한다면, 그 진의를 쉽게 이해할 수 있다. 다음에 간략히 설명하고자 한다.

1856년에 유럽의 여러 나라가 해상전시법에 관해 「파리선언」[1]이라 일컫는 4개 조약을 체결한 바 있다. ① 사선(私船)[2]을 나포용으로 제공하는 것은 지금부터 폐지할 것, ② 국외(局外)중립국의 기장(旗章)을 게양한 선박에 탑재한 적국화물은 전시금제품을 제외하고는 나포할 수 없는 것, ③ 적국의 기장을 게양한 국외중립국의 화물은 전시금제품을 제외하고는 나포할 수 없는 것, ④ 항구의 봉쇄를 유효하게 하기 위해서는 실력을 사용하지 아니하면 할 수 없다. 즉 적국의 해안에 도달하는 것을 실제 방지하기에 족한 군비가 필요할 것 등이다. 이들 법칙은 국제공법상의 법칙으로 오늘날까지 일반적으로 승인되고 있다.[3] 그러나 이 선언이 성립할 당시에는 미국, 스페인, 멕시코 등은 이를 반대하여 동맹에 참가하지 않았다. 그렇지만 오늘날(역자 주: 1910년경 당시)에는 위 세 나라가 당해 선언에 가맹하지 않았음에도 불구하고, 그대로 국제공법상의 법칙으로 간주되는 까닭은 동 규정이 다른 문명국 일반의 승인에 따라 전쟁 중에 실행되고 있을 뿐만 아니라, 미국, 스페인, 멕시코 등 3국도 현재의 전쟁에서는 이를 준수해야 할 실제의 사정이

1 영국과 프랑스 등 55개국이 참여한 1856년 파리 선언은 크리미아 전쟁(1853-1856) 이후 이른 바 사략선(私掠船, privateer, 전시에 적의 상선을 나포할 수 있는 허가를 받은 민간 무장선)을 폐지하기 위한 목적으로 채택되었다. 교재에서는 '4개의 조약'이라고 했지만 4개의 규칙(이 교재에서는 조항이라고 칭하고 있다)이라고 함이 정확하다. 4개 규칙의 원문은 다음과 같다. "1. Privateering is, and remains, abolished; 2. The neutral flag covers enemy's goods, with the exception of contraband of war; 3. Neutral goods, with the exception of contraband of war, are not liable to capture under enemy's flag; 4. Blockades, in order to be binding, must be effective, that is to say, maintained by a force sufficient really to prevent access to the coast of the enemy."

2 주정균 교재에는 개인 소유의 선박을 일컫는 사선(私船), 사유(私有)선박 등이 함께 사용되고 있다. 이에 비해 사용(私用)선박은 국가 소유의 선박이 사적(私的) 용도로 사용되는 것이므로 다르다.

3 1910년경 이 교재가 사용될 때와 현재 상황은 다르다. 왜냐하면 1856년 파리 선언에 명시된 4개의 규칙은 제1차, 제2차 세계대전을 겪으면서 교전자들에 의해 더 이상 준수되지 않았기 때문이다.

이有ᄒᆞᆷ으로其法則을遵據ᄒᆞᆷ에至ᄒᆞᆫ지라

元來米國等三個國이巴里宣言에對ᄒᆞ야反對ᄒᆞᆷ은他에不在ᄒᆞ고但私船을拿捕用에供ᄒᆞᆷ을禁止云々ᄒᆞᄂᆞᆫ第一條에對ᄒᆞ야不認ᄒᆞᆷ으로千八百六十一年南北戰爭時에米國政府ᄂᆞᆫ第二條以下規定을遵守ᄒᆞ며又當時政畧上으로巴里宣言에加盟ᄒᆞᆷ을請求ᄒᆞᆷ이有ᄒᆞᆯ뿐아니라千八百九十八年米、西戰爭時를當ᄒᆞ야ᄂᆞᆫ米、西兩國이共히世界大勢를因ᄒᆞ야비록巴里宣言에加盟치아니ᄒᆞ얏스나此를理由ᄒᆞ야私有商船으로써巡洋艦의任務를作ᄒᆞ야多數中立國에對ᄒᆞᄂᆞᆫ公海上의臨檢搜索及捕拿를實行치못ᄒᆞᆷ에至ᄒᆞ얏스니何者오交戰國雙方은戰爭進行中은他中立國에對ᄒᆞᄂᆞᆫ關係를愼重히ᄒᆞ야紛爭을務避ᄒᆞ며交戰國에對ᄒᆞ야ᄂᆞᆫ專力으로以ᄒᆞᄂᆞ니若諸國이不法으로認ᄒᆞᄂᆞᆫ바私船을拿捕用에供ᄒᆞ면多數中立國은自國의利害關係上반다시陰陽的으로此를反對ᄒᆞᆯ진ᄃᆡ交戰國은敵國에對ᄒᆞᄂᆞᆫ外에多數中立國에對ᄒᆞ야不好ᄒᆞᆫ感情을惹起ᄒᆞ야不利益을被ᄒᆞᆯ所以라故로米、西戰爭時에右兩國은各自國法律로써同戰爭中私船으로拿捕用에供치아니ᄒᆞᆯ事를宣布ᄒᆞ얏스니由此觀之ᄒᆞ면從來

있기에 그 법칙을 준거하게 된 데 있다.

원래 미국 등 3개국이 파리선언에 대해 반대한 것은 다른 데 있었던 것이 아니고, 다만 사선(私船)을 나포용으로 제공하는 것을 금지한다고 하는 제1조에 대해 인정하지 않으려는 데 있었다. 1861년 남북전쟁 시에 미국 정부는 제2조[1] 이하의 규정을 준수하였다. 또한 당시 정략상으로 파리선언에 가입할 것을 청구하였다. 그뿐만 아니라 1898년 미국-스페인 전쟁 시에는 미국·스페인 양국 모두 세계 대세를 원인으로 비록 파리선언에 가입하지 않았으나, 이를 이유로 하여 사유(私有)선박으로 순양함의 임무를 담당하게 하여 다수 중립국에 대한 공해상의 임검·수색과 나포를 실행할 수 없게 하기에 이르렀다.[2] 왜 그런가. 교전국 쌍방은 전쟁 진행 중에는 다른 중립국에 대한 관계를 신중히 하여 분쟁을 힘써 피하며, 교전국에 대해서는 전력을 다해야 한다. 만약 여러 나라가 불법으로 인정하고 있는 사선(私船)을 나포용으로 제공한다면, 다수 중립국은 자국의 이해관계상 반드시 음양적으로 이를 반대할 것이고, 교전국은 적국에 대한 것 외에 다수 중립국에 대해 좋지 아니한 감정을 일으키고 불이익을 피하려고 하기 때문이다. 그러므로 미국-스페인 전쟁 시에 위 양국은 각기 자국 법률로 동 전쟁 중 사선(私船)을 나포용으로 제공하지 아니할 것을 선포하였다. 이에 따라 살펴본다면, 종래

1 6쪽 각주 1 참조.
2 이 문장의 현대적 표현은 "나포를 실행하지 않게 하였다".

巴里宣言으로써國際公法上法則으로看做ᄒᆞᄂᆞᆫ與否에關ᄒᆞ야學者의論議가紛紛홈을不拘ᄒᆞ고今日에在ᄒᆞ야米、西兩國이自進ᄒᆞ야此를遵據ᄒᆞᆫ事實이有홀뿐아니라大勢가亦然홈에至ᄒᆞ얏스며墨西哥國에在ᄒᆞ야도戰爭을當ᄒᆞ야ᄂᆞᆫ비록此法則을依據치아니코져ᄒᆞ나實際上不得已遵據치아니치못홀充分ᄒᆞᆫ理由가存在ᄒᆞᄂᆞ니故로現今에在ᄒᆞ야ᄂᆞᆫ巴里宣言에規定ᄒᆞᆫ法則은文明國一般의承認을得ᄒᆞᆫ者ㅣ라云홀지라

以上巴里宣言에關聯된事實로브터推論홀時ᄂᆞᆫ所謂文明國의認承이라云홈은반다시明示의承認을不要홀지니故로文明國一般의承認이有ᄒᆞᆫ與否ᄂᆞᆫ事實을依據치아니치못홀지라設或一個規則이一國或數國의承認을不經ᄒᆞ며或反對의態度를有ᄒᆞᆫ一國或數國이有ᄒᆞᆫ境遇에도其規則은實際他文明國이承認實行ᄒᆞ야一種慣例를成홈에至ᄒᆞ야ᄂᆞᆫ此를反對ᄒᆞ든國과又或明示的으로承認치아니ᄒᆞᆫ國에在ᄒᆞ야도國際關係上同一ᄒᆞᆫ事項을處理홈에ᄂᆞᆫ其法規를依據치아니치못홀지니然則承認의成立이條約에基因홈과國際慣例로成홈을不問ᄒᆞ고此를文明國一般의承認이라云홀지로다

파리선언을 가지고 국제공법상 법칙으로 간주하는지의 여부에 관한 학자의 논의가 분분하였음에도 불구하고, 오늘날(역자 주: 1910년경 당시)에는 미국·스페인 양국이 자진하여 이를 준거한 사실이 있을 뿐만 아니라 대세가 또한 그러하기에 이르렀다. 멕시코에서도 전쟁을 하면서 비록 이 법칙을 의거하지 아니하고자 하였으나, 실제상 부득이 준거해야 할 충분한 이유가 존재하였다. 따라서 현재 파리선언에서 규정하고 있는 법칙은 문명국 일반의 승인을 얻은 것이라고 할 수 있다.

이상 파리선언과 관련된 사실로부터 추론할 때에는, 이른바 문명국의 승인이라 함은 반드시 명시의 승인을 필요로 하는 것은 아니다. 따라서 문명국 일반의 승인이 있는지의 여부는 사실에 따라야 한다. 설사 하나의 규칙이 한 나라 또는 몇몇 나라의 승인을 거치지 않았거나 또는 반대의 태도를 가진 한 나라 또는 몇몇 나라가 있는 경우에도, 그 규칙을 실제 다른 문명국이 승인하고 실행하여 일종의 관례를 이루게 될 때에는, 이를 반대하는 나라 또는 명시적으로 승인하지 아니한 나라에서도 국제관계상 동일한 사항을 처리할 경우에는 그 법규를 의거하지 않을 수 없는 것이다. 그렇다면 승인의 성립이 조약에 따르는 것이나 국제관례로 성립하는 것을 불문하고 이를 문명국 일반의 승인이라 말할 수 있는 것이다.

第三、國際公法은國家行爲의法則이라　國際公法은前述ᄒᆞᆷ과如히國家間에行ᄒᆞᄂᆞᆫ國際關係를規律ᄒᆞᆫ法則이니卽一國이他國에對ᄒᆞᄂᆞᆫ互相關係를定ᄒᆞᆫ法則이오一私人及國家、一私人間의關係를規定ᄒᆞᆫ바ㅣ아니니換言ᄒᆞ면國際法의主体ᄂᆞᆫ國家오個人이아니라然이나學者ᄂᆞᆫ往往에個人도또ᄒᆞᆫ國際法의主体된다云ᄒᆞ나然이나國際公法은個人互相間及個人과國家間의權利義務를規定ᄒᆞᆫ者ㅣ아니니個人과個人間에ᄂᆞᆫ國內法上의權義關係와又或一定ᄒᆞᆫ事項에對ᄒᆞ야ᄂᆞᆫ一個의國內法及他國의國內法上關聯을有ᄒᆞ야其適用上問題가生ᄒᆞᄂᆞ니要ᄒᆞᆫ건ᄃᆡ一國의國內法又ᄂᆞᆫ數國의國內法上의權義關係에止ᄒᆞ며又個人과國家間에ᄂᆞᆫ權力關係가有ᄒᆞᆯᄲᅮᆫ이오決코國際法上의權義關係가未有ᄒᆞᄂᆞ니是以로國際公法의法則을依ᄒᆞ야權利義務를有ᄒᆞᆫ바卽斯法의主体ᄂᆞᆫ國家又ᄂᆞᆫ國家와同一의資格을有ᄒᆞᆫ者에限ᄒᆞ며唯一個人은其法則의客体되ᄂᆞᆫ境遇가有ᄒᆞ야斯法의主体됨과如ᄒᆞᆫ表觀이有ᄒᆞᆷ에不過ᄒᆞᆫ故로國際公法은國家間에在ᄒᆞᆫ國家行爲의法則이라云ᄒᆞᆯ지로다

## 第二章　戰時國際公法의意義

3. 국제공법은 국가행위의 법칙이다.

국가공법은 전술한 바와 같이 국가 사이에 행해지는 국제관계를 규율하는 법칙이다. 즉 한 나라가 다른 나라에 대해 가지는 상호관계를 정한 법칙이다. 한 개인과 국가, 한 개인 사이의 관계를 정하는 것이 아니다. 바꾸어 말하면 국제법의 주체는 국가이고 개인이 아니다. 그러나 학자는 때로 개인도 또한 국제법의 주체가 된다고 말하나, 국제공법은 개인 서로 사이 및 개인과 국가 사이의 권리의무를 규정하는 것은 아니다. 개인과 개인 사이에는 국내법상의 권리의무관계 또는 일정한 사항에 대해서는 하나의 국내법과 다른 나라의 국내법상 관련이 있어 그 적용상 문제가 발생한다. 요컨대 한 나라의 국내법 또는 몇몇 나라의 국내법상의 권리의무관계에 그치며 또 개인과 국가 사이에는 권력관계가 있을 뿐이고 결코 국제법상의 권리의무관계는 존재하지 아니한다. 이에 따라 국제공법의 법칙에 따라 권리의무를 가지는 즉 이 법의 주체는 국가 또는 국가와 동일한 자격을 가지는 것에 한한다. 개인은 오로지 그 법칙의 객체가 되는 경우가 있고, 이 법의 주체가 되는 것과 같은 외관이 있는 것에 불과하다. 그 때문에 국제공법은 국가 사이에 존재하는 국가행위의 법칙이라 하는 것이다.

## 제2장 전시국제공법의 의의

國際公法은前述ᄒᆞᆷ과如히文明國一般의承認을依ᄒᆞ야國家間에遵守ᄒᆞᄂᆞᆫ行爲의法則이니盖獨立國은擧皆自由平等됨으로法理上自國以外에優等의地位를有ᄒᆞᆫ國家가存在ᄒᆞᆷ을不認ᄒᆞᄂᆞᆫ故로國家間의生活關係를規律ᄒᆞᆫ國際公法은獨立國一般이承認ᄒᆞᆫ國家行爲의慣例法에不外ᄒᆞᆫ지라因ᄒᆞ야各獨立國은平時에在ᄒᆞ야ᄂᆞᆫ互相敦睦ᄒᆞ야一定ᄒᆞᆫ法則을遵由ᄒᆞ며又國家間에戰爭의破裂이有ᄒᆞᆫ境遇에在ᄒᆞ야ᄂᆞᆫ當事國은交戰國과互相間敵國地位에立ᄒᆞ야一定ᄒᆞᆫ法則을遵守ᄒᆞᄂᆞᆫ同時에第三國된中立國에對ᄒᆞᆫ關係와第三國이交戰國雙方에對ᄒᆞᆫ關係에在ᄒᆞ야ᄂᆞᆫ特別ᄒᆞᆫ法則의管理를受ᄒᆞᄂᆞ니其交戰國이敵國에對ᄒᆞᆫ行爲의法則을交戰關係의法則이라稱ᄒᆞ고交戰國이中立國에對ᄒᆞᆫ行爲의法則을中立關係의法則이라稱ᄒᆞᄂᆞᆫ바ㅣ라

國際公法은此를平時國際公法及戰時國際公法兩種에區別ᄒᆞ야戰時國際公法中에ᄂᆞᆫ交戰關係의法則及中立關係의法則을併論ᄒᆞᆷ이常例라然이나此分類ᄂᆞᆫ元來國際公法의諸法法則을說明ᄒᆞᄂᆞᆫ便宜에出ᄒᆞᆫ者ㅣ니戰時에在ᄒᆞᆫ交戰國과中立國間의互相關係ᄂᆞᆫ平和關係를繼續ᄒᆞᆷ에止ᄒᆞᆯᄲᅮᆫ이라故로其國家間權利義

국제공법은 전술한 바와 같이 문명국 일반의 승인에 따라 국가 사이에 준수되는 행위의 법칙이다. 대개 독립국은 대부분 자유·평등하다. 법리상 자국 이외에 우월한 지위를 가지는 국가가 존재함을 인정하지 않는다. 그 때문에 국가 사이의 생활관계[1]를 규율하는 국제공법은 독립국 일반이 승인한 국가행위의 관례법에서 벗어나지 아니한다. 이에 따라 각 독립국은 평시에는 서로 돈독하여 일정한 법칙을 따르고 행한다. 또 국가 사이에 전쟁의 파열이 있을 경우에는 당사국은 교전국과 서로 적대국 지위에 서서 일정한 법칙을 준수하는 동시에 제3국인 중립국에 대한 관계와 제3국이 교전국 쌍방에 대한 관계에서는 특별한 법칙의 관리를 받는다. 그 교전국이 적국에 대한 행위의 법칙을 교전관계의 법칙이라 하고, 교전국이 중립국에 대한 행위의 법칙을 중립관계의 법칙이라 일컫는 것이다.

국제공법은 이를 평시국제공법과 전시국제공법 두 종류로 구분한다. 전시국제공법 중에는 교전관계의 법칙과 중립관계의 법칙을 함께 논하는 것이 상례이다. 그러나 이 분류는 원래 국제공법의 여러 법칙을 설명하는 편의에서 나온 것이다. 전시에 있는 교전국과 중립국 사이의 상호관계는 평화관계를 계속하는 것에 그칠 뿐이다. 따라서 그 국가 사이의 권리의무에

1 "생활관계"의 현대적 표현은 "관계".

務에關ᄒᆞ야는平時國際公法의適用을中止ᄒᆞ고全然히特別ᄒᆞᆫ法則下에立ᄒᆞ는者ㅣ아니오且交戰國間에도平時國際公法에規律ᄒᆞᆫ바國家權利義務全体의適用이悉無ᄒᆞᆫ바ㅣ아니니何者오國家成立에相伴ᄒᆞ야生ᄒᆞ는權利義務의關係는交戰國間에在ᄒᆞ야도其適用이有ᄒᆞᆯ뿐아니라交戰國과中立國間에는依然히存續ᄒᆞ는바ㅣ오單히戰爭의特別關係가有ᄒᆞᆫ交戰國間에在ᄒᆞ야는戰爭의目的을達ᄒᆞ기爲ᄒᆞ거나又交戰國과中立國間에在ᄒᆞ야는交戰國이中立國으로ᄒᆞ야곰其戰爭進行에必要ᄒᆞᆫ行動을妨害치못ᄒᆞ게ᄒᆞ는同時에中立國도交戰國으로ᄒᆞ야곰戰爭進行에不可缺ᄒᆞᆯ行爲以外의暴行을加치못ᄒᆞ게ᄒᆞ는必要를因ᄒᆞ야其範圍內에在ᄒᆞ야平時國際公法上權利義務의適用을制限或停止ᄒᆞᄂᆞ니此戰時狀態에伴生ᄒᆞ는바特別ᄒᆞᆫ權利義務는戰爭中에限ᄒᆞ야交戰國互相間及交戰國과中立國間에生ᄒᆞᆯ뿐이라

斯法上人格者로權利를取得ᄒᆞᆯ義務를負擔ᄒᆞ는者는國家及交戰團体에限ᄒᆞᄂᆞ니故로外交官、領事官、軍隊及軍艦의特權이라稱ᄒᆞ는權利는其資格을有ᄒᆞᆫ個人或個人團体가此를行使ᄒᆞ나其權利의實質은其本國이國際關係上他國에

관해서는 평시국제공법의 적용을 중지하고, 완전히 특별한 법칙 아래 놓는 것은 아니다. 또 교전국 사이에서도 평시국제공법에 따라 규율되는 국가의 권리의무 전체의 적용이 전혀 없는 것은 아니다. 왜 그런가. 국가 성립에 수반하여 발생하는 권리의무의 관계는 교전국 사이에서도 그 적용이 있을 뿐 아니라 교전국과 중립국 사이에서도 여전히 존속한다. 단지 전쟁의 특별관계가 있는 교전국 사이에서는 전쟁의 목적을 이루기 위해서나, 또 교전국과 중립국 사이에서는 교전국이 중립국으로 하여금 그 전쟁 진행에 필요한 행동을 방해하지 못하게 하는 동시에 중립국도 교전국으로 하여금 전쟁 진행에 불가결한 행위 이외의 거동과 행동을 하지 못하게 할 필요에 따라, 그 범위 내에서 평시국제공법상 권리의무의 적용을 제한 또는 정지하는 것이다. 이 전시상태에 수반하여 발생하는 특별한 권리의무는 전쟁 중에 한해 교전국 서로 사이 및 교전국과 중립국 사이에 발생할 뿐이다.

이 법상 인격자로서 권리를 취득하고 의무를 부담하는 것은 국가와 교전단체에 한정된다. 따라서 외교관, 영사관, 군대와 군함의 특권이라 하는 권리는 그 자격이 있는 개인 또는 개인단체가 이를 행사하나, 그 권리의 실질은 그 본국이 국제관계상 다른 나라에

對ᄒᆞ야有ᄒᆞᆫ權利며且國家版圖內에在ᄒᆞᆫ他國船舶、他國人民과國家가敵國占領地에在ᄒᆞᆫ個人에關ᄒᆞ야有ᄒᆞᆫ國際公法上에權利義務도其船舶、人民이斯法上人格者됨이아니오國家가其船舶又ᄂᆞᆫ人民의本國及其他諸國에對ᄒᆞᆫ國家關係上으로有ᄒᆞᆫ바權利義務에不外ᄒᆞᄂᆞᆫ故로國家가만일此權利를濫用ᄒᆞ거나義務를違反ᄒᆞᄂᆞᆫ時ᄂᆞᆫ被害者된個人、個人團体ᄂᆞᆫ加害者된國家에對ᄒᆞ야此를抗拒ᄒᆞ며賠償을請求ᄒᆞᄂᆞᆫ等國際公法上權利를有ᄒᆞᆷ이아니오被害者의所屬本國이直接으로自國人民의保護를主張ᄒᆞ야加害國에對ᄒᆞ야相當ᄒᆞᆫ救濟를求ᄒᆞᄂᆞᆫ바ㅣ며加害國은文明國一般에對ᄒᆞᆷ과共히被害者所屬本國에對ᄒᆞ야其責任을未免ᄒᆞᄂᆞᆫ바ㅣ라

國際公法上各種權利ᄂᆞᆫ一般國內法과如히義務가直接件隨ᄒᆞᆷ을不要ᄒᆞᄂᆞ니譬컨ᄃᆡ國家ᄂᆞᆫ公海上海賊을逮捕ᄒᆞ야自國法廷에拿致處刑ᄒᆞᆷ을得ᄒᆞ며又何國家에도不屬ᄒᆞᆫ野蠻人의土地를先占ᄒᆞ며戰爭中交戰國은敵國의間諜을處刑ᄒᆞ며又或俘虜를抑留ᄒᆞ며境遇를隨ᄒᆞ야此를殺傷ᄒᆞᆷ을得ᄒᆞᆯ權利를有ᄒᆞ나然이나海賊은諸國軍艦에게逮捕處刑되며野蠻人은文明國에게土地를被奪ᄒᆞᄂᆞᆫ義務가

대해서 가지는 권리이다. 또한 국가 영토 내에 있는 다른 나라 선박, 다른 나라 국민과 국가가 적국 점령지에 있는 개인에 관해 가지는 국제공법상의 권리의무도 그 선박, 인민이 이 법상 인격자가 되는 것이 아니고, 국가가 그 선박 또는 인민의 본국과 그 밖의 여러 나라에 대한 국가관계상에서 가지는 권리의무에 불과하다. 그 때문에 국가가 만일 이 권리를 남용하거나 의무를 위반하는 때에는 피해자인 개인, 개인단체는 가해자인 국가에 대해 이에 항거하며 배상을 청구하는 등 국제공법상 권리를 가지는 것은 아니다. 피해자 소속 본국이 직접 자국 인민의 보호를 주장하여 가해국에 대해 상당한 구제를 요구하는 것이다. 가해국은 문명국 일반에 대한 것과 마찬가지로 피해자 소속 본국에 대해 그 책임을 면할 수 없는 것이다.

국제공법상 각종 권리는 일반 국내법과 같이 의무가 직접 수반하는 것을 필요로 하지 아니한다. 예컨대 국가는 공해상에서 해적을 체포하여 자국 법정에 구속·처형할 수 있다. 또한 어떠한 국가에도 속하지 아니한 야만인의 토지를 선점하고, 전쟁 중 교전국은 적국의 간첩을 처형하거나 또는 포로를 억류하며 경우에 따라서는 이를 살상할 수 있는 권리를 가진다. 그러나 해적은 여러 나라 군함에게 체포·처형되며, 야만인은 문명국에게 토지를 빼앗기는 의무가

無ᄒᆞ며交戰國은間諜을使用ᄒᆞᄂᆞᆫ權利ᄅᆞᆯ有ᄒᆞᆷ과同時에반다시敵國의制裁ᄅᆞᆯ受ᄒᆞᆯ義務가無ᄒᆞ며俘虜ᄂᆞᆫ自由로逃走ᄒᆞᆷ을得ᄒᆞᆷ이本則이오決코抑留ᄅᆞᆯ受ᄒᆞᆯ義務가無ᄒᆞ며更히中立關係로論ᄒᆞ건ᄃᆡ中立國商船이戰時禁制品을交戰國에運送ᄒᆞ거나又或封鎖港에出入ᄒᆞᆷ은國際法上自由에屬ᄒᆞ고交戰國一方은此ᄅᆞᆯ捕獲沒收ᄒᆞᄂᆞᆫ權利ᄅᆞᆯ有ᄒᆞᄂᆞ니如斯히互相抵觸ᄒᆞᄂᆞᆫ權利에對ᄒᆞ야直接의義務가伴隨치아니ᄒᆞᄂᆞᆫ現像은戰時國際法上에大部分을占有ᄒᆞ며此等法則은文明國一般의承認을依ᄒᆞ야交戰國이一定ᄒᆞᆫ個人或物品에關ᄒᆞ야有ᄒᆞᆫ權利됨으로國家ᄂᆞᆫ敵對國及中立國된他國一般에對ᄒᆞ야其權利ᄅᆞᆯ有ᄒᆞᆷ과共히他國은此ᄅᆞᆯ妨害치못ᄒᆞᆯ消極的間接義務ᄅᆞᆯ有ᄒᆞᆯ뿐이라

國際公法의法則은國家의新舊、大小、强弱等을因ᄒᆞ야其權利及義務上에多少의差異가無ᄒᆞᆷ으로交戰國은權利義務의關係上互相平等地位에立ᄒᆞᄂᆞ니凡國際關係에在ᄒᆞ야ᄂᆞᆫ其法則을制定又ᄂᆞᆫ認定ᄒᆞᆯ立法府가無ᄒᆞ며且國家間에紛爭이生ᄒᆞᆫ境遇에在ᄒᆞ야도其事件을審判ᄒᆞ야曲直을判斷ᄒᆞ며其判決을强制的으로執行ᄒᆞᆯ司法機關이不存ᄒᆞᆷ으로國際公法의發達은國內法에比ᄒᆞ야尙今에不

없다. 교전국은 간첩을 사용하는 권리를 가지는 동시에 반드시 적국의 제재를 받을 의무가 없다. 포로는 자유로이 도주할 수 있는 것이 본칙이지 결코 억류를 당할 의무는 없다. 다시 중립관계로 논해보면, 중립국 상선이 전시 금제품을 교전국에 운송하거나 또는 봉쇄항에 출입하는 것은 국제법상 자유에 속하고 교전국 일방은 이를 포획·몰수하는 권리를 가진다. 이와 같이 서로 저촉하는 권리에 대해 직접 의무가 수반하지 아니하는 현상은 전시국제법상에 대부분을 차지하며, 이들 법칙은 문명국 일반의 승인에 따라 교전국이 일정한 개인 또는 물품에 관해 가지는 권리가 된다. 따라서 국가는 적대국과 중립국이 된 다른 나라 일반에 대해 그 권리를 가지는 것과 마찬가지로 다른 나라는 이를 방해할 수 없는 소극적 간접의무를 가질 뿐이다.

국제공법의 법칙은 국가의 신구(新舊), 대소, 강약 등을 원인으로 그 권리와 의무상에 다소의 차이가 없다. 교전국은 권리의무의 관계상 서로 평등한 지위에 선다. 무릇 국제관계에서는 그 법칙을 제정 또는 인정하는 입법부가 없다. 또한 국가 사이에 분쟁이 발생한 경우도 그 사건을 심판하여 옳고 그름을 판단하며, 그 판결을 강제적으로 집행할 사법기관이 존재하지 아니한다. 그러므로 국제공법의 발달은 국내법에 비해 아직

完全ᄒᆞᆫ点이不尠ᄒᆞ며其比較的不完全ᄒᆞᆫ法則을依ᄒᆞ야複雜ᄒᆞᆫ列國關係를處理코져ᄒᆞᆯ진ᄃᆡ國家間에利害의衝突과感情의牴觸을生ᄒᆞ며又或法則의解釋이相異ᄒᆞ야紛議가每多ᄒᆞᆷ은現今에免치못ᄒᆞᆯ理勢라如斯ᄒᆞᆫ紛議ᄂᆞᆫ紛爭國間에直接談判及他國의周旋、居中調停과又或仲裁裁判에依ᄒᆞ야無事妥決ᄒᆞᆷ이極多ᄒᆞᆫ지라就中第十九世紀後半期에至ᄒᆞ야ᄂᆞᆫ列國間의通商이著大히頻繁ᄒᆞᆷ을因ᄒᆞ야國際的經濟關係上으로列國은容易히戰爭을開始ᄒᆞᆷ이不能ᄒᆞᆷ에至ᄒᆞᆷ으로可成的國際紛爭을無事히終局ᄒᆞᄂᆞᆫ必要를感ᄒᆞ야千八百九十九年第一平和會議에在ᄒᆞ야列國은國際紛爭을平和的으로處理ᄒᆞᆯ條約을締結ᄒᆞᆯ시同條約前提文에至ᄒᆞ야云締盟國은「一般平和를維持ᄒᆞᆷ에協力ᄒᆞᄂᆞᆫ事를切望ᄒᆞ야全力으로써國際紛爭을平和的으로處理ᄒᆞᄂᆞᆫ事를幇助ᄒᆞ기로決ᄒᆞᆷ」이라明言ᄒᆞ고第一條에「列國間의關係上兵力에訴ᄒᆞᆯ事를可成的制止ᄒᆞ기爲ᄒᆞ야記名國은國際紛議를平和的으로處理ᄒᆞᄂᆞᆫ事에其全力을盡ᄒᆞᆯ事를約定ᄒᆞᆷ」이라規定ᄒᆞ고其第二章以下에至ᄒᆞ야ᄂᆞᆫ國家間에重大ᄒᆞᆫ意見의衝突又ᄂᆞᆫ紛爭이生ᄒᆞᆫ時ᄂᆞᆫ紛爭國은事情의可許ᄒᆞᆯ限度內에在ᄒᆞ야ᄂᆞᆫ第三國의周旋及居中調停을依賴ᄒᆞ며他

불완전한 점이 적지 아니하며 그 비교적 불완전한 법칙에 따라 복잡한 각국의 관계를 처리하고자 한다. 국가 사이에 이해의 충돌과 감정의 저촉이 발생하거나 또는 법칙의 해석이 상이하여 분규가 늘 많은 것은 지금도 피치 못할 자연의 형세이다. 이와 같은 분규는 분쟁국 사이에 직접담판[1]과 다른 나라의 주선[2], 거중(居中)조정[3] 또는 중재재판에 따라 무사히 타결되는 경우가 매우 많다. 그 중 특히 19세기 후반기에 이르러서는 각국 사이의 통상이 현저히 크게 번잡해짐에 따라 국제적 경제관계상 각국은 쉽게 전쟁을 개시할 수 없게 되었다. 이에 가급적 국제분쟁을 무사히 마무리할 필요를 깨닫고, 1899년 제1차 만국평화회의[4]에서 각국은 국제분쟁을 평화적으로 처리할 조약을 체결하였다. 동 조약 전문[5]에서 말하기를 동맹국은「일반평화를 유지하는데 협력할 것을 간절히 희망하여 전력으로써 국제분쟁을 평화적으로 처리하는 사항을 방조(幇助)[6]하기로 결정한다」라 명언하고, 제1조[7]에「각국 사이의 관계상 병력에 호소할 사항을 가급적 제지(制止)하기 위해 서명국은 국제분규를 평화적으로 처리하는 일에 그 전력을 다할 것을 약정한다」라고 규정하였다. 그 제2장 이하에서는 국가 사이에 중대한 의견의 충돌 또는 분쟁이 발생할 때에는 분쟁국은 사정이 허락하는 한도 내에서는 제3국의 주선과 거중조정을 의뢰하며 다른

1 직접 교섭, 협상(direct negotiation)

2 주선: good offices

3 조정: conciliation

4 1899년 Hague Peace Conference에는 러시아를 비롯하여 26개국이 참석하여 3개의 국제협약과 3개의 선언을 채택하였다.

5 주정균 교재에서 인용한 1899년 헤이그 제1협약 (Pacific settlement of international disputes) 전문(前文)은 첫 번째와 두 번째 문장이며, 영문은 다음과 같다. "Animated by a strong desire to concert for the maintenance of the general peace; Resolved to second by their best efforts the friendly settlement of international disputes;"

6 주정균 교재는 "second"를 "방조(幇助)"로 번역하였으나 현대적 표현은 "지지하다", "찬성하다".

7 1899년 헤이그 제1협약 제1조의 영문은 다음과 같다. Article 1: "With a view to obviating, as far as possible, recourse to force in the relations between States, the Signatory Powers agree to use their best efforts to insure the pacific settlement of international differences." 주정균 교재의 "가급적 제지하기 위해"의 현대적 표현은 "가급적 미연에 방지하기 위하여".

國도ᄯᅩᄒᆞᆫ事情의可許ᄒᆞᆯ限度內에在ᄒᆞ야ᄂᆞᆫ依賴有無를不拘ᄒᆞ고自進ᄒᆞ야周旋又ᄂᆞᆫ居中調停을行ᄒᆞᆷ이可ᄒᆞ며又紛爭國은平和의破裂을豫防ᄒᆞ기爲ᄒᆞ야各一國을選定ᄒᆞ야其事件을談判케ᄒᆞᆯ特別居中調停方法을設ᄒᆞᆫ지라然이나周旋及居中調停은凡勸告의性質을有ᄒᆞᆷ에止ᄒᆞᆷ으로紛爭國이此를他國에依賴ᄒᆞᄂᆞᆫ與否ᄂᆞᆫ其任意에全屬ᄒᆞᆷ과同時에他國이其依賴를酬應ᄒᆞᆷ과自進ᄒᆞ야此를行ᄒᆞᄂᆞᆫ等은ᄯᅩᄒᆞᆫ其任意될ᄲᅮᆫ아니라又此依賴를行ᄒᆞᆷ과酬應ᄒᆞᆷ이幷히事情의可許ᄒᆞᆯ限度에在ᄒᆞ야行ᄒᆞᆯᄲᅮᆫ이니故로此等規定은外交關係上有益ᄒᆞᆷ과同時에實際拘束力이本無ᄒᆞᆫ지라往年日淸戰爭開始前에露國의勸告ᄂᆞᆫ日本國의承諾이無ᄒᆞᆷ을因ᄒᆞ야不果ᄒᆞ얏스며日露戰爭前에行ᄒᆞᆫ談判에至ᄒᆞ야ᄂᆞᆫ紛爭國雙方이共히該事件에對ᄒᆞ야他國의周旋又ᄂᆞᆫ居中調停ᄒᆞᆷ을依賴치아니ᄒᆞ며且海牙條約의締約國된他國도ᄯᅩᄒᆞᆫ紛爭國意思에反ᄒᆞ야此를行ᄒᆞᆷ이無ᄒᆞᆫ바ㅣ라

上述ᄒᆞᆫ바國際紛爭平和的處理條約에在ᄒᆞ야ᄂᆞᆫ特別居中調停과共히國際審査委員及當設仲裁裁判의制度를設ᄒᆞ야其第三章에紛爭國은名譽又ᄂᆞᆫ重大ᄒᆞᆫ利益에無關ᄒᆞ고單히事實上見解에基因ᄒᆞᆫ紛爭을外交手段에依ᄒᆞ야妥協ᄒᆞ기不

나라도 또한 사정이 허락하는 한도 내에서는 의뢰 유무를 불구하고 자진하여 주선 또는 거중조정을 해야 한다. 또한 분쟁국은 평화의 파열을 예방하기 위해 각각 한 나라를 선정하여 그 사건을 담판하게 할 특별거중조정 방법을 갖춘다고 하였다. 그러나 주선과 거중조정은 무릇 권고의 성질을 가지는 것에 그친다. 분쟁국이 이를 다른 나라에 의뢰할 것인지 아닌지도 전적으로 그 임의에 속하고 동시에 다른 나라가 그 의뢰에 응답하는 것과 자진하여 이를 행하는 것 등도 또한 그 임의에 속한다. 그뿐만 아니라 또 이 의뢰를 하는 것과 응답하는 것 모두 사정이 허락하는 한도 내에서 행해질 뿐이다. 그러므로 이들 규정은 외교관계상 유익하나 동시에 실제의 구속력은 본래 없다. 지난 청일전쟁 개시 전에 러시아의 권고는 일본의 승낙이 없었기 때문에 효과가 없었다. 일본-러시아 전쟁 전에 한 담판에서는 분쟁국 쌍방이 모두 당해 사건에 대해 다른 나라의 주선 또는 거중조정을 의뢰하지 않았다. 또한 헤이그(Hague) 조약의 체약국인 다른 나라도 또한 분쟁국 의사에 반해 이를 할 수 없는 것이다.

상술한 바의 국제분쟁의 평화적 처리조약에서는 특별거중조정과 함께 국제심사위원과 상설 중재재판 제도를 두고, 그 제3장에서 분쟁국은 명예 또는 중대한 이익과 관계없이 단순히 사실상 견해에 따른 분쟁을 외교수단에 의해 타협할 수 없는

能ᄒᆞᆫ境遇에ᄂᆞᆫ事情의可許ᄒᆞᆯ限度內에在ᄒᆞ야紛爭國雙方으로브터委員을選出ᄒᆞ야國際審査委員을組織ᄒᆞ야其調査ᄒᆞᆫ結果ᄅᆞᆯ紛爭國政府에報告提出ᄒᆞ야叅考에供케ᄒᆞᆷ이可ᄒᆞ다ᄒᆞ얏스나其委員을設ᄒᆞᆷ에ᄂᆞᆫ（一）紛爭事件이國家名譽又ᄂᆞᆫ重大ᄒᆞᆫ利益에反치아니ᄒᆞᆫ事（二）其境遇에在ᄒᆞ야도事情의可許ᄒᆞᆯ限度內에在ᄒᆞ야認ᄒᆞᆯ바ㅣ니반다시紛爭國合意에基ᄒᆞᆫ事（三）其報告ᄂᆞᆫ紛爭國政府의叅考에供ᄒᆞᆷ에不過ᄒᆞᄂᆞ니故로此制度ᄂᆞᆫ善美ᄒᆞᆷ과同時에또ᄒᆞᆫ絕對的拘束力이無ᄒᆞ며且列國通商의發達과共히經濟上理由에基因ᄒᆞ야列國은其紛爭을容易히戰爭에訴ᄒᆞ기不能ᄒᆞ며又ᄂᆞᆫ多小戰爭으로件生ᄒᆞᄂᆞᆫ不利益을感ᄒᆞᆯ뿐아니라紛爭을際ᄒᆞ야ᄂᆞᆫ互相自國의威嚴을失墜치아니ᄒᆞ고其事件을平和的으로終局ᄒᆞᄂᆞᆫ方法을取ᄒᆞ야因ᄒᆞ야仲裁裁判을歡迎ᄒᆞᆷ에至ᄒᆞᆷ으로第十九世紀中百三十六件의紛爭은幷히此方法을依ᄒᆞ야無事妥決될뿐아니라千八百七十三年에伊國國會ᄂᆞᆫ同國이他國과締約ᄒᆞᆫ條約中에其條約의解釋及實行에關ᄒᆞᄂᆞᆫ問題ᄅᆞᆯ仲裁裁判에依決ᄒᆞᆯ條項을規定ᄒᆞᆷ이可ᄒᆞᆫ事ᄅᆞᆯ政府에建議ᄒᆞᆷ으로브터以來其先例ᄂᆞᆫ諸國의因襲ᄒᆞᆫ바ㅣ될뿐아니라一定ᄒᆞᆫ事項에基因ᄒᆞᄂᆞᆫ紛議ᄅᆞᆯ幷히仲

경우에는, 사정이 허락하는 한도 내에서 분쟁국 쌍방으로부터 위원을 선출하여 국제심사위원을 조직하고 그 조사한 결과를 분쟁국 정부에 보고·제출하여 참고에 제공할 수 있다고 하였다. 그러나 그 위원을 세울 때에는 ① 분쟁 사건이 국가의 명예 또는 중대한 이익에 반하지 아니할 것, ② 그 경우에도 사정이 허락할 한도 내에 있어야 하고, 반드시 분쟁국 합의에 기초할 것, ③ 그 보고는 분쟁국 정부의 참고에 제공하는 것에 불과하다고 규정하였다. 따라서 이 제도는 착하고 아름답지만 동시에 또한 절대적 구속력이 없다. 또한 각국 통상의 발달과 더불어 경제상 이유에 기인하여 각국은 그 분쟁을 쉽게 전쟁에 호소할 수 없거나 또는 많건 적건 전쟁에 수반하여 발생하는 불이익을 느끼며, 그뿐만 아니라 분쟁에서는 서로 자국의 위엄을 실추시키지 아니하고 그 사건을 평화적으로 마무리하는 방법을 취하게 되었다. 이에 따라 중재재판을 환영하기에 이르러 19세기 중 136건의 분쟁은 모두 이 방법에 따라 무사히 타결되었다. 그뿐만 아니라 1873년에 이탈리아 국회는 동국이 다른 나라와 체결한 조약 중에 그 조약의 해석과 실행에 관한 문제를 중재재판에 의뢰하여 해결할 조항을 규정해야 할 것을 정부에 건의한 때부터 그 선례는 여러 나라의 인습(因襲)으로 되었다. 그뿐만 아니라 일정한 사항에 따르는 분규를 아울러

裁裁判에付ᄒᆞᆷ이可ᄒᆞ다云云ᄒᆞᄂᆞᆫ條約은千八百七十二年에中央亞米加五共和國間에此를締結ᄒᆞᆫ以來로南北亞米利加諸國及歐洲諸國間에在ᄒᆞ야도如斯ᄒᆞᆫ條約이增加ᄒᆞ며千八百九十年에南北亞米利加洲十個國은其國家間에在ᄒᆞᆫ一切紛爭을仲裁裁判에依ᄒᆞ야終局ᄒᆞᆷ이可ᄒᆞᆯ條約을締結ᄒᆞ얏스며因ᄒᆞ야第一平和會議에在ᄒᆞ야ᄂᆞᆫ露國政府ᄂᆞᆫ不法의損害에基因ᄒᆞᄂᆞᆫ金錢上要求及政事上性質을不有ᄒᆞᆫ國際條約特히萬國聯合의名義로써ᄒᆞᆫ諸條約의解釋及適用에關ᄒᆞᆫ紛議ᄂᆞᆫ幷히仲裁裁判에付ᄒᆞᆷ이可ᄒᆞ다云ᄒᆞᄂᆞᆫ議案을提出ᄒᆞ얏스나此提議ᄂᆞᆫ德國의强硬ᄒᆞᆫ反對를因ᄒᆞ야否決된結果로同會議ᄂᆞᆫ條約第一六條에「法律問題就中國際條約의解釋又ᄂᆞᆫ適用에關ᄒᆞᆫ問題에對ᄒᆞ야ᄂᆞᆫ記名國은外交上手段을依ᄒᆞ야結了ᄒᆞ기不能ᄒᆞᆫ紛爭을處理ᄒᆞᆯ時를當ᄒᆞ야ᄂᆞᆫ仲裁裁判으로써最有効ᄒᆞ며最公平ᄒᆞᆫ方法으로認ᄒᆞᆷ」이라云ᄒᆞᄂᆞᆫ勸告的規定을設ᄒᆞ고第一九條에「記名國은仲裁裁判에可히付得ᄒᆞᆷ으로思考ᄒᆞᄂᆞᆫ境遇에義務的仲裁々判을普及케ᄒᆞ기爲ᄒᆞ야本條約批準前又ᄂᆞᆫ其後에在ᄒᆞ야一般或은特別의新協定을爲ᄒᆞᆯ權利를保留ᄒᆞᆷ」이라規定ᄒᆞ고同條約中에ᄂᆞᆫ如何ᄒᆞᆫ事項을義務的仲裁裁判에可

중재재판에 회부해야 한다고 하는 조약은 1872년에 중앙아메리카 5개 공화국이 이를 체결한 이래로 남북아메리카 여러 나라 및 유럽 여러 나라 사이에서도 이와 같은 조약이 증가하였다. 1890년에 남북아메리카 10개국은 그 국가들 사이에 존재하는 일체의 분쟁을 중재재판에 따라 마무리할 수 있게 하는 조약을 체결하였다. 이에 따라 1899년 제1차 만국평화회의에서는 러시아 정부는 불법의 손해에 따르는 금전상 요구와 정치적 성질을 갖지 아니하는 국제조약 특히 만국 연합의 명의로써 한 여러 조약의 해석과 적용에 관한 분규는 아울러 중재재판에 회부해야 한다고 하는 의안을 제출하였다. 그러나 이 제의는 독일의 강경한 반대에 따라 부결되었다. 그 결과 동 회의는 조약 제16조에 「법률문제 그 중 특히 국제조약의 해석 또는 적용에 관한 문제에 대해서는 서명국은 외교상 수단에 의해 종료할 수 없는 분쟁을 처리할 때에는 중재재판을 가장 유효하고 가장 공평한 방법으로 인정한다」라고 하는 권고적 규정을 두고, 제19조에 「서명국은 중재재판에 회부할 수 있다고 생각하는 경우에 의무적 중재재판을 보급하기 위해 이 조약 비준 전 또는 그 후에 일반 또는 특별의 신 협정을 체결할 권리를 보류한다」라고 규정하였다. 동 조약 중에는 어떠한 사항을 의무적 중재재판에

付ᄒᆞᆯ與否를不設ᄒᆞ얏스나國家의名譽又는重大ᄒᆞᆫ利益에無關ᄒᆞᆫ問題就中法律問題及國際條約의解釋及適用에關ᄒᆞ야는近來歐米諸國間에義務的仲裁々判條約을締結ᄒᆞ는事가益多ᄒᆞ야因ᄒᆞ야千九百七年第二平和會議에在ᄒᆞ야米國委員으로브터「도란고」主義의議案을提出ᄒᆞ야國家는其國民이他國에對ᄒᆞ야有ᄒᆞᆫ契約上의債權을履行케ᄒᆞ기爲ᄒᆞ야强制力을他國에加ᄒᆞᆷ을不許ᄒᆞ고其事件은仲裁々判에付ᄒᆞᆷ이可ᄒᆞᆫ事를提議ᄒᆞᆷ에至ᄒᆞᆫ바ㅣ라

「도란고」主義에依ᄒᆞ야國家가他國人民에對ᄒᆞᆫ契約上債務執行에關ᄒᆞ야其人民의本國은此를仲裁々判에付ᄒᆞᆷ이可ᄒᆞᆫ事를第二平和會議條約中에規定ᄒᆞᆷ에至ᄒᆞᆷ은列國을通ᄒᆞ야義務的仲裁々判의一例를生ᄒᆞ얏다云ᄒᆞᆯ지나然이나現行國際公法及列國條約에在ᄒᆞ야는如何ᄒᆞᆫ事項이든지列國의義務로반다시仲裁々判에付ᄒᆞᆷ이可ᄒᆞ다ᄒᆞ는法則이姑無ᄒᆞ며且國際紛爭平和的處理條約第二〇條以下에至ᄒᆞ야海牙府에常設仲裁々判所를設ᄒᆞ고其組織及裁判節次를詳細히規定ᄒᆞ얏스나是는單히紛爭國의合議로써紛爭事件을仲裁裁判에付코져ᄒᆞ는境遇의便宜를計圖ᄒᆞᆯ뿐이오其紛議를紛爭國一方又雙方이仲裁々判에

회부할 수 있는지의 여부를 설정하지 않았다. 그러나 국가의 명예 또는 중대한 이익과 무관한 문제 그 중 특히 법률문제와 국제조약의 해석과 적용에 관해서는 근래 유럽과 미국 사이에 의무적 중재재판조약을 체결하는 경우가 더욱 많아졌다. 이에 따라 1907년 제2차 만국평화회의[1]에서 미국 대표가 「드라고」주의(Drago doctrine)[2]의 의안을 제출하여, 국가는 그 국민이 다른 나라에 대해 가지는 계약상의 채권을 이행하게 하기 위해 강제력을 다른 나라에 가하는 것을 허용하지 아니하고 그 사건은 중재재판에 회부해야 한다는 것을 제의하기에 이르렀다.

「드라고」주의에 따라 국가가 다른 나라 인민에 대한 계약상 채무집행에 관해 그 인민의 본국은 이를 중재재판에 회부해야 할 것을 1907년 제2차 만국평화회의 조약 중에 규정하게 된 것은 각국을 통해 의무적 중재재판의 한 예를 발생시켰다고 말할 수 있다. 그러나 현행 국제공법과 각국 조약에서는 어떠한 사항이든지 각국의 의무로 반드시 중재재판에 회부해야 한다고 하는 법칙은 아직 없다. 또한 국제분쟁의 평화적 처리조약 제20조 이하에서 네덜란드 헤이그에 상설중재재판소를 두고 그 조직과 재판절차를 상세히 규정하였으나, 이는 단순히 분쟁국의 합의(合議)로써 분쟁사건을 중재재판에 회부하고자 하는 경우의 편의를 도모할 뿐이다. 그 분규를 분쟁국 일방 또는 쌍방이 중재재판에 회부할 것인지의 여부는 또한 그 임의에 속한다.

1 1907년 Hague Peace Conference에는 미국을 비롯하여 50여개국이 참석하여 13개의 국제협약을 채택하였다.

2 Drago는 당시 아르헨티나의 외무장관으로서 국가의 공공채무의 변제를 이유로 군사무력개입을 용인할 수 없다는 주장을 하였다.

付ᄒᆞᄂᆞᆫ與否ᄂᆞᆫ幷히其任意에屬ᄒᆞ며其雙方合意에基因ᄒᆞ야仲裁々判에付ᄒᆞᄂᆞᆫ境遇에至ᄒᆞ야도반다시海牙常設仲裁々判에提出ᄒᆞᄂᆞᆫ義務가無ᄒᆞ고別로仲裁者ᄅᆞᆯ選定ᄒᆞᆷ을得ᄒᆞᆯ事ᄂᆞᆫ第二一條에依ᄒᆞ야明白ᄒᆞ니從ᄒᆞ야國家間의紛爭이紛爭國間의直接談判又ᄂᆞᆫ他國의周旋、居中調停、仲裁々判等에依ᄒᆞ야平和的으로終局ᄒᆞ기不能ᄒᆞᆯ時ᄂᆞᆫ當事國이互相侵害됨으로思量ᄒᆞᄂᆞᆫ權利ᄅᆞᆯ擁護ᄒᆞ기爲ᄒᆞ야兵力에訴ᄒᆞ야其主張又ᄂᆞᆫ要求ᄅᆞᆯ貫徹코저ᄒᆞᆯ뿐아니라設或「ᄯᅩ란교」主義에依ᄒᆞ야一定ᄒᆞᆫ紛爭을仲裁々判에付ᄒᆞᄂᆞᆫ義務ᄅᆞᆯ條約으로써約定ᄒᆞᆫ境遇에在ᄒᆞ야도其義務ᄅᆞᆯ有ᄒᆞᆫ國家가其事件을仲裁々判에付ᄒᆞᆷ을不肯ᄒᆞ거나又其判決에不從ᄒᆞᆯ時ᄂᆞᆫ相對國은自己의權利ᄅᆞᆯ擁護ᄒᆞ기爲ᄒᆞ야兵力에必訴ᄒᆞᆯ지니故로國際公法에在ᄒᆞ야ᄂᆞᆫ戰爭으로써國際紛議ᄅᆞᆯ決了ᄒᆞᄂᆞᆫ最終의手段으로看做ᄒᆞᄂᆞᆫ所以라

國際公法의本旨ᄂᆞᆫ몬데스큐의云ᄒᆞᆷ과如히「諸國이現實의利益을傷害ᄒᆞᆷ이無ᄒᆞ고可히行得ᄒᆞᆯ限度內에在ᄒᆞ야平時에ᄂᆞᆫ最大의善行을行ᄒᆞ며戰時에ᄂᆞᆫ最小의惡行을行코저ᄒᆞᄂᆞᆫ主義에基因」ᄒᆞᆫ바로平時關係ᄂᆞᆫ戰時關係보다몬저發達

회부할 것인지의 여부는 또한 그 임의에 속한다. 그 쌍방 합의(合意)에 따라 중재재판에 회부하는 경우에도 반드시 헤이그 상설중재재판에 제출할 의무가 없고, 따로 중재인을 선정할 수 있는 것은 제21조에 따라 명백하다. 따라서 국가 사이의 분쟁이 분쟁국 사이의 직접 담판 또는 다른 나라의 주선, 거중조정, 중재재판 등에 의해 평화적으로 마무리할 수 없는 때에는, 당사국은 서로 침해된 것으로 생각하고 헤아리는 권리를 옹호하기 위해 병력에 호소하여 그 주장 또는 요구를 관철하고자 한다. 그뿐만 아니라 설령「드라고」주의에 따라 일정한 분쟁을 중재재판에 회부하는 의무를 조약으로 약정한 경우에도, 그 의무를 진 국가가 그 사건을 중재재판에 회부하는 것을 즐겨 받아들이지 아니하거나 또는 그 판결에 따르지 아니할 때에는, 상대국은 자기의 권리를 옹호하기 위해 병력에 반드시 호소할 것이다. 그 때문에 국제공법에서는 전쟁으로 국제분규를 종결하는 최종의 수단으로 간주하게 되는 것이다.

국제공법의 근본 취지는 몽테스키외(Motesquieu)가 말한 바와 같이「여러 나라가 현실의 이익을 손상 입지 아니하고 할 수 있는 한도 내에서 평시에는 최대의 선행을 하며, 전시에는 최소의 악행을 하고자 하는 주의에 기인」하는 데 있다. 따라서 평시관계는 전시관계보다 먼저 발달하였던

ᄒᆞᆫ바ㅣ니古昔希臘、羅馬時代에在ᄒᆞ야外國人을敵人、野蠻人과同視ᄒᆞ며外國에對ᄒᆞ야ᄂᆞᆫ恒常敵對關係에立ᄒᆞ얏스나戰爭에關ᄒᆞᆫ諸種法規가存生ᄒᆞ얏스며中世地中海沿岸諸都市間에行ᄒᆞ든海上慣例ᄂᆞᆫ捕獲에關ᄒᆞᆫ現行法의基礎를成ᄒᆞᆷ을不拘ᄒᆞ고戰爭의勝敗ᄂᆞᆫ國家의盛衰存亡에有關ᄒᆞᄂᆞ니是以로交戰當事者ᄂᆞᆫ互相自衛他排에汲々ᄒᆞ야敵對者의生命、財産을顧念ᄒᆞ기無暇ᄒᆞᄂᆞ니自他의權利關係를論ᄒᆞᄂᆞᆫ戰時國際法의發達은可望ᄒᆞᆯ事가아님과如ᄒᆞᆫ지라千六百二十五年에구로슈스氏가「戰爭及平和의法」이라稱ᄒᆞᄂᆞᆫ書를著ᄒᆞ야中世以來歐洲諸國이戰時에行ᄒᆞᆫ바殘忍ᄒᆞᆫ行爲를批難ᄒᆞ고戰爭의慘害를可成的減輕코저ᄒᆞ야平時의法則보다戰時의法規를重視ᄒᆞᆯ事를唱道ᄒᆞᆫ以來多數學者의所論이非無ᄒᆞ나第十八世紀末葉에至ᄒᆞ기ᄭᆞ지戰時國際公法의發達을未見ᄒᆞᆫ바ㅣ며現行戰時國際法規의重要ᄒᆞᆫ部分은第十九世紀以來의發達ᄒᆞᆫ者ㅣ라云ᄒᆞᆯ지나然이나凡未開時代戰鬪에在ᄒᆞ야도殘忍ᄒᆞᆫ行爲가不少ᄒᆞᆷ과同時에人類社會에必然伴生ᄒᆞᄂᆞᆫ現象譬컨ᄃᆡ敵人에對ᄒᆞ야幾分의好誼及人精에基因ᄒᆞᆫ行爲의證跡은古今歷史에可徵ᄒᆞᆯ지라如斯ᄒᆞᆫ好誼及人情은人文의發達과共히戰爭行

것이다. 옛날 그리스, 로마 시대에서 외국인을 적인(敵人), 야만인과 동일시하며 외국에 대해서는 항상 적대관계에 섰다. 그러나 전쟁에 관한 여러 종류의 법규가 존재하였다. 중세 지중해 연안 여러 도시 사이에 행해진 해상관례는 포로에 관한 현행법의 기초를 형성하였음에도 불구하고, 전쟁의 승패는 국가의 융성·존망과 관계가 있었다. 이에 따라 교전 당사자는 서로 자위·배타에 급급하여 적대자의 생명과 재산을 돌아볼 겨를이 없었다. 그러므로 자기와 타인의 권리관계를 논하는 전시국제법의 발달은 바랄 수 없는 일이나 마찬가지였다. 1625년에 Hugo Grotius가 『전쟁과 평화의 법』(*De jure Belli ac Pacis*)이라는 책을 저술하여, 중세 이래 유럽 여러 나라가 전시에 저질렀던 잔인한 행위를 비난하고 전쟁의 참혹한 해를 가급적 감경하고자 평시의 법칙보다 전시의 법규를 중시할 것을 주장한 이래, 다수학자의 주장하는 바가 없지 않았다. 그러나 18세기 말엽에 이르기까지 전시국제공법의 발달은 볼 수 없었다. 현행 전시국제법규의 중요한 부분은 19세기 이래 발달한 것이라고 할 수 있다. 그러나 무릇 미개시대의 전투에서도 잔인한 행위가 적지 않았던 것과 동시에 인류사회에 필연적으로 수반하여 발생하는 현상, 예컨대 적인에 대해 약간의 호의와 인정에 따른 행위의 증거가 되는 자취는 고금의 역사에서 증명할 수 있다. 이와 같은 호의와 인정은 인문(人文)의 발달과 함께 전쟁

爲의慣例를生ᄒᆞ야今日에至ᄒᆞ야ᄂᆞᆫ戰爭에關ᄒᆞ야儼然ᄒᆞᆫ一定의法規를成ᄒᆞ얏ᄉᆞ니苟其戰爭의目的을達홈에直接關係가無ᄒᆞᆫ바殘忍ᄒᆞᆫ行爲ᄂᆞᆫ此를不認ᄒᆞ며强力의使用은德義를尊重히ᄒᆞᄂᆞᆫ國家性格과必伴ᄒᆞᆯ지니即交戰者ᄂᆞᆫ互相間其目的을達홈에直接必要ᄒᆞᆫ程度內에在ᄒᆞ야兵力을使用ᄒᆞᆯᄲᅮᆫ이라然而戰爭의目的은敵國으로ᄒᆞ야곰自國의要求를容認케홈에在ᄒᆞ니敵國으로ᄒᆞ야곰自國의要求를容認케홈에可至ᄒᆞᆯ兵力使用에程度ᄂᆞᆫ抽象的으로一定ᄒᆞ기不能ᄒᆞ며且敵의抵抗如何에依ᄒᆞ야此에對ᄒᆞᄂᆞᆫ暴力의使用에至ᄒᆞ야도大少、强弱의差異가非無ᄒᆞ나然이나國際關係上列國一般에適用ᄒᆞᆯ兵力使用의程度를定ᄒᆞ야敵의抵抗에應ᄒᆞᄂᆞᆫ强力의種類及程度에差異가無홈에至ᄒᆞ얏ᄉᆞ니如斯ᄒᆞᆫ慣例ᄂᆞᆫ即交戰關係에在ᄒᆞᆫ現行法을組成홈에至ᄒᆞᆫ바ㅣ라

局外中立의法則은第十九世紀以後에發達ᄒᆞᆫ바ㅣ니盖局外中立의名稱은千七百五十七年에부텔氏가唱道ᄒᆞᆫ以來今日에至ᄒᆞ야도尙且幼稚홈을未免ᄒᆞᆯ지라往昔希臘、羅馬時代에ᄂᆞᆫ平時에在ᄒᆞ야도一切의外國을敵國으로看做ᄒᆞ얏ᄉᆞ며中世에至ᄒᆞ야ᄂᆞᆫ歐洲全體를通ᄒᆞ야單히戰爭及平和의關係가有ᄒᆞᆯᄲᅮᆫ이오局

행위의 관례를 발생하게 하여, 오늘날에 이르러서는 전쟁에 관해 엄연한 일정한 법규를 성립하게 하였다. 참으로 그 전쟁의 목적을 달성하는 것과 직접 관계가 없는 잔인한 행위는 이를 인정할 수 없다. 강한 힘의 사용은 덕행과 의리를 존중하는 국가의 성격과 반드시 수반되어야 한다. 즉 교전자는 서로 사이에 그 목적을 달성하는데 직접 필요한 정도 내에서 병력을 사용할 뿐이다. 그러나 전쟁의 목적은 적국으로 하여금 자국의 요구를 용인하게 하는데 있다. 적국으로 하여금 자국의 요구를 용인하게 하는데 이를 수 있는 병력 사용의 정도는 추상적으로 일정할 수 없다. 또 적의 저항 여하에 따라 이에 대한 폭력의 사용에서도 대소, 강약의 차이가 없을 수 없다. 그러나 국제관계상 각국 일반에 적용할 병력 사용의 정도를 정해 적의 저항에 따른 강한 힘의 종류와 정도에 차이가 없게 되었다. 이와 같은 관례는 곧 교전관계에 존재하는 현행법을 조성하기에 이른 것이다.

국외중립(Neutrality)의 법칙은 19세기 이후에 발달한 것이다. 대개 국외중립의 명칭은 1757년에 Vattel이 주장한 이래 오늘날에 이르러서도 아직 유치함을 면하지 못하고 있다. 오랜 옛날 그리스, 로마시대에는 평시에도 일체의 외국을 적국으로 간주하였다. 중세에 이르러서는 유럽 전체를 통하여 단지 전쟁과 평화의 관계가 있을 뿐이고

外中立의觀念이頓無ᄒᆞ얏고第十六世紀頃에至ᄒᆞ야ᄂᆞᆫ國家間의條約으로써締盟國은其一方에對ᄒᆞᄂᆞᆫ敵國을加勢치아니ᄒᆞ며又其人民이此에幇助ᄒᆞᄂᆞᆫ事를防止ᄒᆞ기로約定ᄒᆞᆷ이頗多ᄒᆞ얏스며降ᄒᆞ야第十七世紀에至ᄒᆞ야ᄂᆞᆫ戰爭의多數ᄂᆞᆫ海上에셔行ᄒᆞᆷ으로因ᄒᆞ야第三國의交通、通商에直接의影響을及ᄒᆞᆫ지라是以로第十八世紀의學者ᄂᆞᆫ局外中立에關ᄒᆞᄂᆞᆫ諸問題를研究ᄒᆞ야발트沿岸諸國의武裝中立同盟의宣言과佛國革命戰爭及那翁戰爭時에米國이取ᄒᆞᆫ바强硬ᄒᆞᆫ態度를依ᄒᆞ야其學說이實行됨에至ᄒᆞᆫ바ㅣ라

局外中立의法則中交戰國이第三國人民의船舶及積載物에對ᄒᆞᄂᆞᆫ臨檢、捜索等海上捕獲의法則은第十四世紀의「곤소라도델말」法典中에其規定이已有ᄒᆞ얏스니今日所謂局外中立의一部分은如斯히起源이已久ᄒᆞ나國家的中立關係ᄂᆞᆫ前世紀以來發達ᄒᆞᆫ바ㅣ니卽第十七世紀以來國家ᄂᆞᆫ他國間의戰爭이有ᄒᆞᆯ時를際ᄒᆞ야 第三者의 地位를保有ᄒᆞᆷ이 適當ᄒᆞᆷ으로 認ᄒᆞ며交戰者ᄂᆞᆫ其關係上第三國이自國의敵國을助勢ᄒᆞᄂᆞᆫ바不利益을除去코져ᄒᆞᆷ과同時에第三國은自國에關係가無ᄒᆞᆫ他國間의戰爭에干與ᄒᆞᄂᆞᆫ不利益을務避ᄒᆞ야戰爭中에在ᄒᆞ야

국외중립의 관념이 거의 없었다. 16세기 경에 이르러 국가 사이의 조약으로 체약국은 그 일방에 대해서는 적국에 가세하지 아니하며 또 그 인민이 이에 방조하는 것을 방지하기로 약정하는 것이 매우 많아졌다. 후세로 내려와 17세기에는 다수의 전쟁이 해상에서 일어남에 따라 제3국의 교통, 통상에 직접 영향을 미치게 되었다. 이에 따라 18세기의 학자는 국외중립에 관한 여러 문제를 연구하였고, 발틱(Baltic) 연안 여러 나라의 무장중립동맹 선언[1]과 나폴레옹 전쟁 당시에 미국이 취한 바의 강경한 태도에 따라 그 학설이 실행되었다.

국외중립의 법칙 중 교전국이 제3국의 선박과 적재화물에 대한 임검, 수색 등 해상포획의 법칙은 14세기의 「콘소라토델마레(Consolato del mare)」 법전[2] 중에 그 규정이 이미 있었다. 그러므로 오늘날 이른바 국외중립의 일부분은 이와 같이 기원이 이미 오래되었으나, 국가적 중립관계는 전(前)세기 이래 발달한 것이다. 즉 17세기 이래 국가는 다른 나라 사이의 전쟁이 있을 때에 제3자의 지위를 보유하는 것이 적당한 것으로 인정하며, 교전자는 그 관계상 제3국이 자국의 적국을 조력하는 불이익을 제거하고자 하려는 것, 또 이와 동시에 제3국은 자국과 관계가 없는 다른 나라 사이의 전쟁에 간여하는 불이익을 힘써 피하여 전쟁 중에도

1 무장중립(armed neutralities)은 1780년 러시아가 당시 영국이 프랑스와 스페인 연합과 전쟁을 치를 때 중립국 선박의 안전을 보장해 줄 것을 요구한 서한에서 비롯된다. 러시아는 관련 내용에 대하여 덴마크, 스웨덴와 각각 협정을 체결하였으며, 이는 네덜란드, 프러시아, 오스트리아, 포르투갈 역시 동참하였다.

2 중세기 국제해상 관습을 성문화한 법전을 일컫는다. 영어로는 Customs of the Sea.

도交戰國雙方에對ᄒᆞ야平和의交通、通商을繼續ᄒᆞᄂᆞᆫ利益을圖謀코져ᄒᆞᄂᆞᆫ等二個의原因을因ᄒᆞ야今日所謂戰時國際法中第三國은中立國으로戰爭以外에在ᄒᆞᄂᆞᆫ權利義務를生홈에至ᄒᆞᆫ바ㅣ라故로局外中立의法則中一部分은平時國際法上의規定을戰時에敷衍ᄒᆞ야交戰國과中立國의關係를定ᄒᆞ며他一部分은交戰者가戰爭遂行에伴有ᄒᆞᄂᆞᆫ權利의法則과平時의法則間에抵觸ᄒᆞᄂᆞᆫ点을折衷홈으로브터生ᄒᆞ며又他一部分은戰爭中交戰國과中立國의利害가衝突되ᄂᆞᆫ結果로出來ᄒᆞᆫ바됨은事實上明白ᄒᆞ나然이나平和關係의法則과戰爭關係의法則은根本的相容치못ᄒᆞᆯ点이有ᄒᆞᆯ뿐아니라戰爭中交戰國이敵國에對ᄒᆞᄂᆞᆫ戰爭遂行上의利益과中立國이同一國에對ᄒᆞ야平和關係를有ᄒᆞᄂᆞᆫ間에利害가互相衝突홈은自然ᄒᆞᆫ大勢니此를折衷홈으로브터從出ᄒᆞᆫ局外中立의法則도容易히一定ᄒᆞ기不能홈은勿論이며且其法則의發達은其日이尙淺홈으로細目에至ᄒᆞ야도法則이一定치아니ᄒᆞᆯ뿐아니라局外中立의法則全部를通ᄒᆞ야學說이二派에岐分ᄒᆞ니其一은中立國의便宜를主眼ᄒᆞ야平和關係되ᄂᆞᆫ國家權利를重視ᄒᆞ고其一은交戰者利益을基本ᄒᆞ야戰爭遂行의權利를祖護ᄒᆞ나然이나中立關係

교전국 쌍방에 대해 평화의 교통, 통상을 계속하는 이익을 도모하고자 하려는 것 등 두 가지 원인에 의해, 오늘날 이른바 전시국제법 중에 제3국에 대해 중립국으로서 전쟁 이외에 존재하는 권리의무를 발생하기에 이른 것이다. 이에 따라 국외중립의 법칙 중 일부분은 평시국제법상의 규정을 전시에 부연하여 교전국과 중립국의 관계를 정하며, 다른 일부분은 교전자가 전쟁 수행에 수반하여 가지는 권리의 법칙과 평시의 법칙 사이에 저촉하는 점을 절충하는 것에서부터 발생하였다. 또 다른 일부분은 전쟁 중 교전국과 중립국의 이해가 충돌되는 결과에서 발생한 것이 사실상 명백하다. 그러나 평화관계의 법칙과 전쟁관계의 법칙은 근본적으로 서로 용인할 수 없는 점이 있다. 그뿐만 아니라 전쟁 중 교전국이 적국에 대한 전쟁 수행상의 이익과 중립국이 동일국에 대해 평화관계를 유지하는 것 사이에 이해가 서로 충돌하는 것은 자연스러운 대세이다. 그러므로 이를 절충하는 것에서 비롯한 국외중립의 법칙도 쉽게 특정할 수 없는 것은 물론이다. 또 그 법칙의 발달은 그 시일이 얼마 되니 아니하여 세목(細目)에서도 법칙이 일정하지 아니하다. 그뿐만 아니라 국외중립의 법칙 전부를 통하여 학설이 두 파(派)로 나뉘고 있다. 그 하나는 중립국의 편의를 주된 목표로 하여 평화관계에서의 국가권리를 중시하고, 다른 하나는 교전자의 이익을 기본으로 하여 전쟁 수행의 권리를 비호한다. 그러나 중립관계의의法則은古來交戰國이戰爭遂行上必要로認ᄒᆞ야保有ᄒᆞᆯ多大의權利를制限ᄒᆞᆷ으로브터發達ᄒᆞ야因ᄒᆞ야近世에至ᄒᆞ야ᄂᆞᆫ交戰國의權利를限局ᄒᆞᆷ과共히戰爭中多數中立國一般의利益을擴張ᄒᆞᄂᆞᆫ傾向이有ᄒᆞᆫ바ㅣ라

## 第三章 戰爭의定義

多數學者의戰爭에關ᄒᆞᆫ定義를據ᄒᆞ건ᄃᆡ시셰론氏ᄂᆞᆫ「兵力에依ᄒᆞ야解決ᄒᆞᄂᆞᆫ紛爭」이라云ᄒᆞ며젠지리스氏ᄂᆞᆫ「正式的兵力으로써行ᄒᆞᄂᆞᆫ公然의爭鬪」ㅣ라云ᄒᆞ며구로슈스氏ᄂᆞᆫ「兵力에依ᄒᆞ야紛爭을解決ᄒᆞᄂᆞᆫ個人間의狀態」ㅣ라云ᄒᆞ며부델氏ᄂᆞᆫ「吾人이兵力에依ᄒᆞ야吾人의權利를實行ᄒᆞᄂᆞᆫ狀態」ㅣ라云ᄒᆞ며하렉구氏ᄂᆞᆫ「國家間又ᄂᆞᆫ國家의部分間에兵力으로써實行ᄒᆞᄂᆞᆫ爭鬪」ㅣ라云ᄒᆞ며갈부氏ᄂᆞᆫ「國民間或은相異ᄒᆞᆫ政事上黨派에屬ᄒᆞᆫ同一國民間에在ᄒᆞ야平和的交誼的方法에依ᄒᆞ야取得ᄒᆞ기不能ᄒᆞᆫ바善良ᄒᆞᆫ調和關係를捨ᄒᆞ고兵力에依ᄒᆞ야强取를目的ᄒᆞᄂᆞᆫ抗敵의非常ᄒᆞᆫ狀態」ㅣ라云ᄒᆞ며데부이스氏ᄂᆞᆫ「國家間或은國家의部分間에在ᄒᆞᆫ兵力의爭鬪라云ᄒᆞ얏스나然이나此等諸說은幷히戰爭의定義를廣義에失ᄒᆞ야國際法上에立論ᄒᆞᆯ價値가無ᄒᆞᄂᆞ니個人間에兵器로써行

법칙은 옛날부터 교전국이 전쟁 수행상의 필요에서 인정하여 보유하는 많은 권리를 제한하는 것에서부터 발달하였다. 이에 따라 근세에는 교전국의 권리를 한정하는 것과 함께 전쟁 중 다수 중립국 일반의 이익을 확장하는 경향에 있다.

## 제3장 전쟁의 정의

다수 학자의 전쟁에 관한 정의를 거론해 본다. Cicéron은 「병력에 의해 해결하는 분쟁」이라 하며, Gentili[1]는 「정식의 방법으로 병력으로써 하는 공연한 쟁투」라고 한다. Grotius는 「병력에 의해 분쟁을 해결하는 개인 사이의 상태」라고 하며, Vattel은 「우리가 병력에 의해 우리의 권리를 실행하는 상태」라고 한다. Halleck[2]는 「국가 사이 또는 국가의 부분 사이에 병력으로써 실행하는 쟁투」라 하며, Calvo[3]는 「국민 사이 또는 상이한 정치상의 당파(黨派)에 속한 동일 국민 사이에서 평화적·우호적 방법에 따라 취득할 수 없는 선량한 조화관계를 버리고 병력에 의해 강탈을 목적으로 적과 맞서는 비상한 상태」라고 한다. Davis는 「국가 사이 또는 국가의 부분 사이에서의 병력의 쟁투」라 한다. 그러나 이들 학설은 모두 전쟁의 정의를 광의로 본 허물이 있어[4] 국제법상 입론할 가치가 없다. 개인 사이에 병기를 가지고

1 Gentili (Gentilis) Alberico (1552-1608) 이태리 법률가로서 영국 옥스퍼드대 로마법 교수.
2 Henry Wager Halleck (1815-1872) 미국의 육군 장교, 법률가.
3 Carlos Calvo (1824-1906) 아르헨티나 역사학자 법률가.
4 "전쟁의 정의를 광의로 본 허물이 있어"의 현대적 표현은 "전쟁의 개념을 너무 넓게 파악한 단점이 있어서".

ᄒᆞᄂᆞᆫ爭鬪ᄂᆞᆫ國家의安寧을害ᄒᆞᄂᆞᆫ犯罪오國際法에所謂戰爭이아니며交戰者一方又ᄂᆞᆫ雙方이主權을不有ᄒᆞᆫ內亂과如ᄒᆞᆷ은國內法上에在ᄒᆞ야ᄂᆞᆫ戰爭이라稱ᄒᆞᆯ지나國際法上에在ᄒᆞ야ᄂᆞᆫ戰爭이라未稱ᄒᆞᆯ지라因ᄒᆞ야로렌스氏의戰爭에關ᄒᆞᆫ定義를按ᄒᆞᆫ것ᄃᆡ

戰爭은國家間又ᄂᆞᆫ國家와其爭鬪에關ᄒᆞ야國家의權利를有ᄒᆞᆫ團体間에公然ᄒᆞᆫ兵力으로써行ᄒᆞᄂᆞᆫ爭鬪라

此定義에依ᄒᆞ야戰爭의性質을論明ᄒᆞ건ᄃᆡ

第一、戰爭은國家間又ᄂᆞᆫ國家와交戰團体間의爭鬪라

古來法學者ᄂᆞᆫ戰爭을分類ᄒᆞ야公戰、私戰、社會戰爭、進擊戰爭、防禦戰爭、補助戰爭、完全戰爭、不完全戰爭、適法戰爭、不適法戰爭、政治上及宗敎上戰爭、獨立戰爭、干涉戰爭等種々의名稱을設ᄒᆞ얏스나現行國際法에在ᄒᆞ야ᄂᆞᆫ國際的이아닌戰鬪ᄂᆞᆫ戰爭이라不稱ᄒᆞ며且戰爭을行ᄒᆞᆷ에至ᄒᆞᆫ原因或開戰方式等에依ᄒᆞ야其戰爭遂行上交戰者權利義務에此少의差異가無ᄒᆞᆷ으로因ᄒᆞ야此等의分類ᄂᆞᆫ必要가無ᄒᆞ나然이나國際法은領土主權을基礎로作

하는 쟁투는 국가의 안녕을 해치는 범죄이고 국제법에서 말하는 전쟁은 아니다. 교전자 일방 또는 쌍방이 주권을 보유하지 아니한 상태에서의 내전과 같은 것은 국내법상으로는 전쟁이라 일컬을 수 있으나, 국제법상으로는 전쟁이라 말할 수 없다. 이에 따라 Lawrence의 전쟁에 관한 정의를 살펴보기로 한다.

> 전쟁은 국가 사이 또는 국가와 그 투쟁에 관해 국가로서의 권리를 보유하는 단체 사이에 병력으로써 하는 공연한 투쟁이다.

이 정의에 따라 전쟁의 성질을 설명하기로 한다.

1. 전쟁은 국가 사이 또는 국가와 교전단체 사이의 쟁투(爭鬪)[1]이다.

옛날부터 법학자는 전쟁을 분류하여 공전(公戰), 사전(私戰), 사회전쟁, 방어전쟁, 보조전쟁, 완전전쟁, 불완전전쟁, 적법전쟁, 부적법전쟁, 정치상 및 종교상 전쟁, 독립전쟁, 간섭전쟁 등 여러 가지 명칭을 붙였다. 그러나 현행 국제법에서는 국제적이지 아니한 전투는 전쟁이라고 일컫지 아니한다. 또한 전쟁을 하게 된 원인 또는 개전 방식 등에 따라 그 전쟁 수행상 교전자의 권리의무에 다소의 차이가 없으므로 이들 분류는 필요가 없다. 그러나 국제법은 영토주권을 기초로 성립하므로 대외전쟁과 대내전쟁에 대해서는 약간의 설명을 필요로 한다.

---

1 쟁투(爭鬪):서로 다투어 싸움.

흠으로對外戰爭及對內戰爭에對ᄒᆞ야ᄂᆞᆫ說明을頗要ᄒᆞᆯ지니凡兵力爭鬪ᄂᆞᆫ國內及國外에對ᄒᆞᄂᆞᆫ等二種이有ᄒᆞ며國外에對ᄒᆞᄂᆞᆫ爭鬪中에ᄂᆞᆫ他國家에對ᄒᆞᄂᆞᆫ者와海賊及野蠻人等團体에對ᄒᆞᄂᆞᆫ者이有ᄒᆞ나國家가아닌團体ᄂᆞᆫ斯法上權利義務를保有ᄒᆞᆯ性格이無흠으로如斯ᄒᆞᆫ團体에對ᄒᆞᄂᆞᆫ爭鬪ᄂᆞᆫ戰爭이아니며國內에在ᄒᆞᆫ反亂은其國刑法上犯罪를搆成흠으로反亂者ᄂᆞᆫ其反亂中이라도外國關係에在ᄒᆞ야ᄂᆞᆫ依然이同國人民으로看做되ᄂᆞᆫ바ㅣ오本國과分立ᄒᆞᆫ國際法의主体가아니니是以로其戰爭은原則上國際的戰爭이아니나然이나其反亂者를本國又ᄂᆞᆫ第三國으로브터交戰團体로承認ᄒᆞᄂᆞᆫ時ᄂᆞᆫ其團体ᄂᆞᆫ承認을與ᄒᆞᆫ國家에對ᄒᆞ야戰爭行爲上國際公法에管理를受ᄒᆞᄂᆞ니故로其團体ᄂᆞᆫ斯法上主体로看做ᄒᆞᄂᆞᆫ바ㅣ라

上述ᄒᆞᆫ理由를因ᄒᆞ야國際法上에論ᄒᆞᄂᆞᆫ바戰爭은國家와他國家에行흠과又其例로國家와其國內의交戰團体間에兵力의爭鬪를指稱흠이니苟其如斯ᄒᆞᆫ戰爭되ᄂᆞᆫ以上은其爭鬪發生의原因如何를不問ᄒᆞ고幷히國際法上戰爭이라云ᄒᆞᆯ지라何者오國家間의紛爭이平和的으로終局ᄒᆞ기不能ᄒᆞᆯ時ᄂᆞᆫ兵力에依

대외전쟁과 대내전쟁에 대해서는 약간의 설명을 필요로 한다. 무릇 병력쟁투는 국내와 국외에 대한 쟁투 등 두 종류가 있다. 국외에 대한 쟁투 중에는 다른 국가에 대한 것과 해적 및 야만인 등 단체에 대한 것이 있으나, 국가가 아닌 단체는 이 법상 권리의무를 보유할 자격이 없으므로 이와 같은 단체에 대한 쟁투는 전쟁이 아니다. 국내에서의 반란은 그 나라 형법상 범죄를 구성하므로, 반란자는 그 반란 중이라도 외국관계에서는 여전히 동국 인민으로 간주되고 본국과 분립(分立)한 국제법의 주체가 아니다. 이에 따라 그 전쟁은 원칙상 국제적 전쟁이 아니다. 그러나 그 반란자를 본국 또는 제3국이 교전단체로 승인하는 때에는, 그 단체는 승인을 부여한 국가에 대해 전쟁행위상 국제공법상의 관리를 받는다. 따라서 그 단체는 이 법상 주체로 간주된다.

상술한 이유에 따라 국제법상에서 논해지는 전쟁은 국가와 다른 국가 사이에 행해지는 것과 또 그 예로서 국가와 그 국내의 교전단체 사이의 병력 쟁투를 지칭한다. 참으로 이와 같은 경우가 전쟁인 이상은 그 쟁투 발생의 원인 여하를 불문하고 모두 국제법상 전쟁이라 이를 수 있는 것이다. 왜냐하면 국가 사이의 분쟁이 평화적으로 마무리될 수 없는 때에는, 병력에

ᄒᆞ야勝負를決ᄒᆞᄂᆞᆫ外에他道가無ᄒᆞ니假令一國이自國의便益上國際法에違反된事實을主張ᄒᆞᆯ境遇에ᄂᆞᆫ其問題에無關ᄒᆞᆫ第三國은濫히此에容喙ᄒᆞ가不能ᄒᆞᆯ뿐아니라且國家가如何ᄒᆞᆫ事情이有ᄒᆞ면戰爭을開始ᄒᆞᆷ을可得ᄒᆞᆯ原因에對ᄒᆞ야一定ᄒᆞᆫ法則을國際的으로規定ᄒᆞ기不能ᄒᆞ며設或如斯ᄒᆞᆫ法則이有ᄒᆞᆯ지라도其法則을違反ᄒᆞᆫ戰爭이有ᄒᆞᆯ時에其原因의當否를判定ᄒᆞ야其法則을强行ᄒᆞᆯ機關이無ᄒᆞ니故로國際法上에在ᄒᆞᄂᆞᆫ戰爭發生의原因如何를不問ᄒᆞ고一次戰爭이開始된時ᄂᆞᆫ幷히正當ᄒᆞᆫ權利實行으로看做ᄒᆞ며單히戰鬪行爲에對ᄒᆞ야其權利及義務를論ᄒᆞᆯ뿐이라

然이나玆에戰爭原因을不問ᄒᆞᆫ다云々ᄒᆞᆷ은國家가如何ᄒᆞᆫ原因이有ᄒᆞ든지他國에對ᄒᆞ야戰端을開ᄒᆞᆷ을得ᄒᆞᄂᆞᆫ意로誤解ᄒᆞᆷ은不可ᄒᆞ니何者오戰爭은國家間의紛議를決ᄒᆞᄂᆞᆫ最後의手段됨으로何等의理由가無ᄒᆞ고他國에對ᄒᆞ야戰爭을惹起ᄒᆞᄂᆞᆫ事ᄂᆞᆫ國際法上에不許ᄒᆞᄂᆞᆫ바ㅣ니是以로列國의批難을招ᄒᆞ야自國의威信을失墜ᄒᆞᆷ과同時에列國은國際法上의法則을互相擁護實行ᄒᆞᄂᆞᆫ責任이有ᄒᆞᆷ으로國際法上所謂干涉의理由를作ᄒᆞᆯ뿐아니라且兵은凶器오戰

의해 승부를 결정하는 것 외에 다른 길이 없기 때문이다. 가령 한 나라가 자국의 편의상 국제법에 위반된 사실을 주장할 경우에는, 그 문제와 무관한 제3국은 함부로 이에 간섭할 수 없다. 그뿐만 아니라 또한 국가가 어떠한 사정이 있으면 전쟁을 개시할 수 있는 원인으로 되는가에 대한 일정한 법칙을 국제적으로 규정할 수 없다. 설사 이와 같은 법칙이 있을지라도, 그 법칙을 위반한 전쟁이 있을 때에 그 원인의 당부를 판정하여 그 법칙을 강행할 기관도 없다. 그러므로 국제법상에서는 전쟁 발생의 원인 여하를 불문하고 한 번 전쟁이 개시된 때에는, 또한 정당한 권리의 실행으로 간주하며 단지 전투행위에 대해 그 권리와 의무를 논할 뿐이다.

그러나 여기서 전쟁원인을 묻지 않는다고 말하는 것을 국가가 어떠한 원인이 있든지 다른 나라에 대해 전쟁의 단서를 열 수 있다는 뜻으로 오해해서는 안 된다. 왜냐하면 전쟁은 국가 사이의 분규를 해결하는 최후의 수단이고, 아무 이유 없이 다른 나라에 대해 전쟁을 일으키는 것은 국제법상 허용되지 않기 때문이다.[1] 이 경우 각국의 비난을 초래하여 자국의 위신을 실추시키는 동시에, 각국은 국제법상의 법칙을 서로 옹호·실행하는 책임을 지기 때문에 국제법상 이른바 간섭의 이유가 될 수 있다. 그뿐만 아니라 또한 무기는 흉기이고, 싸움은

1 주정균 교재는 국제연맹규약 채택 전인 1910년경에 작성되었다는 사실을 상기할 필요가 있다.

은危事니國家는他國으로브터權利或利益의侵害를受ᄒᆞᆯ時라도可成的平和手段을盡ᄒᆞ야戰爭에不至ᄒᆞ도록注意홈이利益되며又는義務되ᄂᆞ니何者오他國의不正ᄒᆞᆫ行爲는往々에其國家又는政府意思에不出ᄒᆞ고當局者의過失或誤解에基因ᄒᆞᄂᆞ니如斯ᄒᆞᆫ境遇에在ᄒᆞ야는加害國政府도一時의誤解를自悟ᄒᆞ야相對國의救濟手段을應ᄒᆞ며設或故意에出ᄒᆞᆫ境遇에在ᄒᆞ야도相對國이平和的으로交涉ᄒᆞᆯ時는其主張의理由가有ᄒᆞᆫ限度內에在ᄒᆞ야는其請求를容認ᄒᆞ며又는雙方이互相讓步ᄒᆞ야戰爭에不至ᄒᆞ고無事妥決되는等利益이有ᄒᆞᆫ지라是以로國際法上에所謂戰爭發生의原因如何를不問ᄒᆞᆫ다云홈은一朝戰爭이開始ᄒᆞᆫ時는交戰者는保有ᄒᆞᆯ權利義務에關ᄒᆞ야雙方을同一地位에置ᄒᆞ고戰鬪行爲에在ᄒᆞ야其權利義務에差異가毫無홈을名狀홈에不過ᄒᆞᆫ바ㅣ라

第二、戰爭은公然ᄒᆞᆫ兵力爭鬪니交戰者의正當權力에依ᄒᆞ야行ᄒᆞ는바ㅣ라

戰爭은國家間에在ᄒᆞᆫ兵力의爭鬪됨을要ᄒᆞᄂᆞ니國家間에平和關係가斷絶ᄒᆞ되兵力의爭鬪가雖有ᄒᆞ나平和關係를繼續ᄒᆞ는間은戰爭이아니라故로其爭

위험한 일이므로, 국가는 다른 나라로부터 권리 또는 이익의 침해를 받을 경우에도, 가능한 한 평화적 수단을 다해 전쟁에 이르지 않도록 주의하는 것이 이익으로 되거나 또는 의무로 되는 것이다. 왜 그러한가. 다른 나라의 옳지 못한 행위는 때로 그 국가 또는 정부의 의사에서 나오지 아니하고 당국자의 과실 또는 오해에서 기인하기도 한다. 이와 같은 경우에는 가해국 정부도 일시의 오해를 스스로 깨닫고 상대국의 구제수단에 응하며, 설사 고의에서 비롯된 경우에도 상대국이 평화적으로 교섭할 때에는, 그 주장의 이유가 있는 한도 내에서는 그 청구를 용인하거나 또는 쌍방이 서로 양보하여 전쟁에 이르지 않고 무사히 타결되는 등의 이익이 있기 때문이다. 이에 따라 국제법상 이른바 전쟁 발생의 원인 여하를 불문한다고 말하는 것은, 일단 전쟁이 개시된 때에는 교전자가 보유할 권리의무에 관해 쌍방을 동일한 지위에 놓고, 전투행위에서 그 권리의무에 차이가 조금도 없음을 형용하여 말하는 것에 불과하다.

2. 전쟁은 공연한 병력쟁투이고 교전자의 정당한 권력에 따라 행해지는 것이다.

전쟁은 국가 사이에 존재하는 병력의 쟁투이어야 한다. 국가 사이에 평화관계가 단절되더라도 병력의 쟁투가 없고, 비록 병력의 쟁투가 있을지라도 평화관계가 계속되는 동안은 전쟁이 아니다. 따라서 그 쟁투는

鬪ᄂᆞᆫ政事機關의正當ᄒᆞᆫ命令又ᄂᆞᆫ委任에依ᄒᆞ야遂行ᄒᆞᄂᆞᆫ바를要ᄒᆞᄂᆞ니換言ᄒᆞ면二個國家의人民或其團体間의感情을因ᄒᆞ야公海上或兩國船舶內又或何國家領土에不屬ᄒᆞᆫ地点에在ᄒᆞ야兵刃을相交ᄒᆞᆯ時ᄂᆞᆫ其人民所屬本國이交涉處理ᄒᆞᆯ지며又如斯ᄒᆞᆫ爭鬪가爭鬪者所屬一國及第三國의版圖內或公海에在ᄒᆞᆫ同一國船舶內에在ᄒᆞ야行ᄒᆞᆫ時ᄂᆞᆫ其爭鬪의處所又ᄂᆞᆫ船舶所屬國이處理ᄒᆞᆯ지며加之陸海軍司令官又ᄂᆞᆫ其部下軍人의專斷으로써兩國軍艦或軍隊間에兵火를相交ᄒᆞᆷ이設有ᄒᆞᆯ지라도其國家間에戰爭關係를必生ᄒᆞᆷ이아니오其軍人의各本國은平和的으로該事件을處理ᄒᆞ고爭鬪를行ᄒᆞᆫ責任者를罰ᄒᆞ며被害國及被害者에對ᄒᆞ야相當ᄒᆞᆫ救濟를行ᄒᆞᄂᆞᆫ責任이有ᄒᆞᆯ뿐이며且紛爭國一方政府의命令에依ᄒᆞ야軍隊又ᄂᆞᆫ軍艦이兵力으로써相對國에加害ᄒᆞᆫ境遇에在ᄒᆞ야도苟其國家가戰爭을開始ᄒᆞᄂᆞᆫ意思로써行ᄒᆞᆫ바이아니면戰爭이아니니譬컨ᄃᆡ報仇及平時封鎖와如히國家命令에依ᄒᆞ야海陸軍으로써相對國의權利를侵害ᄒᆞᆷ이有ᄒᆞ야도如斯ᄒᆞᆫ兵力의使用은其紛議를戰爭에不至ᄒᆞ고無事終局코져ᄒᆞᄂᆞᆫ意에出ᄒᆞ야相對國으로ᄒᆞ야곰自國의要求를容認케ᄒᆞ

정치기관의 정당한 명령 또는 위임에 따라 수행되는 것이어야 한다. 바꾸어 말하면 2개 국가의 인민 또는 그 단체 사이의 감정으로 인해 공해상이나 양국 선박 내 또는 어떤 국가의 영토에 속하지 아니하는 지점에서 무기를 가지고 서로 싸울 때에는, 그 인민 소속의 본국이 교섭하여 처리하게 된다. 또 이와 같은 쟁투가 쟁투자 소속의 한 나라와 제3국의 영토 내 또는 공해에 있는 동일국 선박 내에서 행해질 때에는, 그 쟁투의 소재지 또는 선박 소속국이 처리하게 된다. 그뿐만 아니라 육·해군 사령관 또는 그 부하 군인의 전단(專斷)[1]으로써 양국 군함이나 군대 사이에 무력을 서로 주고받는 일이 설사 있을지라도, 그 국가 사이에 전쟁관계를 반드시 발생시키는 것은 아니다. 그 군인의 각 본국은 평화적으로 해당 사건을 처리하고 쟁투를 한 책임자를 처벌하며, 피해국과 피해자에 대해 상당한 구제를 할 책임이 있을 뿐이다. 또한 분쟁국 일방 정부의 명령에 따라 군대 또는 군함이 병력으로써 상대국에 해를 가한 경우에도, 참으로 그 국가가 전쟁을 개시할 의사로써 한 것이 아니면 전쟁이 아니다. 예컨대 원수를 갚는 일[2]과 평화봉쇄[3]와 같이, 국가명령에 따라 해·육군으로써 상대국의 권리를 침해하는 것이 있을지라도, 이와 같은 병력의 사용이 그 분규를 전쟁에 이르지 아니하고 무사히 마무리하고자 하는 의사에서 비롯되었고, 상대국으로 하여금 자국의 요구를 용인하게

---

1 전단(專斷): 제 마음대로 결정하고 실행함.
2 추측컨대 "원수를 갚는 일"은 "복구"(復仇, reprisals)를 의미하는 것 같다.
3 평화봉쇄: 전쟁으로 나아갈 의사없이 타국의 항구 또는 연안을 봉쇄하여 압박을 가하는 행위. 그러나 1945년 이후 이러한 행위 역시 무력사용에의 위협 또는 무력사용으로 간주된다.

는强制手段에不過홈으로相對國이此를因ᄒᆞ야戰端을開始치아니ᄒᆞᄂᆞᆫ以上은其兵力加害行爲로써戰爭이라未稱홀지로다

## 第四章　戰時法의主体

凡戰時國際公法의管理를受홀者ᄂᆞᆫ主權國된獨立國에不限ᄒᆞᄂᆞ니聯邦內의各國家、被保護國과如홈도國家의獨立을不墜ᄒᆞ고對外關係上主權을享有行使홈을得ᄒᆞᄂᆞᆫ者ᄂᆞᆫ戰爭을開始ᄒᆞ야交戰者됨을得ᄒᆞ며又他國間戰爭에關ᄒᆞ야局外中立地位를保有ᄒᆞ야戰時法의主体됨을可得이나此와反ᄒᆞ야屬國、合衆國의各州와主權國의一部又ᄂᆞᆫ殖民地와如ᄒᆞᆫ本國領土의部分은元來本國과分立ᄒᆞᆫ獨立團体가아님으로如斯ᄒᆞᆫ團体間又ᄂᆞᆫ其團体가本國에對ᄒᆞᄂᆞᆫ戰鬪幷海賊及野蠻人團体間又ᄂᆞᆫ國家가此等團体에對ᄒᆞᄂᆞᆫ戰鬪ᄂᆞᆫ戰時國際法上에與論홀바이아니니故로斯法의主体ᄂᆞᆫ獨立國家에限홈이通則이라

然이나獨立國內의內亂團体가政事上目的으로公然히本國政府에對ᄒᆞ야長久히戰鬪를繼續ᄒᆞᄂᆞᆫ境遇에在ᄒᆞ야ᄂᆞᆫ本國政府가其內亂團体되ᄂᆞᆫ多數人民을幷히刑法에照ᄒᆞ야處刑홈은實際上可行홀바이아니며特히其戰鬪가公海上에셔

하는 강제수단에 불과하기 때문에, 상대국이 이에 따라 전단(戰端)[1]을 개시하지 아니하는 이상은 그 병력의 가해 행위로써 전쟁이라고 일컬을 수 없다.

## 제4장 전시법의 주체

무릇 전시국제공법의 관리를 받는 자는 주권국인 독립국에 한정되지 아니한다. 연방 내의 각 국가, 피보호국과 같은 것도 국가의 독립을 잃지 아니하고 대외관계상 주권을 향유·행사할 수 있는 경우에는 전쟁을 개시하여 교전자가 될 수 있다. 또 다른 나라 사이의 전쟁에 관해 국외중립의 지위를 보유하고 전시법의 주체로도 될 수 있다. 그러나 이에 반해 속국, 합중국의 각 주와 주권국의 일부 또는 식민지와 같은 본국 영토의 부분은, 원래 본국과 독립된 독립단체가 아니다. 따라서 이와 같은 단체 사이 또는 그 단체의 본국에 대한 전투와 해적 및 야만인 단체 사이 또는 국가의 이들 단체에 대한 전투는 전시국제공법상에서 더불어 논할 바가 아니다. 그러므로 이 법의 주체는 독립국가로 한정되는 것이 통칙이다.

그렇지만 독립국 내의 내란단체가 정치상의 목적으로 공연히 본국 정부에 대해 오랫동안 전투를 계속하는 경우에는, 본국 정부가 그 내란단체 소속의 다수 인민을 모두 형법에 조율하여 처형하는 것은 실제상 할 수가 없다. 특히 그 전투가 공해상에서

1 전단(戰端): 전쟁을 하게 된 실마리.

行ᄒᆞᄂᆞᆫ境遇에ᄂᆞᆫ諸國一般의商業에影響을及ᄒᆞᄂᆞ니譬컨ᄃᆡ內亂者가戰爭遂行의必要ᄅᆞᆯ依ᄒᆞ야第三國人民의船舶에對ᄒᆞ야臨檢搜索等海上捕獲을行ᄒᆞᆯ時ᄂᆞᆫ其內亂團体ᄂᆞᆫ本國人民이나然이나事實上本國政府가統轄ᄒᆞ기不能ᄒᆞᆷ으로本國政府ᄂᆞᆫ諸外國에對ᄒᆞ야如斯ᄒᆞᆫ人民行爲ᄅᆞᆯ幷히其責任을負ᄒᆞ기不能ᄒᆞ며且他國도其本國政府에對ᄒᆞ야反亂者의一切行爲ᄅᆞᆯ詰問ᄒᆞ기不能ᄒᆞᆯ뿐아니라本國政府도其內亂者ᄅᆞᆯ征討ᄒᆞᄂᆞᆫ必要上第三國의通商航海ᄅᆞᆯ妨害ᄒᆞᄂᆞᆫ事情이有ᄒᆞᆷ으로本國政府ᄂᆞᆫ勢不已內亂者ᄅᆞᆯ交戰者로自認ᄒᆞ며他國도또ᄒᆞᆫ本國政府의承認과同時又ᄂᆞᆫ前後ᄅᆞᆯ不問ᄒᆞ고交戰者로承認ᄒᆞᆷ이有ᄒᆞᄂᆞ니如斯히一國內의內亂者에對ᄒᆞ야本國政府又ᄂᆞᆫ他國政府로브터交戰者로承認ᄒᆞᆫ團体ᄅᆞᆯ交戰團体라稱ᄒᆞ며其團体ᄂᆞᆫ戰爭行爲에關ᄒᆞ야國際法의主体ᄅᆞᆯ成ᄒᆞ며戰時法의管理ᄅᆞᆯ受ᄒᆞᄂᆞᆫ바ㅣ라

如斯히本國又ᄂᆞᆫ第三國이內亂者ᄅᆞᆯ交戰者로承認ᄒᆞᆷ은明示及默示의二種의區別이有ᄒᆞ니本國이此ᄅᆞᆯ交戰者로公然히言明ᄒᆞᆷ과第三國이其戰鬪中局外中立의宣言을行ᄒᆞᆷ과如ᄒᆞᆷ은明示의承認이오此와反ᄒᆞ야默示의承認은本國政府가

행해지는 경우에는 여러 나라 일반의 상업에 영향을 미치게 된다. 예컨대 내란자가 전쟁 수행의 필요에 따라 제3국 인민의 선박에 대해 임검·수색 등 해상포획을 하는 때에는, 그 내란단체는 본국 인민이기는 하지만, 사실상 본국 정부가 통할(統轄)[1]할 수 없으므로 본국 정부는 여러 외국에 대해 이와 같은 인민의 행위에 또한 그 책임을 질 수 없다. 또한 다른 나라도 그 본국 정부에 대해 반란자의 일체의 행위를 책망하여 물을 수 없다. 그뿐만 아니라 본국 정부도 그 내란자를 정벌할 필요에서 제3국의 통상(通商) 항해를 방해할 사정이 있기 때문에 본국 정부도 어쩔 수 없이 내란자를 교전자로 자인(自認)하며, 다른 나라도 또한 본국 정부의 승인과 동시 또는 전후를 불문하고 교전자로 승인하는 경우도 있다. 이와 같이 한 국가 내의 내란자에 대해 본국 정부 또는 다른 나라 정부로부터 교전자로 승인받은 단체를 교전단체라 하며, 그 단체는 전쟁 행위에 관해 국제법상의 주체로 되며 전시법의 관리를 받게 된다.

이와 같이 본국 또는 제3국이 내란자를 교전자로 승인하는 것은 명시 및 묵시의 2종의 구별이 있다. 본국이 이를 교전자로 공연히 언명(言明)하는 경우와 제3국이 그 전투 중 국외중립의 선언을 하는 것 같은 경우가 명시의 승인이다. 이에 반해 묵시의 승인은 본국 정부의

1 통할(統轄): 다스리다, 통제하다.

內亂團体에對ᄒᆞᄂᆞᆫ戰鬪行爲가恰然히國家間의戰爭과同一ᄒᆞᆫ關係를生ᄒᆞ든지又ᄂᆞᆫ第三國이中立狀態를保維ᄒᆞᄂᆞᆫ行爲를其團体에對ᄒᆞ야行ᄒᆞᄂᆞᆫ境遇等이라就中本國政府ᄂᆞᆫ其團体所屬者를并히犯罪者로看做ᄒᆞ야斯速히其勢力을減削ᄒᆞ며安寧을圖謀ᄒᆞᄂᆞ니故로容易히明示의承認을不與ᄒᆞ나然이나第三國은其戰爭中自國의利害關係上반다시自己의態度를明白히ᄒᆞᆯ必要를因ᄒᆞ야局外中立의宣言으로써其承認을行ᄒᆞᆷ이普通이나然이나交戰團体의承認은明示默示又ᄂᆞᆫ本國과第三國으로브터與ᄒᆞᆷ을不問ᄒᆞ고承認國과被承認團体間에在ᄒᆞ야ᄂᆞᆫ左의効果를生ᄒᆞᄂᆞ니

第一、交戰團体ᄂᆞᆫ戰爭中其承認을與ᄒᆞᆫ國家에對ᄒᆞ야戰時法上國際法의主体를成ᄒᆞᄂᆞᆫ者ㅣ라

凡交戰團体의承認은其團体를國家로看做ᄒᆞᄂᆞᆫ承認이아니오單히其承認國과同團体間에在ᄒᆞ야戰爭行爲上獨立國이保有ᄒᆞᆯ權利義務를取得ᄒᆞᆯ뿐이니是以로本國이承認ᄒᆞᆯ時ᄂᆞᆫ同團体ᄂᆞᆫ刑法上罪人이아니오敵人의關係를生ᄒᆞ며第三國이承認ᄒᆞᆯ時ᄂᆞᆫ其國家가其戰爭中局外中立의法則을依ᄒᆞ야管理됨

내란단체에 대한 전투행위가 마치 국가 사이의 전쟁과 동일한 관계를 발생하게 하거나 또는 제3국이 중립상태를 보유·유지하는 행위를 그 단체에 대해 행하는 경우 등이다. 그 중에서 특히 본국 정부는 그 단체 소속자를 모두 범죄자로 간주하여 신속하게 그 세력을 삭감하며 안녕을 도모하고자 하여 쉽게 명시의 승인을 허여(許與)하지 아니한다. 그러나 제3국은 그 전쟁 중 자국의 이해관계상 반드시 자기의 태도를 명백하게 할 필요에 따라 국외중립의 선언으로써 그 승인을 하는 것이 보통이다. 그러나 교전단체의 승인은 명시·묵시 또는 본국과 제3국으로부터 허여의 경우를 불문하고, 승인국과 피승인단체 사이에는 다음의 효과가 발생한다.

1. 교전단체는 전쟁 중 그 승인을 허여한 국가에 대해 전시법상 국제법의 주체가 되는 자이다.

무릇 교전단체의 승인은 그 단체를 국가로 간주하는 승인은 아니다. 단지 그 승인국과 동 단체 사이에서 전쟁행위상 독립국이 보유하는 권리의무를 취득할 뿐이다. 이에 따라 본국이 승인할 때에는 동 단체는 형법상 죄인이 아니라 적인(敵人)의 관계를 발생하게 한다. 제3국이 승인할 때에는 그 국가가 그 전쟁 중 국외중립의 법칙에 따라 관리되는 것과

과共히其團体ᄂᆞᆫ戰鬪行爲에關ᄒᆞ야交戰國과同一의權利義務ᄅᆞᆯ其承認國에對ᄒᆞ야取得ᄒᆞᄂᆞᆫ바ㅣ라然而其承認의効果ᄅᆞᆯ但承認國과團体間에限ᄒᆞᄂᆞᆫ理由ᄂᆞᆫ元來其承認을與ᄒᆞᆷ이各國의任意니第三國이承認ᄒᆞᄂᆞᆫ境遇ᄂᆞᆫ勿論ᄒᆞ고本國으로브터承認ᄒᆞᄂᆞᆫ境遇에在ᄒᆞ야도決코他國一般을代表ᄒᆞ야承認ᄒᆞᆷ이아니오但自國만其團体ᄅᆞᆯ交戰團体로看做ᄒᆞᆷ에止ᄒᆞᄂᆞ니故로本國이此ᄅᆞᆯ承認ᄒᆞᄃᆡ第三國은반다시承認ᄒᆞᆯ義務가無ᄒᆞ며第三國이此ᄅᆞᆯ行ᄒᆞᆫ境遇에在ᄒᆞ야도本國은尙且其團体ᄅᆞᆯ反亂者로看做ᄒᆞᆷ을得ᄒᆞᆷ과同時에本國이承認치아니ᄒᆞᆫ境遇에도第三國은此ᄅᆞᆯ行ᄒᆞᆷ을得ᄒᆞᄂᆞᆫ바ㅣ라

第二、交戰團体의承認은關係諸國의承認이아니면此ᄅᆞᆯ繳消ᄒᆞ기不能ᄒᆞᆫ바ㅣ라

內亂者ᄂᆞᆫ本國又ᄂᆞᆫ第三國이交戰團体로承認ᄒᆞᆷ이아니면國際法의主体가아니니其承認을受ᄒᆞ기ᄭᆞ지ᄂᆞᆫ斯法上國家가保有ᄒᆞᆯ何等의權利義務가無ᄒᆞᆷ으로本國又ᄂᆞᆫ第三國이交戰者로承認치아니치못ᄒᆞᆯ事由에基因ᄒᆞᆫ境遇에在ᄒᆞ야도法理上으로論ᄒᆞᆯ時ᄂᆞᆫ既存國家의承認與否ᄂᆞᆫ全히任意에在ᄒᆞᄂᆞ니如斯

함께 그 단체는 전투행위에 관해 교전국과 동일한 권리의무를 그 승인국에 대해 취득한다. 그러나 그 승인의 효과를 다만 승인국과 단체 사이에 한정하는 이유는, 원래 그 승인을 허여하는 것이 각국의 임의에 속하며, 제3국이 승인하는 경우는 물론이고 본국이 승인하는 경우에도 결코 다른 나라 일반을 대표하여 승인하는 것이 아니라 다만 자국만 그 단체를 교전단체로 간주하는 것에 그치기 때문이다. 그러므로 본국이 이를 승인하더라도 제3국은 반드시 승인할 의무가 없으며, 제3국이 이를 행한 경우에도 본국은 오히려 또한 그 단체를 반란자로 간주할 수 있고, 동시에 본국이 승인하지 아니한 경우에도 제3국은 이를 행할 수 있는 것이다.

2. 교전단체의 승인은 관계된 여러 나라가 승인하지 아니하면 이를 취소할 수 없다.

내란자는 본국 또는 제3국이 교전단체로 승인하지 아니하면 국제법의 주체가 되지 못하기 때문에, 그 승인을 받기까지는 이 법상 국가가 보유하는 어떠한 권리의무도 없다. 따라서 본국 또는 제3국이 교전자로 승인하지 않으면 안 될 사유에 따른 경우에도, 법리상으로 논할 때에는 기존 국가의 승인 여부는 완전히 임의에 맡겨져 있는 것이다. 이와

히承認與否가國家任意에屬ᄒᆞ나然이나一次承認을與ᄒᆞᆫ以上은此ᄅᆞᆯ任意로繳消ᄒᆞ기不能ᄒᆞᆫ지라何者오承認의繳消ᄅᆞᆯ因ᄒᆞ야影響을受ᄒᆞᆯ者ᄂᆞᆫ承認國과團体間에不止ᄒᆞᄂᆞ니若本國이承認을繳消ᄒᆞᆯ時ᄂᆞᆫ既히承認을因ᄒᆞ야同團体와他諸國間에有ᄒᆞᆫ바權利義務의關係上에變更을生ᄒᆞ야同團体가保有ᄒᆞ얏든權利義務ᄅᆞᆯ本國이自有ᄒᆞᄂᆞᆫ結果가生ᄒᆞᆯ지며第三國이此ᄅᆞᆯ繳消ᄒᆞᆯ時ᄂᆞᆫ同團体行爲에對ᄒᆞ야本國府政로ᄒᆞ야곰其責을負케ᄒᆞᆯ지니是以로本國又ᄂᆞᆫ第三國이既與ᄒᆞᆫ承認을繳消코져ᄒᆞᆯ時ᄂᆞᆫ繳消ᄅᆞᆯ因ᄒᆞ야影響을受ᄒᆞᆯ關係諸國의同意ᄅᆞᆯ要ᄒᆞ며其同意ᄂᆞᆫ實際行치아니ᄒᆞᆷ이不可ᄒᆞ니故로法理로論ᄒᆞᆯ時ᄂᆞᆫ承認을絕對的繳消ᄒᆞᆷ을不得ᄒᆞᆯ者이아니나事實上其戰爭繼續中承認이存續ᄒᆞᄂᆞᆫ바ㅣ라

第三、承認의効果ᄂᆞᆫ此ᄅᆞᆯ與ᄒᆞᆫ以後에對ᄒᆞ야効力이生ᄒᆞᄂᆞᆫ바ㅣ라

交戰團体의承認과國家의承認은其効力發生時期ᄅᆞᆯ異히ᄒᆞᄂᆞ니國家의承認은溯及力을有ᄒᆞ야其國建國當時로브터獨立國家로看做ᄒᆞ되交戰團体ᄂᆞᆫ承認을受ᄒᆞ기ᄭᆞ지ᄂᆞᆫ元來本國々民의一部分이오割讓ᄒᆞᆫ바土地도其國領土의

같이 승인 여부가 국가의 임의에 속하지만, 한번 승인을 허여한 이상은 이를 임의로 취소할 수 없다. 왜냐하면 승인의 취소에 따라 영향을 받을 자는 승인국과 단체 사이에 그치지 아니하기 때문이다. 만약 본국이 승인을 취소할 때에는 이미 승인으로 인해 동 단체와 다른 나라 사이에 있는 권리의무의 관계에 변경을 발생하게 하여, 동 단체가 보유하였던 권리의무를 본국이 스스로 보유하는 결과가 발생하게 된다. 제3국이 이를 취소할 때에는 동 단체행위에 대해 본국 정부로 하여금 그 책임을 부담하게 한다. 이에 따라 본국 또는 제3국이 이미 허여한 승인을 취소하고자 할 때에는, 취소에 따라 영향을 받을 관계국 모두의 동의가 필요하며, 그 동의는 실제 행해져야 한다. 그러므로 법리로 논할 때에는 승인을 절대적으로 취소할 수 없는 것은 아니나, 사실상 그 전투 계속 중 승인은 존속하게 되는 것이다.

3. 승인의 효과는 이를 허여한 이후에 대해 효력이 발생한다.

교전단체의 승인과 국가의 승인은 그 효력발생시기를 달리한다. 국가의 승인은 소급력을 지녀 그 국가의 건국 당시로부터 독립국가로 간주한다. 반면에 교전단체는 승인을 받기까지는 원래 본국 국민의 일부분이고, 할양(割讓)된 토지도 그 국가의 영토의

一部分에不過ᄒᆞ야本國又第三國으로承認을受ᄒᆞᆫ後에本國으로브터獨立ᄒᆞ야斯法上의權利義務를始有ᄒᆞᆷ에不過ᄒᆞᄂᆞ니換言ᄒᆞ면國家의承認은同國이獨立되ᄂᆞᆫ事實을認ᄒᆞᆷ에不過ᄒᆞ고承認을依ᄒᆞ야國家性格을與ᄒᆞᆷ이아닌故로被承認國은其承認을受ᄒᆞ기以前은國家가아니라自稱ᄒᆞ야其承認以前에在ᄒᆞᆫ自他의交涉에對ᄒᆞ야國際法上責務를免ᄒᆞ기不能ᄒᆞᆷ과同時에他國도亦其團体에對ᄒᆞᄂᆞᆫ交涉事件에就ᄒᆞ야其承認以前되ᄂᆞᆫ理由로써國際法의義務를免ᄒᆞ기不能ᄒᆞᄂᆞ니是以로國家의承認은溯及力을有ᄒᆞᆫ所以오此와反ᄒᆞ야交戰團体의承認은其承認以前에在ᄒᆞᆫ團体所屬者와他國及他國人民間의交涉事件은本國政府가其責을任ᄒᆞᆷ으로溯及力을不有ᄒᆞᆫ바ㅣ라

第三國이交戰團体承認에關ᄒᆞ야往々國際紛爭을惹起ᄒᆞᄂᆞ니卽本國이承認ᄒᆞᆫ後에第三國이承認ᄒᆯ時ᄂᆞᆫ本國과承認國間에紛爭이無ᄒᆯ지나第三國이他國內亂者를濫히交戰團体로承認ᄒᆞᆷ은其國內政에對ᄒᆞᄂᆞᆫ干涉이오間接으로反亂의勢力을援助ᄒᆞᆷ이니故로本國보다第三國이몬져承認ᄒᆯ時ᄂᆞᆫ本國의抗議를招ᄒᆞ야紛爭의結果戰爭에至ᄒᆞᆷ이有ᄒᆞ나然이나第三國은本國이承認ᄒᆞᆫ後가아니면

일부분에 불과하여, 본국 또는 제3국의 승인을 받은 후에 본국으로부터 독립하여 이 법상의 권리의무를 비로소 보유하는 것에 불과하다. 바꾸어 말하면 국가의 승인은 그 나라가 독립한 사실을 인정하는 것에 불과하고, 승인에 따라 국가의 성격이 부여되는 것은 아니다. 때문에 피승인국은 그 승인을 받기 이전에는 국가가 아니었다고 자칭(自稱)하여 그 승인 이전에 존재한 다른 나라와의 교섭에 대해 국제법상 책무를 면할 수 없다. 동시에 다른 나라도 또한 그 단체에 대한 교섭사건에 대해 그 승인 이전이라는 이유로 국제법의 의무를 면할 수 없다. 이에 따라 국가의 승인은 소급력을 가지게 되는 것이고. 이에 반해 교전단체의 승인은, 그 승인 이전에 존재한 단체 소속자와 다른 나라 및 다른 나라 인민 사이의 교섭사건은 본국 정부가 그 책임을 지기 때문에 소급력을 갖지 않는 것이다.

제3국의 교전단체의 승인에 대해 때로 국제분쟁이 일어나기도 한다. 즉 본국이 승인한 후에 제3국이 승인할 때에는 본국과 승인국 사이에 분쟁이 없다. 그러나 제3국이 다른 나라 내란자를 함부로 교전단체로 승인하는 것은 그 나라 내정에 대한 간섭이고, 간접적으로 반란 세력을 원조하는 것이기 때문에, 본국보다 제3국이 먼저 승인할 때에는 본국의 항의를 초래하여 분쟁의 결과, 전쟁에 이르는 일도 있다. 그러나 제3국은 본국이 승인한 후가 아니면,

반다시承認을與ᄒᆞᆷ이아니오左의條件이具備ᄒᆞᆯ時는本國의承認與否를不拘ᄒᆞ고承認ᄒᆞᆷ을得ᄒᆞᄂᆞ니

第一、兵力爭鬪가存在ᄒᆞ며又는繼續ᄒᆞᆯ狀態가有ᄒᆞᆫ事

第二、團体의組織及戰鬪行爲上交戰者의承認을得ᄒᆞᆯ性格을具備ᄒᆞᆫ事

第三、其戰鬪에關ᄒᆞ야自國의利害關係上交戰者로承認ᄒᆞᆯ必要가有ᄒᆞᆫ事

等이是라第三國으로브터交戰團体의承認을與ᄒᆞᆷ에當ᄒᆞ야는此三條件을具備ᄒᆞᆷ을要ᄒᆞᆯ지니若其一의欠缺이有ᄒᆞᆯ時는不法의承認됨을未免ᄒᆞᆯ지라即第一條件으로論ᄒᆞᆯ진ᄃᆡ他國의一羣의暴動等一時的反亂으로容易히鎭定될狀態가有ᄒᆞᆯ時는第三國은反亂者政府에對ᄒᆞ는交誼上一時의不便을忍過ᄒᆞ고自國의行動을愼重히ᄒᆞᆯ바오第二條件으로論ᄒᆞᆯ진ᄃᆡ交戰團体의承認은國際法上權利義務를保有ᄒᆞᆯ性格을同團体에게付與ᄒᆞᆷ이아니오團体의性格自体가如斯ᄒᆞᆫ權利義務를保有ᄒᆞᆯ事實의存在를認識ᄒᆞᆷ에不過ᄒᆞᆷ으로反亂者가一定ᄒᆞᆫ土地를割據ᄒᆞ고其團体를代表ᄒᆞ야他國에對ᄒᆞ는權利義務를保有ᄒᆞᆯ政事機關을有ᄒᆞ며軍隊를組織ᄒᆞ며文明國間에行ᄒᆞ는戰爭의法則을從ᄒᆞ야本國政府에對ᄒᆞ야戰爭

승인을 허여할 수 없는 것은 아니다. 다음의 조건을 갖출 때에는 본국의 승인 여부에도 불구하고 승인할 수 있다.

1. 병력쟁투가 존재하며 또는 계속할 상태가 있을 것
2. 단체의 조직 및 전투행위상 교전자의 승인을 취득할 성격을 갖출 것
3. 그 전투에 관해 자국의 이해관계상 교전자로 승인할 필요가 있을 것

등이 그것이다. 제3국이 교전단체의 승인을 허여하는 것에 대해서는 이 세 가지 조건을 갖춰야 한다. 만약 그 하나라도 결여될 경우에는 불법의 승인인 것을 면할 수 없다. 즉 첫째 조건으로 논한다면, 다른 나라의 한 무리의 폭동 등 일시적 반란으로 쉽게 진정될 상태가 있을 때에는, 제3국은 반란자 정부에 대한 교의(交誼)[1]상 일시의 불편을 참고 지내며 자국의 행동을 신중히 해야 할 것이다. 둘째 조건으로 논한다면, 교전단체의 승인은 국제법상 권리의무를 보유할 성격을 동 단체에 부여하는 것이 아니라, 단체의 성격 자체가 이와 같은 권리의무를 보유할 사실의 존재를 인식하는 것에 지나지 아니한다. 따라서 반란자가 일정한 토지를 점령하여 근거로 삼고, 그 단체를 대표하여 다른 나라에 대한 권리의무를 보유할 정치기관을 가지며, 군대를 조직하여 문명국 사이에 행하는 전쟁의 법칙에 따라 본국 정부에 대해 전쟁을

1 교의(交誼): 교분.

을繼續ᄒᆞᄂᆞᆫ境遇가아니면設或他條件이具備ᄒᆞᆯ지라도第三國은交戰團体로承認ᄒᆞ기不能ᄒᆞᆯ지며第三條件으로論ᄒᆞᆯ진ᄃᆡ即其戰爭을因ᄒᆞ야第三國의人民及財産이直接의影響을受ᄒᆞ야交涉事件이繼續發生ᄒᆞ야第三國이此ᄅᆞᆯ處理ᄒᆞ기爲ᄒᆞ야不得已反亂者ᄅᆞᆯ交戰者로承認ᄒᆞᆯ事情이存在ᄒᆞᆷ을要ᄒᆞᄂᆞ니譬컨ᄃᆡ其反亂이國境接近에셔起ᄒᆞ야自國의領土及人民이交通上直接의障碍ᄅᆞᆯ受ᄒᆞᆯ時ᄂᆞᆫ自國의態度ᄅᆞᆯ明白키ᄒᆞᆯ必要가有ᄒᆞ며又或海上에在ᄒᆞ야自國의船舶又ᄂᆞᆫ人民이其戰鬪遂行을因ᄒᆞ야海上捕獲等直接의利害關係ᄅᆞᆯ有ᄒᆞᆯ時ᄂᆞᆫ第三國은此反亂團体ᄅᆞᆯ交戰者로承認ᄒᆞᆷ이아니면海賊이라ᄒᆞ야拿捕處刑ᄒᆞᄂᆞᆫ外에他道가無ᄒᆞᆫ지라然而他國內에在ᄒᆞᆫ主權의爭奪即政事上의目的으로ᄡᅥ文明國間에行ᄒᆞᄂᆞᆫ戰爭法規ᄅᆞᆯ遵據ᄒᆞ야戰爭이繼續ᄒᆞ며且其原因에對ᄒᆞ야ᄂᆞᆫ本國政府及反亂者間에何者가正當ᄒᆞᆫ지知ᄒᆞ기不能ᄒᆞᆯᄲᅮᆫ아니라第三國이此等事件에對ᄒᆞ야曲直을判定ᄒᆞᆯ必要가本無ᄒᆞᆷ과共히其戰爭의勝敗ᄂᆞᆫ自國에關係가無ᄒᆞ며加之本國政府도反亂者ᄅᆞᆯ幷히犯罪者로逮捕處刑ᄒᆞ기不能ᄒᆞᄂᆞ니其戰爭遂行中必要ᄒᆞᆫ行爲ᄅᆞᆯ行ᄒᆞᄂᆞᆫ反亂者ᄅᆞᆯ第三國이此ᄅᆞᆯ海賊이라指稱ᄒᆞ야處刑ᄒᆞᆷ은元來不

계속하는 경우가 아니면, 설사 다른 조건을 갖추더라도 제3국은 교전단체로 승인할 수 없는 것이다. 셋째 조건으로 논한다면, 즉 그 전쟁으로 인해 제3국의 인민과 재산이 직접 영향을 받아 교섭사건이 계속 발생하여, 제3국이 이를 처리하기 위해 부득이 반란자를 교전자로 승인할 사정이 존재할 것을 필요로 한다, 예컨대 그 반란이 국경 근처에서 일어나 자국의 영토와 인민이 교통상 직접 장애를 받을 때에는, 자국의 태도를 명백하게 할 필요가 있다. 또 때로는 해역상 자국의 선박이나 인민이 그 전투 수행을 원인으로 하여 해상포획 등 직접의 이해관계를 가질 때에는, 제3국은 이 반란단체를 교전자로 승인하지 아니하면 해적이라 하여 나포·처형하는 외에 다른 방도가 없게 된다. 그러나 다른 나라 안에 존재하는 주권의 쟁탈 즉 정치상의 목적으로 문명국 사이에 행해지는 전쟁법규에 준거하여 전쟁이 계속되며, 또한 그 원인에 대해서는 본국 정부와 반란자 사이에 어떤 것이 정당한지 알 수 없다. 그뿐만 아니라 제3국이 이들 사건에 대해 옳고 그름을 판정할 필요가 본래 없는 것과 더불어, 그 전쟁의 승패는 자국과 관계가 없는 경우도 있다. 그 위에 본국 정부도 반란자를 또한 범죄자로 체포·처형할 수 없고, 그 전쟁 수행 중 필요한 행위를 하는 반란자를 제3국이 이를 해적이라 지칭하여 처형하는 것은 원래 차마

忍ᄒᆞᆯ바ㅣ니故로如斯ᄒᆞᆫ境遇에在ᄒᆞ야ᄂᆞᆫ本國이交戰者로承認ᄒᆞᄂᆞᆫ與否를不拘ᄒᆞ고自國의利害關係上承認을與ᄒᆞᆷ을得ᄒᆞᆯ지나此와反ᄒᆞ야其反亂이本國內地에止ᄒᆞ거나又ᄂᆞᆫ遠隔ᄒᆞᆫ地方에在ᄒᆞ야何等의直接影響이無ᄒᆞᆯ時ᄂᆞᆫ設或本國又ᄂᆞᆫ他第三國이交戰者로承認ᄒᆞᆫ境遇에在ᄒᆞ야도其國家ᄂᆞᆫ交戰團体로承認ᄒᆞᆯ必要가無ᄒᆞᆫ바ㅣ라

# 第二編　交戰關係의法則

## 第一章　戰爭의開始

### 第一節　總說

戰爭은國家間의紛爭을決ᄒᆞᄂᆞᆫ最後의手段이나然이나古來國家間의戰爭은幷히紛爭의結果로出ᄒᆞᆫ者이아니니普國후레데릭大王과佛國루이十四世及拿翁時代에在ᄒᆞ야ᄂᆞᆫ何等의紛爭이無ᄒᆞ고他國을不意에攻擊ᄒᆞᆫ事가頗多ᄒᆞ얏스며千八百六十六年三月에普國과伊國은秘密條約을締結ᄒᆞ야普國이墺國에對ᄒᆞ야戰爭을宣言ᄒᆞ든지戰爭을開始ᄒᆞᆯ時ᄂᆞᆫ伊國도ᄯᅩᄒᆞᆫ墺國에對ᄒᆞ야開戰ᄒᆞᆯ事를協定ᄒᆞ고同五月七日에스레스이구州에駐屯ᄒᆞᆫ普國軍隊ᄂᆞᆫ不意로홀스타인州

할 수 없는 일이다. 그러므로 이와 같은 경우에는 본국이 교전자로 승인하는지의 여부에도 불구하고 자국의 이해관계상 승인을 허여할 수 있다. 이에 반해 그 반란이 본국 내지(內地)[1]에 그치거나 또는 멀리 떨어진 지방에서 발생하여 어떠한 직접적인 영향도 없을 때에는, 설사 본국이나 다른 제3국이 교전자로 승인한 경우에도 그 국가는 교전단체로 승인할 필요가 없는 것이다.

# 제2편 교전관계의 법칙

## 제1장 전쟁의 개시

### 제1절 총설

전쟁은 국가 사이의 분쟁을 해결하는 최후의 수단이다. 그러나 옛날부터 국가 사이의 전쟁이 모두 분쟁의 결과에 따라 발생한 것은 아니다. 프러시아(Prussia) 프리드리히 대왕과 프랑스 루이 14세 및 나폴레옹 시대에는 어떠한 분쟁도 없이 다른 나라를 느닷없이 공격한 경우가 매우 많았다. 1866년 3월에 프러시아와 이탈리아는 비밀조약을 체결하여 프러시아가 오스트리아에 대해 전쟁을 선언하거나 전쟁을 개시할 때에는, 이탈리아도 또한 오스트리아에 대해 개전할 것을 협정하고, 같은 해 5월 7일에 슐레스비히(Schleswig) 주(州)에 주둔한 프러시아 군대가 갑자기 홀스타인(Holstein) 주(州)에

1 내지(內地): 한 나라의 영토 안.

에侵入ᄒᆞ야共同占領의權利를主張ᄒᆞᆷ에墺國軍隊ᄂᆞᆫ抵抗力이乏ᄒᆞᆷ으로同州로브터撤退ᄒᆞ얏스며因ᄒᆞ야同六月普墺戰爭을成ᄒᆞᆷ과如ᄒᆞᆫ紛爭을不由ᄒᆞ고戰爭又ᄂᆞᆫ戰爭行爲를開始ᄒᆞᆫ最近의實例며加之國際紛爭에基因ᄒᆞ야戰爭에至ᄒᆞᆫ境遇에在ᄒᆞ야도其紛爭을平和的으로終局ᄒᆞᆯ一切手段을不盡ᄒᆞ고戰爭을行ᄒᆞᆫ實例가夥多ᄒᆞᄂᆞ니千八百九十八年二月十五日큐바島에碇泊ᄒᆞᆫ米國軍艦「메인」號가艦內의爆發을因ᄒᆞ야沈沒ᄒᆞᆯ時에米國輿論은此를西班牙國政府行爲라誤解ᄒᆞ야紛議를成ᄒᆞᆫ지라西班牙政府ᄂᆞᆫ此를仲裁裁判에付ᄒᆞᆷ이可ᄒᆞᆫ事를米國政府에提議ᄒᆞᆷ에同國大統領맛긴레氏도또ᄒᆞᆫ該問題ᄂᆞᆫ平和的手段으로終局ᄒᆞᆷ이至當ᄒᆞᆷ으로認ᄒᆞᆷ을不拘ᄒᆞ고同國々會ᄂᆞᆫ此를不認ᄒᆞ야米國은큐바島의獨立을承認ᄒᆞ고西班牙國으로ᄒᆞ야곰此에對ᄒᆞᄂᆞᆫ主權을抛棄ᄒᆞ며其海陸軍을同島로브터撤退케ᄒᆞᆷ이可ᄒᆞ다云ᄒᆞᄂᆞᆫ決議를行ᄒᆞᆷ으로因ᄒᆞ야米西戰爭을成ᄒᆞᆷ과如ᄒᆞᆷ이其一이라要ᄒᆞ건ᄃᆡ國家가友誼國에對ᄒᆞᄂᆞᆫ交誼를違背ᄒᆞ며國際法規를無視ᄒᆞ고戰爭을惹起ᄒᆞᄂᆞᆫ事가有ᄒᆞᆯ지라도國際法上其戰鬪行爲를戰爭이라云치아니치못ᄒᆞᆯ지니故로戰爭의開始ᄂᆞᆫ國際法上의紛爭을不由ᄒᆞᆷ이有ᄒᆞ며又紛

침입하여 공동 점령의 권리를 주장하였으며, 이에 오스트리아 군대는 저항력이 부족하므로 그 주에서 철수하였다. 이에 따라 같은 해 6월 프러시아-오스트리아 전쟁이 성립한 것 같은 경우가 분쟁을 이유로 하지 아니하고 전쟁 또는 전쟁행위가 개시된 최근의 실례이다. 그뿐만 아니라 국제분쟁에 기인하여 전쟁에 이른 경우에도, 그 분쟁을 평화적으로 마무리할 일체의 수단을 다하지 아니하고 전쟁을 한 실례가 매우 많다. 1898년 2월 15일 쿠바(Cuba) 섬에 정박한 미국 군함 메인(Maine) 호가 선내 폭발로 인해 침몰하였을 때에, 미국 여론은 이를 스페인 정부 행위라고 오해하여 분규를 일으켰다. 스페인 정부는 이를 중재재판에 회부해야 한다는 사실을 미국 정부에 제의하였다. 이에 미국 대통령 맥킨리(William McKinley) 또한 해당 문제는 평화적 수단으로 마무리 짓는 것이 지극히 타당한 것으로 인정하였음에도 불구하고 미국 의회는 이를 인정하지 않았다. 미국은 쿠바 섬의 독립을 승인하고 스페인으로 하여금 이에 대한 주권을 포기하며 그 해·육군을 쿠바 섬에서 철수해야 한다고 하는 결의를 하고, 이에 따라 미국-스페인 전쟁을 성립시킨 것 같은 경우가 그 하나이다. 요컨대 국가가 우호국에 대한 교분(交分)을 어기며 국제법규를 무시하고 전쟁을 일으키는 일이 있을지라도, 국제법상 그 전투행위를 전쟁이라고 하지 않을 수 없다. 그러므로 전쟁의 개시는 국제법상의 분쟁을 이유로 하지 않는 경우가 있으며, 또

爭의結果에出ᄒᆞᆫ境遇에在ᄒᆞ야도반다시平和的으로紛議ᄅᆞᆯ解決코져ᄒᆞᄂᆞᆫ外交
手段을盡ᄒᆞᆫ後에始成ᄒᆞᄂᆞᆫ바ㅣ아니라
凡戰爭開始와同時에交戰國間에在ᄒᆞᆫ平和關係ᄅᆞᆯ斷絶ᄒᆞᄂᆞ니交戰國々交에必
要機關된外交官을召換ᄒᆞ며又敵國의外交官에게退去ᄅᆞᆯ命ᄒᆞᆷ이有ᄒᆞ나然이나
外交官의退去與否ᄂᆞᆫ戰爭開始에必要ᄒᆞᆫ條件이아니니何者오古來로外交官이
退去ᄒᆞ기以前에戰爭을開始ᄒᆞᆫ實例가不尠ᄒᆞᆯ뿐아니라戰爭中에外交官이敵國
에滯留ᄒᆞᆫ事가又有ᄒᆞ니千七百四十三年英佛戰爭中에右兩國公使ᄂᆞᆫ各其敵國
에滯留ᄒᆞ얏스며千八百八十四年淸佛事件에對ᄒᆞ야佛國艦隊가福州造兵廠及
其他附近을砲擊ᄒᆞ며臺灣島의一部分을占領ᄒᆞ얏스나佛國公使ᄂᆞᆫ北京에滯在
ᄒᆞ야談判을繼續ᄒᆞ고翌年二月六日에至ᄒᆞ야佛國英이國에對ᄒᆞᄂᆞᆫ回答과共히
戰爭으로始認ᄒᆞ얏스며去光武四年北淸事變時에列國公使가北京에滯在ᄒᆞᆫ事
等이是其例라但北淸事變이戰爭되ᄂᆞᆫ與否ᄂᆞᆫ疑問에屬ᄒᆞᄂᆞ니當時淸國政府ᄂᆞᆫ
團匪ᄅᆞᆯ征討ᄒᆞ고北京에駐箚ᄒᆞᆫ列國公使ᄅᆞᆯ保護ᄒᆞᆯ旨로同年五月二十九日에上
諭ᄅᆞᆯ發ᄒᆞ얏스나旋即團匪ᄅᆞᆯ忠良ᄒᆞᆫ者로認ᄒᆞ야征討ᄅᆞᆯ不爲ᄒᆞᆷ으로外國軍艦은

분쟁의 결과에서 비롯한 경우에도 반드시 평화적으로 분규를 해결하고자 하는 외교수단을 다한 후에 비로소 성립하는 것은 아니다.[1]

무릇 전쟁 개시와 동시에 교전국 사이에 존재하던 평화관계는 단절된다. 따라서 교전국 국교에 필수기관인 외교관을 소환하며, 또한 적국의 외교관에게 퇴거를 명령하기도 한다. 그러나 외교관의 퇴거 여부는 전쟁 개시에 필요한 조건이 아니다, 왜냐하면 옛날부터 외교관이 퇴거하기 이전에 전쟁을 개시한 실례가 적지 않았을 뿐만 아니라, 전쟁 중에 외교관이 적국에 체류한 일이 또한 있었기 때문이다. 1743년 영국-프랑스 전쟁 중에 위 양국 공사는 각기 적국에 체류하였다. 1884년 청-프랑스 사건에 대해 프랑스 함대가 복주(福州) 조병창과 그 부근을 포격하며 대만(臺灣) 섬의 일부분을 점령하였으나, 프랑스 공사는 북경에 체재하며 담판을 계속하고, 다음 해 2월 6일에 이르러 프랑스의 영국에 대한 회답과 더불어 비로소 전쟁으로 인정하였다. 지난 광무 4년(1900년) 북청사변[2] 시에 각국 공사가 북경에 체류한 경우 등이 그 예이다. 다만 북청사변이 전쟁으로 되는지의 여부는 의문에 속한다. 당시 청국 정부는 의화단 비적을 정벌하고 북경에 주재한 각국 공사를 보호한다는 취지에서 같은 해 5월 29일에 조칙(詔勅)을 공포하였다. 그러나 도리어 의화단 비적을 선량한 자로 인정하여 정벌하지 아니하였다. 이에 외국 군함은

1 이 부분은 국제분쟁의 평화적 해결 의무가 확립된 1945년 이후와는 다르다.

2 1900년 6월에 의화단이 베이징에 있는 외국 공관을 포위 공격하자 서태후는 그들을 의민(義民)으로 규정하고 열강에 선전 포고했다. 이에 일본(8,000명), 러시아(4,500명), 영국(3,000명), 미국(2,500명), 프랑스(800명), 이태리, 오스트리아-헝가리 등 8개국이 파병하였고, 1901년 9월 강화조약인 신축(辛丑) 조약(베이징 의정서)를 체결했다. 그 내용은 청나라가 제국주의 열강에 거액의 배상금을 지급하는 동시에 열강의 중국 내 군대 주둔권을 인정하는 것이었다. 김용구, 세계외교사(2005년), 426-430쪽.

太沽로브터水兵을上陸ᄒᆞ야北京에在ᄒᆞᆫ公使館을保護ᄒᆞ며淸國軍隊ᄂᆞᆫ白河에在ᄒᆞᆫ諸國砲艦을砲擊ᄒᆞ며且淸國政府ᄂᆞᆫ列國公使에게對ᄒᆞ야歸國ᄒᆞᆷ을命ᄒᆞ되列國公使ᄂᆞᆫ道中의危險을顧慮ᄒᆞ야應치아니ᄒᆞ얏스며同六月三十一日에淸國政府ᄂᆞᆫ戰爭의宣言을行ᄒᆞᆷ을不拘ᄒᆞ고聯合軍이北京에入ᄒᆞ야公使館을擁護ᄒᆞᆷ에至ᄒᆞᆫ지라同八月七日上諭로써該事件을地方官에게歸責ᄒᆞ며團匪와干連ᄒᆞᆫ者를處刑ᄒᆞ며且列國도元來此事件으로써公使館을救護ᄒᆞᄂᆞᆫ自衛行爲로認ᄒᆞᆷ에止ᄒᆞ얏스니事變의實質은戰爭됨을不拘ᄒᆞ고淸國及其他關係諸國은此를戰爭이라云치아니ᄒᆞᆫ바ㅣ라

凡戰爭을際ᄒᆞ야交戰者된者ᄂᆞᆫ반다시此를惹起ᄒᆞᆫ國家에不止ᄒᆞ고第三國도交戰國一方에兵力及其他手段으로此에加擔ᄒᆞᆯ時ᄂᆞᆫ敵國關係에並立ᄒᆞᆷ이常則이니如斯히戰爭의同盟은開戰을際ᄒᆞ야第三國任意로出ᄒᆞᆷ과又戰爭前브터成立ᄒᆞᄂᆞᆫ同盟條約으로從出ᄒᆞᆷ이有ᄒᆞᄂᆞ니戰爭에關ᄒᆞᄂᆞᆫ國家間의同盟條約은攻擊同盟、防禦同盟及攻守同盟等三種이有ᄒᆞᆫ지라就中防禦同盟은其例不尠ᄒᆞ나但攻擊을目的ᄒᆞᄂᆞᆫ同盟條約은其例甚尠ᄒᆞᆯ뿐아니라且他國을無故히攻擊ᄒᆞᆷ은

대고(大沽 Taku)[1]로부터 수병을 상륙시켜 북경에 있는 공사관을 보호하였다. 청국 군대는 백하(白河, 바이허)에 있는 각국 포함을 포격하였으며, 또한 청국 정부는 각국 공사에 대해 귀국할 것을 명령하였다. 그러나 각국 공사는 도중의 위험을 고려하여 응하지 않았다. 같은 해 6월 21일[2]에 청국 정부가 전쟁을 선언하였음에도 불구하고, 연합군은 북경으로 들어와 공사관을 옹호하기에 이르렀다. 같은 해 8월 7일 조칙으로써 해당 사건을 지방관의 책임으로 돌리고, 의화단 비적과 연계된 사람을 처형하였다. 또한 각국도 원래 이 사건을 가지고 공사관을 구호하는 자위행위로 인정하기에 이르렀다. 사건의 실질은 전쟁이었음에도 불구하고 청국과 그 밖의 여러 관계국은 이를 전쟁이라고 하지 않았던 것이다.

무릇 전쟁을 할 경우 교전자로 되는 것은 반드시 이를 일으킨 국가에 그치지 아니한다. 제3국도 교전국 일방에 대해 병력과 그 밖의 수단으로 이에 가담할 때에는, 적국 관계에 나란히 서는 것이 상규이다, 이와 같이 전쟁의 동맹은 개전 시에 제3국이 임의로 나서는 경우와 전쟁 전부터 성립한 동맹조약에 따라 나서는 경우가 있다. 전쟁에 관한 국가 사이의 동맹조약은 공격동맹, 방어동맹 및 공수동맹 등 세 가지 종류가 있다. 그 중 특히 방어동맹은 그 예가 적지 아니하나, 단지 공격을 목적으로 하는 동맹조약은 그 예가 매우 적다. 그뿐만 아니라 또한 다른 나라를 아무 까닭 없이 공격하는 것은

1 대고 포대.
2 주정균 교재에는 31일로 되어 있어서 21일로 바로잡음.

國際法則에違反됨으로如斯ᄒᆞᆫ同盟條約은正當ᄒᆞᆫ効力이有ᄒᆞ다看做ᄒᆞ기不能ᄒᆞᆫ바ㅣ니現今伊、墺、獨三國同盟과露、佛同盟及日、英同盟은幷히攻守同盟에屬ᄒᆞᆷ으로其各同盟國間에一國이一定ᄒᆞᆫ境遇에他國의攻擊을受ᄒᆞ거나他國을攻擊ᄒᆞᆯ時ᄂᆞᆫ他一方은其戰爭에從事ᄒᆞᆷ을約定ᄒᆞᆫ바ㅣ라就中日本國明治三十五年一月에締結ᄒᆞᆫ日、英同盟은日本國이韓國에對ᄒᆞ야有ᄒᆞᄂᆞᆫ政治上、商業上及工業上의格段ᄒᆞᆫ利益及日英兩國이淸國에對ᄒᆞ야有ᄒᆞᆫ바利益을擁護ᄒᆞᄂᆞᆫ必要上同盟國一方이第三國과交兵ᄒᆞᆯ時ᄂᆞᆫ他一方은嚴正中立을守ᄒᆞᆷ이可ᄒᆞ되其第三國을他國이助勢ᄒᆞᄂᆞᆫ境遇에ᄂᆞᆫ日英兩國은共히其戰爭에從事ᄒᆞᆷ이可ᄒᆞ다云云ᄒᆞ얏스나其後日、露戰爭을因ᄒᆞ야東洋事情이一層激變ᄒᆞᆷ으로同明治三十七年七月十二日에締結ᄒᆞᆫ日英協約에至ᄒᆞ야ᄂᆞᆫ同盟의範圍를擴張ᄒᆞ야兩國政府ᄂᆞᆫ東亞及印度地域의平和를保維ᄒᆞ고兩國의領土權及旣得의利益을防護ᄒᆞ며淸國의獨立及領土保全을確保ᄒᆞᆷ과共히商工業上列國機會均等主義을確定ᄒᆞᆷ을目的ᄒᆞ야此를因ᄒᆞ야他國의攻擊을受ᄒᆞ거나又其領土權或特殊ᄒᆞᆫ利益을侵害될時ᄂᆞᆫ此를防護ᄒᆞ기爲ᄒᆞ야兩國은共同히戰爭에從事ᄒᆞᆷ이可ᄒᆞ다云

국제법칙에 위반된다. 따라서 이와 같은 동맹조약은 정당한 효력이 있다고 간주할 수 없는 것이다. 현재(역자 주: 1910년경 당시) 이탈리아-오스트리아-독일 3국 동맹과 러시아-프랑스 동맹 및 일본-영국 동맹은 모두 공수동맹에 속한다. 그 각 동맹국 사이에 한 나라가 일정한 경우에 다른 나라의 공격을 받거나 다른 나라를 공격할 때에는, 다른 일방은 그 전쟁에 종사(從事)[1]할 것을 약정한 것이다. 그 중에서 특히 일본 메이지 35년(1902년) 5월 1일에 체결한 일본-영국 동맹은 일본이 조선에 대해 가지는 정치상, 상업상 및 공업상의 표준적 이익과 일본-영국 양국이 청국에 대해 가지는 이익을 옹호할 필요에서 동맹국 일방이 제3국과 교전할 때에는, 다른 일방은 엄정 중립을 지켜야 하나, 그 제3국을 다른 나라가 조력하는 경우에는 일본-영국 양국은 함께 그 전쟁에 종사해야 한다고 하였다. 그러나 그 후 일본-러시아 전쟁으로 인해 동양 사정이 한층 더 급격하게 변하므로, 일본 메이지 37년(1904년) 7월 12일에 체결한 일본-영국 협약에서는 동맹의 범위를 확장하였다. 양국 정부는 동아시아와 인도지역의 평화를 보호·유지하고, 양국의 영토권과 기득의 이익을 방호하며, 청국의 독립과 영토 보전을 확보할 것과 함께 상공업상 각국의 기회균등주의를 확정할 것을 목적으로, 이에 따라 다른 나라의 공격을 받거나 또는 그 영토권이나 특수한 이익이 침해될 때에는, 이를 방호하기 위해 양국은 공동으로 전쟁에 종사할 수 있다고

1 종사(從事): 참여

云ᄒᆞᆫ바ㅣ라

如斯히同盟條約이存在ᄒᆞᆯ진ᄃᆡ締盟國一方이其條約範圍內에在ᄒᆞᆫ戰爭에從事ᄒᆞᆯ時ᄂᆞᆫ他一方은如何ᄒᆞᆫ境遇를不問ᄒᆞ고此에加擔ᄒᆞ며又其敵對國은戰爭과同時에敵國의同盟國ᄭᆞ지敵國으로看做ᄒᆞ야此를攻擊ᄒᆞᆷ을可得ᄒᆞᆯ가云云ᄒᆞᄂᆞᆫ問題에至ᄒᆞ야ᄂᆞᆫ疑点이不無ᄒᆞᆫ지라凡同盟條約은戰爭이正當ᄒᆞᆫ境遇에限ᄒᆞ야其態度를同一히ᄒᆞᆯ暗默條件이有ᄒᆞᆫ者ㅣ라解釋ᄒᆞᆯ지니其戰爭의原因이果然正當ᄒᆞᆫ與否ᄂᆞᆫ各同盟國이親自判定ᄒᆞ야進退를決定ᄒᆞᄂᆞᆫ外에他道가無ᄒᆞᆷ으로同盟國一方이他國과戰爭ᄒᆞᄂᆞᆫ境遇에他一方은條約明文을從ᄒᆞ야此를應援ᄒᆞᆷ이普通이나然이나同盟國됨으로반다시敵國된다云ᄒᆞ기不能ᄒᆞᆫ지라是以로其同盟國이當初戰爭原因에關ᄒᆞ야共同의態度를取ᄒᆞᆫ境遇를除ᄒᆞᆫ外에ᄂᆞᆫ交戰國은實際開戰ᄒᆞᆯ時에敵國의同盟國된國家가果然其同盟條約에基因ᄒᆞ야敵國과共同의戰爭을行ᄒᆞ며又同盟條約을違背ᄒᆞ야局外中立을守ᄒᆞᄂᆞᆫ與否를觀察ᄒᆞ야其戰爭에干與ᄒᆞᆷ이아니면此를敵國이라指ᄒᆞ기不能ᄒᆞ며此와反ᄒᆞ야同盟條約有無를不拘ᄒᆞ고戰爭을際ᄒᆞ야敵國을幇助ᄒᆞᄂᆞᆫ者ᄂᆞᆫ幷히敵國地位에立ᄒᆞᄂᆞᆫ바

한 것이다.

이와 같이 동맹조약이 존재하면, 체약국 일방이 그 조약 범위 내에서 전쟁에 종사할 때에는, 다른 일방은 어떠한 경우를 불문하고 이에 가담해야 하는가. 또 그 적대국은 전쟁과 동시에 적국의 동맹국까지 적국으로 간주하여 이를 공격할 수 있는가라고 하는 문제에 대해서는 의문점이 없지 아니하다. 무릇 동맹조약은 전쟁이 정당한 경우에 한해 그 태도를 동일하게 할 암묵적인 조건이 있는 것이라고 해석된다. 그 전쟁의 원인이 과연 정당한가의 여부는 각 동맹국이 독자적으로 판정하여 진퇴를 결정하는 것 외에 다른 방도가 없다. 그러므로 동맹국 일방이 다른 나라와 전쟁하는 경우에, 다른 일방은 조약의 명문에 따라 이를 응원하는 것이 보통이다. 그러나 동맹국으로 되기 때문에 반드시 적국으로 된다고 말할 수는 없다. 이에 따라 그 동맹국이 처음부터 전쟁원인에 관해 공동의 태도를 취한 경우를 제외하고는, 교전국은 실제 개전할 때에 적국의 동맹국으로 된 국가가 과연 그 동맹조약에 기인하여 적국과 공동의 전쟁을 하는가, 또 동맹조약을 위반하여 국외중립을 지키는지의 여부를 관찰하여, 그 전쟁에 간여하지 아니할 경우에는 이를 적국이라 지칭할 수 없다. 이에 반해 동맹조약 유무에도 불구하고 전쟁을 할 때에 적국을 방조하는 경우는 모두 적국의 지위에 서게 되는

ㅣ라

## 第二節　開戰의方式及時期

凡交戰國은戰爭開始를際ᄒᆞ야互相間敵國에對ᄒᆞ야戰爭의開始를通知ᄒᆞᄂᆞᆫ與否에當ᄒᆞ야學說이비록岐貳ᄒᆞ나今日一般의議論을據ᄒᆞᆫ則通知ᄒᆞᆷ을必要로認치아니ᄒᆞᄂᆞ니玆에其實例를徵看ᄒᆞ건ᄃᆡ希臘羅馬時代에在ᄒᆞ야ᄂᆞᆫ戰爭開始前에使節을敵國에派送ᄒᆞ야自國의要求를提起ᄒᆞᆫ結果戰爭을開始ᄒᆞᆯ時ᄂᆞᆫ嚴格ᄒᆞᆫ方法으로써敵國에通告ᄒᆞᆷ이常則이니即羅馬에在ᄒᆞ야ᄂᆞᆫ후예시알僧長을相對國에派遣ᄒᆞ야自國의主張ᄒᆞᄂᆞᆫ事를要求ᄒᆞᆫ後三十日間에滿足ᄒᆞᆫ回答이無ᄒᆞᆯ時ᄂᆞᆫ同使節을再次敵國國境에派送ᄒᆞ야高聲으로開戰을宣言ᄒᆞ며手槍을敵國領土內에投棄ᄒᆞᆷ으로써開戰의方式을定ᄒᆞᄂᆞ니若此方式을踐履치아니ᄒᆞ면次코他國을進擊ᄒᆞᆷ이無ᄒᆞ얏스며降ᄒᆞ야中世騎士制度時代에至ᄒᆞ야도使節을敵國에派遣ᄒᆞ야開戰을通告ᄒᆞᄂᆞᆫ慣例가有ᄒᆞᆷ으로通告가無ᄒᆞ고敵을攻擊ᄒᆞᆷ은卑惻不名譽라認ᄒᆞ며其使節은반다시勇士及僧侶를派遣ᄒᆞᆷ이常則이러니封建制度의衰退와共히使節로써敵國에通告ᄒᆞᄂᆞᆫ方式이廢止되얏스며千六百三十五

것이다.

## 제2절 개전의 방식과 시기[1]

무릇 교전국은 전쟁 개시의 경우 서로 간 적국에 대해 전쟁의 개시를 통지할 것인지의 여부에 관해 학설은 비록 둘로 나뉜다. 그러나 오늘날(역자 주: 1910년경 당시) 일반 의론에 따르면 통지하는 것을 필요하다고 인정하지 아니한다. 이에 그 실례를 증거하여 살펴보기로 한다. 그리스-로마시대에는 전쟁 개시 전에 사절을 적국에 파견하여 자국의 요구를 제기한 결과에 따라 전쟁을 개시할 때에는, 엄격한 방법으로써 적국에 통고하는 것이 상규였다. 즉, 로마에서는 Fetial(또는 Fecial)[2] 법에 엄격한 방법을 규정하고 Fetial 수도승의 대표를 상대국에 파견하여 자국이 주장하는 사항을 요구한 후, 30일 동안에 만족할 만한 회답이 없을 때에는, 동 사절을 다시 적국의 국경에 파견하여 고성(高聲)으로 개전을 선언하며, 창(槍)을 적국 영토 내로 던지는 것으로 개전의 방식을 정하였다. 만약 이 방식을 이행하지 아니하면 절대로 다른 나라를 진격할 수 없었다. 후세에 이르러 중세 기사제도 시대에서도 사절을 적국에 파견하여 개전을 통고하는 관례가 있었다. 이에 따라 통고 없이 적을 공격하는 것은 비겁한 짓이고 불명예라고 인정하였으며, 그 사절은 반드시 용사와 성직자를 파견하는 것이 상규였다. 봉건제도의 쇠퇴와 더불어 사절로 적국에 통고하는 방식은 폐지되었다. 1635년에

1 이 부분은 1945년 이후 UN헌장 제2조 제4항의 무력사용의 금지 원칙에서는 전쟁의 개시를 알리는 선전포고는 사실상 무의미해졌다.

2 주정균 교재는 "즉 로마에서는 훼샬(フェシヤル) 승(僧)의 장(長)을 상대국에 파견하여,..."로 기술되어 있지만 일본『戰時國際法』64쪽에는 "즉 로마에서는 훼샬(フェシャル)법에 그 방식을 규정하고 훼샬 (수도)승의 장(대표)을 사절로 하여 상대국에 파견하고..."라고 약간 다르게 설명하고 있다. 역자는 고대 로마 수도승 "fetial"을 영문으로 표기하였다.

年에佛王루이十三世가西班牙國에對ᄒᆞ야開戰을宣言ᄒᆞᆯ時와千六百五十七年에瑞典國王이丁抹國에對ᄒᆞ야開戰을宣言ᄒᆞᆯ時에使節로ᄡᅥ通告ᄒᆞᆷ이最近의實例라

千六百二十五年에和蘭國法學者구로슈스氏가著ᄒᆞᆫ바「戰爭及平和의法」一中에開戰의通告ᄅᆞᆯ行ᄒᆞᆷ이可ᄒᆞ다云云ᄒᆞᆫ說이有ᄒᆞᆫ爾來諸學者가此ᄅᆞᆯ祖述ᄒᆞᆷ을不拘ᄒᆞ고第十七世紀戰爭의多數ᄂᆞᆫ通告ᄅᆞᆯ必待치아니ᄒᆞᆫ實例가不尠ᄒᆞ며瑞典國王가스데아스、아돌후아스氏ᄂᆞᆫ云凡防禦戰爭은敵國의宣言或公然ᄒᆞᆫ戰爭行爲ᄅᆞᆯ依ᄒᆞ야自先攻擊ᄒᆞᆷ에對ᄒᆞᄂᆞᆫ戰鬪됨으로通告ᄒᆞᆯ必要가無ᄒᆞ다ᄒᆞ얏스며諸國도此ᄅᆞᆯ認ᄒᆞ얏스나國家ᄂᆞᆫ自國의尊嚴을維持ᄒᆞ며且臣民에對ᄒᆞᄂᆞᆫ命令으로開戰을通告又ᄂᆞᆫ宣言ᄒᆞᆷ이普通이며降ᄒᆞ야우예스도아리야講和以後로歐洲諸國은平時에互相自國의公使ᄅᆞᆯ他國에駐箚케ᄒᆞᆷ이一般인故로通告ᄒᆞᆯ境遇에至ᄒᆞ야도特히使節을派遣치아니ᄒᆞ고單히其國에駐在ᄒᆞᆫ自國外交官으로ᄡᅥ戰爭의開始ᄅᆞᆯ通告케ᄒᆞᆷ이多ᄒᆞ얏스나若何等의通告가無ᄒᆞ고開戰ᄒᆞᆫ時ᄂᆞᆫ講和條約으로ᄡᅥ通告前의分捕物을返還ᄒᆞᆫ事例가頗有ᄒᆞ얏스며第十八世紀初葉으로

프랑스 루이 13세가 스페인에 대해 개전을 선언할 때와 1657년에 스웨덴 국왕이 덴마크에 대해 개전을 선언할 때에 사절로 통고한 것이 최근의 실례이다.

1625년에 네덜란드 법학자 Grotius가 저술한 「전쟁과 평화의 법」 중에 개전의 통고를 해야 한다고 주장한 학설이 있은 이래, 여러 학자가 이를 본받아 서술하였다. 그런데도 17세기의 전쟁의 다수는 통고를 반드시 기다리지 아니한 실례가 적지 아니하다. 스웨덴 국왕 Gustavus Adolphus는 말하기를, 무릇 방어전쟁은 적국의 선언 또는 공연한 전쟁행위에 따라 스스로 먼저 공격하는 것에 대한 전투인 것으로 통고할 필요가 없다고 하였으며, 여러 나라도 이를 인정하였다. 그러나 국가는 자국의 존엄을 유지하며 또한 신하와 백성에 대한 명령으로 개전을 통고 또는 선언하는 것이 보통이었다. 후세에 이르러 Westfalen 강화 이후 유럽의 여러 나라는 평시에 서로 자국의 공사를 다른 나라에 주재하게 하는 것이 일반이었다. 따라서 통고할 경우에도 특별히 사절을 파견하지 아니하고, 단지 그 나라에 주재하는 자국 외교관으로 전쟁의 개시를 통고하게 하는 경우가 많았다. 만약 어떠한 통고도 없이 개전할 때에는, 강화조약으로 통고 전의 분포물(分捕物)[1]을 반환한 사례가 매우 많았다. 18세기 초엽부터

1 분포물(分捕物): 전쟁에서 빼앗은 적의 무기 등을 의미함.

브터開戰을通告ᄒᆞᄂᆞᆫ慣例ᄂᆞᆫ一般히廢止되야第十九世紀頃에六十回以上의戰爭及報仇가有ᄒᆞ되開戰을通告ᄒᆞᆫ實例가甚尠ᄒᆞ니即千八百七十年普佛戰爭時에佛國이伯林府에駐在ᄒᆞᆫ代理公使로써普國政府에通告ᄒᆞ고千八百七十七年露土戰爭時에露國政府ᄂᆞᆫ露都에在留ᄒᆞᄂᆞᆫ土國大使에게開戰의通告ᄅᆞᆯ行ᄒᆞᆫ等數種에不過ᄒᆞᆫ바ㅣ라

上述ᄒᆞᆷ과如히戰爭의開始ᄅᆞᆯ敵國에對ᄒᆞ야通告치아니ᄒᆞᆷ과共히交戰國은宣戰을行ᄒᆞᄂᆞᆫ慣例가生ᄒᆞ얏스니即交戰國은宣言으로써開戰의事實을第三國幷自國人民으로周知케ᄒᆞ며列國에對ᄒᆞ야ᄂᆞᆫ宣戰의謄本을送付ᄒᆞ야自國行動의正當ᄒᆞᆷ을聲明ᄒᆞᆷ에至ᄒᆞᆫ지라如斯히戰爭의開始ᄅᆞᆯ敵國에對ᄒᆞ야通告或宣戰을行ᄒᆞᆷ이必要되ᄂᆞᆫ與否에對ᄒᆞ야有力ᄒᆞᆫ學說을據ᄒᆞᆫ건ᄃᆡ구로슈스、부델氏等으로始ᄒᆞ야第十七、十八、十九世紀頃에至ᄒᆞᄂᆞᆫ間에衆說이紛紜ᄒᆞ야或은云開戰은其方式如何ᄅᆞᆯ不拘ᄒᆞ고敵國에對ᄒᆞ야通告ᄒᆞᆷ이可ᄒᆞ다ᄒᆞ며或은云開戰을敵國에通告ᄒᆞᆷ이可ᄒᆞ나其通告ᄂᆞᆫ國家의義務로認ᄒᆞ기不能ᄒᆞ다ᄒᆞᆫ바ㅣ니其通告及宣戰의必要與否에對ᄒᆞ야由來의實例幷學說이一定치아니ᄒᆞᆷ을不拘ᄒᆞ고近

개전을 통고하는 관례는 일반적으로 폐지되어, 19세기 경 60회 이상의 전쟁과 보복이 있었지만, 개전을 통고한 실례는 매우 적었다. 즉 1870년 프러시아-프랑스 전쟁 시에 프랑스가 베를린 시에 주재하는 대리공사로 프러시아 정부에 통고하고, 1877년 러시아-터키 전쟁 시에 러시아 정부는 러시아 수도에 주재하는 터키 대사에게 개전을 통고한 경우 등 몇몇에 불과하다.

상술한 바와 같이 전쟁의 개시를 적국에 대해 통고하지 아니하는 것과 더불어 교전국은 선전포고를 하는 관례가 발생하였다. 즉 교전국은 선언으로써 개전 사실을 제3국과 자국 인민에게 널리 알리며, 각국에 대해서는 선언의 등본을 송부하여 자국 행동의 정당성을 성명(聲明)하기에 이른 것이다. 이와 같이 전쟁의 개시를 적국에 대해 통고 또는 선전포고를 하는 것이 필요한지의 여부에 대해 유력한 학설에 따라 보기로 한다. Grotius, Emerich de Vattel 등에서 시작하여 17, 18, 19세기 경에 이르는 동안 여러 학설이 분분하였다. 혹자는 말하기를, 개전은 그 방식 여하에도 불구하고 적국에 대해 통고해야 한다고 하였으며, 혹자는 이르기를, 개전을 적국에 통고해야 하나 그 통고는 국가의 의무로 인정될 수 없다고 하였다. 그 통고와 개전의 필요 여부에 대해 유래되고 있는 실례와 학설이 일정하지 아니함에도 불구하고,

世의實例에在ᄒᆞ야ᄂᆞᆫ開戰홈을敵國에對ᄒᆞ야豫先通告ᄒᆞᄂᆞᆫ慣例ᄂᆞᆫ一般히廢止되얏스니今日에在ᄒᆞ야開戰을通告홈이不可홈이無ᄒᆞ나列國의交通關係가理學의進步를伴ᄒᆞ야非常히迅速且容易홈에至홈으로戰爭을開始코져ᄒᆞᆯ時에當事國이互相間通告를不爲ᄒᆞᆯ지라도此를不知ᄒᆞᆯ理가無ᄒᆞ며且平時國際間에在ᄒᆞ야ᄂᆞᆫ外交官을派駐케ᄒᆞᆯ뿐아니라戰爭은當事國間에在ᄒᆞᆫ紛議를談判ᄒᆞᆫ後에生ᄒᆞ며其談判은列國關係의複雜홈을因ᄒᆞ야可成的平和終局ᄒᆞᆯ手段를講究ᄒᆞ야功効를不奏ᄒᆞᆫ後에戰爭이開始되ᄂᆞ니如斯ᄒᆞᆫ境遇에在ᄒᆞ야ᄂᆞᆫ敵國도其開戰을熟知ᄒᆞᆯ뿐아니라此를通告홈은敵國으로ᄒᆞ야곰戰爭을準備케ᄒᆞᄂᆞᆫ機會를與홈에不過ᄒᆞᆫ지라然則開戰의通告ᄂᆞᆫ使節을特派홈과駐劄外交官으로써行홈을不問ᄒᆞ고交戰國의義務라云ᄒᆞ기不能ᄒᆞ나第三國幷自國人民으로ᄒᆞ야곰開戰을周知케ᄒᆞ기爲ᄒᆞ야宣戰其他의方法으로써戰爭開始의事實을公示홈은今日에一般으로行ᄒᆞᄂᆞᆫ바ㅣ라一派의論者ᄂᆞᆫ此를不認ᄒᆞ나然이나開戰과共히第三國及其人民은交戰國에對ᄒᆞ며交戰國人民은敵國及中立諸國에對ᄒᆞ야去來關係上權利義務에至大ᄒᆞᆫ影響이及ᄒᆞᄂᆞ니國家가開戰의事實을迅速發表홈은交

근세의 실례에서는 개전을 적국에 대해 미리 통고하는 관례는 일반적으로 폐지되었다. 오늘날에는 개전을 통고하지 않아도 무방하다. 그러나 각국의 교통관계가 이학(理學)[1]의 진보에 따라 예사롭지 않게 신속하고도 용이한 상황에서는, 전쟁을 개시하고자 할 때에 당사국이 서로 통고하지 않을지라도 이를 알지 못할 이유가 없다. 또 평시 국제간에는 외교관을 파견·주재하게 한다. 그뿐만 아니라 전쟁은 당사국 사이에 있는 분규를 담판해 본 후에 발생하며, 그 담판은 각국 관계가 복잡하기 때문에 가급적 평화적으로 마무리할 수단을 강구하여 그 공효(功效)[2]가 나타나지 아니한 후에 전쟁은 개시된다. 이와 같은 경우에는 적국도 그 개전을 충분히 알 수 있다. 그뿐만 아니라 이를 통고하는 것은 적국으로 하여금 전쟁을 준비하게 하는 기회를 부여하는 것에 불과하다. 그렇다면 개전의 통고는 사절을 특파하는 경우와 주재 외교관으로 하는 경우를 불문하고 교전국의 의무라고 할 수 없다. 그러나 제3국과 자국 인민에게 개전을 널리 알리기 위해 선전포고 그 밖의 방법으로 전쟁 개시의 사실을 공시하는 것은 오늘날(역자 주:1910년경 당시)에도 일반적으로 행해진다. 한갈래의 논자는 이를 인정하지 아니하나, 개전과 함께 제3국과 그 인민은 교전국에 대해, 교전국 인민은 적국과 중립의 여러 나라에 대해 거래관계상의 권리의무에 지대한 영향을 받게 된다. 따라서 국가가 개전 사실을 신속하게 발표하는 것은

1 이학(理學): 현대적 표현은 과학.
2 공효(功效): 현대적 표현은 효과.

戰國이列國에對ᄒᆞᄂᆞᆫ德義上責任될뿐아니라國際法上의義務로看做ᄒᆞᆯ지라然而其宣戰은반다시戰爭前에行ᄒᆞᆷ을不要ᄒᆞᆷ으로往々에戰爭의開始ᄂᆞᆫ宣戰을待치아니ᄒᆞᄂᆞ니故로宣戰의有無ᄂᆞᆫ交戰國間은勿論이오且第三國에在ᄒᆞ야도戰爭의開始를左右ᄒᆞᆯ바ㅣ아니오單히自國人民及第三國의便利上開戰의事實을公示ᄒᆞᆯ뿐이니若開戰前에不行ᄒᆞᆫ時ᄂᆞᆫ戰爭이成立ᄒᆞᆫ後迅速히行ᄒᆞᆯ바ㅣ라

上述ᄒᆞᆷ과如히戰爭이開始된時ᄂᆞᆫ交戰國互相間과交戰國及中立國間에非常ᄒᆞᆫ關係가生ᄒᆞᄂᆞ니是ᄂᆞᆫ戰爭開始의時期를明確히ᄒᆞᆯ必要가有ᄒᆞᆫ所以라凡開戰時期에關ᄒᆞ야國內關係에止ᄒᆞᄂᆞᆫ事項에對ᄒᆞ야ᄂᆞᆫ諸國은其法律로써如何히定ᄒᆞ든지自由에全屬ᄒᆞᄂᆞ니譬컨ᄃᆡ日本國에在ᄒᆞ야明治十五年八月第三號布告로써「凡法律規則中戰時라稱ᄒᆞᆷ은外患或內亂을際ᄒᆞ야布告로써定ᄒᆞᄂᆞᆫ者ㅣ라」ᄒᆞ얏스니如斯히國法上으로戰時或戰爭의時期라云ᄒᆞᆷ은各其國法律을從ᄒᆞᄂᆞᆫ外에他道가無ᄒᆞ나然이나國際公法上에戰時라云ᄒᆞᆷ은國際公法의當事者間에在ᄒᆞᆫ戰爭에限ᄒᆞ며其開戰時期ᄂᆞᆫ交戰國間에開戰의意思로出ᄒᆞᆫ바公然ᄒᆞᆫ行爲가有ᄒᆞᆷ을從ᄒᆞ야定ᄒᆞᄂᆞ니是以로宣戰其他開戰에關ᄒᆞᆫ宣言을兵力으로相交ᄒᆞ

교전국의 각국에 대한 도덕상 책임일 뿐만 아니라 국제법상의 의무로 간주된다. 그렇지만 그 선전포고는 반드시 전쟁 전에 행해질 것을 필요로 하지 아니한다. 때로 전쟁의 개시는 선전포고를 기다리지 아니한다. 그러므로 선전포고의 유무는 교전국 사이는 물론이고 또 제3국에서도 전쟁의 개시에 좌우되는 것은 아니다. 단지 자국 인민과 제3국의 편리상 개전 사실을 공시할 뿐이다. 만약 개전 전에 하지 않았을 때에는, 전쟁이 성립한 후 신속하게 행해져야 한다.

상술한 바와 같이 전쟁이 개시된 때에는 교전국 서로 사이와 교전국 및 중립국 사이에 예사롭지 아니한 관계가 발생한다. 이는 전쟁 개시의 시기를 명확히 할 필요가 있는 까닭이 된다. 무릇 개전시기에 관해 국내관계에 그치는 사항에 대해서는, 각국은 그 법률로써 어떻게 정하든지 전적으로 자유에 속한다. 예컨대 일본에서 메이지 15년(1882년) 8월 제3호 포고로, 「무릇 법률 규칙 중 전시라 함은 외환(外患) 또는 내란 시에 포고로 정하는 것을 말한다」라고 하였다. 이와 같이 국법상으로 전시 또는 전쟁의 시기라고 함은 개별 국가의 법률에 따르는 것 외에는 다른 방도가 없다. 그러나 국제공법상에 전시라고 함은 국제공법의 당사자 사이에 존재하는 전쟁에 한해, 그 개전시기는 교전국 사이에 개전의 의사에서 비롯하는 공연한 행위가 있는 것에 따라 정하게 된다. 이에 따라 선전포고 그 밖의 개전에 관한 선언을 교전하기기以前에行ᄒᆞᆫ時ᄂᆞᆫ其宣戰及宣言은即戰鬪意思의表明으로公然ᄒᆞᆫ敵意의行爲라指稱ᄒᆞᆯ지니如此ᄒᆞᆫ境遇에在ᄒᆞ야ᄂᆞᆫ宣言을發表ᄒᆞᆫ時로써開戰의時期로看做ᄒᆞᆯ지며此와反ᄒᆞ야實際兵力을相交ᄒᆞᆫ後에行ᄒᆞᆫ時ᄂᆞᆫ其効力은溯及ᄒᆞ야實戰이有ᄒᆞᆫ當時브터交戰國되ᄂᆞᆫ効力이有ᄒᆞᆷ으로第三國又ᄂᆞᆫ其人民이戰爭의事實을不知ᄒᆞ야損害ᄅᆞᆯ受ᄒᆞᆷ이設有ᄒᆞᆯ지라도所謂不可抗力에屬ᄒᆞ야國際慣例上何等의責任이無ᄒᆞᆫ바ㅣ라

如斯히國際公法上開戰의時期ᄅᆞᆯ定ᄒᆞᆷ에當ᄒᆞ야宣言或實戰의有無ᄅᆞᆯ因ᄒᆞ야法則이不一ᄒᆞᄂᆞ니今에近世의實例ᄅᆞᆯ擧ᄒᆞ건ᄃᆡ千七百九十一年英佛戰爭은英國政府로브터佛國公使에게退去ᄅᆞᆯ命ᄒᆞᆷ과共히英國公使가佛國으로退去ᄒᆞᆫ時에開戰이되얏ᄉᆞ며千八百十二年英米戰爭은米國國會에서開戰與否ᄅᆞᆯ討議ᄒᆞᆯ際에戰爭이成ᄒᆞ얏ᄉᆞ며千八百三十八年佛墨戰爭은佛國艦隊가墨西哥港을封鎖ᄒᆞᆷ을因ᄒᆞ야開始ᄒᆞ얏ᄉᆞ며千八百四十六年米墨戰爭은係爭地되ᄂᆞᆫ데기사스州에서兩國陸軍이砲火ᄅᆞᆯ相交ᄒᆞᆷ을由ᄒᆞ야開戰을成ᄒᆞᆷ으로米國政府ᄂᆞᆫ其報道ᄅᆞᆯ接ᄒᆞᆫ後에此ᄅᆞᆯ追認ᄒᆞᆷ에不過ᄒᆞ얏ᄉᆞ며又千八百五十四年크리미아戰爭은

이전에 한 때에는, 그 선전포고와 선언은 곧 전투 의사의 표명으로 공연한 적대 의사의 행위를 가리킨다. 이와 같은 경우에는 선언을 발표한 때를 개전의 시기로 간주한다. 이에 반해 실제 교전한 후에 한 때에는, 그 효력은 소급하여 실전(實戰)[1]이 있은 당시부터 교전국으로 되는 효력을 가진다. 따라서 제3국 또는 그 인민이 전쟁의 사실을 알지 못하여 손해를 입은 일이 혹시 있을지라도, 이른바 불가항력에 속하여 국제관례상 어떠한 책임도 지지 않는다.

이와 같이 국제공법상 개전의 시기를 정할 경우에 선전포고 또는 실전의 유무에 따라 법칙이 한결같지 아니하다. 지금 근세의 실례를 들어본다. 1791년 영국-프랑스 전쟁은 영국 정부가 프랑스 공사에게 퇴거를 명령한 것과 함께 영국 공사가 프랑스로부터 퇴거한 때에 개전이 되었다. 1812년 영국-미국 전쟁은 미국 국회에서 개전 여부를 토의할 때에 개전이 성립되었으며, 1838년 프랑스-멕시코 전쟁은 프랑스 함대가 멕시코 항을 봉쇄하는 것으로써 개시되었다. 1846년 미국-멕시코 전쟁은 계쟁지(係爭地)인 텍사스 주(州)에서 양국 육군이 포화(砲火)를 주고받는 것에서부터 개전이 이루어졌고, 미국 정부는 그 보도를 접한 후에 이를 추인하는 것에 불과하였다. 1854년 크리미아 전쟁은

---

1 실전(實戰): 현대적 표현은 실제 전쟁.

英國의開戰宣言을因ᄒᆞ야成ᄒᆞ며千八百六十六年普墺戰爭은兩國의宣言으로써成ᄒᆞ며千八百七十年普佛戰爭과千八百七十七年露土戰爭은通告ᄅᆞᆯ由ᄒᆞ야成ᄒᆞᆫ바ㅣ며往年日淸戰爭開始時期에關ᄒᆞ야ᄂᆞᆫ議論이頗什ᄒᆞ나然이나日本國이宣戰의詔勅을公佈ᄒᆞᆷ은同國明治二十七年八月一日됨을不拘ᄒᆞ고戰爭行爲ᄂᆞᆫ同年七月二十五日에高陞號에在ᄒᆞᆫ淸國兵士의發砲에對ᄒᆞ야浪速艦이砲擊ᄒᆞᆫ當時로써開戰의時期라云ᄒᆞᆯ지니因ᄒᆞ야宣戰의効力은同七月二十五日高陞號砲擊當時에溯及ᄒᆞᆫ바ㅣ라然而玆에一個疑問이有ᄒᆞ니當時高陞號와浪速艦이兵火ᄅᆞᆯ相交ᄒᆞᆯ際ᄂᆞᆫ日淸兩國間에 戰爭關係가아즉成立치아니ᄒᆞᆷ으로其友誼國된英國商船을日本國海軍이沈沒케ᄒᆞᆷ은不法되ᄂᆞᆫ與否가是라此点에關ᄒᆞ야一時問題ᄅᆞᆯ成ᄒᆞ얏스나日本國海軍의 行爲ᄂᆞᆫ不法이라 稱ᄒᆞ기不能ᄒᆞᄂᆞ니何者오高陞號事件이有ᄒᆞ기前數日에在ᄒᆞ야我國의內政改革事件으로써日淸兩國間의平和的談判은北京에서旣已破裂되고淸國은更히二千人의兵士ᄅᆞᆯ我國에派送ᄒᆞ며日本國도同七月二十三日에軍艦을派遣ᄒᆞᆷ에至ᄒᆞᆫ지라然而高陞號轟沈當時ᄭᆞ지ᄂᆞᆫ아즉 戰鬪行爲가 雖無ᄒᆞ얏스나 兩國間의 事情은開戰ᄒᆞᆷ

영국의 개전 선언에 따라 성립하였으며, 1866년 프러시아-오스트리아 전쟁은 양국의 선언으로써 성립하였다. 1870년 프러시아-프랑스 전쟁과 1877년 러시아-터키 전쟁은 통고로부터 성립하였다. 지난 청일전쟁 개시시기에 관해서는 의론(議論)[1]이 약간 있다. 그러나 일본이 선전포고의 조칙(詔勅)을 공포한 것은 메이지 27년(1894년) 8월 1일이었음에도 불구하고, 전쟁행위는 같은 해 7월 25일에 고승호(高陞號 The Kaw-shing)에 있는 청국 병사의 공포에 대해 낭속함(浪速艦)이 포격한 당시로써 개전의 시기라고 한다. 이에 따라 선전포고의 효력은 같은 해 7월 25일 고승호 포격 당시로 소급하는 것이다. 그러나 이에 하나의 의문이 있다. 당시 고승호와 낭속함이 교전할 때에는 일본과 청국 양국 사이에 전쟁관계가 아직 성립하지 않았기 때문에, 그 우방국인 영국 상선을 일본 해군이 침몰시킨 것이 불법으로 되는지의 여부가 이것이다. 이 점에 관해 한때 문제가 성립되었으나, 일본 해군의 행위는 불법이라고 말할 수는 없다. 왜 그런가. 고승호 사건이 있기 며칠 전에, 우리나라의 내정개혁사건[2]으로 일본과 청국 양국 사이의 평화적 담판은 북경에서 이미 파열되었고, 청국은 다시 2,000명의 병사를 우리나라에 파병하였다. 일본도 같은 해 7월 23일에 군함을 파견하기에 이르렀다. 그러나 고승호 침몰 당시까지는 아직 전투행위가 비록 없었으나, 양국 사이의 사정은 개전하기에

---

1 의론(議論): 각자의 다른 의견.

2 1894년(고종 31년) 봄, 일본은 동학농민군의 봉기를 계기로 조선에 7천여 명의 병사를 출동시켰다. 일본은 조선의 철병 요구를 거부하면서 한반도 내 이권 획득을 도모하고 청나라와의 전쟁을 촉발시키려는 속셈에서 조선의 내정 개혁을 주장하였다.

에已迫ᄒᆞ야戰鬪에將至ᄒᆞᆯ狀態가有ᄒᆞᆷ으로高陞號의轟沈은戰爭開始에伴ᄒᆞᄂᆞᆫ必然的行爲오淸國에對ᄒᆞᄂᆞᆫ適法의手段이니英國도此ᄅᆞᆯ詰責ᄒᆞ기不能ᄒᆞᆯ뿐아니라戰爭中或은戰爭이開始될時ᄅᆞᆯ際ᄒᆞ야其交戰國될一方에對ᄒᆞ야兵士의運搬及其他作戰上의便宜ᄅᆞᆯ與ᄒᆞᄂᆞᆫ者ᄂᆞᆫ第三國人民됨과否ᄒᆞᆷ을不問ᄒᆞ고其行爲에伴ᄒᆞᄂᆞᆫ結果ᄅᆞᆯ免ᄒᆞ기不能ᄒᆞ며其結果된損失은本人이豫期ᄒᆞᆫ與否ᄅᆞᆯ不關ᄒᆞ며又其行爲의性質을當時에詳知ᄒᆞᆫ與否ᄅᆞᆯ不問ᄒᆞ고此ᄅᆞᆯ救濟ᄒᆞᆯ途가無ᄒᆞ며其行爲ᄅᆞᆯ因ᄒᆞ야便益을受ᄒᆞᆫ國家가此ᄅᆞᆯ賠償ᄒᆞᆷ은自由에屬ᄒᆞ나相對國에對ᄒᆞ야救濟ᄅᆞᆯ要ᄒᆞ기不能ᄒᆞᄂᆞ니以上高陞號境遇에徵看ᄒᆞ야도如斯ᄒᆞᆫ時期ᄅᆞᆯ際ᄒᆞ야適其時淸國兵士ᄅᆞᆯ搭載ᄒᆞᆫ船舶이第三國人民의所有됨을因ᄒᆞ야日本國이開戰ᄒᆞ기不能ᄒᆞ며又船內의敵兵을攻擊ᄒᆞ기不能ᄒᆞᆯ理由가無ᄒᆞᆯ뿐아니라如斯ᄒᆞᆫ境遇에攻擊을不行ᄒᆞ고自國의作戰上多大ᄒᆞᆫ損害ᄅᆞᆯ忍過ᄒᆞᆯ國際法上의義務가本無ᄒᆞᆫ所以라是以로同事件에在ᄒᆞ야도高陞號所有者되ᄂᆞᆫ商會ᄂᆞᆫ英國政府의勸諭ᄅᆞᆯ因ᄒᆞ야同船舶의傭船者된淸國政府에對ᄒᆞ야損害賠償을請ᄒᆞᆷ에止ᄒᆞ얏스니此ᄅᆞᆯ要ᄒᆞ건ᄃᆡ交戰國間에在ᄒᆞ야開戰의時期ᄂᆞᆫ戰爭의意思로出ᄒᆞᆫ公然敵意

이미 급박하여 곧 전투에 이를 상태에 있었다. 고승호의 침몰은 전쟁 개시에 수반된 필연적 행위이고 청국에 대해서는 적법의 수단이었다. 그러므로 영국도 이를 힐책(詰責)할 수 없었다. 그뿐만 아니라 전쟁 중 또는 전쟁이 개시될 때에, 그 교전국으로 될 일방에 대해 병사의 운반과 그 밖의 작전상의 편의를 부여하는 것은, 제3국 인민이거나 아니거나를 불문하고 그 행위에 수반되는 결과를 면할 수 없다. 또 그 결과에 따른 손실은 본인이 예견하였는지의 여부와 관계없으며, 또한 그 행위의 성질을 당시에 자세히 알았는지의 여부를 불문하고, 이를 구제할 방도는 없다. 그 행위로 인해 편익을 받은 국가가 이를 배상하는 것은 자유에 속하나 상대국에 대해 구제를 요구할 수 없는 이상, 고승호의 경우에 증거하여 살펴보아도 이와 같은 시기에 다만 그때 청국 병사를 탑재(塔載)[1]한 선박이 제3국 인민의 소유로 되기 때문에, 일본이 개전할 수 없으며 또한 선내의 적병을 공격할 수 없는 이유는 없다. 그뿐만 아니라 이와 같은 경우에 공격을 하지 않고, 자국의 작전상 커다란 손해를 참고 지나칠 국제법상의 의무는 본래 없는 까닭이다. 이에 따라 이 사건에서도 고승호 소유자인 상회(商會)는 영국 정부의 권유(勸諭)에 따라 동 선박의 용선자(傭船者)인 청국 정부에 대해 손해배상을 청구하는 것에 그쳤다. 이를 요약하자면, 교전국 사이에서의 개전의 시기는 전쟁의 의사에서 비롯하는 공연한 적대의사의

1 탑재(塔載): 싣고 있는.

의行爲가有ᄒᆞᆫ時에始成ᄒᆞᄂᆞ니是以로其行爲에對ᄒᆞ야第三國又ᄂᆞᆫ其人民의損害를顧慮치못ᄒᆞᆯ境遇ᄂᆞᆫ果然如何ᄒᆞᆫ時期될ᄂᆞᆫ지凡當事國이開戰에迫到ᄒᆞ야兵力의相交가雖無ᄒᆞ나實際交戰國될狀態가有ᄒᆞᆫ時에限ᄒᆞᆯ바ㅣ라

此와同一ᄒᆞᆫ理由를因ᄒᆞ야日露戰爭時에兩國의陸海軍이砲火를相交ᄒᆞᆷ은日本明治三十七年二月八日에同國艦隊가旅順港外에서露國艦隊를攻擊ᄒᆞᆫ時에在ᄒᆞᆷ이明白ᄒᆞ나然이나同年二月六日에日本國政府ᄂᆞᆫ露都駐剳栗野公使로ᄒᆞ야곰露國政府에對ᄒᆞ야從來의外交談判을中斷ᄒᆞ고自國政府가其侵迫을受ᄒᆞᆫ地位를鞏固케ᄒᆞ며且此를防衛ᄒᆞᆷ과共히自國의旣得權及正當ᄒᆞᆫ利益을擁護ᄒᆞ기爲ᄒᆞ야最良ᄒᆞᆷ으로思惟ᄒᆞᄂᆞᆫ獨立의行動을採ᄒᆞᄂᆞᆫ바權利를留保ᄒᆞᆫ다云々ᄒᆞ고公然의通告를行ᄒᆞ고同二月六日에同國軍艦은開戰의命令을携帶ᄒᆞ고佐世保港을出發ᄒᆞ얏스나然이나其佐世保軍港의出發로써開戰의始期라直稱ᄒᆞ기難ᄒᆞ며同二月八日海戰으로써開戰의始期라稱ᄒᆞ기亦難ᄒᆞ며同二月十一日開戰詔勅의公佈로써始ᄒᆞ얏다云ᄒᆞ기不能ᄒᆞ며同二月六日栗野公使로브터露國政府에對ᄒᆞᄂᆞᆫ獨立行動의通告ᄂᆞᆫ戰爭을開始ᄒᆞᄂᆞᆫ意思에出ᄒᆞᆫ公然敵意의行爲

행위가 있는 때에 비로소 성립하는 것이다. 이에 따라 그 행위에 대해 제3국 또는 그 인민의 손해를 고려할 수 없는 경우에는, 과연 어떠한 시기로 될 것인가. 무릇 당사국이 개전에 임박하여 교전하는 경우는 비록 없으나, 실제 교전국으로 될 상태가 있는 때로 한정해야 할 것이다.

이와 동일한 이유에 따라, 일본-러시아 전쟁 시에 양국의 육·해군이 포화를 주고받은 것은 일본 메이지 37년(1904년) 2월 8일에 동국 함대가 여순(旅順)항 밖에서 러시아 함대를 공격한 때에 있었던 것은 분명하다. 그러나 같은 해 2월 6일에 일본 정부는 러시아 수도 주재 율야(栗野, 구리다) 공사로 하여금 러시아 정부에 대해 종래의 외교담판을 중단하고, 일본 정부가 그 침범을 당한 지위를 공고하게 하며, 또 이를 방호하는 것과 더불어 일본의 기득권과 정당한 이익을 옹호하기 위해 최선으로 생각하는 독립적 행동을 채택하는 권리를 유보한다고 하는 공연의 통고를 하였다. 같은 해 2월 6일에 일본 군함은 개전의 명령을 휴대하고 사세보(佐世保)항을 출발하였다. 그러나 그 사세보 군항의 출발로 개전의 시기(始期)[1]라 곧바로 말하기는 어렵고, 같은 해 2월 8일 해전을 가지고 개전의 시기라고 일컫기도 또한 어렵다. 같은 해 2월 11일 개전 조칙의 공포에 따라 개시되었다고 이를 수도 없다. 같은 해 2월 6일 구리다 공사에 의한 러시아 정부에 대한 독립행동의 통고는 전쟁을 개시하려는 의사에서 비롯된 공연한 적대 의사의 행위이다.

1 시기(始期): 현대적 표현은 시작.

됨으로日露戰爭開始의時期는同明治三十七年二月六日됨이無疑ᄒᆞ도다

### 第三節 開戰의直接効果

交戰國間에在ᄒᆞᆫ開戰의効果는交戰된國家間과局外中立된第三國과交戰國間에在ᄒᆞᆫ二種의効果가有ᄒᆞ며此를更히細別ᄒᆞᆯ진ᄃᆡ前者에在ᄒᆞ야는交戰國政府互相間에在ᄒᆞᆫ者와交戰國人民間에在ᄒᆞᆫ等二種이有ᄒᆞ며後者에在ᄒᆞ야도中立國과交戰國政府互相間關係와交戰國과中立國人民間에在ᄒᆞᆫ二種이有ᄒᆞ나然이나中立國에關ᄒᆞᆫ事項은局外中立編中에此를說明ᄒᆞᆯ지며本編에在ᄒᆞ야는交戰國間의關係를說明ᄒᆞᆷ으로交戰國政府間及其人民間에關ᄒᆞᆫ事項을幷述코져ᄒᆞ는바就中本節에在ᄒᆞ야는開戰에直接必然ᄒᆞᆫ事項을論明ᄒᆞ고戰地에在ᄒᆞᆫ作戰에伴生ᄒᆞ는効果는別로立論코져ᄒᆞ노라

開戰과共히國家並其國民은互相敵國及敵人關係에立ᄒᆞᆷ으로條約其他國家의關係並敵國人民及財産에 對ᄒᆞ야特別ᄒᆞᆫ 關係을 生ᄒᆞ는바ㅣ나 此点에關ᄒᆞ야某學者는國際公法은元來國家와國家間에關係를論ᄒᆞᆷ이니國際公法上의戰爭도國家間爭鬪에 止ᄒᆞ고交戰國人民間의 爭鬪가아니라 ᄒᆞ며又人民의 資格을

따라서 일본-러시아 전쟁 개시의 시기 일본 메이지 37년(1904년) 2월 6일인 것은 의심의 여지가 없다.

### 제3절 개전의 직접효과

교전국 사이에서의 개전의 효과는 교전자인 국가 사이 및 국외중립인 제3국과 교전국 사이에서의 두 가지 종류의 효과가 있다. 이를 다시 상세히 구별해보면, 전자에서는 교전국 정부 서로 사이에 존재하는 것과 교전국 인민 사이에 존재하는 것 등 두 가지 종류가 있다. 후자에서도 중립국과 교전국 정부 서로 사이의 관계와 교전국과 중립국 인민 사이에 존재하는 것 두 가지 종류가 있다. 그러나 중립국에 관한 사항은 국외중립 편 중에서 이를 설명할 것이다. 이 편에서는 교전국 사이의 관계를 설명하므로, 교전국 정부 사이와 그 인민 사이에 관한 사항을 함께 서술하고자 한다. 그 중에서 특히 이 절에서는 개전에 직접적이고 필연적인 사항을 설명한다. 전지(戰地)에서 작전에 수반하여 발생하는 효과는 따로 입론(立論)[1]하고자 한다.

개전과 함께 국가와 그 국민은 서로 적국(敵國) 및 적인(敵人) 관계에 놓이게 된다. 그러므로 조약 그 밖의 국가 관계 및 적국 인민과 재산에 대해 특별한 관계가 발생하게 되는 것이다. 이 점에 관해 어떤 학자는, 국제공법은 원래 국가와 국가 사이의 관계를 논하므로 국제공법상의 전쟁도 국가 사이의 쟁투에 그치고, 교전국 인민 사이의 쟁투가 아니라고 한다. 또한 인민의 자격을

1 입론(立論): 현대적 표현은 설명 또는 논하다.

二個의方面으로觀察ᄒᆞ야一方은國家에關係가無ᄒᆞᆫ身体、財產을有ᄒᆞᆫ一私人으로看做ᄒᆞ고他一方은國家를組成ᄒᆞᆫ一員으로戰爭을際ᄒᆞ야其實行의資料를供給ᄒᆞ거나又ᄂᆞᆫ直接으로戰鬪行爲를助力或助力됨을得ᄒᆞᄂᆞᆫ者라ᄒᆞ야如斯히戰爭行爲에關係가有ᄒᆞᆫ者를除ᄒᆞᆫ外에ᄂᆞᆫ交戰國人民의身体、財產은戰爭에關係가無ᄒᆞ다云云ᄒᆞ얏스니是ᄂᆞᆫ루소氏의民約論으로從出ᄒᆞᆫ以來千八百一年佛國捕獲審檢所判事폴다리스氏宣言에在ᄒᆞ야도戰爭은國家와國家間의關係오個人과個人間의關係가아니니二個以上의交戰間에在ᄒᆞ야其國을組成ᄒᆞᆫ私人은單히一定特別ᄒᆞᆫ事情下에敵됨에不過ᄒᆞᆫ지라即私人은人類됨으로敵이아니며國民됨으로敵이아니오單히兵士됨으로敵될뿐이라ᄒᆞ며其他부룬쥬리等大陸學者ᄂᆞᆫ此道理를尊信ᄒᆞ야國際公法의原則과如히主唱ᄒᆞ나此ᄂᆞᆫ謬見됨을未免ᄒᆞᄂᆞ니何者오若此說로써正當ᄒᆞ다云ᄒᆞᆯ時ᄂᆞᆫ戰時를際ᄒᆞ야國家ᄂᆞᆫ戰爭을行ᄒᆞᄃᆡ普通人民은平和關係를有ᄒᆞᆷ으로因ᄒᆞ야戰鬪員以外敵國人民의生命、財產並其交通通商에對ᄒᆞ야ᄂᆞᆫ直接又ᄂᆞᆫ間接으로何等의影響을不被ᄒᆞᆯ지니交戰者ᄂᆞᆫ如何ᄒᆞᆫ境遇에在ᄒᆞ든지其生活을制限ᄒᆞᆯ權利가毫無ᄒᆞ다云치아니치못

두 개의 방면에서 관찰하여, 일방은 국가와 관계가 없는 신분, 재산을 가진 하나의 사인(私人)으로 간주하고, 다른 일방은 국가를 구성한 일원으로 전쟁을 할 때에 그 실행의 자료를 공급하거나 또는 직접으로 전투행위를 조력하거나 조력할 수 있는 사람이라고 한다. 이와 같이 전쟁행위와 관계가 있는 사람을 제외하고는, 교전국 인민의 신체, 재산은 전쟁과 관계가 없다고 말하기도 한다. 이는 Rousseau의 민약론에서 유래한 이래 1801년 프랑스 포획심판소 판사 Portalis[1]의 판결[2]에서도 전쟁은 국가와 국가 사이의 관계이지 개인과 개인 사이의 관계가 아니다. 그러므로 2개 이상의 교전국 사이에서 그 나라를 구성하는 사인은 단지 일정한 특별 사정 하에서 적(敵)으로 되는 것에 불과하다. 즉 사인(私人)은 인류이기 때문에 적이 아니며, 국민이기 때문에 적이 아니고, 단지 병사이기 때문에 적이 될 뿐이라고 하였다. 그 밖의 Johann Kaspar Bluntschli 등 대륙의 학자는 이 도리를 존중하고 신봉하여 국제공법의 원칙과 같다고 주장하였으나, 이는 틀린 의견임을 면할 수 없다. 왜냐하면 만약 이 학설을 정당하다고 할 때에는, 전시에 국가는 전쟁을 하는데, 보통 인민은 평화관계를 유지하고, 그에 따라 전투원 이외의 적국 인민의 생명, 재산과 그 교통·통상에 대해서는 직접 또는 간접으로 어떠한 영향도 미치지 아니하며, 교전자는 어떠한 경우에도 그 생활을 제한할 권리가 전혀 없다고 이르지 않을 수

1 Jean-Étienne-Marie Portalis (1746-1807) 프랑스의 포획심검위원회 정부위원, 포획심판소 판사.
2 주정균 교재는 "선언"으로 표기하였으나, 일본『戰時國際法』은 "판결"로 표기하고 있다.

ᄒᆞᆯ지나然이나國際公法의理論及列國의實行을徵看ᄒᆞᆯ진ᄃᆡ凡國際公法上國民은國家라云ᄒᆞᄂᆞᆫ政治的團体의一員되ᄂᆞᆫ外에ᄂᆞᆫ何等의資格을不有ᄒᆞᆷ을不拘ᄒᆞ고此學說은旣已國家에關係가無ᄒᆞᆫ一私人으로看做云云ᄒᆞᆷ에至ᄒᆞ야論據ᄅᆞᆯ謬誤ᄒᆞᆯ뿐아니라又實際軍隊가敵地에侵入ᄒᆞᆷ을當ᄒᆞ야ᄂᆞᆫ其住民을軍隊管轄下에置ᄒᆞ며軍隊의安全及成功을爲ᄒᆞᄂᆞᆫ必要的範圍에在ᄒᆞ야ᄂᆞᆫ如何ᄒᆞᆫ行爲ᄃᆞᆫ지占領地內에셔自由로行得ᄒᆞ며敵國의城壘ᄅᆞᆯ攻擊ᄒᆞᆷ에當ᄒᆞ야ᄂᆞᆫ作戰의必要上往往에城壘以外人家에發砲ᄒᆞᆷ을得ᄒᆞ며占領地內에在ᄒᆞᆫ普通人民에對ᄒᆞ야ᄂᆞᆫ徵發課金을命ᄒᆞ며其他車馬、船舶等을軍事用에收用ᄒᆞ며又或職務을妨害ᄒᆞ며交通通商을杜絶ᄒᆞᆯ뿐아니라地方의裁判權ᄭᆞ지中止케ᄒᆞᆷ과如ᄒᆞᆫ行爲ᄂᆞᆫ戰爭에必要不可缺ᄒᆞᆯ者及不然ᄒᆞᆫ者가有ᄒᆞ나然이나現行國際法上에幷히是認ᄒᆞᄂᆞᆫ바ㅣ니若個人은敵이아니라云ᄒᆞᄂᆞᆫ說을從ᄒᆞᆯ진ᄃᆡ如斯ᄒᆞᆫ行爲ᄂᆞᆫ不法이라云ᄒᆞᆯ지며海上에在ᄒᆞᆫ敵國人民의私有船舶及積載物은此ᄅᆞᆯ捕獲ᄒᆞ기不能ᄒᆞ며敵國軍隊가自國에侵入ᄒᆞᆯ時ᄅᆞᆯ當ᄒᆞ야兵籍에不在ᄒᆞᆫ人民은此ᄅᆞᆯ反抗ᄒᆞᄂᆞᆫ權利가無ᄒᆞ며其反抗은國際法上의犯罪로看做ᄒᆞᆷ에至ᄒᆞᆯ지니是ᄂᆞᆫ事理及實際에違反ᄒᆞᆫ바

없기 때문이다.

국제공법의 이론과 각국의 실행을 증거하여 살펴보기로 한다. 무릇 국제공법상 국민은 국가라고 하는 정치적 단체의 일원으로 되는 것 외에는, 어떠한 자격을 갖지 아니한다. 그런데도 이 학설은 이미 국가와 관계가 없는 하나의 사인으로 간주한다고 하는 점에서 논거를 그르치고 있다. 그뿐만 아니라 또한 실제로 군대가 적지에 침입할 경우에는 그 주민을 군대 관할 하에 두며, 군대의 안전과 성공을 위해 필요한 범위에서는 어떠한 행위든지 점령지 내에서 자유로이 행할 수 있다. 적국의 성루(城壘)를 공격할 경우에는 작전의 필요에 따라 때로 성루 이외의 인가(人家)에 공포할 수 있다. 점령지 내에 있는 보통 인민에 대해서는 징발(徵發)·과금(課金)을 명령하며, 그밖에 마차, 선박 등을 군사용으로 수용하거나 또는 직무를 방해하며, 교통·통상을 두절(杜絶)시킬 수 있다.[1] 그뿐만 아니라 지방의 재판권까지 중지하게 하는 것과 같은 행위는 전쟁에 필요 불가결한 것이기도 하다.[2] 그렇지 아니한 경우도 있으나, 이는 현행(역자 주: 1910년경 당시) 국제법상으로 또한 시인되고 있다. 만약 개인은 적이 아니라고 하는 학설을 따른다면, 이와 같은 행위는 불법이라고 할 수 있으며, 해상에서의 적국 인민의 사유 선박과 적재물은 이를 포획할 수 없다. 또 적국 군대가 자국에 침입하였을 때에 당해 병적(兵籍)에 있지 아니한 인민은 이에 반항하는 권리가 없으며, 그 반항은 국제법상의 범죄로 간주되는 것에 이르게 된다.[3] 이는 사리와 실제에 위반하는

1 주정균 교재의 설명은 오늘날 더 이상 적용되지 아니한다. 왜냐하면 "전시에 있어서의 민간인의 보호에 관한 1949년 8월 12일자 제네바협약 (제4협약)" 제47조는 점령국은 점령지역에 있는 피보호자(민간인)의 권리를 침해해서 안된다는 기본원칙을 천명하며, 제51조는 모병과 노동의 원칙적 금지, 제55조는 점령국은 원칙적으로 점령지역 내에 있는 주민의 식량, 물품 또는 의료품을 징발하여서는 아니된다고 규정하기 때문이다. 이러한 원칙은 1977년 제1추가의정서 제48조 이하에서 더욱 강화되었다.

2 주정균 교재의 설명은 오늘날 더 이상 적용되지 아니한다. 1949년 제네바 제4협약 제54조(법관 및 공무원), 제64조(형벌 법령), 제66조(권한있는 재판소) 등의 규정은 원칙적으로 점령지역의 재판권한을 점령국이 인정하도록 규정하고 있다.

3 주정균 교재의 설명은 오늘날 법체제와는 다르다. 1949년 네 개의 제네바협약 체제는 전투원과 민간인을 구별하며, 민간인으로서 자발적으로 무기를 든 자 역시 보호된다. "육전에 있어서 군대의 부상자 및 병자의 상태 개선에 관한 1949년 8월 12일자 제네바협약 (제1협약)" 제13조(보호되는 자) 제6항, "포로의 대우에 관한 1949년 8월 12일자 제네바협약 (제3협약)" 제4조(포로) 제1항 (바) 참조.

ㅣ라是以로大陸學者中에도마루덴스、만잉그、하랫구、홀ㅣ等近世大家ᄂᆞᆫ此를否認ᄒᆞᆫ바ㅣ니要ᄒᆞᆫ건ᄃᆡ此學說은今日國際法上에비록認치아니ᄒᆞ나中世以來戰爭에殘酷ᄒᆞᆫ行爲를矯捄ᄒᆞ며近世社會進步와共히戰爭의法則이漸々寬大ᄒᆞᆷ에至ᄒᆞᆫ結果로一時의歡迎을受ᄒᆞᆷ에至ᄒᆞᆫ바ㅣ라然則國際公法上戰爭은國家間에在ᄒᆞᆫ政治的爭鬪로其國家가互相敵對地位에立ᄒᆞᆷ과共히此를組成ᄒᆞᆫ國民은互相敵人의關係를生ᄒᆞᆷ이明白ᄒᆞᄂᆞ니其個人은縱令兵士로戰鬪에從事ᄒᆞᄂᆞᆫ境遇에在ᄒᆞ야도單히國家의命令을依ᄒᆞ야殺傷을行ᄒᆞᆯᄲᅮᆫ이오其人民互相間에在ᄒᆞ야ᄂᆞᆫ私怨을報復ᄒᆞᆷ이아닐ᄲᅮᆫ아니라戰爭의目的은敵國의兵力抵抗을減殺ᄒᆞᆷ에在ᄒᆞᆷ은近世에一般히認ᄒᆞᄂᆞᆫ바ㅣ니其目的以外不必要ᄒᆞᆫ暴力의行動은不許ᄒᆞᆷ에至ᄒᆞᆫ바ㅣ라

### 第一欵　條約에對ᄒᆞᄂᆞᆫ効果

凡戰爭을因ᄒᆞ야交戰國間의條約及交戰國雙方과他國間에締結ᄒᆞᆫ바諸條約에對ᄒᆞ야果然如何ᄒᆞᆫ者가無効되며如何ᄒᆞᆫ者ᄂᆞᆫ비록戰爭中이라도其効力을繼續ᄒᆞ며又如何ᄒᆞᆫ者ᄂᆞᆫ戰爭中其實行을中止ᄒᆞ고講和와同時에當然히其効力을回

것이다. 이에 따라 대륙의 학자 중에도 Georg Friedrich von Martens[1], Manning, Halleck, William Edward Hall[2] 등 근대의 국제법 학자들은 이를 부인하고 있다. 요컨대 이 학설은 오늘날 국제법상에서 비록 인정되지 아니하나, 중세 이래 전쟁에서의 잔혹한 행위를 바로잡고 구원하며, 근세사회의 진보와 더불어 전쟁의 법칙이 점점 관대하게 됨에 따른 결과에 따라 일시 환영을 받았던 것이다. 그렇다면 국제공법상 전쟁은 국가 사이에서의 정치적 투쟁이며, 그 국가가 서로 적대적 지위에 서는 것과 함께 이를 구성하는 국민은 서로 적인의 관계에 서는 것이 명백하다. 설사 그 개인이 병사로 전투에 종사하는 경우에도, 단지 국가의 명령에 따라 살상을 할 뿐이고, 그 인민 서로 사이에서도 사적 원한을 보복하는 것이 아니다. 그뿐만 아니라 전쟁의 목적은 적국의 병력 저항을 감쇄시키는 것에 있음은 근세에 일반적으로 인정된다. 그러므로 그 목적 이외의 불필요한 폭력적 행동은 허용되지 않는 것이다.

### 제1관 조약에 대한 효과

무릇 전쟁에 따라 교전국 사이의 조약 및 교전국 쌍방과 다른 나라 사이에 체결된 여러 조약에 대해 과연 어떠한 것이 무효로 되는가. 어떠한 것은 비록 전쟁 중이라도 그 효력을 계속하며 또 어떠한 것은 전쟁 중 그 실행을 중지하고 강화와 동시에 당연히 그 효력을

1 Georg Friedrich von Martens(1845-1909) 러시아 외무성 법률고문.
2 William Edward Hall(1835-1894) 영국 국제법 학자.

復ᄒᆞᆯ가云ᄒᆞᄂᆞᆫ問題에至ᄒᆞ야學者의議論이頗有ᄒᆞᆫ바ㅣ니부델及겐도氏ᄂᆞᆫ戰爭中其効力을有ᄒᆞᆯ事ᄅᆞᆯ豫定ᄒᆞᆫ者外에ᄂᆞᆫ交戰國間의一切條約은無効될者ㅣ라云ᄒᆞ며호임돈、마루텐스氏等은土地의割讓、國境의劃定及土地에附帶ᄒᆞᄂᆞᆫ使用權의規定等과如ᄒᆞᆫ永久的性質이有ᄒᆞᆫ條約은戰爭을因ᄒᆞ야無効될者이아니니設或其實行을中止호ᄃᆡ戰爭終局後에更히其効力을變更ᄒᆞᆯ事ᄅᆞᆯ約定ᄒᆞᆷ이無ᄒᆞᆯ以上은當然히効力을回復ᄒᆞᆯ者ㅣ라ᄒᆞ야通商航海條約과如ᄒᆞᆫ永久的性質을不有ᄒᆞᆫ者ᄂᆞᆫ幷하開戰을由ᄒᆞ야無効될者ㅣ라云ᄒᆞ며도이스、후리몰及其他英米法廷에在ᄒᆞ야도永遠의性質을有ᄒᆞᆫ條約은開戰을由ᄒᆞ야消滅되지아니ᄒᆞᆯ뿐아니라戰爭中이라도効力을中止ᄒᆞᆷ이無ᄒᆞ다云ᄒᆞ며혜후델、갈부、부룬쥬리氏等은凡條約性質이平和繼續間에限ᄒᆞ야有効ᄒᆞᆯ者即戰爭과兩立치못ᄒᆞᆯ理由ᄅᆞᆯ含有ᄒᆞᆫ者ᄅᆞᆯ除ᄒᆞᆫ外에ᄂᆞᆫ開戰을因ᄒᆞ야中止又ᄂᆞᆫ消滅될者ㅣ아니니是以로同盟條約과如ᄒᆞᆫ政治上關係ᄅᆞᆯ有ᄒᆞᆫ諸條約은開戰을因ᄒᆞ야消滅호ᄃᆡ通商條約、郵便電信條約幷此와同一ᄒᆞᆫ性質을有ᄒᆞᆫ條約은戰爭中單히其實行을中止ᄒᆞ고平和回復後에當然히効力을復舊ᄒᆞ며領土割讓、國境劃定等永久的性質이有ᄒᆞᆫ

회복하는가라는 문제에 대해 학자의 의논이 매우 많다. Vattel과 Kent는 미리 전쟁 중에도 그 효력을 가지는 것으로 정해진 것 외에는 교전국 사이의 일체의 조약은 무효로 된다고 한다. Wheaton[1], Martens 등은 토지의 할양, 국경의 획정과 토지에 부대하는 사용권의 규정 등과 같은 영구적 성질이 있는 조약은 전쟁에 따라 무효로 되지 않기 때문에, 설사 그 실행을 중지하더라도 전쟁 종국 후에 다시 그 효력을 변경할 것을 약정한 경우가 아닌 이상은 당연히 효력을 회복할 것이라고 하며, 통상·항해조약과 같은 영구적 성질을 갖지 아니한 것은 또한 개전으로 말미암아 무효로 된다고 한다. Dicey[2], Phillimore[3] 및 그 밖의 영미 법정에서도 영원한 성질을 가진 조약은 개전을 이유로 소멸되지 아니할 뿐만 아니라 전쟁 중이라도 효력을 중지하지 않는다고 한다. Heffter, Calvo, Johann Kaspar Bluntschli 등은 무릇 조약의 성질이 평화가 계속되는 동안에 한해 유효한 것 즉 전쟁과 양립할 수 없는 이유를 포함하고 있는 것을 제외하고는, 개전에 따라 중지 또는 소멸되지 아니한다. 이에 따라 동맹조약과 같은 정치상 관계를 가진 여러 조약은 개전에 따라 소멸되지만, 통상조약, 우편·전신조약 및 이와 동일한 성질을 가진 조약은 전쟁 중 단지 실행을 중지하고, 평화가 회복된 후에 당연히 효력을 복구하며, 영토할양, 국경획정 등 영구적 성질이 있는

1 Henry Wheaton (1785-1848) 미국의 국제법학자, 만국공법 저자.
2 Albert Venn Dicey (1835-1922) 영국의 공법학자.
3 Phillimore, Sir Walt George frank (1845-1929) 영국의 법학자.

者ᄂᆞᆫ戰爭中이라도効力이尙有ᄒᆞ다云ᄒᆞ며우오가、로렌스氏等도通商、郵便等諸條約은戰爭中에限ᄒᆞ야其効力을中止ᄒᆞᆯ뿐이라云々ᄒᆞᆫ바ㅣ라

開戰이條約에及ᄒᆞᄂᆞᆫ効果에對ᄒᆞ야學說이岐異ᄒᆞᆷ은上述과如ᄒᆞ나此를近世實例에徵看ᄒᆞ건ᄃᆡ크리미야戰爭後千八百五十六年巴里條約에在ᄒᆞ야交戰國은戰爭前에成立ᄒᆞᆫ條約은新條約又ᄂᆞᆫ新約定으로써改定或修正ᄒᆞ기ᄭᆞ지ᄂᆞᆫ戰爭前과同一ᄒᆞᆫ効力을有ᄒᆞᆯ事를特別히規定ᄒᆞ야其効力을繼續ᄒᆞ기로ᄒᆞ얏스며千八百五十九年伊墺兩國間講和條約에在ᄒᆞ야ᄂᆞᆫ戰爭前諸條約은總히有効ᄒᆞᆯ事를特別ᄒᆞᆫ規定으로써明言ᄒᆞ얏스며墺佛條約에在ᄒᆞ야ᄂᆞᆫ戰爭前諸條約에對ᄒᆞ야何等의規定이無ᄒᆞᆷ을不拘ᄒᆞ고其條約은戰爭後兩國間에實行되얏스며千八百六十六年伊墺兩國維也納講和條約에在ᄒᆞ야ᄂᆞᆫ戰爭前諸條約은更히効力을有ᄒᆞᆯ事를特別히規定ᄒᆞ얏스며千八百七十一年獨佛兩國푸랑크포르트條約에在ᄒᆞ야ᄂᆞᆫ兩國間의通商航海條約及關稅、鐵道、版權、罪人拿交의約定等은總히回復ᄒᆞᆯ事를規定ᄒᆞᆯ뿐이오其他條約에對ᄒᆞ야ᄂᆞᆫ何等의規定이雖無ᄒᆞ나其効力을繼續ᄒᆞ얏스며往年日淸戰爭에在ᄒᆞ야ᄂᆞᆫ開戰을因ᄒᆞ야兩國間에條約은全

것은 전쟁 중이라도 효력이 여전히 유지된다고 한다. Walker, Lorence 등도 통상, 우편 등 여러 조약은 전쟁 중에 한해 그 효력이 중지될 뿐이라고 한다.

개전이 조약에 미치는 효과에 대해 학설이 나뉘고 다른 것은 상술한 바와 같다. 그러나 이를 근세의 실례에 증거하여 살펴본다. 크리미아 전쟁 후 1856년 파리조약에서 교전국은 전쟁 전에 성립한 조약은 신 조약 또는 신 약정으로 개정(改定) 또는 수정하기까지는 전쟁 전과 동일한 효력을 가지는 것으로 특별히 규정하여 그 효력을 계속하기로 하였다. 1859년 이탈리아-오스트리아 양국 사이의 강화조약에서는 전쟁 전 여러 조약은 모두 유효한 것으로 특별한 규정으로 명언하였다. 오스트리아-프랑스 조약에서는 전쟁 전 여러 조약에 대해 아무 규정이 없었음에도 불구하고, 그 조약은 전쟁 후 양국 사이에 실행되었다. 1866년 이탈리아-오스트리아 양국의 비엔나 강화조약에서는 전쟁 전 여러 조약은 다시 효력을 가지는 것으로 특별히 규정하였다. 1871년 독일-프랑스 양국의 프랑크푸르트조약에서는 양국 사이의 통상·항해조약과 관세, 철도, 판권(板權), 죄인체포교환의 약정 등은 모두 회복하는 것으로 규정하였을 뿐이고, 그 밖의 조약에 대해서는 어떠한 규정도 비록 없었으나 그 효력을 계속하였다. 지난 청일전쟁에서는 개전에 따라 양국 사이에 조약은

然無効에歸홈으로馬關條約第六條에兩國間一切條約은交戰을因ᄒᆞ야消滅ᄒᆞ얏스니云々이라規定ᄒᆞ고更히通商、航海其他의條約을締結ᄒᆞ얏스며千九百五年日露講和條約第十一條에在ᄒᆞ야도日露通商航海條約은戰爭을因ᄒᆞ야廢止됨으로兩國政府는現下戰爭以前에効力을生ᄒᆞᆫ바條約을基礎ᄒᆞ야通商航海條約을締結홈이可ᄒᆞᆫ旨를明定ᄒᆞ고因ᄒᆞ야千九百七年에更히通商航海條約을締結ᄒᆞᆫ바ㅣ라

前述홈과如히開戰이條約에及ᄒᆞ는効果는學說幷實例가一定치아니ᄒᆞ나然이나國際公法의學理上으로論究홀진ᄃᆡ몬져條約이交戰國間에止ᄒᆞᆫ者와交戰國雙方이第三國과共同締結ᄒᆞᆫ者의二種으로大別ᄒᆞ고更히各條約性質에對ᄒᆞ야戰爭을因ᄒᆞ야無効될者와中止될者와其効를尙有홀者의三種으로細分立論홈이可ᄒᆞᆫ바ㅣ니

第一、列國大條約

(一)交戰國雙方이其締約國中에在ᄒᆞᆫ境遇에戰爭이條約規定에何等의直接影響을不有홀者는戰爭을爲ᄒᆞ야効力의變更이無ᄒᆞᄂᆞ니譬컨ᄃᆡ千八百五

전부 무효로 돌아가기 때문에, 시모노세키조약 제6조에 양국 사이의 일체의 조약은 교전에 따라 소멸하였다고 규정하고 다시 통상, 항해 그 밖의 조약을 체결하였다. 1905년 일본-러시아 강화조약 제11조에서도 일본-러시아 통상·항해조약은 전쟁에 따라 폐지되었고 이에 따라 양국 정부는 지금 전쟁 이전에 효력을 발생하였던 조약을 기초로 하여 통상·항해조약을 체결할 수 있다는 취지를 명확하게 정하고, 그에 따라 1907년에 다시 통상·항해조약을 체결하였다.

전술한 바와 같이 개전이 조약에 미치는 효과는 학설과 실례가 일정하지 아니하다. 그러나 국제공법의 학리상으로 논구(論究)[1]할 경우에는, 먼저 조약이 교전국 사이에 그치는 것과 교전국 쌍방이 제3국과 공동으로 체결한 것 두 가지 종류로 크게 나뉘고, 다시 각 조약의 성질에 대해 전쟁에 따라 무효로 되는 것과 그 효력을 여전히 유지하는 것 세 가지 종류로 세분하여 입론(立論)할 수 있다.

1. 각국의 대조약(大條約)

(1) 교전국 쌍방이 그 체약국 중에 있는 경우에 전쟁이 조약규정에 어떠한 직접적인 영향을 미치지 아니하는 것은 전쟁에 따라 효력은 변경되지 아니한다. 예컨대 1856년

1 논구(論究): 현대적 표현은 검토.

十六年三月에巴里에在ᄒᆞ야土國及其屬國에關ᄒᆞᆫ事를約定ᄒᆞᆫ當事者中一員된獨墺兩國이千八百六十六年에交戰ᄒᆞᆷ이有ᄒᆞ얏스나是ᄂᆞᆫ東方問題에無關ᄒᆞ고但제루만事件에止ᄒᆞᆷ으로右巴里條約은同戰爭中에도効力을繼續ᄒᆞᆷ과如ᄒᆞᆷ이是라

(一)列國條約의規定이其性質上戰爭中에限ᄒᆞ야實行ᄒᆞᆷ을不得ᄒᆞᆯ者ᄂᆞᆫ効力을中止ᄒᆞ고平和回復과同時에當然히復舊ᄒᆞᆯ지니譬컨ᄃᆡ郵便、電信에關ᄒᆞᆫ列國條約等은戰爭中交戰國互相間에交通、通商이斷絶됨으로其條約을實行ᄒᆞ기不能ᄒᆞᄂᆞ니因ᄒᆞ야其効力이中斷ᄒᆞ나講和와共히効力을回復ᄒᆞᄂᆞᆫ者와如ᄒᆞᆷ이是라

(二)列國條約의規定이戰爭原因과矛盾되야戰爭의結果此를變更ᄒᆞᆯ者될時ᄂᆞᆫ開方과共히交戰國間에在ᄒᆞ야不得已其効力을失ᄒᆞᆯ지니何者오此種條約은以上第一及第二와同一히列國間의大條約됨으로一、二의交戰國自意로廢棄ᄒᆞ기不能ᄒᆞ나然이나戰爭開始를因ᄒᆞ야事實上交戰當事國은遵守ᄒᆞ기不能ᄒᆞᆫ所以라譬컨ᄃᆡ千八百七十七年露土戰爭時에右兩國은千八

3월에 파리에서 터키와 그 속국에 관한 사항을 약정한 당사자 중 일원이었던 독일-오스트리아 양국이 1866년에 교전한 일이 있었다. 그러나 이는 동방문제와 무관하고 위 파리조약은 동 전쟁 중에도 효력을 계속하여 유지하였다.[1]

(2) 각국 조약의 규정이 그 성질상 전쟁 중에 실행할 수 없는 것은 효력을 중지하고 평화회복과 동시에 당연히 복구된다. 예컨대 우편, 전신에 관한 각국 조약 등은 전쟁 중 교전국 서로 사이에 교통, 통상이 단절되므로 그 조약을 실행할 수 없다. 따라서 그 효력이 중단되나 강화와 함께 효력을 회복하는 경우와 같은 것이 이것이다.

(3) 각국 조약의 규정이 전쟁원인과 모순되어 전쟁의 결과, 이를 변경할 것으로 될 때에는 개전과 더불어 교전국 사이에서 부득이 그 효력을 상실한다. 왜냐하면 이런 종류의 조약은 이상의 (1), (2)와 마찬가지로 각국 사이의 대조약이므로, 하나둘 교전국이 마음대로 폐기할 수 없으나, 전쟁 개시에 따라 사실상 교전 당사국은 이를 준수할 수 없기 때문이다. 예컨대 1877년 러시아-터키 전쟁 시에 위 양국은

---

1 주정균 교재는 "...그러나 이는 동방문제와 무관하고 다만 제루만 사건에 그치므로 위 파리조약은 동 전쟁 중에도 효력을 계속하였던 것이 이것이다."라고 기술하고 있다. 그러나 일본 『戰時國際法』을 확인한 결과 "제루만 사건"이라는 내용은 없었기에 번역본은 이를 적절히 수정하였다.

百五十六年巴里列國條約의當事者됨을不拘ᄒᆞ고同戰爭은巴里條約의規定을變更ᄒᆞ고露土兩國은更히산스데파노講和條約을締結ᄒᆞᆷ과如ᄒᆞᆷ이是라然이나此新條約에對ᄒᆞ야ᄂᆞᆫ英國以外其他巴里條約에諸當事國이反對ᄒᆞ고更히千八百七十八年 伯林會議로써 新條約을締約ᄒᆞ고 其局을終ᄒᆞᆷ에至ᄒᆞᆫ바라

(四)列國條約의規定이戰爭行爲에關ᄒᆞᆫ者譬컨ᄃᆡ巴里宣言、赤十字條約、陸戰法規慣例에關ᄒᆞᆫ條約等은戰爭中이라도반다시此를遵守ᄒᆞᆯ바ㅣ니是ᄂᆞᆫ其性質上戰爭中외其實行을始見ᄒᆞᆯ者ㅣ되ᄂᆞᆫ所以라

第二、交戰國間의條約

(一)領土의割讓、境界의劃定又ᄂᆞᆫ獨立의承認等永久的性質이有ᄒᆞᆫ者ᄂᆞᆫ戰爭進行의結果로變更치아니며又當事國이別로變更치아니ᄒᆞᆯ以上은開戰을因ᄒᆞ야何等의影響을不被ᄒᆞᄂᆞ니譬컨ᄃᆡ千七百八十三年에英國은米國의獨立을承認ᄒᆞ며國境을劃定ᄒᆞ얏스니若如斯ᄒᆞᆫ條約도戰爭을因ᄒᆞ야無效에歸ᄒᆞᆫ다云ᄒᆞᆯ時ᄂᆞᆫ千八百十二年英米戰爭時에米國은再次建國以前의

1856년 파리조약의 당사자이었음에도 불구하고, 동 전쟁은 파리조약의 규정을 변경하고 러시아-터키 양국은 다시 San Stefano 강화조약을 체결한 것 같은 경우가 이것이다. 그러나 이 신 조약에 대해 영국 이외의 그 밖의 파리조약 여러 당사국이 반대하여, 다시 1878년 베를린회의로써 신 조약을 체결하고 그 형국을 마무리 지은 것이다.

(4) 각국 조약의 규정이 전쟁행위에 관한 것 예컨대 파리선언(The Declaration of Paris), 적십자조약(The Geneva convention for the Amelioration of the Condition of the Sick and Wounded of Armies in the Field), 육전법규관례(Rules concerning the Laws and Usages of War on Land)에 관한 조약 등은 전쟁 중이라도 반드시 이를 준수해야 한다. 이는 그 성질상 전쟁 중에 그 실행이 비로소 나타나게 되기 때문이다.

2. 교전국 사이의 조약

(1) 영토의 할양, 경계의 획정 또는 독립의 승인 등 영구적 성질을 갖는 것은 전쟁 진행 중의 결과에 따라 변경되지 아니한다. 또한 당사국이 따로 변경하지 않는 이상은 개전에 따라 어떠한 영향도 받지 아니한다. 예컨대 1783년에 영국은 미국의 독립을 승인하며 국경을 획정하였다. 만약 이와 같은 조약도 전쟁에 따라 무효로 돌아간다고 할 때에는 1812년 영국-미국 전쟁 시에 미국은 다시 건국 이전의

地位에復立ᄒᆞ야獨立或革命의名義로써其戰爭을行ᄒᆞᆯ者라云ᄒᆞᄂᆞᆫ不當ᄒᆞᆫ結論을生ᄒᆞᆯ지니是以로永久的性質을有ᄒᆞᆫ條約은戰爭을因ᄒᆞ야變更或中止됨이無ᄒᆞᆫ바ㅣ라

(二)修好條約、同盟條約、保證條約其他政治上에有關ᄒᆞᆫ條約은其性質上兩國間의戰爭과共立치못ᄒᆞᆷ으로開戰과同時에消滅에歸ᄒᆞᆷ은多言을不要ᄒᆞᆯ바ㅣ라

(三)交通通商에關ᄒᆞᆫ諸條約譬컨ᄃᆡ通商航海條約等은戰爭中其實行을不得ᄒᆞᆯ바ㅣ나然이나戰爭을因ᄒᆞ야直地消滅될가又或其効力을中止ᄒᆞ고平和回復과同時에當然히復舊ᄒᆞᆯ가云ᄒᆞᆷ에對ᄒᆞ야學說並實例가區々ᄒᆞ나然ᄒᆞ나此等條約의性質이元來平和時에限ᄒᆞ야雙方의便宜를基因ᄒᆞᆫ바ㅣ오永久的性質을有ᄒᆞᆫ者아니라然而兩國의平和關係ᄂᆞᆫ開戰과共히破壞됨으로其條約成立의條件된平和를失ᄒᆞᆯ뿐아니라戰爭의結果ᄂᆞᆫ兩國의地位及關係上에變動이生ᄒᆞᄂᆞ니戰爭以前의條約規定을仍用ᄒᆞ기不能ᄒᆞᆫ境遇가頗多ᄒᆞᆫ지라然則此等條約은其効力을中止ᄒᆞᆫ다云ᄒᆞᆷ보다開戰을因ᄒᆞ야消滅

지위로 되돌아가 독립혁명의 명의로 그 전쟁을 해야 한다고 하는 부당한 결론을 낳게 된다. 이에 따라 영구적 성질을 가진 조약은 전쟁에 따라 변경 또는 중지되지 아니한다.

(2) 우호조약, 동맹조약, 보증조약 그밖에 정치적 관련이 있는 조약은 그 성질상 양국 사이의 전쟁과 양립할 수 없으므로, 개전과 동시에 소멸로 돌아가는 것은 여러 말을 할 필요가 없다.

(3) 교통·통상에 관한 여러 조약 예컨대 통상·항해조약 등은 전쟁 중 그 실행을 할 수 없다. 그러나 전쟁에 따라 곧바로 소멸되는가 또는 그 효력을 중지하고 평화 회복과 동시에 당연히 복구되는가에 대해 학설과 실례가 각각 다르다. 그러나 이들 조약의 성질이 원래 평화 시에 한해 쌍방의 편의에 따르는 것이고 영구적 성질을 갖지 아니한다. 그렇지만 양국의 평화관계는 개전과 더불어 파괴되므로, 그 조약 성립의 조건이었던 평화가 상실된다. 그뿐만 아니라 전쟁의 결과는 양국의 지위와 관계상에 변동이 발생하므로 전쟁 이전의 조약 규정을 그대로 적용할 수 없는 경우가 매우 많다. 그렇다면 이들 조약은 그 효력을 중지한다고 하는 것보다 개전에 따라

된다云홈이寧宜ᄒᆞᄂᆞ니是以로講和를際ᄒᆞ야同條約을繼續實行코져홀진딕更히此를繼續홀特別의規約을定홀지니往年日淸及日露戰爭後에當事國이採用ᄒᆞᆫ見解도此와同一ᄒᆞ며近世各國이一般히是認ᄒᆞᄂᆞᆫ바ㅣ라

(四)交戰國間의條約이라도戰爭行爲에關ᄒᆞᆫ條約譬컨딕戰時禁制品其他海上捕獲에關ᄒᆞᆫ條約及又或戰爭中締結홀陣中規約等은元來戰爭中에其實行을始見홀者로性質上戰爭境遇를豫想ᄒᆞ고其行爲에關ᄒᆞᆫ規定을設置ᄒᆞᆫ바ㅣ니開戰을因ᄒᆞ야無効에歸치아니홈은容疑홀바ㅣ無ᄒᆞ도다

### 第二欵　交通、通商에對ᄒᆞᄂᆞᆫ效果

開戰과共히交戰國은互相敵國을成홈으로써兩國間幷其人民間의平和的交通關係ᄂᆞᆫ斷絶홈이原則이니因ᄒᆞ야交戰國은開戰과同時에兩國間에在ᄒᆞᆫ國交上官吏되ᄂᆞᆫ外交官及通商上官吏되ᄂᆞᆫ領事官을互相召喚ᄒᆞ며或退去를命ᄒᆞ야從來의平和關係를全斷ᄒᆞ며兩國人民間의交通、通商幷共同事業及其他平時에在ᄒᆞ야可行홀一切行爲를禁止ᄒᆞ나然이나交戰國은各其主權의作用을因ᄒᆞ야自國의便宜上自國人民或敵國人民에게交通、通商을認準홈이非無ᄒᆞᄂᆞ니是

소멸된다고 하는 것이 오히려 옳다. 이에 따라 강화할 때에 동 조약을 계속 실행하고자 할 경우에는, 다시 이를 계속하기로 하는 특별한 규약을 정해야 한다. 지난 청일전쟁 및 일본-러시아 전쟁 후에 당사국이 채용한 견해도 이와 같으며, 근세 각국이 일반적으로 시인하는 바이다.

(4) 교전국 사이의 조약이라도 전쟁행위에 관한 조약, 예컨대 전시금제품 그 밖의 해상포획에 관한 조약 또는 전쟁 중 체결할 진중(陣中)규약 등은 원래 전쟁 중에 그 실행이 비로소 나타나게 된다. 성질상 전쟁의 경우를 예상하고 그 행위에 관한 규정을 둔 것이므로 개전에 따라 무효로 돌아가지 않는 것은 의문의 여지가 없다.

### 제2관 교통, 통상에 대한 효과

개전과 더불어 교전국은 서로 적국이 된다. 따라서 양국 사이 및 그 인민 사이의 평화적 교통관계는 단절되는 것이 원칙이다. 이에 따라 교전국은 개전과 동시에 양국 사이에 존재하는 국교상의 관리(官吏)인 외교관과 통상상의 관리인 영사관을 서로 소환하거나 또는 퇴거를 명령한다. 종래의 평화관계를 전면 차단하며 양국 인민 사이의 교통, 통상과 공동사업 및 그 밖의 평시에 행해질 수 있는 일체의 행위를 금지한다. 그러나 교전국은 각기 주권의 작용에 따라 자국의 편의상 자국 인민 또는 적국 인민에게 교통, 통상을 승인하는 경우도 없지 않다. 이에

以로戰爭中이라도一般의通商을許ᄒᆞ며又或一定ᄒᆞᆫ處所、物品、一部의人民及會社에限ᄒᆞ야敵國과交易ᄒᆞᆷ을許可ᄒᆞ는與否는交戰國任意에專屬ᄒᆞᆷ으로各其國政府의明白ᄒᆞᆫ許可又免許를不有ᄒᆞ고兩國人民間에商業及其他與授를行ᄒᆞᆷ은總히不法에屬ᄒᆞᆫ지라從ᄒᆞ야開戰前에締結ᄒᆞᆫ契約으로戰爭中에履行을必要로ᄒᆞᆫ者와又或戰爭을因ᄒᆞ야契約의目的物을損失ᄒᆞᆷ과如히戰爭을因ᄒᆞ야履行ᄒᆞ기不能ᄒᆞᆫ者는其契約이消滅되며戰爭前에成立ᄒᆞᆫ組合及其他商業上共同事業은當事者間에在ᄒᆞ야戰爭中此를繼續ᄒᆞ기不能ᄒᆞᆯ뿐아니라戰爭後에在ᄒᆞ야는其事業進行上戰爭前과同一ᄒᆞᆫ地位를繼續ᄒᆞ기不能ᄒᆞᆷ으로如斯ᄒᆞᆫ行爲는解除됨에自歸ᄒᆞ며且戰爭中은兩國人民間의契約其他一切訴訟은法庭에提起ᄒᆞᆷ을不許ᄒᆞᆷ으로戰爭前에在ᄒᆞᆫ契約其他事件으로開戰을因ᄒᆞ야履行ᄒᆞ기不能ᄒᆞᆯ者를除ᄒᆞᆫ外에는戰爭中畢히其効力을中止ᄒᆞ고講和와共히此를回復ᄒᆞ며戰爭中兩國人民이締結ᄒᆞᆫ契約은設或平和後履行ᄒᆞᆯ者라도幷히無効되며又或第三國人의手를經ᄒᆞ야成ᄒᆞᆫ者라도均是不法이니其財産은沒收되며戰爭中敵人又는其財産을保險ᄒᆞ며交戰國人民間에爲替手形을交換ᄒᆞ며敵國의手形其他證

따라 전쟁 중이라도, 일반적 통상을 허용하거나 또는 일정한 장소, 물품, 일부의 인민과 회사에 한해 적국과 교역하는 것을 허가할 것인지의 여부는, 교전국의 임의에 전속된다. 그러므로 각국 정부의 명백한 허가 또는 면허를 보유하지 아니하고 양국 인민 사이에 상업과 그 밖의 공여를 하는 것은 모두 불법에 속하게 된다. 따라서 개전 전에 체결한 계약으로 전쟁 중에 이행을 필요로 하는 것 또는 전쟁에 따라 계약의 목적물을 손실하는 것과 같이 전쟁에 따라 이행할 수 없는 것은 그 계약이 소멸된다. 전쟁 전에 성립한 조합과 그 밖의 상업상의 공동사업은 당사자 사이에 전쟁 중 이를 계속할 수 없다. 그뿐만 아니라 전쟁 후에는 그 사업 진행상 전쟁 전과 동일한 지위를 계속할 수 없기 때문에 이와 같은 행위는 당연히 해지되는 것이다. 또한 전쟁 중에는 양국 인민 사이의 계약 그 밖의 일체의 소송은 법정에 제기하는 것이 허용되지 않는다. 그러므로 전쟁 전에 존재한 계약 그 밖의 사건으로 개전을 원인으로 이행할 수 없는 것을 제외하고는, 전쟁 중 단지 그 효력이 중지되고 강화와 더불어 이를 회복하게 된다. 전쟁 중 양국 인민이 체결한 계약은 설사 평화 후 이행할 것일지라도 또한 무효로 된다. 설사 제3국인의 손을 거쳐 성립한 것이라도 모두 불법이므로 그 재산은 몰수된다. 전쟁 중 적인 또는 그 재산을 보험의 목적으로 하고, 교전국 인민 사이에 환어음을 교환하며, 적국의 어음 그 밖의

券을買入ᄒᆞ며資本을敵國에放下홈과如ᄒᆞᆫ行爲ᄂᆞᆫ擔히不法됨을未免ᄒᆞᄂᆞᆫ바ㅣ라

上述ᄒᆞᆫ法則의理由ᄅᆞᆯ明白케ᄒᆞ기爲ᄒᆞ야米國法廷의有名ᄒᆞᆫ一判決例ᄅᆞᆯ擧ᄒᆞ건ᄃᆡ千八百十四年「라빗도」號事件이是니英米戰爭을當ᄒᆞ야開戰前에米國一商人이英領地方에서物品을購買ᄒᆞ야兩國境界에介在ᄒᆞᆫ英領一小島에積置ᄒᆞ얏다가兩國의開戰與否가아직明發치못ᄒᆞᆯ際에其所有者의代理人은米船「라빗도」號ᄅᆞᆯ雇傭ᄒᆞ야物品을運搬ᄒᆞᆫ지라然而同船舶은米國船舶이오物品은開戰前브터米國人所有됨을不拘ᄒᆞ고敵國과交通ᄒᆞᆫ理由로써米國法廷은此ᄅᆞᆯ沒收ᄒᆞᆫ지라其判決理由에云「凡商業의平和的關係와國家間戰爭과兩立ᄒᆞ기不能ᄒᆞᆫ此境遇ᄅᆞᆯ際ᄒᆞ야ᄂᆞᆫ商去來又契約이 비록戰爭中에 行홈이아니라도國際公法及國實의政略上에戰爭中敵國과交通을遮斷ᄒᆞᄂᆞᆫ精神으로交戰國間의一切交通을斷絕ᄒᆞᄂᆞ니若開戰前에購買ᄒᆞᆫ理由로써開戰後敵國으로브터其物品을輸入ᄒᆞᆫ다ᄒᆞᆯ진ᄃᆡ此로因ᄒᆞ야多大ᄒᆞᆫ弊害가生ᄒᆞᆯ지니即敵人과諸種의詐欺其他不法의商業을營爲ᄒᆞᄂᆞᆫ手段을讓成홈에 至ᄒᆞᆫ다」ᄒᆞᆫ지라如斯히 敵國及敵人

증권을 매입하고, 자본을 적국에 방치하는 것과 같은 행위는 모두 불법으로 되는 것을 면할 수 없다.

상술한 법칙의 이유를 명백하게 하기 위해 미국 법정의 유명한 한 판결을 들어보면, 1814년 「The Rapid」 호 사건이 이것이다. 영국-미국 전쟁 시에 개전 전에 미국의 한 상인이 영국령 지방에서 물품을 구매하여 양국 경계에 걸쳐 있는 영국령의 한 작은 섬에 쌓아 두었다가, 양국의 개전 여부가 아직 명확하지 아니한 때에 그 소유자의 대리인은 미국 선박 The Rapid 호를 고용하여 물품을 운반하였다. 그러나 동 선박은 미국 선박이고 물품도 개전 전부터 미국인 소유였음에도 불구하고, 적국과 교통하였다는 이유로 미국 법정은 이를 몰수하였다. 그 판결 이유에서 말하기를, 「무릇 상업의 평화적 관계와 국가 사이의 전쟁과 양립할 수 없는 이 경우에는, 상거래와 계약이 비록 전쟁 중에 행해지지 아니하였더라도, 국제공법과 국가 정략상 전쟁 중 적국과의 교통을 차단하는 정신에서, 교전국 사이의 일체의 교통을 단절해야 한다. 만약 개전 전에 구매하였다는 이유로 개전 후 적국으로부터 그 물품을 수입할 수 있게 한다면, 이에 따라 매우 많은 폐해가 발생하게 된다. 즉 적인과 여러 종류의 사기 그 밖의 불법적 상업을 영위하는 수단을 양성하게 된다」고 한 바 있다. 이와 같이 적국과 적인

間에交通去來ᄅᆞᆯ嚴禁ᄒᆞᄂᆞᆫ原則에對ᄒᆞ야一二의例外가有ᄒᆞ니交戰者間에在ᄒᆞᆫ俘虜의交換、軍使等戰爭의結果로從出ᄒᆞᄂᆞᆫ바斯法上에是認ᄒᆞᆫ交通又契約과人民間의契約에至ᄒᆞ야도拿捕物의賠償、及俘虜가敵國에在ᄒᆞ야行ᄒᆞᆫ바生活費用의契約等은擔히有効ᄒᆞᆫ바ㅣ니戰爭中이라도法廷의保護ᄅᆞᆯ必受ᄒᆞᆯ바ㅣ라

交戰國政府間에交通關係ᄅᆞᆯ斷絶ᄒᆞᆷ은今日國際法上에是認ᄒᆞᆷ으로若戰爭中에交涉을必要ᄒᆞᆯ事件이有ᄒᆞᆯ時ᄂᆞᆫ第三國政府에依賴ᄒᆞ야其外交官의手ᄅᆞᆯ經由ᄒᆞ야敵國政府와交涉ᄒᆞ거나又或軍使로써交戰國軍隊間에直接의交涉을行ᄒᆞᆯᄲᅮᆫ이나然이나人民間에在ᄒᆞᆫ交通、通商을禁ᄒᆞᄂᆞᆫ法則에對ᄒᆞ야ᄂᆞᆫ英、佛、米、蘭、西等諸國은恒常此ᄅᆞᆯ勵行ᄒᆞᆷ을不拘ᄒᆞ고交戰國人民은其勵行으로써不便ᄒᆞ다云云ᄒᆞᆷ이不少ᄒᆞᆷ과同時에交戰國政府에在ᄒᆞ야도此ᄅᆞᆯ許ᄒᆞᆷ이政略上에關係가無ᄒᆞᆯᄲᅮᆫ아니라自國에利益됨이或有ᄒᆞᆷ으로往往人民의通商을許可ᄒᆞᆫ實例가不無ᄒᆞ며且法學者中에此原則을反對ᄒᆞᄂᆞᆫ者이不尠ᄒᆞ니마루텐스、헤후델과如ᄒᆞᆷ은交戰國人民間에交通、通商이原則으로自由됨을得ᄒᆞ나唯國家가特別ᄒᆞᆫ

사이에 교통·거래를 엄하게 금지하는 원칙에 대해 하나 둘의 예외가 있다. 교전자 사이에서의 포로의 교환, 군사[1] 등 전쟁의 결과에서 비롯되는 이 법상 인정되는 교통과 계약 및 인민 사이의 계약에서도 나포물의 배상 및 포로가 적국에서 행한 생활비용의 계약 등은 모두 유효하다. 전쟁 중이라도 법정의 보호가 필요하다.

교전국 정부 사이에 교통관계를 단절하는 것은, 오늘날 국제법상 시인된다. 그러므로 만약 전쟁 중에 교섭을 필요로 하는 사건이 있을 때에는, 제3국 정부에 의뢰하여 그 외교관의 손을 거쳐 적국 정부와 교섭하거나 또는 군사(軍使)로써 교전국 군대 사이에 직접 교섭을 할 뿐이다. 그러나 인민 사이에서의 교통, 통상을 금지하는 법칙에 대해서는 영국, 프랑스, 미국, 네덜란드, 스페인 등 여러 나라는 항상 이를 힘써 행해야 함에도 불구하고, 교전국 인민은 그 힘써 행하는 것을 가지고 불편하다고 하는 경우가 적지 아니하다. 동시에 교전국 정부에서도 이를 허용하는 것이 정략상 관계가 없을 뿐 아니라, 혹시 자국에 이익으로 되는 것이 있다고 하여 때로 인민의 통상을 허가한 실례가 없지 아니하다. 또한 법학자 중에도 이 원칙에 반대하는 사람이 적지 않다. Martens, Heffter와 같은 학자는 교전국 인민 사이에 교통, 통상이 원칙적으로 자유일 수 있으나, 오직 국가가 특별한

---

1 군사(軍使): 전시 교섭임무를 띠고 적군에 파견되는 이.

法令으로써禁止ᄒᆞᆫ範圍內에在ᄒᆞ야ᄂᆞᆫ不然ᄒᆞᆯ例外ᄅᆞᆯ認ᄒᆞ얏스며부룬쥬리ᄂᆞᆫ軍隊占領地內에在ᄒᆞᆫ人民은交通、通商의自由가雖無ᄒᆞ나交戰國人民間一般의交通은禁止ᄒᆞᆯ바ㅣ아니라ᄒᆞ며갈부氏ᄂᆞᆫ人民間의交通、通商을禁止ᄒᆞᆷ이비록戰爭의原則이나此原則은苛酷ᄒᆞᆷ에頗失ᄒᆞ며且近世戰爭의實例ᄅᆞᆯ見ᄒᆞ야도其原則은旣已陳腐ᄒᆞᆷ에屬ᄒᆞᆫ者라論ᄒᆞᆷ과如히開戰의效果로交通、通商을禁止ᄒᆞᄂᆞᆫ範圍ᄅᆞᆯ縮少코져ᄒᆞᄂᆞᆫ學者의理由ᄅᆞᆯ見ᄒᆞ건ᄃᆡ戰爭은國家間의事件이오個人間의關係가아니며通常은個人的關係에屬ᄒᆞᆷ으로開戰을因ᄒᆞ야人民의通商이直地禁止될效力이無ᄒᆞ고唯國家의政略上此ᄅᆞᆯ禁止ᄒᆞᆷ을可得ᄒᆞᆯ一個의原因됨에不過ᄒᆞ다ᄒᆞᆷ에在ᄒᆞ나然이나戰爭은交戰國人民을敵人으로認치아니ᄒᆞᆫ다云云ᄒᆞᄂᆞᆫ學說이法理及實際上에何等의價値가無ᄒᆞᆷ은前已論述ᄒᆞᆫ바ㅣ며又其交通、通商을自由로行ᄒᆞᆷ이可ᄒᆞ다云云ᄒᆞᄂᆞᆫ說을主唱ᄒᆞᄂᆞᆫ日本曼學者中에在ᄒᆞ야도所論이一致치못ᄒᆞᄂᆞ니然則此學說은今日國際公法의法則을成ᄒᆞ기不能ᄒᆞ나但戰爭中兩國人民間에無害ᄒᆞᆫ交通은國家가此ᄅᆞᆯ禁止ᄒᆞᆯ必要가無ᄒᆞᆷ으로往往에此ᄅᆞᆯ特許ᄒᆞ며且通商에至ᄒᆞ야도自國의便宜上公許ᄒᆞᆷ이少尠ᄒᆞᆫ지라千

법령으로써 금지하는 범위 내에서는 그렇지 아니한 예외를 인정할 수 있다고 한다. Bluntschli는 군대 점령지 내에서 인민은 비록 교통, 통상의 자유가 없으나, 교전국 인민 사이의 일반적인 교통은 금지되지 아니한다고 한다. Calvo는 인민 사이의 교통, 통상을 금지하는 것이 비록 전쟁의 원칙이나, 이 원칙은 가혹하기에 약간 허물이 있으며, 또 근세 전쟁의 실례를 보더라도 그 원칙은 이미 진부한 것에 속한다고 논한다. 이와 같이 개전의 효과로 교통, 통상을 금지하는 범위를 축소하고자 하는 학자의 이유를 본다면, 전쟁은 국가 사이의 사건이고 개인 사이의 관계가 아니며, 통상은 개인적 관계에 속하므로 개전에 따라 인민의 통상이 곧바로 금지되는 효력이 없고, 오직 국가의 정략상 이를 금지할 수 있는 하나의 원인에 불과하다고 하는 데 있다. 그러나 전쟁은 교전국 인민을 적인으로 인정하는 것이 아니라고 하는 학설이 법리와 실제상 아무 가치도 없다고 하는 것은 앞에서 이미 논술한 바 있다. 또한 그 교통, 통상을 자유로이 할 수 있다고 하는 학설을 주장하는 게르만 학자 중에도 논하는 바가 일치하지 않는다. 그렇다면 이 학설은 오늘날(역자 주: 1910년경 당시) 국제공법의 법칙을 이룰 수 없다. 다만 전쟁 중 양국 인민 사이에 해가 없는 교통은 국가가 이를 금지할 필요가 없으므로, 때로 이를 특허하며 또한 통상에 대해서도 자국의 편의상 허가하는 경우가 적지 않다.

八百五十四年크리미야戰爭에佛國은布告로써露國과電信의交通을許ᄒᆞ며露國은政治上에關ᄒᆞᆫ人民間의發信은郵便局이此를接受ᄒᆞᆷ을禁止ᄒᆞᆷ과同時에露佛兩國間商業上의通信을公認ᄒᆞ며英佛兩國은封鎖치아니ᄒᆞᆫ露國港灣에中立國船舶으로써戰時禁制品以外의商業을行得ᄒᆞᆯ事를自國人民에게許可ᄒᆞ며露國도兩國의商品을中立國船舶을由ᄒᆞ야自國에輸入ᄒᆞᆯ事를公認ᄒᆞ얏스며千八百六十年阿片戰爭에英佛兩國은淸國에對ᄒᆞ야通商의公許를宣言ᄒᆞᆷ이其適例니此等境遇에在ᄒᆞ야ᄂᆞᆫ交戰國政畧上敵國과交通、通商을禁止ᄒᆞᆯ必要가無ᄒᆞᆯᄲᅮᆫ아니라此를禁止ᄒᆞᆷ은反히不利益됨으로國家가特히許可ᄒᆞᆫ바오아즉一定ᄒᆞᆫ法則을成치못ᄒᆞ얏스나近來國際公法의發達을隨ᄒᆞ야交戰國은互相敵國의戰鬪力을減殺ᄒᆞᆷ에直接必要치아니ᄒᆞᆫ行爲ᄂᆞᆫ此를務避ᄒᆞ야戰爭의慘害를可成的普通人民에게不及ᄒᆞᆯ趣旨로交戰國間交通에就ᄒᆞ야도戰爭遂行上必要ᄒᆞᆯ境遇에ᄂᆞᆫ此를禁止ᄒᆞᆷ과共히特히禁止치아니ᄒᆞᆫ境遇에ᄂᆞᆫ交通을自由로ᄒᆞᄂᆞᆫ傾向이有ᄒᆞᄂᆞ니往年日露戰爭時에日本國政府ᄂᆞᆫ內務省訓令第二號로써各府縣에命令ᄒᆞ야露國臣民이同國에在留ᄒᆞᄂᆞᆫ者ᄂᆞᆫ其退去를禁止치아니ᄒᆞᆷ과同時에新히

1854년 크리미아 전쟁에서 프랑스는 포고로써 러시아와 전신의 교통을 허가하였으며, 러시아는 정치상에 관한 인민 사이의 발신은 우편국이 이를 접수하는 것을 금지하는 동시에, 러시아-프랑스 양국 사이의 상업상의 통신을 공인하였다. 영국-프랑스 양국은 봉쇄되지 아니한 러시아 항만에서 중립국 선박으로 전시금제품 이외의 상업을 할 수 있다는 것을 자국 인민에게 허가하였다. 러시아도 양국의 상품을 중립국 선박을 거쳐 자국에 수입하는 것을 공인하였다. 1860년 아편전쟁에서 영국-프랑스 양국이 청국에 대해 통상의 허가를 선언하게 한 것이 그 알맞은 예이다. 이들 경우에는 교전국 정략상 적국과 교통, 통상을 금지할 필요가 없을 뿐만 아니라, 이를 금지하는 것이 오히려 불이익으로 되기 때문에 국가가 특별히 허가한 것이다. 즉 일정한 법칙을 이루지는 못하고 있다. 그러나 근래 국제공법의 발달에 따라 교전국은 서로 적국의 전투력을 감쇄하기에 직접 필요하지 아니한 행위는 이를 힘써 피하여, 전쟁의 참혹한 해를 가급적 보통 인민에게 미치지 않게 할 취지에서, 교전국 사이의 교통에서도 전쟁 수행상 필요할 경우에는 이를 금지하며, 또한 특히 금지하지 아니한 경우에는 교통을 자유롭게 하는 경향이 있다. 지난 일본-러시아 전쟁 시에 일본 정부는 내무성 훈령 제2호로 각 부현(府縣)에 명령하여, 러시아 인민으로 일본에 머물러 있는 사람은 그 체류나 퇴거를 자유롭게 할 수 있는 동시에 새로

渡航홈을拒絶치아니ᄒᆞ고單히團束홈에關ᄒᆞ야政治上及軍事上의處分으로써退去를命ᄒᆞ며又或移轉을拒絶ᄒᆞᄂᆞᆫ等制限을加홈과如홈이一例라但軍隊占領地에對ᄒᆞ야ᄂᆞᆫ特別의許可가不有ᄒᆞ면敵國地方과交通、通商을嚴禁홈이原則이오許可가有ᄒᆞᆫ境遇에限ᄒᆞ야敵國의一地方、物品、特種의會社及一部人民에對ᄒᆞ야交通홈을得ᄒᆞ며且其交通、通商의方法並時間等에制限을設홈이常則이나此等條件을遵守치아니ᄒᆞᆫ바ᄂᆞᆫ總히不法됨을未免ᄒᆞᄂᆞᆫ바ㅣ라

### 第三欵　內地에在ᄒᆞᆫ敵國人民及財產에關ᄒᆞᆫ効果

前欵에論述ᄒᆞᆫ바ᄂᆞᆫ交戰國互相間에在ᄒᆞᆫ交通、通商의關係에止홈이나開戰을除ᄒᆞ야交戰國이自國에在留ᄒᆞᄂᆞᆫ敵國人民의待遇並其人民과內國人民間의關係ᄂᆞᆫ此를特別히討究홀지니現行法의慣例를據ᄒᆞ건ᄃᆡ敵國人民이善良ᄒᆞᆫ行爲가有ᄒᆞᆫ間은戰爭中內地에在留홈을許認홈이普通이니其在留를許認된敵國人民은內國人民과交通、通商을禁制됨이無ᄒᆞ며又國家가其人民에게退去를命홀必要가有홀時ᄂᆞᆫ其財產을携帶ᄒᆞ고歸國홈을得홀相當ᄒᆞᆫ時間을與ᄒᆞᄂᆞᆫ바ㅣ라

도항(渡航)하는 것을 거절하지 않고, 단지 단속하는 것에 관해 정치상 및 군사상의 처분으로 퇴거를 명령하거나 또는 이전을 거절하는 등의 제한을 가한 것 같은 경우가 한 예이다. 다만 군대 점령지에 대해서는 특별한 허가가 있지 아니하면, 적국 지방과 교통, 통상을 엄하게 금지하는 것이 원칙이다. 허가가 있는 경우에 한해 적국의 한 지방, 물품, 특별한 종류의 회사와 일부 인민에 대해 교통할 수 있다. 또 그 교통, 통상의 방법과 시간 등에 제한을 두는 것이 상규이다. 그러므로 이들 조건을 준수하지 아니하는 경우는 모두 불법임을 면할 수 없다.

### 제3관 내지(內地)에 있는 적국 인민과 재산에 관한 효과

앞 관(款)에서 논술한 바는 교전국 서로 사이에 존재하는 교통, 통상의 관계에 그쳤다. 개전할 때에 교전국이 자국에 체류하는 적국 인민의 대우와 그 인민과 내국 인민 사이의 관계는 이를 특별히 연구하지 않았다. 현행법의 관례에 따를 경우, 적국 인민으로 선량한 행위가 있는 동안에는 전쟁 중 내지에 체류하는 것을 허락하는 것이 보통이다. 그 체류가 허락된 적국 인민과 내국 인민과의 교통, 통상은 금지되지 아니한다. 또한 국가가 그 인민에게 퇴거를 명령할 필요가 있을 때에는, 그 재산을 휴대하고 귀국할 수 있는 상당한 시간을 부여하게 된다.

凡開戰을際ᄒᆞ야敵國人民이라云홈은但其本國에住居ᄒᆞᄂᆞᆫ者에不限ᄒᆞ고敵國에在留ᄒᆞᄂᆞᆫ者와第三國에在留ᄒᆞᄂᆞᆫ者等이有ᄒᆞ나其第三國에在ᄒᆞᆫ者ᄂᆞᆫ元來同國保護下에立홈으로玆에論述ᄒᆞᆯ必要가無ᄒᆞ며又其本國에在ᄒᆞᆫ境遇ᄂᆞᆫ姑舍ᄒᆞ고敵對國版圖內에在留ᄒᆞᄂᆞᆫ者에對ᄒᆞ야古昔에在ᄒᆞ야ᄂᆞᆫ國家가其保護ᄅᆞᆯ拒絶ᄒᆞᆯᄲᅮᆫ아니라此ᄅᆞᆯ追放或拘留홈을得ᄒᆞ얏스며구로슈스氏도開戰의際에內地에在ᄒᆞᆫ敵國人民은此ᄅᆞᆯ俘虜로홈을得ᄒᆞᆫ다云ᄒᆞ얏스나商人에在ᄒᆞ야ᄂᆞᆫ其業務의性質上兩國間에在ᄒᆞᆫ有無ᄅᆞᆯ交換ᄒᆞ야各自의利益을增進홈으로開戰의際에敵國의商人을抑留치아니ᄒᆞ고退去케ᄒᆞᄂᆞᆫ慣例가生ᄒᆞ얏스며降ᄒᆞ야第十七世紀以後에至ᄒᆞ야ᄂᆞᆫ諸國은條約으로ᄡᅥ但商人ᄲᅮᆫ아니라一般敵國人民에對ᄒᆞ야도一定ᄒᆞᆫ時間을與ᄒᆞ야退去케ᄒᆞᆯ事ᄅᆞᆯ約定홈이頗多ᄒᆞ얏스며第十九世紀初로브터敵國人民에對ᄒᆞᄂᆞᆫ思想이寬大ᄒᆞ야條約有無ᄅᆞᆯ不拘ᄒᆞ고俘虜로認치아니ᄒᆞ며第十八世紀後半期以來內地의敵國人民ᄅᆞᆯ俘虜로認ᄒᆞᆫ唯一의實例ᄂᆞᆫ千八百三年에拿翁이開戰前에在ᄒᆞ야英國이行ᄒᆞᆫ바不法行爲의報仇로佛國에在留ᄒᆞᄂᆞᆫ十八歲以上六十歲以下의英國人을俘虜로作ᄒᆞᆫ事實이有ᄒᆞᆯᄲᅮᆫ니이此行爲ᄂᆞᆫ

무릇 개전의 경우에 적국 인민이라고 함은 다만 그 본국에 거주하는 사람에 한정되지 아니한다. 적국에 체류하는 사람과 제3국에 체류하는 사람 등도 있다. 그러나 제3국에 있는 사람은 원래 그 나라의 보호 하에 놓여 있으므로 여기에서 논술할 필요가 없다. 또한 그 본국에 있는 경우에는 잠시 그대로 두고, 적대국 영토 내에 체류하는 사람에 대해서 옛날에는 국가가 그 보호를 거절할 뿐만 아니라 이를 추방 또는 구류할 수 있었다. Grotius도 개전의 경우 내지에 있는 적국 인민은 이를 포로로 할 수 있다고 하였다. 그러나 상인의 경우에는 그 업무의 성질상 양국 사이에서 유무를 교환하여 각자의 이익을 증진하므로, 개전 시에도 적국의 상인을 억류하지 않고 퇴거하도록 하는 관례가 발생하였다. 후세로 내려와 17세기 이후에는 여러 나라가 조약으로 다만 상인뿐만 아니라, 일반 적국 인민에 대해서도 일정한 시간을 부여하여 퇴거하게 할 것을 약정하는 경우가 매우 많았다. 19세기 초부터 적국 인민에 대한 사상이 관대해져, 조약의 유무를 불문하고 포로로 인정하지 않았다. 18세기 후반기 이래 내지(內地)의 적국 인민을 포로로 인정한 유일한 실례는, 1803년에 나폴레옹이 개전 전에 영국이 행한 불법행위에 대한 보복으로, 프랑스에 체류하는 18세 이상 60세 이하의 영국인을 포로로 한 사실이 있을 뿐이다. 이 행위는

一般의批難을受ᄒᆞᆫ바ㅣ며且報仇에出홈으로一般法則의例外看做ᄒᆞᆯ바ㅣ나然이나國家가其必要에基因ᄒᆞ야期限을豫定ᄒᆞ고敵國人民에게退去ᄅᆞᆯ命ᄒᆞᆫ境遇에在ᄒᆞ야此ᄅᆞᆯ不遵ᄒᆞᄂᆞᆫ敵國人民과又或一定敵國人民의行爲가自國에不利益되며其他軍事上及政治上에直接關係가有ᄒᆞᆫ敵國의有力者로本國還歸홈이自國에有害됨으로認ᄒᆞᆯ時ᄂᆞᆫ交戰國政略上歸國을防止홈을得ᄒᆞ며但自國에駐剳ᄒᆞᄂᆞᆫ外交官은此限에不在ᄒᆞᆫ바라

加之近世에至ᄒᆞ야ᄂᆞᆫ敵國人民에게退去ᄅᆞᆯ命ᄒᆞᄂᆞᆫ慣例ᄂᆞᆫ一步ᄅᆞᆯ更進ᄒᆞ야非常ᄒᆞᆫ境遇에限ᄒᆞ야退去ᄅᆞᆯ命ᄒᆞ며特別ᄒᆞᆫ理由가無ᄒᆞᆯ以限은人民의平穩且善良ᄒᆞᆫ行爲ᄂᆞᆫ總히敵國에在ᄒᆞ야行得케홈에至ᄒᆞᆫ지라是ᄂᆞᆫ千七百五十六年英佛戰爭中에英國이佛國人民에게對ᄒᆞ야其繼續在留홈을許可홈으로브터拿翁戰爭以後에在ᄒᆞ야ᄂᆞᆫ設或條約이無ᄒᆞᆫ境遇에도交戰國은國法으로써敵國人民의在留ᄅᆞᆯ許認홈에至ᄒᆞ얏스나然이나現今에在ᄒᆞ야도其在留ᄅᆞᆯ許認홈에就ᄒᆞ야반다시法律로以ᄒᆞ며且善良ᄒᆞᆫ行爲가有ᄒᆞᆫ間을條件으로ᄒᆞᄂᆞ니往年日淸戰爭時에日本國에勅令으로淸國人民에게對ᄒᆞ며日露戰爭時에日本國內務省訓令으로

일반적으로 비난을 받았다. 또한 보복에서 비롯되었기 때문에 일반법칙의 예외로 간주되었다. 그러나 국가가 그 필요에 기인하여 기한을 예정하고 적국 인민에게 퇴거를 명령한 경우에, 이를 따르지 아니하는 적국 인민 또는 일정한 적국 인민의 행위가 자국에 불이익으로 되거나, 그 밖의 군사상 및 정치상에 직접 관계가 있는 적국의 유력자로서 본국 귀환이 자국에 유해(有害)한 것으로 인정할 때에는, 교전국 정략상 귀국을 방지할 수 있다. 다만 자국에 주재하는 외교관은 그러하지 아니하다.

그뿐만 아니라 근세에는 적국 인민에게 퇴거를 명령하는 관례는, 한 걸음 더 나아가 비상한 경우에 한해 퇴거를 명령하며, 특별한 이유가 없는 이상은 인민의 평온하고도 선량한 행위는 모두 적국에서 할 수 있게 하였다. 이는 1756년 영국-프랑스 전쟁 중에 영국이 프랑스 인민에 대해 그 계속 체류하는 것을 허가한 데서부터 시작되어, 나폴레옹 전쟁 이후에는 설사 조약이 없는 경우에도, 교전국은 국법으로 적국 인민의 체류를 허락하게 되었다. 그러나 현재(역자 주: 1910년경 당시)에도 그 체류를 허락하는 것에 대해 반드시 법률로써 하며, 또한 선량한 행위가 있는 동안을 조건으로 하고 있다. 지난 청일전쟁 시에 일본이 칙령으로 청국 인민에 대하여, 일본-러시아 전쟁 시에 일본이 내무성 훈령으로써露國人民에게對ᄒᆞ야其善良ᄒᆞᆫ行爲가有ᄒᆞᆫ間은自國에在留ᄒᆞᆷ을許認ᄒᆞᆷ이其一例라是以로現行國際法上에國家ᄂᆞᆫ如何ᄒᆞᆫ境遇에在ᄒᆞ든지敵國人民을內地에當然在留케ᄒᆞᆯ義務가無ᄒᆞᆷ으로政畧上必要로認ᄒᆞᆯ時ᄂᆞᆫ敵國人民의在留ᄅᆞᆯ拒絕ᄒᆞᆷ을得ᄒᆞᆯ지라千八百七十年八月에佛國政府ᄂᆞᆫ自國에在留ᄒᆞᄂᆞᆫ獨逸人民이本國軍隊의內應의嫌疑가有ᄒᆞ다ᄒᆞ야巴里及세인地方으로브터三日의猶豫期間以內에佛國을退去ᄒᆞ거나로아루河南方으로退去ᄒᆞᆯ事ᄅᆞᆯ命ᄒᆞ며又其强制的退去에關ᄒᆞ야戰爭後에在ᄒᆞ야도此로從出ᄒᆞᆫ損害ᄅᆞᆯ同人民에게賠償ᄒᆞᆫ事가無ᄒᆞᆫ바ㅣ라

內地에在ᄒᆞᆫ敵國財產은敵國政府에屬ᄒᆞᆫ者와人民에屬ᄒᆞᆫ者의二種이有ᄒᆞ며其財產의性質로브터動產及不動產의區別이有ᄒᆞ니就中政府가他國에在ᄒᆞ야土地其他不動產을所有ᄒᆞᆷ은私人資格으로以ᄒᆞᆷ이普通이며國家資格으로有ᄒᆞᆫ動產은開戰前에此ᄅᆞᆯ携去ᄒᆞᆷ에注意ᄒᆞᆷ으로實際上問題ᄅᆞᆯ成ᄒᆞᆷ이甚尠ᄒᆞ나若或開戰後國家의舩舶其他政府所有에係ᄒᆞᆫ動產이內地에在ᄒᆞᆯ時ᄂᆞᆫ此ᄅᆞᆯ沒收ᄒᆞᆷ을得ᄒᆞᆯ지오此에對ᄒᆞᄂᆞᆫ唯一의例外ᄂᆞᆫ公使館及領事館의建築物並其書類圖畫、美

러시아 인민에 대해 그 선량한 행위가 있는 동안에는 자국에 체류하는 것을 허락한 것이 그 한 예이다. 이에 따라 현행 국제법상 국가는 어떠한 경우에나 적국 인민을 내지에 당연히 체류하게 할 의무가 없다. 그러므로 정략상 필요하다고 인정할 때에는 적국 인민의 체류를 거절할 수 있다. 1870년 8월에 프랑스 정부는 자국에 체류하는 독일 인민이 본국 군대에 내통할 혐의가 있다고 하여 파리와 Seine강 유역 지방으로부터 3일의 유예기간 이내에 프랑스를 퇴거하거나 Loire강 남쪽으로 퇴거할 것을 명령하였다. 또 그 강제적 퇴거에 관해 전쟁 후에도 이로부터 발생한 손해를 그 인민에게 배상하지 않았다.

내지에 있는 적국 재산은 적국 정부에 속하는 것과 인민에 속하는 것 두 가지 종류가 있으며, 그 재산의 성질로부터 동산과 부동산의 구별이 있다. 그 중 특히 정부가 다른 나라에서 토지 그 밖의 부동산을 소유하는 것은 사인 자격으로 하는 것이 보통이며, 국가 자격으로 소유한 동산은 개전 전에 이를 휴대하여 수거하는 것에 주의하므로, 실제상 문제가 되는 경우가 매우 적다. 그러나 그 밖에 혹시 개전 후 국가의 선박 그 밖의 정부 소유와 관계있는 동산이 내지에 있을 때에는 이를 몰수할 수 있을 것이다. 이에 대한 유일한 예외는 공사관과 영사관의 건축물과 그 서류·도화[1],

1 도화(圖畫): 그림과 도안.

術品과如ᄒᆞᆫ은戰地에在ᄒᆞ야도沒收치아니ᄒᆞᄂᆞᆫ義務가有홈으로內地에在ᄒᆞ야도此를沒收ᄒᆞ기不能ᄒᆞ며此와反ᄒᆞ야敵國人民에게屬ᄒᆞᆫ財產으로內地에在ᄒᆞᆫ者에關ᄒᆞ야千二百十五年에英國大憲章은自國에在ᄒᆞᆫ敵國人民並財產의待遇에就ᄒᆞ야敵國領土內에在ᄒᆞᆫ自國人民及其財產에關ᄒᆞᄂᆞᆫ敵國政府處置와同一의行爲를行홈이可ᄒᆞᆯ事로規定홈을不拘ᄒᆞ고近年에至ᄒᆞ기ᄭᆞ지英國이採用ᄒᆞᆫ方針은敵國行爲如何를不顧ᄒᆞ고開戰의際에自國港內에在ᄒᆞᆫ敵國私有財產을沒收ᄒᆞ얏스며其他歐洲諸國에在ᄒᆞ야도第十五六世紀以來敵國人民으로ᄒᆞ야곰財產을收拾退去케ᄒᆞᆯ條約을締結ᄒᆞ얏스며第十七世紀에至ᄒᆞ야ᄂᆞᆫ如斯ᄒᆞᆫ條約有無를不拘ᄒᆞ고保護를加ᄒᆞᄂᆞᆫ慣例가生ᄒᆞ얏스나是ᄂᆞᆫ但內地에在ᄒᆞᆫ敵國人民의財產에止ᄒᆞ고海上財產即自國港內에在ᄒᆞᆫ船舶及積載物은近年에至ᄒᆞ기ᄭᆞ지英國과同一히抑留或沒收홈에至ᄒᆞᆫ바ㅣ라

內地에在ᄒᆞᆫ敵國人民을俘虜로認ᄒᆞ든時代에在ᄒᆞ야ᄂᆞᆫ其所有不動產及動產을沒收ᄒᆞ얏스나千七百十三年유도레구도條約에在ᄒᆞ야不動產은返還홈이可ᄒᆞ다ᄒᆞᄂᆞᆫ規定을設ᄒᆞ고부델氏ᄂᆞᆫ其不動產으로從出ᄒᆞᄂᆞᆫ收入을沒收ᄒᆞ고不動產

미술품 같은 것이다. 이는 전지(戰地)에서도 몰수해서는 안 되는 의무가 있으므로 내지에서도 이를 몰수할 수 없다. 이에 반해 적국 인민에게 속한 재산으로 내지 있는 것에 관해 1215년에 영국 대헌장(Magna Carta)은 자국에 있는 적국 인민과 재산의 대우에 대해, 적국 영토 내에 있는 자국 인민과 그 재산에 관한 적국 정부의 조치와 동일한 행위를 해야 한다고 규정하였다. 그런데도 근년에 이르기까지 영국이 채용한 방침은 적국 행위 여하를 고려하지 않고, 개전 시에 자국 항 내의 적국 사유재산을 몰수하였다. 그 밖의 유럽 여러 나라에서도 15, 16세기 이래 적국 인민으로 하여금 재산을 수습·퇴거하게 하는 조약이 체결되었다. 17세기에는 이와 같은 조약 유무를 불문하고 보호를 하는 관례가 발생하였다. 그러나 이는 다만 내지에 있는 적국 인민의 재산에 그치고, 해상 재산 즉 자국 항 내에 있는 선박과 적재물은 근년에 이르기까지 영국과 마찬가지로 억류 또는 몰수하였던 것이다.

내지에 있는 적국 인민을 포로로 인정하던 시대에는 그 소유 부동산과 동산을 몰수하였다. 그러나 1713년 Utrecht 조약[1]에서 부동산은 반환해야 한다고 하는 규정을 두었고, Vattel은 그 부동산에서 나오는 수입을 몰수하고 부동산

1 네덜란드 Utrecht에서 1713년 3~5월에 여러 유럽 국가들에 의해 체결된 양자조약들의 집합을 일컫는다. 스페인 왕위 계승전쟁을 종결시키는 데 도움을 주었다.

自体ᄂᆞᆫ沒收ᄒᆞ기不能ᄒᆞ다 云ᄒᆞᆫ以來第十八世紀後半期에 至ᄒᆞ야一般의慣例를成ᄒᆞ며一步를更進ᄒᆞ야戰爭中敵國人民의在留를許可ᄒᆞᄂᆞᆫ慣例가生ᄒᆞᆷ에至ᄒᆞ야ᄂᆞᆫ一般의財產에對ᄒᆞ야 妨害를與치 아니ᄒᆞ며今日에在ᄒᆞ야ᄂᆞᆫ不動產所有者되ᄂᆞᆫ敵國人民은內地에在ᄒᆞᆫ與否를不拘ᄒᆞ고其收入ᄭᅡ지沒收치아니ᄒᆞᆷ에至ᄒᆞᆫ바ㅣ니 千八百六十一年南北戰爭時에 南軍政府가 北軍諸州에屬ᄒᆞᆫ人民에財產을沒收ᄒᆞᆷ은近世唯一의例外오一般慣例에反ᄒᆞᆫ者ㅣ나然이나動產에關ᄒᆞ야ᄂᆞᆫ拿翁戰爭이終局ᄒᆞ기ᄭᅡ지商品與否를不拘ᄒᆞ고交戰國은恒常此를沒收ᄒᆞᆷ이不少ᄒᆞ나千八百五十二年 露土戰爭前에 露國은土國에 對ᄒᆞᄂᆞᆫ互相主義에基因ᄒᆞ야 敵國의私有船舶을 領海로브터 無事退去케ᄒᆞ며千八百五十四年크리미야戰爭에在ᄒᆞ야도英佛兩國은共同의宣言으로ᄡᅥ露國船舶의退去에對ᄒᆞ야六週間의猶豫를與ᄒᆞ고露國도ᄯᅩᄒᆞᆫ兩國船舶에對ᄒᆞ야同一期間의猶豫로ᄡᅥ退去를命ᄒᆞ얏스니此크리미야戰爭에在ᄒᆞᆫ英佛兩國의行爲ᄂᆞᆫ開戰의際에自國領海內에在ᄒᆞᆫ敵國船舶을抑留、沒收치아니ᄒᆞᄂᆞᆫ現行法의濫觴이라然而內地에在ᄒᆞᆫ敵國私有財產을沒收ᄒᆞᆷ은拿捕物로取得ᄒᆞᆯ財產의數를增加ᄒᆞᆯ뿐이오

자체는 몰수할 수 없다고 하였다. 이는 그 이후 18세기 후반기에는 일반적 관례를 형성하였다. 한 걸음 더 나아가 전쟁 중 적국 인민의 체류를 허가하는 관례가 발생하게 되고, 일반 재산도 이에 대해 방해를 주지 않게 된 오늘날에는 부동산 소유자인 적국 인민은 내지에 있는지의 여부를 불문하고 그 수입까지 몰수되지 않게 되었다. 1861년 남북전쟁 시에 남군 정부가 북군 여러 주에 속한 인민의 재산을 몰수한 것이 근세 유일한 예외이고, 일반 관례에 반한 것이다. 그러나 동산에 관해서는 나폴레옹 전쟁이 마무리되기까지 상품 여하를 불문하고, 교전국이 항상 이를 몰수하였던 것이 적지 아니하다. 그러나 1852년 러시아-터키 전쟁 전에 러시아는 터키에 대한 상호주의에 따라 적국의 사유 선박을 영해로부터 무사히 퇴거하게 하였다. 1854년 크리미아 전쟁에서도 영국-프랑스 양국은 공동선언으로 러시아 선박의 퇴거에 대해 6주간의 유예를 부여하고, 러시아도 또한 양국 선박에 대해 동일한 기간의 유예로 퇴거를 명령하였다. 이 크리미아 전쟁에서의 영국-프랑스 양국의 행위는 개전할 때에 자국 영해 내에 있는 적국 선박을 억류, 몰수하지 않는 현행법의 기원이다. 그러나 내지에 있는 적국의 사유재산을 몰수하는 것은 나포물로 취득할 재산의 수를 증가시킬 뿐이고,

戰爭目的에直接必要가本無ᄒᆞᆫ故로多數學者의批難ᄒᆞᄂᆞᆫ바ㅣ라現今에在ᄒᆞ야ᄂᆞᆫ敵國의私有船舶及積載物이開戰의際에內地에在ᄒᆞᆫ者ᄅᆞᆯ沒收ᄒᆞᆷ을可得ᄒᆞᆯ古來의慣例ᄂᆞᆫ尙且存在ᄒᆞᆫ지抑或全然消滅ᄒᆞ얏ᄂᆞᆫ지一個疑問에屬ᄒᆞ나然ᄒᆞ나設或其權利가消滅되지아니ᄒᆞᆫ境遇에在ᄒᆞ야도實際의適用은寬大ᄒᆞᆷ에赴ᄒᆞᄂᆞᆫ傾向이有ᄒᆞ니拿翁戰爭以後에此ᄅᆞᆯ實行ᄒᆞᆷ은單히南北戰爭境遇에有ᄒᆞᆯ뿐이오敵國人民에게其繼續在留ᄒᆞᆷ을許ᄒᆞᆯ時ᄂᆞᆫ其財產ᄭᆞ지保護ᄒᆞ며退去ᄅᆞᆯ命ᄒᆞᆯ時ᄂᆞᆫ財產을携帶歸去ᄒᆞᆷ에相當ᄒᆞᆫ時間을與ᄒᆞ며船舶에關ᄒᆞ야ᄂᆞᆫ退去ᄅᆞᆯ命ᄒᆞᆷ과同時에其船舶到着地에可達ᄒᆞᆯ必要ᄒᆞᆫ猶豫期間을與ᄒᆞᆷ이普通이라

敵國或其同盟國政府又ᄂᆞᆫ人民에對ᄒᆞᄂᆞᆫ交戰國又其人民의負債에就ᄒᆞ야歐洲古代의慣習은開戰과共히此ᄅᆞᆯ沒收ᄒᆞᆯ者ㅣ라ᄒᆞ야구로슈스、벵게레숙等諸學者도此ᄅᆞᆯ是認ᄒᆞ얏스나부델氏ᄂᆞᆫ敵國政府幷人民에對ᄒᆞᄂᆞᆫ負債에關ᄒᆞ야現時歐洲各國이沒收치아니ᄒᆞᄂᆞᆫ慣習이有ᄒᆞᆯ뿐아니라且各國政府ᄂᆞᆫ此慣習을遵守ᄒᆞᆫ確信으로貸借ᄅᆞᆯ行ᄒᆞᆫ바ㅣ니開戰과共히此ᄅᆞᆯ沒收ᄒᆞᆷ은列國에對ᄒᆞᄂᆞᆫ自國의信用을破壞ᄒᆞᄂᆞᆫ바行爲로看做치아니치못ᄒᆞᆯ者ㅣ라云ᄒᆞ며其他말루덴스氏도

본래 전쟁 목적과는 직접적인 필요가 없기 때문에 다수학자가 비난하고 있다. 현재(역자 주: 1910년경 당시)에는 적국의 사유 선박과 적재물이 개전할 때에 내지에 있는 경우 이를 몰수할 수 있다고 하는 옛날부터의 관례가 아직도 또한 존재하고 있는지, 아니면 전부 소멸하였는지는 하나의 의문에 속한다.[1] 그러나 설사 그 권리가 소멸되지 아니한 경우에도 실제의 적용은 관대하게 되는 경향에 있다. 나폴레옹 전쟁 이후에 이를 실행한 것은 단지 남북전쟁의 경우에 있을 뿐이다. 적국 인민에게 그 계속 체류할 것을 허가할 때에는 그 재산까지 보호하며, 퇴거를 명령할 때에는 재산을 휴대하여 돌아가기에 상당한 시간을 부여하고, 선박에 관해서는 퇴거를 명령하는 동시에 그 선박도 착지에 도달할 수 있는 필요한 유예기간을 부여하는 것이 보통이다.

적국이나 그 동맹국 정부 또는 인민에 대한 교전국과 그 인민의 부채에 대해 유럽 고대의 관습은 개전과 함께 이를 몰수하는 것이었다. Grotius, Cornelius van Bynkershoek[2] 등 여러 학자도 이를 인정하였다. 그러나 Vattel은 적국 정부와 인민에 대한 부채에 관해 현재 유럽 각국이 몰수하지 않는 관습이 있을 뿐만 아니라, 또 각국 정부는 이 관습을 준수할 확신으로 대차(貸借)를 하므로, 개전과 함께 이를 몰수하는 것은 각국에 대한 자국의 신용을 파괴하는 행위로 간주되어야 할 것이라고 하였다. 그 밖에 Martens도

---

1 오늘날 국제적 무력충돌 일 당사국의 영역내에 체류하는 타방 당사국의 국민과 그의 재산은 "전시에 있어서의 민간인의 보호에 관한 1949년 8월 12일자 제네바협약 (제4협약)"의 피보호자로서 보호받는다.

2 Cornelius van Bynkershoek (1673-1743) 네덜란드 법실증주의에 입각한 국제법 학자.

同一의說을唱道ᄒᆞᆫ바ㅣ라就中政府가敵國人民에對ᄒᆞᄂᆞᆫ公債ᄅᆞᆯ沒收ᄒᆞᆷ은其國의信用을害ᄒᆞ야 永遠의不利益을成ᄒᆞᆯ뿐아니라現行國際慣例上에此ᄅᆞᆯ不認ᄒᆞᄂᆞ니是以로今日에在ᄒᆞ야ᄂᆞᆫ此ᄅᆞᆯ沒收치아니ᄒᆞᆯ뿐아니라戰爭中에도其約定ᄒᆞᆫ바利子ᄅᆞᆯ支撥ᄒᆞᆷ이可ᄒᆞᄃᆡ但戰爭中은元來其支撥을實行ᄒᆞ기不能ᄒᆞᆷ으로平和에至ᄒᆞ야 此ᄅᆞᆯ支撥ᄒᆞᆯ바ㅣ니此問題에對ᄒᆞ야 一時葛藤을成ᄒᆞᆷ은有名ᄒᆞᆫ시레샤負債事件이라千七百二十五年에日耳曼帝ᄂᆞᆫ시레샤州의收入을抵當ᄒᆞ고倫敦商人에게三百萬弗을借入ᄒᆞ얏더니千七百四十二年에普國王은墺國으로브터시레샤州ᄅᆞᆯ讓受ᄒᆞ고同州에關ᄒᆞᆫ負債ᄅᆞᆯ普國이負擔ᄒᆞᆫ지라然而千七百四十四年英、佛、西戰爭時에英國이佛國人民의貨物을搭載ᄒᆞᆫ普國船舶을捕獲ᄒᆞᆷ으로普國政府ᄂᆞᆫ英國人民에對ᄒᆞᄂᆞᆫ시레샤負債ᄅᆞᆯ沒收ᄒᆞ야因ᄒᆞ야兩國의爭議ᄅᆞᆯ成ᄒᆞ야英國政府ᄂᆞᆫ抗議ᄅᆞᆯ提出ᄒᆞᄃᆡ國家가私人에對ᄒᆞᄂᆞᆫ負債ᄅᆞᆯ沒收ᄒᆞᆷ은歐洲의慣例가無ᄒᆞᆯ뿐아니라國家의信用을破壞ᄒᆞᄂᆞᆫ바ㅣ라云云ᄒᆞᆫ則此에對ᄒᆞ야普國政府ᄂᆞᆫ反抗ᄒᆞ기不能ᄒᆞᆷ으로시레샤負債ᄅᆞᆯ英國商人에게辨償ᄒᆞ고英國政府ᄂᆞᆫ其抑留ᄒᆞᆫ普國船舶中에無事ᄒᆞᆫ者ᄅᆞᆯ放免ᄒᆞ며且戰時禁制品以外普國

동일한 학설을 주장하였다. 그 중 특히 정부가 적국 인민에 대한 공채(公債)를 몰수하는 것은 그 나라의 신용을 해치며 영원한 불이익으로 된다. 그뿐만 아니라 현행 국제관례상에 이를 인정하지 아니한다. 이에 따라 오늘날에는 이를 몰수하지 아니할 뿐 아니라, 전쟁 중에도 그 약정한 이자를 지급해야 한다. 다만 전쟁 중에는 원래 그 지급을 실행할 수 없으므로 평화에 이르러 이를 지급하는 것이다. 이 문제에 대해 일시 갈등이 생겼던 것은 유명한 Silesia[1] 부채사건이다. 1725년에 게르만 황제는 Silesia 주(州)의 수입을 저당하고 런던 상인에게 300만불을 차입하였다. 1742년에 프러시아 국왕은 오스트리아로부터 Silesia 주를 양수하고, 그 주에 관한 부채를 프러시아가 부담하였다. 그러나 1744년 영국-프랑스-스페인 전쟁 시에 영국이 프랑스 인민의 화물을 탑재한 프러시아 선박을 포획하므로, 프러시아 정부는 영국 인민에 대한 Silesia 부채를 몰수하였다. 이에 따라 양국의 쟁의가 형성되어 영국 정부는 항의를 제출하면서, 국가가 사인에 대한 부채를 몰수하는 것은 유럽의 관례가 없을 뿐만 아니라, 국가의 신용을 파괴하는 것이라고 주장하였다. 이에 대해 프러시아 정부는 반항할 수 없으므로 Silesia 부채를 영국 상인에게 변제하고, 영국 정부는 그 억류한 프러시아 선박 중에 무고한 사람을 방면하였다. 또한 전시금제품 이외의 프러시아

1 폴란드의 지명.

人民의財産을沒收ᄒᆞᆫ損害로二萬磅을賠償ᄒᆞ고其局을結ᄒᆞ얏스니當時英國政府로브터普國政府에提出ᄒᆞᆫ答辨書는大法官만스ㅣ루도等의起草ᄒᆞᆫ바ㅣ로當時海上捕獲法을正格으로言明ᄒᆞᆫ点에至ᄒᆞ야有名ᄒᆞᆯ뿐아니라交戰國間의負債를沒收ᄒᆞᆷ이不可ᄒᆞᆫ事를明確히ᄒᆞᆫ一個의大實例를成ᄒᆞᆫ바ㅣ라

英、佛、西等古來有力ᄒᆞᆫ歐洲諸國은一般으로戰時를當ᄒᆞ야敵國의債權을沒收치아니ᄒᆞ는法則을依ᄒᆞ야行動ᄒᆞ며特히英國에在ᄒᆞ야는開戰을際ᄒᆞ야海上에在ᄒᆞᆫ敵國財産을沒收ᄒᆞ는原則을採用ᄒᆞ나然이나元來同國은商業國됨으로써交戰國間의負債를無効로認ᄒᆞᆯ時는自國의損害가不少ᄒᆞᆷ으로但負債에對ᄒᆞ야는慣例上此를沒收ᄒᆞᆷ이不可ᄒᆞ다主張ᄒᆞ야戰爭은單히債權履行을中止ᄒᆞ고講和와共히其効力을回復ᄒᆞᆯ者ㅣ라云云ᄒᆞ는說을採用ᄒᆞᆫ바ㅣ라然而千百八七年英國及丁抹國戰爭時에英國은開戰보다先ᄒᆞ야自國港內並公海에在ᄒᆞᆫ丁抹國의船舶及搭載物을捕獲沒收ᄒᆞᆷ으로丁抹國政府는自國人民이英國에對ᄒᆞ는負債를幷히沒收ᄒᆞ야政府에納上ᄒᆞᆯ勅令을發ᄒᆞ얏더니平和後英國人民은丁抹國人民되는債務者에게對ᄒᆞ야其負債를辨償ᄒᆞᆯ事로訴訟을提起ᄒᆞᆫ지라此에對

인민의 재산을 몰수한 손해로 2만 파운드를 배상하고 그 사태를 종결하였다. 당시 영국 정부가 프러시아 정부에 제출한 답변서는 대법관 Earl of William Murray Mansfield 등이 기초한 것으로, 당시 해상포획법을 정식으로 언명한 점에서 유명하다. 그뿐만 아니라 교전국 사이의 부채를 몰수할 수 없다는 것을 확실히 한 하나의 커다란 실례(實例)[1]로 되었던 것이다.

영국, 프랑스, 스페인 등 옛날부터 유력한 유럽 여러 나라는 일반적으로 전시에 적국의 채권을 몰수하지 않는 법칙에 따라 행동하였다. 특히 영국에서는 개전할 때에 해상에 있는 적국 재산을 몰수하는 원칙을 채용하였다. 그러나 원래 영국은 상업국이었기 때문에 교전국 사이의 부채를 무효로 인정할 때에는, 자국의 손해가 적지 아니하였으므로 다만 부채에 대해서는 관례상 이를 몰수할 수 없다고 주장하고, 전쟁은 단지 채권 이행을 중지하고 강화와 더불어 그 효력을 회복하는 것이라고 하는 학설을 채용하였던 것이다. 그러나 1807년 영국과 덴마크 전쟁 시에 영국은 개전보다 먼저 자국 항 내와 공해에 있는 덴마크의 선박과 탑재물을 포획·몰수하였다. 이에 덴마크 정부도 자국 인민의 영국에 대한 부채를 또한 몰수하여 정부에 납부하게 하는 칙령을 공포하였다. 평화 후 영국 인민은 덴마크 인민인 채무자에 대해 그 부채를 변제해야 한다고 소송을 제기하였다. 이에

1 실례(實例): 실제 본보기.

ᄒᆞᄂᆞᆫ英國法廷의判決에云호ᄃᆡ丁抹國勅令은百餘年來의列國慣例ᄅᆞᆯ違反ᄒᆞ며國際公法에矛盾됨으로其勅令은負債請求에對ᄒᆞᄂᆞᆫ抗辯을成ᄒᆞ기不能ᄒᆞ다ᄒᆞ얏스나但此判決은學者의批難을免ᄒᆞ기難ᄒᆞᄂᆞ니何者오元來負債의沒收ᄂᆞᆫ國際公法에違反ᄒᆞᆷ은勿論이나然이나開戰보다先ᄒᆞ야敵國財產을沒收ᄒᆞᆷ도ᄯᅩᄒᆞᆫ國際公法上에不許ᄒᆞᄂᆞᆫ바ㅣ니英國은丁抹國의財產을不法으로沒收ᄒᆞ고丁抹國이負債ᄅᆞᆯ沒收ᄒᆞᄂᆞᆫ權利가無ᄒᆞ다ᄒᆞᆷ은自家撞着ᄒᆞᆫ言論인所以라是以로今日에在ᄒᆞ야ᄂᆞᆫ敵國財產은債權과共히沒收ᄒᆞᆷ이不可ᄒᆞᆷ은容疑ᄒᆞᆯ바ㅣ無ᄒᆞ나若敵國이不法行爲ᄅᆞᆯ行ᄒᆞᆯ時ᄂᆞᆫ報仇手段으로敵國의財產又ᄂᆞᆫ債權에對ᄒᆞ야執留或沒收ᄒᆞᆷ을可得ᄒᆞᆯ바ㅣ라云ᄒᆞᆯ지로다

## 第二章　戰地에在ᄒᆞᆫ敵國人民에關ᄒᆞᄂᆞᆫ權利

### 第一節　摠說

凡交戰者가戰爭遂行에關ᄒᆞᄂᆞᆫ一切行爲ᄅᆞᆯ行得ᄒᆞᆯ處所ᄂᆞᆫ公海或交戰國雙方版圖에限ᄒᆞᄂᆞ니中立國領土及領海에在ᄒᆞ야ᄂᆞᆫ戰爭에關ᄒᆞᄂᆞᆫ何等의行爲ᄅᆞᆯ行ᄒᆞ기不能ᄒᆞ며又戰地에在ᄒᆞᆫ 敵國人民에對ᄒᆞ야 昔時歐洲戰爭에在ᄒᆞ야ᄂᆞᆫ交戰

대한 영국 법정의 판결에 이르기를, 덴마크 칙령은 백여 년 이래의 각국 관례를 위반하며 국제공법에 모순된다는 이유를 들어 그 칙령은 부채청구에 대한 항변을 이룰 수 없다고 하였다. 그러나 다만 이 판결은 학자의 비난을 면하기 어렵다. 왜냐하면 원래 부채의 몰수는 국제공법에 위반하는 것은 물론이나, 개전보다 먼저 적국 재산을 몰수한 것도 또한 국제공법상에 허용되지 않는 것이므로, 영국이 덴마크의 재산을 불법으로 몰수하고 덴마크가 부채를 몰수하는 권리가 없다고 하는 것은 자가당착에 해당하는 언쟁이기 때문이다. 이에 따라 오늘날(역자 주: 1910년경 당시)에는 적국 재산은 채권과 함께 몰수할 수 없다고 하는 것은 의심의 여지가 없다. 그러나 만약 적국이 불법행위를 할 때에는, 보복수단으로 적국의 재산 또는 채권에 대해 압류 또는 몰수할 수 있다고 할 수 있다.

## 제2장 전지(戰地)에 있는 적국 인민에 관한 권리

### 제1절 총설

무릇 교전자가 전쟁 수행에 관한 일체의 행위를 할 수 있는 장소는 공해 또는 교전국 쌍방의 영토로 한정된다. 중립국 영토와 영해에서는 전쟁에 관한 어떠한 행위도 할 수 없다. 또한 전지에 있는 적국 인민에 대해, 옛날 유럽 전쟁에서는 교전국

國人民으로苟其兵器를執홀者는軍籍에在혼與否를不拘ᄒ고幷히加害行爲를行得홀바ㅣ라ᄒ며加之第十八世紀學者中에도벵게례속과如홍은敵人에對ᄒ야何等의行爲라도可히行得홀지니 其生命財産에 對ᄒ야無制限의加害行爲를行得홈이原則이라唱道ᄒ며此와反ᄒ야구로슈스等諸學者는博愛主義를基本ᄒ야敵國人民의戰鬪에從事ᄒ는者에對ᄒ야도寬大行爲를取홀바라主張ᄒ며社會進步와共히此學說은自然其勢力을有홈에至ᄒ얏스니現今에在ᄒ야는交戰國이敵國에對ᄒ야行得홀强力은戰爭을惹起혼政治上目的을達홈에必要혼程度內에셔行홀바ㅣ며其目的을達코져홈에야는敵國의兵力抵抗을除去코져홈에必要上兵器를執ᄒ고戰鬪에從事ᄒ는敵人을殺傷ᄒ며又或俘虜로待遇홈을得홈과同時에兵器로써抵抗ᄒ기不能ᄒ거나又或抵抗치아니ᄒ는者를殺傷或虐待홈을不得홀지라換言ᄒ면敵國의兵力抵抗을除却ᄒ는手段으로直接且必要혼程度를超過ᄒ는强力의使用은摠히不法됨을未免ᄒᄂ니無辜혼敵國人民을殺傷又虐待ᄒ는行爲는敵國을戰慄케ᄒ야自國要求를容認케홀一個의手段으로看做홀境遇가非無ᄒ나如斯혼行爲는自國要求를容認케홀間接의方

인민으로서 단지 무기를 잡을 수 있는 사람은 군적(軍籍)에 있는지의 여부를 불문하고 또한 가해행위를 할 수 있는 것으로 보았다. 그뿐만 아니라 18세기 학자 중에도 Cornelius van Bynkershoek은 적국 인민에 대해 어떠한 행위라도 할 수 있고, 그 생명·재산에 대해 무제한의 가해행위를 할 수 있는 것이 원칙이라고 주장하였다. 이에 반해 Grotius 등 여러 학자는 박애주의를 기본으로 하여 적국 인민의 전투에 종사하는 사람에 대해서도 관용행위를 취해야 한다고 주장하였다. 사회의 진보와 더불어 이 학설은 자연 그 세력을 갖게 되었다. 오늘날에는 교전국이 적국에 대해 할 수 있는 강력한 힘은 전쟁을 일으킨 정치상의 목적을 달성하기에 필요한 정도 내에서 행하는 것이다. 또 그 목적 달성에는 적국의 병력 저항을 제거하고자 하는 데 있다. 따라서 그에 필요한 무기를 들고 전투에 종사하는 적국 인민을 살상하거나 또는 포로로 대우할 수 있는 동시에, 무기를 가지고 저항할 수 없거나 또는 저항하지 아니하는 사람을 살상 또는 학대할 수 없다. 바꾸어 말하면 적국의 병력 저항을 제거하는 수단으로 직접 그리고 필요한 정도를 초과하는 강한 힘의 사용은 모두 불법인 것을 면할 수 없다. 무고한 적국 인민을 살상 또는 학대하는 행위는, 적국으로 하여금 두려워하고 떨게 하여 자국 요구를 용인하게 하는 하나의 수단으로 간주되는 경우가 없지 아니하다. 그러나 이와 같은 행위는 자국의 요구를 용인하게 할 간접적인

法될ᄲᅮᆫ아니라此로因ᄒᆞ야敵國의激昻을惹起ᄒᆞ야一層劇烈ᄒᆞᆫ抵抗을反招ᄒᆞᆯ지오戰爭의目的을達ᄒᆞᆷ에確實ᄒᆞᆫ手段으로認ᄒᆞ기不能ᄒᆞ며且兵器를執ᄒᆞ고抵抗ᄒᆞᄂᆞᆫ者에對ᄒᆞ야도國家ᄂᆞᆫ其個人에對ᄒᆞ야仇怨의關係가無ᄒᆞᆷ으로其抵抗力을防止ᄒᆞᆷ에必要ᄒᆞᆫ程度以外의加害ᄂᆞᆫ現行法上에不許ᄒᆞᄂᆞᆫ바ㅣ라

## 第二節　戰鬪員及非戰鬪員

現行國際公法에在ᄒᆞ야交戰國人民運命上에最大ᄒᆞᆫ關係가有ᄒᆞᆯᄲᅮᆫ아니라交戰國戰鬪力에大關係를有ᄒᆞᆫ바重要ᄒᆞᆫ區別은交戰國人民中에戰鬪員及非戰鬪員의資格이是니羅馬時代에在ᄒᆞ야ᄂᆞᆫ兵士의宣誓를行ᄒᆞᆫ者에限ᄒᆞ야戰爭에從事케ᄒᆞ얏스며降ᄒᆞ야中世에至ᄒᆞ야ᄂᆞᆫ一般人民과戰鬪員의區別이無ᄒᆞ얏스나第十七世紀以來文明諸國의中央集權의結果로軍隊의組織이整頓ᄒᆞᆷ에及ᄒᆞ야國民에對ᄒᆞ야戰爭에從事ᄒᆞᄂᆞᆫ與否를區別ᄒᆞᆷ에及ᄒᆞ얏스니今日의戰爭은卽부릿셀宣言摠則中에規定ᄒᆞᆷ과如히「一個獨立國間（單獨又ᄂᆞᆫ同盟國을包含）及其武裝으로整頓ᄒᆞᆫ兵力間에在ᄒᆞᆫ公爭」됨으로非戰鬪員되ᄂᆞᆫ一般人民은兵器를執ᄒᆞ고戰爭에從事ᄒᆞᆷ을不許ᄒᆞᆷ과同時에敵國軍隊에게其生命、財産及名

방법일 뿐이고, 이에 따라 적국의 격분을 초래하여 한층 더 극렬한 저항을 불러오게 되고, 전쟁의 목적을 달성하는데도 확실한 수단으로 인정될 수 없다. 또한 무기를 들고 저항하는 사람에 대해서도 국가는 그 개인에 대해 보복의 관계가 없기 때문에, 그 저항력을 방어하기에 필요한 정도 이외의 가해는 현행법상 허용되지 않는다.

## 제2절 전투원과 비전투원

현행(역자 주: 1910년경 당시) 국제공법에서 교전국 인민의 운명에 가장 큰 관계가 있을 뿐만 아니라, 교전국 전투력에 커다란 관계를 가지는 중요한 구별은 교전국 인민 중에 전투원과 비전투원의 자격에 관해서이다. 로마 시대에는 병사의 선서를 한 사람에 한해 전쟁에 종사하게 하였다. 후세로 내려와 중세에는 일반 인민과 전투원의 구별이 없었다. 그러나 17세기 이래 여러 문명국의 중앙집권의 결과로 군대의 조직이 정돈됨에 따라, 국민에 대해 전쟁에 종사하는지의 여부를 구별하게 되었다. 오늘날의 전쟁은 곧 Brussel 선언(The Declaration of Brussel Conference)[1] 총칙 중에 규정한 것과 같이, 「2개 독립국 사이(단독 또는 동맹국을 포함한다) 및 그 무장으로 정돈된 병력 사이에서의 공연한 투쟁」이 되므로, 비전투원인 일반 인민이 무기를 들고 전쟁에 종사하는 것을 허용하지 않는 동시에 적국 군대가 그 생명, 재산과

1 1874년 7월 27일부터 8월 27일까지 개최되었던 회의에서 56개의 조항이 채택되었으나 비준되지는 못했다. 하지만 이 조항들은 1899년 제1차 만국평화회담에서 채택된 헤이그 제2협약(Laws and Customs of War on Land)의 부속서인 "육전법 및 관습에 관한 규칙"의 기초가 되었으며, 1907년 제2차 만국평화회담에서도 헤이그 제4협약으로 채택되었다.

響上에損害를濫受홈이無ᄒᆞ며戰鬪員에限ᄒᆞ야兵器로써敵軍을攻擊或抵抗ᄒᆞ며戰鬪의結果殺傷을受ᄒᆞ며且敵國將士를殺傷或俘虜를作ᄒᆞ며敵軍에게被虜될時ᄂᆞᆫ相當ᄒᆞᆫ待遇를受ᄒᆞᄂᆞᆫ權利가有ᄒᆞ며此와反ᄒᆞ야非戰鬪員으로敵軍을抵抗ᄒᆞᄂᆞᆫ時ᄂᆞᆫ犯罪者로處刑됨을未免ᄒᆞᄂᆞᆫ바ㅣ니以下此에關ᄒᆞᆫ法則을摘示ᄒᆞ건디

第一、戰鬪員의資格　戰鬪員은交戰國人됨과否홈을不問ᄒᆞ며本人意思로出홈과國家强制에基因홈을不拘ᄒᆞ고戰爭을際ᄒᆞ야交戰國兵役에從事ᄒᆞ며其國軍隊로서政府의命令又ᄂᆞᆫ認可를依ᄒᆞ야直接又ᄂᆞᆫ間接으로戰鬪에從事ᄒᆞᄂᆞᆫ者를總稱홈이니左의三種區別이有ᄒᆞᆫ바ㅣ라

(一)正規兵　交戰國陸軍及海軍의將校及兵士로常備、豫備、後備됨을不問ᄒᆞ며屯田兵又ᄂᆞᆫ國民軍됨을不拘ᄒᆞ고苟其軍籍에登載되야其職務로政府命令下에立ᄒᆞ야戰鬪에從事ᄒᆞᄂᆞᆫ者ᄂᆞᆫ幷히正規兵이라稱ᄒᆞᄂᆞᆫ바라是以로海、陸의兵士가其地位를換ᄒᆞ야敵軍을抵抗홀時라도依然히正規兵됨을得ᄒᆞᄂᆞ니何者오海軍或陸軍은內國軍制上區別이오害敵의手段에至ᄒᆞ야

명예에 손해를 함부로 입힐 수 없게 되었다. 전투원에 한해 무기를 들고 적군을 공격 또는 저항하고, 전투의 결과로 살상되며, 또한 적국 병사를 살상 또는 포로로 만들고, 적국에 포로로 될 때에는 상당한 대우를 받는 권리가 있게 된 것이다. 이에 반해 비전투원으로 적국에 저항하는 때에는 범죄자로 처형될 수밖에 없다. 아래에서 이에 관한 법칙을 적시해 본다.

1. 전투원의 자격

전투원은 교전국 인민으로 되는지 아닌지를 불문한다. 본인의 의사에서 나온 것과 국가의 강제에 따른 것을 묻지 아니한다. 전쟁을 할 때에 교전국 병역(兵役)에 종사하며 그 나라 군대로서 정부의 명령이나 인가에 따라 직접 또는 간접으로 전투에 종사하는 사람을 총칭한다. 다음의 세 가지 종류의 구별이 있다.

(1) 정규병

교전국 육군 및 해군의 장교와 병사로 상비, 예비인 것을 불문한다. 둔전병(屯田兵) 또는 국민군인 것을 묻지 아니한다. 다만 군적(軍籍)에 등재되어 그 직무로 정부의 명령 하에 놓여 전투에 종사하는 사람은 모두 정규병이라 일컬어진다. 이에 따라 바다와 육지의 병사가 그 지위를 바꾸어 적군에 저항할 때라도 여전히 정규병으로 될 수 있다. 왜냐하면 해군 또는 육군은 내국 군제상의 구별이고 적을 해치는 수단에 이르러서는

ᄂᆞᆫ差異가無ᄒᆞ며且戰鬪員의資格은海陸을共通ᄒᆞᄂᆞᆫ者ㅣ되ᄂᆞᆫ所以라但海上의戰鬪行爲ᄂᆞᆫ軍艦又其他官船으로此에從事케ᄒᆞᄂᆞᆫ制限이有ᄒᆞ나此에關ᄒᆞᆫ說明은以後로讓ᄒᆞ노라

交戰國의兵役은各國의國法上差異ᄅᆞᆯ因ᄒᆞ야其資格을本國人民에限ᄒᆞᆷ과外國人民에게入隊ᄅᆞᆯ許ᄒᆞᆷ과又本國人民中에도常備其他現役에限ᄒᆞ고戰鬪ᄅᆞᆯ際ᄒᆞ야志願兵을此에編入치아니ᄒᆞᆷ과瑞西及米國과如히常備兵을不置ᄒᆞᆷ과又其兵額을制限ᄒᆞ고戰爭을際ᄒᆞ야一般人民으로브터募集ᄒᆞᄂᆞᆫ民兵으로써單隊ᄅᆞᆯ組織ᄒᆞᆷ이有ᄒᆞ니此等區別은各國의任意에專屬ᄒᆞ며又何國家든지其人民에對ᄒᆞ야他國軍隊에入籍ᄒᆞᆷ을禁ᄒᆞᆷ이普通이나然이나其許否도또ᄒᆞᆫ各國의任意니苟其戰爭에在ᄒᆞ야敵國軍隊中에在ᄒᆞᆫ者ᄂᆞᆫ外國人이라도敵國의戰鬪員으로看做ᄒᆞᄂᆞᆫ바ㅣ니現行刑法大全第百九十八條에「敵國을利케ᄒᆞ거나本國이나同盟國을害ᄒᆞ기爲ᄒᆞ야云云ᄒᆞᆫ者ᄂᆞᆫ云云」이라規定ᄒᆞᆷ과如히自國人民으로敵國軍隊에叅加ᄒᆞᆫ自國犯罪者ᄅᆞᆯ除ᄒᆞᆫ外에ᄂᆞᆫ總히戰鬪員의待遇ᄅᆞᆯ受ᄒᆞ며捕獲될時ᄂᆞᆫ總히俘虜로看做ᄒᆞᄂᆞᆫ바ㅣ라

차이가 없으며, 또 전투원의 자격은 바다와 육지를 공통으로 하기 때문이다. 다만 해상의 전투행위는 군함과 그 밖의 관선(官船)으로 이에 종사하게 하는 제한이 있으나, 이에 관한 설명은 다음으로 미루기로 한다.

교전국의 병역(兵役)은 각국의 국내법상 차이에 따라, 그 자격을 본국 인민에 한정하는 경우와 외국 인민에게 입대를 허용하는 경우 및 본국 인민 중에서도 상비 그 밖의 현역에 한정하고 전투 시에 지원병을 이에 편입시키지 않는 경우와 스위스와 미국과 같이 상비군을 두지 않는 경우 및 그 병사의 수를 제한하고 전쟁을 할 때에 일반 인민으로부터 모집하여 민병으로 군대를 조직하는 경우가 있다. 이들 구별은 각국의 임의에 전속하며 또 어떤 국가든지 그 인민에 대해 다른 나라 군대에 입적하는 것을 금지하는 것이 보통이다. 그러나 그 허용 여부도 또한 각국의 임의에 속한다. 다만 그 전쟁에서 적국 군대 중에 있는 사람은 외국인이라도 적국의 전투원으로 간주된다. 현행 형법대전 제198조[1]에 「적국을 이롭게 하거나 본국이나 동맹국을 해치기 위해 …하는 자는…」이라 규정한 것과 같이, 자국 인민으로 적국 군대에 참가한 자국 범죄자를 제외하고는, 모두 전투원의 대우를 받으며 포획될 때에는 모두 포로로 간주된다.

1 현행 형법대전 제198조는 당시 대한제국의 형법을 지칭하는 것 같다. 왜냐하면 주정균 교재의 바탕이 되는 일본 『戰時國際法』 105쪽에는 이러한 국내법 규정 관련 내용이 없기 때문이다.

歐洲中世에在ᄒᆞ야ᄂᆞᆫ傭兵이라云ᄒᆞᄂᆞᆫ者ㅣ有ᄒᆞ야交戰國은金錢으로써第三國의兵士를雇入ᄒᆞ야自國戰爭에從事케ᄒᆞᆷ이有ᄒᆞ니千八百五十九年에瑞西國은伊太利半島戰爭時傭兵으로自國의兵士를交戰國에貸與ᄒᆞᆷ과如ᄒᆞᆷ이其一例라然이나現今에在ᄒᆞ야ᄂᆞᆫ中立國의義務上不能에須屬ᄒᆞᆫ事ㅣ며又交戰國도自國에在留ᄒᆞᄂᆞᆫ他國人民을强制ᄒᆞ야軍隊에編入ᄒᆞᆷ이ᄯᅩᄒᆞᆫ不能ᄒᆞᆫ事ㅣ나但外國人民이其任意에出ᄒᆞ며又本國이許可ᄒᆞᄂᆞᆫ時ᄂᆞᆫ交戰國은此를軍隊에使用ᄒᆞᆷ이不能ᄒᆞᆫ은아니니往年日清戰爭時에外國人이日本國軍隊에編入或傭入됨을志望ᄒᆞᄂᆞᆫ者ㅣ不尠ᄒᆞ나同國政府ᄂᆞᆫ此를拒絶ᄒᆞ얏스며此와反ᄒᆞ야清國은獨逸國軍人과如ᄒᆞᆫ他國人民을軍隊에編入ᄒᆞᆷ과如ᄒᆞᆷ이其實例라如斯ᄒᆞᆫ境遇에在ᄒᆞ야ᄂᆞᆫ其個人은元來中立國되ᄂᆞᆫ本國保護下에立ᄒᆞ기不能ᄒᆞ며敵對國은此를敵國의戰鬪員으로看做ᄒᆞᄂᆞᆫ바ㅣ라

(二)民兵及義勇兵 英米兩國과其他陸軍이比較的寡少ᄒᆞᆫ邦國에在ᄒᆞ야ᄂᆞᆫ平時에在ᄒᆞ야도其軍制上民兵을陸軍에附屬케ᄒᆞ야臨時로訓鍊을施ᄒᆞ며

유럽 중세에서는 용병(傭兵)이라고 하는 사람이 있었고, 교전국은 금전으로 제3국의 병사를 고용하여 자국 전쟁에 종사하게 하는 경우가 있었다. 1859년에 스위스가 이탈리아 반도전쟁시 용병으로 자국의 병사를 교전국에 대여하였던 것 같은 경우가 그 한 예이다. 그러나 오늘날에는 중립국의 의무상 불능에 속하는 일이다. 또한 교전국도 자국에 체류하는 다른 나라 인민을 강제하여 군대에 편입시키는 것 또한 불가능한 일이다. 그러나 다만 외국 인민이 그 임의에서 비롯되고 또 본국이 허가하는 때에는, 교전국은 이를 군대에 사용할 수 없는 것은 아니다. 지난 청일전쟁 시에 외국인이 일본 군대에 편입 또는 용입(傭入)되기를 지원하는 사람이 적지 않았으나, 동국 정부는 이를 거절하였다. 이에 반해 청국은 독일 군인과 같은 다른 나라 인민을 군대에 편입하였던 것 같은 경우가 그 실례이다. 이와 같은 경우에는 그 개인은 원래 중립국이 되는 본국의 보호 하에 놓일 수 없으며, 적대국은 이를 적국의 전투원으로 간주하게 된다.

(2) 민병과 의용병

영미 양국과 그 밖의 육군이 비교적 아주 적은 나라에서는 평시에도 그 군제상 민병을 육군에 부속시켜 그때그때 훈련을 실시하고,

因ᄒᆞ야戰爭에使用ᄒᆞᆷ이有ᄒᆞ니如斯ᄒᆞᆫ兵士ᄂᆞᆫ戰鬪員의資格을有ᄒᆞᆷ이無疑ᄒᆞᆫ지라陸戰法規慣例條約第一條에在ᄒᆞ야도「民兵又ᄂᆞᆫ義勇團으로써軍의全部或一部ᄅᆞᆯ組織ᄒᆞᆫ國에在ᄒᆞ야ᄂᆞᆫ此ᄅᆞᆯ軍人名目中에含包ᄒᆞᆷ」이라規定ᄒᆞ얏스나交戰國陸軍의一部ᄅᆞᆯ組成치아니ᄒᆞᆫ民兵又ᄂᆞᆫ義勇兵에對ᄒᆞ야ᄂᆞᆫ議論이頗有ᄒᆞᆫ바ㅣ니戰爭을際ᄒᆞ야普通人民에게許可ᄅᆞᆯ與ᄒᆞ야特別ᄒᆞᆫ兵團을作케ᄒᆞ고此에民兵又ᄂᆞᆫ義勇團의名稱을付ᄒᆞ야戰鬪에利用ᄒᆞ거나或人民이政府許可ᄅᆞᆯ不由ᄒᆞ고任意로集合ᄒᆞ야兵團을組織ᄒᆞ고敵軍을抵抗ᄒᆞᆯ時ᄂᆞᆫ戰鬪員으로看做ᄒᆞᄂᆞᆫ與否가是라第十五六世紀戰爭에在ᄒᆞ야ᄂᆞᆫ交戰國君主ᄂᆞᆫ開戰을際ᄒᆞ야宣言其他布告로써其人民에게海上並陸上에在ᄒᆞ야兵器ᄅᆞᆯ執ᄒᆞ고敵國에對ᄒᆞ야戰鬪에從事ᄒᆞᆷ을許可ᄒᆞ얏스나其後漸次各國陸軍이整頓ᄒᆞᆷ을從ᄒᆞ야進擊戰爭은반다시正式軍隊로써行ᄒᆞ고單히防禦的戰爭에在ᄒᆞ야不規則ᄒᆞᆫ兵士ᄅᆞᆯ用ᄒᆞ얏스며第十八世紀初에在ᄒᆞ야ᄂᆞᆫ陸上의戰爭은摠히正式軍隊로써行ᄒᆞ고普通人民이兵力으로抵抗ᄒᆞᆷ은設或政府許可에基因ᄒᆞᆫ境遇에在ᄒᆞ야도戰鬪員으로看做치아니ᄒᆞᆷ에至

이들을 전쟁에 사용하는 경우가 있다. 이와 같은 병사가 전투원의 자격을 보유하는 것은 의심의 여지가 없다. 육전법규관례조약 제1조[1]에서도 「민병 또는 의용단으로써 군의 전부 또는 일부를 조직한 나라에서는 이를 군인 명칭에 포함한다」고 규정하였다. 그러나 교전국 육군의 일부를 구성하거나 아니하는 민병 또는 의용병에 대해서는 의논이 매우 많다. 전쟁에 즈음하여 보통 인민에게 허가를 부여하여 특별한 병단(兵團)을 만들게 하고 이에 민병 또는 의용단의 명칭을 부여하여 전투에 이용하거나 또는 인민이 정부 허가를 거치지 아니하고 임의로 집합하여 병단을 조직하고 적군에 저항할 때에는 전투원으로 간주할 것인지의 여부가 이것이다. 15-16세기 전쟁에서는 교전국 군주는 개전에 즈음하여 선언 그 밖의 포고로써 인민에게 해상과 육상에서 무기를 들고 적국에 대해 전투에 종사할 것을 허가하였다. 그러나 그 후 점차 각국 육군이 정돈됨에 따라 진격전쟁은 반드시 정식군대로써 행하고 단지 방어적 전쟁에서 불규칙한 병사를 사용하였으며, 18세기 초에는 육상의 전쟁은 모두 정식군대로써 행하고 보통 인민이 병력으로 저항하는 것은 설사 정부 허가에 따른 경우에도 전투원으로 간주하지 않게 되었다.

1 1899년 헤이그 제2협약(육전의 법 및 관습에 관한 협약)의 부속서인 "육전법 및 관습에 관한 규칙" 제1조는 다음과 같다. "전쟁법 및 전쟁의 권리와 의무는 군대에 적용될 뿐만 아니라 다음 조건을 구비하는 민병 및 의용병단에도 적용된다. 1. 부하에 대해 책임을 지는 자에 의하여 지휘될 것 2. 멀리서 식별할 수 있는 특수한 휘장을 부착할 것 3. 공공연히 무기를 휴대할 것 4. 작전수행에 있어서 전쟁의 법 및 관습을 준수할 것 민병 또는 의용병단이 군의 전부 또는 일부를 구성하는 국가에 있어서는 이들도 군대라는 명칭 중에 포함된다."

ᄒᆞᆫ바ㅣ라然而佛國革命戰爭及拿翁戰爭時에普、佛、露三國은正式軍隊以外에民兵其他不規則의兵士를使用ᄒᆞ야普通人民의荷戈執戟ᄒᆞᆷ을奬勵ᄒᆞ얏스며普佛戰爭中佛國은陸軍大臣의訓令을依ᄒᆞ야組織ᄒᆞᆫ義勇兵及千八百七十年八月二十九日에發佈ᄒᆞᆫ特別法律을依ᄒᆞ야組織ᄒᆞᆫ國民軍을使用ᄒᆞ얏스나獨逸은此를戰鬪員으로認치아니ᄒᆞ고其陸軍에게訓令ᄒᆞ되外部의徽章으로써兵士되ᄂᆞᆫ資格을表彰치아니ᄒᆞᆫ一切兵士로獨逸軍隊를兵力으로抵抗ᄒᆞᄂᆞᆫ者ᄂᆞᆫ死刑에處ᄒᆞ라ᄒᆞᆫ지라佛國政府ᄂᆞᆫ此를抗議ᄒᆞ되自國義勇兵은一定의服裝을着ᄒᆞ며又袖部에東條의徽章이有ᄒᆞᆫ則戰鬪員의資格이有ᄒᆞ다云々ᄒᆞᆷ에對ᄒᆞ야獨國은更히主張ᄒᆞ되若如斯ᄒᆞᆯ時ᄂᆞᆫ村野의農夫도同一ᄒᆞᆫ服裝을着ᄒᆞ며又東條의徽章은遠方으로브터看別ᄒᆞ기不能ᄒᆞᄂᆞ니戰鬪員으로認ᄒᆞ기無由ᄒᆞ다云々ᄒᆞᆷ으로不得已佛國政府ᄂᆞᆫ同年九月二十九日及十月十一日勅令으로써義勇兵의服裝을改換ᄒᆞ고小銃의到達距離에在ᄒᆞ야兵士되ᄂᆞᆫ徽章으로識別ᄒᆞᆷ을可得ᄒᆞᆯ表章을附着ᄒᆞᆷ에至ᄒᆞᆫ바ㅣ라

그러나 프랑스혁명 전쟁과 나폴레옹 전쟁 시에 프러시아, 프랑스, 러시아 3국은 정식군대 이외에 민병 그 밖의 비정규 병사를 사용하여 보통 인민이 무기를 메고 잡는 것을 장려하였다. 프러시아-프랑스 전쟁 중 프랑스는 육군 장관의 훈령에 따라 조직한 의용병과 1870년 8월 29일에 공포한 특별법률에 따라 조직한 국민군을 사용하였다. 그러나 독일은 이를 전투원으로 인정하지 않았다. 그 육군에게 훈령하기를, 외부의 휘장으로 병사가 되는 자격을 표창(表彰)[1]하지 아니한 일체의 병사로서 독일군대에 병력으로 저항하는 사람은 사형에 처하라고 하였다. 프랑스 정부는 이에 항의하면서, 자국 의용병은 일정한 복장을 착용하였으며 또한 소매 부분에 붉은 줄의 휘장을 갖추었기 때문에 전투원의 자격이 있다고 하였다. 이에 대해 독일군은 다시 주장하기를, 만약 이와 같을 때에는 시골의 농부도 동일한 복장을 착용하기도 하며 또한 붉은 줄의 휘장은 먼 곳에서는 식별할 수 없기 때문에 전투원으로 인정할 이유가 없다고 하였다. 이에 부득이 프랑스 정부는 같은 해 9월 29일과 10월 11일 칙령으로 의용군의 복장을 변경하고, 소총의 도달거리에서 병사인 것을 휘장으로 식별할 수 있게 하는 표장(表章)을 부착하도록 하였던 것이다.

1 표창(表彰): 드러내어 밝힘.

千八百七十四年부럿셀會議에在ᄒᆞ야歐洲中强壯ᄒᆞᆫ陸軍을有ᄒᆞᆫ諸國은可成的戰鬪員의範圍를縮少코져ᄒᆞ며此와反ᄒᆞ야陸軍이漸弱ᄒᆞᆫ諸國은自己利益上一般人民이敵軍을抵抗ᄒᆞᆷ을希望ᄒᆞ야民兵、義勇兵及其他一般人民도國防上必要로戰鬪에從事ᄒᆞᄂᆞᆫ者ᄂᆞᆫ戰鬪員으로看做ᄒᆞᆷ이可ᄒᆞ다主張ᄒᆞᆷ으로其討議ᄒᆞᆫ結果同宣言第九條에左의條件을規定ᄒᆞᆫ바ㅣ니

第九條　戰規에基因ᄒᆞᄂᆞᆫ權利及義務ᄂᆞᆫ但軍隊에게適用ᄒᆞᆯ뿐아니라民兵及義勇團으로左開條件이具備ᄒᆞᆫ者에게도適用ᄒᆞᆷ

(1)部下를爲ᄒᆞ야責任을負ᄒᆞᄂᆞᆫ者의統率下에立ᄒᆞᄂᆞᆫ事

(2)遠方으로브터看別ᄒᆞᆷ을可得ᄒᆞᆯ固定의徽章을有ᄒᆞᄂᆞᆫ事

(3)公然히武器를携帶ᄒᆞᄂᆞᆫ事

(4)其動作이戰鬪法規、慣例를遵守ᄒᆞᄂᆞᆫ事

以上의條件은民兵及義勇兵에關ᄒᆞᄂᆞᆫ法規니陸戰法規慣例條約第二條에도此와仝一ᄒᆞᆫ規定이有ᄒᆞᆫ바라要ᄒᆞ건ᄃᆡ戰鬪員의資格을有ᄒᆞᆯ民兵又ᄂᆞᆫ義勇兵은第一에烏合의團体及人民個々의兵力抵抗이아님을要ᄒᆞᆷ으로其斷

1874년 Brussel 회의에서 유럽 중 강력한 육군을 보유한 여러 나라는 가급적 전투원의 범위를 축소하고자 하였다. 이에 반해 육군이 미약한 여러 나라는 자기 이익상 일반 인민이 적군에 저항하는 것을 희망하여 민병, 의용병과 그 밖의 일반 인민도 국방상 필요에 따라 전투에 종사하는 사람은 전투원으로 간주할 수 있다고 주장하였다. 그 토의한 결과 동 선언 제9조에 다음의 조건을 규정하였다.

제9조: 전쟁규칙에 따른 권리·의무는 다만 군대에 적용할 뿐만 아니라 민병과 의용단으로 다음의 조건을 갖춘 사람에게도 적용한다.

1) 부하를 위해 책임을 지는 사람의 통솔 하에 있을 것
2) 먼 곳으로부터 식별할 수 있는 고정의 휘장을 가지고 있을 것
3) 공연히 무기를 휴대할 것
4) 그 동작이 전투법규, 관례를 준수할 것[1]

이상의 조건은 민병과 의용병에 관한 법규이다. 육전법규관례조약 제2조[2]에도 이와 동일한 규정이 있다. 요컨대 전투원의 자격을 가지는 민병 또는 의용병은 첫째로 오합지졸(烏合之卒)의 단체와 인민의 개별적 병력 저항이 아니어야 한다. 그러므로 그

---

1 1874년 Project of an International Declaration concerning the Laws and Customs of War, Article 9: "The laws, rights, and duties of war apply not only to armies, but also to militia and volunteer corps fulfilling the following conditions:
1. That they be commanded by a person responsible for his subordinates;
2. That they have a fixed distinctive emblem recognizable at a distance;
3. That they carry arms openly; and
4. That they conduct their operations in accordance with the laws and customs of war.
In countries where militia constitute the army, or form part of it, they are included under the denomination 'army'." D.Schindler and J.Toman, *The Law of Armed Conflicts*, Martinus Nijhoff Publishers (1988), p.23.

2 1899년 헤이그 제2협약 부속서 육전법 및 관습에 관한 규칙 제2조. 참고로 현재는 1949년 육전에 있어서의 군대의 부상자 및 병자의 상태 개선에 관한 제네바 제1협약 제13조(보호되는 자) 제2항.

体를統禦指揮ᄒᆞ는將校或首長이有ᄒᆞ야本國을爲ᄒᆞ야戰鬪에從事ᄒᆞ며且其團体行動에對ᄒᆞ야指揮者는其責을自任ᄒᆞ며又指揮者의行爲에對ᄒᆞ야는國家가責任을負홈을要ᄒᆞᆯ지며第二에民兵及義勇은正規兵과如히一定ᄒᆞᆫ軍裝을着用홈을不要ᄒᆞ되반다시遠方으로브러肉眼으로써其兵士됨을看別홈에滿足ᄒᆞᆫ一定ᄒᆞᆫ徽章을衣服或帽子에附着홈을要ᄒᆞᄂᆞ니若如斯ᄒᆞᆫ徽章이無ᄒᆞᆯ時는敵對國軍隊는此를普通人民과區別ᄒᆞ기不能ᄒᆞ야往々에錯誤로從出ᄒᆞ는自己의危險或不利益을獨受ᄒᆞᆯ지라是以로徽章을不有ᄒᆞᆫ者는戰鬪員으로待遇ᄒᆞᆯ責務가無ᄒᆞ며且其徽章은固着ᄒᆞᆫ者를要ᄒᆞᄂᆞ니民兵及義勇兵이隨意로除去或附着홈을可得ᄒᆞᆯ者는此를不認ᄒᆞ며第三에兵士는公然히武器를執ᄒᆞ고戰鬪에從事홈을要홈으로반다시國家를爲ᄒᆞ는公然의目的及手段으로行動홈을要ᄒᆞᆯ지니此와反ᄒᆞ는者는戰鬪員의待遇를受ᄒᆞ기不能ᄒᆞ며第四에其兵士의戰鬪行動은並히國際公法의法規를必依ᄒᆞᆯ지오野蠻的、戰鬪方法或詐欺手段을行ᄒᆞᆯ時는戰鬪員의資格을不有ᄒᆞᄂᆞ니以上四個條件을具有ᄒᆞᆯ時는戰鬪員의資格을始得ᄒᆞᆯ지오其一이欠

단체를 통솔·지휘하는 장교나 수장이 있고 본국을 위해 전투에 종사하며, 또 그 단체행동에 대해 지휘자는 그 책임을 자임하며 아울러 지휘자의 행위에 대해서는 국가가 책임을 져야 한다. 둘째로 민병과 의용병은 정규병과 같이 일정한 군장(軍裝)을 착용할 것을 필요로 하지 아니하나, 반드시 먼 곳으로부터 육안으로 그 병사인 것을 식별하기에 만족할 일정한 휘장을 의복 또는 모자에 부착해야 한다. 만약 이와 같은 휘장이 없을 때에는 적대국 군대는 이를 보통 인민과 구별할 수 없고, 때로 착오에서 비롯되는 자기의 위험 또는 불이익을 홀로 받게 된다. 이에 따라 휘장을 갖추지 아니한 사람은 전투원으로 대우할 책무가 없으며, 또 그 휘장은 고착되어야 한다. 민병과 의용병이 임의로 제거 또는 부착할 수 있는 것은 이를 인정하지 아니한다. 셋째로 병사는 공연히 무기를 들고 전투에 종사해야 하고, 반드시 국가를 위한 공연의 목적과 수단으로 행동해야 한다. 이에 반할 경우에는 전투원의 대우를 받을 수 없다. 넷째로 그 병사의 전투 행동은 또한 국제공법의 법규를 반드시 따라야 한다. 야만적인 전투방법이나 사기수단을 사용할 때에는 전투원의 자격을 잃는다. 이상 네 가지 조건을 갖출 때에는 전투원의 자격을 비로소 취득하고 그 하나라도

缺ᄒᆯ時ᄂᆞᆫ不能ᄒᆞᆫ바라

(三)地方防禦兵　以上에論述ᄒᆞᆫ바正規兵及民兵或義勇兵을除ᄒᆞᆫ外에交戰國普通人民으로戰鬪員의資格을取得ᄒᆞᄂᆞᆫ者ㅣ又有ᄒᆞ니即交戰國一方軍隊가他一方交戰國에侵入ᄒᆯ時에其地에在ᄒᆞᆫ人民이坐視安然ᄒᆞ기不忍ᄒᆞ야兵器를執ᄒᆞ고此를抗敵ᄒᆞᄂᆞᆫ普通人民이是라此ᄂᆞᆫ敵愾의血心으로從出ᄒᆞᄂᆞᆫ바吾人의常情이니若此를戰鬪員이아니라ᄒᆞ야强盜과同視ᄒᆞ며不名譽의刑罰을科ᄒᆞᆷ은人情에不忍ᄒᆞᆫ바ㅣ라今에부럿셀宣言을徵看ᄒᆞ건ᄃᆡ

第十條　아즉占領을不被ᄒᆞᆫ地方人民으로敵의來襲을際ᄒᆞ야第九條規定을依ᄒᆞ야編制ᄒᆞ기無暇ᄒᆞ며自然히武器를執ᄒᆞᄂᆞᆫ侵入軍隊를抗敵ᄒᆞᄂᆞᆫ者ㅣ戰鬪法規慣例를遵守ᄒᆯ時ᄂᆞᆫ交戰者로看做ᄒᆞᆷ

이라ᄒᆞ얏스니此規定은옷쿠스ㅣ도陸戰法規及平和會議의陸戰法規慣例條約第二條와精神이同一ᄒᆞᆫ바ㅣ라然而如斯ᄒᆞᆫ普通人民의兵力抵抗에關ᄒᆞ야ᄂᆞᆫ民兵及義勇兵에要ᄒᆞᄂᆞᆫ바第一、第二의條件即其兵團을指揮ᄒᆞᄂᆞᆫ責任者及一定ᄒᆞᆫ徽章을有ᄒᆞᆷ을必要로認치아니ᄒᆞ나公然히武器를携帶ᄒᆞ

흠결할 때에는 불가능하다.

(3) 지방방어병
이상에서 논술한 정규병과 민병 또는 의용병을 제외하고, 교전국 보통 인민으로 전투원의 자격을 취득하는 사람이 또 있다. 즉 교전국 일방의 군대가 다른 일방 교전국에 침입할 때에, 그 곳에 있는 인민이 보고만 있으며 편히 쉬기를 참지 못하여 무기를 들고 이에 대적하는 보통 인민이 이것이다. 이는 분노와 증오의 진심에서 비롯되는 우리의 상정(常情)[1]이다. 만약 이를 전투원이 아니라 하여 강도와 동일시하며, 불명예의 형벌을 부과하는 것은 인정에 차마 할 수 없는 일이다. 지금 Brussel 선언 제10조를 증거하여[2] 살펴보기로 한다.

> 제10조: 아직 점령을 당하지 아니한 지방 인민으로서 적이 습격할 때에 제9조의 규정에 따라 편제할 겨를이 없어 자연적으로 무기를 들고 침입하는 군대에 대적하는 사람은 전투법규관례를 준수할 때에는 교전자로 간주한다.[3]

고 하였다. 이 규정은 Oxford 육전법규[4]와 1899년 제1차 만국평화회의의 육전법규관례조약 제2조와 정신이 동일하다. 그러나 이와 같은 보통 인민의 병력 저항에 관해서는 민병과 의용병에게 요구되는 1), 2)의 조건 즉 그 병단(兵團)을 지휘하는 책임자와 일정한 휘장을 갖출 필요를 인정하지 아니하나, 공연히 무기를 휴대하며

1 상정(常情): 현대적 표현은 일반적 정서.
2 증거하여: 현대적 표현은 바탕으로.
3 1874년 Project of an International Declaration concerning the Laws and Customs of War, Article 10: "The population of a territory which has not been occupied, who, on the approach of the enemy, spontaneously take up arms to resist the invading troops without having had time to organize themselves in accordance with Article 9, shall be regarded as belligerents if they respect the laws and customs of war."
4 The Laws of War on Land, Oxford (9 September 1880) Article 2: "The armed force of a State includes: ... 4. The inhabitants of non-occupied territory, who, on the approach of the enemy, take up arms spontaneously and openly to resist the invading troops, even if they have not had time to organize themselves." 이 문서는 1880년 영국 옥스퍼드에서 개최된 국제법학회(Institut de droit international) 총회에서 채택한 결의로서 총 86개 조항으로 구성된다. Gustave Moynier가 초안을 잡았다.

며戰鬪의法規慣例를依ᄒᆞ야行動ᄒᆞᆷ을要ᄒᆞᆯ바ㅣ라但부릿셀宣言及陸戰法規慣例에關ᄒᆞᄂᆞᆫ海牙條約에ᄂᆞᆫ公然云云ᄒᆞᄂᆞᆫ明文이雖無ᄒᆞ나其兵器를執ᄒᆞ고抗敵ᄒᆞᄂᆞᆫ手段及方法은元來公然ᄒᆞᆷ을要ᄒᆞᆯ바ㅣ니是以로第二平和會議에在ᄒᆞ야ᄂᆞᆫ前條文을修正ᄒᆞ야公然云云ᄒᆞᄂᆞᆫ文字를加ᄒᆞ야其意義를明白케ᄒᆞᆫ바ㅣ라如斯히地方防禦兵이戰鬪員의待遇를受ᄒᆞᆷ은敵軍이아즉占領치아니ᄒᆞᆫ地方人民됨을要ᄒᆞᄂᆞ니若敵軍에게業已占領된後에其住民이占領軍隊를對抗ᄒᆞᆷ은戰鬪員의待遇를受ᄒᆞ기不能ᄒᆞᆷ으로占領者ᄂᆞᆫ犯罪者로認ᄒᆞ야軍法又ᄂᆞᆫ刑法으로處分ᄒᆞᄂᆞᆫ바ㅣ라

第二、非戰鬪員　戰鬪員以外一切의交戰國人民은幷히非戰鬪員이니此를受働的敵人이라或稱ᄒᆞᄂᆞᆫ바ㅣ라第十八世紀以後에至ᄒᆞ야ᄂᆞᆫ兵士以外普通人民은戰爭中이라도生命身体에對ᄒᆞ야敵意의加害를受ᄒᆞᆷ이無ᄒᆞ며又其財産에就ᄒᆞ야ᄂᆞᆫ陸上假令戰地에在ᄒᆞᆫ者라도尊重히保護ᄒᆞᄂᆞᆫ바ㅣ니米國陸軍訓令第二二五條를據ᄒᆞ건ᄃᆡ「近世歐洲人民及同人民이地球上他部分에在ᄒᆞ야行ᄒᆞᄂᆞᆫ바規律이整齊ᄒᆞᆫ戰爭에在ᄒᆞ야ᄂᆞᆫ敵國의無辜ᄒᆞᆫ人民을保護ᄒᆞᆷ이原則

전투의 법규관례에 따라 행동할 것을 필요로 한다. 다만 Brussel 선언과 육전법규관례에 관한 헤이그조약[1]에서는 "공연"이라고 하는 명문이 비록 없으나, 그 무기를 들고 대적하는 수단과 방법은 원래 공연할 것을 필요로 한다. 이에 따라 제2차 만국평화회의에서는 앞 조문을 수정하여 "공공연히"[2]라고 하는 문자를 추가하여 그 의의를 명백하게 하였다. 이와 같이 지방 방어병이 전투원의 대우를 받게 되는 것은 적군이 아직 점령하지 아니한 지방 인민이어야 한다. 만약 적군에게 이미 점령된 뒤에 그 주민이 점령군대에 대항하는 경우에는 전투원의 대우를 받을 수 없고, 점령자는 이를 범죄자로 인정하여 군법 또는 형법으로 처분한다.

2. 비전투원

전투원 이외의 교전국 인민은 모두 비전투원이다. 이를 때로 수동적 적인(敵人)이라고 일컫기도 한다. 18세기 이후에는 병사 이외의 보통 인민은 전쟁 중이라도 생명·신체에 대해 적대 의사의 가해를 받지 아니한다. 또한 그 재산에 대해서는 육상 가령 전지에 있는 것이라도 존중되고 보호를 받는다. 미국 육군훈령 제25조에 의거하면, 「근세 유럽 인민과 동 인민이 자구상 다른 부분에서 행해지는 규율이 정제된 전쟁에서는, 적국의 무고한 인민을 보호하는 것이

---

1 1899년 헤이그 제2협약 부속서 육전법 및 관습에 관한 규칙 제2조를 말함. Article 2: "The population of a territory which has not been occupied, who, on the enemy's approach, spontaneously take up arms to resist the invading troops without having time to organize themselves in accordance with Article 1, shall be regarded as belligerent, if they respect the laws and customs of war."

2 1907년 헤이그 제4협약 부속서 육전법 및 관습에 관한 규칙 Article 2: "The inhabitants of a territory which has not been occupied, who, on the approach of the enemy, spontaneously take up arms to resist the invading troops without having had time to organize themselves in accordance with Article 1, shall be regarded as belligerents if they carry arms openly and if they respect the laws and customs of war."

이오私人關係를紊亂ᄒᆞᆷ은其例外라」云云ᄒᆞ얏스며陸戰法規慣例條約第三八條에在ᄒᆞ야도「家族의名譽及權利、個人의生命及私有財産並宗敎의信仰及其遵行은此를尊重히아니ᄒᆞᆷ이不可ᄒᆞ니私有財産은此를沒收ᄒᆞᆷ을不得ᄒᆞᆷ」이라規定ᄒᆞ며又其第三九條에「掠奪은嚴禁ᄒᆞᆷ」이라特別히規定ᄒᆞᆫ바ㅣ라

非戰鬪員은設或軍隊에附屬ᄒᆞ야其一部를成ᄒᆞᆫ境遇에在ᄒᆞ야도其非戰鬪員되ᄂᆞᆫ資格을不失ᄒᆞᆷ으로從ᄒᆞ야非戰鬪員이有ᄒᆞᆫ바權利及義務에變更이無ᄒᆞᄂᆞ니故로陸軍의會計官其他行政上官吏及通信者、嚮導者、用達人等과如ᄒᆞᆷ은軍隊의一部를組成ᄒᆞᆷ을不拘ᄒᆞ고非戰鬪員됨을因ᄒᆞ야兵器를執ᄒᆞ고戰鬪에從事치아니ᄒᆞᄂᆞᆫ以上은非戰鬪員의待遇를受ᄒᆞᄂᆞ니若此에違反ᄒᆞ야戰鬪에從事ᄒᆞᆯ時ᄂᆞᆫ犯罪者로處刑됨을未免ᄒᆞ나然이나凡非戰鬪員의生命、身体及財産을尊重히ᄒᆞᄂᆞᆫ原則은但故意의加害를禁ᄒᆞᆯ뿐이오軍隊의隨行者가戰鬪를因ᄒᆞ야間接으로受ᄒᆞᄂᆞᆫ損害ᄂᆞᆫ元來顧念ᄒᆞᆯ바ㅣ아니며加之私有財産의不可侵又ᄂᆞᆫ此를尊重히ᄒᆞᆯ原則에對ᄒᆞᄂᆞᆫ例外가有ᄒᆞ니即軍隊ᄂᆞᆫ其占領地

원칙이고, 사인관계를 문란하게 하는 것은 그 예외이다」라고 하였다. 육전법규관례조약 제46조[1]에서도 「가문의 명예 및 권리, 개인의 생명 및 사유재산과 종교적 신념 및 자유는 존중되어야 한다. 사유재산은 몰수될 수 없다」라고 규정하였다. 또 그 제47조[2]에 「약탈은 엄격히 금지된다」라고 하는 특별규정을 두었다.

비전투원은 설사 군대에 부속되어 그 일부를 구성하는 경우에도 그 비전투원인 자격을 잃지 아니한다. 따라서 비전투원이 가지는 권리와 의무에 변경이 없다. 그러므로 육군의 회계관 그 밖의 행정상의 관리와 통신자, 향도자[3], 용달인(用達人) 등과 같은 사람은 군대의 일부를 구성함에도 불구하고, 비전투원으로 되기 때문에 무기를 들고 전투에 종사하지 아니하는 이상은, 비전투원의 대우를 받는다. 만약 이에 위반하여 전투에 종사할 때에는 범죄자로 처형되는 것을 면할 수 없다. 그러나 비전투원의 생명, 신체와 재산을 존중하는 원칙은 다만 고의의 가해를 금지할 뿐이고, 군대의 수행자(隨行者)가 전투로 인해 간접적으로 받는 손해는 원래 고려할 것이 아니다. 그뿐만 아니라 사유재산의 불가침 또는 이를 존중할 원칙에 대한 예외가 있다. 즉 군대는 그 점령지

1 1899년 헤이그 제2협약 부속서 육전법 및 관습에 관한 규칙 제46조. 주정균 교재에는 제38조라고 표기하였으나 이를 바로 잡음.
2 1899년 헤이그 제2협약 부속서 육전법 및 관습에 관한 규칙 제47조. 주정균 교재에는 제39조라고 표기하였으나 이를 바로 잡음.
3 향도자(向導者): 길을 인도하는 사람.

人民에對ᄒᆞ야徵發及課金을命ᄒᆞᆯᄲᅮᆫ아니라戰鬪의必要上戰地에在ᄒᆞᆫ私人의財産이破壞、燒失又蹂躪되ᄂᆞᆫ事가有ᄒᆞᆷ도또ᄒᆞᆫ免치못ᄒᆞᆯ바ㅣ니然則私有財産不可侵의原則은畢竟程度問題에屬ᄒᆞᆷ으로若此原則을絶對的으로勵行ᄒᆞᆷ진ᄃᆡ作戰動作은非常ᄒᆞᆫ不便을感ᄒᆞᆯ지라陸戰法規慣例條約第一三條末項을據ᄒᆞ건ᄃᆡ「戰爭의必要上萬不得已ᄒᆞᆫ境遇를除ᄒᆞᆫ外에ᄂᆞᆫ敵의財産을破壞ᄒᆞ거나又ᄂᆞᆫ押收ᄒᆞᆷ을禁ᄒᆞᆷ」第一五條를據ᄒᆞ건ᄃᆡ「防禦치아니ᄒᆞᄂᆞᆫ市、府、町村及居宅又ᄂᆞᆫ建物을攻擊又ᄂᆞᆫ砲擊ᄒᆞᆷ을禁ᄒᆞᆷ」이라ᄒᆞ얏스며又防禦ᄒᆞᄂᆞᆫ市、府를攻擊ᄒᆞᆷ에對ᄒᆞ야도第一六條에「攻擊軍隊의司令官은強襲ᄒᆞᄂᆞᆫ境遇를除ᄒᆞᆫ外에砲擊을始ᄒᆞ기前에其旨를管轄官廳에通告ᄒᆞ기爲ᄒᆞ야摠其權內에屬ᄒᆞᆫ一切手段을施ᄒᆞᆷ이可ᄒᆞᆷ」이라規定ᄒᆞ얏스니是等規定은并히故意及不必要의加害를禁ᄒᆞᆷ에止ᄒᆞ고戰鬪에伴ᄒᆞᄂᆞᆫ間接의損害并作戰上不得已ᄒᆞᆫ境遇의加害ᄂᆞᆫ顧慮ᄒᆞ기無暇ᄒᆞᆫ바ㅣ니要ᄒᆞ건ᄃᆡ交戰國軍隊ᄂᆞᆫ敵國의非戰鬪員의軍隊를反抗ᄒᆞ거나又ᄂᆞᆫ軍隊의戰鬪動作을妨害치아니ᄒᆞᄂᆞᆫ限度에在ᄒᆞ야ᄂᆞᆫ故意의損害를加ᄒᆞᆷ이可치아니ᄒᆞᆯᄲᅮᆫ아니라其人民의生命、身体、財

인민에 대해 징발과 과금(課金)을 명령할 수 있다. 그뿐만 아니라 전투의 필요에서 전지(戰地)에 있는 사인의 재산이 파괴, 소실 및 유린당하는 일이 있어도 또한 면할 수 없다. 그렇다면 사유재산 불가침의 원칙은 끝내 정도 문제에 속하고, 만약 이 원칙을 절대적으로 힘써 행할 경우에는, 작전 동작은 예사롭지 않은 불편을 느끼게 될 것이다. 육전법규관례조약 제23조[1] 마지막 항은, 「전쟁의 필요상 부득이한 경우를 제외하고는 적의 재산의 파괴 또는 압류를 금지한다」[2]고 하였고, 제25조[3]에 의거한다면, 「방어되지 않는 도시, 촌락, 주택 또는 건물에 대한 공격 또는 포격은 금지된다」고 하였다. 또한 방어하는 시, 부(府)를 공격하는 경우에 대해서도 제26조[4]에 「공격군대의 지휘관은 습격하는 경우를 제외하고는 포격을 개시하기 전에 관계자에게 경고하기 위해 가능한 모든 수단을 다하여야 한다」고 규정하였다. 이들 규정은 모두 고의와 불필요한 가해를 금지하는 것에 그치고, 전투에 수반하는 간접의 손해와 작전상 부득이한 경우의 가해는 고려할 겨를이 없는 것이다. 요컨대 교전국 군대는 적국의 비전투원이 군대에 저항하거나 또는 군대의 전투 동작을 방해하지 아니하는 한도에서는 고의의 손해를 가해서는 안 되고, 오히려 그 인민의 생명, 신체,

---

1 1899년 헤이그 제2협약 부속서 육전법 및 관습에 관한 규칙 제23조. 주정균 교재에는 제13조라고 표기하였으나 이를 바로 잡음.

2 1899년 헤이그 제2협약 부속서 육전법 및 관습에 관한 규칙 제23조 (g)항은 다음과 같다: "제23조: 특별한 협약으로써 규정한 금지 이외에도 다음 사항은 특히 금지된다. … (g) 전쟁의 필요상 부득이한 경우를 제외하고 적의 재산의 파괴 또는 압류".

3 1899년 헤이그 제2협약 부속서 육전법 및 관습에 관한 규칙 제25조. 주정균 교재에는 제15조라고 표기하였으나 이를 바로 잡음.

4 1899년 헤이그 제2협약 부속서 육전법 및 관습에 관한 규칙 제26조. 주정균 교재에는 제16조라고 표기하였으나 이를 바로 잡음.

産及名譽ᄅᆞᆯ保護ᄒᆞᆯ義務가有ᄒᆞᆫ바ㅣ라

## 第三節　俘虜

### 第一款　俘虜의性質及其待遇

凡古代戰爭에在ᄒᆞ야ᄂᆞᆫ敵人의人格을不認ᄒᆞ야俘虜ᄂᆞᆫ此ᄅᆞᆯ捕獲ᄒᆞᆫ個人所有ᄅᆞᆯ作ᄒᆞ야生殺與奪이摠히自由됨으로或奴隷ᄅᆞᆯ成ᄒᆞ며或賣買、贈與의目的을成ᄒᆞ얏스니千四百四十一年에當時賢君이라稱ᄒᆞᄂᆞᆫ佛國王샤루第七世ᄂᆞᆫ英國人俘虜ᄅᆞᆯ裸体又鐵鎖로其頸을繫ᄒᆞ야巴里市中에셔賣買케ᄒᆞ고其餘ᄂᆞᆫ手足을縛ᄒᆞ야메인河에投棄ᄒᆞᆫ지라如斯히俘虜로奴隷ᄅᆞᆯ作ᄒᆞᄂᆞᆫ慣習은第十八世紀初葉ᄭᆞ지存在ᄒᆞ얏스나中世騎士制度의發達을際ᄒᆞ야捕獲者ᄅᆞᆯ奴隷로使役ᄒᆞᄂᆞᆫ代에金錢으로써自贖케ᄒᆞᄂᆞᆫ慣行이生ᄒᆞ야捕獲者와俘虜間에個人的契約을成ᄒᆞ얏스나第十四世紀以後에至ᄒᆞ야ᄂᆞᆫ戰爭後에至ᄒᆞ야國王이敵國으로브터自國人民을贖還ᄒᆞᆫ事가多ᄒᆞ야스며第十七世紀에入ᄒᆞ야ᄂᆞᆫ國家間의條約으로써其代價ᄅᆞᆯ定ᄒᆞ야此ᄅᆞᆯ償還ᄒᆞ며一步ᄅᆞᆯ更進ᄒᆞ야交戰國은互相俘虜ᄅᆞᆯ交換歸國케ᄒᆞᆫ慣例가不尠ᄒᆞᆫ지라今에最近의實例ᄅᆞᆯ擧ᄒᆞ건ᄃᆡ千七百八十年英佛條約에在

재산과 명예를 보호할 의무가 있는 것이다.

### 제3절 포로

#### 제1관 포로의 성질과 그 대우

무릇 고대 전쟁에서는 적인(敵人)의 인격을 인정하지 않았다. 포로는 이를 포획한 개인의 소유로 하여 생살여탈(生殺與奪)이 모두 자유에 속하거나 또는 노예로 삼아 매매나 증여의 목적으로 하였다. 1441년에 당시 현군(賢君)이라 일컬어지던 프랑스 Charles 7세는 영국인 포로를 벌거벗겨 쇠사슬로 그 목을 묶어 파리 시중에서 매매하게 하고, 그 나머지는 손과 발을 묶어 Seine강에 내던졌다. 이와 같이 포로를 노예로 만드는 관습은 18세기 초엽까지 존재하였다. 그러나 중세 기사제도가 발달하면서 포획자를 노예로 사역(使役)하는 대신 금전으로 스스로 속량(贖良)[1]하게 하는 관행이 발생하여, 포획자와 포로 사이에 개인적 계약을 형성하였다. 그러나 14세기 이후에는 전쟁 후에 국왕이 적국으로부터 자국 인민을 돈을 주고 되돌려 오는 경우가 많아졌다. 17세기로 들어와서는 국가 사이의 조약으로 그 대가를 정하여 이를 상환하게 하였다. 한 걸음 더 나아가 교전국은 서로 포로를 교환·귀국하게 하는 관례도 적지 않았다. 지금 최근의 실례를 들어본다. 1780년 영국-프랑스 전쟁에서는

---

1 속량(贖良): 몸값을 받고 노예의 신분을 풀어주어 평민이 되게 함.

ᄒᆞ야ᄂᆞᆫ將官은兵士六十名과交換ᄒᆞ고兵士一名의賠償額은一磅으로定ᄒᆞᆫ바ㅣ라然而부델氏ᄂᆞᆫ敵人으로兵器ᄅᆞᆯ捨ᄒᆞ고生命身体ᄅᆞᆯ他國處分에一任ᄒᆞᆫ者ᄂᆞᆫ以後行爲에對ᄒᆞ야此ᄅᆞᆯ殺戮ᄒᆞᆯ權利가發生ᄒᆞ거나又ᄂᆞᆫ死刑에該當ᄒᆞᆫ犯罪가有ᄒᆞᆷ이아니면其生命을奪ᄒᆞ며又ᄂᆞᆫ奴隷ᄅᆞᆯ作ᄒᆞᆷ이不忍ᄒᆞᆫ바니俘虜ᄂᆞᆫ此ᄅᆞᆯ抑留ᄒᆞᆷ으로可得ᄒᆞ나虐待ᄒᆞᆯ者ㅣ아니며俘虜도ᄯᅩᄒᆞᆫ人類오人類中에最不幸ᄒᆞᆫ者ㅣ라痛論ᄒᆞᆫ以俘虜에對ᄒᆞᄂᆞᆫ慣例ᄂᆞᆫ非常寬大ᄒᆞᆫ傾向이有ᄒᆞᄂᆞ니今日國際公法上俘虜의性質을略言ᄒᆞ면總히俘虜ᄂᆞᆫ國家의俘虜오此ᄅᆞᆯ捕獲ᄒᆞᆫ個人又ᄂᆞᆫ軍隊에게隷屬ᄒᆞᆫ者ㅣ아니며又犯罪人이아니오敵國에對ᄒᆞᄂᆞᆫ復讐의目的物이아니며俘虜ᄂᆞᆫ敵國의戰鬪員其他敵軍에從屬ᄒᆞᆫ個人으로降服或捕獲ᄒᆞᆷ因ᄒᆞ야自國權力下에入ᄒᆞᆫ無辜의敵人으로看做ᄒᆞᄂᆞᆫ仁愛的의待遇ᄅᆞᆯ受ᄒᆞᆯ者ㅣ라云ᄒᆞᆯ바ㅣ라玆에戰爭을際ᄒᆞ야俘虜됨을可得ᄒᆞᆯ人員을擧ᄒᆞ건ᄃᆡ

第一　總히戰爭을際ᄒᆞ야正當히殺傷ᄒᆞᆷ을可得ᄒᆞᆯ者即一切의戰鬪員은並히俘虜로作ᄒᆞᆷ을得ᄒᆞᆯ지니病者、負傷者等處理에對ᄒᆞ야ᄂᆞᆫ千八百六十四年쥬네부條約規定을遵守ᄒᆞᆯ바ㅣ나ᄯᅩᄒᆞᆫ俘虜의資格을不失ᄒᆞᄂᆞᆫ바ㅣ라

장군은 병사 60명과 교환하고, 병사 1명의 배상액은 1파운드로 정하였다. 그러나 Vattel은 적인(敵人)으로 무기를 버리고 생명·신체를 다른 나라의 처분에 일임한 사람에 대해 이후의 행위에 따라 살육할 권리가 발생하거나, 또는 사형에 해당하는 범죄가 있지 아니한 데도 그 생명을 빼앗거나 또는 노예로 만드는 것은 차마 할 수 있는 일이 아니므로, 포로는 이를 억류할 수 있으나 학대할 수 없으며, 포로도 또한 인류이고 인류 중에 가장 불행한 사람이라고 통렬하게 논한 이래, 포로에 대한 관례는 매우 관대한 경향으로 흐르고 있다. 오늘날 국제공법상 포로의 성질을 간략하게 말하자면, 포로는 모두 국가의 포로이고 이를 포획한 개인 또는 군대에 예속하는 사람이 아니다. 또 범죄인이 아니고 적국에 대한 복수의 목적으로 되지 아니한다. 포로는 적국의 전투원 그 밖의 적군에 종속하는 개인으로서 항복 또는 포획에 따라 자국 권력 하에 들어온 무고한 적인으로 간주되며, 인도적 대우를 받을 사람이라 한다. 이에 전쟁을 할 때에 포로로 될 수 있는 인원을 열거해 보기로 한다.

1. 전쟁 시에 정당하게 살상할 수 있는 모든 사람, 즉 일체의 전투원은 모두 포로로 될 수 있다. 병자, 부상자 등의 처리에 대해서는 1864년 Geneva 조약[1]의 규정을 준수해야 하나, 또한 포로의 자격을 상실하지 아니한다.

1　1864년 육전에 있어서의 군대의 부상자 및 병자의 상태 개선에 관한 제네바협약 (Convention for the Amelioration of the Condition of the Wounded in Armies in the Field, Geneva, 22 August 1864) 당시 체약국은 57개국이며, 협약은 10개의 조항으로 구성되었다. 이 협약은 그 후 내용이 보완된 1906년 제네바협약, 1929년 제네바협약 그리고 1949년 제네바협약에 의해 차례로 대체되었다.

第二　非戰鬪員은原則上此를俘虜로作ᄒᆞᆯ바ㅣ아니나元來敵人을俘虜로作ᄒᆞ야戰爭中自國에拘留ᄒᆞᆷ은敵人에게加害ᄒᆞᆷ을可得ᄒᆞᆯ原則適用上最寬大ᄒᆞᆫ行爲됨으로戰鬪進行上自國에게必要或便宜ᄒᆞ며又ᄂᆞᆫ敵國에게不利益됨으로認ᄒᆞᆯ時ᄂᆞᆫ一定ᄒᆞᆫ非戰鬪員을拘置ᄒᆞᆷ을得ᄒᆞᆯ지니

(一)敵國의君主、皇族、政府의高官·外交官其他特別ᄒᆞᆫ事情을因ᄒᆞ야戰爭에關ᄒᆞ야敵國의有力者로認ᄒᆞᆯ者

(二)兵器를執ᄒᆞ고戰鬪에從事치아니ᄒᆞ되軍隊에使用되야其戰鬪動作을補助ᄒᆞᄂᆞᆫ者譬컨ᄃᆡ陣中의警察、裁判을行ᄒᆞᄂᆞᆫ官吏、軍吏、憲兵其他軍隊行政에有關ᄒᆞᆫ官吏、輕氣球乘者、軍隊嚮道者、通信員、電信郵便의技術者等은俘虜로作ᄒᆞᆷ을得ᄒᆞᆯ지오但軍隊의一部를組成ᄒᆞᄂᆞᆫ陸軍病院、戰地假病院의醫員及其他附屬人員은赤十字條約規定을依ᄒᆞ야待遇ᄒᆞᆯ지오俘虜로作ᄒᆞ기不能ᄒᆞᆫ바ㅣ라

(三)商船의船員으로敵國人民된者ᄂᆞᆫ敵國海軍의必要를從ᄒᆞ야何時든지其軍艦에轉用ᄒᆞᆷ을得ᄒᆞᆷ은諸國國法上皆認ᄒᆞᄂᆞᆫ바ㅣ니故로敵國海軍의補充

2. 비전투원은 원칙상 포로로 되지 아니한다. 그러나 원래 적인을 포로로 만들어 전쟁 중 자국에 구류하는 것은, 적인에 대해 가해할 수 있는 원칙의 적용상 관대한 행위가 되기 때문에, 구류가 전투 진행상 자국에 필요하거나 편리하거나 또는 적국에 불이익이 된다고 인정할 때에는 일정한 비전투원을 구류할 수 있다. 이에 따라

1) 적국의 군주, 황족, 정부의 고관, 외교관 그 밖의 특별한 사정에 따라 전투에 관해 적국의 유력자로 인정되는 사람
2) 무기를 들고 전투에 종사하지 아니하나 군대에 사용되어 그 전투 동작을 보조하는 사람 예컨대 진중(陣中)의 경찰, 재판을 하는 관리, 군무원, 헌병 그 밖의 군대 행정과 관련 있는 관리, 경기구(輕氣球)[1] 탑승자, 군대 향도자, 통신원, 전신·우편의 기술자 등은 포로로 삼을 수 있다. 다만 군대의 일부를 구성하는 육군병원, 전지(戰地) 야전병원의 의원과 그 밖의 부속 인원은 적십자조약의 규정에 따라 대우해야 하고 포로로 삼을 수 없다.
3) 상선의 선원으로 적국 인민인 사람은 적국 해군의 필요에 따라 언제든지 그 군함에 전용될 수 있는 것은 여러 나라 국법상 모두 인정된다. 따라서 적국 해군의 보충을

1 경기구(輕氣球): 영어 ballon을 뜻하는 열기구.

을防止ᄒᆞ며戰鬪力을滅殺케ᄒᆞᆯ必要上此ᄅᆞᆯ俘虜로作ᄒᆞᆷ을得ᄒᆞᆯ지니千七百五十三年에英國은佛國商船의水夫一萬二千人을拘置ᄒᆞ야佛國海上戰鬪力에大打擊을與ᄒᆞᆷ이其一例오千八百七十年普佛戰爭中에佛國은獨逸商船의水夫ᄅᆞᆯ拘置ᄒᆞᆷ으로普國은此에對ᄒᆞ야抗議ᄅᆞᆯ提出호ᄃᆡ水夫ᄅᆞᆯ即地解放치아니ᄒᆞ면報仇的手段을行ᄒᆞᆫ다主張ᄒᆞ얏스니其理由에曰商船의水夫ᄅᆞᆯ俘虜로作ᄒᆞᄂᆞᆫ目的은敵國人民의私船으로써捕獲을行ᄒᆞᄂᆞᆫ者ᄅᆞᆯ滅却ᄒᆞᆷ에在ᄒᆞ나然이나普佛兩國은共히千八百五十六年巴里宣言의締盟當事國으로私船을捕拿用에供치아니ᄒᆞᆷ을明言ᄒᆞᆫ바ㅣ니兩國間에在ᄒᆞ야ᄂᆞᆫ商船의水夫ᄅᆞᆯ俘虜로作ᄒᆞᆯ理由가無ᄒᆞ다云云ᄒᆞᆫ則佛國은此에答辨호ᄃᆡ交戰國이敵國商船의水夫ᄅᆞᆯ俘虜로作ᄒᆞᆷ을可得ᄒᆞᆯ慣習法의存在ᄂᆞᆫ由來無疑ᄒᆞᆫ바ㅣ니巴里宣言의規定과無關ᄒᆞ며且商船의水夫ᄅᆞᆯ俘虜로作ᄒᆞᆷ을得ᄒᆞᄂᆞᆫ理由ᄂᆞᆫ何時든지其水夫ᄅᆞᆯ海軍에轉用ᄒᆞᆷ을防止ᄒᆞᄂᆞᆫ手段이라云々ᄒᆞᆫ지라要ᄒᆞᆫ건ᄃᆡ商船의水夫ᄂᆞᆫ一般의戰鬪員보다特別의性質을有ᄒᆞ야戰鬪員과非戰鬪員의中間에在ᄒᆞᆫ者와恰似ᄒᆞ니何者오其水夫ᄂᆞᆫ戰爭中自進ᄒᆞ야敵軍

방지하며, 전투력을 감쇄하게 할 필요에서 이를 포로로 삼을 수 있다. 1753년에 영국은 프랑스 상선의 선원 1만 2천 명을 구금하여 프랑스 해상 전투력에 큰 타격을 주었던 것이 그 일례이다. 1870년 프러시아-프랑스 전쟁 중에 프랑스는 독일 상선의 선원을 구금하였다. 프러시아는 이에 대해 항의를 제출하면서, 선원을 즉시 석방하지 아니하면 보복적 수단을 행사할 수밖에 없다고 주장하였다. 그 이유에서 말하기를, 상선의 선원을 포로로 하는 목적은 적국 인민이 사선(私船)으로 포획하는 것을 감소시키는 데 있다. 그러나 프러시아-프랑스 양국은 모두 1856년 파리선언의 체약 당사국으로서 사선을 나포용으로 제공하지 않을 것을 명언하였기 때문에, 양국 사이에서는 상선의 선원을 포로로 삼을 이유가 없다고 하였다. 프랑스는 이에 대해 답변하기를, 교전국이 적국 상선의 선원을 포로로 할 수 있는 관습법의 존재는 유래를 의심할 여지가 없는 바이고, 파리선언의 규정과 관계가 없다. 또 상선의 선원을 포로로 삼을 수 있는 이유는 언제든지 그 선원이 해군에 전용되는 것을 방지하는 수단이 되기 때문이라고 하였다. 요컨대 상선의 선원은 일반 전투원보다 특별한 성질을 가지며, 전투원과 비전투원의 중간에 있는 사람과 흡사하다. 왜냐하면 그 선원은 전쟁 중 자진하여 적군을

을攻擊ᄒᆞ기不能ᄒᆞ나其商船의捕獲을防禦ᄒᆞᄂᆞᆫ必要上敵國艦船에對ᄒᆞ야兵力抵抗을行得ᄒᆞᆯ지며其兵力抵抗은一般非戰鬪員의境遇와如히處刑됨이無ᄒᆞᆫ所以라是以로日露戰爭中에日本國은其海軍이拿捕ᄒᆞᆫ露國商船의船員及中立國商船의船員으로露國臣民된者를拘寘치아니ᄒᆞ고單히露國船員中에同國海軍將校된者三名을拘留ᄒᆞᆷ에止ᄒᆞᆷ은戰爭의慘害를可成的非戰鬪員에게及케아니ᄒᆞᄂᆞᆫ寬大ᄒᆞᆫ處置라云ᄒᆞᆯ지오露國에在ᄒᆞ야ᄂᆞᆫ此와反ᄒᆞ야日本國商船의船員을並히俘虜로作ᄒᆞᆷ은嚴酷ᄒᆞᆫ行爲나然이나決코不法이라云치못ᄒᆞᆯ바ㅣ라

(四)說法者及醫師에關ᄒᆞ야ᄂᆞᆫ赤十字條約第二條에「戰地假病院及陸軍病院에使用ᄒᆞᄂᆞᆫ人員即醫師、監督員、事務員、負傷者運搬員並說法者ᄂᆞᆫ各々其業務에從事ᄒᆞ며且負傷者의入院又ᄂᆞᆫ救助를與ᄒᆞᆯ者ㅣ有ᄒᆞᆫ間은局外中立의利益을有ᄒᆞᆷ」이라規定ᄒᆞᆷ으로交戰國陸軍에屬ᄒᆞᆫ病院及戰地假病院等의醫師其他事務員은設或捕獲ᄒᆞ야도決코俘虜로作ᄒᆞ기不能ᄒᆞ며海戰에在ᄒᆞ야도平和會議決議第一條乃至第三條에赤十字條約의原則을

공격할 수는 없으나 그 상선의 포획을 방어할 필요에서 적국 함선에 대해 병력 저항을 할 수 있으며, 그 병력 저항은 일반 비전투원의 경우와 같이 처형되지 않기 때문이다. 이에 따라 일본-러시아 전쟁 중에 일본은 그 해군이 나포한 러시아 상선의 선원과 중립국 상선의 선원으로서 러시아 인민인 사람을 구류하지 아니하고, 단지 러시아 선원 중에 동국 해군 장교인 사람 3명을 구류하는 것에 그쳤다. 이는 전쟁의 참혹한 해를 가급적 비전투원에게 미치지 않게 하려는 관대한 조치라고 할 수 있다. 러시아에서는 이에 반해 일본 상선의 선원을 모두 포로로 잡았다. 이는 매우 엄하고 모진 행위이다. 그러나 불법이라고 말할 수는 없다.

4) 설교자와 의사에 관해서는 적십자조약 제2조[1]에 「전지(戰地) 야전병원과 육군병원에 종사하는 인원 즉 의사, 감독원, 사무원, 부상자 운반원과 설교자는, 각각 그 업무에 종사하며 또 부상자의 입원 또는 구조를 부여할 사람이 있는 동안에는, 국외중립의 이익을 갖는다」라고 규정하고 있다. 이에 따라 교전국 육군에 속한 병원과 전지(戰地) 야전병원 등의 의사 그 밖의 사무원은 설사 포획되어도 결코 포로로 삼을 수 없다. 해전에서도 만국평화회의 결의 제1조부터 제3조에 적십자조약의 원칙을

1 1864년 육전에 있어서의 군대의 부상자 및 병자의 상태 개선에 관한 제네바협약 제2조를 말한다. 동 협약에 관해서는 93쪽 각주 1 참조. 제2조의 영문은 다음과 같다. Article 2: "Hospital and ambulance personnel, including the quarter-master's staff, the medical, administrative and transport services, and the chaplains, shall have the benefit of the same neutrality when on duty, and while there remain any wounded to be brought in or assisted."

海戰에適用ᄒᆞ기定ᄒᆞ얏스니因ᄒᆞ야交戰國軍用病院船又ᄂᆞᆫ交戰團体及中立國에在ᄒᆞᆫ個人又ᄂᆞᆫ公認된救恤協會의費用으로써艤裝ᄒᆞᆫ病院船으로其所屬本國의命令을由ᄒᆞ야交戰國에豫先通知ᄒᆞᆫ바船舶內에在ᄒᆞ야敎法、醫療及看護에從事ᄒᆞᄂᆞᆫ人員은俘虜로作ᄒᆞ기不能ᄒᆞᆯᄲᅮᆫ아니라同條約第七條規定에依ᄒᆞ야交戰國軍艦其他官船又ᄂᆞᆫ一般私有船舶이敵國에게捕獲될境遇에其艦船內에在ᄒᆞ야敎法、醫療及看護에從事ᄒᆞᄂᆞᆫ人員도均是俘虜됨이無ᄒᆞ나然이나說法者或醫師로서陸戰上戰地假病院又ᄂᆞᆫ陸軍病院에不屬ᄒᆞ거나東十字社와如ᄒᆞᆫ救恤協會職務에從事치아니ᄒᆞ고單히個人의資格으로써軍隊에從事ᄒᆞᄂᆞᆫ者ᄂᆞᆫ俘虜로作ᄒᆞᆷ을得ᄒᆞᄂᆞᆫ與否에對ᄒᆞ야議論이頗有ᄒᆞ나千八百六十三年米國陸軍訓令第五三條에도「陸軍司令官은事情을因ᄒᆞ야說法者、醫師、藥劑師等을拘留或俘虜로待遇ᄒᆞ며且相當ᄒᆞᆷ으로認ᄒᆞᆯ時ᄂᆞᆫ交換ᄒᆞᆷ을得ᄒᆞᆷ」이라規定ᄒᆞ얏스니要컨ᄃᆡ赤十字條約及平和會議條約規定範圍以外에存在ᄒᆞᆫ人員은擄히俘虜로作ᄒᆞᆷ을可得ᄒᆞᆫ다云ᄒᆞᆯ지로다

해전에 적용하기로 정하였다.[1] 이에 따라 교전국 군용 병원선 또는 교전단체와 중립국에 있는 개인이나 공인된 구호협회의 비용으로 의장(艤裝)한 병원선으로서, 그 소속 본국의 명령에 따라 교전국에 미리 통지한 선박 내에서 설교, 의료와 간호에 종사하는 인원은 포로로 삼을 수 없다. 그뿐만 아니라 동 조약 제7조[2]의 규정에 따라 교전국 군함 그 밖의 군선 또는 일반 사선이 적국에 포획될 경우에 그 함선 내에서 설교, 의료와 간호에 종사하는 인원도 모두 포로로 되지 아니한다. 그러나 설교자나 의사로서 육전상 전지(戰地) 야전병원 또는 육군병원에 속하지 않거나 적십자사와 같은 구호협회의 직무에 종사하지 아니하고 단순히 개인 자격으로 군대에 종사하는 사람은, 포로가 될 수 있는지의 여부에 대해 의논이 매우 많다. 그러나 1863년 미국육군훈령 제53조에도 「육군사령관은 사정에 따라 설교자, 의사, 약제사 등을 구류 또는 포로로 대우하며, 또 상당하다고 인정할 때에는 교환할 수 있다」라고 규정하였다. 요컨대 적십자조약과 만국평화회의 조약의 규정 범위 이외에 존재하는 인원은 모두 포로로 삼을 수 있다고 할 수 있다.

1 주정균 교재의 관련 내용은 다음과 같이 읽어야 정확하다. "1907년 제2차 만국평화회의에서 채택한 네 개의 서약(voeux) 중 마지막 네 번째에서 육전법규의 원칙을 해전에도 가능한 한 적용하기로 하였다." 네 번째 서약의 영문은 다음과 같다. 4. "The Conference expresses the opinion that the preparation of regulations relative to the laws and customs of naval war should figure in the programme of the next Conference, and that in any case the Powers may apply, as far as possible, to war by sea the principles of the Convention relative to the laws and customs of war on land."

2 주정균 교재의 "동 조약 제7조"라 함은 1899년 헤이그 제3협약 (1864년 제네바협약 원칙을 해전에 적용하기 위한 협약) 제7조이다. 영문은 다음과 같다. Article 7: "The religious, medical, or hospital staff of any captured ship is inviolable, and its members cannot be made prisoners of war. On leaving the ship they take with them the objects and surgical instruments which are their own private property. This staff shall continue to discharge its duties while necessary, and can afterwards leave when the commander-in-chief considers it possible. The belligerents must guarantee to the staff that has fallen into their hands the enjoyment of their salaries intact."

以上은俘虜의性質을畧述ᄒᆞ얏스나其境遇에關ᄒᆞ야ᄂᆞᆫ原則上俘虜ᄂᆞᆫ摠히國家의俘虜됨으로國家權力으로以ᄒᆞᆷ이아니면捕獲者任意로此ᄅᆞᆯ絶放ᄒᆞ기不能ᄒᆞᆫ同時에國家도ᄯᅩᄒᆞᆫ國際條約或慣例에違反ᄒᆞ야任意로待遇ᄒᆞ기不能ᄒᆞᄂᆞ니凡戰爭中俘虜ᄅᆞᆯ抑留ᄒᆞᆷ은敵國으로ᄒᆞ야곰其人員을使用ᄒᆞ기不能ᄒᆞ게ᄒᆞ며俘虜自身으로ᄒᆞ야곰本國戰鬪力을增長ᄒᆞᄂᆞᆫ行爲ᄅᆞᆯ行치못ᄒᆞ게ᄒᆞᆷ과共히自國도ᄯᅩᄒᆞᆫ敵人俘虜ᄅᆞᆯ使用ᄒᆞ야自國兵力을增加ᄒᆞ기不能ᄒᆞ며且俘虜ᄂᆞᆫ國家權力下에在ᄒᆞᆫ罪人이아니오敵人됨으로博愛心으로써待遇ᄒᆞᆯ지오單히其逃亡ᄒᆞᆷ을防止ᄒᆞ야戰爭의終局ᄭᆞ지無事히抑留ᄒᆞᄂᆞᆫ範圍에在ᄒᆞ야其身体의自由ᄅᆞᆯ拘束ᄒᆞᆷ을得ᄒᆞᆯ뿐이라

俘虜의逃亡을豫防ᄒᆞ야此ᄅᆞᆯ安全히抑留ᄒᆞᆷ을得ᄒᆞᆷ은交戰國의絶對的權利됨으로俘虜ᄂᆞᆫ此ᄅᆞᆯ捕獲ᄒᆞᆫ軍隊로브터本國에護送ᄒᆞ거나又或戰地로브터隔絶ᄒᆞᆫ處以에護送ᄒᆞ야抑留國陸軍의法律規則並其命令에服從케ᄒᆞᆷ을得ᄒᆞᆯ지라부릿셀宣言第二八條에「俘虜ᄂᆞᆫ其監守ᄅᆞᆯ司掌ᄒᆞᆫ軍隊의現行法律規則을服從ᄒᆞᆯ者ㅣ라」規定ᄒᆞ고同第二三條에「總히違令의行爲가有ᄒᆞᆯ時ᄂᆞᆫ此에對ᄒᆞ야

이상은 포로의 성질을 약술한 것이다. 그러나 그 경우에 관해서는 원칙상 포로는 모두 국가의 포로이기 때문에, 국가권력으로써 하지 아니하면 포획자도 임의로 이를 석방할 수 없다. 동시에 국가도 또한 국제조약이나 관례에 위반하여 임의로 대우할 수 없다. 무릇 전쟁 중 포로를 억류하는 것은, 적국으로 하여금 그 인원을 사용할 수 없게 하며, 포로 자신으로 하여금 본국 전투력을 증강하는 행위를 하지 못하게 하기 위해서이고, 더불어 자국도 또한 적인(敵人) 포로를 사용하여 자국 병력을 증가할 수 없게 하기 위해서이다. 또한 포로는 국가권력 하에 놓인 죄인이 아니고 적인이기 때문에, 박애심으로 대우해야 하고, 단지 그 도망을 방지하여 전쟁이 종국될 때까지 무사히 억류할 수 있는 범위에서 그 신체의 자유를 구속할 수 있을 뿐이다.

포로의 도망을 예방하여 이를 안전하게 억류할 수 있는 것은 교전국의 절대적 권리이다. 그러므로 포로는 이를 포획한 군대로부터 본국으로 호송하거나 또는 전지로부터 멀리 떨어진 장소에 호송하여 억류국 육군의 법률규칙과 그 명령에 복종하게 할 수 있는 것이다. Brussel 선언 제28조[1]에 「포로는 그 감독하고 지키는 일을 관장하는 군대의 현행 법률 규칙에 복종할 것이다」라고 규정하고, 동 제23조[2]에 「모든 법령을 어기는 행위가 있을 때에는, 이에 대해

1 1874년 Brussel 선언 (Project of an International Declaration concerning the Laws and Customs of War) 제28조의 관련 내용 영문은 다음과 같다. Article 28: “Prisonners of war are subject to the laws and regulations in force in the army in whose power they are. (이하 생략)”

2 1874년 Brussel 선언 제23조의 영문은 다음과 같다. Article 23: “Prisoners of war are lawful and disarmed enemies. They are in the power of the hostile Government, but not in that of the individuals or corps who captured them. They must be humanely treated. Any act of insubordination justifies the adoption of such measures of severity as may be necessary. All their personal belongings except arms shall remain their property.”

必要ᄒᆞᆫ嚴重監制를用ᄒᆞᆷ도無妨ᄒᆞᆷ」이라規定ᄒᆞ얏스니是以로其抑留의安全을爲ᄒᆞᄂᆞᆫ必要程度以外에在ᄒᆞ야ᄂᆞᆫ其自由를拘束되며虐待를受ᄒᆞᆷ이無ᄒᆞᆯᄲᅮᆫ아니라俘虜를脅迫ᄒᆞ야敵軍의兵力及其位置又ᄂᆞᆫ作戰의計畫等을言明케ᄒᆞ기不能ᄒᆞ며其携帶ᄒᆞᆫ바財産도本國政府에屬ᄒᆞᆫ者와其他兵器、馬匹、軍用書類等戰鬪用의物品을除ᄒᆞᆫ外에ᄂᆞᆫ一應所有物品은保護를加ᄒᆞ야戰爭이終了ᄒᆞ며其他俘虜가歸國ᄒᆞᄂᆞᆫ境遇에在ᄒᆞ야此를返還ᄒᆞᆷ이可ᄒᆞᆫ바ㅣ라

俘虜抑留所에對ᄒᆞ야ᄂᆞᆫ其安全을計圖ᄒᆞ며逃亡을妨止ᄒᆞᆷ에必要ᄒᆞᆫ拘束을行得ᄒᆞᆯᄲᅮᆫ아니라其監督을交易케ᄒᆞ기爲ᄒᆞ야市、邑、城寨、陣營其他一定ᄒᆞᆫ處所에留置ᄒᆞ며或一定ᄒᆞᆫ疆界以外에不出ᄒᆞᄂᆞᆫ義務를負케ᄒᆞᆷ을可得ᄒᆞᆯ지나然이나保安手段에出ᄒᆞᄂᆞᆫ不得已ᄒᆞᆫ境遇를除ᄒᆞᆫ以外에ᄂᆞᆫ此를幽閉ᄒᆞ기不能ᄒᆞᆷ으로其圍束上一定ᄒᆞᆫ處所에抑留ᄒᆞ며其居住及運動處所를限局ᄒᆞᆷ을得ᄒᆞ나逃亡을計圖ᄒᆞ며又ᄂᆞᆫ逃亡ᄒᆞᆯ虞慮가有ᄒᆞ거나犯狀이有ᄒᆞᆫ境遇가아니면此를獄中에投ᄒᆞᆷ을不許ᄒᆞ며其收處所와如ᄒᆞᆷ도可成的清潔히ᄒᆞ야健康을務圖ᄒᆞ야軍人의名譽를保護ᄒᆞᄂᆞᆫ必要上此를監獄其他罪人拘留所와接近케ᄒᆞ야普通罪人과同視ᄒᆞ

필요한 엄중한 감독·규제를 사용해도 무방하다」라고 규정하였다. 이에 따라 그 억류의 안전을 위해 필요한 정도 이외에는 그 자유가 구속되며 학대를 받지 아니한다. 그뿐만 아니라 포로를 협박하여 적군의 병력과 그 위치 또는 작전의 계획 등을 언명(言明)하게 할 수 없다. 그 휴대하고 있는 재산도 본국 정부에 속한 것과 그 밖의 무기, 말, 군용서적 등 전투용 물품을 제외하고는, 일체의 소유물품에 대해서는 보호를 하여 전쟁이 종료되거나 그 밖에 포로가 귀국하는 경우에 이를 반환해야 한다.

포로수용소에 대해서는 그 안전을 도모하며 도망을 방지하기에 필요한 구속을 할 수 있다. 그뿐만 아니라 그 감독을 쉽게 하기 위해 시, 읍, 성과 요새, 진영 그 밖의 일정한 장소에 유치하거나, 일정한 경계 이외로 벗어나지 못하게 하는 의무를 부담하게 할 수 있다. 그러나 보안수단에서 비롯되는 부득이한 경우를 제외하고는, 이를 유폐(幽閉)할 수 없고, 그 단속상 일정한 장소에 억류하며 그 거주와 운동 장소를 한정할 수 있다. 그러나 도망을 도모하거나 또는 도망할 우려가 있거나, 범죄의 형상이 있는 경우가 아니면 이를 감옥에 가두는 것을 허용하지 아니한다. 그 수용소와 같은 곳도 가급적 청결하게 하여 건강을 힘써 도모하며,[1] 군인의 명예를 보호할 필요에서 이를 감옥 그 밖의 죄인구류소와 접근하게 하여 보통 죄인과 동일시하는

1 1874년 Brussel 선언 제27조 제1항은 "교전국 정부는 전쟁포로의 생활유지를 담당한다"라고만 규정하며, 교재의 설명 내용은 없다. Article 27: "The Government into whose hands prisoners of war have fallen charges itself with their maintenance. The conditions of such maintenance may be settled by a reciprocal agreement between the belligerent parties. In the absence of this agreement, and as a general principle, prisoners of war shall be treated as regards food and clothing, on the same footing as the troops of the Government which captured them." 그러나 현행 "포로의 대우에 관한 1949년 8월 12일자 제네바협약 (제3협약) 제29조(위생) 제1항: " 억류국은 수용소의 청결 및 위생의 확보와 전염병의 방지를 위하여 필요한 모든 위생상의 조치를 취하여야 한다."라고 규정하여 교재 설명처럼 발전되었다.

ᄂᆞᆫ嫌疑的待遇ᄅᆞᆯ避ᄒᆞᄂᆞᆫ바ㅣ라

俘虜抑留中에要ᄒᆞᄂᆞᆫ衣食住其他生活費用은抑留國에셔此ᄅᆞᆯ負擔ᄒᆞ며又ᄂᆞᆫ本國으로브터支撥ᄒᆞᄂᆞ니此에關ᄒᆞᄂᆞᆫ詳細ᄂᆞᆫ幷히交戰國約定如何ᄅᆞᆯ從ᄒᆞ야解決ᄒᆞᆯ지나第十八世紀에在ᄒᆞ야ᄂᆞᆫ揔히本國으로브터戰爭中或戰爭後에其費用을支撥ᄒᆞᆷ이一般의慣例ᄅᆞᆯ成ᄒᆞᆷ으로此ᄅᆞᆯ辨償치아니ᄒᆞᆷ은國家의恥辱이라ᄒᆞ얏ᄉᆞ나現今에在ᄒᆞ야此慣例ᄂᆞᆫ變ᄒᆞ야交戰國은自國費用으로ᄡᅥ俘虜ᄅᆞᆯ給養ᄒᆞᆷ이可ᄒᆞᆷ에至ᄒᆞᆫ지라陸戰法規慣例條約第七條에「政府ᄂᆞᆫ其權內에在ᄒᆞᆫ俘虜ᄅᆞᆯ給養ᄒᆞᄂᆞᆫ義務가有ᄒᆞᄂᆞ니交戰國間에特別ᄒᆞᆫ協定이無ᄒᆞᆫ境遇에ᄂᆞᆫ食料、寢具、及被服에關ᄒᆞ야俘虜ᄂᆞᆫ捕獲ᄒᆞᆫ政府의軍人과同等의待遇ᄅᆞᆯ受ᄒᆞᆷ이可ᄒᆞᆷ」이라規定ᄒᆞ얏ᄉᆞ니其給養에關ᄒᆞ야兩國間에特別의約定이有ᄒᆞᆯ時ᄂᆞᆫ元來其規定을從ᄒᆞᆯ지나不然ᄒᆞᆯ時ᄂᆞᆫ自國에在ᄒᆞᆫ同一階級의軍人과相當ᄒᆞᆫ給養을與ᄒᆞᆯ지며其他部分階級에應ᄒᆞ야各々相當ᄒᆞᆫ待遇ᄅᆞᆯ與ᄒᆞᆯ지며又其生活費用을各交戰國이負擔ᄒᆞᄂᆞᆫ理由ᄂᆞᆫ戰爭中或戰爭後에在ᄒᆞ야相互國間에計筭ᄒᆞᄂᆞᆫ煩勞ᄅᆞᆯ省略ᄒᆞ고戰爭終了後에戰敵國으로브터支撥ᄒᆞᆯ償金其他講和條約의條件을因ᄒᆞ야互

범죄인 유사의 대우를 피해야 한다.

포로 억류 중에 필요한 의식주 그 밖의 생활비용은 억류국에서 이를 부담하거나 또는 본국으로부터 지급받는다. 이에 관한 상세한 것은 또한 교전국 약정 여하에 따라 해결된다. 그러나 18세기에는 모두 본국이 전쟁 중 또는 전쟁 후에 그 비용을 지급하는 것이 일반의 관례로 되었다. 그러므로 이를 변상하지 않는 것은 국가의 치욕으로 여겼다. 그러나 현재에는 이 관례는 변하여 교전국은 자국 비용으로 포로를 급양(給養)해야 하는 것으로 되었다. 육전법규관례조약 제7조[1]에 「정부는 그 권력 내에 있는 포로를 급양하여야 할 의무를 진다. 교전자간에 특별협정이 없는 경우에는 포로는 식량, 숙소 및 피복에 관하여 포로를 사로잡은 정부의 군대와 동일한 대우를 받는다」고 규정하였다. 이 급양에 관해 양국 사이에 특별한 협정이 있을 때에는 원래 그 규정에 따라야 한다. 그러나 그렇지 아니할 때에는 자국에 있는 같은 계급의 군인과 상당한 급양을 부여하며, 그밖에 신분·계급에 따라 각각 상당한 대우를 부여해야 한다. 또 그 생활비용을 각 교전국이 부담하는 이유는, 전쟁 중 또는 전쟁 후에 상호국 사이에 계산하는 번거로운 수고를 생략하고, 전쟁 종료 후에 패전국이 지급할 배상금 그 밖의 강화조약의 조건에 따라

1 1899년 헤이그 제2협약 부속서 육전법 및 관습에 관한 규칙 제7조.

相辦淸됨이可홀바로看做ᄒᆞᄂᆞᆫ바나然이나講和홀際에償金其他條件을定홈에就ᄒᆞ야特히俘虜의生活費用을明細히計算ᄒᆞ야償金中에算入ᄒᆞᄂᆞᆫ바ㅣ아니오單히講和條件中에包含된者로看做ᄒᆞᄂᆞᆫ바니往年포스마스日露講和條約에在ᄒᆞ야同戰爭中其各國에抑留ᄒᆞᆫ敵國俘虜의給養費ᄅᆞᆯ互相計算ᄒᆞ야辦淸홈과如히講和條約으로써特別規定을置ᄒᆞᆫ境遇에ᄂᆞᆫ締約國은其條項을遵守홀바ㅣ며如斯ᄒᆞᆫ規定을講和條約中에規定ᄒᆞᄂᆞᆫ與否ᄂᆞᆫ또ᄒᆞᆫ當事國의任意오決코海牙條約又ᄂᆞᆫ國際法法則에違反ᄒᆞᆫ바ㅣ아니라云홀지로다

尙且交戰國은俘虜에게衣食住費用을支給ᄒᆞᄂᆞᆫ外에金錢上手當을與홈이有ᄒᆞ니千七百九十三年에佛國政府ᄂᆞᆫ法令으로써敵國俘虜에게其階級에相當ᄒᆞᆫ手當金을與ᄒᆞ얏스며往年日露戰役中에日本國은俘虜團束細則을依ᄒᆞ야露國人俘虜의衣食住ᄅᆞᆯ幷히官費로支給ᄒᆞᆫ外에俘虜將校에게被服補修及消耗品의名義로써 將官及相當官은 一個月에 二十五圜이오 領官及相當官은十圜이오尉官及相當官은六圜이오准士官及相當官은五圜을支給홈이其實例라然이나國際公法의 原則으로ᄂᆞᆫ 俘虜의 健康及名譽ᄅᆞᆯ 不害ᄒᆞᄂᆞᆫ 範圍의給養을施홀ᄲᅮᆫ

상호 변상·청산되어야 할 것으로 간주하려는 데 있다. 그러나 강화할 때에 배상금 그 밖의 조건을 정하면서 특히 포로의 생활비용을 분명하고 자세하게 계산하여 배상금 중에 산입하는 것은 아니고, 단순히 강화조건 중에 포함된 것으로 간주하게 된다. 지난 일본-러시아 Portsmouth 강화조약에서 동 전쟁 중에 그 각국에 억류한 적국 포로의 급양비를 서로 계산하여 변상·청산한 것과 같이, 강화조약으로 특별규정을 둔 경우에는 체약국은 그 조항을 준수해야 하며, 이와 같은 규정을 강화조약 중에 규정할 것인지의 여부는 또한 당사국의 임의이고 결코 헤이그조약이나 국제법 법칙에 위반하는 것은 아니라고 할 수 있다.

교전국은 때로 포로에게 의식주비용을 지급하는 것 외에 금전상 수당을 주기도 한다. 1793년에 프랑스 정부는 법령으로 적국 포로에게 그 계급에 상응하는 수당을 주었다. 지난 일본-러시아 전쟁 중에 일본이 포로단속세칙에 따라 러시아인 포로의 의식주를 관비(官費)로 지급한 것 외에, 포로 장교에게 의복 보수와 소모품 명의로 장군과 그 상당관(相當官)에게 1개월에 25환(圜[1]), 영관과 그 상당관에게 10환, 위관과 그 상당관에게 6환, 준사관과 그 상당관에게 5환을 지급하였던 것도 그 실례이다. 그러나 국제공법의 원칙으로는 포로의 건강과 명예를 해치지 아니하는 범위의 급양을 실시할

1 주정균 교재의 기초가 되는 일본『戰時國際法』124쪽에는 당시 일본 화폐단위인 원(圓)임.

이오其以外의金錢上手當을與ᄒᆯ義務가本無ᄒᆞᄂᆞ니如斯ᄒᆞᆫ優待ᄅᆞᆯ行ᄒᆞᆷ은各交戰國任意에專屬ᄒᆞᆫ바ㅣ며且陸戰法規慣例條約第一七條에「俘虜將校ᄂᆞᆫ本國規則에其規定이有ᄒᆞᆫ時ᄂᆞᆫ俘虜地位에在ᄒᆞ야相當ᄒᆞᆫ給料ᄅᆞᆯ受ᄒᆞᆷ을得ᄒᆞᆷ但右ᄂᆞᆫ其本國政府로브터償還ᄒᆞᆷ이可ᄒᆞᆷ」이라規定ᄒᆞ야俘虜가其抑留中本國政府로브터支給을受ᄒᆯ相當ᄒᆞᆫ給料ᄅᆞᆯ抑留國政府의支給을受ᄒᆞ며平和克復後에特別히計算ᄒᆞ야本國政府로브터返還케ᄒᆞᆷ은米國陸軍訓令부릿셜宣言及옷구스우도陸戰法規에其規定이無ᄒᆞ며實際列國間에慣例가亦無ᄒᆞᆷ이오現行國際法의法則이라云ᄒᆞ기難ᄒᆞ며平和會議條約締盟當事國에限ᄒᆞ야條約上義務로遵守ᄒᆞᆷ에不過ᄒᆞᆫ바ㅣ라

交戰國은俘虜ᄅᆞᆯ勞役에從事케ᄒᆞᆷ을得ᄒᆞᄂᆞᆫ與否에對ᄒᆞ야議論이頗有ᄒᆞᆫ바ㅣ니갈부氏ᄂᆞᆫ强制的勞役을命ᄒᆞᆷ은俘虜의自由ᄅᆞᆯ干涉ᄒᆞᆷ이니抑留國兵士에對ᄒᆞ야如斯ᄒᆞᆫ勞役을不施ᄒᆞᄂᆞᆫ以上은俘虜ᄅᆞᆯ强制ᄒᆞ야勞務에從事케ᄒᆞ기不能ᄒᆞ다云ᄒᆞ며此와反ᄒᆞ야헤후델氏로브터多數學者ᄂᆞᆫ俘虜로ᄒᆞ야곰何等의業務도不執케ᄒᆞ고永久히給養ᄒᆞᆷ은社會一般의不利益이며又戰敗國은此ᄅᆞᆯ因ᄒᆞ야講和ᄒᆞᆯ

뿐이고, 그 이외의 금전상 수당을 줄 의무가 본래 없다. 이와 같은 우대를 하는 것은 각 교전국의 임의에 전속한다. 또한 육전법규관례조약 제17조[1]에 「포로가 된 장교는 필요한 경우 본국의 규정에 따라 동일계급에 지급되는 봉급 전액을 받을 수 있다. 이 봉급은 그 본국 정부로부터 상환해야 한다」고 규정하여, 포로가 그 억류 중 본국 정부로부터 지급 받아야 할 상당한 급료를 억류국 정부로부터 지급 받을 수 있으며, 평화회복 후에 특별히 계산하여 본국 정부가 반환해야 하나, 이는 미국육군훈령, Brussel 선언과 Oxford 육전법규에 그 규정이 없으며, 실제 각국 사이에 관례 또한 없다. 현행(역자 주: 1910년경 당시) 국제법의 법칙이라고 말하기 어려우며, 만국평화회의 조약 체약 당사국에 한해 조약상 의무로 준수되는 것에 불과하다.

교전국이 포로를 노역(勞役)에 종사하게 할 수 있는지의 여부에 대해 의논이 매우 많다. Calvo는 강제적 노역을 명령하는 것은 포로의 자유를 간섭하는 것이고, 억류국이 자국의 병사에 대해 어떠한 노역도 실시하지 않는 이상은 포로를 강제하여 노무에 종사하게 할 수 없다고 한다. Heffter를 비롯해 다수학자는 이에 반대한다. 포로에 대해 어떠한 업무도 시키지 않으면서 영구히 급양하는 것은 사회 일반의 불이익으로 된다. 또 패전국은 이 때문에 강화할[2]

1 1899년 헤이그 제2협약 부속서 육전법 및 관습에 관한 규칙 제17조.
2 "강화할 때에"란 표현은 평화조약 체결시를 의미함.

際에種々의不利益을負擔并戰爭의莫大ᄒᆞᆫ費用以外에俘虜의衣食住費用ᄭᆞ지加擔ᄒᆞᆯ지니 故로俘虜로 相當ᄒᆞᆫ勞役에 從事케ᄒᆞ야 生活費用을補助케ᄒᆞᆷ을得ᄒᆞᆯ지며且俘虜自身으로論ᄒᆞᆯ지라도相當ᄒᆞᆫ業務에從事ᄒᆞ야賃銀을取得ᄒᆞᆷ은反히抑留中의 無聊를足慰ᄒᆞᆯ지라 然則但交戰國이 俘虜를强制ᄒᆞ야 勞力을命ᄒᆞᆯᄲᅮᆫ아니라抑留國俘虜團束規則에不反ᄒᆞᄂᆞᆫ以上은俘虜가自進ᄒᆞ야 勞務를求得ᄒᆞᆯ바ㅣ라云ᄒᆞ얏스며且陸戰法規慣例條約第六條規定과如히國家ᄂᆞᆫ俘虜을其階級及技能에相當ᄒᆞᆫ勞役을課ᄒᆞᆷ을得ᄒᆞ되但其勞務ᄂᆞᆫ過度치아니ᄒᆞ며一切作戰動作에關係가 無케ᄒᆞᆷ은 一般히是認ᄒᆞᄂᆞᆫ바니 是以로俘虜를 地方警察其他作戰動作에無關ᄒᆞᆫ事業에使用ᄒᆞᆷ을得ᄒᆞ되本國의戰爭行爲를妨害ᄒᆞ거나又ᄂᆞᆫ自國의戰鬪力을直接增加ᄒᆞᆯ業務에使役ᄒᆞᆷ은不能ᄒᆞᆯᄲᅮᆫ아니라俘虜의地位、階級又ᄂᆞᆫ能力、体力에適應케ᄒᆞᆯ지니若此로因ᄒᆞ야名譽를損傷ᄒᆞ거나健康을害ᄒᆞᆷ에至ᄒᆞᆷ은不能ᄒᆞᆫ바ㅣ며且其勞務性質에對ᄒᆞ야도可成的俘虜自身에利益됨을取ᄒᆞᆯ지니如斯ᄒᆞᆫ勞務가無ᄒᆞᆫ境遇에限ᄒᆞ야强制無保報酬의勞力을命ᄒᆞᆷ을取得ᄒᆞᄂᆞᆫ바ㅣ라

때에 여러 가지 불이익을 부담하게 되고 또 막대한 전쟁 비용 이외에 포로의 의식주 비용까지 추가로 부담하게 된다. 때문에 포로를 상당한 노역에 종사하게 하여 생활비용을 보조하게 할 수 있는 것이다. 또 포로 자신으로 논할지라도 상당한 업무에 종사하여 임금을 취득할 수 있는 것은 도리어 억류 중의 무료함을 충족하고 위로하는 것으로 된다. 그렇다면 다만 교전국이 포로를 강제하여 노역(勞役)을 명령할 뿐만 아니라, 억류국 포로단속규칙에 반하지 아니하는 이상은 포로도 자진하여 노무를 구하여 얻을 수 있는 것이라고 하였다. 또 육전법규관례조약 제6조[1]의 규정과 같이, 국가는 포로를 그 계급과 기능에 상당한 노역(勞役)을 부과할 수 있다. 다만 그 노무는 과도해서는 안 되며 일체의 작전 동작과 관계없는 것이어야 한다는 점은 일반적으로 시인된다. 이에 따라 포로를 지방경찰 그 밖의 작전 동작과 무관한 사업에 사용할 수는 있지만, 본국의 전쟁행위를 방해하거나 또는 자국의 전투력을 직접 증가시키는 업무에 사역(使役)할 수는 없다. 그뿐만 아니라 포로의 지위, 계급이나 능력, 체력에 적응(適應)하여야 한다. 만약 이에 따라 명예를 손상하거나 건강을 해치게 되어서는 안 되며, 또한 그 노무의 성질에 대해서도 가급적 포로 자신에게 이익이 되는 것을 취해야 한다. 이와 같은 노무가 없는 경우에 한해 강제·무보수의 노력(勞力)을 명령할 수 있는 것이다.

1 1899년 헤이그 제2협약 부속서 육전법 및 관습에 관한 규칙 제6조: "국가는 포로를 그 계급 및 직능에 따라 노무자로서 사역시킬 수 있다. 그 노무는 과도해서는 아니되며 또한 군사작전과 관계가 있어서는 아니된다. 포로는 공무, 사인 또는 자기 자신을 위하여 노역하는 것이 허가될 수 있다. 국가를 위한 노역에 관하여는 동종의 노역에 종사하는 자국 군인에게 적용되는 비율에 따라 노임이 지급되어야 한다. 공무 또는 사인을 위한 노역에 대하여는 군당국과 협의하여 조건이 정하여져야 한다. 포로의 노임은 그 지위를 향상시키는데 기여할 것이며, 잔액은 석방시에 급양의 비용을 공제하고 포로에게 지급되어야 한다."

陸戰法規慣例條約第六條에ᄂᆞᆫ更히一步ᄅᆞᆯ進ᄒᆞ야「俘虜ᄂᆞᆫ公衙、一個人又ᄂᆞᆫ自已ᄅᆞᆯ爲ᄒᆞ야勞務에從事ᄒᆞᄂᆞᆫ許可ᄅᆞᆯ得ᄒᆞᄂᆞᆫ事가有ᄒᆞᆯ지니國家ᄅᆞᆯ爲ᄒᆞᄂᆞᆫ勞務ᄂᆞᆫ內國陸軍々人을同一勞務에使役ᄒᆞᄂᆞᆫ境遇에適用ᄒᆞᄂᆞᆫ同一의比率로賃銀을給ᄒᆞᆯ지며其他公衙又ᄂᆞᆫ一個人을爲ᄒᆞᄂᆞᆫ勞務에關ᄒᆞ야ᄂᆞᆫ陸軍軍衙와協議上條件을定ᄒᆞᆷ이可ᄒᆞᆷ」이라規定ᄒᆞ야無報酬의勞役을俘虜에게命ᄒᆞᆷ은不能ᄒᆞᆫ事로認ᄒᆞ얏스나然이나此規定은부릿셀宣言及其他條約에存在치아니ᄒᆞ니從來의法則이라云ᄒᆞ기難ᄒᆞ며單히條約上義務로締盟國이遵守ᄒᆞᄂᆞᆫ바ㅣ라然而其何境遇ᄅᆞᆯ不問ᄒᆞ고俘虜가取得ᄒᆞᆫ賃銀은其抑留中艱苦ᄅᆞᆯ輕減ᄒᆞᄂᆞᆫ途에供用ᄒᆞ며又其金額中으로給養費ᄅᆞᆯ控除ᄒᆞᆫ後尙且殘額이有ᄒᆞᆫ時ᄂᆞᆫ解放ᄒᆞᆯ時에本人에게送付ᄒᆞᆷ이可ᄒᆞᆫ바ㅣ라

俘虜가犯則又ᄂᆞᆫ犯罪ᄒᆞᆫ者ㅣ有ᄒᆞᆯ時ᄂᆞᆫ其罪科에相當ᄒᆞᆫ制裁ᄅᆞᆯ免ᄒᆞ기不能ᄒᆞᄂᆞ니其氏名階級을訊問ᄒᆞᆷ에對ᄒᆞ야ᄂᆞᆫ誠實히答應ᄒᆞᆯ지며虛僞의陳供이有ᄒᆞᆯ時ᄂᆞᆫ一般俘虜에對ᄒᆞᄂᆞᆫ待遇의幾部分을剝奪ᄒᆞᆯ지며又團束規則、命令에不從ᄒᆞᆯ時ᄂᆞᆫ嚴重ᄒᆞᆫ手段을施ᄒᆞᆯ뿐아니라俘虜中如斯ᄒᆞᆫ行爲가有ᄒᆞᆯ時ᄂᆞᆫ但其犯則者ᄅᆞᆯ處

육전법규관례조약 제6조에는 다시 한 걸음 더 나아가 「포로는 관공서, 한 개인 또는 자기를 위해 노무에 종사하는 허가를 취득하는 경우가 있고, 국가를 위한 노무는 내국 육군 군인을 동일한 노무에 사역하는 경우에 적용하는 동일한 비율로 임금을 지급하며, 그 밖의 관공서 또는 한 개인을 위한 노무에 관해서는 육군 관공서와 협의로 조건을 정해야 한다」고 규정하여, 무보수의 노역을 포로에게 명령할 수 없는 것으로 정하였다. 그러나 이 규정은 Brussel 선언과 그 밖의 조약에는 존재하지 한다. 종래의 규칙이라고 말하기 어려우며, 단지 조약상의 의무로 체약국이 준수하는 것이다. 그러나 그 어떤 경우를 불문하고 포로가 취득한 임금은 그 억류 중의 고생을 경감하는 용도로 사용하며, 또 그 금액 중에서 급양비를 공제한 후 여전히 또 잔액이 있는 때에는 석방할 때에 본인에게 교부해야 한다.

포로가 범칙(犯則) 또는 범죄를 저지른 경우가 있을 때에는, 그 죄과에 상당한 제재를 면할 수 없다. 그 성명과 계급을 신문(訊問)하는 것에 대해서는 성실하게 응답해야 하며, 허위의 진술이 있을 때에는 일반 포로에 대한 대우의 몇몇 부분을 박탈한다. 또한 단속규칙, 명령에 따르지 않을 때에는, 엄중한 수단을 실시할 수 있다. 그뿐만 아니라 포로 중 이와 같은 행위가 있을 때에는, 다만 그 범칙자를

罰홈에不止ᄒᆞ고他의同居俘虜를警勵ᄒᆞ는必要上嚴重ᄒᆞᆫ手段을行ᄒᆞᆯ지며又俘虜의待遇는戰爭에關ᄒᆞ는俘虜된資格에基因홈에無過홈으로個人的刑法上의犯罪는俘虜되는理由로써處刑을免ᄒᆞ기不能ᄒᆞᄂᆞ니是以로戰爭前에抑留國에在ᄒᆞᆫ刑法上의犯罪가有ᄒᆞ거나戰爭中에國際法의法則을犯ᄒᆞ거나俘虜된後에犯罪가有ᄒᆞᆫ時는此를宥恕치못ᄒᆞᆯ지며但俘虜가單獨으로逃走를企圖홈은國際公法上此를犯罪로認치아니ᄒᆞ되共謀에基因ᄒᆞᆫ逃走는此를處罰홈을得ᄒᆞᆯ지며且單獨逃走에對ᄒᆞ야도抑留國은其逃走를防止ᄒᆞ는絶對的權利가有홈으로追捕者는逃走를抑遏ᄒᆞ는必要上如何ᄒᆞᆫ手段을取ᄒᆞ든지總히正當ᄒᆞᆫ바ㅣ니此点에關ᄒᆞ야往年日露戰役中日本政府는俘虜團束規則及俘虜處罰에關ᄒᆞ는法律을明定ᄒᆞᆫ바ㅣ라

俘虜降人으로犯罪가無ᄒᆞᆫ者는殺傷ᄒᆞ기不能홈이原則이니兵器를捨ᄒᆞ며又는自衛의手段을盡ᄒᆞ고乞降ᄒᆞ는敵兵을殺傷ᄒᆞ기不能ᄒᆞ나然이나少數의兵士가城寨를據ᄒᆞ고敵의大軍을反抗홈은勝利를得ᄒᆞᆯ可望이無ᄒᆞᆫ戰鬪를繼續ᄒᆞ야敵軍을困惱케ᄒᆞ는行爲에不過ᄒᆞ다云ᄒᆞ야第十八世紀末葉에至ᄒᆞ기ᄭᆞ지降

처벌하는 것에 그치지 않고, 다른 동거 포로를 경계하고 힘쓰게 할 필요에서 엄중한 수단을 취할 수 있다. 또한 포로의 대우는 전쟁에 관한 포로인 자격에 따르는 것에 지나지 아니한다. 따라서 개인적 형법상의 범죄는 포로인 이유로 처형을 면할 수 없는 것이다. 이에 따라 전쟁 전에 억류국에서의 형법상의 범죄가 있거나, 전쟁 중에 국제법의 법칙을 범하거나, 포로가 된 후에 범죄가 있는 때에는 이를 용서할 수 없다. 다만 포로가 단독으로 도주를 기도하는 것은 국제공법상 이를 범죄로 인정하지 아니하지만, 공모에 따른 도주는 이를 처벌할 수 있다. 또 단독 도주에 대해서도 억류국은 그 도주를 방지할 절대적 권리를 갖기 때문에, 추포자(追捕者)[1]는 도주를 막고 저지할 필요에서 어떠한 수단을 취하든지 모두 정당하다.[2] 이 점에 관해 지난 일본-러시아 전쟁 중 일본 정부는 포로단속규칙과 포로 처벌에 관한 법률에 명확하게 정한 바 있다.

포로로 항복한 사람으로 범죄가 없는 사람은 살상할 수 없는 것이 원칙이다. 무기를 버리거나 또는 자위(自衛)의 수단을 소진하고 항복을 청하는 적병을 살상할 수는 없다. 그러나 소수의 병사가 성과 요새를 점거하고 적의 대군에 반항하는 것은, 승리할 수 있는 가능성이 없는 전투를 계속하여 적군을 곤란하게 하고 괴롭히는 행위에 불과하였기 때문에, 18세기 말엽에 이르기까지

1 추포자(追捕者): 뒤쫓아가서 잡는 이

2 주정균 교재의 "어떠한 수단을 취하든지 모두 정당하다"는 설명은 오늘날 더 이상 타당하지 못하다. 왜냐하면 "포로의 대우에 관한 1949년 8월 12일자 제네바협약 (제3협약)"은 절차적 의무로서 유효사격 전에 경고를 할 것을 의무화하였기 때문이다. 제42조(무기의 사용) "포로, 특히 도주하고 있는 또는 도주하려 하는 포로에 대한 무기의 사용은 극단적인 조치가 되는 것으로서 이에 앞서 당해 사정에 적합한 경고를 반드시 행하여야 한다."

服을不許ᄒᆞ며降服ᄒᆞᆫ者ᄂᆞᆫ殺戮無遺ᄒᆞᄂᆞᆫ慣行이有ᄒᆞ얏스나如斯ᄒᆞᆫ道理에背ᄒᆞ고人情에反ᄒᆞᄂᆞᆫ殘忍ᄒᆞᆫ慣例ᄂᆞᆫ第十九世紀拿翁戰爭以後에ᄂᆞᆫ絶無ᄒᆞᆷ에至ᄒᆞ얏스니少數의兵士로敵의大軍을强硬히抗敵ᄒᆞᆷ은반다시無望의戰爭으로不必要ᄒᆞᆫ殺傷을繼續ᄒᆞᆷ이아니오往々에此ᄅᆞᆯ因ᄒᆞ야其本國의運命을挽回ᄒᆞᆷ이有ᄒᆞ며最勇敢의行爲로本國에對ᄒᆞᄂᆞᆫ責任을盡ᄒᆞᄂᆞᆫ바ㅣ니其抵抗은寧히贊賞ᄒᆞᆯ行爲오此ᄅᆞᆯ虐待ᄒᆞᆷ은人情에違反ᄒᆞᆯ뿐아니라世에忠臣義士의志氣ᄅᆞᆯ沮喪케ᄒᆞᆷ이라故로近世에至ᄒᆞ야ᄂᆞᆫ如斯ᄒᆞᆫ抗敵은敵國에在ᄒᆞ야도此ᄅᆞᆯ贊歎ᄒᆞ며其兵士ᄅᆞᆯ優待ᄒᆞᆷ이有ᄒᆞᄂᆞ니千八百七十五年普佛戰爭中스도라스푸루구開城時에佛軍은四個月間의苦心으로勇敢ᄒᆞᆫ抵抗을行ᄒᆞ얏스나普國은此ᄅᆞᆯ贊賞ᄒᆞ야降服者로ᄒᆞ야곰兵器ᄅᆞᆯ携帶ᄒᆞ야兵士된名譽ᄅᆞᆯ維持ᄒᆞ고退去케ᄒᆞ얏스며千九百四年一月二日旅順開城에當ᄒᆞ야日本國軍隊ᄂᆞᆫ同國天皇의旨勅을因ᄒᆞ야開城規約第七條로露軍의勇敢ᄒᆞᆫ名譽ᄅᆞᆯ維持케ᄒᆞ야스뗏셀以下將校에게帶劒退去ᄒᆞᆷ을許ᄒᆞ며且一定ᄒᆞᆫ宣誓로써歸國케ᄒᆞᆷ이是其例라

上述ᄒᆞᆷ과如히俘虜待遇에關ᄒᆞ야現行國際法上非常寬大의原則이有ᄒᆞ나然이

항복을 허용하지 않았으며, 항복한 사람은 죽여서 남겨두지 않는 관행이 있었다. 그러나 이와 같은 도리에 어긋나고 인정에 반하는 잔인한 관례는, 19세기 나폴레옹 전쟁 이후에는 전부 소멸되었다. 소수의 병사로 적의 대군에 강경하게 맞서는 것이 반드시 희망 없는 전쟁으로 불필요한 살상을 계속하는 것은 아니며, 때로 이에 따라 그 본국의 운명을 만회하는 경우도 있고, 가장 용감한 행위로서 본국에 대한 책임을 다하는 것이기 때문에, 그 저항은 오히려 찬양하고 포상할 행위이고, 이를 학대하는 것은 인정에 반하는 일이다. 그뿐만 아니라 세상에 충신·의사(義士)의 의지와 기개를 잃게 하는 것이다. 따라서 근세에는 이와 같이 적에 대항하는 것은 적국에서도 이를 감탄하고 칭찬하며, 그 병사를 우대하는 경우가 있었다. 1875년 프러시아-프랑스 전쟁 중 Strasbourg 함락 시에 프랑스군은 4개월 동안의 고심으로 용감한 저항을 하였으나, 프러시아는 이를 찬양하고 포상하여 항복한 사람으로 하여금 무기를 휴대하고 병사로서의 명예를 유지하고 퇴거하게 하였다. 1904년 1월 2일 여순(旅順) 함락 시에 일본 군대는 동국 천황의 조칙의 취지에 따라 개성(開城)규약 제7조로 러시아군의 용감한 명예를 유지하게 하여 Stoessel[1] 이하의 장교에게 검(劍)을 휴대하고 퇴거하는 것을 허락하며 또 일정한 선서로써 귀국하게 한 것이 그 예이다.

상술한 바와 같이 포로 대우에 관해 현행 국제법상으로는 매우 관대한 원칙이 있다. 그러나

1 Anatolii Mikhailovich Stoessel (1835-1922) 러시아 육군, 관동군 사령관

나多數俘虜를抑留ᄒᆞ야自國軍隊의危險을招ᄒᆞ며糧食의缺乏을生ᄒᆞ야俘虜를給養ᄒᆞ기不能ᄒᆞᆯ時는此를殺戮ᄒᆞᆷ을可得ᄒᆞᆯ가抑或解放ᄒᆞᄂᆞᆫ義務가有ᄒᆞᆯ가若此를解放치아니ᄒᆞᆯ時는俘虜를給養ᄒᆞ기不能ᄒᆞᆯ뿐아니라自國軍隊로ᄒᆞ야곰飢渴에瀕ᄒᆞᆯ지오且俘虜를解放ᄒᆞᆯ진ᄃᆡ敵軍의勢力을增加ᄒᆞ야自己의危險을反招ᄒᆞᆷ이分明ᄒᆞᆯ지니如斯ᄒᆞᆫ境遇에在ᄒᆞᆫ俘虜의待遇에關ᄒᆞ야부뎰氏는如斯非常ᄒᆞᆫ境遇에는其俘虜에게一定ᄒᆞᆫ期間官兵器를執ᄒᆞ고自國을反抗치아니ᄒᆞᆯ宣誓를行케ᄒᆞ고此를解放ᄒᆞ거나若或宣誓를遵守ᄒᆞᆯ信用이無ᄒᆞ며又敵軍에게放還ᄒᆞᆷ이自已의安全과兩立지못ᄒᆞᆯ境遇에는第一에其降服을際ᄒᆞ야其生命을擔保ᄒᆞᆯ約定을行ᄒᆞᆷ이無ᄒᆞ며第二에自己의安全을計圖ᄒᆞᄂᆞᆫ上不得已俘虜의生命을犧牲에供ᄒᆞᆯ事가明白ᄒᆞᆫ二條件이具備ᄒᆞᆯ時는此를殺戮ᄒᆞᆷ을得ᄒᆞᆫ다云ᄒᆞ얏스며갈부、ᄲᅮ룬쥬리、하렉구、홀ㅣ等諸學者도如斯非常境遇에는殺戮ᄒᆞᆷ이交戰者의權利며又躊躇치아니ᄒᆞᆯ行爲라云ᄒᆞ얏스며米國陸軍訓令第六〇條에도「司令官은俘虜를助命ᄒᆞ야自己의累을成ᄒᆞ기不能ᄒᆞᆫ非常의境遇에는保護를與치못ᄒᆞᆯ事를命令ᄒᆞᆷ을得ᄒᆞᆷ」이라規定ᄒᆞᆫ바ㅣ며千七百九十九年에拿翁이

다수의 포로를 억류하여 자국 군대의 위험을 초래하며 식량의 결핍을 발생시켜 포로를 급양할 수 없을 때에는, 이를 살해할 수 있는가 아니면 석방할 의무가 있는가. 만약 이를 석방하지 아니할 때에는 포로를 급양할 수 없을 뿐만 아니라, 자국 군대도 기갈(飢渴)에 빠지게 될 것이다. 이에 반해 포로를 석방한다면 적군의 세력을 증가시켜 도리어 자기의 위험을 초래할 것이 분명하다. 이와 같은 경우 포로의 대우에 관해, Vattel은 이와 같이 비상한 경우에는, 그 포로에게 일정한 기간 동안 무기를 들고 자국에 반항하지 않을 것을 선서하게 하고 이를 석방할 수 있고, 만약 혹시 선서를 준수할 신용이 없으며 또 적군에게 석방하여 돌려보내는 것이 자기의 안전과 양립하지 못할 경우에는, 첫째로 그 항복 시에 그 생명을 담보하는 약정을 할 수 없으며, 둘째로 자기의 안전을 계획·도모하는 이상 부득이 포로의 생명을 희생시킬 경우가 명백하다는 두 가지 조건을 갖출 때에는 이를 살해할 수 있다고 하였다. Calvo, Bluntschli, Halleck, Hall 등의 여러 학자도 이와 같이 비상한 경우에는 살해하는 것이 교전자의 권리이며, 또 주저하지 아니할 행위라고 하였다. 미국육군훈령 제60조에도 「사령장관은 포로의 생명을 구조하여 자기의 허물로 삼을 수 없는 비상한 경우에는, 보호를 부여할 수 없는 것을 명령할 수 있다」라고 규정하였다. 1799년에 나폴레옹이

埃及을征伐홀時에쟈후아城을陷落ᄒᆞ고三千人의俘虜를拿捕홀ᄉᆡ其中多數는엘마리슈城陷落時에佛軍에게降服혼者로佛軍이旣已此에對ᄒᆞ야싸구닷도로退去ᄒᆞ고一個年間은佛軍을抵抗치못ᄒᆞ게홀條件으로解放ᄒᆞ얏든敵人될뿐아니라當時佛軍은粮食이罄渴홈으로三千人俘虜를抑留코저ᄒᆞ나不能에須屬ᄒᆞ며又此를埃及首府로解送코저ᄒᆞ나此를警衛홀兵士가不足ᄒᆞ며一定혼宣誓로써解放코저ᄒᆞ나其俘虜는悉皆回教徒니異宗教者에對ᄒᆞ야는信義를守치아니홈이其教旨를成홈으로解放과同時에敵軍에게加添ᄒᆞ야佛軍을抵抗홈은前鑑이昭然혼지라不得已쟈후아開城時에其生命을不害혼다云々ᄒᆞ는條件으로降服을許認홈을不拘ᄒᆞ고幷히坑殺ᄒᆞ얏스니是는元來非常혼境遇의處置로當時事情을推想ᄒᆞ건ᄃᆡ佛軍의自衛行爲오決코批難홀바아니며爾後列國間戰爭에如斯혼事實이發生치아니홈은可賀홀바ㅣ나玆後如斯혼境遇가戰爭中에發生치아니홈은絕對的으로立論ᄒᆞ기難ᄒᆞᄂᆞ니故로如斯非常혼境遇가發生홀時는非常혼手段으로降服者를殺戮ᄒᆞ는不得已의事實이無ᄒᆞ다斷言ᄒᆞ기不能ᄒᆞ도다

이집트를 정벌할 때에 Jaffa성을 함락하고 3,000명의 포로를 나포하였을 때, 그 중 다수는 그 이전 El-arish성 함락 시에 프랑스군에게 항복한 사람이었고, 프랑스군이 이미 이들에 대해 곧바로 Baghdad로 퇴거하고 1년 동안은 프랑스군에게 저항하지 않아야 한다는 할 조건으로 석방하였던 적인이었다. 그뿐만 아니라 당시 프랑스군은 식량이 바닥났기 때문에, 3,000명의 포로를 억류하고자 하여도 할 수 없는 형편이었다. 또 이를 이집트 수도로 석방하여 돌려보내려고 하였으나 이를 호위할 병사가 부족하였다. 일정한 선서로 석방하려고 해도 그 포로는 모두 회교도로서 이교도에 대해서는 신의를 지키지 않아도 된다는 것이 그 교의를 이루기 때문에, 석방과 동시에 적군에게 가담하여 프랑스군에 저항할 것이라는 점은 거울로 삼을 만한 전례가 확연하였기에, Jaffa 성을 함락할 때에 그 생명을 해치지 않는다고 하는 조건으로 항복을 허락하였음에도 불구하고, 부득이 모두 구덩이에 묻어 죽였다. 이는 원래 비상한 경우의 조치로서 당시 사정을 미루어 생각해보면, 프랑스군의 자위행위이고 결코 비난할 일이 아니다. 이후 각국 사이의 전쟁에서 이와 같은 사실이 발생하지 않은 것은 축하할 만한 일이다. 그러나 이후 이와 같은 경우가 전쟁 중에 발생하지 않았다고 절대적으로 입론하기는 어렵다. 따라서 이와 같이 비상한 경우가 발생할 때에는, 비상한 수단으로 항복자를 살해하는 부득이한 사실이 없다고 단언할 수 없다.[1]

1 오늘날 포로를 살상하는 행위는 엄격히 금지된다. "포로의 대우에 관한 1949년 8월 12일자 제네바협약 (제3협약)" 제13조(포로의 인도적 대우) 참조.

陸戰法規慣例條約規定을基因ᄒᆞ야條約上義務로遵守ᄒᆞᆯ俘虜待遇에關ᄒᆞ야ᄂᆞᆫ前述ᄒᆞᆷ과如히勞役ᄒᆞᄂᆞᆫ境遇에ᄂᆞᆫ賃銀을給ᄒᆞ며又本國法令上에俘虜에게一定ᄒᆞᆫ給料ᄅᆞᆯ支給ᄒᆞᄂᆞᆫ規定이有ᄒᆞᆯ時ᄂᆞᆫ抑留國에서此ᄅᆞᆯ先下ᄒᆞᄂᆞᆫ外에第一四條規定을因ᄒᆞ야交戰國은開戰과同時에俘虜情報局을設ᄒᆞ며又交戰國軍隊ᄅᆞᆯ保護ᄒᆞᄂᆞᆫ中立國도此ᄅᆞᆯ設ᄒᆞᄂᆞ니情報局은俘虜에關ᄒᆞᄂᆞᆫ一切質問을應答ᄒᆞ며各俘虜에對ᄒᆞ야銘銘票ᄅᆞᆯ作ᄒᆞ기爲ᄒᆞ야當該官廳으로必要ᄒᆞᆫ報告ᄅᆞᆯ受ᄒᆞ야俘虜의留置、入院、死亡等에關ᄒᆞᄂᆞᆫ一切의事情을明瞭히知得ᄒᆞᄂᆞᆫ바ㅣ니此組織은千八百六十六年普墺戰爭及千八百七十年普佛戰爭中普軍이始設ᄒᆞᆫ바로戰爭中俘虜에게便益이不尠ᄒᆞᆫ바ㅣ라然而同情報局은俘虜의携帶品又ᄂᆞᆫ遺留品을保管ᄒᆞ며其死亡을際ᄒᆞ야ᄂᆞᆫ其關係者에게交付ᄒᆞ며情報局通信에對ᄒᆞ야ᄂᆞᆫ郵稅ᄅᆞᆯ免除ᄒᆞᆷ으로俘虜의名下로領受ᄒᆞᆯ郵便物은交戰國及通過國은此ᄅᆞᆯ免稅ᄒᆞ며贈與及救恤의物品은輸入稅其他諸稅幷國有鉄道의運賃을免除ᄒᆞᄂᆞᆫ바니此條約의規定은日露戰爭中에締盟國間에實行ᄒᆞᆷ을始見ᄒᆞᆫ바ㅣ라

### 第二欵　俘虜資格의解除

육전법규관례조약의 규정에 따라 조약상 의무로 준수할 포로 대우에 관해서는, 전술한 바와 같이 노역하는 경우에는 임금을 지급해야 하며 또 본국 법령에 포로에게 일정한 급료를 지급해야 하는 규정이 있을 때에는, 억류국에서 이를 먼저 지급해야 하는 것 외에, 제14조[1]의 규정에 따라 교전국은 개전과 동시에 포로정보국을 두어야 하며 또 교전국 군대를 수용[2]하는 중립국도 이를 두어야 한다. 정보국은 포로에 관한 일체의 질문을 응답하며, 각 포로에 대해 신원조사표를 작성하기 위해, 해당 관청으로부터 필요한 보고를 받고 포로의 유치, 입원, 사망 등에 관한 일체의 사정을 명료하게 알 수 있게 하여야 한다. 이 조직은 1866년 프러시아-프랑스 전쟁과 1870년 프러시아-프랑스 전쟁 중 프러시아군이 처음으로 설치한 것으로 전쟁 중 포로에게 편익(便益)[3]이 적지 않았다. 그러나 동 정보국은 포로의 휴대품 또는 유류품을 보관하며 그 사망한 때에는 그 관계자에게 교부한다. 정보국 통신에 대해서는 우편세가 면제되므로, 포로의 이름으로 수령할 우편물은 교전국과 통신국이 이를 면세하였다. 증여와 구호 물품은 수입세 그 밖의 여러 세금과 국유철도의 운임을 면제하였다. 이 조약의 규정은 일본-러시아 전쟁 중에 체약국 사이에서 처음으로 실행되었다.

### 제2관 포로 자격의 해제

1 1899년 헤이그 제2협약 부속서 육전법 및 관습에 관한 규칙 제14조: "각 교전국은 전쟁개시 시에 또한 교전자를 그 영토에 수용한 중립국은 필요한 때에 포로정보국(a bureau for information relative to prisoners of war)을 설치한다. 이 정보국은 포로에 관한 문의에 응답하며, 포로에 관한 신상명세서를 작성, 유지하기 위한 필요한 정보를 여러 관계기관으로부터 제공받는다. 정보국은 포로의 입원 및 사망뿐만 아니라 억류 및 변경에 관하여도 통보를 받는다. 정보국은 또한 전장에서 발견된 또는 병원이나 구급차에서 사망한 포로가 남긴 모든 개인용품, 귀중품, 서신 등을 접수, 수집하여 이를 그 관계자에게 전달할 의무를 진다."

2 주정균 교재는 "보호"이나 일본『戰時國際法』132쪽에는 "수용"이다. 동 규칙의 한국 외교부 공식번역본도 "수용한 중립국.."이기 때문에 "수용"으로 고쳤다.

3 편익(便益): 편리하고 유익함.

凡交戰國은戰爭이終了ᄒᆞ기ᄭᆞ지俘虜를自國에抑留ᄒᆞᄂᆞᆫ權利가有ᄒᆞᆷ은無疑ᄒᆞ나戰爭中何時든지此權利를抛棄ᄒᆞ야俘虜의抑留를解除ᄒᆞ야自由의身体됨을許ᄒᆞᆷ은自由에屬ᄒᆞᆫ바ㅣ라然而中世騎士制度時代에在ᄒᆞ야ᄂᆞᆫ捕獲者ᄂᆞᆫ俘虜를奴隷로使役ᄒᆞᄂᆞᆫ代에賠償金을出ᄒᆞ고自贖케ᄒᆞᄂᆞᆫ慣習이行ᄒᆞ며其契約은當初捕獲者와俘虜의個人間事에不過ᄒᆞ얏스나第十五世紀中葉에至ᄒᆞ야ᄂᆞᆫ本國君主로브터償還ᄒᆞᆷ이多有ᄒᆞᆷ으로因ᄒᆞ야償還은國家間의條約으로써行ᄒᆞ얏스며第十七世紀에至ᄒᆞ야ᄂᆞᆫ戰爭中交戰者間協議로出ᄒᆞᄂᆞᆫ陣中規約으로써償還額을定ᄒᆞ얏스며同世紀로브터俘虜를交換ᄒᆞᄂᆞᆫ慣習이生ᄒᆞ야償還及交換은第十八世紀末葉에至ᄒᆞ기ᄭᆞ지幷行ᄒᆞ얏스나終末에ᄂᆞᆫ交換ᄒᆞᄂᆞᆫ慣例가償還ᄒᆞᄂᆞᆫ慣例를壓倒ᄒᆞ야近世에至ᄒᆞ야ᄂᆞᆫ諸國一般이償還ᄒᆞᄂᆞᆫ舊慣을行치아니ᄒᆞᆷ에至ᄒᆞ얏스니凡交戰國이敵國으로브터俘虜를償還ᄒᆞ며其敵國도此에應ᄒᆞᄂᆞᆫ行爲ᄂᆞᆫ文明諸國中自國法令으로써此를禁止ᄒᆞᄂᆞᆫ바ㅣ나然이나國際公法上俘虜의償還을不法이라斷言ᄒᆞ기不能ᄒᆞᄂᆞ니現에米國陸軍訓令第一○八條를徵看ᄒᆞ건ᄃᆡ交換을際ᄒᆞ야俘虜人員에殘餘가生ᄒᆞᆯ時ᄂᆞᆫ一定ᄒᆞᆫ約定金額을支撥케

무릇 전쟁이 종료되기까지 교전국이 포로를 자국에 억류하는 권리를 가지는 것은 의심의 여지가 없다. 따라서 전쟁 중 언제든지 이 권리를 포기하고 포로의 억류를 해제하여 자유의 몸이 되는 것을 허용하는 것은 자유에 속한다. 그렇지만 중세 기사제도 시대에는 포획자는 포로를 노예로 사역하는 대신 배상금을 내고 스스로 속량(贖良)[1] 하게 하는 관습이 행해지기도 했다. 그 계약은 처음에는 포획자와 포로의 개인 사이의 일에 불과하였다. 그러나 15세기 중엽에는 본국 군주로부터 상환하는 경우가 많아지고 그에 따라 상환은 국가 사이의 조약으로 행해졌다. 17세기에는 전쟁 중 교전자 사이의 협의에 따라 진중(陣中)규약으로 배상액을 정하였으며, 같은 세기부터 포로를 교환하는 관습이 발생하여 상환과 교환은 18세기 말엽에 이르기까지 병행되었다. 그러나 끝내 교환하는 관례가 상환하는 관례를 압도하게 되어 근세에는 여러 나라 일반이 상환하는 옛 관례를 따르지 않게 되었다. 무릇 교전국이 적국으로부터 포로를 상환하며 그 적국도 이에 응하는 행위를 여러 문명국 중 자국법령으로 이를 금지하고 있을지라도, 국제공법상 포로의 상환을 불법이라고 단언(斷言)할 수 없다. 현재(역자 주: 1910년경 당시) 미국육군훈령 제108조를 증거하여 살펴보면, 교환할 경우에 포로 인원에 나머지가 발생할 때에는 일정한 약정금액을 지급하게

1 속량(贖良): 몸값을 받고 노예의 신분을 풀어 주어 평민이 되게 하던 일.

ᄒᆞ며又非常ᄒᆞᆫ 境遇에ᄂᆞᆫ糧食、被服 其他必要品을出케ᄒᆞ고解放ᄒᆞᆷ을得ᄒᆞᆫ다規定ᄒᆞ얏스며샤룬쥬리、후리몰、홀ᅵ等諸學者도同一ᄒᆞᆫ說을唱道ᄒᆞᆫ바ᅵ니元來俘虜의償還은中世에行ᄒᆞᆫ바人身賣買에基因ᄒᆞ야俘虜를奴隷로賣買ᄒᆞ며又ᄂᆞᆫ終身使役ᄒᆞᄂᆞᆫ代償으로從出ᄒᆞᆷ은無疑ᄒᆞ나然이나現行文明國法制上에奴隷를認치아니ᄒᆞᄂᆞᆫ理由로써俘虜의 償還을不法이라 論斷ᄒᆞ기不能ᄒᆞᄂᆞ니何者오抑留國에在ᄒᆞ야戰爭中俘虜를抑留ᄒᆞᄂᆞᆫ權利有ᄒᆞᄂᆞ니償還金額의支撥은其權利를抛棄ᄒᆞᆷ에對ᄒᆞᄂᆞᆫ條件或約因으로看做ᄒᆞᆯ所以라是以로홀ᅵ氏와如ᄒᆞᆫ學者ᄂᆞᆫ交戰國間의協議가有ᄒᆞᆫ以上은今後何時든지俘虜의償還을實行ᄒᆞᆷ을得ᄒᆞᆯ바ᅵ라主唱ᄒᆞᆫ바ᅵ라

俘虜의抑留ᄂᆞᆫ戰爭中敵國의戰鬪力을減殺ᄒᆞ야其人을戰鬪에使用치못ᄒᆞ게ᄒᆞᆷ에在ᄒᆞᄂᆞ니戰爭이終了ᄒᆞᆫ時ᄂᆞᆫ俘虜를抑留ᄒᆞᆯ必要及權利가無ᄒᆞᆷ으로平和克復과共히俘虜ᄂᆞᆫ當然히解放ᄒᆞᆯ바ᅵ라是以로陸戰法規慣例條約第二〇條에「和約이締結된以上은可成的迅速히俘虜를本國에送還ᄒᆞᆷ이可ᄒᆞᆷ」이라規定ᄒᆞ얏스나講和成立과即時俘虜의抑留를解除ᄒᆞ며又ᄂᆞᆫ本國에護送ᄒᆞᆷ을要치아니ᄒᆞ

하며, 또 비상한 경우에는 식량, 의복 그 밖의 필요품을 지출하게 하고 석방할 수 있다고 규정하고 있다. Bluntschli, Phillimore, Hall 등 여러 학자도 동일한 학설을 주장하였다. 원래 포로의 상환은 중세에 행해진 인신매매에 기인하며, 포로를 노예로 매매하거나 또는 종신 사역하는 대상(代償)[1]에서 유래된 것은 의심의 여지가 없다. 그러나 현행 문명국 법제에서 노예를 인정하지 않고 있다는 이유로 포로의 상환을 불법이라고 논하여 결론 내릴 수는 없다. 왜냐하면 억류국에서 전쟁 중 포로를 억류하는 권리를 가지며, 상환금액의 지급은 그 권리를 포기하는 것에 대한 조건 또는 약인(約因)으로 간주할 수 있기 때문이다. 이에 따라 Hall과 같은 학자는 교전국 사이의 협의가 있는 이상은 이후 언제든지 포로의 상환을 실행할 수 있다고 주장하였다.

포로의 억류는 전쟁 중 적국의 전투력을 감쇄하여 그 사람을 전투에 사용하지 못하게 하기 위해서이다. 따라서 전쟁이 종료된 때에는 포로를 억류할 필요와 권리가 없게 되므로, 평화 회복과 더불어 포로는 당연히 석방되어야 한다. 이에 따라 육전법규관례조약 제20조[2]에 「강화(평화조약)의 체결 후에는 포로의 송환은 가급적 신속하게[3] 이루어져야 한다」고 규정하였다. 그러나 강화(講和) 성립 즉시 포로의 억류를 해제하거나 또는 본국으로 호송해야 할 필요는

1 대상(代償): 남에게 끼친 손해에 대해 다른 것으로 대신 물어 줌. 대물 변제.
2 1899년 헤이그 제2협약 부속서 육전법 및 관습에 관한 규칙 제20조.
3 "가급적 신속하게"의 영문은 "as speedily as possible" 이에 비해 "포로의 대우에 관한 1949년 8월 12일자 제네바협약 (제3협약)" 제 118 조 (석방 및 송환) 첫 번째 문장: "포로는 적극적인 적대행위가 종료한 후 지체없이(without delay) 석방하고 송환하여야 한다."

는니國家는俘虜의行爲ᄅᆞᆯ監督ᄒᆞ며解放을際에도暴行을防杜ᄒᆞ기爲ᄒᆞ야相當ᄒᆞᆫ準備ᄅᆞᆯ依ᄒᆞ며其他便宜ᄅᆞᆯ因ᄒᆞ야解放ᄒᆞ는日時及護送ᄒᆞ는節次에至ᄒᆞ야도相對國과協定ᄒᆞ야交付ᄒᆞᆷ을得ᄒᆞᆯ지라要컨ᄃᆡ俘虜의資格은戰爭終了와同時에解除됨은元來俘虜로敵人을抑留ᄒᆞᆷ을可得ᄒᆞᆯ根本的理由上當ᄒᆞᆫ바ㅣ니講和와同時에俘虜는自由의身体ᄅᆞᆯ成ᄒᆞ나抑留ᄅᆞᆯ解除ᄒᆞ며又는本國에護送ᄒᆞᆯ際에는相當ᄒᆞᆫ準備ᄅᆞᆯ行ᄒᆞᆫ後에實行ᄒᆞᆷ을可得ᄒᆞᆯ지라然則陸戰法規慣例條約에可成的迅速히云々ᄒᆞ는意義는不必要히解放을遲延ᄒᆞ며怠慢其他原因을因ᄒᆞ야不當ᄒᆞᆫ艱苦ᄅᆞᆯ其人民에게與ᄒᆞᆷ이不可ᄒᆞ다ᄒᆞᆷ에不過ᄒᆞᆫ바ㅣ라

赤十字條約第六條ᄅᆞᆯ據ᄒᆞ건ᄃᆡ負傷又疾病에罹ᄒᆞᆫ軍人은何國籍에屬ᄒᆞᆷ을不問ᄒᆞ고此ᄅᆞᆯ接受看護ᄒᆞᆷ이可ᄒᆞᆷ司令長官은戰鬪中負傷ᄒᆞᆫ兵士ᄅᆞᆯ速히敵軍前哨에送致ᄒᆞᆷ을得ᄒᆞᆷ但右는其時形便을因ᄒᆞ야此ᄅᆞᆯ送致ᄒᆞᆷ을得ᄒᆞ며且兩軍協議ᄅᆞᆯ經ᄒᆞᆫ境遇에限ᄒᆞᆷ治療後兵役에不堪ᄒᆞᆯ者는其本國에送致ᄒᆞᆷ이可ᄒᆞ고又其他者라도戰爭中再次兵器ᄅᆞᆯ携帶치아니ᄒᆞᆯ要約이有ᄒᆞᆫ者는其本國에送還ᄒᆞᆷ이可ᄒᆞᆷ이라規定ᄒᆞᆫ故로俘虜로負傷又疾病에罹ᄒᆞᆫ者는其捕獲을際ᄒᆞ야軍隊司令官은敵

없다. 국가는 포로의 행위를 감독하며 석방할 때에도 폭행을 방지하기 위해 상당한 준비를 할 수 있으며, 그 밖의 편의에 따라 석방하는 일시와 호송하는 절차에 대해서도 상대국과 협정하여 인도할 수 있다. 요컨대 포로의 자격은 전쟁 종료와 동시에 해제되는 것은, 원래 포로로 적인(敵人)을 억류할 수 있는 근본적 이유상 당연한 것으로, 강화와 동시에 포로는 자유의 몸이 되나 억류를 해제하거나 또는 본국으로 호송할 때에는 상당한 준비를 한 후에 실행할 수 있는 것이다. 그러면 육전법규관례조약에 '가급적 신속하게'라는 의의는 불필요하게 석방을 지연하며 태만 그 밖의 원인에 따라 부당한 고생을 그 인민에게 부여할 수 없다는 것에 불과하다.

적십자조약[1] 제6조에 따를 경우, '부상 또는 병에 걸린 군인은 어떤 국적에 속하는가를 불문하고 이를 접수·간호해야 한다. 사령관은 전투 중 부상한 병사를 신속하게 적군 전방 초소로 넘겨줄 수 있다. 다만 위의 경우는 그때의 형편에 따라 이를 넘겨줄 수 있고 또 양군 협의를 거친 경우에 한한다. 치료 후 병역을 감당할 수 없는 사람은 그 본국으로 넘겨줄 수 있고, 또한 그 밖의 사람이라도 전쟁 중 다시 무기를 휴대하지 않을 것을 맹세한 사람은 그 본국으로 송환할 수 있다'라고 규정하였다.[2] 따라서 포로로 부상 또는 병에 걸린 사람은 그 포획할 때에 군대 사령관은

1 1864년 육전에 있어서의 군대의 부상자 및 병자의 상태 개선에 관한 제네바협약(Convention for the Amelioration of the Condition of the Wounded in Armies in the Field, Geneva, 22 August 1864) 당시 체약국은 57개국이며, 협약은 10개의 조항으로 구성되었다. 이 협약은 그 후 내용이 보완된 1906년 제네바협약, 1929년 제네바협약 그리고 1949년 제네바협약에 의해 차례로 대체되었다.

2 불어로 작성된 제6조의 영어 번역은 다음과 같다. Article 6: "Wounded or sick combatants, to whatever nation they may belong, shall be collected and cared for. Commanders-in-Chief may hand over immediately to the enemy outposts enemy combatants wounded during an engagement, when circumstances allow and subject to the agreement of both parties. Those who, after their recovery, are recognized as being unfit for further service, shall be repatriated. The others may likewise be sent back, on condition that they shall not again, for the duration of hostilities, take up arms. Evacuation parties, and the personnel conducting them, shall be considered as being absolutely neutral."

軍과協議上即地此를敵軍에게送致홀뿐아니라其病者又負傷者를自國에抑留ᄒᆞ야治療를施ᄒᆞᆫ後兵役에不堪홀者ᄂᆞᆫ戰爭中이라도반다시敵軍에送還홀지며又治療兵役에可堪홀者라도戰爭中에再次兵器를執ᄒᆞ고抵抗치아니홀約定이有홀以上은當然히本國에送還됨이可ᄒᆞᆫ바ㅣ라但右條約規定에要約이라云홈은其意明瞭치아니ᄒᆞ나然이나兵器를執ᄒᆞ고抵抗을不爲홀又條件에不外ᄒᆞᄂᆞ니故로抵抗을不爲홀事를宣示ᄒᆞ야本人이承諾ᄒᆞ든지又本人으로브터此를提出홀時ᄂᆞᆫ送還홈이可ᄒᆞᆫ바오반다시宣誓를意味홈이아니며且此規定에對ᄒᆞ야ᄂᆞᆫ批難이雖有ᄒᆞ나赤十字條約을修正ᄒᆞ기以前은第六條規定을因ᄒᆞ야行ᄒᆞᄂᆞᆫ俘虜의解除도또ᄒᆞᆫ文明國間의法則이라謂홀지로다

戰爭終了及赤十字條約規定을因ᄒᆞ야俘虜의資格이解除되며又ᄂᆞᆫ解除됨을可得홀境遇를除ᄒᆞᆫ外에戰爭中一般으로俘虜된資格이終了ᄒᆞᄂᆞᆫ境遇를擧ᄒᆞ건ᄃᆡ左와如ᄒᆞ니

第一、逃走　逃走ᄂᆞᆫ俘虜가保管者手를自脫ᄒᆞ야本國又第三國에入홈과如히抑留國權力이不及ᄒᆞᄂᆞᆫ處所에逃避홈을謂홈이니此境遇에在ᄒᆞ야ᄂᆞᆫ其逃走

적군과 협의상 즉시 이를 적군에게 넘겨줄 수 있다. 그뿐만 아니라 그 병자와 부상자를 자국에 억류하여 치료한 후 병역을 감당할 수 없는 사람은 전쟁 중이라도 반드시 적군에게 송환해야 한다. 또 치료 후 병역을 감당할 수 있는 사람일지라도 다시 무기를 잡고 저항하지 않을 것이라는 약정이 있는 이상은 당연히 본국으로 송환되어야 한다. 다만 위 조약의 규정에 맹세라고 말한 것은 그 뜻이 명료하지 아니하나, 무기를 들고 저항을 하지 않는다고 하는 조건에 지나지 아니한다. 그러므로 저항을 하지 아니할 것을 고시하여 본인이 승낙하거나 또는 본인이 이를 제출할 때에는 송환할 수 있는 것이다. 반드시 선서해야 하는 것을 의미하지 않는다. 또 이 규정에 대해서는 비록 비난이 있었으나, 적십자조약을 수정하기 이전에는 제6조의 규정에 따라 행해지는 포로의 해제도 또한 문명국 사이의 법칙이었다고 말할 수 있다.

전쟁 종료와 적십자조약의 규정에 따라 포로의 자격이 해제되거나 또는 해제될 수 있는 경우를 제외하고는, 전쟁 중 일반적으로 포로인 자격이 종료하는 경우를 열거해 보면 다음과 같다.

1. 도주

도주는 포로가 보관자의 수중에서 스스로 벗어나 본국 또는 제3국으로 들어가는 것과 같이, 억류국의 권력이 미치지 않는 장소로 도피하는 것을 말한다. 이 경우에는 그 도주를를遂ᄒᆞᆷ과 同時에 俘虜의 資格이當然消滅ᄒᆞᆷ으로 其後本人이 再次同一戰爭에從事ᄒᆞ야도無妨ᄒᆞᄂᆞ니何者오元來俘虜ᄂᆞᆫ犯罪人이아닐ᄲᅮᆫ아니라當初敵軍에게捕獲되며又或降服ᄒᆞᆷ은戰爭이終了ᄒᆞ기ᄭᆞ지抑留國에執留될事를約諾ᄒᆞᆷ이아닌故로抑留國에 在ᄒᆞ야ᄂᆞᆫ 其逃走를防止ᄒᆞᆷ에充分ᄒᆞᆫ監督을行ᄒᆞᆯ權利가有ᄒᆞᆷ과同時에俘虜ᄂᆞᆫ逃走치아니ᄒᆞᆯ義務가無ᄒᆞᆫ故로逃走를旣遂ᄒᆞᆫ後에設或再次捕獲되야도前의逃走를理由ᄒᆞ야處罰됨이無ᄒᆞᆫ所以라但抑留中에在ᄒᆞᆫ俘虜가 共同히逃走를謀議ᄒᆞᄂᆞᆫ境遇에目的을未達ᄒᆞᆯ時ᄂᆞᆫ此를處罰ᄒᆞᄂᆞᆫ權利가有ᄒᆞᆷ은前에已述ᄒᆞᆫ바ㅣ니故로譬컨ᄃᆡ交戰國軍艦이俘虜를搭載ᄒᆞ고第三國港內에入ᄒᆞᄂᆞᆫ境遇에ᄂᆞᆫ軍艦의不可侵權을基因ᄒᆞ야其艦內에在ᄒᆞᆫ俘虜ᄂᆞᆫ資格을變更ᄒᆞᆷ이雖無ᄒᆞ나若其俘虜가艦內로브터逃走ᄒᆞᆫ時ᄂᆞᆫ自由의身体됨으로軍艦은領海內又ᄂᆞᆫ陸上에在ᄒᆞ야此를逮捕ᄒᆞ기不能ᄒᆞᆷ은勿論이오其逮捕或拿交를地方官衙에請求ᄒᆞᄂᆞᆫ權利가無ᄒᆞ며且地方官衙도同人을逮捕ᄒᆞ며又ᄂᆞᆫ軍艦으로拿交ᄒᆞ기不能ᄒᆞᆯᄲᅮᆫ아니라戰爭進行中立國이交戰國軍隊를自國內에收容ᄒᆞᆫ境遇와如히此를監督ᄒᆞ야戰爭이終了ᄒᆞ기ᄭᆞ지此

마치는 동시에 포로의 자격이 당연히 소멸하고, 그 후 본인이 다시 같은 전쟁에 종사하여도 무방하다. 왜냐하면 원래 포로는 범죄인이 아닐 뿐만 아니라, 처음부터 적군에게 포획되거나 또는 항복한 것은, 전쟁이 종료되기까지 억류국에 잡혀 있는 것을 승낙한 것이 아니기 때문이며, 억류국에서는 그 도주를 방지하기에 충분한 감독을 할 권리가 있는 동시에 포로는 도주하지 않을 의무가 없기 때문에, 도주를 이미 완수한 후에 설사 다시 포획되어도 앞의 도주를 이유로 처벌되지 않는 까닭이다. 다만 억류 중에 있는 포로가 공동으로 도주를 모의한 경우에 목적을 이루지 못하였을 때에는 이를 처벌하는 권리가 있는 것은 앞에서 이미 기술하였다. 그러므로 예컨대 교전국 군함이 포로를 태우고 제3국 항 내로 진입한 경우에는, 군함의 불가침권에 따라 그 함 내에 있는 포로는 자격이 변경되지 아니하나, 만약 그 포로가 함 내로부터 도주한 때에는 자유의 몸으로 되고, 군함은 영해 내 또는 육상에서 이를 체포할 수 없는 것은 물론이고, 그를 체포·포획하여 인도할 것을 지방관청에 청구할 권리가 없다. 또한 지방관청도 그를 체포하거나 또는 군함으로 체포하여 인도할 수 없다. 그뿐만 아니라 전쟁 진행 중 중립국이 교전국 군대를 자국 내에 수용한 경우와 같이, 이를 감독하여 전쟁이 종료되기까지

를留置ᄒᆞᆯ權利義務의關係가無ᄒᆞᆫ바ㅣ라

俘虜의逃走를抑留國이防止ᄒᆞᆷ에對ᄒᆞ야ᄂᆞᆫ兵器를使用ᄒᆞᆷ을得ᄒᆞᄂᆞ니得已殺傷ᄒᆞᆷ에至ᄒᆞ야도過度ᄒᆞᆫ手段이아니며且抑留中에在ᄒᆞᆫ俘虜가逃走치아니ᄒᆞᆯ事를親自宣誓ᄒᆞᆫ後誓約을違背ᄒᆞ고逃走ᄒᆞᆫ時ᄂᆞᆫ此를理由ᄒᆞ야處刑됨을免치못ᄒᆞᆯ바ㅣ며其宣誓ᄂᆞᆫ俘虜任意에出ᄒᆞᆷ을要ᄒᆞᆷ으로强迫의宣誓ᄂᆞᆫ無効되ᄂᆞᆫ바ㅣ라

第二、交換　戰爭中交戰者雙方의便宜及合意를因ᄒᆞ야敵國에在ᄒᆞᆫ自國俘虜의拿交를受ᄒᆞᆷ에對ᄒᆞ야自國에在ᄒᆞᆫ敵國俘虜를本國에送還ᄒᆞᆷ을得ᄒᆞᄂᆞ니此를俘虜의交換이라云ᄒᆞ며交換을行ᄒᆞᆷ에就ᄒᆞ야ᄂᆞᆫ交換規約規定을從ᄒᆞ야互相間官吏를敵國에派送ᄒᆞ야拿交를行ᄒᆞᆷ이常則이며且其官吏及俘虜運搬船舶에至ᄒᆞ야ᄂᆞᆫ敵國의通行劵을受ᄒᆞ야其事務에從事ᄒᆞᆷ을得ᄒᆞᄂᆞ니戰鬪行爲에關係가無ᄒᆞᆯ以限은敵國의保護를亦受ᄒᆞᄂᆞᆫ바ㅣ나然이나戰爭中俘虜의交換은交戰者任意에專在ᄒᆞᆷ으로其一方이此를要求ᄒᆞᄃᆡ他一方이拒絶ᄒᆞᆷ을得ᄒᆞ며且各自의利害關係로브터俘虜의交換이實行치못ᄒᆞᆯ境遇가有ᄒᆞᆯ뿐아니

이를 유치할 권리의무의 관계가 없는 것이다.

포로의 도주를 억류국이 방지할 경우에는 무기를 사용할 수 있고 부득이하여 살상하게 되어도 과도한 수단이 아니다. 또 억류 중에 있는 포로가 도주하지 않을 것을 스스로 선서한 후 서약을 위반하고 도주할 때에는, 이를 이유로 하여 처형되는 것을 면할 수 없으며, 그 선서는 포로의 임의에서 비롯되어야 하고, 억류국에 의한 강박의 선서는 무효이다.[1]

2. 교환

교전 중 교전자 쌍방의 편의와 합의에 따라 적국으로부터 자국 포로의 인도를 받은 것에 대해 자국으로부터 적국 포로를 본국에 송환할 수 있다. 이를 포로의 교환이라 한다. 교환을 할 때에는 교환규약(Cartel)규정[2]에 따라 서로 관리(官吏)를 적국에 파견하여 인도하는 것이 상규이다. 또한 그 관리와 포로운반 선박(Cartelship)은 적국의 통행권을 받아 그 사무에 종사할 수 있고, 전투행위와 관계가 없는 이상은 적국의 보호를 또한 받는다. 그러나 전투 중 포로의 교환은 교전자의 임의에 전속하기 때문에, 그 일방이 이를 요구하여도 다른 일방이 거절할 수 있으며, 또 각자의 이해관계로부터 포로의 교환이 실행될 수 없는 경우가 있다. 뿐만 아니라

1 주정균 교재의 설명은 오늘날 더 이상 타당하지 않다. "포로의 대우에 1949년 8월 12일자 제네바협약 (제3협약)에 따르면 포로가 도주에 성공하지 못한 경우 제92조(성공하지 못한 도주)는 징계벌 부과를 명시하고 있으며, 징계벌은 제89조(처벌의 형식)에 열거되어 있다.

2 Cartel은 교전국 상호간에 비적대적 교환행위를 허용하는 목적으로 체결하는 협정을 일컫는다. 특히 교전국간 포로교환을 위한 협정.

라實行치아니치못ᄒᆞᆯ境遇가또ᄒᆞᆫ不尠ᄒᆞᆫ지라然而普通의交換은一般俘虜에限ᄒᆞᆷ으로間牒又ᄂᆞᆫ俘虜의犯罪者에對ᄒᆞ야ᄂᆞᆫ特別ᄒᆞᆫ規定이有치아니ᄒᆞ면交換ᄒᆞᆷ이無ᄒᆞᆫ바ㅣ라

交換에關ᄒᆞᄂᆞᆫ條件은交換者間에在ᄒᆞᆫ任意約定을一依ᄒᆞᆯ지니俘虜의階級、智識、能力等을從ᄒᆞ야均衡을保維ᄒᆞᆷ이普通이며又其交換ᄒᆞᆫ兵員을再次戰爭에使用ᄒᆞᆷ을得ᄒᆞᄂᆞᆫ與否도또ᄒᆞᆫ約定者意思如何에在ᄒᆞ나特別ᄒᆞᆫ約定이無ᄒᆞᆫ以限은現行法上其人員을同一戰爭中에使用ᄒᆞᆷ이不可ᄒᆞᆫ바ㅣ며其他交換에關ᄒᆞᆫ約定의諸條件은雙方이共히嚴正遵行ᄒᆞᆷ이可ᄒᆞᆫ바ㅣ니敵國으로브터送致ᄒᆞᆫ俘虜에對ᄒᆞ야可成的同等의俘虜를拿交ᄒᆞᆯ지오決코無資格者를提供ᄒᆞ기不能ᄒᆞᆷ으로若交戰國一方이誠實히條件을履行치아니ᄒᆞᆯ時ᄂᆞᆫ他一方은何時든지其規約을廢棄ᄒᆞᆷ을得ᄒᆞᆯ뿐아니라必要로認ᄒᆞᆯ時ᄂᆞᆫ如斯ᄒᆞᆫ信用破壞에對ᄒᆞᄂᆞᆫ報仇的手段을行得ᄒᆞᆯ지라思惟컨ᄃᆡ交換에關ᄒᆞ야ᄂᆞᆫ同等資格이有ᄒᆞᆫ者를提供ᄒᆞᆷ이可ᄒᆞᄂᆞ니同一階級의將校或兵士中에在ᄒᆞ야도体力、能力及其他練熟程度의如何를因ᄒᆞ야優劣이自有ᄒᆞᆷ으로絶對的으로均衡을保維

상황에 따라 실행할 수밖에 없는 경우도 또한 적지 않다. 그러나 보통의 교환은 일반 포로에 한정되고, 간첩 또는 포로의 범죄자에 대해서는 특별한 규정이 있지 아니하면 교환할 수 없는 것이다.

교환에 관한 조건은 교환자 사이에서의 임의약정에 따른다. 포로의 계급, 지식, 능력 등에 따라 균형을 유지·보존하는 것이 보통이다. 또 그 교환한 병사를 다시 전쟁에 사용할 수 있는지의 여부도 또한 약정자의 의사 여하에 달려 있다. 그러나 특별한 약정이 없는 이상은 현행법상 그 인원을 동일 전쟁 중에 사용할 수 없다. 그 밖의 교환에 관한 약정의 여러 조건은 쌍방이 모두 엄정하게 준수해야 한다. 적국으로부터 송환된 포로에 대해 가급적 동등한 포로를 인도해야 하고 결코 무자격자를 제공할 수 없다. 만약 교전국 일방이 성실하게 조건을 이행하지 아니할 때에는 다른 일방은 언제든지 그 규약을 폐기할 수 있다. 그뿐만 아니라 필요하다고 인정할 때에는 이와 같은 신용 파괴에 대해 보복적 수단을 행사할 수 있다. 생각건대, 교환에 관해서는 동등한 자격이 있는 사람을 제공해야 하고, 동일 계급의 장교나 병사 중에서도 체력, 능력과 그 밖의 숙련 정도의 여하에 따라 자연 우열이 있기 때문에, 절대적으로 균형을 유지·

ᄒᆞ기困難ᄒᆞ나元來交換은交戰者雙方의利害關係를不有ᄒᆞ고互相의便宜를基因ᄒᆞ야敵國에在ᄒᆞᆫ自國俘虜로ᄒᆞ야곰抑留의苦痛을免케ᄒᆞᄂᆞᆫ誠意에出ᄒᆞᆫ바ㅣ니其趣旨에違反치아니ᄒᆞᆷ을務圖ᄒᆞᆯ지며加之雙方에在ᄒᆞ야同一資格을有ᄒᆞᆫ俘虜人數에多少의差額이有ᄒᆞᆯ時ᄂᆞᆫ士官一名에對ᄒᆞ야兵士數名或普通人民의若干人으로써交換ᄒᆞ든지兵士一名에對ᄒᆞ야ᄂᆞᆫ普通人民俘虜의若干人으로交換ᄒᆞᄂᆞᆫ바ㅣ라

第三、解放 凡國際公法上에國家가自己의權利를抛棄ᄒᆞ기可得ᄒᆞᆷ은自由의原則이니交戰國이俘虜를抑留ᄒᆞᄂᆞᆫ權利ᄂᆞᆫ何時든지此를抛棄ᄒᆞᆷ을得ᄒᆞᆯ지며此抑留ᄒᆞᄂᆞᆫ權利를抛棄ᄒᆞᆷ을解放이라云ᄒᆞᄂᆞ니解放에關ᄒᆞ야ᄂᆞᆫ單純解放과宣誓解放이有ᄒᆞ며單純解放은抑留國이俘虜를解放ᄒᆞᆷ에當ᄒᆞ야何等의條件을不附ᄒᆞ고全히抑留國恩惠에出ᄒᆞ나有時乎抑留國政畧上及軍畧上必要로俘虜를解放ᄒᆞᆷ이得策되며又或抑留ᄒᆞ기不能ᄒᆞᆫ事情이有ᄒᆞᆯ時ᄂᆞᆫ不得已單純解放을行ᄒᆞᆷ이有ᄒᆞᄂᆞ니如斯ᄒᆞᆫ境遇에在ᄒᆞ야ᄂᆞᆫ宣誓를不依ᄒᆞ고設或如何ᄒᆞᆫ條件을附ᄒᆞ야도俘虜ᄂᆞᆫ何等의拘束을受ᄒᆞᆷ이無ᄒᆞ나此와反ᄒᆞ야宣誓解

보존하기 곤란할 경우도 있다. 그러나 원래 교환은 교전자 쌍방의 이해관계를 해치지 않고 서로의 편의에 따라, 적국에 있는 자국 포로로 하여금 억류의 고통을 면하게 하는 성의(誠意)에서 비롯하는 것이기 때문에, 그 취지에 위반하지 않을 것을 힘써 도모해야 한다. 그뿐만 아니라 쌍방에서 동일자격을 가진 포로의 인원수에 다소의 차이가 있을 때에는, 장교 1명에 대해 사병 몇 명 또는 보통인민 약간명으로 교환하거나, 병사 1명에 대해서는 보통인민인 포로 약간명으로 교환하게 된다.

3. 석방

무릇 국제공법상 국가가 자기의 권리를 포기할 수 있는 것은 자유인 것이 원칙이므로, 교전국이 포로를 억류하는 권리는 언제든지 이를 포기할 수 있다. 이 억류하는 권리를 포기하는 것을 석방이라 한다. 석방에 관해서는 단순석방과 선서석방이 있다. 단순석방은 억류국이 포로를 석방하면서 어떠한 조건도 붙이지 아니하고 완전히 억류국의 은혜에서 비롯한다. 그러나 때로는 억류국 정략상 및 군략상의 필요에서 포로를 석방하는 것이 좋은 계책으로 되거나 억류할 수 없는 사정이 있을 때에는 부득이 단순석방을 하는 경우도 있다. 이와 같은 경우에는 선서를 하게 하지 않으며, 설사 어떠한 조건을 붙일지라도 포로는 어떠한 구속을 받지 아니한다. 이에 반해 선서석방은

放은一定ᄒᆞᆫ條件으로宣誓케ᄒᆞ며俘虜ᄂᆞᆫ此條件을自己名譽에證照ᄒᆞ야口頭或書面으로宣誓를行ᄒᆞ고抑留를解除ᄒᆞᆫ後抑留國々內에自由住居ᄒᆞ거나又或本國에還歸케ᄒᆞᆷ을得ᄒᆞᄂᆞ니就中前者境遇에在ᄒᆞ야ᄂᆞᆫ俘虜ᄂᆞᆫ抑留國에서命令ᄒᆞᄂᆞᆫ條件을遵守ᄒᆞ야逃走치아니ᄒᆞᆯ事를宣誓ᄒᆞ고其國이指定ᄒᆞᆫ境界外에不出ᄒᆞᆯ條件으로써一定ᄒᆞᆫ地方內에서自由生活ᄒᆞᆷ을得ᄒᆞ며後者境遇에在ᄒᆞ야ᄂᆞᆫ俘虜의資格을全히解除ᄒᆞ고本國에歸ᄒᆞᆯ事를許ᄒᆞᆷ에就ᄒᆞ야一定ᄒᆞᆫ時間又ᄂᆞᆫ同一戰爭이繼續ᄒᆞᄂᆞᆫ間은抑留國及其同盟國에對ᄒᆞ야兵器를執ᄒᆞ고抵抗치아니ᄒᆞᆯ事를宣誓ᄒᆞᆷ이니如斯히宣誓ᄂᆞᆫ其何境遇를不問ᄒᆞ고二本의書面을作ᄒᆞ야其一本은抑留國에存置ᄒᆞ고他一本은俘虜에게交付ᄒᆞᆷ이普通이라

解放의宣誓를行ᄒᆞᄂᆞᆫ與否ᄂᆞᆫ俘虜의自由에屬ᄒᆞᆷ으로抑留國은此를强迫ᄒᆞ기不能ᄒᆞᆷ과同時에俘虜로브터此를要求ᄒᆞ야도抑留國은반다시應ᄒᆞᄂᆞᆫ義務가無ᄒᆞ며且抑留國이宣誓解放을許認코져ᄒᆞ며俘虜도應코져ᄒᆞᄂᆞᆫ境遇에在ᄒᆞ야도俘虜의本國이此를禁치아니ᄒᆞᆫ境遇됨을要ᄒᆞᄂᆞ니若其本國政府가宣誓의

일정한 조건으로 선서하게 하며, 포로는 이 조건을 자기 명예에 증거하여[1] 구술 또는 서면으로 선서를 하고, 억류가 해제된 후 억류국 국내에 자유롭게 거주하거나 또는 본국으로 귀환할 수 있게 된다. 그 중 특히 전자의 경우에는, 포로는 억류국에서 명령하는 조건을 준수하여 도주하지 아니할 것을 선서하고, 그 나라에서 지정한 경계 밖으로 나가지 않을 조건으로 일정한 지방 내에서 자유로이 생활을 할 수 있다. 후자의 경우에는 포로의 자격이 완전히 해제되고 본국으로 돌아갈 것을 허락받으면서, 일정한 시간 또는 동일 전쟁이 계속되는 동안은 억류국과 그 동맹국에 대해 무기를 들고 저항하지 아니할 것을 선서하는 것이다. 이와 같은 선서는 그 어떤 경우를 불문하고 2통의 서면을 작성하여, 1통은 억류국에 비치하고 다른 1통은 포로에게 교부하는 것이 보통이다.

석방의 선서를 할 것인지의 여부는 포로의 자유에 속하고, 억류국은 이를 강박할 수 없다. 동시에 포로가 이를 요구하여도 억류국은 반드시 이에 응할 의무가 없다. 또한 억류국이 선서석방을 허락하고자 하며 포로도 이에 응하고자 하는 경우에도, 포로의 본국이 이를 금지하지 아니한 경우이어야 한다. 만약 그 본국 정부가 선서의

1 "명예에 증거하고": 현대적 표현은 "명예를 걸고" 정도로 해석 가능하다.

條件을不認홀時ᄂᆞᆫ俘虜의自意로宣誓를行ᄒᆞ기不能홀뿐아니라如斯ᄒᆞᆫ宣誓를依ᄒᆞ야歸國ᄒᆞᆫ者ᄂᆞᆫ再次敵國에歸來ᄒᆞ야抑留를受ᄒᆞᄂᆞᆫ義務가有ᄒᆞ며本國政府도此를妨害치못ᄒᆞᄂᆞᆫ바ㅣ며又解放에關ᄒᆞᄂᆞᆫ宣誓의條件은本國의軍事上或政略上에關係가必有홈으로써俘虜中普通의兵士ᄂᆞᆫ其獨單으로宣誓를行ᄒᆞ기不能ᄒᆞ며반다시此를指揮ᄒᆞᄂᆞᆫ士官의認可를受홈을要ᄒᆞ며其宣誓의條件은本人에在ᄒᆞ야此를嚴格히遵守홈은勿論이오此를破壞홈은本國軍隊의名譽를損傷홈으로歸國後如斯ᄒᆞᆫ行爲가有ᄒᆞᆫ者ᄂᆞᆫ本國政府도此를罰홀지니設或本國이此를罰치아니ᄒᆞᆫ境遇에在ᄒᆞ야도其個人으로再次敵國에捕獲될時ᄂᆞᆫ軍法에照ᄒᆞ야死刑其他嚴刑에處ᄒᆞᄂᆞᆫ바ㅣ니要ᄒᆞ건ᄃᆡ俘虜가宣誓를行ᄒᆞᄂᆞᆫ與否ᄂᆞᆫ其任意에在ᄒᆞ나一朝旣行ᄒᆞᆫ宣誓ᄂᆞᆫ解放國에對ᄒᆞᄂᆞᆫ私人的契約이아님으로本國政府도其履行을妨害치못홀義務가有ᄒᆞᄂᆞ니本人이此를嚴守홈은勿論이오本國政府도ᄯᅩᄒᆞᆫ本人에對ᄒᆞ야其宣誓에違反ᄒᆞᄂᆞᆫ勤務를命ᄒᆞ거나又ᄂᆞᆫ本人으로브터如斯ᄒᆞᆫ勤務에服役코져ᄒᆞᄂᆞᆫ申請에對ᄒᆞ야許認홈이不可ᄒᆞᆫ바ㅣ라

조건을 인정하지 아니할 때에는, 포로의 자의(自意)로 선서를 할 수 없을 뿐만 아니라 이와 같은 선서에 따라 귀국한 사람은 다시 적국으로 되돌아가 억류될 의무가 있으며, 본국 정부도 이를 방해할 수 없다. 또 석방에 관한 선서의 조건은 반드시 본국의 군사상 또는 정략상에 관계가 있으므로, 포로 중 보통의 병사는 그 단독으로 선서를 할 수 없으며 반드시 이를 지휘하는 장교의 인가를 받아야 한다. 그 선서의 조건은 본인이 이를 엄격히 준수해야 하는 것은 물론이고, 이를 파괴하는 것은 본국 군대의 명예를 손상하는 것이기 때문에, 귀국 후 이와 같은 행위가 있는 사람은 본국 정부도 이를 처벌하게 된다. 설사 본국이 이를 처벌하지 아니한 경우에도, 그 개인으로 다시 적국에 포획될 때에는 군법에 따라 사형 그 밖의 엄한 형벌에 처해진다. 요컨대 포로가 선서할 것인지의 여부는 그 임의에 맡겨지나, 일단 이미 행한 선서는 석방국에 대한 사인적 계약이 아니며, 본국 정부도 그 이행을 방해하지 아니할 의무가 있기 때문에, 본인이 이를 엄수할 것은 물론이고, 본국 정부도 또한 본인에 대해 그 선서에 위반하는 근무를 명령하거나 또는 이와 같은 근무에 복무하고자 하는 본인의 신청에 대해 허락할 수 없는 것이다.

宣誓解放의條件은俘虜를抑留ᄒᆞᄂᆞᆫ根本的推理上으로見ᄒᆞ야도交戰國이其俘虜를同一戰爭中自國에抑留ᄒᆞᆷ을可得ᄒᆞᆯ權利範圍를超越ᄒᆞᆷ을不得ᄒᆞᆯ지니是以로如斯ᄒᆞᆫ境遇에在ᄒᆞ든지宣誓를際ᄒᆞ야解放後本國을反對ᄒᆞᆯ行爲를條件으로附ᄒᆞ기不能ᄒᆞ며加之現今文明國間에行ᄒᆞᄂᆞᆫ一般慣例로其條件은單히同一戰爭中抑留國又ᄂᆞᆫ其同盟國에對ᄒᆞ야戰地에在ᄒᆞ야直接으로兵力抵抗을不爲ᄒᆞᆯ範圍內에止ᄒᆞᆷ으로其解放後本人의內政又外交事務에從事ᄒᆞ거나戰地以外或隔遠ᄒᆞᆫ地에在ᄒᆞ야兵士를募集訓鍊ᄒᆞ거나城寨를修築ᄒᆞᄂᆞᆫ等戰鬪力增長의事務에服從ᄒᆞᆷ은禁치못ᄒᆞᄂᆞᆫ바ㅣ며且비록宣誓를行ᄒᆞᆫ俘虜라도交換을因ᄒᆞ야歸國ᄒᆞᆯ時ᄂᆞᆫ其宣誓ᄂᆞᆫ當然히無効될ᄲᅮᆫ아니라一定ᄒᆞᆫ年限間兵力抵抗을不爲ᄒᆞᆯ宣誓를行ᄒᆞᆫ境遇에在ᄒᆞ야도其期間이未了ᄒᆞ기前에戰爭이終局ᄒᆞᆯ時ᄂᆞᆫ假令其期間以來에兩國間의戰爭이復有ᄒᆞᆯ時를際ᄒᆞ야此에從事ᄒᆞᆷ을得ᄒᆞᆷ은勿論이라

## 第四節　病者傷者及死者

### 第一款　病者傷者의地位

선서석방의 조건은 포로를 억류하는 근본적 추리에 의하더라도, 교전국이 그 포로를 동일 전쟁 중 자국에 억류할 수 있는 권리 범위를 넘을 수 없다. 이에 따라 어떠한 경우에도 선서를 할 때에 석방 후 본국에 반대할 행위를 조건으로 붙일 수 없다. 그뿐만 아니라 현재 문명국 사이에서 행해지는 일반관례로, 그 조건은 단순히 동일 전쟁 중 억류국 또는 그 동맹국에 대해 전지에서 직접 병력 저항을 하지 않을 범위 내에 그친다. 그러므로 그 석방 후 본국의 내정이나 외교 사무에 종사하거나 전지 이외의 곳 또는 멀리 떨어진 곳에서 병사를 모집·훈련하거나 성이나 요새를 보수하는 등 전투력 증강의 사무에 복무하는 것은 금지할 수 없다. 또한 비록 선서를 한 포로라도 교환에 따라 귀국한 때에는 그 선서는 당연히 무효로 된다. 그뿐만 아니라 일정한 연한 동안 병력 저항을 하지 아니할 선서를 한 경우에도, 그 기간이 만료되기 전에 전쟁이 끝날 때에는, 설령 그 기간 이내에 양국 사이의 전쟁이 다시 발생할 때에도 이에 종사할 수 있는 것은 물론이다.

### 제4절 병자·부상자와 사망자

#### 제1관 병자·부상자의 지위

凡古代戰爭에在ᄒᆞ야ᄂᆞᆫ戰地에在ᄒᆞᆫ病傷者ᄂᆞᆫ敵人에게其携帶品을剝奪되며又或殺戮됨이아니면戰場에抛棄됨을免치못ᄒᆞ얏스나千九十年에十字軍이여구루城을攻擊ᄒᆞᆯ時에쥬돈騎士가其病傷者를看護ᄒᆞᆷ으로브터降ᄒᆞ야第十七世紀에至ᄒᆞ야諸國의陸軍이次第整頓됨을隨ᄒᆞ야僧侶及醫師로病傷者를看護ᄒᆞ기爲ᄒᆞ야軍隊에附從케ᄒᆞᆫ지라其後文旣進步와人情의發達을從ᄒᆞ야各國兵制上戰地에在ᄒᆞᆫ自國病傷者를看護ᄒᆞᄂᆞᆫ組織이漸次完備ᄒᆞᄂᆞᆫ傾向이有ᄒᆞᆯ뿐아니라戰爭의目的은敵軍의戰鬪力을削奪ᄒᆞᆷ에止ᄒᆞᆷ으로敵國의戰鬪員이라도疾病又ᄂᆞᆫ負傷을因ᄒᆞ야兵力抵抗이不能ᄒᆞᆫ者에게加害ᄒᆞᆷ은不必要ᄒᆞᆫ虐待됨을覺悟ᄒᆞ야第十六世紀乃至千八百六十四年間에諸國은個々의條約으로써敵人의病傷者를救護ᄒᆞᆷ이可ᄒᆞᆫ事를約定ᄒᆞ야其數가三百以上에達ᄒᆞ얏스며學說及實例도漸次博愛主義를增長ᄒᆞᆷ에至ᄒᆞᆫ바ㅣ라

千八百五十九年에伊佛兩國이墺國에對ᄒᆞᄂᆞᆫ戰爭中에瑞西國慈善家안리쥬난이미라나이스戰鬪의負傷者의慘狀을目擊ᄒᆞ고當時一般戰爭에負傷者救護方法이摠히不完全ᄒᆞᆷ을歎惜ᄒᆞ야此를改良ᄒᆞᆯ目的으로써소루후예리노紀念이라

무릇 고대 전쟁에서는 전지에 있는 병자와 부상자는 적인에게 그 휴대품을 빼앗기거나 또는 살해되지 아니하면 전쟁터에 포기될 수밖에 없었다. 그러나 1090년[1]에 십자군이 Jerusalem 성을 공격할 때에 Teuton 기사가 병자와 부상자를 간호하면서부터, 그 이후 17세기에 여러 나라의 육군이 차례로 정돈됨에 따라 성직자와 의사로 병자와 부상자를 간호하기 위해 군대에 종군하게 하였다. 그 후 문명의 진보와 인정의 발달에 따라 각국 군제(軍制)상 전지에 있는 자국 병자와 부상자를 간호하는 조직이 점차 완비되는 경향을 보였다. 그뿐만 아니라 전쟁의 목적은 적군의 전투력을 삭탈하는 것에 그치기 때문에, 적국의 전투원일지라도 질병 또는 부상에 따라 병력 저항이 불가능한 사람에게 해를 가하는 것은 불필요한 학대라는 것을 깨닫고, 16세기부터 1864년 사이에 여러 나라는 개개의 조약으로 적인인 병자와 부상자를 구호해야 할 것을 약정하여 그 수가 300개 이상에 달하였으며. 학설과 실례도 점차 박애주의를 확대해 가기에 이르렀다.

1859년에 이탈리아-프랑스 양국이 오스트리아에 대한 전쟁 중에 스위스 자선가 Jean Henri Dunant은 Milan 전투로 인한 부상자의 참상을 목격하고[2] 당시 일반전쟁에서의 부상자 구호방법이 모두 불완전한 것을 탄식하며 애석하게 여기며, 이를 개량할 목적으로 "솔페리노의 회상"(Un Souvenir de Solferino)이라는

1 일본『戰時國際法』144쪽에도 1090년으로 되어 있으나, 이를 제3차 십자군 전쟁 시의 사례로 소개하고 있어 1190년으로 보아야 한다.

2 주정균 교재와 일본『戰時國際法』모두 "Dunant이 미라나이스(ミラナイス) 전투의 부상자의 참상을 목격하고…"라고 기술하고 있다. 지명 "미라나이스"는 불어 "Milanais"(이태리 밀란의, 영어 Milanese)로 판독하였다. 앙리 뒤낭의『솔페리노의 회상』(1863) p.66에 지명이 언급되어 있다.

題ᄒᆞᆫ書册을著述ᄒᆞ고一面으로歐洲諸國을遊說ᄒᆞ야因ᄒᆞ야瑞西國諸慈善家의首唱으로千八百六十三年十月에列國慈善家會合을쥬네부에開設ᄒᆞ야今日所謂各國赤十字社와如ᄒᆞᆫ私立救護團体를組織ᄒᆞᆯ規約을定ᄒᆞ얏스며翌年八月二十二日에瑞西國政府의首唱으로歐洲十二個國代表者가會合ᄒᆞ야病者及傷者救護에關ᄒᆞᆫ條約卽赤十字條約을締結ᄒᆞᆫ바ㅣ라然而同條約은其後文明國一般이加盟ᄒᆞᆫ바ㅣ며又海戰에在ᄒᆞᆫ病傷者에對ᄒᆞ야ᄂᆞᆫ千八百六十八年에瑞西國의首唱으로歐洲十五個國의代表者가更히쥬네부에會合ᄒᆞ야赤十字條約의追加條欵을調印ᄒᆞᆫ지라但此條約은諸國의批準은未經ᄒᆞᆫ바ㅣ나普佛戰爭中에兩國이此條約을事實上適用ᄒᆞ얏스며其後諸國도此를遵據ᄒᆞᆯ뿐아니라千八百九十九年七月二十九日第一平和會議에在ᄒᆞ야ᄂᆞᆫ同條約趣旨에基因ᄒᆞ야千八百六十四年八月廿二日쥬네부條約의原則을海戰에應用ᄒᆞᆯ條約을締結ᄒᆞ야軍用病院船及交戰國又ᄂᆞᆫ中立國의個人或公認된救恤協會의費用으로써艤裝ᄒᆞᆫ病院船、病者、傷者及難船者를救護ᄒᆞᄂᆞᆫ中立國의私有船舶은可히侵害치못ᄒᆞᆯ바로定ᄒᆞᆫ바ㅣ라

제목의 책을 저술하고 한 편으로는 유럽 여러 나라에 유세(遊說)하였다. 이에 따라 스위스의 여러 자선가의 주장으로 1863년 10월에 각국 자선가 회합이 Geneva에서 개최되었고, 오늘날 이른바 각국 적십자사와 같은 사립구호단체를 조직할 규약을 정하였다. 다음 해인 1864년 8월 22일 스위스 정부의 제안으로 유럽 12개국 대표자가 회합하여 병자와 부상자 구호에 관한 조약 즉 적십자조약을 체결하였다.[1] 동 조약은 그 후 문명국 일반이 이에 가입하였다. 또 해전(海戰)에서의 병자와 부상자에 대해서는 1866년에[2] 스위스의 주장으로 유럽 15개국의 대표자가 다시 Geneva에 회합하여 적십자조약의 추가 조약을 조인하게 되었다.[3] 다만 이 조약은 여러 나라의 비준을 거치지 않았으나,[4] 프러시아-프랑스 전쟁 중에 양국이 이 조약을 사실상 적용하였으며, 그 후 여러 나라도 이를 준거로 삼았다. 그뿐만 아니라 1899년 7월 29일 제1차 만국평화회의에서는 동 조약의 취지에 따라, 1864년 8월 22일 Geneva 조약의 원칙을 해전(海戰)에 응용할 조약(Agreement for the Adaptation of Maritime Warfare to the Rules of Geneva Convention)[5]을 체결하여, 군용병원선과 교전국 또는 중립국의 개인이나 공인된 구호협회의 비용으로 의장(艤裝)[6]한 병원선, 병자·부상자와 조난자를 구호하는 중립국의 사유 선박은 참해(慘害)[7]할 수 없는 것으로 정하였다.

---

1 Convention for the Amelioration of the Condition of the Wounded in Armies in the Field. Geneva, 22 August 1864.

2 1864년 제네바협약을 개정하기 위한 외교회의는 스위스 연방정부에 의해 1868년에 소집되었다. 따라서 교재의 1866년은 1868년으로 수정되어야 한다.

3 Additional Articles relating to the Condition of the Wounded in War. Geneva, 20 October 1986. 이 조약의 주된 목적은 1864년 제네바협약을 해전(海戰)에까지 확대시키기 위함이었다.

4 주정균 교재의 "다만 이 조약은 여러 나라의 비준을 거치지 않았으나."라는 문장은 "이 조약은 오로지 1개국만 비준하여 발효되지 못하였으나,"로 읽는 편이 적절하다.

5 1899년 헤이그 제3협약.

6 의장(艤裝): 선박에 필요한 모든 선구(船具)나 기계를 장비해 출범 준비를 함.

7 참해(慘害): 참혹하게 해침.

## 第二欵 病者傷者及死亡者의待遇

凡病者傷者를完全히保護코져홀진디其居所에對ᄒᆞ야敵意의行爲를加치아니홀지니舊赤十字條約을據ᄒᆞᆫ건디其第一條에戰地假病院及陸軍病院은不可侵이라ᄒᆞ야其病院에患者가入院ᄒᆞᄂᆞᆫ間은交戰者雙方이共히此를保護홀者라ᄒᆞᆫ지라蓋同病院은各交戰國政府所屬이나其本務ᄂᆞᆫ敵國人及自國人을不問ᄒᆞ고病傷者를一切로保護ᄒᆞ며其保護에就ᄒᆞ야ᄂᆞᆫ敵義의區別이無홈으로交戰國雙方의保護를受ᄒᆞᄂᆞᆫ바ㅣ나然이나其第一條末項에「戰地假病院及陸軍病院을兵力으로써防守홀時ᄂᆞᆫ其中立되ᄂᆞᆫ利益을失홈이可홈」이라規定ᄒᆞ야交戰國이軍隊로써其病院을防守ᄒᆞᄂᆞᆫ時ᄂᆞᆫ中立에伴ᄒᆞᄂᆞᆫ不可侵의利益을享有ᄒᆞ기不能ᄒᆞᆫ바며又玆에所謂戰地假病院의意義ᄂᆞᆫ最廣義로解釋홀지니是以로追加條欵第三條에「戰地假病院의名稱은陣中病院其他病傷者를收容ᄒᆞ기爲ᄒᆞ야戰場에在ᄒᆞ야軍隊에附屬ᄒᆞᆫ臨時處所々지包含홈」이라規定ᄒᆞ고平和會議條約에至ᄒᆞ야ᄂᆞᆫ戰地假病院이라云ᄒᆞᄂᆞᆫ文字를繃帶所라規定ᄒᆞᆫ바ㅣ라

赤十字條約第二條에「戰地假病院及陸軍病院에서任用ᄒᆞᄂᆞᆫ人員即監督員、

## 제2관 병자·부상자와 사망자의 대우

무릇 병자·부상자를 완전히 보호하고자 하려면 그 거소(居所)에 대해 적대 의사의 행위를 가해서는 안 된다. 구 적십자조약[1]에 따를 경우, 그 제1조[2]에 전지(戰地)야전병원과 육군병원은 불가침이라고 하여 그 병원에 환자가 입원하고 있는 동안에는 교전자 쌍방이 모두 이를 보호할 것이라고 하였다. 대개 동 병원은 각 교전국 정부의 소속이나, 그 근본 임무는 적국인과 자국인을 불문하고 병자와 부상자를 모두 보호하며, 그 보호에 대해서는 적군·아군의 구별이 없기 때문에, 교전국 쌍방이 보호를 하는 것이다. 그러나 그 제1조 끝항에 「전지야전병원과 육군병원을 병력으로 방어하고 지킬 때에는 그 중립인 이익을 상실할 수 있다」라고 규정하여, 교전국이 군대로 그 병원을 방어하고 지킬 때에는, 중립에 따르는 불가침의 이익을 향유할 수 없다. 또한 이에 이른바 전지야전병원의 의의는 가장 넓은 의의로 해석된다. 이에 따라 추가 조약 제3조[3]에 「전지야전병원의 명칭은 진중병원 그 밖의 병자와 부상자를 수용하기 위해 전쟁터에서 군대에 부속하는 임시거처까지 포함한다」라고 규정하였다. 만국평화회의 조약에서는 전지야전병원이라고 하는 문자를 붕대소(繃帶所)라고 규정하였다.[4]

적십자조약 제2조[5]에 「전지야전병원과 육군병원에서 임용하는 인원 즉 감독원,

---

1 1864년 육전에 있어서의 군대의 부상자 및 병자의 상태 개선에 관한 제네바협약.

2 1864년 제네바협약 제1조의 영문은 다음과 같다. Article 1: "Ambulances and military hospitals shall be recognized as neutral, and as such, protected and respected by the belligerents as long as they accommodate wounded and sick. Neutrality shall end if the said ambulances or hospitals should be held by a military force."

3 미발효 1868년 제네바 추가의정서를 말함. 제3조의 영문은 다음과 같다. Article 3: "Under the conditions provided for in Articles 1 and 4 of the Convention, the name "ambulance" applies to field hospitals and other temporary establishments, which follow the troops on the fields of battle to receive the sick and wounded."

4 추측컨대 이 문장에서 "만국평화회의 조약"이라 함은 1906년 육전에 있어서의 군대의 부상자 및 병자의 상태개선에 관한 제네바협약 (Convention for the Amelioration of the Condition of the Wounded and Sick in Armies in the Field. Geneva, 6 July 1906)을 지칭하지 않는가 싶다. 왜냐하면 1899년 제1차 만국평화회담 최종의정서(final act)에서 1864년 제네바협약을 개정하기 위한 특별회의 소집을 명시하였고 이에 따라 스위스 연방정부가 주최한 1906년 회의에 35개국이 참석하였다. 일본 교재가 1864년 제네바협약에 나오는 "ambulances"를 "전지야전병원"으로 번역하였고, 1906년 제네바협약에 나오는 "sanitary formations and establishments"를 "붕대소"라고 번역한 것을 주정균이 그대로 가져왔다고 짐작된다.

5 1864년 제네바협약 제2조의 영문은 다음과 같다. Article 2: "Hospital and ambulance personnel, including the quarter-master's staff, the medical, administrative and transport services, and the chaplains, shall have the benefit of the same neutrality when on duty, and while there remain any wounded to be brought in or assisted."

醫員、事務員、負傷者、運搬員並說法者ᄂᆞᆫ各其本務에從事ᄒᆞ며且負傷者의入院或救助ᄒᆞᆯ者ㅣ有ᄒᆞᆫ間은中立의利益을享有ᄒᆞᆷ」이라規定ᄒᆞ고第三條에「如斯ᄒᆞᆫ人員은敵軍占領中에陷落ᄒᆞᆫ時라도依然히其病院에在ᄒᆞ야各自의本務에從事ᄒᆞ며且其任意로本國軍隊에還歸코저ᄒᆞᆯ時ᄂᆞᆫ交戰國은此ᄅᆞᆯ敵軍前哨에送致ᄒᆞᄂᆞᆫ義務가有ᄒᆞᆷ」이라規定ᄒᆞ얏스니是ᄂᆞᆫ全히病者傷者ᄅᆞᆯ完全히保護코저ᄒᆞᆯ진ᄃᆡ醫師其他救護에從事ᄒᆞᄂᆞᆫ人員을不可侵으로認定ᄒᆞᆯ必要가有ᄒᆞᆷ을爲ᄒᆞᆷ이며又海上에在ᄒᆞ야ᄂᆞᆫ赤十字條約을海戰에應用ᄒᆞᆯ條約第七條에「交戰國艦船이敵對國에捕獲된時ᄂᆞᆫ其艦船內에在ᄒᆞ야敎法、醫療及看護에從事ᄒᆞᄂᆞᆫ人員은必要가有ᄒᆞᆫ限度에서繼續服務ᄒᆞ며首席指揮官이妨害가無ᄒᆞᆷ으로認ᄒᆞᆯ時ᄂᆞᆫ退去ᄒᆞᆷ을得ᄒᆞᆷ」이라ᄒᆞ얏스며且其國에在留ᄒᆞ야職務에從事ᄒᆞᄂᆞᆫ間은給料ᄅᆞᆯ受ᄒᆞᆷ이可ᄒᆞᆷ이라規定ᄒᆞᆫ바ㅣ라

陸軍病院에所屬ᄒᆞᆫ器具什物等은其病院에附屬ᄒᆞᆫ바오奉職人員의所有가아님으로其病院이敵國에게陷落ᄒᆞᆯ時ᄂᆞᆫ病院의建物과共히占領軍隊로브터此ᄅᆞᆯ保管ᄒᆞᆯ者ㅣ됨으로써赤十字條約第四條에「該病院에附屬ᄒᆞᆫ各員은其退去ᄒᆞᆷ을

의원, 사무원, 부상자 운반원과 설교자는 각기 본연의 임무에 종사하며, 또 부상자의 입원 또는 구호할 사람이 있는 동안에는 중립의 이익을 향유한다」고 규정하고, 제3조[1]에 「이와 같은 인원은 적군 점령 중에 함락된 때라도, 여전히 그 병원에서 각자의 본연의 임무에 종사하며, 또한 그 임의로 본국 군대로 귀환하고자 할 때에는, 교전국은 이를 적군 전방 초소로 보낼 의무가 있다」라고 규정하였다. 이는 전적으로 병자·부상자를 완전하게 보호하고자 하려면 의사 그 밖의 구호에 종사하는 인원을 불가침으로 인정할 필요가 있음을 위한 것이다. 또 해상에서는 적십자조약을 해전에 응용할 조약 제7조[2]에 「교전국 함선이 적대국에 포획될 때에는, 그 함선 내에서 설교, 의료와 간호에 종사하는 인원은 필요가 있는 한도에서 계속 복무하며, 수석지휘관이 방해가 없는 것으로 인정할 때에는 퇴거하게 할 수 있다」라고 하였으며, 또한 그 나라에 체류하여 직무에 종사하는 동안에는 급료를 받을 수 있다고 규정하였다.

육군병원에 소속된 기구와 집기 등은 그 병원에 부속하는 것이고 종사하는 인원의 소유가 아니다. 따라서 그 병원이 적국에 함락될 때에는 병원의 건물과 함께 점령군대가 이를 보관하게 된다. 이에 따라 적십자조약 제4조[3]에 「해당 병원에 부속된 각 인원은 그 퇴거를 할

1 1864년 제네바협약 제3조의 영문은 다음과 같다. Article 3: "The persons designated in the preceding Article may, even after enemy occupation, continue to discharge their functions in the hospital or ambulance with which they serve, or may withdraw to rejoin the units to which they belong. When in these circumstances they cease from their functions, such persons shall be delivered to the enemy outposts by the occupying forces."

2 1899년 헤이그 제3협약 (Convention (III) for the Adaptation to Maritime Warfare of the Principles of the Geneva Convention of 22 August 1864. The Hague, 29 July 1899) 97쪽의 각주 2와 관련 본문 참조. 제7조의 영문은 다음과 같다. Article 7: "The religious, medical, or hospital staff of any captured ship is inviolable, and its members cannot be made prisoners of war. On leaving the ship they take with them the objects and surgical instruments which are their own private property. This staff shall continue to discharge its duties while necessary, and can afterwards leave when the commander-in-chief considers it possible. The belligerents must guarantee to the staff that has fallen into their hands the enjoyment of their salaries intact."

3 1864년 제네바협약 제4조의 영문은 다음과 같다. Article 4: "The material of military hospitals being subject to the laws of war, the persons attached to such hospitals may take with them, on withdrawing, only the articles which are their own personal property. Ambulances, on the contrary, under similar circumstances, shall retain their equipment."

際ᄒᆞ야各自私有物品을除ᄒᆞᆫ外에爾餘의物品은携帶ᄒᆞᆷ을不得ᄒᆞᆷ이라規定ᄒᆞᆷ은不拘ᄒᆞ고戰地假病院에在ᄒᆞ야ᄂᆞᆫ病院의器具、什物等을保有ᄒᆞ고退去케ᄒᆞ얏ᄉᆞ니是蓋固定의陸軍病院은占領地에附着ᄒᆞᆫ國有財產으로病院所屬의物品은軍隊占領法則을依ᄒᆞ야處理됨이可ᄒᆞ나戰地假病院은固定ᄒᆞᆫ바ㅣ아니며又不可侵의特權이有ᄒᆞᆷ으로器具、什物等은敵軍이此를押收ᄒᆞ기不能ᄒᆞᄂᆞ니故로同病院所屬各員은此를保有退去케規定ᄒᆞᆫ所以며又同一ᄒᆞᆫ趣旨를基因ᄒᆞ야軍用病院艦其他病院船은비록不可侵이나若戰爭法則에違反ᄒᆞ야捕獲됨時ᄂᆞᆫ其船內에在ᄒᆞ야敎法、醫療及看護에從事ᄒᆞᄂᆞᆫ人員은勿論ᄒᆞ고軍艦其他交戰國艦船이敵國에게捕獲되ᄂᆞᆫ境遇에至ᄒᆞ야도其艦船內에在ᄒᆞ야同事業에從事ᄒᆞᄂᆞᆫ人員은赤十字條約原則을海戰에應用ᄒᆞᄂᆞᆫ條約第七條末項을依ᄒᆞ야各自所有物品及外科用具ᄂᆞᆫ携帶退去ᄒᆞᆷ이可ᄒᆞ다ᄒᆞᆫ바ㅣ라

病者、負傷者를保護코져ᄒᆞᆯ진ᄃᆡ其患者의身体ᄭᆞ지保護를加치아니치못ᄒᆞᆯ지라赤十字條約第六條에負傷又ᄂᆞᆫ疾病에罹ᄒᆞᆫ軍人은何國屬籍됨을不問ᄒᆞ고陸軍病院又ᄂᆞᆫ戰地假病院에서此를接受看護ᄒᆞᆷ이可ᄒᆞ며司令官은負傷ᄒᆞᆫ敵國兵

때에 각자 사유 물품을 제외하고는, 그 나머지의 물품을 휴대할 수 없다」라고 규정하였음에도 불구하고, 전지야전병원에서는 병원의 기구, 집기 등을 가지고 퇴거하게 하였다. 대개 고정의 육군병원은 점령지에 정착된 국유재산으로 병원 소속의 물품은 군대점령법칙에 따라 처리될 수 있으나, 전지야전병원은 고정된 것이 아니며 또 불가침의 특권을 가지므로 기구, 집기 등은 적군이 이를 압수할 수 없기 때문에, 동 병원 소속 각 인원은 이를 가지고 퇴거할 수 있게 규정한 까닭이다. 또한 동일한 취지에 따라 군용 병원선 그 밖의 병원선은 비록 불가침이나 만약 전쟁법칙에 위반하여 포획될 때에는, 그 선내에서 설교, 의료와 간호에 종사하는 인원은 물론이고, 군함 그 밖의 교전국 선박이 적국에 포획되는 경우에도 그 선박 내에서 동 사업에 종사하는 인원은, 적십자조약원칙을 해전에 응용하는 조약 제7조[1] 마지막 항에 따라 각자 소유물품과 외과 용구는 휴대하고 퇴거할 수 있는 것이다.

병자, 부상자를 보호하고자 하려면 그 환자의 신체까지 보호해야 한다. 적십자조약 제6조[2]에 부상 또는 병에 걸린 군인은 어떤 나라에 국적이 속하는가를 불문하고, 육군병원 또는 전지야전병원에서 이를 접수·간호해야 하며, 사령관은 부상한 적국

1 1899년 헤이그 제3협약 제7조. 97쪽 각주 2 참조.
2 1864년 제네바협약 제6조의 영문은 다음과 같다. Article 6: "Wounded or sick combatants, to whatever nation they may belong, shall be collected and cared for. Commanders-in-Chief may hand over immediately to the enemy outposts enemy combatants wounded during an engagement, when circumstances allow and subject to the agreement of both parties. Those who, after their recovery, are recognized as being unfit for further service, shall be repatriated. The others may likewise be sent back, on condition that they shall not again, for the duration of hostilities, take up arms. Evacuation parties, and the personnel conducting them, shall be considered as being absolutely neutral."

士를戰爭中에在ᄒᆞ야敵軍과協議上其前哨에送致ᄒᆞᆷ을得ᄒᆞᆫ다ᄒᆞ얏스며又治療를加ᄒᆞᆫ後兵役에能堪ᄒᆞᆯ者ᄂᆞᆫ本國에送還ᄒᆞᆷ이可ᄒᆞ며其他者라도戰爭中兵器를携帶치아니ᄒᆞᆯ條件으로本國에送還ᄒᆞᆷ이可ᄒᆞ며且其退去ᄒᆞᄂᆞᆫ際에ᄂᆞᆫ此를領率ᄒᆞᄂᆞᆫ人員과共히完全ᄒᆞᆫ不可侵의待遇를受ᄒᆞᆷ이可ᄒᆞᆫ事ᄂᆞᆫ前에屢述ᄒᆞᆷ과如ᄒᆞᆷ이라

戰爭中不可侵의待遇를受ᄒᆞᆯ陸軍病院、戰地假病院其他病傷者屯在所及其移轉에當ᄒᆞ야ᄂᆞᆫ敵國의交戰者가容易히此를識別ᄒᆞᆯ必要가有ᄒᆞᆷ으로赤十字條約第七條에容易히知得ᄒᆞᆯ一樣의旗를樹立ᄒᆞ며且其近傍에반다시國旗를揭揚ᄒᆞ고又赤十字條約을依ᄒᆞ야保護를受ᄒᆞᆯ衛生部員은臂章을附著ᄒᆞᆷ이可ᄒᆞ며其旗의徽章及臂章은白地에赤十字形을畵ᄒᆞᆷ이可ᄒᆞ다規定ᄒᆞ얏스며其臂章은濫用ᄒᆞᆯ虞慮가有ᄒᆞᆷ으로交戰國陸軍軍衙에서其資格이有ᄒᆞᆫ各人에게交付ᄒᆞᆷ이可ᄒᆞ다ᄒᆞ얏스니總히此等規定은交戰國雙方이嚴格히遵守ᄒᆞᆯ바ㅣ오決코濫用ᄒᆞ기不能ᄒᆞ며且赤十字條約의規定은陸軍에屬ᄒᆞᆫ病院等에限ᄒᆞ얏스나同條約趣旨를基因ᄒᆞ야列國合同의事業으로一般의承認을經ᄒᆞᆫ私設團体와如ᄒᆞᆷ도또ᄒᆞᆫ其

병사를 전쟁 중에 적군과 협의하여 그 전방 초소로 보낼 수 있다고 규정하였다. 또 치료한 후 병역을 감당할 수 없는 사람은 본국으로 송환해야 하며, 그 밖의 사람이라도 전쟁 중 무기를 휴대하지 않을 조건으로 본국으로 송환해야 한다. 또 퇴거할 때에는 이를 통솔하는 인원과 함께 완전한 불가침의 대우를 받아야 한다는 것은 앞에서 여러 번 서술한 바와 같다.

전쟁 중 불가침의 대우를 받아야 할 육군병원, 전지야전병원 그 밖의 병자와 부상자 주둔소가 그 이동할 때에는, 적국의 교전자가 쉽게 이를 식별할 필요가 있다. 이에 따라 적십자조약 제7조[1]에, 쉽게 알 수 있는 동일한 깃발을 세우며, 또 그 근방에 반드시 국기를 게양하고, 또한 적십자조약에 따라 보호를 받을 위생부 인원은 견장(肩章)을 부착해야 하며, 그 깃발의 휘장과 견장은 백지에 적십자 모양을 그려야 한다고 규정하였으며, 그 견장은 남용할 우려가 있기 때문에, 교전국 육군군무소에서 그 자격이 있는 각자에게 교부해야 한다고 하였다. 이들 규정은 모두 교전국 쌍방이 엄격히 준수해야 하고 결코 남용할 수 없다. 또한 적십자조약의 규정은 육군에 속한 병원 등에 한정되나, 동 조약의 취지에 따라 각국 합동 사업으로 일반적 승인을 거친 사설단체와 같은 것도 또한 그

1 1864년 제네바협약 제7조의 영문은 다음과 같다. Article 7: "A distinctive and uniform flag shall be adopted for hospitals, ambulances and evacuation parties. It should in all circumstances be accompanied by the national flag. An armlet may also be worn by personnel enjoying neutrality but its issue shall be left to the military authorities. Both flag and armlet shall bear a red cross on a white ground."

特權을享有홈이普通이니譬컨ᄃᆡ日淸戰爭及日露戰爭中에日本國赤十字社는戰地後方의衛生勤務及內地陸軍衛生勤務에從事ᄒᆞ기爲ᄒᆞ야多數의救護班을組織ᄒᆞ야陸軍의衛生事務를幫助홈과日露戰爭初에我仁川海에셔日本國軍艦이擊沈ᄒᆞᆫ「와리야구」艦「고렌스」艦內의露國水兵二十四人을佛國軍艦의救助를受ᄒᆞᆫ後에此를日本國松山病院支部에셔治療ᄒᆞ야全快後本國에還歸케ᄒᆞᆫ等이其一例며海戰에在ᄒᆞ야不可侵의待遇를受ᄒᆞᆯ軍用病院船及交戰國의個人又는公認된救恤協會의費用으로써全部를艤裝ᄒᆞᆫ病院船으로官廳許可를受ᄒᆞᆫ者는其旨意를敵國에게豫先通告ᄒᆞᆯ지며又或中立國의個人又는救恤協會의病院舩될時는交戰國雙方에豫告홈이常則이니就中軍用病院船은外部를白地에幅約一「메돌」半되는綠色條線을畫ᄒᆞ며其他病院船은白地에同幅되는赤條線을加ᄒᆞ며此兩種病院船은國旗와共히赤十字旗를揭揚홈이可ᄒᆞᆫ바ㅣ라往年日露戰爭中에中立國으로브터病院舩을東洋에派遣홈이雖無ᄒᆞ나日本國陸軍病院舩은橫濱丸以下十七隻이幷히病傷者救護에從事ᄒᆞ얏스며其他同國赤十字社는博愛、弘濟의二隻病院舩을使用ᄒᆞ얏스며露國은旅順에在ᄒᆞ야「가잔」「안양라」

특권을 향유하는 것이 보통이다. 예컨대 청일전쟁 중에 일본적십자사는 전지 후방의 위생근무와 내지 육군 위생근무에 종사하기 위해, 다수의 구호반을 조직하여 육군의 위생사무를 방조하게 하였으며, 일본-러시아 전쟁 초에 우리 인천항에서 일본 군함이 격침한 「Varyag」함[1]·「Koreets」함[2] 내의 러시아 수병 24인을 프랑스 군함이 구조한 것을 인수한 후에 이를 일본 마스야마(松山) 병원 지부에서 치료하여 완쾌 후 본국으로 송환한 것 등이 그 한 예이다. 해전에서 불가침의 대우를 받아야 할 군용 병원선과 교전국의 개인이나 공인된 구호협회의 비용으로 전부를 의장(艤裝)한 병원선으로 관청의 허가를 받은 것은, 그 취지를 적국에 미리 통고해야 하거나 또는 중립국의 개인이나 구호협회의 병원선인 때에는 교전국 쌍방에 예고해야 하는 것이 상규이다. 그 중 특히 군용 병원선은 외부를 백지에 폭 약 1.5m의 녹색의 가로 줄무늬 선을 그리며,[3] 그 밖의 병원선은 백지에 같은 크기의 적색의 가로 줄무늬 선을 칠하며, 이 두 종류의 병원선은 국기와 함께 적십자기를 게양해야 한다. 지난 일본-러시아 전쟁 중에 중립국으로부터 병원선을 동양에 파견한 것이 비록 없었으나, 일본 병원선은 요코하마(横濱)호 이하 17척이 모두 병자와 부상자 구호에 종사하였다. 그 밖에 일본 적십자사는 「박애」(博愛), 「홍제」(弘濟)의 2척의 병원선을 사용하였다. 러시아는 여순(旅順)에서 「Kazan」함과 「Angara」함

1 러시아 해군 순양함(巡洋艦) (러) Варяг.
2 러시아 해군 포함(砲艦) (러) Кореец.
3 "가로 줄무늬선"은 사문화된 내용으로 현대에는 적십자, 적신월 및 적사자·태양 등 세 개의 식별표장을 사용한다. 한편 2005년 네 번째 추가 식별표장 채택에 관한 제3추가의정서가 채택되었다.

」一二隻의病院船을使用ᄒᆞ며日本海海戰時에도「아리욜」「가스도로마」의二隻病院船을使用ᄒᆞ얏스나旅順開城時에ᄂᆞᆫ條約違反의理由로써「가스도로마」以外三隻은日本國에게沒收된바ㅣ라

赤十字條約第五條를據ᄒᆞᆫ건ᄃᆡ負傷者를救護ᄒᆞᄂᆞᆫ土地의住民은可히侵害치못ᄒᆞᆯ지며且此로ᄒᆞ야곰救助의目的을自由케아니ᄒᆞᆷ이不可ᄒᆞ다ᄒᆞ얏스며又交戰國將官은地方人民에게慈善事業을慫慂ᄒᆞ며且慈善的義擧를行ᄒᆞᄂᆞᆫ者ᄂᆞᆫ中立의待遇를受ᄒᆞᆷ이可ᄒᆞ다ᄒᆞᄂᆞᆫ事를豫告ᄒᆞᄂᆞᆫ責任이有ᄒᆞ다ᄒᆞ얏스며戰地에在ᄒᆞᆫ人民이家屋內에負傷者를容接看護ᄒᆞᆯ時ᄂᆞᆫ其家屋을可히侵害치못ᄒᆞᆯ지며又自己家屋에負傷者를容接ᄒᆞᄂᆞᆫ住民은戰時課稅의一部分을免除ᄒᆞ며且其家屋을軍隊宿舍에供用ᄒᆞᆷ이不可ᄒᆞ다規定ᄒᆞ야戰地에在ᄒᆞᆫ個人이病傷者를看護ᄒᆞᄂᆞᆫ者에對ᄒᆞ야도特別ᄒᆞᆫ保護를與코저ᄒᆞ얏스나此規定은從成學者가批難ᄒᆞᆯ뿐아니라實際上此等義務를交戰國에게負擔케ᄒᆞᆷ이過當ᄒᆞᆷ으로改正赤十字條約에在ᄒᆞ야ᄂᆞᆫ義務的云云ᄒᆞᄂᆞᆫ文字를交戰國의任意로行得ᄒᆞᆯ權能云云ᄒᆞᄂᆞᆫ文字로改正ᄒᆞᆫ바오又海戰에在ᄒᆞ야ᄂᆞᆫ中立國의商船、郵船又ᄂᆞᆫ輕舟로써交戰國의病

2척의 병원선을 사용하였으며, 일본해전 시에도 「Oryol」함과 「Kostroma」함 2척의 병원선을 사용하였다. 그러나 여순 함락 시에는 조약 위반을 이유로 「Kostroma」함 이외의 3척은 일본에 몰수되었다.

적십자조약 제5조[1]에 따를 경우, 부상자를 구호하는 전지에서의 주민은 침해할 수 없으며, 또 이들로 하여금 구조의 목적을 자유롭게 하지 아니하는 것은 불가하다고 하였다. 또 교전국 장관은 지방 인민에게 자선사업을 종용하며 또 자선적 의거(義擧)[2]를 하는 사람은 중립의 대우를 받을 수 있다고 하는 것을 예고할 책임이 있다고 하였다. 전지에 있는 인민이 가옥 내에 부상자를 맞아들여 간호할 때에는 그 가옥을 침해할 수 없으며, 또 자기 가옥에 부상자를 맞아들인 주민은 전시 과세의 일부분을 면제하며 또 그 가옥을 군대 숙소로 제공할 수 없다고 규정하여, 전지에 있는 개인이 병자와 부상자를 간호하는 사람에 대해서도 특별한 보호를 부여하고자 하였다. 그러나 이들 규정은 종래 학자가 이를 비난할 뿐만 아니라, 실제상 이들 의무를 교전국에 부담 지우는 것이 과도하였기 때문에, 개정 적십자조약[3]에서는 '의무적'이라고 하는 문자를 교전국이 임의로 할 수 있는 권능이라고 하는 문자로 개정한 것이다. 해전에서는 중립국의 상선, 우편함이나 작은 배로써 교전국의 병자와

1 1864년 제네바협약 제5조의 영문은 다음과 같다. Article 5: "Inhabitants of the country who bring help to the wounded shall be respected and shall remain free. Generals of the belligerent Powers shall make it their duty to notify the inhabitants of the appeal made to their humanity, and of the neutrality which humane conduct will confer. The presence of any wounded combatant receiving shelter and care in a house shall ensure its protection. An inhabitant who has given shelter to the wounded shall be exempted from billeting and from a portion of such war contributions as may be levied."

2 의거(義擧): 정의를 위하여 일으키는 의로운 일.

3 짐작컨대 1906년 제네바협약 제5조를 말하는 것 같다. Article 5: "Military authority may make an appeal to the charitable zeal of the inhabitants to receive and, under its supervision, to care for the sick and wounded of the armies, granting to persons responding to such appeals special protection and certain immunities."

傷者ㅣ或難船者를搭載或收容ᄒᆞᆫ者는其輸送이라云々ᄒᆞ는條件을因ᄒᆞ야捕獲됨을免ᄒᆞᄂᆞ니是는赤十字條約의原則을海戰에應用ᄒᆞ는條約第六條에照ᄒᆞ야明白ᄒᆞ도다

交戰國病傷者를中立國領土를經由ᄒᆞ야本國에送還ᄒᆞᆷ에對ᄒᆞ야는普佛戰爭中에白耳義國이普國에對ᄒᆞ야此를拒絕ᄒᆞᆷ으로一時問題를成ᄒᆞᆫ바ㅣ나부릿셀宣言及并陸戰法規慣例條約에在ᄒᆞ야는其通過ᄒᆞᆷ을許ᄒᆞᆫ다ᄒᆞ야中立國은交戰國에對ᄒᆞ야同國에屬ᄒᆞᆫ傷者及病者로ᄒᆞ야곰其版圖內를通過ᄒᆞᆯ事를許認ᄒᆞᆷ을得ᄒᆞ되其許可에對ᄒᆞ야는其輸送列車에는戰鬪人員及材料를搭載치아니ᄒᆞᆯ事를條件으로定ᄒᆞ며且必要ᄒᆞᆫ監督及保安의處置를施ᄒᆞᆷ이可ᄒᆞᆷ으로甲交戰國이乙交戰國에屬ᄒᆞᆫ傷者及病者을中立國版圖로輸送ᄒᆞᆯ時는中立國은此를監督ᄒᆞ야再次作戰動作에干與치못ᄒᆞ게ᄒᆞ며甲交戰國으로브터依賴를受ᄒᆞ는病傷者에對ᄒᆞ야도同一義務를負ᄒᆞᆷ이可ᄒᆞᄂᆞ니然則其病傷者의運搬을中立國許可를得ᄒᆞᆷ에는甲交戰國이自國의戰鬪員病傷者를戰地로브터本家에護送ᄒᆞ는境遇에限ᄒᆞ는바ㅣ라

부상자 또는 조난자를 탑재 또는 수용한 자는 그 수송이라고 하는 조건에 따라 포획되는 것을 면하게 된다. 이는 적십자조약의 원칙을 해전에 응용하는 조약 제6조[1]에 비추어 보아도 명백하다.

교전국 병자와 부상자를 중립국 영토를 경유하여 본국으로 송환하는 것에 대해서는, 프러시아-프랑스 전쟁 중에 벨기에가 프러시아에 대해 이를 거절하므로 한때 문제가 되었다. 그러나 Brussel 선언과 육전법규관례조약에서는 그 통과를 허용한다고 하여, 중립국은 교전국에 대해 동국에 속한 부상자와 병자가 그 영토 내를 통과하는 것을 허락할 수 있지만, 그 허가에 대해서는 그 수송 열차에는 전투 인원과 재료를 탑재하지 아니할 것을 조건으로 정하며, 또한 필요한 감독과 보안 조치를 실시할 수 있다. 그러므로 갑 교전국이 을 교전국에 속한 부상자와 병자를 중립국 영토로 수송할 때에는, 중립국은 이를 감독하여 다시 작전 동작에 간여하지 못하게 하며, 갑 교전국으로부터 의뢰를 받은 병자와 부상자에 대해서도 같은 의무를 부담하게 한다. 그렇다면 그 병자와 부상자의 운반을 중립국의 허가를 얻게 되는 것은, 갑 교전국이 자국의 전투원인 병자와 부상자를 전지로부터 본국으로 호송하는 경우로 한정되는 것이다.

---

1 1899년 헤이그 제3협약 Article 6: "Neutral merchantmen, yachts, or vessels, having, or taking on board, sick, wounded, or shipwrecked of the belligerents, cannot be captured for so doing, but they are liable to capture for any violation of neutrality they may have committed."

戰地에在ᄒᆞᆫ戰鬪員又ᄂᆞᆫ俘虜의死亡者ᄂᆞᆫ其死体에對ᄒᆞ야侮辱을加ᄒᆞᆷ이不可ᄒᆞᄂᆞ니옷구스후도陸戰法規第一九條에戰地에在ᄒᆞᆫ死体를剝奪或支解ᄒᆞᆷ을禁止ᄒᆞ고第二〇條에死者를埋葬ᄒᆞᆷ에ᄂᆞᆫ其何人됨을認識ᄒᆞᆷ에必要ᄒᆞᆫ證憑을集合ᄒᆞᆫ後가아님이不可ᄒᆞ며且其蒐集ᄒᆞᆫ바證憑은敵國軍隊又ᄂᆞᆫ政府에通知ᄒᆞᆷ이可ᄒᆞ다規定ᄒᆞ얏스며交戰國은敵人死亡者에對ᄒᆞ야其階級及資格에相當ᄒᆞᆫ禮儀로써陸軍哩葬地에埋葬ᄒᆞᄂᆞ니今日의慣例를成ᄒᆞᆫ바ㅣ니此에關ᄒᆞ야日本國은往年日淸及日露戰爭時에俘虜團束規則及戰場掃除、戰死者埋葬規則을因ᄒᆞ야敵人死亡者를內國軍人死亡者와同一히待遇ᄒᆞᆫ바ㅣ라

## 第三章　戰地에在ᄒᆞᆫ敵國財産에關ᄒᆞᄂᆞᆫ權利

### 第一部　陸戰

#### 第一節　總說

歐洲中世에在ᄒᆞ야ᄂᆞᆫ敵國所屬財産은何處에在ᄒᆞᆷ을不問ᄒᆞ고此를破壞或略取ᄒᆞ얏스며第十八世紀에至ᄒᆞ야부뎰氏ᄂᆞᆫ敵國에게受ᄒᆞᆫ損害를補償ᄒᆞ거나敵國이自國을攻擊ᄒᆞᄂᆞᆫ資料를成ᄒᆞᆯ物品은沒收ᄒᆞᆷ을得ᄒᆞ며敵國의勢力을減削ᄒᆞ며

전지에 있는 전투원 또는 포로 사망자는 그 사체에 대해 모욕을 가할 수 없다. Oxford 육전법규 제19조[1]에서 전지에 있는 사체를 박탈 또는 해부하는 것을 금지하며, 제20조[2]에서 사망자를 매장할 경우에는 그가 누구인지를 인식하기에 필요한 증빙을 수집한 후가 아니면 할 수 없고, 또 그 수집한 증빙은 적국 군대나 정부에 통지해야 한다고 규정하였다. 교전국은 적인 사망자에 대해 그 계급과 자격에 상당한 예의로써 육군매장지에 매장해야 한다. 오늘날의 관례로 되었다. 이에 관해 일본은 지난 청일전쟁 및 일본-러시아 전쟁 시에 포로단속규칙과 전장청소·전사자매장규칙에 따라 적인 사망자를 내국 군인 사망자와 동일하게 대우하였던 것이다.

# 제3장 전지에 있는 적국 재산에 관한 권리

## 제1부 육전(陸戰)

### 제1절 총설

유럽 중세에는 적국 소속 재산은 어디에 있는가를 불문하고 이를 파괴 또는 약취하였다. 18세기에 이르러 Vattel은 적국으로부터 입은 손해를 보상하거나, 적국이 자국을 공격하는 자료가 될 물품을 몰수할 수 있으며, 적국의 세력을 삭감하거나

1 주정균 교재에 언급된 1880년 Oxford 육전법규는 조약이 아닌 국제법학회의 결의이다. Article 19: "It is forbidden to rob or mutilate the dead lying on the field of battle."

2 1880년 Oxford 육전법규 제20조의 영문은 다음과 같다. Article 20: "The dead should never be buried until all articles on them which may serve to fix their identity, such as pocket-books, numbers, etc., shall have been collected. The articles thus collected from the dead of the enemy are transmitted to its army or government."

又或懲罰ᄒᆞᆷ에必要ᄒᆞᆫ敵國財産은此를取得ᄒᆞᆯ바ㅣ라云ᄒᆞ얏스나現今에至ᄒᆞ야는一步를更進ᄒᆞ야敵國財産中에國有及私有를區別ᄒᆞ야法則이不同ᄒᆞᆯ뿐아니라財産의性質上戰鬪에直接供用되는與否並戰鬪事情에依ᄒᆞ야此를破壞又는押收ᄒᆞᆷ을得ᄒᆞ는與否를區別ᄒᆞᄂᆞ니玆에一般의原則을據ᄒᆞ건ᄃᆡ戰爭의必要上萬不得已ᄒᆞᆫ境遇以外에는敵의財産을破壞或押收ᄒᆞᆷ을不得ᄒᆞ며特히私有財産은此를沒收ᄒᆞᆷ을不得ᄒᆞ며又掠奪ᄒᆞᆷ을嚴禁ᄒᆞ는바ㅣ니是는陸戰法規慣例條約二三條、四六條、四七條等에照ᄒᆞ야無疑ᄒᆞᆫ바ㅣ라

然이나此原則에對ᄒᆞ는例外가非無ᄒᆞᄂᆞ니戰鬪行爲로브터伴生ᄒᆞ는바敵國財産의破壞는顧慮ᄒᆞᆯ바ㅣ아닐뿐아니라戰鬪의必要上敵國의國有及私有財産을破壞或押收ᄒᆞᆷ은無妨ᄒᆞ며特히戰鬪에直接供用될性質이有ᄒᆞᆫ財産或一定ᄒᆞᆫ財産이敵人手中에歸ᄒᆞᆯ時는直接間接으로戰鬪力을增長ᄒᆞᆯ物品은幷히押收ᄒᆞᆷ을得ᄒᆞ나然이나直接間接으로戰鬪에供用되지아니ᄒᆞ며且其虞慮가無ᄒᆞᆫ者는此를破壞又押收ᄒᆞᆷ이不可ᄒᆞᆫ바ㅣ라

## 第二節 戰利品

또는 징벌에 필요한 적국 재산은 이를 취득할 수 있다고 주장하였다. 그러나 오늘날에는 한 걸음 더 나아가 적국 재산 중에 국유와 사유를 구별하여 법칙이 같지 아니하다. 그뿐만 아니라 재산의 성질상 전투에 직접 제공되는지의 여부와 전투 사정에 따라 이를 파괴 또는 압수할 수 있는지의 여부를 구별하고 있다. 이에 일반원칙에 따를 경우, 전쟁의 필요에서 어쩔 수 없는 경우 이외에는 적의 재산을 파괴 또는 압수할 수 없으며, 특히 사유재산은 이를 몰수할 수 없고 또 약탈을 엄격하게 금지한다. 이는 육전법규관례조약 제23조, 제46조, 제47조[1] 등에 비추어 볼 때 의심의 여지가 없다.

그렇지만 이 원칙에 대한 예외가 없지 않다. 전투행위에 따라 발생하는 적국 재산의 파괴는 고려할 바가 아니다. 그뿐만 아니라 전투의 필요에서 적국의 국유와 사유재산을 파괴 또는 압수하는 것은 무방하다. 특히 전투에 직접 사용될 성질이 있는 재산 또는 일정한 재산이 적인(敵人) 수중에 귀속될 때에는, 직접·간접으로 전투력을 증가시킬 물건은 또한 이를 압수할 수 있다. 그러나 직접·간접으로 전투에 제공되지 아니하며 또 그 우려가 없는 것은 이를 파괴하거나 압수할 수 없다.

## 제2절 전리품

1 1899년 헤이그 제2협약 부속서 육전법 및 관습에 관한 규칙 제23조: "특별한 협약으로써 규정한 금지이외에도 다음 사항은 특히 금지된다.
(a) 독 또는 독을 가한 무기의 사용
(b) 적국 또는 적군에 속하는 개인을 배신의 행위로써 살상하는 것
(c) 무기를 버리거나 또는 자위수단이 없이 무조건 투항을 하는 적의 살상
(d) 투항자를 구명하지 않을 것을 선언하는 것
(e) 불필요한 고통을 주는 무기, 발사물, 기타 물질의 사용
(f) 군사기, 국기 또는 군용휘장, 적의 제복 또는 제네바협약의 특수휘장의 부당한 사용
(g) 전쟁의 필요상 부득이한 경우를 제외하고 적의 재산의 파괴 또는 압류"
제46조: "가문의 명예 및 권리, 개인의 생명 및 사유재산과 종교적 신념 및 자유는 존중되어야 한다. 사유재산은 몰수될 수 없다."
제47조: "약탈은 공식적으로 금지된다."

凡陸戰에在ᄒᆞ야敵國으로브터押收ᄒᆞᆫ財産을戰利品이라稱ᄒᆞ며海上에在ᄒᆞ야取得ᄒᆞᆫ敵國財産을拿捕物이라謂ᄒᆞᄂᆞ니就中陸戰에在ᄒᆞ야ᄂᆞᆫ軍隊ᄂᆞᆫ戰場又ᄂᆞᆫ占領地에在ᄒᆞ야一定ᄒᆞᆫ例外ᄅᆞᆯ除ᄒᆞ고敵國의國有財産을幷히沒收ᄒᆞ며其以外의物品이라도敵兵又敵人에遺棄ᄒᆞᆫ바物品으로軍隊가取得ᄒᆞᆫ物品은官有及私有ᄅᆞᆯ區別치아니ᄒᆞ고幷히戰利品이라稱ᄒᆞᄂᆞᆫ바ㅣ라

戰利品됨을可得ᄒᆞᆯ物品은動産에限ᄒᆞᄂᆞ니國有動産은一定ᄒᆞᆫ例外ᄅᆞᆯ除ᄒᆞ고總히戰利品됨을得ᄒᆞ며私有動産은戰鬪에直接使用ᄒᆞᄂᆞᆫ바ᄅᆞᆯ除ᄒᆞᆫ外에ᄂᆞᆫ戰利品됨을不得ᄒᆞᆯ지라然而凡戰利品은此ᄅᆞᆯ押收ᄒᆞᆫ軍隊又ᄂᆞᆫ個人에게屬지아니ᄒᆞ고其本國所有로作ᄒᆞᆷ이常則이며又戰利品押收에對ᄒᆞ야其所有權은如何ᄒᆞᆫ時期에至ᄒᆞ야押收國에移轉된다云ᄒᆞᆯ가此点에關ᄒᆞ야ᄂᆞᆫ各國의法令及慣例가不一ᄒᆞᄂᆞ니一派의論者ᄂᆞᆫ押收者가二十四時間을占有ᄒᆞᆯ時ᄂᆞᆫ所有權이移轉ᄒᆞᆫ바ㅣ라云ᄒᆞ야비록一時有力ᄒᆞ얏스나古來의一般法則을據ᄒᆞ건ᄃᆡ押收者가其物品을安全히占有ᄒᆞᆫ時期에至ᄒᆞ야所有權이移轉ᄒᆞᆫ바로看做ᄒᆞᆫ지라故로軍隊의陣營內에運搬ᄒᆞᆫ境遇ᄂᆞᆫ勿論이어니와果然如何ᄒᆞᆫ境遇ᄅᆞᆯ安全히占有ᄒᆞᆫ者ㅣ라云

무릇 육전(陸戰)에서 적국으로부터 압수한 재산을 전리품이라 하며, 해상에서 취득한 적국재산을 나포물이라 한다. 그 중 특히 육전에서는 군대는 전쟁터나 점령지에서 일정한 예외를 제외하고, 적국의 국유재산을 또한 몰수하며, 그 이외의 물품일지라도 적병과 적인이 유기한 물품으로 군대가 취득한 물품은 관유(官有)와 사유(私有)를 구별하지 않고 모두 전리품이라 일컫는다.

전리품으로 될 수 있는 물품은 동산에 한한다. 국유동산은 일정한 예외를 제외하고 모두 전리품으로 될 수 있다. 사유동산은 전투에 직접 사용되는 것을 제외하고는 전리품으로 될 수 없다. 그러나 무릇 전리품은 이를 압수한 군대 또는 개인에게 속하지 아니하고, 그 본국의 소유로 하는 것이 상규이다. 또 전리품 압수에 대해 그 소유권은 어떠한 시기에 이르러 압수국으로 이전된다고 할 수 있는가. 이 점에 관해서는 각국의 법령과 관례가 일치하지 아니한다. 일부 논자는 압수자가 24시간을 점유할 때에는 소유권이 이전한다고 하여 일시 유력하기도 하였다. 그러나 옛날부터의 일반법칙에 따를 경우, 압수가 그 물품을 완전히 점유할 시기에 소유권이 이전하는 것으로 간주된다. 따라서 군대의 진영 내에 운반한 경우는 물론이고, 과연 어떠한 경우를 완전히 점유한 것이라고 이를

ᄒᆞᆯ가是ᄂᆞᆫ事實問題에雖屬ᄒᆞ나一般的으로立論ᄒᆞᆯ진ᄃᆡ押收者가其物品所有者及他敵人으로브터自己의占有ᄅᆞᆯ妨害됨이無ᄒᆞ며敵軍의攻擊을受ᄒᆞ거나不測ᄒᆞᆫ事變을因ᄒᆞ야追奪됨이아니면同物品은敵人에게被奪ᄒᆞᆯ虞感가無ᄒᆞᆯ時ᄂᆞᆫ所有權이移轉ᄒᆞ얏다云ᄒᆞᆯ지로다

軍隊又ᄂᆞᆫ兵士가戰利品을押收ᄒᆞᆷ은國家의代理人으로戰鬪行爲ᄅᆞᆯ行ᄒᆞᆫ結果됨으로其所有權은國家에屬ᄒᆞᆷ이無疑ᄒᆞ나歐米諸國에在ᄒᆞᆫ古來의慣例ᄅᆞᆯ據ᄒᆞᆫ건ᄃᆡ或은軍隊戰鬪行爲ᄅᆞᆯ奬勵ᄒᆞ며押收ᄒᆞᆫ勞苦ᄅᆞᆯ報酬ᄒᆞ기爲ᄒᆞ고又或은國家의所有되ᄂᆞᆫ原則을勵行ᄒᆞ야毫末도押收者에게分配치아니ᄒᆞᆷ은事實上困難ᄒᆞᆫ理由ᄅᆞᆯ基因ᄒᆞ야其全部或一部ᄅᆞᆯ軍隊又兵士에게分配ᄒᆞ얏스니譬컨ᄃᆡ千八百六十四年에英國君主ᄂᆞᆫ捕獵法及度支大臣의勸告ᄅᆞᆯ因ᄒᆞ야任意戰利品及拿捕物을押收者에게分配ᄒᆞ얏고米國에在ᄒᆞ야ᄂᆞᆫ大統領이戰時大元帥의資格으로써戰利品의一部分을兵士에게分與ᄒᆞ야其他諸國에在ᄒᆞ야도戰利品又ᄂᆞᆫ拿捕物을押收者에게分配ᄒᆞᄂᆞᆫ法則이有ᄒᆞᆫ等이是라然而右等法則은各國의獨立權行使에基因ᄒᆞ야任意로制定ᄒᆞᄂᆞᆫ內國法의結果에不外ᄒᆞᄂᆞ니戰利品이一朝國家

것인가. 이는 비록 사실문제에 속하나 일반적으로 의론할 경우, 압수자가 그 물품의 소유자와 그 밖의 적인으로부터 자기의 점유를 방해받지 아니하며, 적군의 공격을 받거나 예측하지 못한 사변에 따라 추탈(追奪)되지 아니하면, 동 물품은 적인에게 추탈될 우려가 없을 때에 소유권이 이전되었다고 인정할 수 있다.

군대 또는 병사가 전리품을 압수하는 것은 국가의 대리인으로 전투행위를 한 결과이기 때문에, 그 소유권이 국가에 귀속되는 것은 의심의 여지가 없다. 그러나 유럽과 미국의 여러 나라에서의 옛날부터의 관례에 따를 경우, 군대의 전투행위를 장려하며 압수한 노고에 보답하기 위해서 또는 국가 소유로 되는 원칙을 장려하여 조금도 압수자에게 분배하지 않는 것은 사실상 곤란하다는 이유에 따라, 그 전부 또는 일부를 군대나 병사에게 분배하였다. 예컨대, 1864년에 영국 국왕은 수렵법(狩獵法)과 재무대신의 권고에 따라, 임의로 전리품과 나포물을 압수자에게 분배하였고, 미국에서는 대통령이 전시 대원수의 자격으로 전리품의 일부분을 병사에게 나누어 주었으며, 그 밖의 여러 나라에서도 전리품 또는 나포물을 압수자에게 분배하는 법칙이 있었던 것 등이 이것이다. 그러나 위의 법칙은 각국의 독립권 행사에 따라 임의로 제정한 내국법의 결과에 지나지 않는다. 전리품이 일단

所有된以上은如何히處分ᄒᆞ든지國際公法上에深究ᄒᆞᆯ必要가無ᄒᆞᆫ바ㅣ라國有財産으로戰利品됨을不得ᄒᆞᆯ例外와私有財産으로戰利品됨을可得ᄒᆞᆯ例外를明瞭히ᄒᆞ기爲ᄒᆞ야國有財産及私有財産에關ᄒᆞᄂᆞᆫ法則을左에略說ᄒᆞ노라

第一、國有財産　國有財産中土地其他不動産은此를沒收ᄒᆞ기不能ᄒᆞᄂᆞ니何者오軍隊가戰爭進行上設或此를占有ᄒᆞ며又或占領ᄒᆞᆷ을當ᄒᆞ야도永久所有코져ᄒᆞᄂᆞᆫ意思가有ᄒᆞ다推測ᄒᆞ기不能ᄒᆞ며又其意思가有ᄒᆞ야도其所有를確實케ᄒᆞᆷ에ᄂᆞᆫ時効를因ᄒᆞ거나征服及割讓을因ᄒᆞ야領土權又ᄂᆞᆫ所有權을取得ᄒᆞᆷ이아니면自國의所有를作ᄒᆞ기不能ᄒᆞᆫ所以라是以로軍隊가敵國의不動産을其權力下에置ᄒᆞᆯ時ᄂᆞᆫ單히保管者地位에立ᄒᆞ야其土地及建築物을使用或貸與ᄒᆞᆷ을得ᄒᆞ나此를處分ᄒᆞ기不能ᄒᆞᄂᆞ니是ᄂᆞᆫ陸戰法規慣例條約第五五條에「占領者된國은敵國國有에屬ᄒᆞᆫ바占領地內에在ᄒᆞᆫ公有建物不動産森林及農作地의管理者되며且其用役權者됨에不過ᄒᆞᆷ을注意ᄒᆞ야其財産의基本을保護ᄒᆞ며用役權의規則을依ᄒᆞ야管理치아니ᄒᆞᆷ이不可ᄒᆞ다」規定ᄒᆞᆫ바ㅣ라然이나國有不動産中에砲臺、造兵廠等과如ᄒᆞᆫ軍事上建築物은戰鬪必要

국가소유로 된 이상은 이를 어떻게 처분하든지에 대해 국제공법상 탐구할 필요가 없다. 국유재산으로 전리품이 될 수 없는 예외 및 사유재산 전리품이 될 수 있는 예외를 명확하게 하기 위해, 국유재산과 사유재산에 관한 법칙을 다음에 간략하게 설명한다.

1. 국유재산

국유재산 중 토지 그 밖의 부동산은 이를 몰수할 수 없다. 왜냐하면 군대가 전쟁 진행상 설사 이를 점유하거나 또는 점령을 해도 영구적으로 소유하고자 하는 의사가 있다고 추측할 수 없기 때문이다. 또한 그 의사가 있다 해도 그 소유를 확실하게 하기 위해서는 시효로 인하거나 정복과 할양에 따라 영토권 또는 소유권을 취득해야 하고 그렇지 아니하면 자국의 소유로 할 수 없기 때문이다. 이에 따라 군대가 적국의 부동산을 그 권력 하에 둔 때에는, 단지 보관자의 지위에 서서 그 토지와 건축물을 사용 또는 대여할 수 있으나, 이를 처분할 수는 없다. 이는 육전법규관례조약 제55조[1]에 「점령국은 적국에 속하며 또한 점령지내에 있는 공공건물, 부동산, 삼림 및 농장에 대하여 그 관리자 및 용익권자로서만 간주되며, 이러한 재산의 기본을 보호하고, 용익권의 규칙에 따라 이를 관리하여야 한다」고 규정한 것이다. 그러나 국유부동산 중에 포대, 조병창(造兵廠)[2]과 같은 군사상 건축물은 전투의

1 1899년 헤이그 제2협약 부속서 육전법 및 관습에 관한 규칙 제55조.
2 조병창(造兵廠): 무기, 병기를 만드는 공장.

上此ᄅᆞᆯ破壞ᄒᆞᆷ을得ᄒᆞ며又作戰動作에必要로認ᄒᆞᆯ時ᄂᆞᆫ鉄道、橋梁을破壞ᄒᆞ며道路、運河ᄅᆞᆯ塡塞ᄒᆞᆷ은躊躇치아니ᄒᆞᆯ行爲니如斯ᄒᆞᆫ軍事上의建築物은軍事上必要ᄅᆞᆯ基因ᄒᆞ야此ᄅᆞᆯ處分ᄒᆞᆷ을得ᄒᆞᄂᆞᆫ바ㅣ라

此와反ᄒᆞ야寺院、學校、博物館、美術館等과如ᄒᆞᆫ宗教、慈善、學術、技藝及教育에關ᄒᆞᆫ建築物及歷史上의紀念物은其性質上戰爭에關係가毫無ᄒᆞ며社會文明進步上에必要ᄒᆞᆫ者ㅣ됨으로軍隊에在ᄒᆞ야도特히此ᄅᆞᆯ保護ᄒᆞᆯ바ㅣ니是以로陸戰法規慣例條約第二七條에此物建築物은其現에軍事上目的에供用치아니ᄒᆞᆯ時ᄂᆞᆫ可成的此ᄅᆞᆯ加害치아니ᄒᆞᆯ必要手段을施ᄒᆞᆷ이可ᄒᆞ다規定ᄒᆞ얏스며且戰鬪中交戰者가如斯ᄒᆞᆫ建築物을識別ᄒᆞᄂᆞᆫ必要가有ᄒᆞᆷ으로攻圍砲擊을際ᄒᆞ야被圍者ᄂᆞᆫ豫先敵軍에通知ᄒᆞᆫ바容易히識別ᄒᆞᆯ特別의徽章으로써其建築物及處所ᄅᆞᆯ表示ᄒᆞᆷ이可ᄒᆞ다規定ᄒᆞᆫ바ㅣ라

動產은不動產에比ᄒᆞ야物質이相異ᄒᆞᆷ으로軍隊가此ᄅᆞᆯ使用、消費又ᄂᆞᆫ運搬ᄒᆞ야戰鬪資料에供用ᄒᆞᆷ을可得ᄒᆞᆯ지라是以로國有動產中에軍艦、兵器、彈藥、車馬、船舶等戰爭에直接使用ᄒᆞᄂᆞᆫ物品으로始ᄒᆞ야糧食、金錢其他一

필요상 이를 파괴할 수 있다. 또 작전 동작에 필요하다고 인정할 때에는 철도, 교량을 파괴하며 도로, 운하를 막고 메우는 것은 주저하지 아니할 행위에 속한다. 이와 같은 군사상의 건축물은 군사상 필요에 따라 이를 처분할 수 있는 것이다.

이에 반해 사원, 학교, 박물관, 미술관 등과 같은 종교, 자선, 학술, 기예와 교육에 관한 건축물과 역사상의 기념물은 그 성질상 전쟁과 관계가 전혀 없으며, 사회 문명의 진보상 필요한 것이기 때문에 군대에서도 특히 이를 보호해야 한다. 이에 따라 육전법규관례조약 제27조[1]에 이 건축물은 현재 군사상 목적에 제공되고 있지 아니할 때에는, 가급적 이에 해를 가하지 아니할 필요수단을 실시해야 한다고 규정하였다. 또한 전투 중 교전자가 이와 같은 건축물을 식별할 필요가 있기 때문에, 포위 공격의 포격을 할 때에 포위된 자는 먼저 적군에게 통지하였던 쉽게 식별할 수 있는 특별한 휘장으로 그 건축물과 장소를 표시해야 한다고 규정한 것이다.

동산은 부동산에 비해 물건의 성질이 상이하고, 군대가 이를 사용, 소비 또는 운반하여 전투자료로 제공할 수 있다. 이에 따라 국유동산 중 군함, 병기, 탄약, 마차, 선박 등 전쟁에 직접 사용하는 물품을 비롯해 식량, 금전 그 밖의

1 1899년 헤이그 제2협약 부속서 육전법 및 관습에 관한 규칙 제27조: "포위공격 또는 포격시 종교, 예술, 학술 및 자선의 용도에 제공되는 건물, 병원과 상병자의 수용소는 그것이 동시에 군사상의 목적에 사용되지 아니하는 한 가급적 피해를 면하게 하기 위하여 필요한 모든 조치가 취하여져야 한다. 포위공격을 당한 자는 눈에 띄는 특별한 휘장으로써 그러한 건물 또는 수용소를 표시하여야하며, 그 휘장을 사전에 포위공격자에게 통보하여야 한다."

切國有動産은國際公法의慣例를基因ᄒᆞ야特別保護를加ᄒᆞᄂᆞᆫ者以外에ᄂᆞᆫ幷히押收ᄒᆞᆷ을得ᄒᆞᆯ지라陸戰法規慣例條約第三條第一項에「一地方을占領ᄒᆞᆫ軍은本來國有에屬ᄒᆞᆫ現金、基金有價証券兵器廠、輸送材料、倉庫糧秣其他總作戰動作에供用ᄒᆞᆷ을可得ᄒᆞᆯ國有財産을除ᄒᆞᆫ外에此를押收ᄒᆞᆷ을不得」ᄒᆞᆫ다規定ᄒᆞᆷ으로國有金錢、有價證券、兵器彈藥、舩舶、車馬及運送用의物件、倉庫貯藏品其他戰爭에使用ᄒᆞᄂᆞᆫ物品은幷히沒收ᄒᆞᆷ을可得ᄒᆞᆫ다云ᄒᆞᆯ지로다

陸上에在ᄒᆞᆫ國有動産中戰利品됨을不得ᄒᆞᆯ物品을擧ᄒᆞ건ᄃᆡ左와如ᄒᆞᄂᆞ니

(一)裁判所의記錄其他官廳의公文書를押收ᄒᆞᆷ은戰爭目的에直接必要가無ᄒᆞᆯᄲᅮᆫ아니라人民의權利義務關係를紊亂케ᄒᆞᆷ이니此等物員은戰利品됨을不得ᄒᆞᄂᆞᆫ바ㅣ오

(二)圖書、雕刻等美術品과歷史上의價値를有ᄒᆞᆫ物品은人類社會의寶物로看做ᄒᆞᆯ바ㅣ며且其移轉ᄒᆞᆯ時ᄂᆞᆫ價値를減損ᄒᆞᄂᆞ니故로一般의慣例上此를沒收ᄒᆞ기不能ᄒᆞᆫ바ㅣ오

일체의 국유동산은, 국제공법의 관례에 따라 특별보호를 받는 것 이외에는, 모두 압수할 수 있다. 육전법규관례조약 제3조 제1항[1]에 「한 지방을 점령한 군은 본래 국유에 속하는 현금, 기금, 유가증권, 병기창, 수공재료 그 밖의 작전 동작에 제공될 수 있는 모든 국유재산을 제외하고는, 이를 몰수할 수 없다」라고 규정하고 있다. 이에 따라 국유의 금전, 유가증권, 병기·탄약, 선박, 마차와 운송용 물건, 창고저장품 그 밖의 전쟁에 사용하는 물품은 또한 몰수할 수 있다고 할 수 있는 것으로 된다.

육상에 있는 국유동산 중 전리품으로 될 수 없는 물품을 열거해 보면 다음과 같다.

(1) 재판소의 기록 그 밖의 관청의 공문서를 압수하는 것은, 전쟁 목적과 직접 필요가 없을 뿐만 아니라 인민의 권리의무관계를 문란하게 하기 때문에 이들 물품은 전리품으로 할 수 없다.

(2) 도서, 조각 등 미술품과 역사상의 가치를 지닌 물품은, 인류사회의 보물로 간주되는 것이며, 또 그 이전할 때에는 가치를 감소·훼손하게 되기 때문에 일반적 관례상 이를 몰수할 수 없다.

1 주정균 교재는 제3조 제1항으로 표기하고 있으나 제53조 첫 번째 문장의 오기로 보인다. 1899년 헤이그 제2협약 부속서 육전법 및 관습에 관한 규칙 제53조: "점령군은 국가의 소유에 속하는 현금, 기금 및 징발 가능한 재산, 비축무기, 운송수단, 재고품 및 식량과 군사작전에 사용될 수 있는 모든 국유동산을 압수할 수 있다. 해사법에 의하여 규정된 경우를 제외하고는 철도시설, 육상통신, 전화, 기선 및 기타 선박과 저장무기 및 일반적으로 모든 군수품은 회사 또는 사인에게 속하는 것이라 하더라도 군사작전을 위하여 사용될 수 있으나, 평화의 체결시 본래대로 회복되어야 하고, 배상금이 지불되어야 한다." 참고로 1907년 헤이그 제4협약 부속서 육전법 및 관습에 관한 규칙 제53조 내용도 거의 유사하다.

(三)學術、技藝、宗敎、慈善을目的ᄒᆞᄂᆞᆫ建物等에附屬ᄒᆞᆫ物品은비록國有될時라도人類一般의公益上戰利品을成ᄒᆞ기不能ᄒᆞᄂᆞ니故로陸戰法規慣例條約第五六條第一項에「市町村의財産幷宗敎慈善敎育技藝學術을爲ᄒᆞ야設置ᄒᆞᆫ營造物에所屬ᄒᆞᆫ財産은國有에屬ᄒᆞᆫ者라도私有財産과同一의待遇를行ᄒᆞᆷ이可」ᄒᆞ다規定ᄒᆞᆫ바ㅣ니是等市町村의財産을押收치아니ᄒᆞᆷ은戰爭을因ᄒᆞ야可成的一地方의組織을紊亂케아니ᄒᆞᆯ趣旨로從出ᄒᆞᆫ바ㅣ라

第二、私有財産　敵國의會社組合或은個人에屬ᄒᆞᆫ私有財産中不動産은設或國有에屬ᄒᆞᆫ者라도此를沒收ᄒᆞᆷ이不可ᄒᆞᆷ으로私有物品은元來押收ᄒᆞ기不能ᄒᆞ며動産에關ᄒᆞ야ᄂᆞᆫ交戰者ᄂᆞᆫ此를尊重히ᄒᆞ야可히侵犯치못ᄒᆞᆷ이原則이나此에對ᄒᆞᄂᆞᆫ例外가不無ᄒᆞᆷ은前에屢陳ᄒᆞᆷ과如히戰鬪에伴生ᄒᆞᄂᆞᆫ損害、作戰動作의必要로從出ᄒᆞᄂᆞᆫ損害ᄂᆞᆫ救濟賠償의道가無ᄒᆞᆷ으로本國政府로브터此를補償ᄒᆞᆷ이或有ᄒᆞ나此ᄂᆞᆫ任意에專屬ᄒᆞᆷ으로斯法上其賠償義務가有ᄒᆞ다斷言ᄒᆞ기不能ᄒᆞ며又戰鬪의必要上私有財産에損害로加ᄒᆞᆫ다ᄒᆞᆷ은但破傷ᄒᆞᆫ境遇를意味ᄒᆞᆷ이아니라軍隊가敵地에侵入ᄒᆞᆯ時를當ᄒᆞ야糧秣其他日用品을其

(3) 학술, 기예, 종교, 자선을 목적으로 하는 건물 등에 부속된 물품은, 비록 국유일 때라도 인류 일반의 공익상 전리품으로 될 수 없다. 따라서 육전법규관례조약 제56조 제1항[1]에 「시읍면의 재산과 종교·자선·교육·기예·학술을 위해 설치한 영조물에 소속된 재산은 국유에 속하는 것일지라도, 사유재산과 동일한 대우를 해야 한다」고 규정하였다. 이들 시읍면의 재산을 압수하지 아니하는 것은, 전쟁에 따라 가급적 한 지방의 조직을 문란하게 해서는 안 된다는 취지에서 비롯한다.

2. 사유재산

적국의 회사·조합 또는 개인에 속하는 사유재산 중 부동산은, 설사 국유에 속하는 것일지라도 이를 몰수할 수 없기 때문에, 사유물품은 원래 압수할 수 없다. 동산에 관해서는 교전자는 이를 존중하고 침범할 수 없는 것이 원칙이나, 이에 대한 예외가 있는 것은 앞에서 여러 번 말한 바와 같다. 전투에 수반하여 발생하는 손해, 작전 동작의 필요에서 비롯되는 손해는 구제·배상의 방도가 없고, 때로 본국 정부가 이를 보상하는 경우가 있으나, 이는 임의에 전속하므로 이 법상 그 배상의무가 있다고 단언할 수 없다. 또한 전투의 필요에서 사유재산에 손해를 가한다고 하는 것은, 다만 파괴·손상된 경우만을 의미하지 아니한다. 군대가 적지에 침입할 경우에는, 군량과 말먹이 그 밖의 일용품을 그

1 1899년 헤이그 제2협약 부속서 육전법 및 관습에 관한 규칙 제56조: "시·읍의 재산, 그리고 국가에 속하는 것일지라도 종교, 자선, 교육, 예술 및 학술 단체의 재산은 사유재산으로 취급되어야 한다. 이러한 단체, 역사적인 기념비, 예술 및 학술작품을 압수, 파괴 또는 고의로 손상하는 것은 일체 금지되며, 또한 소송의 주제가 되어야 한다." 참고로 현재 외교부 공식한글번역본은 제1항이 없다. 즉 제56조 첫 번째 문장이다.

地로브터取得ᄒᆞᆫ時는往々에此를代償치아니ᄒᆞ며且其住民이命令을拒絶ᄒᆞᆷ時는强制的徵收를可히行得ᄒᆞᆯ지며加之私有財産中에戰鬪에直接供用될性質이有ᄒᆞᆫ物品은此를押收ᄒᆞᆷ을得ᄒᆞᄂᆞ니私有鐵道、列車、車馬、船舶等運輸機關과如ᄒᆞᆷ은軍事上에專用ᄒᆞᆷ을得ᄒᆞ며就中鐵道材料、陸上電信及海上法管理를不受ᄒᆞ는船舶은平和後此를所有者에게返還ᄒᆞ며損害를報償ᄒᆞᆷ이常則이니是以로陸戰法規慣例條約第五三條에「鐵道材料陸上電信電話海上法規定以外에在ᄒᆞᆫ汽船其他船舶兵廠其他一切의軍需品等은會社或個人에屬ᄒᆞᆫ者라도均是作戰動作에供用ᄒᆞᆯ性質이有ᄒᆞᆫ바ㅣ나然이나平和回復ᄒᆞᆯ際에는此를返還ᄒᆞ며補償ᄒᆞᆷ이可ᄒᆞ다」規定ᄒᆞᆫ바ㅣ라

## 第三節　軍隊占領

### 第一款　軍隊占領의性質及其範圍

凡古代에在ᄒᆞ야는戰爭進行上敵國領土에對ᄒᆞ는一時的占領과完全ᄒᆞᆫ征服을區別치아니ᄒᆞ야占領과同時에其土地에對ᄒᆞ는主權을取得ᄒᆞ야自國領土로看做ᄒᆞᆷ이不尠ᄒᆞ얏스나第十八世紀以下로多數學說을基因ᄒᆞ야占領에對ᄒᆞᆫ觀念

곳으로부터 취득한 때에는, 때로 이를 대상(代償)[1]하지 아니한다. 또 그 주민이 명령을 거절할 때에는 강제적 징수를 할 수 있다. 그뿐만 아니라 사유재산 중 전투에 직접 제공될 성질이 있는 물품은 이를 압수할 수 있다. 사유철도, 열차, 마차, 선박 등 운수기관과 같은 것은 군사상 전용(專用)될 수 있으며, 그 중 특히 철도재료, 육상 전신과 해상법의 관리를 받지 않는 선박은 평화 후 이를 소유자에게 반환하며 손해를 보상하는 것이 상규이다. 이에 따라 육전법규관례조약 제53조[2]에 「철도재료·육상 전신전화·해상법 규정 이외에 있는 기선 그 밖의 선박·병창 그 밖의 일체의 군수품 등은 회사 또는 개인에 속하는 것일지라도 모두 이것은 작전 동작에 제공될 성질이 있으나, 평화 회복 시에 이를 반환하며 보상해야 한다」고 규정하였다.

## 제3절 군대점령

### 제1관 군대점령의 성질과 그 범위

무릇 고대에서는 전쟁 진행상 적국 영토에 대한 일시적 점령과 완전한 정복을 구별하지 아니하여, 점령과 동시에 그 토지에 대한 주권을 취득하고 자국 영토로 간주하는 경우가 적지 않았다. 그러나 18세기 이후 다수학설에 따라 점령에 대한 관념이

1　대상(代償): 남에게 끼친 손해에 대해 다른 것으로 대신 물어 줌. 대물 변제.
2　1899년 헤이그 제2협약 부속서 육전법 및 관습에 관한 규칙 제53조: "점령군은 국가의 소유에 속하는 현금, 기금 및 징발 가능한 재산, 비축무기, 운송수단, 재고품 및 식량과 군사작전에 사용될 수 있는 모든 국유동산을 압수할 수 있다. 해사법에 의하여 규정된 경우를 제외하고는 철도시설, 육상통신, 전화, 기선 및 기타 선박과 저장무기 및 일반적으로 모든 군수품은 회사 또는 사인에게 속하는 것이라 하더라도 군사작전을 위하여 사용될 수 있으나, 평화의 체결시 본래대로 회복되어야 하고, 배상금이 지불되어야 한다."

이大變ᄒᆞᆷ에至ᄒᆞᆫ지라부델氏ᄂᆞᆫ軍隊占領은所有權을取得ᄒᆞᆷ이아니니其取得을確實히ᄒᆞᆷ에ᄂᆞᆫ講和條約을因ᄒᆞ거나本國을征服或滅亡케ᄒᆞᄂᆞᆫ以外他道가無ᄒᆞ다ᄒᆞᆫ以來征服과占領의區別이明確ᄒᆞᆷ에至ᄒᆞ야現行法上軍隊占領은敵國領土에對ᄒᆞ야戰爭의必要에基因ᄒᆞᆫ一時的權力實行에不過ᄒᆞ고其地方에對ᄒᆞ야主權을取得ᄒᆞᆷ이아님으로所屬國主權과關係가毫無ᄒᆞ며單히兵力으로써其地方을占領ᄒᆞᄂᆞᆫ間本國主權의實行을中斷ᄒᆞᆯ뿐이니是ᄂᆞᆫ陸戰法規慣例條約第四四條에「占領地의人民을强迫ᄒᆞ야其本國을敵對ᄒᆞᄂᆞᆫ作戰動作에加擔케ᄒᆞᆷ을禁」ᄒᆞ고第四五條에「占領地人民을强迫ᄒᆞ야占領者에게臣服ᄒᆞᄂᆞᆫ誓約을行케ᄒᆞᆷ을禁」ᄒᆞᆫ다規定ᄒᆞᆫ所以오占領中其土地ᄂᆞᆫ依然히本國領土오人民은本國臣民이나然이나占領中本國主權의行使ᄂᆞᆫ占領者가行使ᄒᆞᄂᆞᆫ權力과其勢兩立지못ᄒᆞᆷ으로本國主權의行使ᄂᆞᆫ自然中止될뿐이라

然而一派의學者ᄂᆞᆫ軍隊가占領地에對ᄒᆞᄂᆞᆫ權利를準主權이라ᄒᆞ야云凡國民이國家에服從ᄒᆞᄂᆞᆫ義務가有ᄒᆞᆷ은其身体財産을保護ᄒᆞᄂᆞᆫ國家責任과相伴ᄒᆞᆫ者ㅣ니國家가其領土一部分에對ᄒᆞ야保護를實行ᄒᆞ기不能ᄒᆞᆯ時ᄂᆞᆫ其地에在ᄒᆞᆫ人民

크게 변하게 되었다. Vattel이 군대점령은 소유권을 취득하는 것이 아니고, 그 취득을 확실하게 하기 위해서는 강화조약에 따르거나 본국을 정복 또는 멸망하게 하는 이외에 다른 방도가 없다고 한 이래, 정복과 점령의 구별이 명확하게 되었다. 현행법상(역자 주: 1910년경 당시 법체제) 군대점령은 적국 영토에 대해 전쟁의 필요에 따르는 일시적 권력 실행에 불과하고, 그 지방에 대해 주권을 취득하는 것은 아니다. 따라서 소속국의 주권과 관계가 전혀 없으며 단순히 병력으로 그 지방을 점령하는 동안 본국의 주권 실행을 중단시킬 뿐이다. 이것이 육전법규관례조약 제44조[1]에 「점령지의 주민을 강제하여 본국에 대한 군사작전에 참가하게 하는 것은 금지된다」고 하고, 제45조[2]에 「점령지의 주민을 강제하여 그 적국에 대하여 충성의 선서를 행하게 하는 것은 금지된다」고 규정한 까닭이다. 점령 중 그 토지는 여전히 본국 영토이고, 인민은 본국 신민(臣民)이다. 그러나 점령 중 본국의 주권 행사는 점령자가 행사하는 권력과 그 형세상 양립될 수 없으므로, 본국의 주권 행사는 저절로 중지될 뿐이다.

그렇지만 일부 학자는 군대가 점령지에 대한 권리를 준주권이라고 하면서 말하기를, 무릇 국민이 국가에 복종하는 의무가 있는 것은, 그 신체·재산을 보호하는 국가의 책임과 서로 짝을 이루는 것이기 때문에, 국가가 그 영토의 일부분에 대해 보호를 실행할 수 없는 때에는 그 곳에 있는 인민에

---

1 정확한 명칭은 1899년 헤이그 제2협약 부속서 육전법 및 관습에 관한 규칙 제44조.
2 정확한 명칭은 동법 제45조.

에게對ᄒᆞ야服從을强責ᄒᆞ기不能ᄒᆞ며又人民으로論ᄒᆞ야도如斯ᄒᆞᆫ境遇에在ᄒᆞ야服從關係ᄅᆞᆯ繼續ᄒᆞ기不能ᄒᆞᄂᆞ니是以로占領地內에在ᄒᆞᆫ人民은一時的又ᄂᆞᆫ制限的宣誓로ᄡᅥ占領國主權에對ᄒᆞ야明示又默示로此에服從ᄒᆞ며又或占領軍이其身体財産에對ᄒᆞ야損害ᄅᆞᆯ加치아니ᄒᆞᆷ으로ᄡᅥ其主權을默認ᄒᆞᆫ바ㅣ라唱道ᄒᆞ나此說은其肯理된言論됨은勿論이니何者오國民이國家에對ᄒᆞᄂᆞᆫ服從關係ᄂᆞᆫ其保護ᄒᆞᆷ에伴生ᄒᆞᆫ다云云ᄒᆞᆷ은無理ᄒᆞᆯᄲᅮᆫ아니라設或正當ᄒᆞᆫ言論이라云ᄒᆞᆯ지라도本國은敵國占領을因ᄒᆞ야全然히其地方을保護ᄒᆞᄂᆞᆫ責任을免ᄒᆞ기不能ᄒᆞ며且占領軍이占領地에對ᄒᆞᄂᆞᆫ保護ᄂᆞᆫ性質上確實ᄒᆞ다稱ᄒᆞ기不能ᄒᆞᄂᆞ니人民의服從關係가占領國에移轉ᄒᆞᆫ者라謂ᄒᆞᆷ이不可ᄒᆞ며加之住民의默認을因ᄒᆞ야占領國主權에服從ᄒᆞᄂᆞᆫ義務가有ᄒᆞ다ᄒᆞᆷ은事實에違反ᄒᆞᆫ바ㅣ니何者오占領軍은其地에對ᄒᆞ야軍事上必要로徵發、課金을命ᄒᆞ며軍隊의安全을爲ᄒᆞ야必要ᄒᆞᆫ行爲ᄅᆞᆯ强責ᄒᆞᆷ과同時에若人民이抵抗ᄒᆞᆯ實力이有ᄒᆞᆯ時ᄂᆞᆫ占領軍을驅逐ᄒᆞ야其鉗制ᄅᆞᆯ脫ᄒᆞᆷ은無疑ᄒᆞᄂᆞ니占領國主權에服從關係가有ᄒᆞ다推測ᄒᆞᆷ은無理ᄒᆞᆫ言論이니現世一般이是認ᄒᆞᄂᆞᆫ바ᄂᆞᆫ占領은單히本國主權의行使ᄅᆞᆯ停止

대해 복종을 강요할 수 없으며, 또 인민의 입장에서도 이와 같은 경우에 복종관계를 계속할 수 없다고 한다. 이에 따라 점령지 내에 있는 인민은, 일시적 또는 제한적 선서로 점령국의 주권에 대해 명시 또는 묵시로 이에 복종하거나 또는 점령군이 신체·재산에 대해 손해를 가하지 아니하기 때문에 그 주권을 묵인하게 된다고 주장한다. 그러나 이 학설은 그 사리에 어긋난 주장인 것은 물론이다. 왜냐하면 국민이 국가에 대한 복종관계가 그 보호에 수반하여 발생한다고 하는 것은 무리일 뿐만 아니라, 설사 정당한 주장이라 할지라도 본국은 적국 점령에 따라 완전히 그 지방을 보호할 책임을 면할 수 없으며, 또한 점령군이 점령지에 대한 보호는 성질상 확실하다고 할 수 없으므로, 인민의 복종관계가 점령국에 이전하는 것이라고 말할 수 없기 때문이다. 그뿐만 아니라 주민의 묵인에 따라 점령국의 주권에 복종하는 의무가 있다고 하는 것은 사실에 어긋난다. 왜냐하면 점령군은 그 곳에 대해 군사상 필요에서 징발, 과금(課金)을 명령하며. 군대의 안전을 위해 필요한 행위를 강요하는 동시에 만약 인민이 저항할 실력이 있을 때에는, 점령군을 몰아내고 그 자유의 구속과 규제에서 벗어나는 것은 의심의 여지가 없으므로, 점령국의 주권에 복종관계가 있다고 추측하는 것은 무리한 주장이기 때문이다. 현재 일반이 시인하는 바의 점령은 단지 본국의 주권 행사를

ᄒᆞᄂᆞᆫ戰爭上權利됨에不過ᄒᆞᆷ으로其住民이占領國에對ᄒᆞ야ᄂᆞᆫ依然히敵國人民이며土地ᄂᆞᆫ尙且本國領土로何等의變更이無ᄒᆞᄂᆞ니從ᄒᆞ야占領軍은其土地人民에對ᄒᆞ야軍事上必要로權力을貫行ᄒᆞᆷ을得ᄒᆞ되人民은此에服從ᄒᆞᆯ義務가無ᄒᆞ고單히軍隊ᄅᆞᆯ驅逐ᄒᆞᆯ實力이無ᄒᆞᆷ으로不得已其權力에壓服되야命令을遵守ᄒᆞᆷ에無過ᄒᆞᆫ바ㅣ라

上述ᄒᆞᆷ과如히占領은占領軍과占領地本國間에多大ᄒᆞᆫ利害關係ᄅᆞᆯ生ᄒᆞ며住民行爲에對ᄒᆞ야政治上權利關係에不少ᄒᆞᆫ影響이及ᄒᆞᄂᆞ니故로占領의開始及終了의時期並占領地의區域에對ᄒᆞᄂᆞᆫ問題ᄂᆞᆫ研究ᄒᆞᆯ必要가頗有ᄒᆞᆫ지라某學者ᄂᆞᆫ云一都市ᄅᆞᆯ占領ᄒᆞᆯ時ᄂᆞᆫ其近傍村落ᄭᆞ지占領地로看做ᄒᆞᆯ바ㅣ오且一個行政區域內에占領의事實로公示ᄒᆞ고其區域內에敵軍의抵抗이無ᄒᆞᆯ時ᄂᆞᆫ其行政區域全体ᄅᆞᆯ占領下에置ᄒᆞᆷ이可ᄒᆞ다ᄒᆞᄂᆞᆫ者이有ᄒᆞ나如斯ᄒᆞᆫ境遇에在ᄒᆞ야都市近傍村落中이든지一行政區域內에셔敵의抵抗이有ᄒᆞᆯ時ᄂᆞᆫ占領地區域에對ᄒᆞ야疑点이不無ᄒᆞᆯ지라然而부릿셀會議에在ᄒᆞ야도强大ᄒᆞᆫ陸軍을有ᄒᆞᆫ邦國은其利益上可成的占領權利ᄅᆞᆯ容易ᄒᆞᆫ方法으로獲得ᄒᆞ며其占領地된區域을擴張

정지하는 전쟁상의 권리가 되는 것에 불과하고, 그 주민이 점령국에 대해서는 여전히 적국 인민이며 토지 또한 본국 영토로서 어떠한 변경도 가져오지 않는다. 따라서 점령군은 그 토지·인민에 대해 군사상 필요로 권력을 실행할 수 있지만, 인민은 이에 복종할 의무가 없고 단지 군대를 몰아낼 실력이 없기 때문에, 부득이 그 권력에 눌려 복종하며 명령을 준수하는 것에 불과한 것이다.

상술한 바와 같이 점령은 점령군과 점령지 본국 사이에 커다란 이해관계를 발생시키며, 주민의 행위에 대해 정치상 권리관계에 적지 않은 영향을 미친다. 그러므로 점령의 개시와 종료의 시기 및 점령지의 구역에 대한 문제는 연구할 필요가 매우 많다. 어떤 학자는 말하기를, 한 도시를 점령한 때에는 그 분방 촌락까지 점령지로 간주하고, 또 하나의 행정구역 내에 점령의 사실을 공시하고 그 구역 내에 적군의 저항이 없을 때에는, 그 행정구역 전체를 점령 하에 둘 수 있다고 한다. 그러나 이와 같은 경우에 도시 근처의 촌락이든지, 한 행정구역 내에서 적의 저항이 있을 때에는, 점령자 구역에 대해 의문점이 없지 않게 된다. 그래서 Brussel 회의에서도 강대한 육군을 가진 나라는 그 이익상 가급적 점령권리를 용이한 방법으로 획득하며, 그 점령지로 된 구역을

코져ᄒᆞᆷ을希望ᄒᆞ고 此와反ᄒᆞ야弱小ᄒᆞᆫ諸國은人民愛國心을皷吹ᄒᆞ야敵國軍隊를抵抗케ᄒᆞᆯ必要가有ᄒᆞᆷ으로可成的占領地區域을狹少히ᄒᆞ야占領地되ᄂᆞᆫ要件을困難케ᄒᆞ고져ᄒᆞ야各自의意見이不一ᄒᆞᆫ바ㅣ나軍隊가處處에屯營을設ᄒᆞ고其兵營間에交通을維持ᄒᆞᄂᆞᆫ地方은占領地됨이可ᄒᆞ다ᄒᆞᄂᆞᆫ点에至ᄒᆞ야ᄂᆞᆫ異議가毫無ᄒᆞ고但占領軍隊의前面又ᄂᆞᆫ側面에在ᄒᆞᆫ地方人民이占領을驅逐ᄒᆞ야一時屯據ᄒᆞᆫ地方은占領地로看做ᄒᆞᄂᆞᆫ與否에對ᄒᆞ야衆論이不一ᄒᆞᆫ바ㅣ라千八百七十年普佛戰爭時에普國은拿翁의舊轍를蹈襲ᄒᆞ야軍隊又支隊와偵察、嚮導가無碍히通過ᄒᆞᆫ地方及敵軍의抵抗ᄒᆞᆷ을驅逐通行ᄒᆞᆫ地方은並히占領地로看做ᄒᆞ야軍隊의任意로其占領을抛棄ᄒᆞ거나敵의正式軍隊에게追還된境遇가아니면其地에對ᄒᆞᄂᆞᆫ占領이斷絶치아니ᄒᆞᆫ다主張ᄒᆞ얏스며부릿셀會議에在ᄒᆞ야도獨逸代表者ᄂᆞᆫ此說을主張ᄒᆞᆷ을不拘ᄒᆞ고歐洲小國은擧皆反對ᄒᆞ며特히瑞西國代表者ᄂᆞᆫ軍隊占領을海上封鎖와比照ᄒᆞ야共히此를有効케ᄒᆞᆷ에ᄂᆞᆫ充分ᄒᆞᆫ兵力으로써以치아니ᄒᆞᆷ이不可ᄒᆞ다主張ᄒᆞᆫ結果同宣言第一條에

一地方이事實上敵軍權力下에歸ᄒᆞᆫ時ᄂᆞᆫ此를占領ᄒᆞᆫ者로看做ᄒᆞᆷ

확장하기를 희망하였고, 이와 반대로 약소한 여러 나라는 인민의 애국심을 고취하여 적국 군대에 저항하게 할 필요가 있기 때문에, 가급적 점령지 구역을 협소하게 하여 점령지로 되는 요건을 어렵게 하고자 하여 각자의 의견이 일치하지 않았다. 그러나 군대가 곳곳에 주둔 군영을 설치하고, 그 병영 사이에 교통을 유지하는 지방은 점령지로 될 수 있다고 하는 점에 대해서는 이론이 전혀 없다. 다만 점령군대의 전면 또는 측면에 있는 지방 인민이 점령군을 몰아내고, 일시 진을 치고 웅거(雄據)하는 지방은 점령지로 간주할 것인가의 여부에 대해 중론(衆論)이 일치하지 아니한다. 1870년 프러시아-프랑스 전쟁 시에 프러시아는 나폴레옹의 옛 행적을 답습하여 군대와 지대(支隊) 및 정찰·향도가 장애 없이 통과한 지방과 적군의 저항을 몰아내고 통행한 지방은 모두 점령지로 간주하여, 군대가 임의로 그 점령을 포기하거나 적의 정식 군대에게 탈환된 경우가 아니면, 그 곳에 대한 점령이 단절되지 않는다고 주장하였다. Brussel 회의에서도 독일 대표자는 이 의견을 주장하였음에도 불구하고, 유럽의 작은 나라는 대부분 이에 반대하였다. 특히 스위스 대표자는 군대점령을 해상봉쇄와 비교하여 모두 이를 유효하게 하기에는 충분한 병력으로 해야 한다고 주장하였다. 그 결과 동 선언 제1조[1]에 「한 지방이 사실상 적군 권력 하에 귀속된 때에는 이를 점령한 것으로 본다.

1 1874년 Brussel 선언 제1조의 영문은 다음과 같다. Article 1: "Territory is considered occupied when it is actually placed under the authority of the hostile army. The occupation extends only to the territory where such authority has been established and can be exercised."

占領은右權力이成立ᄒᆞ며且行使ᄒᆞᆯ地域으로限홈이라規定ᄒᆞ고陸戰法規慣例條約第四二條에도同一ᄒᆞᆫ規定이有ᄒᆞᄂᆞ니此等規定을依ᄒᆞ야占領의範圍ᄂᆞᆫ軍隊의兵力管理가事實上行及ᄒᆞᄂᆞᆫ地方에限홈으로其兵力이行及ᄒᆞᄂᆞᆫ間에限ᄒᆞ며占領地됨을得ᄒᆞ며軍隊의偵察、斥候等이出沒ᄒᆞᆫ地方及軍隊가其兵力을行及홈을可得ᄒᆞᆯ地方으로아즉兵力이事實上行及지못ᄒᆞᆫ地方은占領地됨을不得ᄒᆞ나然이나반다시占領地各個所에兵士ᄅᆞᆯ屯在케홈을不要ᄒᆞ며軍隊가敵軍과對壘ᄒᆞᆫ바背面又ᄂᆞᆫ側面地点이라도實際兵力으로써此ᄅᆞᆯ管理ᄒᆞ야其權力이行及ᄒᆞᆫ地方은占領地됨에無妨ᄒᆞᆫ바ㅣ라

### 第二款　占領者의權利及義務

凡占領과同時에其地方所屬國의主權은事實上行及ᄒᆞ기不能홈으로占領者ᄂᆞᆫ其地方의公共秩序ᄅᆞᆯ維持ᄒᆞᆯ義務가有ᄒᆞ며此義務가旣有ᄒᆞᆯ以上은此에必要ᄒᆞᆫ政務ᄅᆞᆯ講求치아니치못ᄒᆞᆯ지라是以로占領者ᄂᆞᆫ占領과同時에其地에軍法을布ᄒᆞ야軍隊의安全과作戰上便宜ᄅᆞᆯ計圖홈과共히地方人民의安寧秩序ᄅᆞᆯ回復케홈이可ᄒᆞ며其行政上의費用을支辦ᄒᆞ기爲ᄒᆞ야ᄂᆞᆫ在來의諸稅ᄅᆞᆯ徵收홈을得ᄒᆞ

점령은 위 권력이 성립하며 또한 행사할 지역으로 한정한다」고 규정하였다. 육전법규관례조약 제42조[1]에도 동일한 규정이 있다. 이들 규정에 따라 점령의 범위는 군대의 병력 관리가 사실상 행해지는 지방으로 한정되고, 그 병력(兵力)이 행사되는 동안에 한해 점령지로 될 수 있다. 군대의 정찰, 척후 등이 출몰하는 지방과 군대가 그 병력을 행사할 수 있는 지방으로 아직 병력이 사실상 행사되지 못하는 지방은 점령지로 될 수 없다. 그러나 반드시 점령지 각 장소에 병사를 주둔하게 할 것을 필요로 하지 아니하며, 군대가 적군과 대치하는 뒷면이나 측면 지점이라도 실제 병력으로 이를 관리하여 그 권력이 행사되는 지방은 점령지로 보아도 무방하다.

### 제2관 점령자의 권리와 의무

무릇 점령과 동시에 그 지방 소속국의 주권은 사실상 행사될 수 없으므로, 점령자는 그 지방의 공공질서를 유지할 의무가 있으며, 이 의무가 이미 있는 이상은 이에 필요한 정무(政務)를 청구하지 않을 수 없다. 이에 따라 점령자는 점령과 동시에 그 곳에 군법(軍法, Martial law)을 선포하여 군대의 안전과 작전상 편의를 도모하고 더불어 지방 인민의 안녕질서를 회복해야 하며, 그 행정상의 비용을 지급하기 위해서는 예전부터의 여러 세금을 징수할 수

1 1899년 헤이그 제2협약 부속서 육전법 및 관습에 관한 규칙 제42조: "사실상 적군의 권력하에 놓여진 영토는 점령된 것으로 본다. 점령은 그러한 권력이 확립된, 또한 권력이 주장될 수 있는 영토에만 적용된다."

며且其地方에居留ᄒᆞᄂᆞᆫ人民은國籍如何를不問ᄒᆞ고揔히同一의待遇及負擔를受ᄒᆞᆷ이可ᄒᆞᆫ바ㅣ며特히占領者ᄂᆞᆫ自己의安寧과作戰上必要로認ᄒᆞᆯ時ᄂᆞᆫ如何ᄒᆞᆫ行爲든지行得ᄒᆞᆯ權利가有ᄒᆞᆷ으로往往에占領의司法、行政의機關을中止ᄒᆞ며法律을變更ᄒᆞᆷ을得ᄒᆞ나然이나軍隊占領은元來戰爭進行上一時的의性質을有ᄒᆞᆷ으로軍事上에關係가無ᄒᆞᆫ人民의私權關係를處理ᄒᆞᄂᆞᆫ法律規則은變更又廢止ᄒᆞ기不能ᄒᆞ니若或如斯ᄒᆞᆫ法規를變更或廢止ᄒᆞᆷ이有ᄒᆞᆯ진ᄃᆡ是ᄂᆞᆫ不法됨을未免ᄒᆞᆷ으로占領者의權力이其地에行及지못ᄒᆞᆯ同時에其變更의結果ᄂᆞᆫ無効에歸ᄒᆞᄂᆞᆫ바ㅣ라陸戰法規慣例條約第四三條를據ᄒᆞ건ᄃᆡ「正當ᄒᆞᆫ權力이事實上占領者手에移ᄒᆞᆫ時ᄂᆞᆫ占領者ᄂᆞᆫ萬不得已ᄒᆞᆫ境遇를除ᄒᆞᆫ外에占領地의現行法律을尊重히ᄒᆞ야可成的公의秩序及衆庶의生活을回復保障ᄒᆞᄂᆞᆫ目的으로其權內에屬ᄒᆞᆫ揔手段을施ᄒᆞᆷ이可ᄒᆞᆷ」이라規定ᄒᆞ얏스나但此規定中에正當ᄒᆞᆫ權力이云云이라ᄒᆞᆷ은占領者가其地方所屬國의主權을繼承ᄒᆞ야代表ᄒᆞᄂᆞᆫ意義가아니며占領者의權力은地方所屬國權力과關係가無ᄒᆞ고單히本國權力이行及치못ᄒᆞᆷ으로事實上占領者의權力이其地方에行ᄒᆞᆷ을意味ᄒᆞᆷ에不過ᄒᆞᆫ바ㅣ라玆에占

있고, 그 지방에 거주하는 인민은 국적 여하를 불문하고 모두 동일한 대우와 부담을 받아야 한다. 특히 점령자는 자기의 안녕과 작전상 필요하다고 인정할 때에는 어떠한 행위든지 할 수 있는 권리를 가진다. 따라서 때로 점령지의 사법(司法), 행정상의 기관을 중지하며 법률을 변경할 수 있다. 그러나 군대점령은 원래 전쟁 진행상 일시적 성질을 지니기 때문에, 군사상 관계가 없는 인민의 사권관계(私權關係)를 처리하는 법률·규칙은 이를 변경 또는 폐지할 수 없다. 만약 이와 같은 법규를 변경 또는 폐지하는 것이 있을 경우에는, 이는 불법으로 될 수밖에 없으므로, 점령자의 권력이 그 곳에서 행사될 수 없는 동시에 그 변경의 결과는 무효로 돌아가게 된다. 육전법규관례조약 제43조[1]에 따를 경우, 「정당한 권력이 사실상 점령군에게 이관되면 점령군은 절대적인 지장이 없는 한 점령지의 현행법을 존중하며, 가능한 한 공공의 질서 및 안녕을 회복하고, 확보하기 위하여 권한 내에 있는 모든 조치를 취하여야 한다」고 규정하였다. 다만 이 규정 중에 '정당한 권력이…'라고 함은 점령자가 그 지방 소속국의 주권을 계승하여 대표하는 의의가 아니며, 점령자의 권력은 지방 소속국 권력과 관계가 없고, 단지 본국 권력이 행사될 수 없게 되어 사실상 점령자의 권력이 그 지방에 행사되는 것을 의미하는 것에 불과하다. 이에

1 1899년 헤이그 제2협약 부속서 육전법 및 관습에 관한 규칙 제43조.

領者權利ᄅᆞᆯ略擧ᄒᆞ건ᄃᆡ

第一、交通、通商의斷絶　占領軍이軍法을布ᄒᆞᆫ時ᄂᆞᆫ其地의人民은本國에屬ᄒᆞᆫ他地方과交通、通商ᄒᆞᆷ을不得ᄒᆞᄂᆞ니是以로占領者의許可ᄅᆞᆯ得ᄒᆞᆷ이아니면如何ᄒᆞᆫ交通、通商이든지行得ᄒᆞ기不能ᄒᆞᆫ바ㅣ며

第二、地方의行政　占領地政務ᄂᆞᆫ幷히軍法을依ᄒᆞ야占領軍將帥의意思로써處理될바ㅣ나然이나占領이確實히됨을隨ᄒᆞ야軍政行使ᄅᆞᆯ寬大히ᄒᆞ야反히其人民統轄上에必要됨으로占領軍政府가必要로認ᄒᆞᆯ時ᄂᆞᆫ普通文官으로써此ᄅᆞᆯ統轄케ᄒᆞ며又或其地에在ᄒᆞᆫ從前의官廳及官吏로ᄒᆞ야곰其事務ᄅᆞᆯ掌理케ᄒᆞ고自國의武官或文官으로長官을拜ᄒᆞ야此ᄅᆞᆯ監督케ᄒᆞᆷ이普通이니往年日淸戰爭時에日本國이金州에行政廳을設ᄒᆞᆷ과日露戰爭時에日本軍이滿州에在ᄒᆞᆫ露國軍隊의權力을排除ᄒᆞ고軍法을宣佈ᄒᆞ며戰鬪部隊의前進ᄒᆞᆷ을從ᄒᆞ야軍政官을置ᄒᆞᆷ과同時에地方官憲을指揮監督ᄒᆞ야其行政을執行ᄒᆞᆷ이是其例라

占領地政務ᄅᆞᆯ執行ᄒᆞᆷ에對ᄒᆞ야一個의疑問이有ᄒᆞ니占領者ᄂᆞᆫ果然占領國主

점령자의 권리를 간략하게 열거해 본다.

1. 교통, 통상의 단절

점령군이 군법을 선포한 때에는 그 곳의 인민은 본국에 속한 다른 지방과 교통, 통상을 할 수 없다. 이에 따라 점령자의 허가를 얻지 아니하면 어떠한 교통, 통상이든지 할 수 없다.

2. 지방의 행정

점령지 정무(政務)는 또한 군법에 따라 점령군 사령관의 의사에 따라 처리된다. 그러나 점령이 확실하게 됨에 따라 군정 행사를 관대하게 하는 것이, 도리어 그 인민 통할(統轄)[1]상 필요하게 되기 때문에, 점령군 정부가 필요하다고 인정할 때에는 보통문관으로 하여금 이를 통할하게 하거나 또는 그 곳에 있는 종전의 관청과 관리로 하여금 그 사무를 관장하게 하고, 자국의 무관(武官)이나 문관으로 장관으로 임명하여 이를 감독하게 하는 것이 보통이다. 지난 청일전쟁 시에 일본이 금주(金州)에 행정청을 설치한 것과 일본-러시아 전쟁 시에 일본이 만주에 있는 러시아 군대의 권력을 배제하고 군법을 선포하며 전투부대의 전진에 따라 군정관을 두는 동시에, 지방관리를 지휘·감독하여 그 행정을 집행한 것이 그 예이다.

점령지 정무를 집행하는 것에 대해 하나의 의문이 있다. 점령자는 과연 점령국

1 통할(統轄): 거느려서 다스림.

權의名義로써此를行ᄒᆞᄂᆞᆫ與否가是라 千八百七十年에알사스、로렌二州에在ᄒᆞᆫ占領者가德逸國名義로써裁判을行ᄒᆞᆯ事를난시法廷에命ᄒᆞ얏더니判事가此를拒絶ᄒᆞᆫ事實이有ᄒᆞᆫ바此獨逸國命令은一般學者의批難ᄒᆞᆫ바ㅣ니부룬쥬리ᄂᆞᆫ云占領地ᄂᆞᆫ元來本國領土나然이나敵國權力下에在ᄒᆞᆷ으로不得已中立의名義로政務를執行ᄒᆞᆷ이可ᄒᆞ다ᄒᆞ얏스며佛國陸軍士官銘心書에ᄂᆞᆫ占領者ᄂᆞᆫ占領地本國名義로써政務를執行ᄒᆞᆷ이可ᄒᆞ다規定ᄒᆞ얏스며日淸戰爭에在ᄒᆞ야ᄂᆞᆫ占領地人民을統禦ᄒᆞᄂᆞᆫ政畧上金州行政廳은日本國의名義로써其政務를執行ᄒᆞ얏스니要ᄒᆞ건ᄃᆡ政畧及軍略으로從出ᄒᆞᄂᆞᆫ必要ᄒᆞᆫ境遇가아니면占領者ᄂᆞᆫ自國의名義로써政務를執行ᄒᆞᆷ이不可ᄒᆞᆫ바ㅣ라

第三、行政의費用　占領軍은租稅其他稅金을徵收ᄒᆞᄂᆞᆫ外에占領地에對ᄒᆞ야徵發及課金을命ᄒᆞᄂᆞᆫ權利가有ᄒᆞᄂᆞ니凡軍隊가地方人民의生命財産을保護ᄒᆞᄂᆞᆫ義務가有ᄒᆞᆷ을不拘ᄒᆞ고軍隊의安全及作戰上必要에依ᄒᆞ야其地方資力의可히負擔ᄒᆞᆯ程度內에在ᄒᆞ야ᄂᆞᆫ軍需物品의供給을强責ᄒᆞᆷ을得ᄒᆞᄂᆞᆫ바ㅣ라就中人民에게對ᄒᆞ야勞務를强要ᄒᆞᆷ을課役이라云ᄒᆞ며物品의支出를命ᄒᆞᆷ을

주권의 명의로 이를 행하는지의 여부가 이것이다. 1870년 당시 프랑스의 Alsace, Lorraine 2개 주의 점령자인 독일은 독일국 명의로 재판할 것을 프랑스의 Nancy 법정에 명하였는데, 판사가 이를 거절한 사실이 있었다. 이 독일국 명령은 일반 학자의 비난을 받았다. Bluntschli는 말하기를, 점령지는 원래 본국 영토이나, 적국 권력 하에 있으므로, 부득이 중립의 명의로 정무를 집행해야 한다고 하였다. 프랑스군 육군사관 명심서(銘心書)에는 점령자는 점령지 본국 명의로 정무를 집행해야 한다고 규정되어 있다. 청일전쟁에서는 점령지 인민을 통제하기 위한 정략상 금주(金州) 행정청은 일본 명의로 그 정무를 집행하였다. 요컨대 정략과 군략에서 비롯되는 필요한 경우가 아니면, 점령자는 자국 명의로 정무를 집행할 수 없는 것이다.

3. 행정비용

점령군은 조세 그 밖의 세금을 징수하는 외에, 점령지에 대해 징발(徵發)과 과금(課金)을 명령하는 권리를 가진다. 무릇 군대가 지방 인민의 생명·재산을 보호할 의무가 있음에도 불구하고, 군대의 안전과 작전상 필요에 따라 그 지방 자력(資力)이 부담할만한 정도 내에서는 군수물품의 공급을 강제할 수 있다. 그 중 특히 인민에 대해 노무(勞務)를 강요하는 것을 '부역'(賦役)이라 하고, 물품의 지출을 명령하는 것을

徵發이라云ᄒᆞ며金錢을强要ᄒᆞᆷ을課金이라名ᄒᆞᄂᆞ니此等權利ᄂᆞᆫ第十七世紀末에當ᄒᆞ야諸國間條約으로써古來로行ᄒᆞᆫ바略奪을制限ᄒᆞ며占領地에對ᄒᆞ야賦課ᄒᆞᆷ을可得ᄒᆞᆯ金額及方法等을定ᄒᆞᆷ으로브터發達ᄒᆞᆫ바ㅣ니是以로其賦課ᄂᆞᆫ私有財産의破壞를行得ᄒᆞᆯ境遇와同一히軍隊의安全及成功上必要에基因ᄒᆞᆷ을要ᄒᆞ며且其程度에至ᄒᆞ야ᄂᆞᆫ軍隊兵站의不足을助給ᄒᆞ며地力及民力의疲斃치아니ᄒᆞᆯ範圍內에在ᄒᆞ야行得ᄒᆞᆯ바ㅣ라

**第四、徵發**　徵發은軍隊需用品을强制的으로徵用ᄒᆞᄂᆞᆫ意味나然이나廣義로徵發이라云ᄒᆞᆯ時ᄂᆞᆫ課役ᄭᆞ지包含ᄒᆞᄂᆞ니物品을徵發ᄒᆞ며人夫를徵收ᄒᆞ야軍隊의必要上鐵道、電信、道路等을修繕ᄒᆞ며其他의勞務에服役케ᄒᆞᆷ을得ᄒᆞᆷ은占領軍의正當ᄒᆞᆫ權利라然而徵發에依ᄒᆞ야軍隊의生活及戰鬪에必要ᄒᆞᆫ糧食、衣服其他物品을徵用ᄒᆞ며車馬、船舶、電信、電話等交通運搬用의器具를押收ᄒᆞ며又ᄂᆞᆫ人民에게對ᄒᆞ야課役을命ᄒᆞᆷ에就ᄒᆞ야占領者ᄂᆞᆫ其消費或使用ᄒᆞᆫ物品의代償又ᄂᆞᆫ勞役의報酬로金錢을支給ᄒᆞᄂᆞᆫ與否ᄂᆞᆫ占領軍任意에專屬ᄒᆞᆷ으로此等辨償行爲ᄂᆞᆫ國際法上義務를成ᄒᆞᆷ이아니나然이나占領者ᄂᆞᆫ可成

'징발'이라 하며, 금전을 강요하는 것을 '과금'이라고 부른다. 이들 권리는 17세기 말에 여러 나라 사이의 조약으로 옛날부터 행해진 약탈을 제한하며, 점령지에 대해 부과할 수 있는 금액과 방법 등을 정하면서부터 발달한 것이다. 이에 따라 그 부과는 사유재산을 파괴할 수 있는 정도와 동일하게 군대의 안전과 성공의 필요에 기인할 것을 필요로 한다. 또 그 정도에 대해서는 군대 병참(兵站)의 부족을 도와주며, 지방과 민력(民力)[1]이 피폐되지 않을 범위 내에서 행해질 수 있는 것이다.

4. 징발[2]

징발은 군수용품을 강제적으로 징용하는 의미이다. 그러나 넓은 뜻에서 징발이라고 할 때에는 부역까지 포함한다. 물품을 징발하며 인부를 징수하여 군대의 필요에 따라 철도, 전신, 도로 등을 수선하며, 그 밖의 노무에 복역하게 할 수 있는 것은, 점령군의 정당한 권리이다. 그렇지만 징발에 따라 군대의 생활과 전투에 필요한 식량, 의복 그 밖의 물품을 징용하며 마차, 선박, 전신, 전화 등 교통·운반용의 기구를 압수하거나 또는 인민에 대해 노역의 부과를 명령하는 것에 대해, 점령자가 그 소비 또는 사용한 물품의 대상(代償)이나 노역의 보수로 금전을 지급할 것인지의 여부는 점령군의 임의에 전속(專屬)되고, 이들 변상행위는 국제법상 의무를 구성하지 아니한다. 그러나 점령자는 가급적

1 민력(民力): 국민의 노동력이나 재력.

2 이미 앞의 각주에서 언급했듯이 주정균 교재의 징발 관련 내용은 오늘날 "전시에 있어서의 민간인의 보호에 관한 1949년 8월 12일자 제네바협약 (제4협약) 제47조, 제51조, 제55조 등에서 징발은 원칙적으로 금지되기 때문에 사문화되었다.

的其地方人民의感情을損傷치아니ᄒᆞ고無事히占領地를統轄ᄒᆷ이得策됨으로事情의可許를限度에在ᄒᆞ야ᄂᆞᆫ徵發及課役에對ᄒᆞ야相當ᄒᆞᆫ辨償을行ᄒᆷ이普通이니是ᄂᆞᆫ陸戰法規慣例條約第五三條第三項에「現品의供給은可成的現金으로報償ᄒᆷ이可ᄒᆞ니不能ᄒᆯ時ᄂᆞᆫ領受証을書給ᄒᆞ야此를證明ᄒᆷ이可ᄒᆷ」이라規定ᄒᆞᆫ所以라就中其代價를不與ᄒᆞᄂᆞᆫ境遇에在ᄒᆞ야ᄂᆞᆫ徵發ᄒᆞᆫ物品及課役에對ᄒᆞ야領受証을交付ᄒᆷ은占領者義務에屬ᄒᆞ며且其領受証은此로써同一地方에再次入來ᄒᆞᄂᆞᆫ他軍隊의司令官으로ᄒᆞ야곰若干의徵發及課役이既有ᄒᆞᆫ事를知得케ᄒᆞ야過重ᄒᆞᆫ負擔을更課ᄒᆷ을免除케ᄒᆷ과同時에其徵發課役의費用은性質上單히此를直接供給ᄒᆞᆫ人民負擔에歸ᄒᆯ바아니오占領地全体又ᄂᆞᆫ本國一般의負擔을成ᄒᆞᄂᆞ니戰爭後本國政府又或其地方全体로브터幾部分의塡補를受ᄒᆷ이有ᄒᆷ으로此를證明ᄒᆷ에必要ᄒᆞᆫ바ㅣ라

現行法上에私有財産의略奪을嚴禁ᄒᆷ을不拘ᄒᆞ고徵發及課金을是認ᄒᆞᄂᆞᆫ理由ᄂᆞᆫ軍隊가作戰上必要에基因ᄒᆞᄂᆞᆫ行爲를占領地內에可히行得ᄒᆷ은絕對的權利를成ᄒᆷ과同時에兵士가地方人民에對ᄒᆞᄂᆞᆫ略奪의害毒은略奪을受ᄒᆞᆫ個

그 지방 인민의 감정을 손상하지 아니하고 무사히 점령지를 통할하는 것이 좋은 계책으로 되기 때문에, 사정이 허락하는 한도에서는 징발과 부역에 대해 상당한 변상을 하는 것이 보통이다. 이는 육전법규관례조약 제52조[1]에 「현품의 공급은 가급적 현금으로 보상해야 하고, 할 수 없을 때에는 영수증을 작성·발급하여 이를 증명해야 한다」고 규정한 이유이다. 그 중 특히 그 대가를 부여하지 아니할 경우에 징발한 물품과 부역에 대해 영수증을 교부하는 것은 점령자의 의무에 속한다. 또 그 영수증은 이에 따라 동일 지방에 다시 들어오는 다른 군대의 사령관으로 하여금 약간의 징발과 부역이 이미 있었던 사실을 알 수 있게 하여, 과중한 부담을 다시 부과하는 것을 면제하게 한다. 동시에 그 징발·부역의 비용은 성질상 단순히 이를 직접 공급한 인민의 부담으로 귀속되는 것이 아니며, 점령지 전체 또는 본국 일반의 부담으로 되고, 전쟁 후 본국 정부 또는 그 지방 전체로부터 몇몇 부분의 보전을 받는 경우가 있기 때문에, 이를 증명하는 것에 필요하다.

현행법상으로(역자 주: 1910년경 당시) 사유재산의 약탈을 엄격하게 금지하고 있음에도 불구하고, 징발과 과금을 시인하는 이유는, 군대가 작전상 필요에 따르는 행위를 점령지 내에서 할 수 있는 것은 절대적 권리를 구성하는 동시에, 병사가 지방 인민에 대한 약탈의 해독은 약탈을 받는

1 주정균 교재는 제53조 제3항으로 표기하였으나, 일본『戰時國際法』173쪽에는 제52조 제3항이다. 역자가 확인한 결과 제52조 네 번째 문단이어서 정정하였다. 1899년 헤이그 제2협약 부속서 육전법 및 관습에 관한 규칙 제52조: "현품징발 및 사역은 점령군의 필요를 위한 것이 아니면 시·읍 또는 주민에 대하여 이를 요구할 수 없다. 징발 및 사역은 그 지방의 자력에 상응하여야 하며, 주민들에게 그 본국에 대한 군사작전에 가담하게 하는 의무를 부과하지 아니하는 성질의 것이어야 한다. 징발 및 사역은 점령지역의 지휘관의 허가에 의하여서만 이를 요구할 수 있다. 현품의 공납에 대하여는 가능한 한 현금으로 지불하며, 그렇지 않으면 영수증으로써 이를 증명하여야 한다."

人에止ᄒᆞ고爾餘의人民은何等의損害ᄅᆞᆯ不被ᄒᆞᆷ과如히不權衡을生ᄒᆞ나此와反ᄒᆞ야徵發及課金은占領地에在ᄒᆞᆫ官衙의手ᄅᆞᆯ經ᄒᆞ야占領地一般人民에게現品又ᄂᆞᆫ金錢을平等支出케ᄒᆞᆷ이常則됨으로分擔을公平케ᄒᆞᄂᆞᆫ趣旨上略奪에比ᄒᆞ야弊害가寡少ᄒᆞᆫ지라是以로徵發은原則個個上兵士의行ᄒᆞᆯ바ㅣ아니오司令長官又ᄂᆞᆫ一部軍隊의指揮官의責任으로써賦課ᄒᆞᆷ을得ᄒᆞ나然이나徵發이課金과相異ᄒᆞᆫ바ᄂᆞᆫ徵發은軍隊의常用品을徵收ᄒᆞ야目前의窘急을救濟ᄒᆞᆯ手段으로人民에게徵用ᄒᆞᆷ으로반다시課金과如히司令長官又ᄂᆞᆫ占領地行政廳長官에限ᄒᆞ야此ᄅᆞᆯ賦課ᄒᆞᆷ과不同ᄒᆞᆷ으로分隊、支隊의指揮官이라도時宜ᄅᆞᆯ應ᄒᆞ야賦課ᄒᆞᆷ을得ᄒᆞᄂᆞᆫ바ㅣ라

第五、課金 課金의名稱은往往에徵發과混用ᄒᆞ나然이나現今에在ᄒᆞ야ᄂᆞᆫ占領者가占領地에對ᄒᆞ야金錢的賦課ᄅᆞᆯ課金이라稱ᄒᆞᄂᆞ니陸戰法規慣例條約第四八條及第四九條에ᄂᆞᆫ租稅ᄭᆞ지課金中에含包ᄒᆞ야스나多數學者ᄂᆞᆫ租稅其他稅金은課金中에算入치아니ᄒᆞ고租稅以外又或其稅額以上으로人民에게徵收ᄒᆞᄂᆞᆫ金錢을意味ᄒᆞ며부릿셀宣言第五條에在ᄒᆞ야도租稅其他稅金은

개인에 그치고, 그 나머지의 인민은 어떠한 손해를 입지 않는 것과 같은 불균형이 발생하나, 이에 반해 징발과 과금은 점령지에 있는 관청의 손을 거처 점령지 일반 인민에게 현품 또는 금전을 평등하게 지출하게 하는 것이 상규로 되기 때문이다. 분담을 공평하게 하는 취지에서도 약탈에 비해 폐해가 아주 적다. 이에 따라 징발은 원칙적으로 개개의 병사가 하는 것이 아니고, 사령장관 또는 일부 군대의 지휘관 책임으로 부과할 수 있는 것이다. 그러나 징발은 과금과 상이하다. 징발은 군대의 일상용품을 징수하여 눈앞의 급한 군색을 구제할 수단으로 인민에게 징용하기 때문에, 반드시 과금의 경우와 같이 사령장관 또는 점령지 행정청 장관에 한해 이를 부과하는 것과 다르고 분대, 지대의 지휘관이라도 시의에 따라 부과할 수 있는 것이다.

5. 과금

과금의 명칭은 때로 징발과 혼용되나, 지금에는 점령자의 점령지에 대한 금전적 부과를 과금이라 일컫는다. 육전법규관례조약 제48조와 제49조[1]에는 조세까지 과금 중에 포함시키고 있으나, 다수학자는 조세 그 밖의 세금은 과금 중에 산입하지 아니하고 조세 이외로 또는 그 세액 이상으로 인민에게 징수하는 금전을 의미한다고 본다. Brussel 선언 제5조[2]에서도 조세 그 밖의 세금은

1 1899년 헤이그 제2협약 부속서 육전법 및 관습에 관한 규칙 제48조: "점령군이 점령지역에서 그 국가의 이익을 위하여 부과하는 조세 부과금 및 통과세를 징수할 때에는 가능한 한 현행 규칙과 평가에 따라 이를 징수하며, 점령군은 정당한 정부가 지출하는 정도로 점령지의 행정비를 지출하여야 한다." 제49조: "점령군이 점령지에서 전조에 규정된 세금 이외의 다른 조세를 부과하는 것은 군대 또는 점령지 행정상의 필요를 위한 경우에 한한다."

2 1874년 Brussel 선언 제5조의 영문은 다음과 같다. Article 5: "The army of occupation shall only collect the taxes, dues, duties, and tolls imposed for the benefit of the State, or their equivalent, if it is impossible to collect them, and, as far as is possible, in accordance with the existing forms and practice. It shall devote them to defraying the expenses of the administration of the country to the same extent as the legitimate Government was so obligated."

占領者가當然히收得ᄒᆞᆯ바ㅣ라ᄒᆞ얏스며課金에關ᄒᆞ야ᄂᆞᆫ第四一條에租稅ᄅᆞᆯ代ᄒᆞ거나現品의供給即徵發ᄅᆞᆯ代ᄒᆞ거나罰金되ᄂᆞᆫ意義로規定ᄒᆞ얏스며옷구스후도陸戰法規에도同一意義로規定ᄒᆞᆫ바ㅣ라

課金의性質은徵發과同一히軍隊需要ᄅᆞᆯ補助ᄒᆞ기爲ᄒᆞ야占領地로브터强制的으로徵收ᄒᆞᄂᆞᆫ바ㅣ나此ᄅᆞᆯ賦課ᄒᆞᆷ에就ᄒᆞ야ᄂᆞᆫ徵發보다濫行ᄒᆞᆯ虞慮가尤有ᄒᆞᆷ으로부릿셀會議에在ᄒᆞ야도課金에關ᄒᆞᄂᆞᆫ權利ᄅᆞᆯ制限ᄒᆞ기爲ᄒᆞ야討議ᄅᆞᆯ累經ᄒᆞ얏스나占領軍이占領地에對ᄒᆞᄂᆞᆫ權力行使에關ᄒᆞ야一定ᄒᆞᆫ範圍ᄅᆞᆯ定ᄒᆞ기難ᄒᆞ며且此ᄅᆞᆯ監督ᄒᆞᆯ者ㅣ無ᄒᆞᆷ으로設或詳細ᄒᆞᆫ規定을置ᄒᆞ나徒文에歸ᄒᆞᆯ지라是以로單히其大体에就ᄒᆞ야前述ᄒᆞᆫ바三種에分ᄒᆞ얏스니即第一種租稅其他稅金에對ᄒᆞᆫ課金及第三種罰金은占領者가當然히賦課ᄒᆞᆯ바ㅣ나第二種課金의程度ᄂᆞᆫ此ᄅᆞᆯ制限ᄒᆞ야現品의供給을代ᄒᆞᆯ바ㅣ라規定ᄒᆞ고其最高額을軍隊需要物品代價에限ᄒᆞ얏스며陸戰法規慣例條約第四九條에在ᄒᆞ야도同一ᄒᆞᆫ趣旨ᄅᆞᆯ基因ᄒᆞ야其程度ᄅᆞᆯ軍隊又ᄂᆞᆫ占領地行政上需要에應ᄒᆞᄂᆞᆫ外에濫行ᄒᆞᆷ을不得케規定ᄒᆞ얏스나然이나玆에所謂軍隊의需要로써程度ᄅᆞᆯ定ᄒᆞᆷ

점령자가 당연히 취득하는 것이라고 하며, 과금에 관해서는 제41조[1]에 조세를 갈음하거나, 현품의 공급 즉 징발을 갈음하거나, 벌금으로 되는 의의로 규정하였다. Oxford 육전법규도 동일한 의의로 규정하고 있다.[2]

과금의 성질은 징발과 마찬가지로 군대의 수요를 보조하기 위해 점령지로부터 강제적으로 징수하는 것이다. 그러나 이를 부과하는 것에 대해서는 징발보다 남용될 우려가 더 있기 때문에, Brussel 회의에서도 과금에 관한 권리를 제한하기 위해 토의를 여러 번 거쳤다. 그러나 점령군이 점령지에 대한 권력 행사에 관해 일정한 범위를 정하기 어렵고 또한 이를 감독할 사람이 없으므로, 설사 상세한 규정을 두어도 헛된 글로 돌아갈 것이라는 이유에 따라, 단순히 그 대체에 대해 전술한 바의 세 가지 종류로 구분하였다. 제1종의 조세와 그 밖의 세금에 대한 과금과 제3종의 벌금은 점령자가 당연히 부과하는 것이나, 제2종의 과금의 정도는 이를 제한해 현품의 공급을 갈음하는 것이라 규정하고, 그 최고액을 군대 수요의 물품 대가로 제한하였다. 육전법규관례조약 제49조[3]에서도 동일한 취지에 따라, 그 정도를 군대 또는 점령지 행정상 수요에 따르는 것 외에는 남용할 수 없게 규정하였다. 그러나 이에 이른바 군대의 수요로 정도를 정하는 것에

1 1874년 Brussel 선언 제41조의 영문은 다음과 같다. Article 41: "The enemy in levying contributions, whether as an equivalent for taxes (see Article 5) or for payments that should be made in kind, or as fines, shall proceed, so far as possible, only in accordance with the rules for incidence and assessment in force in the territory occupied. The civil authorities of the legitimate Government shall lend it their assistance if they have remained at their posts. Contributions shall be imposed only on the order and on the responsibility of the commander in chief or the superior civil authority established by the enemy in the occupied territory. For every contribution, a receipt shall be given to the person furnishing it."

2 1880년 국제법학회가 채택한 Oxford 육전법규 결의의 제58조라고 짐작된다. Article 58: "The occupant cannot collect extraordinary contributions of money, save as an equivalent for fines, or imposts not paid, or for payments not made in kind. Contributions in money can be imposed only on the order and responsibility of the general in chief, or of the superior civil authority established in the occupied territory, as far as possible, in accordance with the rules of assessment and incidence of the taxes in force."

3 1899년 헤이그 제2협약 부속서 육전법 및 관습에 관한 규칙 제49조: "점령군이 점령지에서 전조에 규정된 세금 이외의 다른 조세를 부과하는 것은 군대 또는 점령지 행정상의 필요를 위한 경우에 한한다."

에對ᄒᆞ야ᄂᆞᆫ二個의制限이有ᄒᆞᆷ을不可不注意ᄒᆞᆯ지니何者오課金及徵發은元來占領軍이其兵站의補助ᄅᆞᆯ爲ᄒᆞ야賦課ᄒᆞᆷ에止ᄒᆞ니戰爭의費用又ᄂᆞᆫ軍隊全体의費用及其需要品의全部ᄅᆞᆯ敵地私有財產中으로徵收ᄒᆞ기不能ᄒᆞᆯ뿐아니라現時各國軍隊ᄂᆞᆫ昔日에比ᄒᆞ야非常히兵員을增加ᄒᆞᆫ結果其需要品도또ᄒᆞᆫ莫大ᄒᆞᆷ으로此에代ᄒᆞᆯ金錢은設或不足을補充ᄒᆞᆯ數額이라도占領地에셔負擔ᄒᆞ기不能ᄒᆞᆫ지라然則其賦課의程度ᄂᆞᆫ반다시其地方資力을鑑察ᄒᆞ야民力을疲斃케ᄒᆞᆯ程度ᄅᆞᆯ超越ᄒᆞᆷ이不可ᄒᆞ니不然ᄒᆞᆯ時ᄂᆞᆫ占領地全体에對ᄒᆞᆫ略奪과無異ᄒᆞᆷ에至ᄒᆞᄂᆞᆫ所以라

課金의一種되ᄂᆞᆫ罰金은占領軍에對ᄒᆞ야占領地에在ᄒᆞᆫ個人이兵力으로써抵抗ᄒᆞ거나犯則ᄒᆞᄂᆞᆫ者가有ᄒᆞᆫ時에其地方人民一般이其行爲에關係가有ᄒᆞ거나有ᄒᆞᆫ嫌疑가有ᄒᆞᆫ境遇ᄅᆞᆯ當ᄒᆞ야此ᄅᆞᆯ懲罰ᄒᆞ며且將來ᄅᆞᆯ豫防ᄒᆞ기爲ᄒᆞ야其地方全体에對ᄒᆞ야一定ᄒᆞᆫ金錢을强制徵收ᄒᆞᄂᆞᆫ바ㅣ니譬컨ᄃᆡ千八百七十年普佛戰爭時에普軍占領地에在ᄒᆞᆫ人民이후온데노이鋏道橋ᄅᆞᆯ破壞ᄒᆞᆫ者가有ᄒᆞᆷ으로로렌州太守ᄂᆞᆫ同州全体에對ᄒᆞ야一千萬法의罰金을賦課ᄒᆞ고후온

대해서는, 두 가지의 제한이 있는 것에 주의해야 한다. 왜냐하면 과금과 징발은 원래 점령군이 그 병참의 보조를 위해 부과하는 것에 그치고, 전쟁 비용 또는 군대 전체의 비용과 그 수요품의 전부를 적지 사유재산 중에서 징수할 수 없기 때문이다. 그뿐만 아니라 현재 각국 군대는 지난날에 비해 비상하게 병력을 증가한 결과, 그 수요품도 또한 막대한 것으로 되어, 이에 갈음할 금전은 설사 부족을 보충하는 액수일지라도 점령지에서 부담할 수 없게 된 것이다. 그렇다면 그 부과의 정도는 반드시 그 지방 자력을 살펴서 민력(民力)을 피폐하게 할 정도를 넘을 수 없고, 그렇지 아니할 때에는 점령지 전체에 대한 약탈과 다를 바가 없게 되는 것이다.

과금의 일종으로 되는 벌금은 점령군에 대해 점령지에서 개인이 병력으로 저항하거나, 범칙하는 사람이 있는 때에, 그 지방 인민 일반이 그 행위에 관계가 있거나, 혐의가 있는 경우에 이를 징벌하며 또한 장래를 예방하기 위해, 그 지방 전체에 대해 일정한 금전을 강제징수하는 것이다. 예컨대 1870년 프러시아-프랑스 전쟁 시에 프러시아군 점령지에 있는 인민 중 Fontenoy 철교를 파괴한 사람이 있으므로, Lorraine주 지방관은 동주 전체에 대해 1천만 프랑의 벌금을 부과하고

데노이村落을燒毁ᄒᆞᆷ이其一例니如此ᄒᆞᆫ苛酷ᄒᆞᆫ處置ᄂᆞᆫ學者의批難이雖有ᄒᆞ나占領軍이罰金을徵收ᄒᆞᄂᆞᆫ權利가有ᄒᆞᆷ은一般이是認ᄒᆞᄂᆞᆫ바ㅣ며單히罰金의程度ᄂᆞᆫ反抗의輕重을比較ᄒᆞᆷ에無過ᄒᆞᄂᆞ니陸戰法規慣例條約第五條에「人民에對ᄒᆞ야其連帶의責이有ᄒᆞ다認ᄒᆞ기不能ᄒᆞᆫ個人行爲를因ᄒᆞ야金錢其他連坐罰을科ᄒᆞᆷ이不可ᄒᆞᆷ이라」規定ᄒᆞᆷ이卽是라

凡課金은濫行ᄒᆞᆯ虞慮가不無ᄒᆞᆷ으로高級司令官又ᄂᆞᆫ行政廳이有ᄒᆞᆫ境遇에ᄂᆞᆫ其長官의命令書로以ᄒᆞᄂᆞᆫ外에ᄂᆞᆫ徵收ᄒᆞ기不能ᄒᆞᆯ뿐아니라課金은可成的其地에現行ᄒᆞᄂᆞᆫ租稅賦課規則을依準ᄒᆞᆷ이可ᄒᆞᄂᆞ니其納稅額多寡를比例ᄒᆞ야其額을定ᄒᆞ며徵收方法에至ᄒᆞ야도租稅와同一히ᄒᆞᆯ지라然而其出金等에對ᄒᆞ야ᄂᆞᆫ占領者로브터領受証을交付ᄒᆞᄂᆞᆫ義務가有ᄒᆞᆷ은無報酬의徵發境遇와其趣同一ᄒᆞᆫ바ㅣ라

## 第二部　海戰

### 第一節　總則

凡交戰者間戰鬪ᄂᆞᆫ陸上에不止ᄒᆞ고海上에在ᄒᆞ야도其艦船과艦船間에行ᄒᆞ며

Fontenoy 촌락을 불태워 없앤 것이 그 한 예이다. 이와 같은 가혹한 조치는 비록 학자의 비난이 있으나, 점령군이 벌금을 징수하는 권리를 가지는 것은 일반이 시인하는 것이며, 단지 벌금의 정도는 반항의 경중을 비교하는 것에 불과하다. 육전법규관례조약 제50조[1]에 「인민에 대해 그 연대의 책임이 있다고 인정할 수 없는 개인의 행위에 따라 금전 그 밖의 연좌벌을 부과할 수 없다」라고 규정한 것도 이것이다.

무릇 과금은 남용될 우려가 없지 않기 때문에, 고급사령관 또는 행정청이 있는 경우에는 그 장관의 명령서로 하는 이외에는 징수할 수 없을 뿐만 아니라, 과금은 가급적 그 곳에 행해지는 조세부과규칙을 준거해야 한다. 그 납세액의 과다에 비례하여 그 액수를 정하며 징수방법에 대해서도 조세와 동일하게 해야 한다. 그러나 그 출금(出金) 등에 대해서는 점령자가 영수증을 교부할 의무가 있는 것은, 무보수의 징발의 경우와 그 취지가 같다.

## 제2부 해전(海戰)

### 제1절 총칙

무릇 교전자 사이의 전투는 육상에 그치지 아니하고 해상에서도 그 함선과 함선 사이에 행해지며,

1 1899년 헤이그 제2협약 부속서 육전법 및 관습에 관한 규칙 제50조: "공동으로 책임이 있다고 인정될 수 없는 개인의 행위 때문에 주민들에게 금전적 또는 기타의 일반적 처벌이 과하여질 수 없다."

且陸上과海上間에도行ᄒᆞᄂᆞ니是以로戰鬪ᄂᆞᆫ中立國領土及領海를除ᄒᆞᆫ外에ᄂᆞᆫ何處에셔行ᄒᆞ든지幷히交戰國自由에屬ᄒᆞ며陸上에在ᄒᆞ야ᄂᆞᆫ軍隊로以ᄒᆞ며海上에在ᄒᆞ야ᄂᆞᆫ戰鬪艦、巡洋艦以外交戰國海軍을組成ᄒᆞᆫ諸種의艦船及政府認可를基因ᄒᆞ야海軍의一部로看做ᄒᆞᆯ船舶으로써戰爭의權利를行使ᄒᆞᆷ을得ᄒᆞᄂᆞᆫ바ㅣ라然而海上戰爭에在ᄒᆞ야交戰國이敵國人民에對ᄒᆞᄂᆞᆫ權利ᄂᆞᆫ戰地에在ᄒᆞᆫ權利를說明ᄒᆞᆯ時에略陳ᄒᆞᆷ으로玆에在ᄒᆞ야ᄂᆞᆫ單히敵國海上財産에對ᄒᆞ야有ᄒᆞᆫ權利를說明코져ᄒᆞ노니凡海上에在ᄒᆞ야敵國의軍艦其他戰鬪行爲에從事ᄒᆞᄂᆞᆫ船舶은元來此를攻擊ᄒᆞ야破壞沈沒케ᄒᆞ며捕獲沒收ᄒᆞᆷ을得ᄒᆞᆯ뿐아니라交戰國艦船은海上에在ᄒᆞᆫ敵國戰鬪力을間接增長ᄒᆞᄂᆞᆫ性質이有ᄒᆞᆷ으로敵國의商船其他私有船舶及積載物은捕獲ᄒᆞᆷ을得ᄒᆞᄂᆞᆫ바ㅣ라

第十九世紀初로브터陸戰에在ᄒᆞ야ᄂᆞᆫ私有財産의不可侵의原則을勵行ᄒᆞ야非戰鬪員에게對ᄒᆞᄂᆞᆫ戰爭의加害를制限ᄒᆞᆷ을不拘ᄒᆞ고古來로海上에在ᄒᆞ야敵國人民의私有船舶及積載物을捕獲沈沒ᄒᆞᄂᆞᆫ原則은今日ᄭᆞ지尙存ᄒᆞ고但千八百五十六年巴里宣言第二條及第三條로써戰時禁制品을除ᄒᆞᆫ外에敵船中에在ᄒᆞᆫ

또한 육상과 해상 사이에서도 행해진다. 이에 따라 전투는 중립국 영토와 영해를 제외하고는, 어떤 곳에서 행해지든지 모두 교전국 자유에 속한다. 육상에서는 군대를 가지고 하며 해상에서는 전투함, 순양함 이외에 교전국 해군을 구성하는 여러 종류의 함선과 정부의 인가에 따라 해군의 일부로 간주되는 선박으로 전쟁의 권리를 행사할 수 있는 것이다. 그렇지만 해상전쟁에서 교전국이 적국 인민에 대한 권리는, 전지에서의 권리를 설명할 때에 간략하게 서술하였으므로, 여기에서는 단지 적국 해상재산에 대해 가지는 권리를 설명하고자 한다. 무릇 해상에서 적국의 군함 그 밖의 전투행위에 종사하는 함선은 원래 이를 공격하여 파괴·침몰시키며 포획·몰수할 수 있다. 그뿐만 아니라 교전국 선박은 해상에 있는 적국 전투력을 간접 증가시키는 성질을 가지기 때문에, 적국의 상선 그 밖의 사유선박과 적재물은 이를 포획할 수 있는 것이다.

19세기 초부터 육전에서는 사유재산의 불가침 원칙을 힘써 행하여 비전투원에 대한 전쟁의 가해를 제한하였음에도 불구하고, 옛날부터 해상에서 적국 인민의 사유선박과 적재물을 포획·침몰시키는 원칙은 오늘날(역자 주: 1910년경 당시)까지 여전히 존재한다.[1] 다만 1856년 파리선언 제2조[2]와 제3조[3]에서 전시금제품을 제외하고는, 적선(敵船) 중에 있는

1 현대 해전에 적용되는 원칙과 규칙은 교재의 설명과 상당히 다르다. 참고로 "1994년 해전에 적용가능한 국제법에 관한 산레모 매뉴얼(San Remo Manual on International Law Applicable to Armed Conflicts at Sea, 12 June 1994)의 공격이 면제되는 적의 선박(제47항), 적의 상선이 군사목표물로 간주되는 경우(60항) 등을 참조할 필요가 있다.

2 1856년 파리 선언 제2조의 영문은 다음과 같다. "2. The neutral flag covers enemy's goods, with the exception of contraband of war."

3 1856년 파리 선언 제3조의 영문은 다음과 같다. "3. Neutral goods, with the exception of contraband of war, are not liable to capture under enemy's flag."

中立國貨物과中立船中에在한敵國貨物의捕獲을禁止하고又第一條에在하야私有船舶의捕獲을禁止할뿐이니是以로交戰國海軍에屬한船舶은勿論하고敵國私人에屬한船舶及艦船內에在한敵國私有財産을捕獲하는畧奪의行爲는是認하는바ㅣ니第十八世紀末葉으로브터學者幷政治家中에批難이不尠하며且國家間에在하야도其廢止를唱道함을不拘하고千八百九十九年平和會議에在하야도「本會議는海戰의際에私有財産을可히侵犯치못할旨의提議는此를後日萬國會議審議에付케할事를希望함」이라言明할뿐이오古來로行한바海上에在한掠奪의慣例는아즉改良함에不至하얏스며加之陸戰에在하야는第十九世紀中葉으로브터列國間條約을因하야其改善을圖謀하얏스나海戰에關하야는千八百六十八年페텔푸룽구宣言及平和會議決議에係한바三宣言의適用이甚稀하고但千八百五十六年巴里宣言과千八百六十八年赤十字條約追加條欵을基因한平和會議決議卽千八百六十四年八月二十二日쥬네부條約의原則을海戰에應用하는條約等數件이僅히列國條約으로成立함에不過한바ㅣ라

## 第二節　戰鬪及巡洋의艦船

중립국 화물과 중립국 선박 중에 있는 적국 화물의 포획을 금지하고, 또 제1조[1]에서 사유선박으로 행하는 포획을 금지하고 있을 뿐이다. 이에 따라 교전국 해군에 속한 선박은 물론이고, 적국 사인에 속한 선박과 함선 내에 있는 적국 사유재산을 포획하는 약탈하는 행위는 시인된다. 18세기 말엽부터 학자와 정치가 중에 비난이 적지 않았으며, 또한 국가 사이에서도 그 폐지를 주장하였음에도 불구하고, 1899년 제1차 만국평화회의에서도 「이 회의는 해전 시에 사유재산을 침범할 수 없다는 취지의 제의는 이를 후일 만국회의 심의에 회부할 것을 희망한다」라고 언명(言明)하였을 뿐이다.[2] 옛날부터 행해져 온 해상에서의 약탈 관례는 아직 개선되지 않고 있다. 그뿐만 아니라 육전에서는 19세기 중엽으로부터 각국 사이의 조약에 따라 그 개선을 도모하고 있으나, 해전에 관해서는 1868년 The Declaration of St Petersburg[3]과 만국평화회의 결의와 관계있는 3개의 선언 적용은 매우 희소하다. 다만 1856년 파리선언과 1868년 적십자조약 추가 조약에 따른 평화회의 결의 즉 1864년 8월 22일 Geneva 조약의 원칙을 해전에 응용하는 조약 등 몇 건이 겨우 각국 조약으로 성립한 것에 불과하다.

## 제2절 전투와 순양의 함선

1 1856년 파리 선언 제1조의 영문은 다음과 같다. "1. Privateering is, and remains, abolished."

2 1899년 제1차 헤이그 만국평화회의 최종의정서의 다섯 번째 서약(voeux)을 의미한다. "5. The Conference expresses the wish that the proposal, which contemplates the declaration of the inviolability of private property in naval warfare, may be referred to a subsequent Conference for consideration."

3 Declaration Renouncing the Use, in Time of War, of Explosive Projectiles Under 400 Grammes Weight. Saint Petersburg, 29 November - 11 December 1868

凡陸戰에在ᄒᆞ야ᄂᆞᆫ敵軍이一地方을侵入코져ᄒᆞᆯ時를際ᄒᆞ야其地方人民이此를防禦ᄒᆞ기爲ᄒᆞ야兵器를執ᄒᆞ고其軍隊를反抗ᄒᆞᄂᆞᆫ者를戰鬪員으로看做ᄒᆞᆷ으로不拘ᄒᆞ고交戰國海軍이一定ᄒᆞᆫ港灣을封鎖或攻擊ᄒᆞᆷ을當ᄒᆞ야非戰鬪員이私有船舶으로ᄡᅥ此를反抗ᄒᆞᆷ을不許ᄒᆞᄂᆞ니設或且反抗은人民愛國心으로從出ᄒᆞᆷ이陸戰과無異ᄒᆞ나其兵力抵抗을不法으로看做ᄒᆞ야犯罪者로處刑됨을未免ᄒᆞ나然이나交戰國軍艦이敵國商船을攻擊或捕獲ᄒᆞᆯ際를當ᄒᆞ야其船員이此에對抗ᄒᆞ야兵力을使用ᄒᆞ야도不法으로看做치아니ᄒᆞᆷ은前에略陳ᄒᆞᆷ과如ᄒᆞᆫ바ㅣ라

凡海上에在ᄒᆞ야交戰權을行使ᄒᆞᆷ은戰鬪艦、巡洋艦、砲艦、水雷驅逐艦其他交戰國海軍에屬ᄒᆞᆫ戰鬪用의艦船으로以ᄒᆞᆷ이常則이니是以로戰鬪及巡洋艦船은敵國의戰鬪及巡洋艦船과砲火를相交ᄒᆞ야此를擊沈、破壞、燒却又ᄂᆞᆫ捕獲ᄒᆞ며其戰鬪員을殺傷或俘虜로作ᄒᆞᄂᆞᆫ權利가有ᄒᆞᆷ과同時에敵國艦船에게同一ᄒᆞᆫ結果를受ᄒᆞᆷ은勿論이나然이나商船其他私有船舶은戰鬪巡洋의行爲를自行ᄒᆞ기不能ᄒᆞᆫ故로如斯ᄒᆞᆫ行爲가有ᄒᆞᆫ境遇를除ᄒᆞᆫ外에ᄂᆞᆫ敵國海軍에게攻擊其他

무릇 육전에서는 적군이 한 지방을 침입하고자 할 때에, 그 지방 인민이 이를 방어하기 위해 무기를 들고 그 군대에 반항하는 사람을 전투원으로 간주함에도 불구하고, 교전국 해군이 일정한 항만을 봉쇄 또는 공격할 때에, 비전투원이 사유선박으로 이에 반항하는 것을 허용하지 아니한다. 설사 그 반항이 인민의 애국심에서 비롯되는 것은 육전과 다름이 없으나, 그 병력의 저항이 불법으로 간주되어 범죄자로 처벌되는 것을 면할 수 없다. 그러나 교전국 군함이 적국 상선을 공격 또는 포획할 경우에, 그 선원이 이에 대항하여 무력을 사용해도 불법으로 간주되지 않는 것은 앞에서 간략하게 서술한 바와 같다.

무릇 해상에서 교전권을 행사하는 것은 전투함, 순양함, 포함, 어뢰구축함 그 밖의 교전국 해군에 속한 전투용의 선박으로 하는 것이 상규(常規)[1]이다. 이에 따라 전투와 순양함선은 적국의 전투와 순양함선과 포화를 서로 교환하여 이를 침몰, 파괴, 소각 또는 포획하며, 그 전투원을 살상 또는 포로로 하는 권리가 있는 동시에 적국 함선으로부터 동일한 결과를 받는 것은 물론이다. 그러나 상선 그 밖의 사유선박은 전투·순양의 행위를 독자적으로 할 수 없기 때문에, 이와 같은 행위가 있는 경우를 제외하고는, 적국 해군에게 공격 그 밖의

1 상규(常規): 일반적인 규정 또는 규칙.

戰鬪行爲ᄅᆞᆯ受ᄒᆞᆷ이無ᄒᆞᆫ바ㅣ라

歐洲中世諸國이平時에在ᄒᆞ야海軍ᄅᆞᆯ設置치아니ᄒᆞ며又或設備가整頓치아니ᄒᆞᆫ時代에在ᄒᆞ야ᄂᆞᆫ戰爭을際ᄒᆞ야敵國을攻擊ᄒᆞᆷ에戰鬪員非戰鬪員을區別치아니ᄒᆞᆷ과同時에官船、私船을不問ᄒᆞ고一切船舶으로써戰鬪行爲ᄅᆞᆯ行ᄒᆞᆷ을是認ᄒᆞ얏스나第十九世紀에至ᄒᆞ야ᄂᆞᆫ學術의進步와共히戰鬪技術이또ᄒᆞᆫ發達ᄒᆞ야戰鬪用의艦船과商船은其構造가逈殊ᄒᆞ며且巴里宣言으로써拿捕用의私船을禁止ᄒᆞᆷ에至ᄒᆞ얏스니玆에現行法上艦船以外船舶으로戰鬪及巡洋에從事ᄒᆞᆫ者幷從事ᄒᆞᆷ을得ᄒᆞᆯ者ᄅᆞᆯ左에分說코져ᄒᆞ노라

### 第一款　拿捕用私船

歐洲中世에在ᄒᆞ야ᄂᆞᆫ交戰國人民이政府許可ᄅᆞᆯ不受ᄒᆞ고其私有船舶으로써戰鬪及捕拿用에從事ᄒᆞ얏스나此로브터伴生ᄒᆞᄂᆞᆫ弊害ᄅᆞᆯ防杜ᄒᆞ기爲ᄒᆞ야團束ᄒᆞᆯ必要ᄅᆞᆯ講究ᄒᆞᆫ結果第十三世紀以後에至ᄒᆞ야各國은國法으로써船舶所有者ᄂᆞᆫ預先政府의特別認許ᄅᆞᆯ受ᄒᆞ야戰鬪에從事케ᄒᆞᆷ으로써政府認許가無ᄒᆞᆫ敵國商船을拿捕ᄒᆞᆯ時ᄂᆞᆫ海賊으로待遇ᄒᆞ얏스며第十六、七世紀에至ᄒᆞ야ᄂᆞᆫ交戰國私

전투행위를 당하지 않는다.

유럽 중세에 여러 나라가 평시에 해군을 두지 않거나 또는 설비를 정돈하지 아니한 시대에는, 전쟁을 할 때에 적국을 공격하는 것은 전투원·비전투원을 구별하지 않았다. 동시에 관선(官船), 사선(私船)을 불문하고 모든 선박을 가지고 전투행위를 하는 것을 시인하였다. 그러나 19세기에는 학술의 진보와 함께 전투기술이 또한 발달하여, 전투용의 함선과 상선은 그 구조가 매우 다르게 되었고 또 파리선언으로 사선을 나포용으로 제공하는 것을 금지하기에 이르렀다. 이에 현행법상 함선 이외의 선박으로 전투와 순양에 종사하는 것과 또한 종사할 수 있는 것을 다음에 나누어 설명하고자 한다.

### 제1관 나포용 사선(私船)

유럽 중세에서는 교전국 인민이 정부 허가를 받지 않고, 그 사유선박으로 전투와 나포용에 종사하였다. 그러나 이로부터 파생되는 폐해를 방지하기 위해 단속할 필요를 인정하게 된 결과, 13세기 이후 각국은 국법으로 선박소유자는 미리 정부의 특별인가를 받고 전투에 종사하게 되었고, 정부의 인허 없이 적국 상선을 나포할 때에는 해적으로 대우하였다. 16, 17세기에는 교전국

有船舶所有者가自國政府認可를受ᄒᆞ고敵國船舶及載貨를捕獲ᄒᆞᆫ事가盛行ᄒᆞᆯᄲᅮᆫ아니라第三國商船所有者도交戰國認可를得ᄒᆞ야捕獲에從事ᄒᆞ얏스니如斯히交戰國이私船을捕拿用에供ᄒᆞᆷ은第一航海者가戰爭中에營業을喪失ᄒᆞᆷ을利用ᄒᆞ야敵國의商業及船舶에對ᄒᆞ야加害ᄒᆞ야間接으로敵의海軍力을減殺케ᄒᆞᆷ과同時에戰爭遂行上自國의利益될ᄲᅮᆫ아니라自國航海者에對ᄒᆞ야戰爭中의生活을保護ᄒᆞ며第二此方法을依ᄒᆞ야巡洋艦船을僅少ᄒᆞᆫ時日과費用으로써增加ᄒᆞ야自國戰鬪力을强大케ᄒᆞᄂᆞᆫ利益이有ᄒᆞᆫ所以라

私船을捕拿用에供ᄒᆞᆷ은前述ᄒᆞᆫ바利益이有ᄒᆞᆫ同時에弊害가伴生ᄒᆞᄂᆞ니其船舶을利用ᄒᆞ야海上捕獲에從事케ᄒᆞᆯ時ᄂᆞᆫ中立國商船에對ᄒᆞ야도公海上에在ᄒᆞ야臨檢、搜索케ᄒᆞᆯ必要가有ᄒᆞᆷ으로其行爲ᄂᆞᆫ最愼重히ᄒᆞᆯ바ㅣ며且交戰國에在ᄒᆞ야도其私船의暴行을豫防ᄒᆞ기爲ᄒᆞ야認可狀을給與ᄒᆞᆷ에當ᄒᆞ야戰爭法規慣例를遵守ᄒᆞᆯ事를命令ᄒᆞ며又其捕獲物은반다시捕獲審檢所에提出ᄒᆞ며其命令及約定을違背치아니ᄒᆞᆯ保證金又ᄂᆞᆫ保證書를提出케ᄒᆞᄂᆞ니若其私船으로自國命令에違反ᄒᆞ거나國際法上不法의行爲가有ᄒᆞᆫ時ᄂᆞᆫ認可狀을繳消ᄒᆞ며保證金을

사유선박 소유자가 자국 정부의 인가를 받고 적국 선박과 적재화물을 포획하는 일이 성행하였을 뿐만 아니라, 제3국 상선 소유자도 교전국의 인가를 얻어 포획에 종사하였다. 이와 같이 교전국이 사선을 나포용으로 제공하는 것은, 첫째 항해자가 전쟁 중에 영업을 상실하게 됨을 이용하여, 적국의 상업과 선박에 대해 가해하여 간접적으로 적의 해군력을 감쇄시키는 동시에 전투 수행상으로도 자국의 이익이 될 뿐만 아니라, 자국 항해자에 대해 전쟁 중의 생활을 보호하며, 둘째 이 방법에 따라 순양함선을 아주 적은 시일과 비용으로 증가시켜 자국 전투력을 강력하게 하는 이익이 있기 때문이다.

사선을 나포용으로 제공하는 것은 전술한 바의 이익이 있는 동시에 폐해가 수반한다. 그 선박을 이용하여 해상포획에 종사하게 할 때에는, 중립국 상선에 대해서도 공해상에서 임검·수색하게 할 필요가 있기 때문에, 그 행위는 매우 신중해야 한다. 또한 교전국에서도 그 사선의 폭행을 예방하기 위해, 인가장을 부여할 때에 전쟁법규·관례를 준수할 것을 명령하며, 또 그 포획물은 반드시 포획심검소(審檢所)에 제출하고, 그 명령과 약정을 위반하지 않게 할 보증금 또는 보증서를 제출하게 한다. 만약 그 사선이 자국 명령을 위반하거나, 국제법상의 불법행위가 있는 때에는 인가장을 취소하며, 보증금을

沒收ᄒᆞᆯ뿐아니라軍艦으로ᄒᆞ야곰捕拿用私船의行爲를監督케ᄒᆞ나然이나捕拿用私船의弊害ᄂᆞᆫ實로不尠ᄒᆞᄂᆞ니玆에略述ᄒᆞ건ᄃᆡ(一)捕拿用私船의目的은外國船舶及商品을拿捕ᄒᆞ야私有를作코져ᄒᆞᆷ에在ᄒᆞ야敵國財産의畧奪과無異ᄒᆞᆷ으로如斯ᄒᆞᆫ事業에從事ᄒᆞᄂᆞᆫ航海者에對ᄒᆞ야ᄂᆞᆫ國家의名譽又ᄂᆞᆫ其認準ᄒᆞᆫ바職務를嚴格尊重케ᄒᆞ기容易치아니ᄒᆞᆯ뿐아니라盜賊의心情을航海社會에注入ᄒᆞ야平和的通商航海를務圖ᄒᆞᄂᆞᆫ今日社會에不合ᄒᆞ며其害毒은但戰時에貽ᄒᆞᆯ뿐아니라戰爭後航海業者社會에遺傳ᄒᆞ며(二)捕拿用私船으로行ᄒᆞᄂᆞᆫ拿捕ᄂᆞᆫ軍艦이行ᄒᆞᄂᆞᆫ境遇보다一層嚴重히監督ᄒᆞ나然이나廣大ᄒᆞᆫ海上에셔有限ᄒᆞᆫ軍艦으로써戰鬪任務에從事ᄒᆞᄂᆞᆫ暇隙을乘ᄒᆞ야此를監督ᄒᆞᆷ은最困難ᄒᆞᆫ事ㅣ니實際其監督은充分치못ᄒᆞᆷ이自然의勢며(三)捕拿用私船이行ᄒᆞᆫ바不法行爲에對ᄒᆞᄂᆞᆫ國家의制裁도其不法行爲가發見된境遇에在ᄒᆞ야單히認可狀을繳消ᄒᆞ거나罰金을科ᄒᆞᆷ에止ᄒᆞ며且其制裁도間接에屬ᄒᆞᆷ으로如斯ᄒᆞᆫ不法行爲를未發에防杜ᄒᆞᄂᆞᆫ効力이無ᄒᆞ며加之一般的粗暴의性質을有ᄒᆞᆫ航海業者에게對ᄒᆞ야行ᄒᆞᄂᆞᆫ監督은海軍規律下에在ᄒᆞᆫ水兵의行爲를監督ᄒᆞᆷ보다一層困難ᄒᆞᆷ으로充分ᄒᆞᆫ監督을行

몰수한다. 그뿐만 아니라 군함으로 하여금 나포용 사선의 행위를 감독하게 한다. 그러나 나포용 사선의 폐해는 실로 적지 않다. 이에 약술해 본다.

① 나포용 사선의 목적은 외국선박과 상품을 나포하여 사유로 하고자 하는 점에서는 적국 재산의 약탈과 다름이 없기 때문에, 이와 같은 사업에 종사하는 항해자에 대해서는 국가의 명예 또는 그 인준된 직무를 엄격히 존중하게 하기가 쉽지 아니하다. 그뿐만 아니라 도적의 심정을 항해 사회에 주입시켜 평화적 통상·항해를 힘써 도모하는 오늘날의 사회에 부합하지 아니하며, 그 해독은 다만 전시에 미칠 뿐만 아니라 전쟁 후 항해업자 사회에 유전된다.

② 나포용 사선으로 하는 나포는 군함이 하는 경우보다 한층 엄중하게 감독하나, 광대한 해상에서 유한한 군함으로 전투 임무에 종사는 여가를 틈타 이를 감독하는 것은 매우 곤란한 일이다. 따라서 실제 그 감독이 충분하지 못한 것은 자연적인 형세이다.

③ 나포용 사선이 행한 불법행위에 대한 국가의 제재도, 그 불법행위가 발견된 경우에 단지 인가장을 취소하거나 벌금을 부과하는 것에 그친다. 또 그 제재도 간접에 속하므로 이와 같은 불법행위를 미연에 방지하는 효력이 없다. 그뿐만 아니라 일반적으로 거칠고 사나운 성질을 가진 행해업자에 대해 하는 감독은 해군 규율 하에 있는 수병(水兵)의 행위를 감독하는 것보다 한층 어렵기 때문에, 충분한 감독을 할

ᄒᆞ기不能ᄒᆞ며(四)中立國船舶에對ᄒᆞᄂᆞᆫ行動如何를依ᄒᆞ야往往에中立國의爭議를惹起ᄒᆞᄂᆞᆫ虞慮가不無ᄒᆞᆫ지라凡海上捕獲權을實行ᄒᆞᆷ에就ᄒᆞ야ᄂᆞᆫ國際關係上最審愼ᄒᆞᆯ事이니無規則ᄒᆞᆫ捕拿用私船을可히信任ᄒᆞᆯ바ㅣ아닌所以라如斯히捕拿用私船을使用ᄒᆞᆷ으로브터伴生ᄒᆞᄂᆞᆫ弊害ᄂᆞᆫ實로勝言키難ᄒᆞᆷ으로千六百六十九年英、丁條約으로始ᄒᆞ야第十八世紀初葉에至ᄒᆞ야ᄂᆞᆫ歐洲諸國은互相間條約으로써締盟國一方이第三國과交戰ᄒᆞᆯ時ᄂᆞᆫ自國人民이第三國卽締盟國의敵國으로브터拿捕의認可狀을受ᄒᆞ야此에從事ᄒᆞᆷ을禁止ᄒᆞᆯ事를約定ᄒᆞᆷ이多ᄒᆞ며且各國은各自의國內法으로써其人民이交戰國된他國으로브터如斯ᄒᆞᆫ認可狀을受ᄒᆞᄂᆞᆫ事를嚴禁ᄒᆞ얏스며第十九世紀에至ᄒᆞ야ᄂᆞᆫ中立國은局外中立의義務로써此를禁止ᄒᆞᆷ으로設或交戰國이第三國人民에게拿捕用私船의認可를與코져ᄒᆞ나此에應ᄒᆞᆯ者ㅣ無ᄒᆞᆷ에至ᄒᆞ얏스니是ᄂᆞᆫ千八百四十六年米墨戰爭時에墨西哥政府ᄂᆞᆫ第三國船舶所有者에게對ᄒᆞ야拿捕의認可狀을許與ᄒᆞᆯ事를宣言ᄒᆞ얏스며千八百六十一年米國內亂時에南軍政府가同一의宣言을行ᄒᆞ얏스나第三國人民은此에應ᄒᆞᆫ者ㅣ無ᄒᆞᆫ事를徵看ᄒᆞ야도無疑ᄒᆞᆫ바ㅣ며

수 없다.

④ 중립국 선박에 대한 행동 여하에 따라 때로 중립국의 쟁의를 일으킬 우려가 없지 않다. 그러므로 무릇 해상포획권을 실행하는 것에 대해서는 국제관계상 가장 조심하고 삼갈 일이므로, 무규칙한 나포용 사선을 신임할 수 없는 까닭이다.

이와 같이 나포용 사선의 사용에서부터 파생되는 폐해는 실로 감당하여 말하기 어렵기 때문에, 1669년 영국-덴마크 조약을 비롯하여 18세기 초엽에는 유럽 여러 나라가 상호 조약으로 체약국 일방이 제3국과 교전할 때에는, 자국 인민이 제3국 즉 체약국의 적국으로부터 나포의 인가장을 받고 이에 종사하는 것을 금지할 것을 약정한 경우가 많다. 또 각국은 각자의 국내법으로 그 인민이 교전국으로 된 다른 나라로부터 이와 같은 인가장을 받는 것을 엄격하게 금지하였다. 19세기에는 중립국은 국외중립의 의무로써 이를 금지해야 하는 것으로 되었고, 설사 교전국이 제3국 인민에게 나포용 사선의 인가를 부여하고자 하더라도 이에 응하는 나라가 없게 되기에 이르렀다. 이는 1846년 미국-멕시코 전쟁 시에 멕시코 정부가 제3국 선박소유자에 대해 나포의 인가장을 허여할 것을 선언하였으며, 1861년 미국 내란 시에 남군 정부가 동일한 선언을 하였으나, 제3국 인민은 이에 응한 자가 없었던 일을 증거하여 살펴보아도 의심할 여지가 없다.

更히交戰國이自國人民에對ᄒᆞ야拿捕用私船을不許ᄒᆞᆷ에至ᄒᆞᆫ理由ᄂᆞᆫ前述ᄒᆞᆷ과如히其弊害가多大ᄒᆞᆷ으로第十八世紀後半期以來로拿捕用私船을使用ᄒᆞᆷ에對ᄒᆞ야批難이不絕ᄒᆞ며千八百五十四年크리미야戰爭時에英、佛兩國은强大ᄒᆞᆫ露國을征討코져ᄒᆞᄂᆞᆫ政略上中立國一般의歡心을不害ᄒᆞᆷ이得策되며且米國商船이露國政府의認可를受ᄒᆞ야自國의海上商業을妨害ᄒᆞᆯ事가有ᄒᆞᆯ가顧慮ᄒᆞ야戰爭中可成的中立國利益을不害ᄒᆞ고戰爭을進行ᄒᆞᄂᆞᆫ必要를基因ᄒᆞ야兩國의共同宣言으로써同戰爭中英、佛兩國은拿捕用私船을使用치아니ᄒᆞᆯ事를宣明ᄒᆞ고露國도또ᄒᆞᆫ同一ᄒᆞᆫ宣言을發ᄒᆞᆷ과共히墺太利、西班牙、丁抹、瑞典等諸國도交戰國의拿捕用私船이自國港內에入ᄒᆞᆷ을禁止ᄒᆞ얏스며其後千八百五十六年四月十六日에歐洲七個國이巴里宣言을締結ᄒᆞᆯ시同宣言第一條에私船으로써捕拿用에供ᄒᆞᆷ을廢止云云이라規定ᄒᆞᆫ바ㅣ라

巴里宣言은其後此에加盟ᄒᆞᆫ者ㅣ三十五個國에至ᄒᆞ얏스니米、西、墨、베네쥬라等數國을除ᄒᆞᆫ外에現世文明諸國은幷히此에加盟ᄒᆞᆫ바ㅣ라然而米國이同宣言에加盟치아니ᄒᆞᆷ은當時米國國務卿마ㅣ시氏의言明ᄒᆞᆷ과如히「强大ᄒᆞᆫ海陸

다시 말해 교전국이 자국 인민에 대해 나포용 사선을 허가하지 아니하는 이유는 전술한 바와 같이 그 폐해가 매우 크기 때문이고, 18세기 후반기 이래로 나포용 사선을 사용하는 것에 대해 비난이 끊이지 아니하였다. 1854년 크리미아 전쟁 시에 영국, 프랑스 양국은 강대한 러시아를 정벌하고자 하는 정략에서, 중립국 일반의 환심을 해치지 않는 것이 좋은 계책으로 되며, 또 미국 상선이 러시아 정부의 인가를 받아 자국의 해상 상업을 방해할 일이 있을 수 있다는 점을 고려하여, 전쟁 중 가급적 중립국 이익을 해치지 아니하고 전쟁을 진행할 필요에 따라, 양국의 공동선언으로 동 전쟁 중 영국, 프랑스 양국은 나포용 사선을 사용하지 아니할 것을 선명(宣明)[1]하고, 러시아도 또한 동일한 선언을 발표하였다. 이와 함께 오스트리아, 스페인, 덴마크, 스웨덴 등 여러 나라도 교전국의 나포용 사선이 자국 항 내에 들어오는 것을 금지하였다. 그 후 1856년 4월 16일에 유럽 7개국이 파리선언을 체결하고, 동 선언 제1조에 사선을 나포용으로 제공하는 것을 폐지한다고 규정하였다.[2]

파리선언은 그 후 이에 가입한 나라가 35개국에 이르렀다. 미국, 스페인, 멕시코, 베네수엘라 등 몇몇 나라를 제외하고, 현재의(역자 주: 1910년경 당시) 문명국 여러 나라는 모두 이에 가입하였다. 그러나 미국이 동 선언에 가입하지 않았는데, 미국 정부는 당시 미국 국무장관 Marsh가 언명한 바와 같이, 「강대한 해·육군을 상비하는 것은 국가의 복리를 해치며 내국의 자유를 위태롭게 한다. 또 이를 유지하는 비용은 국민의 중대한 부담으로 되는 동시에 그 설비는 국가 사이의 평화를 협박하는 것으로 생각하기 때문에, 합중국 정략상 이와 같은 군비를 갖추지 않고 있다. 따라서 평시에 우세한 해·육

1 선명(宣明): 분명하게 널리 말해서 밝힘. 여기서는 문맥상 '선언하고'.
2 6쪽 각주 1 또는 154쪽 각주 1 참조.

軍을常備ᄒᆞᆷ은國家의福利를害ᄒᆞ며內國의自由를危殆히ᄒᆞᆷ이며且此를維持ᄒᆞ는費用은國民의重大ᄒᆞᆫ負擔됨과同時에其設備는國家間의平和를脅迫ᄒᆞ는바로思考ᄒᆞᆷ으로合衆國政畧上如斯ᄒᆞᆫ軍備를不爲ᄒᆞ며從ᄒᆞ야平時에在ᄒᆞ야優勢ᄒᆞᆫ海陸軍의維持를必要로認ᄒᆞ는國際法의變更은此에容易히肯諾ᄒᆞ기不能ᄒᆞᆷ으로合衆國은戰爭을際ᄒᆞ야陸軍은專主히義勇兵을用ᄒᆞ며商業의保護는商船을拿捕用에供ᄒᆞᆯ必要가有ᄒᆞ니海上에在ᄒᆞ야交戰國私有財産은戰時禁制品及封鎖를破ᄒᆞ는境遇外에는摠히捕獲치아니ᄒᆞᆫ다ᄒᆞᆯ진ᄃᆡ此에加盟ᄒᆞᆷ이可ᄒᆞ다」云ᄒᆞ는趣旨로써其加盟照會에對ᄒᆞ는答覆을行ᄒᆞᆫ지라列國은私有財産의捕獲을免除ᄒᆞᆷ과拿捕用私船을禁止ᄒᆞᆷ은別個問題되는理由로써米國回答을同意치아니ᄒᆞ얏스며今日에至ᄒᆞ기ᄭᆞ지米國은同宣言에加盟치아니ᄒᆞᆫ지라要컨ᄃᆡ米國政府의意思는捕拿用私船의使用을是認ᄒᆞ야巴里宣言을反對ᄒᆞᆷ이아니오千七百八十五年普國과후란구린條約을締結ᄒᆞᆫ以來로戰爭中敵國私有財産의海上捕獲을絶對的으로廢止코져主唱ᄒᆞ얏스나然이나若單히捕拿用私船을廢止ᄒᆞ고海上捕獲의現行法을變更치아니ᄒᆞᆯ時는同國海軍의勢力은元來絶大치

군의 유지가 필요하다고 인정하는 국제법의 변경은 이에 쉽게 승낙할 수 없고, 합중국은 전쟁을 할 때에 육군은 전적으로 의용병을 사용하며, 상업의 보호는 상선을 나포용으로 제공할 필요가 있기 때문에, 해상에서 교전국 사유재산은 전시금제품과 봉쇄를 무너뜨리는 경우 이외에는 모두 포획하지 않는다고 할 경우라야 이에 가입할 수 있다」라고 하는 취지로 그 가입 조회에 대한 답변을 하였다. 각국은 사유재산의 포획을 면제하는 것과 나포용사선을 금지하는 것은 별개의 문제라고 하는 이유로 미국의 회답에 동의하지 않았다. 오늘에(역자 주: 1910년경 당시) 이르기까지 미국은 동 선언에 가입하지 않았다. 요컨대 미국 정부의 의사는 나포용 사선의 사용을 시인하고 파리선언에 반대하고자 한 것은 아니며, 1785년 프러시아와 Franklin 조약을 체결한 이래 전쟁 중 적국 사유재산의 해상포획을 절대적으로 폐지하고자 주장하였다. 그러나 만약 단순히 나포용 사선을 폐지하고 해상포획의 현행법(역자 주: 1910년경 당시 법체제)을 변경하지 아니할 때에는, 동국 해군의 세력은 원래 월등하게 크지

못ᄒᆞᆷ으로一朝有事ᄒᆞᆯ時ᄂᆞᆫ同國商船은優勢ᄒᆞᆫ敵國海軍에게擅恣히捕獲됨을不拘ᄒᆞ고相對國의海上商業을打擊ᄒᆞᆯ手段을失ᄒᆞᆷ에至ᄒᆞᆯ지니若捕拿用私船을廢止ᄒᆞᆯ진ᄃᆡ此와同時에交戰國은互相敵國商船及載貨를捕獲ᄒᆞᄂᆞᆫ制度를全廢ᄒᆞᆷ이可ᄒᆞᆯ지라然而交戰國이互相敵國私有財産을海上에셔捕獲沒收ᄒᆞᆷ을可得ᄒᆞᆯ現行法則이存在ᄒᆞᆫ間은此에從事ᄒᆞᆯ者를單히軍艦에限ᄒᆞᆯ진ᄃᆡ非常ᄒᆞᆫ不利益을受ᄒᆞᆯ지니是ᄂᆞᆫ巴里宣言第一條에同意치아니ᄒᆞᆫ所以라

其後千八百六十一年南北戰爭時에南軍政府ᄂᆞᆫ私船으로써北軍의商船을盛大히攻擊ᄒᆞᆷ으로華盛頓政府ᄂᆞᆫ英、佛兩國에對ᄒᆞ야巴里宣言에加盟ᄒᆞᆯ旨를提申ᄒᆞᆫ事이有ᄒᆞ얏스니是蓋同政府ᄂᆞᆫ當時南軍을反亂者로看做ᄒᆞᆷ으로若自國이此에加盟ᄒᆞᆯ진ᄃᆡ其結果南軍의捕拿用私船은海賊으로看做ᄒᆞᆯ지니其船舶이他諸國의商船을臨檢搜索ᄒᆞᆯ境遇에他諸國으로ᄒᆞ야곰此를海賊行爲로看做케ᄒᆞ고져ᄒᆞᄂᆞᆫ政略에出ᄒᆞᆫ바ㅣ라然而英、佛兩國은此에答ᄒᆞ야云貴國의巴里宣言加盟의申提ᄂᆞᆫ此를承諾ᄒᆞᆯ지나但我兩國은南軍을交戰團体로認ᄒᆞᆷ으로此에加盟與否ᄂᆞᆫ現行ᄒᆞᄂᆞᆫ戰爭에ᄂᆞᆫ如何ᄒᆞᆫ影響을及지아니ᄒᆞᆷ이可ᄒᆞᆫ條件을付加ᄒᆞᆷ이可

아니하므로, 일단 유사시에는 동국 상선은 우세한 적국 해군에게 마음대로 포획됨에도 불구하고, 상대국의 해상 상업을 타격할 수단을 상실하게 되며, 만약 나포용 사선을 폐지할 경우에는 이와 동시에 교전국은 서로 적국 상선과 적재화물을 포획하는 제도를 전부 폐지해야 하고, 그렇다면 교전국이 서로 적국 사유재산을 해상에서 포획·몰수할 수 있는 현행 법칙이(역자 주: 1910년경 당시 법칙) 존재하는 동안에는 이에 종사하는 것을 단지 군함에 한정하게 되어 예사롭지 않은 불이익을 입게 된다. 이것이 파리선언 제1조[1]에 동의하지 아니한 까닭이다.

그 후 1861년 남북전쟁 시에 남군 정부가 사선으로 북군 상선을 크게 포격하였기 때문에, 워싱턴 정부는 영국, 프랑스 양국에 대해 파리선언에 가입할 뜻을 제시한 일이 있었다. 이는 대개 동 정부는 당시 남군을 반란자로 간주하였기 때문에, 만약 자국이 이에 가입하게 되면 그 결과 남군의 나포용 사선은 해적으로 간주되고, 그 선박이 다른 여러 나라의 사선을 임검·수색할 경우에 다른 여러 나라로 하여금 이를 해적행위로 간주하게 하고자 하는 정략에서 나온 것이다. 그런데 영국, 프랑스 양국은 이에 답하여 말하기를, 귀국의 파리선언 가입 신청은 이를 승낙하나, 다만 우리 두 나라는 남군을 교전단체로 인정하기 때문에, 이에 가입 여부는 현재 진행하는 전쟁에는 어떠한 영향을 미칠 수 없다고 하는 조건을 부가해야

1 6쪽 각주 1 또는 154쪽 각주 1 참조.

ᄒᆞ다ᄒᆞᆷ으로米國政府ᄂᆞᆫ此留保條件에同意치아니ᄒᆞ고加盟의協議를撤回ᄒᆞᆫ지라然而今日實際에在ᄒᆞ야ᄂᆞᆫ商船과巡洋艦의構造ᄂᆞᆫ航海業과造船術의進步를隨ᄒᆞ야兩者間에著大ᄒᆞᆫ差異가有ᄒᆞᄂᆞ니商船으로써巡洋艦의職務를行케ᄒᆞ기不能ᄒᆞᆯᄲᅮᆫ아니라拿捕用私船으로써巴里宣言에加盟ᄒᆞᆫ多數中立國商船에對ᄒᆞ야海上捕獲에關ᄒᆞᄂᆞᆫ舊法則上權利를强行ᄒᆞᆯ진ᄃᆡ此를因ᄒᆞ야多數中立國의紛議를釀出ᄒᆞᆷ과如ᄒᆞᆷ은反히不利益됨으로南北戰爭中華盛頓政府ᄂᆞᆫ其認可狀의交付ᄒᆞᆯ事를公佈ᄒᆞᆷ을不拘ᄒᆞ고實行치못ᄒᆞ얏스며千八百九十八年米、西戰爭時에在ᄒᆞ야도兩國이비록巴里宣言에加盟치아니ᄒᆞ얏스나各自의宣言으로써同戰爭中捕拿用私船을使用치아니ᄒᆞᆷ을見ᄒᆞ건ᄃᆡ捕拿私船의使用은設或巴里宣言에加盟치아니ᄒᆞᆫ國家라도今日에在ᄒᆞ야事實上實行ᄒᆞᆷ을不得ᄒᆞᆫ다云ᄒᆞᆯ지라도過言이아니로다

### 第二款　義勇艦隊

義勇艦隊의濫觴은千八百七十年普佛戰爭時에普國이其海軍力의不足을補充ᄒᆞ기爲ᄒᆞ야同年七月二十四日勅令으로써商船所有者及航海業者의愛國心을

한다고 하였다. 미국 정부는 이 유보조건에 동의하지 아니하고 가입의 협의를 철회하였다. 그렇지만 오늘날(역자 주: 1910년경 당시) 실제에서는 상선과 순양함의 구조는 항해업과 조선술의 진보에 따라, 양자 사이에 현저한 차이가 있고, 상선으로 순양함의 직무를 수행하게 할 수 없다. 그뿐만 아니라 나포용 사선으로, 파리선언에 가입한 다수의 중립국 상선에 대해 해상포획에 관한 구 법칙상의 권리를 강행한다면, 이에 따라 다수 중립국의 분쟁을 일으키는 것과 같은 도리어 불이익이 되기 때문에, 남북전쟁 중 워싱턴 정부는 그 인가장을 교부할 것을 공포하였음에도 불구하고 실행하지 못했다. 1898년 미국-스페인 전쟁 시에도 양국이 비록 파리선언에 가입하지 않았으나, 각자의 선언으로 동 전쟁 중에 나포용 사선을 사용하지 않았던 것을 본다면, 나포용 사선의 사용은 설사 파리선언에 가입하지 아니한 국가라도 오늘날(역자 주: 1910년경 당시)에는 사실상 실행할 수 없다고 말해도 과언이 아니다.

### 제2관 의용함대

의용함대의 기원은 1870년 프러시아-프랑스 전쟁 시에 프러시아가 그 해군력의 부족을 보충하기 위해, 같은 해 7월 24일 칙령으로 상선 소유자와 항해업자의 애국심을

鼓動ᄒᆞ야其船舶을海軍에編入치아니ᄒᆞ고單히其所有者로ᄒᆞ야곰自已의船舶에武裝을加ᄒᆞ야此를海軍監督下에置ᄒᆞ고海軍旗를揚ᄒᆞ며乘組員을海軍規律及海軍士官指揮下에屬케ᄒᆞ며戰爭中에限ᄒᆞ야其船員은政府의委任을受ᄒᆞ야軍服을着ᄒᆞ고水夫에至ᄒᆞ기ᄭᆞ지一時政府使用者를成ᄒᆞ며船舶所有者ᄂᆞᆫ船舶의賃借料又ᄂᆞᆫ其船舶이毁損、沈沒ᄒᆞᆯ時의賠償으로船舶의種類를依ᄒᆞ야一萬乃至五萬「ᄯᅡ라」의保證金을政府로브터受ᄒᆞ며且同船舶이海上捕獲을行ᄒᆞᆫ時ᄂᆞᆫ其捕獲物은捕獲審檢所裁判을依ᄒᆞ야政府에沒入호ᄃᆡ船舶所有者ᄂᆞᆫ每一度捕獲에對ᄒᆞ야政府로브터一定ᄒᆞᆫ賞與金을受ᄒᆞᆯ事로戰鬪에從事케ᄒᆞᆫ지라然而佛國은普國의此制度를指目ᄒᆞ야捕拿用私船을廢止ᄒᆞᄂᆞᆫ巴里宣言에違反ᄒᆞᆫ바ㅣ라ᄒᆞ야抗議를提出ᄒᆞᆫ지라其結果英國政府에質卞을請ᄒᆞᆫᄃᆡ英相구렌우일氏ᄂᆞᆫ普國의義勇艦隊와捕拿用私船間에顯著ᄒᆞᆫ差異가有ᄒᆞᄂᆞ니其使用은巴里宣言에違反ᄒᆞᆫ바ㅣ아니라云云ᄒᆞᆫ지라但此点에對ᄒᆞ야學者間에意見이歧貳ᄒᆞ야갈부、훌氏等은義勇艦隊의使用을批難ᄒᆞ야捕拿用私船과無異ᄒᆞ다云ᄒᆞ며ᄲᅮ룬쥬리、ᄭᅦ후겐氏等은義勇艦隊의使用을適法ᄒᆞᆫ事로立論ᄒᆞᆫ바ㅣ라

고취하여, 그 선박을 해군에 편입시키지 않고 단지 그 소유자로 하여금 자기의 선박에 무장을 더해 이를 해군 감독하에 두고, 해군기를 게양하며, 승조원을 해군 규율과 해군 사관 지휘하에 소속시켜, 전쟁 중에 한해 그 선원은 정부의 위임을 받아 군복을 착용하고, 선원에 이르기까지 일시 정부사용자를 구성하며, 선박소유자는 선박의 임차료 또는 그 선박이 훼손, 침몰할 때의 배상으로 선박의 종류에 따라 1만에서 5만 달러의 보증금을 정부로부터 받으며, 또 동 선박이 해상포획을 하였을 때에는, 그 포획물은 포획심판소 재판에 따라 정부가 이를 몰수할 경우에는, 선박소유자는 매 1회의 포획에 대해 정부로부터 상여금을 받는 것으로 전투에 종사하게 한 데 있다. 그렇지만 프랑스는 프러시아의 이 제도를 지목해 나포용사선을 금지하는 파리선언에 위반하는 것이라고 항의를 제출하였다. 그 결과 영국 정부에 질의를 청하자, 영국 장관 Grenville[1]은 프러시아의 의용함대와 나포용 사선 사이에 현저한 차이가 있으므로, 그 사용은 파리선언에 위반되지 않는다고 하였다. 다만 이 점에 대해 학자 사이에 의견이 둘로 나뉜다. Calvo(군함의 본국), Hall 등은 의용함대의 사용을 비난하여 나포용 사선과 차이가 없다고 하였다. Bluntschli, Geffcken[2] 등은 의용함대의 사용을 적법한 것으로 입론(立論)하였다.[3]

1 Richard Plantagenet Campbell Temple-Nugent-Brydges-Chandos-Grenville (1823-1889) 영국의 군인, 정치가
2 Friedrich Heinrich Geffcken (1830-1896) 독일의 외교관, 법률가
3 '입론하였다': 현대적 표현은 '주장하였다'.

義勇艦隊의使用이巴里宣言에違反되ᄂᆞᆫ與否ᄂᆞᆫ各境遇에就ᄒᆞ야其船舶이海軍監督을受ᄒᆞᄂᆞᆫ程度如何ᄅᆞᆯ依ᄒᆞ야決斷ᄒᆞᄂᆞᆫ外에他道가無ᄒᆞᆷ으로概括的으로立論ᄒᆞ기不能ᄒᆞᆫ지라何者오私有船舶이라도國家가此ᄅᆞᆯ雇入ᄒᆞ야政府專用에ᄒᆞᄂᆞᆫ間은官船任務ᄅᆞᆯ帶ᄒᆞ고巡洋行爲ᄅᆞᆯ可히行得ᄒᆞᆯ지니故로義勇艦船舶所有者가個人되ᄂᆞᆫ事實로써捕拿用私船과同ᄒᆞ다速斷치못ᄒᆞᆯ지며又每度海上捕獲을行ᄒᆞᆫ時에政府로賞與金을受ᄒᆞ나然이나歐米慣例ᄅᆞᆯ據ᄒᆞᆫ건ᄃᆡ軍艦이捕獲을行ᄒᆞᆫ時에在ᄒᆞ야도其艦員이捕獲物의分配ᄅᆞᆯ受ᄒᆞᆷ이有ᄒᆞᄂᆞ니義勇艦船이賞與金을受ᄒᆞᄂᆞᆫ事實로써私利ᄅᆞᆯ目的ᄒᆞ고國家利益을後에ᄒᆞᆫ다論斷ᄒᆞ기不能ᄒᆞᆫ지라要ᄒᆞᆫ건ᄃᆡ巴里宣言이捕拿用私船을廢止ᄒᆞᆫ趣旨ᄂᆞᆫ但國家監督이充分치못ᄒᆞᆷ에基因ᄒᆞᄂᆞᆫ弊害ᄅᆞᆯ除去코져ᄒᆞᆷ에不外ᄒᆞᄂᆞ니若國家監督이確實ᄒᆞᆯ진ᄃᆡ陸戰에在ᄒᆞ야民兵義勇兵으로써戰鬪員을補充ᄒᆞᆷ을得ᄒᆞᆷ과同一히義勇艦隊의使用을批難ᄒᆞᆯ餘地가無ᄒᆞᆫ지라然而義勇艦隊가理論上巴里宣言에違反되ᄂᆞᆫ與否ᄂᆞᆫ姑舍ᄒᆞ고英國이普國의義勇艦隊ᄅᆞᆯ巴里宣言에違反ᄒᆞᆫ바ㅣ아니라認ᄒᆞ고其餘諸國도此ᄅᆞᆯ批難ᄒᆞᆫ者ㅣ無ᄒᆞᄂᆞ니如斯히此ᄅᆞᆯ使用ᄒᆞ야도無怪ᄒᆞ다ᄒᆞᆯ진ᄃᆡ諸國도또

의용함대의 사용이 파리선언에 위반되는지의 여부는 각 경우에 대해 그 선박이 해군 감독을 받는 정도 여하에 따라 결정하는 것 외에 다른 방법이 없고, 개괄적으로 입론할 수 없다. 왜냐하면 사유선박이라도 국가가 이를 고용하여 정부 전용에 두는 동안에는, 관선(官船)의 임무를 띠고 순양행위를 할 수 있고, 이에 따라 의용함선 소유자가 개인이라는 사실만 가지고 나포용 사선과 동일하다고 속단할 수 없기 때문이다. 또 매번 해상포획을 할 때마다 정부로부터 상여금을 받을지라도, 유럽과 미국의 관례에 따르면 군함이 포획을 한 때에도 그 선원이 포획물의 분배를 받는 경우가 있기 때문에, 의용함선이 상여금을 받는다는 사실을 가지고 사적 이익을 목적으로 하고 국가 이익을 뒤로 한다고 논하여 결론 내릴 수 없다. 요컨대 파리선언이 나포용 사선을 폐지한 취지는 다만 국가 감독이 충분하지 못한 데 따른 폐해를 제거하고자 하는 것에 지나지 아니하므로, 만약 국가 감독이 확실하다면 육전에서 민병·의용병으로 전투원을 보충할 수 있는 것과 마찬가지로 의용함대의 사용을 비난할 여지가 없는 것이다. 그러면 프러시아의 의용함대가 파리선언에 위반되는지의 여부는 짐짓 그대로 두고, 영국이 프러시아의 의용함대를 파리선언에 위반되지 않는다고 인정하고, 그 나머지 여러 나라도 비난한 나라가 없었기 때문에, 이와 같이 이를 사용해도 괴이한 일이 아니라고 한다면, 여러 나라도

ᄒᆞᆫ各自의利害關係上如斯ᄒᆞᆫ艦船을使用ᄒᆞ야其戰鬪力을補充ᄒᆞᆷ에躕躇치아니ᄒᆞᆷ은自然의勢라千八百七十七年英露兩國間에戰端을起코저ᄒᆞᆯ際에露國人民은義捐金으로써船舶을購入ᄒᆞ야義勇艦隊를組織ᄒᆞ야海軍士官指揮下에置ᄒᆞ야巡洋에從事코저ᄒᆞ얏더니兩國間의葛藤은伯林會議로써無事終局됨으로其巡洋行爲ᄂᆞᆫ實行치못ᄒᆞ얏스나當時組織ᄒᆞᆫ義勇艦隊ᄂᆞᆫ今日ᄭᆞ지尙存ᄒᆞ며露國政府ᄂᆞᆫ其船舶種類를隨ᄒᆞ야每年補助金을與ᄒᆞ며船長及其他船員中에一員은政府로브터任命ᄒᆞ며平時에在ᄒᆞ야ᄂᆞᆫ商船旗를揭揚ᄒᆞ고黑海及우라지오스도구間의商業에從事ᄒᆞᆷ과共히兵士及罪人運搬의職務를行ᄒᆞ며戰時에在ᄒᆞ야ᄂᆞᆫ巡洋其他戰爭用에供코저ᄒᆞᄂᆞᆫ바ㅣ라往年日露戰爭中에露國義勇艦隊의船舶은商船旗를揭揚ᄒᆞ고달다넬及포스포라스海峽을通過ᄒᆞ야地中海에出ᄒᆞᆫ後에更히武裝을艤ᄒᆞ고德逸郵船及英國商船에對ᄒᆞ야臨檢搜索을行ᄒᆞᆫ結果英德兩國의抗議를招ᄒᆞ얏스며又義勇艦隊의船舶數隻은우라지오스도구及旅順에在ᄒᆞ야武裝으로써戰鬪、巡洋의任務及病院船의任務를行ᄒᆞᆫ바ㅣ라

英國에在ᄒᆞ야ᄂᆞᆫ千八百八十七年以來大西洋及太平洋航海에從事ᄒᆞᄂᆞᆫ船舶所

또한 각자의 이해관계상 이와 같은 함선을 사용해 그 전투력을 보충하는 것에 주저하지 않을 것임은 자연스러운 형세이다. 1877년 영국-러시아 양국 사이에 전단(戰端)이 발생하려고 할 때에, 러시아 인민은 의연금으로 선박을 구입하여 의용함대를 조직하고, 해군사관 지휘 하에 두고 순양에 종사하게 하려고 하였으나, 양국 사이의 갈등은 베를린회의로 무사히 마무리되었기 때문에 그 순양행위는 실행되지 못하였다. 그러나 당시 조직된 의용함대는 오늘날까지(역자 주: 1910년 당시까지) 그대로 존재하며, 러시아 정부는 그 선박의 종류에 따라 매년 보조금을 주고, 선장과 그 선원 중 일부는 정부가 이를 임명하며, 평시에는 상선기를 게양하고 흑해와 블라디보스톡 사이의 상업에 종사하는 것과 더불어 병사와 죄인 운반의 직무를 수행하고, 전시에는 순양 그 밖의 군사용으로 이바지하고 있다. 지난 일본-러시아 전쟁 중에 러시아 의용함대의 선박은 상선기를 게양하고, Dardanelles과 Bosporus 해협을 통과하여 지중해로 나간 후에 다시 무장을 채비하고, 독일 우편함과 영국 상선에 대해 임검·검색을 한 결과, 영국·독일 양국의 항의를 초래하였다. 또한 의용함대의 선박 몇 척은 블라디보스톡과 여순(旅順)에서 무장하고 전투·순양의 임무와 병원선의 임무를 수행하였다.

영국에서는 1887년 이래 대서양과 태평양 항해에 종사하는 선박

有者와特約을結ᄒᆞ야 一定ᄒᆞᆫ補助金을與ᄒᆞ며政府의通知가有ᄒᆞ거든何時든지其船舶을政府에賣却又ᄂᆞᆫ貸與ᄒᆞ며其船舶購造에對ᄒᆞ야도戰時武裝의必要豫備로海軍部의指揮ᄅᆞᆯ受ᄒᆞ며其乘組船員中半數以上은海軍豫備士官으로充ᄒᆞ기로定ᄒᆞ얏스며米國은千八百九十二年以來同國商船會社와同一ᄒᆞᆫ契約을締結ᄒᆞ야米西戰爭時에其船舶을徵用ᄒᆞ야運送及斥候에從事케ᄒᆞ얏스며德、佛兩國도ᄯᅩᄒᆞᆫ各自國郵船會社와如斯ᄒᆞᆫ特約이有ᄒᆞᆫ바ㅣ라

## 第三節　海上捕獲

凡交戰國이戰鬪、巡洋의艦船으로써公海及交戰國雙方領海에在ᄒᆞ야捕獲沒收ᄅᆞᆯ行得ᄒᆞᆯ바ᄂᆞᆫ敵國船舶及載貨에不止ᄒᆞ고一定ᄒᆞᆫ境遇에至ᄒᆞ야ᄂᆞᆫ中立國人民所有에係ᄒᆞᆫ船舶及載貨ᄭᆞ지捕獲ᄒᆞᆷ을可得ᄒᆞᆯ지나中立國財産에關ᄒᆞ야ᄂᆞᆫ更히說明ᄒᆞᆯ機會가有ᄒᆞᆷ으로玆에在ᄒᆞ야ᄂᆞᆫ海上捕獲의法則中敵國財産에關ᄒᆞᆫ바ᄅᆞᆯ略論코져ᄒᆞ노라

歐洲中世에行ᄒᆞᆫ바「콘소라도데말」法典을據ᄒᆞ건ᄃᆡ凡海上에在ᄒᆞᆫ敵國財貨ᄂᆞᆫ國有及民有와船舶及載貨ᄅᆞᆯ不問ᄒᆞ고幷히沒收ᄒᆞᆷ을得ᄒᆞ며且其載貨에對ᄒᆞ야

소유자와 특약을 맺고, 일정한 보조금을 주며 정부의 통지가 있으면 언제든지 그 선박을 정부에 매각 또는 대여하며, 그 선박구조에 대해서도 전시 무장의 필요에서 예비로 해군성의 지휘를 받고, 그 승조원 중 반수 이상은 해군 예비사관으로 충원하기로 약정하였다. 미국은 1892년 이래 동국 상선회사와 동일한 계약을 체결하고, 미국-스페인 전쟁 시에 그 선박을 징용하여 운송과 척후(斥候)[1]에 종사하게 하였다. 독일, 프랑스 양국도 또한 각각 자국 우편선박회사와 이와 같은 특약을 맺었다.

## 제3절 해상포획

무릇 교전국이 전투·순양으로 공해와 교전국 쌍방 영해에서 포획·몰수를 할 수 있는 것은 적국 선박과 적재화물에 그치고, 일정한 경우에는 중립국 인민소유와 관련 있는 선박과 적재화물까지 포획할 수 있다. 그러나 중립국 재산에 관해서는 다시 설명할 기회가 있기 때문에, 여기에서는 해상포획의 법칙 중 적국 재산에 관한 것을 간략하게 논하고자 한다.

유럽 중세에 행해진 「Consolato del mare」 법전[2]에 따를 경우, 무릇 해상에 있는 적국 적재화물은 국유와 민유 및 선박과 적재화물을 불문하고 모두 몰수할 수 있었다. 또한 그 적재화물에 대해서는

1 척후(斥候): 적의 형편·지형 등을 정찰·탐색하는 일.
2 22쪽 각주 2 참조.

ᄂᆞᆫ所有者가敵國人되ᄂᆞᆫ以上은貨物이敵國艦船內에在ᄒᆞᆫ境遇ᄂᆞᆫ勿論ᄒᆞ고中立國船舶（軍艦其他官船은例外）內에在ᄒᆞᆫ境遇라도此ᄅᆞᆯ捕獲沒收ᄒᆞ며此와反ᄒᆞ야中立國의船舶은捕獲됨이無ᄒᆞ며中立國政府又ᄂᆞᆫ人民所有에屬ᄒᆞᆫ載貨ᄂᆞᆫ中立國船內에在ᄒᆞᆯ時ᄂᆞᆫ勿論ᄒᆞ고設或敵船內에在ᄒᆞᆫ境遇라도捕獲됨이無ᄒᆞ얏스나千五百四十三年佛王후란시스一世의發ᄒᆞᆫ바法令은敵國載貨ᄅᆞᆯ有ᄒᆞᆫ船舶은幷히敵船으로看做ᄒᆞ야敵船內에在ᄒᆞᆫ載貨ᄂᆞᆫ所有者의何人됨을不問ᄒᆞ고敵物로沒收ᄒᆞᆯ바ㅣ라ᄒᆞ얏스며其後千五百八十四年에同一趣旨의新規을設ᄒᆞ얏스니是ᄂᆞᆫ中立國人의詐欺ᄅᆞᆯ防止코져ᄒᆞᆷ이며其後同法則의一部ᄂᆞᆫ루이十四世의海上勅令의一部ᄅᆞᆯ成ᄒᆞᆫ바ㅣ라然而第十六、七世紀에至ᄒᆞ야ᄂᆞᆫ諸國一般의海上商業이發達ᄒᆞᆷ을從ᄒᆞ야戰爭中交戰國은可成的第三國의海上商業을妨害치아니ᄒᆞᆯ趣旨로各交戰國은捕獲審檢所ᄅᆞᆯ設置ᄒᆞ야海上捕獲物은반다시法廷에納付ᄒᆞ고其審判을由ᄒᆞ야沒收與否ᄅᆞᆯ決定케ᄒᆞ얏스며又同一趣旨에基因ᄒᆞ야千六百五十年에蘭、西兩國은通商條約으로써自由船、自由物及敵船、敵物의二主義ᄅᆞᆯ含包ᄒᆞᆫ法則을約定ᄒᆞ얏스니此法則을據ᄒᆞᆫ건ᄃᆡ船舶의捕獲與否ᄂᆞᆫ元來其所有

소유자가 적국인으로 되는 이상은, 화물이 적국 함선 내에 있는 경우는 물론이고, 중립국 선박(군함 그 밖의 관선은 예외)에 있는 경우라도, 이를 포획·몰수하였다. 이에 반해 중립국의 선박은 포획되지 아니하며, 중립국 정부 또는 인민 소유에 속하는 적재화물은 중립국 선내에 있을 때에는 물론이고, 설사 적선(敵船) 내에 있는 경우라도 포획되지 않았다. 그러나 1543년 프랑스왕 François 1세가 공포한 법령은, 적국 적재화물이 있는 선박은 또한 적선으로 간주하고, 적선 내에 있는 적재화물은 소유자가 누구인지를 불문하고 적물(敵物)로 몰수하였다. 이는 중립국인의 사기를 방지하고자 한 것이다. 그 후 동 법칙의 일부는 루이 14세의 해상칙령의 일부를 구성하였다. 그러나 16, 17세기에는 여러 나라 일반의 해상 상업이 발달함에 따라, 전쟁 중 교전국은 가급적 제3국의 해상 상업을 방해해서는 안 된다는 취지에서, 각 교전국은 포획심검소를 설치하여 해상포획물은 포획자가 반드시 법정에 인도하고 그 심판을 거쳐 몰수 여부를 결정하게 하였다. 또한 동일 취지에 따라 1650년에 네덜란드, 스페인 양국은 통상조약으로 자유선-자유물과 적선-적물(敵物)의 두 가지 주의를 포함하는 법칙을 약정하였다. 이 법칙에 따를 경우, 선박의 포획 여부는 원래 그

者의敵人됨과中立國人됨을因ᄒᆞ야此를區別홈과同時에載貨의沒收與否를決定ᄒᆞᄂᆞᆫ標準에至ᄒᆞ야ᄂᆞᆫ其物品의所有者如何를不拘ᄒᆞ고此를搭載ᄒᆞᆫ船舶의國性如何를因ᄒᆞ야定홀바ㅣ라ᄒᆞ야其所有者가敵人됨과否홈을不問ᄒᆞ고敵船中에在ᄒᆞᆫ載貨ᄂᆞᆫ摠히敵物로定ᄒᆞ며中立國船內에在ᄒᆞᆫ一切載貨ᄂᆞᆫ并히自由物即捕獲홈이不可ᄒᆞ다홈으로苟其船舶이敵國所屬될時ᄂᆞᆫ載貨와共히此를沒收ᄒᆞ며中立國船舶될時ᄂᆞᆫ其船舶은勿論ᄒᆞ고同船內에在ᄒᆞᆫ敵國人의載貨ᄭᆞ지捕獲치아니홀바ㅣ라定ᄒᆞᆫ바ㅣ니如斯ᄒᆞᆫ條約은第十八世紀에至ᄒᆞ기ᄭᆞ지多數國家間에締結되며從ᄒᆞ야學者中에도此和蘭主義의法則을當時國際法則으로立論ᄒᆞ얏스나實際에在ᄒᆞ야ᄂᆞᆫ此法則은單히締盟諸國間에在ᄒᆞ야條約上義務로遵行홀ᄲᅮᆫ이오아직國際法則을成치못홀ᄲᅮᆫ아니라加之當時各國間條約에在ᄒᆞ야도明文으로써自由船、自由貨의主義를背斥ᄒᆞ고單히敵船、敵物의主義를採用홀ᄲᅮᆫ아니라英國과如홈은中世以來의法則을墨守홈으로此点에對ᄒᆞ야諸國의行爲ᄂᆞᆫ殆히一致못ᄒᆞᆫ바ㅣ라

然而千八百五十四年크리미야戰爭時에英、佛兩國은同一主義의行動이有ᄒᆞᆫ

소유자가 적인(敵人)으로 되는 경우와 중립국인으로 되는 경우에 따라 구별하는 동시에, 적재화물의 몰수 여부를 결정하는 표준에 대해서는 그 물품의 소유자 여하를 불문하고, 이를 탑재한 선박의 국성(國性) 여하에 따라 정하게 된다. 따라서 그 소유자가 적인으로 되는 경우와 아닌 경우를 불문하고, 적선 중에 있는 적재화물은 모두 적물(敵物)로 결정하며, 중립국 선내에 있는 일체의 적재화물은 모두 자유물, 즉 포획할 수 없다. 다만 그 선박이 적국 소속으로 될 때에는, 적재화물과 함께 이를 몰수하며, 중립국 선박으로 될 때에는 그 선박은 물론이고 동 선내에 있는 적국인의 적재화물까지 포획할 수 없다고 정하였다. 이와 같은 조약은 18세기에 이르기까지 다수국가 사이에 체결되었다. 그에 따라 학사 중에도 이 네덜란드주의의 법칙을 당시 국제법칙으로 입론하기도 하였다. 그러나 실제에서는 이 법칙은 단지 가맹국 사이에서의 조약상 의무로 준수될 뿐이고, 아직 국제법칙을 형성하지는 못하였다. 그뿐만 아니라 당시 각국 사이의 조약에서도 명문으로 자유선-자유화물의 주의를 배척하고, 단지 적선-적물의 주의를 채용하였을 뿐이었다. 영국과 같은 나라는 중세 이래의 법칙을 굳게 지켰기 때문에, 이 점에 대해 여러 나라의 행위는 거의 일치되지 않았다.

그러나 1854년 크리미아 전쟁 시에 영국, 프랑스 양국이 동일주의의 행동을

結果歐洲七個國은千八百五十六年巴里宣言에在ᄒᆞ야此問題를一定ᄒᆞᆫ지라即同宣言第二條에云云ᄒᆞ며又其第三條에云云이라規定ᄒᆞ얏스니其第二條規定은一面으로自由船、自由物의主義를採ᄒᆞᆷ과同時에一面으로第三條規定은敵船、敵物의主義를採用치아니ᄒᆞ고中世以來法則即物品의所有者如何에依ᄒᆞ야捕獲ᄒᆞᄂᆞᆫ與否를決定ᄒᆞᄂᆞᆫ主義를取ᄒᆞᆫ지라此巴里宣言은其後文明諸國의加盟을因ᄒᆞ야現에實行ᄒᆞᄂᆞᆫ바ㅣ니今日에在ᄒᆞ야ᄂᆞᆫ敵國船舶은官船、私船을不問ᄒᆞ고捕獲의目的物을成ᄒᆞ며敵國載貨에對ᄒᆞ야ᄂᆞᆫ中立國船舶內에在ᄒᆞᆫ時ᄂᆞᆫ沒收치아니ᄒᆞ고其物品이敵國船舶內에在ᄒᆞᆫ境遇에捕獲沒收ᄒᆞᆯ뿐이나玆에海上捕獲의目的物及捕獲審檢所에關ᄒᆞᄂᆞᆫ法則을詳細ᄒᆞ기爲ᄒᆞ야其大要를論述ᄒᆞ노라

### 第一欵　捕獲免除에船舶

凡交戰國이海上에在ᄒᆞ야捕獲ᄒᆞᆫ船舶及載貨를拿捕物이라稱ᄒᆞ며其拿捕를行得ᄒᆞᆯ海上은中立國領海以外에限ᄒᆞᆷ으로交戰國軍艦이敵國艦船을公海로브터追躡ᄒᆞᆫ境遇에在ᄒᆞ야도其艦船이中立國領海에入ᄒᆞᆫ時ᄂᆞᆫ此를攻擊又ᄂᆞᆫ拿捕ᄒᆞ

취한 결과, 유럽 7개국은 1856년 파리선언에서 이 문제를 하나로 정하였다. 즉 동 선언 제2조에 「전시금제품을 제외하고 중립국 깃발은 적물(敵物)을 보호한다」하며, 또 그 제3조에 「전시금제품을 제외하고 중립국 화물은 적국 깃발 하에 포획되지 아니한다」고 규정하였다.[1] 그 제2조의 규정은 한편으로 자유선- 자유물의 주의를 채용하는 동시에, 다른 한편으로 제3조의 규정은 적선-적물의 주의를 채용하지 아니하고, 중세 아래의 법칙 즉 물품 소유자 여하에 따라 포획할 수 있는지의 여부를 결정하는 주의를 취하였다. 이 파리선언은 그 후 여러 문명국의 가입에 따라 현재(역자 주: 1910년경 당시) 실행되고 있다. 오늘날(역자 주: 1910년경 당시)에는 적국 선박은 관선, 사선을 불문하고 포획의 목적물로 되며, 적국 적재화물에 대해서는 중립국 선박에 있는 때에는 몰수할 수 없고 그 물품이 적국 선박 내에 있는 경우에 포획·몰수할 뿐이다. 이에 해상포획의 목적물과 포획심검소에 관한 법칙을 상설(詳說)하기 위해 그 대요(大要)[2]를 논술하기로 한다.

### 제1관 포획 면제의 선박

무릇 교전국이 해상에서 포획한 선박과 적재화물을 나포물이라 일컫는다. 그 나포를 할 수 있는 해상은 중립국 영해 이외로 한정되므로, 교전국 군함이 적국 함선을 공해로부터 추적한 경우에도 그 함선이 중립국 영해로 들어간 때에는 이를 공격 또는 나포할

1 1856년 파리 선언 제2조와 제3조의 영문은 다음과 같다. "2. The neutral flag covers enemy's goods, with the exception of contraband of war; 3. Neutral goods, with the exception of contraband of war, are not liable to capture under enemy's flag; ..."

2 대요(大要): 대략의 줄거리.

기不能ᄒᆞᆯ뿐아니라臨檢搜索ᄭᆞ지行ᄒᆞ기不能ᄒᆞᄂᆞ니若如斯ᄒᆞᆫ行爲를同領海에셔行ᄒᆞᆯ진ᄃᆡ中立國主權을侵害ᄒᆞᆷ으로其軍艦所屬交戰國은責任을免ᄒᆞ기不能ᄒᆞᆫ지라然者捕拿의的物된敵國財産에對ᄒᆞ야其船舶은軍艦及其他官船、私船을不問ᄒᆞ고此를捕獲ᄒᆞᆷ을得ᄒᆞ나文明諸國의慣例上人類一般의幸福을爲ᄒᆞ야一定ᄒᆞᆫ船舶은官船、私船을勿問ᄒᆞ고捕獲치아니ᄒᆞᄂᆞ니今에日本國海軍捕獲規程을據ᄒᆞᆫ건ᄃᆡ其第三五條에云

左에揭ᄒᆞᆫ船舶으로專히其目的ᄒᆞᄂᆞᆫ事業又ᄂᆞᆫ任務에從事ᄒᆞᆷ이明白無疑ᄒᆞᆯ時ᄂᆞᆫ捕獲을免除ᄒᆞᆷ이可ᄒᆞᆷ

(1) 沿岸漁獵船

(2) 學術、慈善又ᄂᆞᆫ敎法을爲ᄒᆞ야航行ᄒᆞᄂᆞᆫ船舶

(3) 燈臺用船舶

(4) 俘虜交換船

이라規定ᄒᆞᆫ지라就中漁業船은私有船舶에限ᄒᆞ며其他官船幷私船을舍包ᄒᆞᆫ바ㅣ니玆에現行法規上捕獲免除의敵船을列擧ᄒᆞᆫ건ᄃᆡ

수 없을 뿐만 아니라 임검·수색도 할 수 없다. 만약 이와 같은 행위를 동 영해에서 하였다면 중립국의 주권을 침해하는 것으로, 그 군함 소속 교전국은 책임을 면할 수 없다. 그러나 나포의 목적인 적국 재산 중 그 선박은 군함과 그 밖의 관선, 사선을 불문하고 이를 포획할 수 있지만, 여러 문명국의 관례상 인류 일반의 행복을 위해 일정한 선박은 관선, 사선을 불문하고 포획할 수 없는 것이다. 현재(역자 주: 1910년경 당시) 일본 해군 포획규정에 따를 경우, 그 제35조에 이르기를,

> 다음에 규정된 선박으로 오로지 그 목적으로 하는 사업이나 임무에 종사하는 것이 명백하고 의심의 여지가 없는 때에는 포획을 면제해야 한다.
>
> 1. 해안어업선
> 2. 학술, 자선 또는 설교를 위해 항해하는 선박
> 3. 등대용 선박
> 4. 포로 교환선

이라 규정하고 있다. 그 중 특히 어업선은 사유선박에 한하며, 그 밖의 관선과 사선은 포함되므로, 이에 현행(역자 주: 1910년경 당시) 법규상 포획 면제의 적선을 열거해 보면 다음과 같다.

第一、土地의探檢其他學術上發見을目的ᄒᆞᄂᆞᆫ船舶의捕獲〜免除ᄂᆞᆫ近世에生ᄒᆞᆫ慣例니千七百七十六年米國獨立戰爭中에英國探檢船二隻이土地探檢을爲ᄒᆞ야亞米利加에航行ᄒᆞᆯ時를當ᄒᆞ야佛國海軍部ᄂᆞᆫ其海軍及殖民地官憲에게訓令ᄒᆞ되同船舶의航海를妨害치勿ᄒᆞ고此를友誼國船舶과同一ᄒᆞᆫ待遇를與ᄒᆞ라ᄒᆞᆫ以來其後文明諸國은此를効倣ᄒᆞ야第十九世紀에入ᄒᆞ야도如斯ᄒᆞᆫ實例가頗多ᄒᆞᄂᆞ니千八百五十九年伊墺戰爭中墺國官船「노바라」號가伊國의妨害를不受ᄒᆞ고메시나海峽並他同國沿海에在ᄒᆞ야學術上探檢을行ᄒᆞᆷ이其一이라

第二、病者、傷者를救護ᄒᆞᄂᆞᆫ船舶에對ᄒᆞ야ᄂᆞᆫ千八百六十八年赤十字條約追加條欵에在ᄒᆞ야其條規를定ᄒᆞ고비록批準을不經ᄒᆞ얏스나普佛戰爭中에此를實行ᄒᆞ고其後戰爭에在ᄒᆞ야도諸國이此를遵據ᄒᆞ얏스며更히千八百九十九年平和會議條約中에赤十字條約의原則을海戰에應用ᄒᆞ기로確定ᄒᆞᆷ에至ᄒᆞ얏스니即同條約에交戰國政府의軍用病院船及交戰國又ᄂᆞᆫ中立國의個人或救恤協會의艤裝에屬ᄒᆞᆫ病院船을捕獲ᄒᆞᆷ이不可ᄒᆞ다ᄒᆞ얏스며尙且中立國

1. 토지의 탐사 그 밖의 학술상 발견을 목적으로 하는 선박의 포획 면제는 근세에 발생한 관례이다. 1776년 미국 독립전쟁 중에 영국 탐사선 2척이 토지 탐사를 위해 아메리카로 항해할 때에, 프랑스 해군성이 그 해군과 식민지 관리에게 훈령하여 동 선박의 항해를 방해하지 말고, 이를 우호국 선박과 동일한 대우를 부여하라고 한 이래, 그 후 여러 문명국은 이를 본받았으며, 19세기에 들어와서도 이와 같은 실례가 매우 많았다. 1859년 이탈리아-오스트리아 전쟁 중 오스트리아 관선「The Novara」호가 이탈리아의 방해를 받지 아니하고 Messina 해협 그 밖의 동국 연해에서 학술상 탐사를 한 것이 그 하나이다.

2. 병자, 부상자를 구호하는 선박에 대해서는 1868년 적십자조약 추가 조약에서 그 규정을 정하였다. 비록 비준을 거치지 않았으나, 프러시아-프랑스 전쟁 중에 이를 실행하였고, 그 후의 전쟁에서도 여러 나라가 이에 준거하였다. 다시 1899년 제1차 평화회의 조약 중에 적십자조약의 원칙을 해전에 응용하기로 확정하기에 이르렀다.[1] 즉 동 조약에 교전국 정부의 군용 병원선과 교전국 또는 중립국의 개인이나 구호협회의 의장(艤裝)에 속한 병원선을 나포할 수 없다고 하였다. 또한 이에 더해 중립국의

1. 주정균 교재 122쪽에 유사한 내용이 나온다.

의商船遊船又는端舟로서交戰國의病者、傷者或은難船者를搭載或收容ᄒᆞ는者는其輸送ᄒᆞ는條件으로捕獲됨이無ᄒᆞ다規定ᄒᆞᆫ지라就中軍用病院船은비록官船이나交戰國雙方의病傷者를均一히救獲ᄒᆞ는義務가有ᄒᆞᆷ으로其義務의性質上局外地位를保有ᄒᆞᆷ이可ᄒᆞᆷ으로同條約規定을依ᄒᆞ야交戰國雙方은他船舶과同一히此에臨檢ᄒᆞ야其行動을監督ᄒᆞᆷ을可得ᄒᆞᆷ을不拘ᄒᆞ고其職務範圍를超過ᄒᆞᆫ行爲가無ᄒᆞᆯ以限은捕獲을免除ᄒᆞ는바ㅣ라

第三、燈臺用船은비록官船이라도一般航海者의安全을圖謀ᄒᆞ는必要上軍事上目的에使用치아니ᄒᆞ는間은捕獲됨이無ᄒᆞᆫ바ㅣ라

第四、俘虜交換船及軍使를運搬ᄒᆞ는船舶과如ᄒᆞᆷ은戰爭法則上不可侵의待遇를受ᄒᆞᆷ으로從ᄒᆞ야捕獲을免ᄒᆞᄂᆞ니就中俘虜交換船은交戰者間의約定을因ᄒᆞ야其互相交援코져ᄒᆞ는俘虜를運搬ᄒᆞ기爲ᄒᆞ야使用ᄒᆞᆷ으로通常敵國政府로브터通行劵을與ᄒᆞ는바ㅣ나其通行劵을不有ᄒᆞᆫ境遇에在ᄒᆞ야도任務에從事ᄒᆞᆷ이明白ᄒᆞᆫ者는또ᄒᆞᆫ捕獲됨이無ᄒᆞᆯ뿐아니라其俘虜를搭載ᄒᆞᆫ境遇에不限ᄒᆞ고俘虜를送付ᄒᆞᆫ歸路又는拿交를受ᄒᆞ기爲ᄒᆞ야航行ᄒᆞᆷ과如ᄒᆞᆫ[illegible]境遇에

선박·유람선 또는 단주(端舟)[1]로서 교전국의 병자, 부상자 또는 조난자를 탑재 또는 수용하는 선박은 그 수송하는 조건으로 포획되지 않는다고 규정하였다. 그 중 특히 군용 병원선은 비록 관선일지라도, 교전국 쌍방의 병자·부상자를 똑같이 구호할 의무가 있고, 그 의무의 성질상 국외자(局外者)의 지위를 보유해야 하기 때문에, 동 조약의 규정에 따라 교전국 쌍방은 다른 선박과 동일하게 이에 임검하고 그 행동을 감독할 수 있음에도 불구하고, 그 직무 범위를 넘는 행위가 없는 이상은 포획을 면제하는 것이다.

3. 등대용 선박은 비록 관선이라도 일반 항해자의 안전을 도모할 필요에서 군사상 목적으로 사용하지 아니하는 동안은 포획되지 않는다.

4. 포로 교환선과 군사(軍使)[2]를 운반하는 선박과 같은 것은, 전쟁법칙상 불가침의 대우를 받으므로 이에 따라 포획이 면제된다. 그 중 특히 포로 교환선은 교전자 사이의 약정에 따라 그 서로 교환하고자 하는 포로를 운반하기 위해 사용하는 것으로, 통상 적국 정부로부터 통행권을 받는다. 그러나 그 통행권을 보유하고 있지 아니한 경우에도 임무에 종사하는 것이 명백할 때에는, 또한 포획되지 않는다. 그뿐만 아니라 그 포로를 탑재한 경우에 한하지 않고, 포로를 송환한 후의 귀로 또는 인도를 받기 위해 항해하는 경우와 같이 공선(空船)[3]인 경우에도

---

1 단주(端舟): 작은 배.
2 군사(軍使): 전쟁 중에 군의 명령으로 교섭의 임무를 띠고 적군에 파견되는 사람.
3 공선(空船): 사람을 태우거나 짐을 싣지 않은 빈 배.

在ᄒᆞ야도또ᄒᆞᆫ捕獲됨이無ᄒᆞᆫ바ㅣ라

第五、沿岸漁業船을捕獲치아니ᄒᆞᆷ은專主히佛國主張에出ᄒᆞᆫ바ㅣ니此慣行은千四百三年英佛戰爭時에도其跡이尙留ᄒᆞ얏스며佛、蘭兩國間에在ᄒᆞ야ᄂᆞᆫ千五百三十六年에鰊漁船舶을捕獲치아니ᄒᆞᆯ協定이有ᄒᆞ고更히第十六世紀中葉에至ᄒᆞ야佛國은法令으로써其捕獲을免除ᄒᆞᆫ바ㅣ라然而千六百八十一年에有名ᄒᆞᆫ海上勅令에在ᄒᆞ야ᄂᆞᆫ敵國漁業船에게此特權을不認ᄒᆞ얏스니其理由ᄂᆞᆫ當時英國이佛國漁船을捕獲ᄒᆞᆷ으로其規定을設치아니ᄒᆞᆫ바ㅣ나千七百七十九年에佛王루이十六世의勅令으로再次其免除ᄒᆞᆷ을規定ᄒᆞ고英國과交涉ᄒᆞᆫ結果英國도또ᄒᆞᆫ此에同意ᄒᆞ야米國獨立戰爭及佛國革命戰爭中에兩國이共이此를免除ᄒᆞᆫ바ㅣ라然이나英國의見解ᄂᆞᆫ漁船의捕獲免除ᄂᆞᆫ國家好意에基因ᄒᆞᆫ處置라ᄒᆞ고佛國은此를國際公法上國家의絶對的義務라云ᄒᆞ나沿海漁業船을捕獲치아니ᄒᆞ고戰爭中其漁業者로ᄒᆞ야곰職業에從事케ᄒᆞᆷ은蓋其細民은戰爭에關係가無ᄒᆞᆫ魚類를交戰國人民에게供給ᄒᆞᆯ뿐이며且海上危險을不顧ᄒᆞ고僅小ᄒᆞᆫ生計를營爲ᄒᆞᄂᆞᆫ바ㅣ니其船舶及漁具를沒收ᄒᆞᆷ은戰

또한 포획되지 아니한다.

5. 연안 어업선을 포획하지 않는 것은 전적으로 프랑스 주장에서 비롯한다. 이 관행은 1403년 영국-프랑스 전쟁 시에도 그 흔적이 또한 남아 있다. 프랑스, 네덜란드 양국 사이에서는 1536년에 연어(鰱魚)잡이 어선을 포획하지 않을 협정이 있었고, 다시 16세기 중엽 프랑스는 법령으로 그 포획을 면제하였다. 그러나 1681년 유명한 해상칙령에서는 적국 어업선에게 이 특권을 인정하지 않았다. 그 이유는 당시 영국이 프랑스 어선을 포획하므로, 그 규정을 두지 않았기 때문이다. 그 후 1779년에 프랑스 국왕 루이 16세의 칙령으로 다시 그 면제할 것을 규정하고, 영국과 교섭한 결과, 영국도 또한 이에 동의하였으며, 미국 독립전쟁과 프랑스 혁명전쟁 중에 양국이 함께 이를 면제하였다. 그러나 영국의 견해는, 어선의 포획 면제는 국가의 호의에 따르는 조치라고 하고, 프랑스는 이를 국제공법상 국가의 절대적 의무라고 주장하였다. 그러나 연해 어업선을 포획하지 않고 전쟁 중 그 어업자로 하여금 직업에 종사하게 하는 것은, 대체로 그 영세민은 전쟁과 관계가 없는 어류를 교전국 인민에게 공급할 뿐이며, 또한 해상 위험을 무릅쓰고 근근이 생계를 영위하고 있음에도 불구하고, 그 선박과 어구를 몰수하는 것은

爭目的에關係가無ᄒᆞ고反히細民의生活을妨害ᄒᆞᆷ이니人情에不忍ᄒᆞᆯ바ㅣ오此와反ᄒᆞ야鯨漁、臘虎漁와如히大洋漁業에從事ᄒᆞᄂᆞᆫ船舶은此와如ᄒᆞᆫ優待를受치못ᄒᆞᄂᆞᆫ바ㅣ라

第六、官船、私船을勿論ᄒᆞ고難破의危險을避ᄒᆞ거나粮食缺乏等海에不堪ᄒᆞᆯ必要를因ᄒᆞ며又或戰爭의事實을不知ᄒᆞ고敵國에入ᄒᆞᆫ船舶은往往에捕獲을免除ᄒᆞᆫ實例가有ᄒᆞ나然이나此와反ᄒᆞᆫ實例도또ᄒᆞᆫ不尠ᄒᆞᄂᆞ니如斯히難破船의捕獲免除에對ᄒᆞ야國際公法上一定ᄒᆞᆫ法則이無ᄒᆞ나人道의正義로브터論ᄒᆞᆯ時ᄂᆞᆫ其不幸ᄒᆞᆷ을乘ᄒᆞ야船舶을沒收ᄒᆞᆷ은不正ᄒᆞᆫ利를貪ᄒᆞᆷ이니修繕或糧食積載期間을限ᄒᆞ야自國港灣에滯在ᄒᆞᆷ을許ᄒᆞᆷ이今日에慣例를成ᄒᆞ나然이나敵國軍艦의捕獲與否ᄂᆞᆫ戰爭에關係가大有ᄒᆞᆷ으로其免除與否ᄂᆞᆫ專히交戰國自由에在ᄒᆞᆫ바ㅣ라

第七、郵便船도또ᄒᆞᆫ官船、私船의區別이無ᄒᆞ고往往에捕獲을免除ᄒᆞᆷ이有ᄒᆞ니如斯히郵便船에關ᄒᆞ야一般寬大에待遇를與ᄒᆞ나然ᄒᆞ나條約으로以ᄒᆞ지아니ᄒᆞ면其捕獲免除를반다시國家의義務라ᄒᆞ기難ᄒᆞᄂᆞ니特別ᄒᆞᆫ條約이有

전쟁 목적과 관계가 없고, 도리어 영세민의 생활을 방해하는 것이기 때문에, 인정상 차마 하지 못할 일이다. 이에 반해 고래잡이, 납호(臘虎: 해달) 잡이와 같이 대양(大洋) 어업에 종사하는 선박은 이와 같은 우대를 받을 수 없다.

6. 관선, 사선을 막론하고, 난파의 위험을 피하거나 식량 부족 등 항해를 감당할 수 없는 필요에 따라, 또는 전쟁의 사실을 알지 못하고 적국으로 진입한 선박은, 때로 포획을 면제한 실례가 있다. 그러나 이에 반대되는 실례도 또한 적지 않다. 이와 같이 난파선의 포획 면제에 대해 국제공법상 일정한 법칙이 없으나, 인도적 정의로부터 논할 때에는, 그 불행을 틈타 선박을 몰수하는 것은 정당하지 아니한 이익을 탐내는 것이다. 수선이나 식량을 적재하는 기간에 한해 자국 항만에 체재하는 것을 허락하는 것이 오늘날(역자 주: 1910년경 당시) 관례를 형성하고 있다. 그러나 적국 군함의 포획 여부는 전쟁과의 관계가 크기 때문에, 그 면제 여부는 전적으로 교전국의 자유에 속한다.

7. 우편선도 또한 관선, 사선의 구별이 없고, 때로 포획을 면제하는 경우가 있다. 이와 같이 우편선에 관해 일반적으로 관대한 대우를 부여하나, 조약으로써 하지 아니하면 그 포획 면제를 반드시 국가의 의무라고 하기는 어렵다. 특별한 조약이 있는

ᄒᆞᆫ以上은其條約上義務로捕獲을免除ᄒᆞᆯ뿐이라是ᄂᆞᆫ日本國捕獲規定을徵看ᄒᆞ야도無疑ᄒᆞ도다

## 第二欵　私有船舶及載貨

凡交戰國이敵國人民의所有船舶及載貨를捕獲ᄒᆞᆷ을可得ᄒᆞᆷ은歐洲中世以來爭論이毫無ᄒᆞᆫ바法則이나然이나千七百八十五年普、米兩國이通商條約에在ᄒᆞ야ᄂᆞᆫ其免除를規定ᄒᆞ고其後米國大統領몬로氏及千八百五十六年아담스氏等의唱議로英、米、露三國間에捕獲免除에條約을締結ᄒᆞᆫ以後海上에在ᄒᆞᆫ敵國私有財産을捕獲ᄒᆞᆷ이不可ᄒᆞ다云云ᄒᆞᄂᆞᆫ議論이盛起ᄒᆞᆫ지라玆에其理由를略擧ᄒᆞ건ᄃᆡ(一)戰爭은國家間의爭鬪니國際公法上私有財産을侵犯치아니ᄒᆞᄂᆞᆫ原則에違反되며(二)戰時에在ᄒᆞ야敵國의戰鬪力을奪ᄒᆞᆷ은正當ᄒᆞᆫ行爲나私人의船舶載貨를畧奪ᄒᆞᆷ은戰鬪力을減殺케ᄒᆞᆷ이아니니即戰爭의目的을達ᄒᆞᆷ에直接且必要의手段이아니며(三)陸上에在ᄒᆞ야私有財産을尊重히ᄒᆞᄂᆞᆫ以上은海上에在ᄒᆞ야도同一히待遇ᄒᆞᆷ이可ᄒᆞ거ᄂᆞᆯ海上捕獲은此原則을無視ᄒᆞᄂᆞ니是ᄂᆞᆫ不權衡의甚ᄒᆞᆫ바ㅣ며(四)陸上에在ᄒᆞᆫ徵發課金은一定ᄒᆞᆫ方法으로써占領地一般에對ᄒᆞ야公平

이상은 그 조약상 의무로 포획을 면제할 뿐이다. 이는 일본 포획규정을 증거하여 살펴보아도 의심의 여지가 없다.

### 제2관 사유선박과 적재화물

무릇 교전국이 적국 인민의 소유선박과 적재화물을 포획할 수 있는 것은, 유럽 중세 이래 논쟁이 거의 없는 법칙이다. 그러나 1785년 프러시아, 미국 양국이 통상조약에서 그 면제를 규정하였고, 그 후 미국 대통령 James Monroe와 1856년 John Quincy Adams 등의 의논 제기로 영국, 미국, 러시아 3국 사이에 포획 면제의 조약을 체결한 이래, 해상에 있는 적국의 사유재산을 포획할 수 없다고 하는 의론이 왕성하게 일어났다. 이에 그 이유를 간략하게 들어보면,

① 전쟁은 국가 사이의 투쟁이고, 국제공법상 사유재산을 침범해서는 안 된다고 하는 원칙에 위반된다.

② 전시에 적국의 전투력을 빼앗는 것은 정당한 행위이나, 사인의 선박·적재화물을 약탈하는 것은 전투력을 감쇄시키는 것이 아니다. 즉 전쟁의 목적을 달성하는 데 직접적이고 또한 필요한 수단이 아니다.

③ 육상에서 사유재산을 존중하는 이상, 해상에서도 동일한 대우를 해야 한다. 해상포획은 이 원칙을 무시하는 것으로 이는 불균형이 심한 바이다.

④ 육상에서의 징발·과금은 일정한 방법으로 점령지 일반에 대해

히徵收ᄒᆞᄂᆞᆫ바나此와反ᄒᆞ야海上捕獲은物品所有者된個人에게非常ᄒᆞᆫ損害를加ᄒᆞ야其結果略奪과殆同ᄒᆞ며(五)徵發、課金은軍隊需要에直接且必要ᄒᆞᆫ物品에限ᄒᆞ야徵用ᄒᆞᆷ을不拘ᄒᆞ고海上捕獲은반다시戰鬪員의日用品을取得ᄒᆞᆷ이아니며且其物品의種類及程度에制限이無ᄒᆞᆷ은不當ᄒᆞ며(六)近世에開戰을當ᄒᆞ야交戰國港內에在ᄒᆞᆫ敵國船舶에게其退去를許ᄒᆞ며且商業社會의交通이敏活ᄒᆞᆷ을因ᄒᆞ야戰爭中交戰國人民의冒險的航海는其數가頓減ᄒᆞᄂᆞ니從ᄒᆞ야海上捕獲의實用이減縮됨을不拘ᄒᆞ고其法則이尙存ᄒᆞᆷ은其實交戰國의不利益이오中立國의利益이니何者오敵國商人은貨物運搬을中立國船舶에依賴ᄒᆞ며甚ᄒᆞᆫ則船籍을移錄ᄒᆞ야捕獲을圖免ᄒᆞᄂᆞᆫ所以며(七)英、佛、米、獨諸國과如ᄒᆞᆷ은其商業의大部分이海上을利用ᄒᆞᄂᆞ니此를廢止ᄒᆞᆷ은各其國의利益이라何者오軍艦으로써多數商船을保護ᄒᆞᆷ은困難ᄒᆞᆫ事ㅣ니捕獲을廢止ᄒᆞᆯ時는海軍의全力을以ᄒᆞ야戰鬪又封鎖에專用ᄒᆞᆷ을可得ᄒᆞᆫ다ᄒᆞᆫ바ㅣ며

此와反ᄒᆞ야海上捕獲의制度를存置ᄒᆞᆷ이可ᄒᆞ다云云ᄒᆞᄂᆞᆫ者의所論을據ᄒᆞᆫ건ᄃᆡ

(一)戰爭은비록國家間의公爭이나私人에게關係가毫無ᄒᆞ다ᄒᆞᆷ은法理及事實에

공평하게 징수한다. 이에 반해 해상포획은 물품 소유자인 개인에게 예사롭지 아니한 손해를 가하고, 그 결과 약탈과 거의 같다.

⑤ 징발·과금은 군대 수요에 직접적이고 또한 필요한 물품에 한해 징용함에도 불구하고, 해상포획은 반드시 전투원의 일용품을 취득하는 것이 아니다. 또 그 물품의 종류와 정도에 제한이 없는 것은 부당하다.

⑥ 근세에 개전할 경우에 교전국 항 내에 있는 적국 선박에게 그 퇴거를 허용한다. 또한 상업 사회의 교통이 빠르고 원활해짐에 따라, 전쟁 중 교전국 인민의 모험적 항해는 그 숫자가 급격하게 줄어들고, 이에 따라 해상포획의 실용성이 감축되었음에도 불구하고, 그 법칙이 그대로 존속되는 것은, 실로 교전국의 불이익이고 중립국의 이익으로 된다. 왜냐하면 적국의 상인은 화물운반을 중립국 선박에 의뢰하며, 심한 경우 선적(船籍)을 이전·등록하여 포획 면제를 도모하기 때문이다.

⑦ 영국, 프랑스, 미국, 독일과 같은 여러 나라는 그 상업의 대부분이 해상을 이용하기 때문에, 포획을 폐지하는 것은 각각 그 나라의 이익으로 된다. 왜냐하면 군함으로 다수 상선을 보호하기는 곤란한 일이고, 포획을 금지할 때에는 해군의 모든 힘을 전투와 봉쇄에 전용(專用)할 수 있기 때문이다.

이에 반해 해상포획의 제도를 존치해야 한다고 주장하는 사람의 논거를 들어보면,

① 전쟁은 비록 국가 사이의 공적인 싸움이나 사인과 전혀 관계가 없다고 하는 것은 법리와 사실에

達反되며私有財産은敵國戰鬪力을助長ᄒᆞᆯ뿐아니라海上商業은敵國의最大ᄒᆞᆫ財源이니此ᄅᆞᆯ攻擊ᄒᆞ야其財源을涸渇ᄒᆞᆷ은敵國으로ᄒᆞ야곰戰爭을繼續ᄒᆞᆯ資料ᄅᆞᆯ減却ᄒᆞ야戰爭의目的을達ᄒᆞᄂᆞᆫ有力ᄒᆞᆫ手段이며且一私人의利益을妨害ᄒᆞᆷ을爲ᄒᆞ야如此ᄒᆞᆫ權利ᄅᆞᆯ抛棄ᄒᆞ다ᄒᆞᆷ은私人의利益을爲ᄒᆞ야國家利益을犧牲에供ᄒᆞᆫ다ᄒᆞᆷ과無異ᄒᆞ며(二)商船은運送船其他戰爭上不可缺ᄒᆞᆯ事務에供用되ᄂᆞ니此ᄅᆞᆯ押收ᄒᆞᆷ은敵國의戰鬪力을減殺ᄒᆞᆷ에直接且無上의効力이有ᄒᆞᆷ으로其行爲의性質上不法이아니며(三)海上捕獲은陸上에在ᄒᆞᆫ徵發課金과同一ᄒᆞᆯ뿐아니라陸上에在ᄒᆞᆫ私有財産의保獲ᄂᆞᆫ事實上占領者의利益을基因ᄒᆞ야軍隊行動上便宜ᄅᆞᆯ圖ᄒᆞᄂᆞᆫ利害關係上保獲ᄒᆞᆯ必要가有ᄒᆞ나然이나海上에在ᄒᆞ야ᄂᆞᆫ全히敵國戰鬪의資料及財源을減却ᄒᆞ야 自國의 要求ᄅᆞᆯ容易히 首肯케ᄒᆞᆷ이自國에利益되며(四)私有財産의海上捕獲은其結果비록略奪行爲와無異ᄒᆞ다ᄒᆞ나所謂陸上에在ᄒᆞᆫ私有財産의不可侵도또ᄒᆞᆫ事實上其實行의範圍가明確치못ᄒᆞᆷ으로往往에苛酷ᄒᆞᆫ徵發及課金을命ᄒᆞᆯ時ᄂᆞᆫ多數個人의對ᄒᆞᄂᆞᆫ略奪과同一ᄒᆞᄂᆞ니旣而徵發課金을正當ᄒᆞ다ᄒᆞᆯ以上은海上捕獲을不法이라云ᄒᆞ기不能ᄒᆞ며(五)海上捕獲은

반한다. 사유재산은 적국의 전투력을 조장할 뿐만 아니라, 해상 상업은 적국의 가장 큰 재원이기 때문에, 이를 공격하여 그 재원을 고갈시키는 것은, 적국으로 하여금 전쟁을 계속할 자료를 적게 하여 전쟁의 목적을 달성하는 유력한 수단이다. 또한 한 사인의 이익을 방해하는 것을 위해 이와 같은 권리를 포기한다고 하는 것은, 사인의 이익을 위해 국가 이익을 희생시킨다고 하는 것과 다름이 없다.

② 상선은 운송선 그 밖의 전쟁상 불가결한 사무에 제공되기 때문에 이를 압수하는 것은, 적국의 전투력을 줄이는데 직접적이고 또한 더할 수 없는 효력이 있으므로, 그 행위의 성질상 불법이 아니다.

③ 해상포획은 육상에서의 징발·과금과 동일할 뿐만 아니라, 육상에서의 사유재산의 보호는 사실상 점령자의 이익에 따라 군대 행동상의 편의를 도모하는 이해관계상 보호할 필요가 있다. 그러나 해상에서는 전적으로 적국 전투의 자료와 재원을 줄여 자국의 요구를 쉽게 수긍하게 하는 것이 자국의 이익으로 된다.

④ 사유재산의 해상포획은 그 결과가 비록 약탈행위와 다름이 없다고 하나, 이른바 육상에서의 사유재산의 불가침도 또한 사실상 그 실행의 범위가 명확하지 않기 때문에, 때로 가혹한 징발과 과금을 명령할 때에는, 다수의 개인에 대한 약탈과 동일하다. 따라서 이미 징발·과금을 정당하다고 한 이상은 해상포획을 불법이라고 말할 수 없다.

⑤ 해상포획은

陸上에在ᄒᆞᆫ軍隊의行動과如히直接으로個人의生活及家族의平穩을紊亂ᄒᆞᄂᆞᆫ事가無ᄒᆞ야其生命身体에危險을加치아니ᄒᆞ며其押收ᄒᆞᄂᆞᆫ바財産도또ᄒᆞᆫ渠等의豫料ᄒᆞᆫ바일ᄲᅮᆫ아니라近世海上保險의發達을隨ᄒᆞ야其損害ᄂᆞᆫ반다시捕獲된船舶又ᄂᆞᆫ載貨의所有者一人負擔에不歸ᄒᆞ며(六)國家를因ᄒᆞ야强大ᄒᆞᆫ海陸軍을俱有ᄒᆞᆫ邦國과但優勢ᄒᆞᆫ海軍을置ᄒᆞ고陸軍力이微少ᄒᆞᆫ邦國이有ᄒᆞᄂᆞ니如斯ᄒᆞᆫ兩國間에戰爭을際ᄒᆞ야若捕獲法을廢止ᄒᆞᆯ진ᄃᆡ海軍國의不利益이니彼敵對된陸軍國은自由로徵發課金을占領地에對ᄒᆞ야濫行ᄒᆞᆯ지며且海上捕獲法이存在ᄒᆞᆷ을因ᄒᆞ야敵國船舶이海上에自由出入치못ᄒᆞ고中立國에船籍을移ᄒᆞ며商品의運搬을中立船舶에依賴ᄒᆞᄂᆞᆫ바不利益은其商業에對ᄒᆞᄂᆞᆫ打擊될ᄲᅮᆫ아니라實際敵國에在ᄒᆞ야其商業의材料가有ᄒᆞᆫ間은商品을更히中立國船舶에依賴ᄒᆞᆷ이아니며船籍을中立國에移錄호ᄃᆡ반다시捕獲을免ᄒᆞᆷ이아니며(七)海上捕獲의存在ᄂᆞᆫ戰爭으로ᄒᆞ야곰直接으로私人利害에關涉ᄒᆞ야一般히戰爭을厭忌케ᄒᆞ야未萌에防止ᄒᆞᄂᆞᆫ利益이有ᄒᆞᄂᆞ니政策上으로論ᄒᆞ야도此를廢止ᄒᆞᆷ이不可ᄒᆞ다ᄒᆞᆫ바ㅣ라

육상에서의 군대 행동과 같이 직접 개인의 생활과 가족의 평온을 문란하게 하는 일이 없고, 그 생명·신체에 위험을 가하지 아니하며, 그 압수하는 재산도 또한 그들이 예측했던 것들이다. 그뿐만 아니라 근세 해상보험의 발달에 따라 그 손해는 반드시 포획된 선박 또는 적재화물의 소유자 1인의 부담으로 귀속되지 아니한다.

⑥ 국가에 따라 강대한 해·육군을 모두 갖춘 국가와 다만 우세한 해군을 두고 육군력이 미약한 국가가 있는데, 이와 같은 양국이 전쟁을 할 때에, 만약 포획법을 폐지한다면, 해군국의 불이익으로 되고, 그 적대국인 육군국은 자유로이 징발·과금을 점령지에 대해 함부로 행할 수 있다. 또한 해상포획법이 존재함에 따라, 적국 선박이 해상에 자유로이 출입하지 못하고, 중립국에 선적(船籍)을 이전하며 상품의 운반을 중립국 선박에 의뢰하는 불이익은, 그 상업에 대한 타격으로 된다. 그뿐만 아니라 실제 적국에 그 상업의 재료가 있는 동안에는, 상품을 함부로 중립국 선박에 의뢰하지 못하며, 선적을 중립국으로 이전등록하다고 하여 반드시 포획을 면하는 것이 아니다.

⑦ 해상포획의 존재는 전쟁으로 하여금 직접 사인의 이해에 간섭하여 일반적으로 전쟁을 싫어하고 꺼리게 하여, 미연에 방지하는 이익이 있기 때문에 정책상으로 논해도 이를 폐지할 수 없다.

此를要ᄒᆞ건ᄃᆡ戰爭遂行上陸軍과海軍은其方法이相異ᄒᆞ야陸軍은敵地를侵略占領ᄒᆞᆷ을得ᄒᆞ며其侵略及占領은戰爭目的을達ᄒᆞᄂᆞᆫ捷逕되나然이나此와反ᄒᆞ야海軍은敵國軍艦其他敵船을攻擊ᄒᆞ며敵國商業을凋殘케ᄒᆞᄂᆞᆫ外에其道가無ᄒᆞᆯ뿐아니라敵國의莫大ᄒᆞᆫ財源되ᄂᆞᆫ商業의攻擊은戰爭目的을達ᄒᆞᆷ에無上ᄒᆞᆫ手段이니故로私有財產의海上捕獲은此를存廢ᄒᆞᆷ에對ᄒᆞ야衆說이紛紜ᄒᆞᆷ을不拘ᄒᆞ고今日ᄭᆞ지廢止치아니ᄒᆞᆫ바ㅣ라

第一項　捕拿의方法及船舶、載貨의國性

凡交戰國軍艦은中立國의軍艦其他官船을除ᄒᆞᆫ外에海上에在ᄒᆞ야一切遭遇ᄒᆞᄂᆞᆫ船舶에對ᄒᆞ야空砲를發ᄒᆞ거나或其的을照準치아니ᄒᆞ고發射ᄒᆞ야進行을停止케ᄒᆞᄂᆞᆫ權이有ᄒᆞ니此를停航權이라稱ᄒᆞ며交戰國軍艦으로브터如此ᄒᆞᆫ行動이有ᄒᆞᆯ時ᄂᆞᆫ設或中立國船舶이라도直地其進航을停止ᄒᆞᄂᆞᆫ義務가有ᄒᆞ니若如斯ᄒᆞᆫ行動이有ᄒᆞᆷ을不拘ᄒᆞ고尙且進航을繼續ᄒᆞᆯ時ᄂᆞᆫ交戰國軍艦은此를窮迫ᄒᆞ야兵力으로써停止ᄒᆞᆷ을得ᄒᆞ며此를停止ᄒᆞᆫ時ᄂᆞᆫ軍艦으로브터士官一人과略干의水兵을派遣ᄒᆞ야船舶國籍證書、海員名簿及其雇傭契約書、通航券、海航

이를 요약해보면, 전쟁 수행상 육군과 해군은 그 방법이 상이하여, 육군은 적지를 침략·점령할 수 있으며, 그 침략과 점령은 전쟁 목적을 달성하는 지름길이 된다. 그러나 이에 반해 해군은 적국의 군함 그 밖의 적선을 공격하며, 적국의 상업을 쇠잔하게 하는 이외에 그 방법이 없다. 그뿐만 아니라 적국의 막대한 재원이 되는 상업에 대한 공격은 전쟁 목적을 달성하기에 더할 수 없는 수단으로 되기 때문에, 사유재산의 해상포획은 이를 존속·폐지하는 것에 대해 여러 의견이 분분함에도 불구하고, 오늘날까지(역자 주: 20세기 초까지) 폐지되지 않고 있는 것이다.

### 제1항 나포의 방법과 선박, 적재화물의 국성(國性)

무릇 교전국 군함은 중립국의 군함 그 밖의 관선을 제외하고, 해상에서 조우(遭遇)한 모든 선박에 대해 공포(空砲)를 쏘거나 또는 그 표적을 조준하지 않고 발사하여 진행을 정지하게 할 권리를 가진다. 이를 정선권이라 일컫는다. 교전국 군함으로부터 이와 같은 행동이 있을 때에는, 설사 중립국 선박이라도 곧바로 그 진행을 정지할 의무가 있다. 만약 이와 같은 행동이 있음에도 불구하고, 오히려 진행을 계속할 때에는 교전국 군함은 이를 궁박(窮迫)[1]하여 병력으로써 정지하게 할 수 있다. 이를 정지하게 한 때에는 군함에서 사관 1인과 약간의 수병을 파견하여 선박국적증서, 해원명부(海員名簿)[2]와 그 고용계약서, 통항권, 항해권,

1 궁박(窮迫): 추격, 뒤쫓아가다.
2 해원명부(海員名簿): 선박에서 일하는, 선장 이외의 승무원. 선원의 이름·주소·직업 따위를 기록한 장부.

卷、傭船契約書、航海日誌、造船者의契約書、賣買證書、船卜證書、運送狀、載貨目錄、 出港證書、 健康證書等書類를船長으로브터提出케ᄒᆞ야其船舶의國籍、航海의目的、載貨의種類及到達地를調査ᄒᆞ며疑点이尙有ᄒᆞᆯ時ᄂᆞᆫ訊問을行ᄒᆞᄂᆞ니此를臨檢權이라稱ᄒᆞ며其臨檢ᄒᆞᆫ結果捕獲ᄒᆞᆯ船舶又ᄂᆞᆫ載貨가아님이明白ᄒᆞᆯ時ᄂᆞᆫ臨檢員은其旨를航海日誌에記載케ᄒᆞ고進航을命ᄒᆞ며此와反ᄒᆞ야臨檢ᄒᆞᆯ際에船舶에備附ᄒᆞᆷ이可ᄒᆞᆫ書類가欠缺ᄒᆞ며又或不明ᄒᆞᆫ点及僞造、 變造ᄒᆞᆫ證跡과秘密ᄒᆞᆫ書類等이有ᄒᆞ거나其他捕獲ᄒᆞᆷ이可ᄒᆞᆫ嫌疑가有ᄒᆞᆯ時ᄂᆞᆫ臨檢員은船長又其代理者를立會케ᄒᆞ고船內를點檢ᄒᆞ야其封鎖ᄒᆞᆫ處所或貨物을披閱ᄒᆞᆷ을得ᄒᆞᄂᆞ니此를搜索權이라稱ᄒᆞᄂᆞᆫ바ㅣ라然而臨檢搜索을行ᄒᆞᆫ結果何等의疑点이無ᄒᆞᆫ者ᄂᆞᆫ直地放免ᄒᆞ며若捕獲ᄒᆞᆯ事情이明白ᄒᆞ거나又ᄂᆞᆫ嫌疑가有ᄒᆞᆯ時ᄂᆞᆫ自國捕獲審檢所에引致ᄒᆞ야其裁判을依ᄒᆞ야沒收ᄒᆞᄂᆞᆫ與否를決定ᄒᆞᄂᆞᆫ바ㅣ라

臨檢搜索을依ᄒᆞ야船舶의國性이敵船됨이無疑ᄒᆞᆯ時ᄂᆞᆫ捕獲審檢所裁判을因ᄒᆞ야此를沒收ᄒᆞ며又其載貨에對ᄒᆞ야敵物됨이無疑ᄒᆞᆯ時ᄂᆞᆫ船舶과共히沒收ᄒᆞᄂᆞ니果然如何ᄒᆞᆫ者가敵船、敵貨됨은硏究를頗要ᄒᆞᆯ바ㅣ라然而此点에對ᄒᆞ야英、

용선계약서, 항해일지, 조선자(造船者)의 계약서, 선하증서, 운송장, 적재화물목록, 출항증서, 건강증명서 등의 서류를 선장으로부터 제출하게 하여, 그 선박의 국적, 항해목적, 적재화물의 종류와 도착지를 조사하며, 의문점이 있을 때에는 신문(訊問)을 한다. 이를 '임검권'이라 일컫는다. 그 임검한 결과 포획할 선박 또는 적화(敵貨)[1]가 아닌 것이 명백할 때에는, 임검원은 그 뜻을 항해일지에 기재하고, 항해해 나아갈 것을 명령한다. 이에 반해 임검 시에 선박에 비치해야 할 서류가 누락되었거나 또는 불분명한 점과 위조, 변조한 증거자료와 비밀스러운 서류 등이 있거나 그밖에 포획해야 할 혐의가 있을 때에는, 임검원은 선장 또는 그 대리인을 입회하게 하고 선내를 점검하며, 그 봉쇄한 장소나 화물을 열고 조사할 수 있다. 이를 '검색권'이라 일컫는다. 그러면 임검·수색을 한 결과 어떠한 의문점도 없는 경우에는, 곧바로 방면하고 만약 포획할 사정이 명백하거나 또는 혐의가 있을 때에는, 자국의 포획심검소에 인도하여 그 재판에 따라 몰수할 것인지의 여부를 결정하게 한다. 임검·수색에 따라 선박의 국성이 적선(敵船)인 것이 의심의 여지가 없을 때에는, 포획심검소 재판에 따라 몰수한다. 또한 그 적재화물에 대해 적물(敵物)[2]인 것이 의심할 여지가 없을 때에는 선박과 함께 몰수한다. 과연 이와 같은 경우 적선·적화로 되는가는 연구를 약간 필요로 한다. 그러나 이 점에 대해 영국,

---

1 적화(敵貨): 적의 화물.
2 적물(敵物): 적의 물건.

佛兩國의見解가相異ᄒᆞᄂᆞ니佛國主義ᄂᆞᆫ船舶과載貨ᄅᆞᆯ不問ᄒᆞ고其所有者의國籍如何ᄅᆞᆯ依ᄒᆞ야敵物되ᄂᆞᆫ與否ᄅᆞᆯ決ᄒᆞᆷ으로若船舶이敵國의船籍을有ᄒᆞ거나又ᄂᆞᆫ所有者가敵國人民될時ᄂᆞᆫ此ᄅᆞᆯ敵船이라ᄒᆞ야設或戰爭中에中立國人民에게讓渡ᄒᆞ거나又或開戰前에在ᄒᆞ야戰爭을豫期ᄒᆞ고捕獲을免ᄒᆞ기爲ᄒᆞ야其所有權을讓渡ᄒᆞᆫ境遇라도其讓與行爲ᄅᆞᆯ不認ᄒᆞᄂᆞᆫ바며此와反ᄒᆞ야英米主義에在ᄒᆞ야ᄂᆞᆫ船舶과載貨ᄅᆞᆯ不關ᄒᆞ고摠히其國性如何ᄅᆞᆯ決ᄒᆞᆷ에所有者의國籍을不依ᄒᆞ고定住地如何에依ᄒᆞ야敵物되ᄂᆞᆫ與否ᄅᆞᆯ決ᄒᆞᄂᆞᆫ바ㅣ니今에其理由ᄅᆞᆯ略擧ᄒᆞ건ᄃᆡ船舶又載貨ᄂᆞᆫ何國人의所有됨을不問ᄒᆞ고苟其所有者가敵國에定住ᄅᆞᆯ有ᄒᆞᆫ時ᄂᆞᆫ其物品은敵國財源을成ᄒᆞ야敵國政府의保護監督을受ᄒᆞ며此로브터徵收ᄒᆞᄂᆞᆫ稅金等은敵國收入의一部分을成ᄒᆞ며又或必要ᄒᆞᆫ境遇에ᄂᆞᆫ其物品을徵用ᄒᆞ야戰爭의資料ᄅᆞᆯ成ᄒᆞᄂᆞ니是等物品은敵性을含有ᄒᆞᆫ者ㅣ라謂ᄒᆞᆯ지며從ᄒᆞ야戰爭中에在ᄒᆞ야도敵國人民은其所有船舶을中立國人民에게賣却ᄒᆞᆷ을得ᄒᆞ나然이나其賣却은單히捕獲을逃免ᄒᆞᆯ意思及手段에不出ᄒᆞ고善意且完全히所有權을移轉ᄒᆞᆫ事ᄅᆞᆯ證明ᄒᆞᆷ이可ᄒᆞᄂᆞ니若賣主가其利益의一部ᄅᆞᆯ留保ᄒᆞᄂᆞᆫ契約、

프랑스 양국의 견해가 서로 다르다. 프랑스주의는 선박과 적재화물을 불문하고, 그 소유자의 국적 여하에 따라 적물인지의 여부를 결정하고, 만약 선박이 적국의 선적을 보유하거나 또는 소유자가 적국 인민일 때에는 이를 적선이라 한다. 설사 전쟁 중에 중립국 인민에게 양도하거나 또는 개전 전에 전쟁을 예상하고 포획을 면하기 위해 그 소유권을 양도한 경우라도 그 양도행위를 인정하지 아니한다. 이에 반해 영미주의에서는 선박과 적재화물을 불문하고, 모두 그 적성 여하를 결정하면서 소유자의 국적에 따르지 아니하고, 정주지(定住地)[1] 여하에 따라 적물인지의 여부를 결정한다. 지금 그 이유를 간략하게 들어보면 다음과 같다. 선박과 적재화물은 어떤 나라 사람의 소유로 되는가를 불문하고, 진실로 그 소유자가 적국에 정주를 가진 때에는, 그 물품은 적국 재원을 구성하여 적국 정부의 보호·감독을 받는다. 이로부터 징수하는 세금 등은 적국 수입의 일부분을 구성하거나 또는 필요한 경우에는 그 물품을 징용하여 전쟁의 자료를 구성하기 때문에, 이들 물품은 적성을 포함하고 있는 것이라고 할 수 있다. 따라서 전쟁 중에도 적국 인민은 그 소유 선박을 중립국 인민에게 매각할 수 있다. 그러나 그 매각은 단지 포획을 회피·모면할 의사와 수단에서 비롯되지 않았고, 선의이고 또한 완전히 소유권을 이전한 것을 증명해야 한다. 만약 매도인이 그 이익의 일부를 유보하는 계약,

1 정주지(定住地): 상당히 오랜 기간 그 곳에 머물 의사를 갖는 주소.

條件、默約等이有홀時ᄂᆞᆫ其賣却은無効에歸ᄒᆞᄂᆞᆫ바ㅣ니譬컨ᄃᆡ戰爭後還退의條件이有ᄒᆞ거나代金의全部或一部에對ᄒᆞ야賣主가權利ᄅᆞᆯ留保홈과如홈은此ᄅᆞᆯ善意로認ᄒᆞ기不能홈으로敵船으로看做홈과如ᄒᆞᆫ바ㅣ라

敵船內에在ᄒᆞᆫ載貨에對ᄒᆞ야佛國主義ᄂᆞᆫ所有者의國籍如何ᄅᆞᆯ依ᄒᆞ야敵物되ᄂᆞᆫ與否ᄅᆞᆯ決홈으로航海中의戰貨ᄂᆞᆫ其移轉을不認ᄒᆞ며且商業上海上貨物은其領受人이航海의危險을負擔홈이常則됨으로領受人의物品으로看做ᄒᆞ나然이나當事者間의契約又ᄂᆞᆫ慣例에依ᄒᆞ야特別의約定이有ᄒᆞ며且其行爲가詐僞에不出홈이明白홀時ᄂᆞᆫ此ᄅᆞᆯ沒收치아니ᄒᆞ나此와反ᄒᆞ야英米主義에在ᄒᆞ야ᄂᆞᆫ載貨에對ᄒᆞ야도또ᄒᆞᆫ定住地主義ᄅᆞᆯ取ᄒᆞᄂᆞ니今其大要ᄅᆞᆯ示ᄒᆞ건ᄃᆡ

第一、所有者가定住地ᄅᆞᆯ敵國에有ᄒᆞᆫ時ᄂᆞᆫ自國人又ᄂᆞᆫ中立國人됨을不問ᄒᆞ고其財產은敵物로看做ᄒᆞᄂᆞ니其定住地如何ᄂᆞᆫ本人이判地에永住홀意思及存在年月의長短等各境遇에就ᄒᆞ야住所ᄅᆞᆯ作ᄒᆞᄂᆞᆫ與否ᄅᆞᆯ依ᄒᆞ야決定홀바ㅣ며加之定住地ᄂᆞᆫ事實上住所ᄅᆞᆯ指홈이오法律上住所ᄅᆞᆯ謂홈이아님으로本國法律上設或他國에定住地ᄅᆞᆯ設置홈을禁止ᄒᆞᆫ境遇에在ᄒᆞ야도本人이同地에永

조건, 묵약(默約)이 있을 때에는 그 매각은 무효로 돌아간다. 예컨대 전쟁 후 환매의 조건이 있거나 대금의 전부 또는 일부에 대해 매도인이 권리를 유보하는 것 같은 경우는, 선의로 인정될 수 없고 적선으로 간주하는 것 같은 경우이다.

적선 내에 있는 적재화물에 대해 프랑스주의는 소유자의 국적 여하에 따라 적물로 되는지의 여부를 결정하므로, 항해 중의 적재화물은 그 이전을 인정하지 아니한다. 또한 상업상 해상화물은 그 수령인이 행해의 위험을 부담하는 것이 상규이기 때문에, 수령인의 물품으로 간주된다. 그러나 당사자 사이의 계약이나 관례에 따라 특별한 약정이 있으며, 또 그 행위가 사기·허위에서 비롯되지 않은 것이 명백할 때에는 이를 몰수하지 아니한다. 그러나 이에 반해 영미주의에서는 적재화물에 대해서도 또한 정주지주의(定住地主義)를 취하므로, 이제 그 대요(大要)를 보면,

1. 소유자가 정주지를 적국에 둔 때에는, 자국인 또는 중립국인지를 불문하고, 그 재산은 적물로 간주된다. 그 정주지 여하는 본인이 해당 장소에 영주할 의사와 존재 연월의 장단 등 각 경우에 대해 주소를 설정하는지의 여부에 따라 결정한다. 그뿐만 아니라 정주지는 사실상 주소를 가리키고, 법률상의 주소를 말하는 것이 아니므로, 본국 법률상 설사 다른 나라에 정주지를 설정하는 것을 금지하는 경우에도, 본인이 그 곳에

住ᄒᆞᄂᆞᆫ事實이有ᄒᆞᆫ以上은此를定住地로看做ᄒᆞ며且一朝永久的住所를定ᄒᆞᆫ時ᄂᆞᆫ一時甚地를離去ᄒᆞ되其財産國性에至ᄒᆞ야ᄂᆞᆫ何等의影響이無ᄒᆞᆫ바ㅣ나然이나居住를依ᄒᆞ야國性을取得ᄒᆞᆫ者ᄂᆞᆫ永住ᄒᆞᆯ意思를斷絶ᄒᆞ고其地를退去ᄒᆞᄂᆞᆫ同時에國性을變更ᄒᆞ나交戰國人民은戰爭中他國에移住ᄒᆞᄂᆞᆫ事實를依ᄒᆞ야定住地의變更으로認치아니ᄒᆞᄂᆞᆫ바ㅣ며

第二、交戰國版圖內에店舖를有ᄒᆞᆫ者ᄂᆞᆫ其店舖에直接所屬ᄒᆞᆫ바財産은敵物로看做ᄒᆞᄂᆞ니是其財産은敵國財産과共히其國財源을成ᄒᆞᄂᆞᆫ所以며且敵國人民으로中立國版圖內에店舖를有ᄒᆞᆫ境遇에在ᄒᆞ야도其店舖所屬財貨를敵物로看做ᄒᆞᄂᆞ니是其收入에對ᄒᆞ야ᄂᆞᆫ敵國人民所得에歸ᄒᆞ며敵國은自國人民에對ᄒᆞ야租稅其他賦課金을徵收ᄒᆞᆷ을得ᄒᆞᆷ으로其財産은敵國의財源을成ᄒᆞᄂᆞᆫ所以며

第三、敵國의領土及占領地의産出物로其地及製造所所有者의手에在ᄒᆞᆫ間은所有者의國性如何를不問ᄒᆞ고敵物로看做ᄒᆞᄂᆞ니是其敵國의管轄을未脫ᄒᆞ야敵國徵收에供ᄒᆞᆷ을可得ᄒᆞᆯ所以며

영주하는 사실이 있는 이상은 이를 정주지로 간주한다. 또한 일단 영구적 주소를 정한 때에는, 일시 그 곳을 떠나더라도 그 재산의 적성에 대해서는 어떠한 영향도 미치지 않는다. 그러나 거주에 따라 적성을 취득한 사람은, 영주할 의사를 단절하고 그 곳을 퇴거하는 동시에 국성을 변경할 수 있다. 그러나 교전국 인민은 전쟁 중 다른 나라에 이주하는 사실에 따라 정주지의 변경으로 인정되지 아니한다.

2. 교전국의 국경 내에 점포를 둔 경우에는, 그 점포에 직접 소속된 재산은 적물로 간주된다. 이는 그 재산이 적국 재산과 함께 그 나라의 재원을 구성하기 때문이다. 또한 적국 인민으로 중립국의 국경 내에 점포를 둔 경우에도, 그 점포 소속 재화를 적물로 간주한다. 이는 그 수입에 대해서는 적국 인민 소득으로 귀속되며. 적국은 자국 인민에 대해 조세 그 밖의 부과금을 징수할 수 있고, 그 재산은 적국의 재원을 구성하기 때문이다.
3. 적국의 영토와 점령지의 산출물로 그 장소와 제조소 소유자의 수중에 있는 동안에는, 소유자의 적성 여하를 불문하고 적물로 간주한다. 이는 그 적국의 관할을 벗어나지 못하고 적국의 징수에 이바지할 수 있기 때문이다.

第四、拿捕物의國性如何는捕獲當時의國性如何를依ᄒᆞ야決定홈으로捕獲後捕獲審檢所判決前에在ᄒᆞ야設或所有者에國性이變更호ᄃᆡ此를因ᄒᆞ야同物品의捕獲與否는影響이無ᄒᆞᆫ바ㅣ라

第五、航海中에在ᄒᆞᆫ貨物은佛國과如히其移轉의例外를不認홈으로中立國人民이敵國人民에게運送ᄒᆞ는物品은絕對的買主의財産으로看做ᄒᆞ며敵國人民이中立國人民에게輸送ᄒᆞ는物品은其賣買가善意且完了ᄒᆞᆫ境遇에限ᄒᆞ야買主의物品으로認호ᄃᆡ其賣買의善意且完全ᄒᆞᆫ事實은船長及物品所有者에게立證ᄒᆞ는責任을負케ᄒᆞᆫ바ㅣ라

玆에日本國捕獲規程을擧ᄒᆞ야參考에供코져ᄒᆞ노니其第三條에

人의國性은其國籍如何를不問ᄒᆞ고現에住所를有ᄒᆞᆫ國에屬ᄒᆞᆫ者로홈又其第四條에

人의住所는其永住地를謂홈但商人에對ᄒᆞ야는其主된商業을經營ᄒᆞ는地며又商業에從事ᄒᆞ는領事에對ᄒᆞ야는其商業을經營ᄒᆞ는地로써其住所라홈又其第五條에

4. 포획물의 국성 여하는 포획 당시의 국성 여하에 따라 결정되므로, 포획 후 포획심검소 판결 전에 설사 소유자의 국성이 변경되더라도, 이에 따라 동 물품의 포획 여부는 영향을 받지 아니한다.
5. 항해 중에 있는 화물은 프랑스주의와 같이 그 이전의 예외를 인정하지 아니한다. 중립국 인민이 적국 인민에게 운송하는 물품은 절대적으로 매수인의 재산으로 간주된다. 적국 인민이 중립국 인민에게 수송하는 물품은 그 매매가 선의이고 또 완료된 경우에 한해, 매수인의 물품으로 인정된다. 그러나 그 매매의 선의와 완전한 사실은 선장과 물품소유자에게 증명할 책임을 부담하게 한다.

이에 일본포획규정에 따라 참고에 제공하고자 한다. 그 제3조에

「인민의 국성은 그 국적 여하를 불문하고 현재 주소를 둔 나라에 속하는 것으로 한다.」

또 그 제4조에

「사람의 주소는 그 영주지를 말한다. 다만 상인에 대해서는 그 주된 상업을 경영하는 곳이며 또 상업에 종사하는 사무소에 대해서는 그 상업을 경영하는 장소를 가지고 그 주소라 한다.」

또 그 제5조에

敵國의一時占有ᄒᆞᆫ土地ᄂᆞᆫ人、船舶及載貨의國性에關ᄒᆞ야ᄂᆞᆫ此ᄅᆞᆯ敵國으로看做치아니ᄒᆞᆷ又其第六條에

敵船이라ᄒᆞᆷ은左揭ᄒᆞᆫ船舶을謂ᄒᆞᆷ(一)敵國使用에供ᄒᆞᄂᆞᆫ船舶이니其使用이敵國脅迫에出ᄒᆞᆫ時도亦同ᄒᆞᆷ(二)敵國旗章을揭ᄒᆞ거나又ᄂᆞᆫ敵國의特許ᄅᆞᆯ受ᄒᆞ고航海ᄒᆞᄂᆞᆫ船舶(三)全部又ᄂᆞᆫ其一部가敵國又ᄂᆞᆫ敵人所有에屬ᄒᆞᆫ船舶但帝國의船舶國籍證書ᄅᆞᆯ有ᄒᆞ며又ᄂᆞᆫ帝國의特許ᄅᆞᆯ受ᄒᆞ고航海ᄒᆞᄂᆞᆫ船舶은此限에不在ᄒᆞᆷ(四)開戰前에開戰을豫期ᄒᆞ며又ᄂᆞᆫ開戰中敵國及敵人으로브터帝國及中立國에住所ᄅᆞᆯ有ᄒᆞᆫ者에게所有權을移轉ᄒᆞᆫ船舶으로其所有權의移轉에關ᄒᆞ야善意且完全ᄒᆞᆫ證明이無ᄒᆞᆫ者又其第二項에船舶으로其航海中에所有權이移轉되고現實의傳授가無ᄒᆞᆫ境遇에ᄂᆞᆫ其所有權의移轉은善意且完全치아니ᄒᆞᆫ者로看做ᄒᆞᆷ又其第八條에

載貨의國性은其所有者의國性에依ᄒᆞ야此ᄅᆞᆯ定ᄒᆞᆷ又其第九條에

左에揭ᄒᆞᆫ載貨ᄂᆞᆫ前條規定을不拘ᄒᆞ고摠히此ᄅᆞᆯ敵貨로ᄒᆞᆷ(一)開戰前에開戰을豫期ᄒᆞ며又ᄂᆞᆫ開戰中에敵國或中立國에住所ᄅᆞᆯ有ᄒᆞᆫ者及其委托을受ᄒᆞᆫ者로

「적국이 일시 점유한 토지는 사람, 선박과 적재화물의 국성에 관해서는, 이를 적국으로 간주하지 아니한다.」

또 그 제6조에

「적선이라 함은 다음에 정한 선박을 말한다.

1. 적국 사용에 제공되는 선박. 그 사용이 적국 협박에서 비롯한 때에도 또한 같다.
2. 적국 기장(旗章)을 게양하거나 또는 적국의 특허를 받고 항해하는 선박
3. 전부 또는 일부가 적국이나 적인 소유에 속하는 선박. 다만 제국(帝國)의 선박국적증명서를 보유하거나 또는 제국의 특허를 받고 항해하는 선박은 그러하지 아니하다.
4. 개전 전에 개전을 예상하거나 또는 개전 중 적국과 적인으로부터 제국과 중립국에 주소를 둔 자에게 소유권을 이전한 선박. 그 소유권의 이전에 관해 선의와 완전한 증명이 없는 경우와 그 제2호의 선박으로 그 항해 중에 소유권이 이전되고, 현실의 인도가 없는 경우에는, 그 소유권의 이전은 선의이고 또 완전하지 아니한 것으로 간주한다.」

또 그 제8조에

「적재화물의 국성은 그 소유자의 국성에 따라 이를 정한다.」

또 그 제9조에

「다음에 정한 적재화물은 앞 조의 규정에도 불구하고 모두 이를 적화(敵貨)로 한다.

1. 개전 전에 개전을 예상하거나 또는 개전 중에 적국이나 중립국에 주소를 둔 사람과 그 위탁을 받은 사람으로부터 적국, 적인 및 그 위탁을 받은 사람에

브터敵國、敵人及其委托을受ᄒᆞᆫ者에게對ᄒᆞ야發送ᄒᆞᄂᆞᆫ財貨(二)開戰前에開戰을豫期ᄒᆞ며又ᄂᆞᆫ開戰中에敵國及敵人으로브터帝國又ᄂᆞᆫ中立國에住所를有ᄒᆞᆫ者에게所有權이移轉된財貨로其所有權移轉에關ᄒᆞ야善意且完全ᄒᆞᆫ證明이無ᄒᆞᆫ財貨又其第二項에載貨로셔此를搭載ᄒᆞᆫ船舶의航海中에在ᄒᆞ야所有權이移轉되고現實의傳授가無ᄒᆞᆫ境遇에ᄂᆞᆫ其所有權의移轉은善意且完全치아니ᄒᆞᆫ者로看做ᄒᆞᆷ

極行이라規定ᄒᆞ야英佛兩國主義를叅互規定ᄒᆞᆫ바ㅣ라

第二項　拿捕物의處分과共同拿捕及再拿捕

凡交戰國軍艦이拿捕ᄒᆞᆫ바船舶은總히其軍艦本國에在ᄒᆞᆫ捕獲審檢所審判에付ᄒᆞ기爲ᄒᆞ야捕獲審檢所所在地及其最近港에引致ᄒᆞᆷ이常則이니譬컨ᄃᆡ日本國捕獲規程第七九條에「艦長은捕拿ᄒᆞᆫ船舶을迴航케ᄒᆞ기爲ᄒᆞ야捕獲士官及必要ᄒᆞᆫ下士卒을選任ᄒᆞ야此에乘組케ᄒᆞ고速히該船舶及載貨를最近의帝國捕獲所所在港又其附近帝國港에送致ᄒᆞᆷ이可ᄒᆞᆷ」이라規定ᄒᆞᆷ과如ᄒᆞ나有時乎其乘組를命ᄒᆞᆯ人員이缺乏ᄒᆞ거나又或被捕船의速力과其他載貨의狀况과天候風浪

대해 발송하는 재화

2. 개전 전에 개전을 예상하거나 또는 개전 중에 적국과 적인으로부터 제국이나 중립국에 주소를 둔 사람에게 소유권이 이전된 재화. 이를 탑재한 선박의 항해 중에 소유권이 이전되고 현실의 인도가 없는 경우에는, 그 소유권의 이전은 선의이고 완전하지 않은 것으로 간주한다.」

고 규정하여 영국·프랑스 양국 주의를 참조하여 규정하고 있다.

### 제2항 나포물의 처분과 공동나포 및 재나포

무릇 교전국 군함이 나포한 선박은 모두 그 군함의 본국의 포획심검소 재판에 회부하기 위해 포획심검소 소재지와 그 최근 항에 인도되는 것이 상규이다. 예컨대 일본포획규정 제79조에 「함장은 포획한 선박을 회항시키기 위해 포획 사관과 필요한 부사관·수병을 선임하여 이에 승조(乘組)하게 하고, 속히 해당 선박과 적재화물을 가장 가까운 제국(帝國) 포획심검소 소재지항 또는 그 부근의 제국 항으로 송치해야 한다」라고 규정한 것과 같다. 그러나 때로는 그 승조를 명령할 인원이 부족하거나 또는 포획된 선박의 속력, 그 밖의 적재화물의 상황과 기후·풍랑

及戰鬪狀況에依ᄒᆞ야此를無事히本國에廻送ᄒᆞ기不能ᄒᆞᆫ事情이有ᄒᆞᆫ時ᄂᆞᆫ如何히處分홈이可ᄒᆞᆫ가往昔에在ᄒᆞ야ᄂᆞᆫ屢屢히中立國港內에交戰國이捕獲審檢所를開設ᄒᆞ고拿捕獲物을審判ᄒᆞᆫ事가有ᄒᆞ얏스나現世에在ᄒᆞ야ᄂᆞᆫ如斯ᄒᆞᆫ行爲ᄂᆞᆫ中立國主權을侵害ᄒᆞᆯ뿐아니라中立國이또ᄒᆞᆫ拒絶ᄒᆞᄂᆞᆫ바ㅣ니是以로如斯ᄒᆞᆫ事情이有ᄒᆞᆫ時ᄂᆞᆫ拿捕者ᄂᆞᆫ其船舶及載貨에對ᄒᆞ야不得已非常ᄒᆞᆫ手段을取ᄒᆞᆯ지라即其載貨를消費ᄒᆞ거나船舶과如히賣却、破壞ᄒᆞ거나又或一定ᄒᆞᆫ金額을賠償케ᄒᆞ고此를放棄홈을得ᄒᆞᄂᆞ니譬컨ᄃᆡ日本國捕獲規程第八四條에

艦長은載貨中腐敗ᄒᆞ기容易ᄒᆞᆫ物品과其他此를送致ᄒᆞ기不堪ᄒᆞᆫ者ㅣ有홈으로認ᄒᆞᆫ時ᄂᆞᆫ乘組士官中으로最適任ᄒᆞᆫ調査委員을選定ᄒᆞ야調査書를差出케홈

調査要領은此를航海日誌에記入홈이可홈

이라規定ᄒᆞ고又其第八五條에

調査委員이載貨中送致ᄒᆞ기不適ᄒᆞᆫ者ㅣ有홈을報告ᄒᆞᆫ時ᄂᆞᆫ艦長은拿捕地最近의帝國港又ᄂᆞᆫ中立國官憲의承諾을得ᄒᆞᆫ時ᄂᆞᆫ中立地에在ᄒᆞ야該載貨를賣

및 전투상황에 따라, 이를 무사히 본국으로 회송할 수 없는 사정이 있을 때에는, 어떻게 처분해야 하는가? 예전에는 여러 번 중립국 항 내에 교전국이 포획심검소를 개설하고 포획물을 심판한 일이 있었으나, 현재에는(역자 주: 1910년경 당시) 이와 같은 행위는 중립국의 주권을 침해할 뿐만 아니라 중립국이 또한 거절하고 있다. 이에 따라 이와 같은 사정이 있을 때에는, 나포자는 그 선박과 적재화물에 대해 부득이 비상한 수단을 취하게 된다. 즉 그 적재화물을 소비하거나 선박과 함께 매각, 파괴하거나 또는 일정한 금액을 배상하게 하고 이를 포기할 수 있다. 예컨대 일본포획규정 제84조에

「함장은 적재하물 중 부패하기 쉬운 물품과 그밖에 이를 송치(送致)할 것을 감당할 수 없는 것이 있다고 인정할 때에는, 승조 사관 중에서 최적임(最適任)인 조사위원을 선정하여 조사서를 제출하게 한다. 조사요령은 이를 항해일지에 기재해야 한다.」

고 규정하고, 또 그 제85조에

「조사위원이 적재화물 중 송치하기에 적당하지 아니한 것이 있는 것을 보고한 때에는, 함장은 나포지에서 가장 가까운 제국 항 또는 중립국 관청의 승낙을 얻은 때에는 중립지에서 해당 적재화물을

賣却ᄒᆞᆷ이可ᄒᆞᆷ但其賣却ᄒᆞᆷ에不適ᄒᆞᆫ者ᄂᆞᆫ適宜ᄒᆞᆫ處分을行ᄒᆞᆷ을得ᄒᆞᆷ

이라規定ᄒᆞᆷ과同時에拿捕船舶의載貨ᄅᆞᆯ處分ᄒᆞᆷ에對ᄒᆞ야ᄂᆞᆫ後日捕獲審檢所裁判을隊ᄒᆞ야其載貨의種類、數量及價額을知悉케ᄒᆞᆯ必要가有ᄒᆞᆯᄲᅮᆫ아니라若其載貨로捕獲ᄒᆞ기不可ᄒᆞᆫ者ㅣ될時ᄂᆞᆫ所有者에게對ᄒᆞ야相當賠償을爲ᄒᆞᆯ必要가有ᄒᆞᆷ으로同捕獲規程第八六條에

艦長은載貨ᄅᆞᆯ賣却ᄒᆞ기前에可히行得ᄒᆞᆯ限度에在ᄒᆞ야適任者ᄅᆞᆯ選定ᄒᆞ야載貨의全部又ᄂᆞᆫ賣却케ᄒᆞᄂᆞᆫ部分에對ᄒᆞ야書面으로ᄡᅥ此ᄅᆞᆯ評價케ᄒᆞᆷ이可ᄒᆞᆷ

賣却은捕獲士官及便宜가有ᄒᆞᆯ時ᄂᆞᆫ帝國領事又ᄂᆞᆫ賣却地附近帝國官吏ᄅᆞᆯ立會케ᄒᆞ고行ᄒᆞ며公賣에附ᄒᆞ야此ᄅᆞᆯ行ᄒᆞᆷ이可ᄒᆞᆷ及其第八七條에

艦長은捕獲士官으로ᄒᆞ야곰一切賣却節次에關ᄒᆞᆫ證明書ᄅᆞᆯ作케ᄒᆞ고此에調查委員의調查書、評價書、賣却計筭書及其他의書類ᄅᆞᆯ添附ᄒᆞ야拿捕ᄒᆞᆫ船舶과共히捕獲審檢所에此ᄅᆞᆯ送致ᄒᆞᆷ이可ᄒᆞᆷ

이라定ᄒᆞ얏시며船舶에對ᄒᆞ야도船体의破損、速力의遲緩又或海上風浪等을因ᄒᆞ야捕獲所所在港又ᄂᆞᆫ其最近港에廻送ᄒᆞ기不能ᄒᆞ거나作戰上此ᄅᆞᆯ廻送ᄒᆞᆷ

매각해야 한다. 다만 그 매각하기에 부적당한 것은 적절한 처분을 할 수 있다.」

고 규정하고 있다. 동시에 나포선박의 적재화물을 처분하는 것에 대해서는 후일 포획심검소가 재판을 할 때에, 그 적재화물의 종류, 수량과 가액을 자세히 알아야 할 필요가 있다. 그뿐만 아니라 만약 그 적재화물로 포획해서는 안 되는 것으로 될 때에는, 소유자에 대해 상당한 배상을 할 필요가 있기 때문에, 동 포획규정 제86조에

「함장은 적재화물을 매각하기 전에 할 수 있는 한도 내에서 적임자를 선정하여 적재화물의 전부 또는 매각하는 부분에 대해 서면으로 이를 평가해야 한다.

매각은 포획사관 및 편의가 있을 때에는 제국 영사 또는 매각지 부근의 제국 관리를 입회하게 하여서 하며 공매(公賣)에 부쳐 이를 행할 수 있다.」

또 그 제87조에

「함장은 포획사관으로 하여금 일체의 매각절차에 관한 증명서를 작성하게 하고, 이에 조사위원의 조사서, 평가서, 매각계산서와 그 밖의 서류를 첨부하여 나포한 선박과 함께 포획심검소에 이를 송치해야 한다.」

고 규정하였다. 선박에 대해서도 선체의 파손, 속력의 지체 또는 해상 풍랑 등에 따라 포획심검소 소재지 항 또는 그 최근 항에 회송할 수 없거나, 작전상 이를 회송할

暇隙이無ᄒᆞ거나優勢ᄒᆞᆫ敵國海軍의襲來ᄅᆞᆯ因ᄒᆞ야被奪될虞慮가有ᄒᆞ거나本國諸港이敵軍의封鎖ᄅᆞᆯ因ᄒᆞ야廻送ᄒᆞ기不能ᄒᆞᆯ時ᄂᆞᆫ捕獲地로브터最近ᄒᆞᆫ本國港灣又ᄂᆞᆫ他國港內에引致ᄒᆞ야達宜ᄒᆞᆫ處分을行得ᄒᆞᆯ지니譬컨ᄃᆡ日本國捕獲規程第八九條에

艦長은拿捕ᄒᆞᆫ船舶이送致ᄒᆞ기不堪ᄒᆞᆯ者로認ᄒᆞᆫ時ᄂᆞᆫ最近의帝國港又ᄂᆞᆫ中立國官憲의許諾을得ᄒᆞ야其最近中立港에此ᄅᆞᆯ送致ᄒᆞᆷ이可ᄒᆞᆷ又其第九〇條에

前條의境遇에在ᄒᆞ야艦長은捕獲士官으로ᄒᆞ야곰船舶을最近의帝國港又ᄂᆞᆫ中立港에送致ᄒᆞ고情况에詳記ᄒᆞᆫ證明書ᄅᆞᆯ作成케ᄒᆞ고調査委員의調査書ᄅᆞᆯ此에添附ᄒᆞ야該士官으로ᄒᆞ야곰證人、船舶書類其他審檢에必要ᄒᆞᆫ書類와共히此ᄅᆞᆯ最近帝國捕獲審檢所에送致ᄒᆞᆷ이可ᄒᆞᆷ

이라規定ᄒᆞᆷ라如ᄒᆞᆷ이是라然而審檢所裁判을因ᄒᆞ야沒收ᄒᆞᆷ이可ᄒᆞᆷ으로判決ᄒᆞᆫ時ᄂᆞᆫ其船舶을賣却處分케ᄒᆞᆯ지나中立國은往往交戰國軍艦에對ᄒᆞ야其捕獲船舶을自國港灣에引入ᄒᆞᆷ을禁止ᄒᆞ며又或境遇에在ᄒᆞ야ᄂᆞᆫ軍艦이作戰其他事情을因ᄒᆞ야中立國港灣에捕拿船을引入ᄒᆞ기不能ᄒᆞᆯ時가有ᄒᆞᄂᆞ니如斯ᄒᆞᆫ境遇에

여가가 없거나, 우세한 적국 해군의 내습에 따라 피탈될 우려가 있거나, 본국의 여러 항이 적군의 봉쇄에 따라 회송할 수 없을 때에는, 포획지로부터 가장 가까운 본국 항만 또는 다른 나라 항 내에서 인도하여 적절한 처분을 할 수 있다. 예컨대, 일본포획규정 제89조에

「함장은 나포한 선박이 송치를 감당할 수 없는 것으로 인정할 때에는, 가장 가까운 제국 항 또는 중립국 관청의 허락을 얻어 그 가장 가까운 중립국 항에 이를 송치할 수 있다.」

또 그 제90조에

「앞 조의 경우에 함장은 포획사관으로 하여금 선박을 가장 가까운 제국 항 또는 중립국 항에 송치하며, 정황(情況)을 상세하게 기재한 증명서를 작성하게 하고, 조사위원의 조사서를 이에 첨부하여 해당 사관으로 하여금 증인, 선박서류 그밖에 심검에 필요한 서류와 함께 이를 가장 가까운 제국 포획심검소에 송치해야 한다.」

고 규정하고 있는 것 같은 경우가 이것이다. 그러나 심검소의 재판에 따라 몰수할 수 있는 것으로 판결될 때에는, 그 선박을 매각 처분하게 되나, 중립국은 때로 교전국 군함에 대해 그 포획 선박을 인솔하여 자국 항만으로 입항하는 것을 금지하거나, 또는 경우에 따라서는 군함이 작전 그 밖의 사정에 따라 중립국 항만으로 포획선을 인도할 수 없는 때가 있다. 이와 같은 경우에

在ᄒᆞ야捕獲者ᄂᆞᆫ拿捕船舶이敵의政府或個人에屬홈을不問ᄒᆞ고其船舶을破壞홈을得ᄒᆞᄂᆞ니今에國際法協會捕獲規程第五〇條ᄅᆞᆯ據ᄒᆞᆫ컨ᄃᆡ左의境遇에在ᄒᆞ야ᄂᆞᆫ拿捕船舶을破壞又ᄂᆞᆫ沈沒케홈을得홈但其前에船內의人員을軍艦에移乘케ᄒᆞ며載貨ᄅᆞᆯ可成的完全히解卜ᄒᆞ며且捕獲을行ᄒᆞᆫ指揮官이船舶書類并審判上必要ᄒᆞᆫ바物件을保存홈이可홈

(1)船舶狀態가不良ᄒᆞ야海上危險을凌駕ᄒᆞ고航海ᄒᆞ기不能ᄒᆞᆫ時

(2)船舶의速力이遲緩ᄒᆞ야軍艦을隨伴ᄒᆞ기不能ᄒᆞ며且容易히敵에게被奪ᄒᆞᆯ虞慮가有ᄒᆞᆫ時

(3)優勢ᄒᆞᆫ敵兵의襲來ᄅᆞᆯ因ᄒᆞ야追奪될虞慮가有ᄒᆞᆯ時

(4)拿捕ᄒᆞᆫ船舶에充分ᄒᆞᆫ海員을乘組케ᄒᆞᆯ진ᄃᆡ自國軍艦에必需ᄒᆞᆯ人員이欠缺ᄒᆞᆯ時

(5)拿捕ᄒᆞᆫ船舶을廻送ᄒᆞᆯ만ᄒᆞᆫ港灣이隔遠ᄒᆞᆫ時

等이라規定ᄒᆞ얏시며日本國捕獲規程第九一條及同九二條도此와略同ᄒᆞᆫ바ㅣ라然而其破壞ᄒᆞᆫ船舶이捕獲審檢所審檢을經ᄒᆞᆫ後捕獲홈이不可홈으로判定된

포획자는 나포선박이 적의 정부 또는 개인에 속하는지를 불문하고 그 선박을 파괴할 수 있다. 현재(역자 주: 1910년경 당시) 국제법협회 포획규정 제50조[1]에 따를 경우

「다음의 경우에는 나포선박을 파괴 또는 침몰시킬 수 있다. 다만 그 전에 선내의 인원을 군함으로 옮겨타게 하며, 적재화물을 가급적 완전히 하역하며 또 포획을 한 지휘관이 선박서류와 심판상 필요한 물건을 보존해야 한다.

1. 선박 상태가 불량하여 해상 위험을 능가하여 항해할 수 없는 때
2. 선박의 속력이 느려 군함을 따라갈 수 없으며 또한 쉽게 적에게 피탈될 우려가 있는 때
3. 우세한 적병의 내습에 따라 추탈(追奪)될 우려가 있을 때
4. 나포한 선박에 충분한 해원(海員)을 승조하게 할 경우 자국 군함에 필수적인 인원이 부족한 때
5. 나포한 선박을 회송할만한 항만이 멀리 떨어져 있는 때」

등이라고 규정하였다. 일본포획규정 제91조와 제92조도 이와 대략 동일하다. 그러나 그 파괴한 선박이 포획심검소 심검을 거친 후 포획할 수 없는 것으로 판정된

---

1 주정균 교재에서 "국제법협회 포획규정"이라 함은 "Institute of International Law(국제법학회)"가 1882-83년 검토 후 채택한 International Regulations concerning Prizes. 제50조 영문은 다음과 같다. "Article 50: In the following cases the captor will be permitted to burn or sink the enemy vessel which has been seized, after having sent the persons found on board to the war-ship, and discharged as much as possible of the cargo, and after the commander of the captor vessel has taken charge of the ship's papers and important objects for use in judicial proceedings and settlement of claims of owners of the cargo for damages and interest:
1. When it is impossible to keep the vessel afloat, on account of its bad condition, in a rolling sea;
2. When the vessel sails so poorly that it cannot follow the war vessel and may easily be retaken by the enemy;
3. When the approach of a superior force of the enemy arouses the fear that the vessel may be retaken;
4. When the war vessel is unable to put a sufficient crew upon the vessel which has been seized without diminishing too greatly the crew necessary to its own safety;
5. When the port to which it would be possible to take the vessel which has been seized is too far away."

時ᄂᆞᆫ所有者에게對ᄒᆞ야相當ᄒᆞᆫ賠償을與ᄒᆞᆷ이至當ᄒᆞᄂᆞ니譬컨ᄃᆡ日本國捕獲規程第八八條에「艦長은捕拿ᄒᆞᆫ船舶이送致ᄒᆞ기不堪ᄒᆞᆯ者로認ᄒᆞᆯ時ᄂᆞᆫ乘組士官中最適任ᄒᆞᆯ調査委員을選定ᄒᆞ야調査書ᄅᆞᆯ差出케ᄒᆞ며其調査의要件은此ᄅᆞᆯ航海日誌에記入保管ᄒᆞᆷ이可ᄒᆞᆷ」이라規定ᄒᆞᆷ과如ᄒᆞᆷ이是라

上述ᄒᆞᆫ바理由ᄅᆞᆯ因ᄒᆞ야捕拿者가拿捕物을捕獲審檢所에引致ᄒᆞ기不能ᄒᆞᆫ事情이有ᄒᆞᆫ時ᄂᆞᆫ此ᄅᆞᆯ賣却、破壞又ᄂᆞᆫ燒却ᄒᆞᆷ을得ᄒᆞᆷ으로往往에被拿船船長으로브터一定ᄒᆞᆫ金錢을支撥케ᄒᆞ거나又或其支撥케ᄒᆞᆯ事ᄅᆞᆯ約定ᄒᆞ고捕獲을免除ᄒᆞᆷ을得ᄒᆞᄂᆞ니如斯ᄒᆞᆫ境遇에在ᄒᆞ야ᄂᆞᆫ賠償証書二本을作ᄒᆞ야其一本은拿捕者에게與ᄒᆞ며又其一本은船長이自持ᄒᆞ야通航劵의代用으로其證書에指定ᄒᆞᆫ바航路及時日間에在ᄒᆞ야ᄂᆞᆫ敵의攻擊을受치아니ᄒᆞ고歸航ᄒᆞᆷ을得ᄒᆞ나然이나若故意及怠慢을因ᄒᆞ야其約定ᄒᆞᆫ航路及期日을過誤ᄒᆞᆫ時ᄂᆞᆫ再次拿捕을不免ᄒᆞᄂᆞᆫ바ㅣ라但拿捕物의賠償은往往에其効ᄅᆞᆯ未奏ᄒᆞᆷ으로現世歐洲諸國은一般히國法으로써此ᄅᆞᆯ禁止ᄒᆞ고日本國捕獲規程에도ᄯᅩᄒᆞᆫ此ᄅᆞᆯ不認ᄒᆞ얏스나苟其軍隊本國의國法上如斯ᄒᆞᆫ禁止가無ᄒᆞᆫ以上은ᄯᅩᄒᆞᆫ行得ᄒᆞᆷ도無妨ᄒᆞᆫ바라

때에는, 소유자에 대해 상당한 배상을 부여하는 것이 지극히 당연하다. 예컨대 일본포획규정 제88조「함장은 포획한 선박이 송치하기를 감당할 수 없는 것으로 인정할 때에는, 승조 사관 중 최적임인 조사위원을 선정하여 조사서를 제출하게 하며, 그 조사의 요건은 이를 항해일지에 기재·보관해야 한다」고 규정한 것 같은 경우는 이 때문이다.

상술한 바의 이유에 따라 나포자가 나포물을 포획심검소에 인도할 수 없는 사정이 있는 때에는, 이를 매각, 파괴 또는 소각할 수 있기 때문에, 때로 나포된 선장으로부터 일정한 금전을 지급하게 하거나 또는 그 지급하게 할 것을 약정하고 포획을 면제할 수 있다. 이와 같은 경우에는 배상증서 2통을 작성하여, 그 1통은 나포자에게 주며 다른 1통은 선장이 자기가 갖고 통행권의 대용으로 하며, 그 증서에서 지정한 항로와 일시 사이에서는 적의 공격을 받지 아니하고 귀항할 수 있다. 그러나 만약 고의와 태만으로 말미암아 그 약정한 항로와 기일에 잘못을 범한 때에는 다시 나포되는 것을 면할 수 없다. 다만 나포물의 배상은 때로 그 효력이 나타나지 않기 때문에, 현재(역자 주: 1910년경 당시) 유럽 여러 나라는 일반적으로 국법으로 이를 금지하고, 일본포획규정도 또한 이를 인정하지 않고 있다. 그러나 다만 그 군대 본국의 국법상 이와 같은 금지가 없는 이상은 또한 이를 행하는 것도 무방하다.

凡二艘以上의軍艦이共同ᄒᆞ거나陸軍과軍艦이共同ᄒᆞ야同一의拿捕ᄅᆞᆯ行ᄒᆞᆷ을共同捕獲이라云ᄒᆞᄂᆞ니彼歐洲諸國에在ᄒᆞ야ᄂᆞᆫ艦員이拿捕物의分配ᄅᆞᆯ受ᄒᆞᆷ으로其捕獲에下手ᄒᆞᆫ者幷補助ᄒᆞᆫ者ᄂᆞᆫ分配金又ᄂᆞᆫ救助料로捕獲物價格의幾分을取得ᄒᆞᄂᆞᆫ慣例가有ᄒᆞ나日本과如ᄒᆞᆫ國은拿捕物을艦員에게分配치아니ᄒᆞ고擄히政府財産을成ᄒᆞᆷ으로如斯ᄒᆞᆫ邦國에在ᄒᆞ야ᄂᆞᆫ共同捕獲에關ᄒᆞᆫ問題가無ᄒᆞ나然ᄒᆞ나同盟國軍艦과共同ᄒᆞ야敵國商船을拿捕ᄒᆞᆫ時ᄂᆞᆫ拿捕物分配의問題가生ᄒᆞᄂᆞ니英佛兩國에在ᄒᆞ야ᄂᆞᆫ雙方乘組員의人數에依ᄒᆞ야均一히分配ᄒᆞ며米國에在ᄒᆞ야ᄂᆞᆫ軍艦間의共同捕獲은大砲及艦員의數로分配의標準을作ᄒᆞᆫ바ㅣ라

凡交戰國一方軍艦이敵國의船舶又或一定ᄒᆞᆫ境遇에中立國의船舶載貨ᄅᆞᆯ拿捕ᄒᆞᆫ後에其拿捕物을敵對國又其同盟國艦船에게奪還될時ᄂᆞᆫ此ᄅᆞᆯ再拿捕라云ᄒᆞᄂᆞ니此境遇에在ᄒᆞ야其船舶又ᄂᆞᆫ載貨의原所有者ᄂᆞᆫ其所有權을回復ᄒᆞᆯ가抑或再拿捕者의所有에歸ᄒᆞᆯ가現世一般의慣例ᄅᆞᆯ據ᄒᆞᆫ건ᄃᆡ所有者가再拿捕者에게對ᄒᆞ야其奪還의勞力을報償ᄒᆞ고物品을回收ᄒᆞᆷ을得ᄒᆞ나但其復權은同一戰爭中에再拿捕ᄒᆞᆫ境遇에限ᄒᆞ며又敵國에게所有權이移轉되야其國家使用에供ᄒᆞᆫ

무릇 2척 이상의 군함이 공동으로 하거나 육군과 군함이 공동으로 동일한 나포를 하는 것을 공동나포라고 한다. 유럽 여러 나라에서는 선원이 나포물의 분배를 받았기 때문에, 그 포획에 착수한 사람과 보조한 사람은 분배금 또는 구조료로 포획물 가격의 얼마간을 취득하는 관례가 있다. 그러나 일본과 같은 나라는 포획물을 선원에게 분배하지 아니하고 모두 정부 재산을 구성하기 때문에, 이와 같은 국가에서는 공동포획에 관한 문제가 없다. 그러나 동맹국 군함과 공동으로 적국 상선을 나포한 때에는 나포물 분배의 문제가 발생한다. 영국·프랑스 양국에서는 쌍방 승조원의 인원수에 따라 균등하게 분배하며, 미국에서는 군함 사이의 공동포획은 대포와 선원의 숫자로 분배의 표준으로 삼았다.

무릇 교전국 일방의 군함이 적국의 선박 또는 일정한 경우에 중립국의 선박·적재화물을 나포한 후에, 그 나포물을 적대국과 그 동맹국 군함이 탈환한 때에는 이를 재나포라 한다. 이 경우에도 그 선박 또는 적재화물의 원 소유자는 그 소유권을 회복할 수 있는가? 아니면 재나포자의 소유로 귀속될 것인가? 현재 일반의 관례에 따를 경우, 소유자가 재나포자에 대해 그 탈환의 노력을 보상하고 물품을 회수할 수 있다. 다만 그 복권(復權)은 동일 전쟁 중에 재나포한 경우에 한한다. 또한 적국으로 소유권이 이전되어 그 국가의 사용에 제공된

境遇에在ᄒᆞ야ᄂᆞᆫ原所有者가回收ᄒᆞ기不能ᄒᆞᆯᄲᅮᆫ아니라敵國이正當히沒收ᄒᆞ야其物品이第三國人所有에歸ᄒᆞᆫ時ᄂᆞᆫ再拿捕에依ᄒᆞ야復權ᄒᆞᆷ이無ᄒᆞᆫ바ㅣ라

凡拿捕物이如價ᄒᆞᆫ時期에至ᄒᆞ야捕獲者所有에歸ᄒᆞᆯ가玆에關ᄒᆞ야歐洲慣例上拿捕者가二十四時間平穩히其物을占有ᄒᆞᆫ時ᄂᆞᆫ所有權이移轉ᄒᆞᆷ으로看做ᄒᆞᆷ으로設或再拿捕ᄒᆞᆫ境遇에至ᄒᆞ야도復權을不許ᄒᆞ나佛國에在ᄒᆞ야ᄂᆞᆫ千七百七十九年에發佈ᄒᆞᆫ勅令에ᄂᆞᆫ官船이再拿捕ᄅᆞᆯ行ᄒᆞᆫ境遇에二十四時間以內될時ᄂᆞᆫ其救助料의名義로拿捕物價格三十分의一을除ᄒᆞ며其以後될時ᄂᆞᆫ十分의一을除ᄒᆞ고原所有者에게返還케ᄒᆞ얏스며英國에在ᄒᆞ야ᄂᆞᆫ設或敵國捕獲審檢所에셔沒收ᄒᆞᆫ境遇에在ᄒᆞ야도第三國人에게移轉되지아니ᄒᆞᆫ間에ᄂᆞᆫ再拿捕ᄅᆞᆯ因ᄒᆞ야復權을許ᄒᆞᆷ으로千八百六十四年에法律로ᄡᅥ軍艦이再拿捕ᄅᆞᆯ行ᄒᆞᆫ時ᄂᆞᆫ其物品價格八分一을除ᄒᆞ라ᄒᆞ얏스며米國도此와同一ᄒᆞ나其餘諸國에在ᄒᆞ야ᄂᆞᆫ救助料扣除比率이一定치아니ᄒᆞᆫ바ㅣ라

### 第四節　捕獲審檢所

捕獲審檢所性質에對ᄒᆞ야學說이歧貳ᄒᆞ야一定치아니ᄒᆞᄂᆞ니英國法廷의見解

경우에는 원 소유자가 회수할 수 없다. 그뿐만 아니라 적국이 정당하게 몰수하여 그 물품이 제3국인 소유로 귀속된 때에는 재나포에 따라 복권되지 아니한다.

무릇 나포물이 어떠한 시기에 이르러 포획자 소유로 귀속되는가? 이에 관한 유럽 관례상 나포자가 24시간 평온하게 그 물건을 점유한 때에는 소유권이 이전하는 것으로 간주하므로, 설사 재나포한 경우에도 복권을 허용하지 아니한다. 그러나 프랑스에서는 1779년에 공포한 칙령에서 관선이 재나포를 한 경우에 24시간 이내일 때에는, 그 구조료의 명의로 포획물 가격의 30분의 1을 공제하며, 그 이후일 때에는 10분의 1을 공제하고 원 소유자에게 반환하게 하였다. 영국에서는 설사 적국의 포획심검소에서 몰수한 경우에도 제3국인에게 이전되지 아니한 동안에는, 재나포에 따른 복권을 허용하고, 1864년에 법률로 군함이 재나포를 한 때에는 그 물품 가격의 8분의 1을 공제한다고 하였다. 미국도 이와 동일하나 그 나머지 여러 나라에서는 구조료의 공제비율이 일정하지 아니하다.

## 제4절 포획심검소

포획심검소의 성질에 대해 학설이 둘로 나뉘어 일정하지 않다. 영국 법정의 견해에

ᄂᆞᆫ此로써國際公法을適用執行ᄒᆞᄂᆞᆫ國際的機關이라ᄒᆞ야同法廷이敵國에在ᄒᆞᆷ과自國에在ᄒᆞᆷ을不問ᄒᆞ고共히國際公法의法則及慣例ᄅᆞᆯ遵據ᄒᆞᆯ지오自國의法律規則을固守ᄒᆞᆯ바ㅣ아니라ᄒᆞ며此와反ᄒᆞ야大陸諸國에在ᄒᆞ야ᄂᆞᆫ捕獲審檢所의裁判은國法을遵據ᄒᆞ고國法上에規定이無ᄒᆞᆫ時에國際公法의慣例及法則을採用ᄒᆞᆷ이可ᄒᆞ다ᄒᆞ나然ᄒᆞ나捕獲審檢所의開設은戰爭中交戰國의義務며且自國艦船이每度海上捕獲을行ᄒᆞᆫ時에반다시其法廷에提出ᄒᆞ야捕獲의正當與否ᄅᆞᆯ審判ᄒᆞᆷ은國際公法上原則이며又其捕獲物의審判은但拿捕本國法廷에限ᄒᆞ야行ᄒᆞᆯᄲᅮᆫ이오中立國法廷及同盟國에在ᄒᆞ야行ᄒᆞᆷ을不許ᄒᆞ며交戰國으로브터他國法廷에此ᄅᆞᆯ委托ᄒᆞ기不能ᄒᆞᆫ바ㅣ라

現行國際公法上文明國은戰爭中에반다시捕獲審檢所ᄅᆞᆯ開設ᄒᆞ며其法廷組織에關ᄒᆞ야ᄂᆞᆫ各國의國內法으로規定ᄒᆞ며其審判節次에至ᄒᆞ기ᄭᆞ지毫末도中立國又ᄂᆞᆫ敵國의干涉容喙ᄅᆞᆯ不許ᄒᆞ며但其裁判의結果國際法上에違反될境遇에此ᄅᆞᆯ反抗ᄒᆞᆯᄲᅮᆫ이나然이나今日一般의法則을據ᄒᆞ건ᄃᆡ同法廷은戰爭繼續中이아니면審判을行ᄒᆞ기不能ᄒᆞ며又他國法廷에其裁判을委任ᄒᆞ기不能ᄒᆞᆷ과同時

의하면, 국제공법을 적용·집행하는 국제적 기관이라 하고, 동 법정이 적국에 있는 경우와 자국에 있는 경우를 불문하고, 모두 국제공법의 법칙과 관례를 준거해야 하며, 자국의 법률규칙을 고수해서는 안 된다고 한다. 이에 반해 여러 대륙국에서는 포획심검소의 재판은 국법을 준거하고, 국법상에 규정이 없는 때에 국제공법의 관례와 법칙을 채용할 수 있다고 한다. 그러나 포획심검소의 개설은 전쟁 중 교전국의 의무이다. 또한 자국 함선이 해상포획을 할 때마다 반드시 그 법정에 제출하여 포획의 정당성 여부를 심판하는 것은 국제공법상의 원칙이다. 아울러 그 포획물의 심판은 다만 나포국의 법정에 한해 이를 할 수 있을 뿐이고, 중립국 법정과 동맹국에서 행해지는 것을 허용하지 아니한다. 교전국으로부터 다른 나라 법정에 이를 위탁할 수도 없다.

현행(역자 주: 1910년경 당시) 국제공법상 문명국은 전쟁 중에 반드시 포획심검소를 개설해야 한다. 그 법정 조직에 관해서는 각국의 국내법으로 규정하며, 그 심판절차에 대해서도 조금도 중립국 또는 적국의 간섭·용훼(容喙)[1]를 허용하지 않는다. 다만 그 재판의 결과가 국제법상에 위반될 경우에 이에 저항할 뿐이다. 그러나 오늘날(역자 주: 1910년경 당시) 일반적인 법칙에 따를 경우, 동 법정은 전쟁 계속 중이 아니면 심판을 할 수 없다. 또한 다른 나라 법정에 그 재판을 위임할 수 없는 동시에

1 용훼(容喙): 참견.

에中立國版圖內에셔開廷ᄒᆞ기不能ᄒᆞ며中立國에駐在ᄒᆞᆫ領事其他官吏로ᄒᆞ야곰審判케ᄒᆞ기不能ᄒᆞᆯ뿐아니라中立國에滯在ᄒᆞᆫ軍艦內에在ᄒᆞ야도ᄯᅩᄒᆞᆫ不能ᄒᆞᄂᆞ니是以로同法廷은반다시交戰國版圖內又或自國의植民地及征服ᄒᆞᆫ바敵地內에開設ᄒᆞ며其審級에至ᄒᆞ야ᄂᆞᆫ始審及終審의二種으로分ᄒᆞᆷ이普通이며且同法廷構成에至ᄒᆞ야도諸國이其揆를相異히ᄒᆞᄂᆞ니佛國에在ᄒᆞ야ᄂᆞᆫ其始審裁判官은司法及海軍部의官吏로ᄡᅥ任ᄒᆞ며元老院으로終審裁判所를定ᄒᆞ며英國에在ᄒᆞ야ᄂᆞᆫ高等海軍裁判所가戰爭中에限ᄒᆞ야勅令으로ᄡᅥ捕獲審檢所의職務를行ᄒᆞ며樞密院이終審의職務를行ᄒᆞ며美國에在ᄒᆞ야ᄂᆞᆫ地方裁判所及控訴院이始審을行ᄒᆞ며高等法院이終審을行ᄒᆞ며日本國에在ᄒᆞ야ᄂᆞᆫ同國明治二十七年八月二十日勅令第一七九號捕獲審檢令을依ᄒᆞ야始審及再審의二種으로分ᄒᆞ고其審判官은英美兩國과如히純然ᄒᆞᆫ司法官으로充用치아니ᄒᆞ고歐洲大陸諸國과如히文官及武官ᄭᆞ지此에加ᄒᆞ며樞密顧問官、裁判官、海軍士官幷法制局及外務省官吏로其評定官을充ᄒᆞᆫ바ㅣ라

捕獲審檢所裁判管轄은戰爭中自國戰鬪巡洋의艦船이行ᄒᆞᆫ바拿捕物을審理裁

중립국의 국경 내에서 개정할 수 없으며, 중립국에 주재하는 영사 그 밖의 관리로 하여금 심판하게 할 수 없다. 그뿐만 아니라 중립국에 체류하는 군함 내에서도 또한 할 수 없다. 이에 따라 동 법정은 반드시 교전국 영토 내 또는 자국의 식민지와 정복한 적지 내에 개설해야 하며, 그 심급에 대해서는 1심과 종심의 2종으로 나누는 것이 보통이다. 또한 동 법정 구성에 대해서도 여러 나라가 그 법칙이 상이하다. 프랑스에서는 그 1심 재판관은 사법과 해군성의 관리로 임명하며, 상원을 종심재판소로 정한다. 영국에서는 고등해군법원이 전쟁 중에 한해 칙령으로 포획심검소의 직무를 행하며, 추밀원이 종심의 직무를 행한다. 미국에서는 지방법원과 공소원이 1심을 행하며 고등법원이 종심을 행한다. 일본에서는 메이지 27년(1894년) 8월 20일 칙령 제179호 포획심검령에 따라 1심과 재심의 2종으로 구분하고, 그 심판관은 영미 양국과 같이 순수 사법관으로 충원하지 아니하고, 여러 유럽 대륙국과 같이 문관과 무관까지 이에 추가하여 추밀 고문관, 재판관, 해군사관과 법제국 및 외무성 관리로 그 평정관을 충원하고 있다.

포획심검소의 재판관은 전쟁 중 자국 전투·순양의 함선이 행한 나포물을 심리·

判ᄒᆞ며其拿捕ᄒᆞᆫ軍艦이單獨으로海上에서行홈과沿岸陸上에서行홈과陸軍과共同取得홈을不問ᄒᆞ고戰爭中公海及敵國或自國의領海、港灣、河流에在ᄒᆞ야捕獲及降服을因ᄒᆞ야取得ᄒᆞᆫ船舶載貨幷戰爭前에在ᄒᆞ야報仇、船舶抑留等으로從生ᄒᆞᆫ拿捕物을審判ᄒᆞ며再拿捕、共同拿捕、賠償證書其他此에附帶ᄒᆞᄂᆞᆫ救助料及巡洋行爲에關ᄒᆞᆫ바個人의損害等摠交戰國이海上에在ᄒᆞᆫ戰爭關係의事項을裁判홈을得홈과同時에如斯ᄒᆞᆫ事項은他國에在ᄒᆞ야此를審判ᄒᆞᆯ權利가無ᄒᆞᆫ바ㅣ라.

凡捕獲審檢所判決은拿捕에關ᄒᆞᆫ最終裁判이니拿捕者와拿捕物所有者間에在ᄒᆞ야ᄂᆞᆫ其判決效力이絶對的됨으로拿捕者ᄂᆞᆫ其後拿捕物原所有者에게對ᄒᆞ며又ᄂᆞᆫ他國에對ᄒᆞ야何等의責任이本無ᄒᆞ며他國도또ᄒᆞᆫ同一事件을再審或覆審ᄒᆞ기不能ᄒᆞ나然이나若其判決이國際公法에違反될時ᄂᆞᆫ被害人民本國政府에對ᄒᆞ야其責을難免ᄒᆞᆯ바ㅣ라然而國際公法에違反된國法의規定及國際公法의慣例에比ᄒᆞ야寬嚴이相異ᄒᆞᆫ바內國法은國際法上抗辯의理由를未成ᄒᆞ며且捕獲審檢所裁判節次ᄂᆞᆫ各國의法令으로써任意規定ᄒᆞᄂᆞᆫ바ㅣ나捕獲者ᄂᆞᆫ捕獲物

재판한다. 그 나포는 군함이 단독으로 해상에서 행한 것과 연안 육상에서 행한 것, 육군과 공동 취득한 것을 불문한다. 전쟁 중 공해와 적국 또는 자국의 영해, 항만, 하류(河流)에서의 포획과 항복에 따라, 취득한 선박·적재하물 및 전쟁 전에 보복, 선박억류 등에서 파생한 나포물을 심판한다. 재나포, 공동나포, 배상증서 그 밖에 이에 부대하는 구조료와 순양행위에 관한 개인의 손해 등 교전국의 해상에서의 모든 전쟁 관계에 관한 사항을 재판할 수 있다. 동시에 이와 같은 사항은 다른 나라에서는 이를 심판할 권리가 없다.

무릇 포획심검소의 판결은 나포에 관한 최종재판이다. 나포자와 나포물 소유자 사이에서는 그 판결의 효력이 절대적이다. 나포자는 그 후 나포물 원 소유자에 대해 또는 다른 나라에 대해 본래 어떠한 책임도 없다. 다른 나라도 또한 동일 사건에 대해 재심이나 복심을 청구할 수 없다. 그러나 만약 그 판결이 국제공법에 위반될 때에는, 피해 인민의 본국 정부에 대해 그 책임을 면하기 어렵다. 그렇지만 국제공법에 위반된 국법의 규정과 국제공법의 관례에 비해 관대함과 엄격함이 서로 다르므로, 내국법은 국제법상 항변의 이유로 되지 못한다. 또한 포획심검소의 재판절차는 각국의 법령으로 임의로 규정하나, 포획자는 포획물의

의提供과共히拿捕의事由及其正當홈을証明ᄒᆞᆯ一切의事項을記載ᄒᆞᆫ供述書其他證據書類를法廷에提出ᄒᆞ며法廷은被捕船船長及海員의口述을聽取ᄒᆞ야調書를作ᄒᆞᄂᆞᆫ바ㅣ며其審判에在ᄒᆞ야ᄂᆞᆫ拿捕行爲ᄂᆞᆫ一般正當ᄒᆞ다推定홈으로不然ᄒᆞᆫ反證은拿捕物所有者又ᄂᆞᆫ關係者로ᄒᆞ야곰擧케ᄒᆞ며其審判ᄒᆞᆫ結果若罰홈이可홈으로認ᄒᆞᆯ時ᄂᆞᆫ船舶又ᄂᆞᆫ載貨를沒收ᄒᆞ며此와反ᄒᆞ야비록相當ᄒᆞᆫ嫌疑를理由ᄒᆞ야捕獲ᄒᆞ얏스나沒收ᄒᆞᆯ事情이無홈으로決定ᄒᆞᆯ時ᄂᆞᆫ放免ᄒᆞᆯᄲᅮᆫ이오此로因ᄒᆞ야生ᄒᆞᆫ損失은船舶所有者가負擔ᄒᆞ나然이나何等의拿捕理由가無ᄒᆞ고拿致ᄒᆞᆫ時ᄂᆞᆫ拿捕者本國이航海의遲延其他의費用을負擔ᄒᆞᄂᆞᆫ바ㅣ니其捕獲審檢所審判을際ᄒᆞ야捕獲의不當홈을攻擊ᄒᆞᆯ證憑을提出치못ᄒᆞᆯ時ᄂᆞᆫ幷히沒收될지며又拿捕의理由가有ᄒᆞᆫ時ᄂᆞᆫ拿捕者의怠慢其他過失에不由ᄒᆞᆫ바損害를拿捕船舶及載貨가受홈이設有ᄒᆞᆯ지라도此를賠償ᄒᆞᄂᆞᆫ義務가無ᄒᆞᆫ바ㅣ라

## 第四章　戰鬪方法에關ᄒᆞᄂᆞᆫ法則

### 第一節　總則

凡交戰國이海陸戰鬪上敵國에게可히行得ᄒᆞᆯ暴力의程度에對ᄒᆞ야現行國際法

제공과 함께 나포의 사유와 그 정당성을 증명할 일체의 사항을 기재한 진술서 그 밖의 증거서류를 법정에 제출하며, 법정은 나포된 선박의 선장과 해원의 구술을 청취하여 조서를 작성한다. 그 심판에서는 나포행위는 일반적으로 정당하다고 추정되므로, 그렇지 아니한 반증은 나포물 소유자 또는 관계자로 하여금 증명하게 한다. 심판한 결과 만약 처벌해야 할 것으로 인정할 때에는, 선박 또는 적재화물을 몰수한다. 이에 반해 비록 상당한 혐의를 이유로 포획하였으나, 몰수할 사정이 없는 것으로 결정할 때에는 석방하고, 이에 따라 발생한 손실은 선박소유자가 부담한다. 그러나 어떠한 나포 이유도 없이 나포한 때에는, 나포자의 본국이 항해의 지연 그 밖의 비용을 부담하게 된다. 그 포획심검소의 심판을 할 때에 포획의 부당성을 공격할 증빙을 제출하지 못할 때에는 모두 몰수된다. 또한 나포의 이유가 있는 때에는, 나포자의 태만 그 밖의 과실에서 비롯하지 아니한 손해를 비록 나포 선박과 적재화물이 입었을지라도 이를 배상할 의무는 없다.

# 제4장 전투방법에 관한 법칙

## 제1절 총설

무릇 교전국이 해·육군 전투에서 적국에 대해 행사할 수 있는 폭력의 정도에 대해, 현행(역자 주: 1910년경 당시) 국제법상

上戰爭의目的을達홈에不必要혼慘酷을制限ᄒ며敵의抵抗을減殺홈에不必要不適當혼苦痛을加ᄒᄂᆫ行爲ᄂᆫ一般히禁止ᄒ며且交戰國은비록敵對地位에幷峙ᄒ나元來人類互相의戰鬪됨으로其間에幾分의好誼上行爲가自有홈은人類社會에必伴홀現象됨으로古來戰爭에在ᄒ야도如斯혼行爲의證跡이非無ᄒ얏스나然이나其好誼的關係라云홈은國家間平和關係와不同ᄒ야戰爭關係의存續을不拘ᄒ고單히一時的暴力行使를中止홈에不過ᄒᄂ니如斯혼好誼의交通을實行홈은交戰國雙方의希望及便宜에亶由홈으로戰爭中此를實行ᄒᄂᆫ與否ᄂᆫ雙方의任意에在ᄒ야其各境遇의事情如何를基因ᄒ나然이나一定혼好誼的關係를實行홈에對ᄒ야國際公法上一定혼慣例가存在ᄒᄂ니此를名ᄒ야交戰國의平和的交通又ᄂᆫ非敵意의關係라謂홈이라

## 第二節　敵人에對ᄒᄂᆫ加害의程度

上述홈과如히今世戰爭에在ᄒ야武力使用의程度ᄂᆫ漸次寬大혼傾向이有홈으로平和會議陸戰法規慣例條約附屬規則第二二條에在ᄒ야도「交戰者ᄂᆫ害敵手段의選擇上無限의權利를有홈이無홈」이라規定혼지라是以로敵國의非戰

전쟁의 목적 달성에 불필요한 참혹(慘酷)을 제한하며, 적의 저항을 감쇄하는데 불필요하고 부적당한 고통을 가하는 행위는 일반적으로 금지된다. 또한 교전국은 비록 적대적 지위에서 대치하나 원래 인류 상호 간의 전투이기 때문에, 그 사이에 약간의 우호적 행위가 자연 존재하는 것은 인류사회에 반드시 수반하는 현상에 속한다. 옛날 전쟁에서도 이와 같은 행위의 증거가 없지 않았다. 그러나 그 우호적 관계라고 함은 국가 사이의 평화관계와 같지 아니하여, 전투 관계의 존속에도 불구하고 단지 일시적 폭력행사를 중지하는 것에 지나지 않는다. 이와 같은 우호적 교통을 실행하는 것은, 오로지 교전국 쌍방의 희망과 편리에서 말미암는 것으로 이를 실행할 것인지의 여부는 쌍방의 임의에 맡겨져 있고, 그 각 경우의 사정 여하에 따른다. 그러나 일정한 우호적 관계를 실행하는 것에 대해 국제공법상 일정한 관례가 존재한다. 이를 이름하여 교전국의 평화적 교통 또는 비전의(非戰意)의 관계라고 이른다.

### 제2절 적인(敵人)에 대한 가해(加害)의 정도

상술한 바와 같이, 현재(역자 주: 1910년경 당시) 전쟁에서의 무력 사용의 정도는 점차 관대해지는 경향에 있다. 1907년 제2차 만국평화회의 육전법규관례조약 부속 규칙[1] 제22조에서도 「교전자가 해적(害敵)수단을 선택하는 권리는 무제한한 것이 아니다」고 규정하고 있다. 이에 따라 적국의 비전투원은

1 1899년 헤이그 제2협약 부속서 육전법 및 관습에 관한 규칙.

鬪員은勿論ᄒᆞ고戰鬪員에對ᄒᆞ야도其加害程度ᄂᆞᆫ國際法上一定ᄒᆞᆫ바ㅣ有ᄒᆞᄂᆞ니玆에現行法上戰鬪方法에對ᄒᆞ야不法으로禁止ᄒᆞᄂᆞᆫ바를略擧ᄒᆞ건ᄃᆡ

第一、暗殺　戰爭의勝敗ᄂᆞᆫ往往에敵國의君主其他重要ᄒᆞᆫ文武官又ᄂᆞᆫ敵陣將帥存亡에有關ᄒᆞᆷ으로써古昔戰爭에在ᄒᆞ야ᄂᆞᆫ暗殺의手段을使用ᄒᆞᆷ에躕躇치아니ᄒᆞᆫ바ㅣ니羅馬에在ᄒᆞ야도暗殺의種類를因ᄒᆞ야其擧의正不正을評論ᄒᆞᆫ學者가非無ᄒᆞ얏스며구로슈스氏도道義에違反ᄒᆞᆫ暗殺과不然ᄒᆞᆫ者를區別ᄒᆞ야暗殺의正當ᄒᆞᆫ境遇를論ᄒᆞ얏스나今日에在ᄒᆞ야ᄂᆞᆫ此를嚴禁ᄒᆞᆷ으로부릿셀宣言에在ᄒᆞ야도敵國又ᄂᆞᆫ軍隊에屬ᄒᆞᆫ個人을詐術로써殺害ᄒᆞᆷ을禁止ᄒᆞᆫ다規定ᄒᆞᆫ지라然而玆에所謂暗殺이라云ᄒᆞᆷ은陸戰法規慣例條約附屬規則第二三條第二號에定示ᄒᆞᆫ바「敵의國民又ᄂᆞᆫ軍에屬ᄒᆞᆫ者를欺罔의行爲로써殺傷ᄒᆞᄂᆞᆫ事」에該當ᄒᆞᆫ지라即交戰國兵士又ᄂᆞᆫ個人이服裝形狀을變換ᄒᆞ고欺罔의口實을構誣ᄒᆞ야敵人을欺騙ᄒᆞ며或其營中에潛入ᄒᆞ야將帥其他를殺害ᄒᆞᆷ이니如斯ᄒᆞᆫ行爲를行ᄒᆞᄂᆞᆫ者ᄂᆞᆫ文明諸國慣例에違反ᄒᆞ며道義를破壞ᄒᆞᄂᆞᆫ行爲로戰爭에不必要ᄒᆞᆫ慘害를滅却코져ᄒᆞᄂᆞᆫ近世의趨向에反ᄒᆞᆫ바ㅣ니戰爭法規

물론이고 전투원에 대해서도 그 가해 정도는 국제법상 일정한 제한이 있다. 이에 현행법상(역자 주:1910년경 당시) 전투방법에 대해 불법으로 금지되는 것을 간략하게 들어보면,

1. 암살

전쟁의 승패는 때로 적국의 국왕 그 밖의 중요한 문·무관 또는 적진(敵陣) 장수의 존망(存亡)과 관계가 있다. 이에 따라 옛날 전쟁에서는 암살의 수단을 사용하는 것에 주저하지 않았다. 로마에서도 암살의 종류에 따라 그 거사의 정·부정을 평론하여 암살의 정당한 경우를 논하였다. Grotius도 덕의(德義)[1]에 위반한 암살과 그렇지 아니한 것을 구별하여, 암살의 정당한 경우를 논하였다. 그러나 오늘날에는 이를 엄격하게 금지하고 있다. Brussel 선언에서도 적국 또는 군대에 속한 개인을 사술(詐術)로써 살해하는 것을 금지한다고 규정하였다. 그러나 여기서 이른바 암살이라 함은 육전법규관례조약 부속 규칙 제23조 제2호[2]에 규정되어 있는데, 「적의 국민 또는 군에 속한 사람을 기망의 행위로써 살상하는 것」에 해당한다. 즉 교전국 병사 또는 개인이 복장 모습을 바꾸고 기망의 핑계를 꾸며 기만하고, 적인을 속이거나 또는 그 진영 중에 잠입하여 장수 그 밖의 사람을 살해하는 것이다. 이와 같은 행위를 하는 사람은 여러 문명국 관례에 위반하며 덕의(德義)를 파괴하는 행위로 전쟁 중에 불필요한 참혹한 해를 줄이고자 하는 근세의 경향에 반한다. 전쟁법규상에

1 덕의(德義): 사람으로서 마땅히 지켜야 할 도덕상의 의무.

2 1899년 헤이그 제2협약 부속서 육전법 및 관습에 관한 규칙 제23조 (b): "적국 또는 적군에 속하는 개인을 배신의 행위로써 살상하는 것."

上에犯則될ᄲᅮᆫ아니라文明國의不名譽라謂ᄒᆞᆯ바ㅣ라然이나暗殺과襲擊은此ᄅᆞᆯ混同ᄒᆞᆷ이不可ᄒᆞᄂᆞ니軍服을着ᄒᆞᆫ兵士의單獨或一團이暗夜ᄅᆞᆯ乘ᄒᆞ야敵陣에潛入ᄒᆞ야帥魁ᄅᆞᆯ殺害ᄒᆞᆷ과如ᄒᆞᆷ은勇敢ᄒᆞᆫ行爲라賛賞ᄒᆞᆯ바如ᄒᆞᆷ이是라

第二、毒藥　毒藥을使用ᄒᆞᆷ은古來戰爭에盛行ᄒᆞᆫ바ㅣ나文明進步와共히不人情의手段을禁止ᄒᆞᆫ바ㅣ니구로슈스氏以下多數學者ᄂᆞᆫ毒藥使用을非難ᄒᆞᆯᄲᅮᆫ아니라文明諸國의國法으로禁止ᄒᆞᆷ에至ᄒᆞ얏스며부릿셀宣言及옷구스우도陸戰法規에도明文으로禁止ᄒᆞᆫ바ㅣ라玆에陸戰法規慣例條約附屬規則第二三條第一號ᄅᆞᆯ據ᄒᆞᆫ건ᄃᆡ「毒又ᄂᆞᆫ毒을施ᄒᆞᆫ兵器ᄅᆞᆯ使用ᄒᆞᆷ을禁止」云云이라規定ᄒᆞ얏스니凡交戰當事國은敵國人의生命及財產에對ᄒᆞ야有力ᄒᆞᆫ加害의武器其他物件을發明ᄒᆞ야此ᄅᆞᆯ使用ᄒᆞᆷ은비록適法ᄒᆞᆫ事나毒藥의武ᄅᆞᆯ使用ᄒᆞᆷ은無益ᄒᆞᆫ慘酷을加ᄒᆞᆷ이니即其彈丸又ᄂᆞᆫ刀劒을依ᄒᆞ야被傷ᄒᆞᆫ者ᄂᆞᆫ戰鬪에不堪ᄒᆞᆯᄲᅮᆫ아니라無益ᄒᆞᆫ苦痛을受케ᄒᆞ며且傷痍ᄂᆞᆫ全治ᄒᆞᆯ途가無ᄒᆞᆷ에至ᄒᆞᆷ으로今日一般이此ᄅᆞᆯ禁止ᄒᆞᄂᆞ니是以로兵器彈藥中에毒藥의使用을禁止ᄒᆞᆯᄲᅮᆫ아니라其他毒藥의使用을不法이라ᄒᆞᄂᆞ니譬컨ᄃᆡ飲用水、食料品等에毒藥의使

위반될 뿐만 아니라 문명국의 불명예라고 이를 수 있다. 그러나 암살과 습격은 이를 혼동해서는 안 된다. 군복을 입은 병사의 단독 또는 한 무리가 깜깜한 밤을 틈타 적진에 잠입하여 군대의 우두머리를 살해하는 것 같은 경우는, 용감한 행위이고 칭찬할만한 일인 것 같은 경우가 이것이다.

2. 독약

독약을 사용하는 것은 옛날 전쟁에서는 성행하였다. 그러나 문명의 진보와 함께 인정에 반하는 수단을 금지하게 되었다. Grotius 이하의 다수학자는 독약 사용을 비난하였다. 그뿐만 아니라 여러 문명국의 국법으로 금지하기에 이르렀다. Brussel 선언과 Oxford 육전법규에도 명문으로 금지하고 있다. 이에 육전법규관례조약 부속 규칙 제23조 제1호[1]에 따를 경우, 「독 또는 독을 가한 무기의 사용은 금지된다」라고 규정하였다. 무릇 교전 당사국이 적국인의 생명과 재산에 대해 강력한 가해 무기 그 밖의 물건을 발명하여 이를 사용하는 것은, 비록 적법한 일이나 독약 무기를 사용하는 것은 무익한 참혹함을 가하는 것이다. 즉 그 탄환이나 도검(刀劍)에 의해 상해를 입은 사람은 전투를 감당할 수 없을 뿐만 아니라 무익한 고통을 받게 된다. 또한 상처는 완치할 방도가 없기 때문에 오늘날 일반이 이를 금지한다. 이에 따라 무기·탄약 중의 독약 사용을 금지할 뿐만 아니라, 그 밖의 독약 사용을 불법이라고 한다. 예컨대 음용수, 식품 등에 대한 독약

1 1899년 헤이그 제2협약 부속서 육전법 및 관습에 관한 규칙 제23조 (a)

用을一層尤禁ᄒᆞᄂᆞᆫ바ㅣ라何者오前述ᄒᆞᆫ理由를因ᄒᆞ야敵國戰鬪力을減却ᄒᆞᆷ에不必要ᄒᆞᆫ陰險的行爲될ᄲᅮᆫ아니라往往에無辜ᄒᆞᆫ人民으로ᄒᆞ야곰其毒을被케ᄒᆞᄂᆞᆫ危險이不無ᄒᆞᆫ所以며此와同一ᄒᆞᆫ理由를因ᄒᆞ야第一回平和會議宣言에在ᄒᆞ야ᄂᆞᆫ締盟國은窒塞케ᄒᆞᆯ瓦斯又ᄂᆞᆫ有毒質의瓦斯의撒布로ᄡᅥ唯一의目的을作ᄒᆞᄂᆞᆫ投射物의使用을禁止ᄒᆞᆷ에至ᄒᆞᆫ바ㅣ라

第三、無益ᄒᆞᆫ苦痛을與ᄒᆞᆯ兵器彈丸其他의物質　戰爭은敵의兵力抵抗을減殺ᄒᆞᆷ으로其目的을達ᄒᆞᄂᆞ니故로千八百六十八年十二月에歐洲諸强國代表者ᄂᆞᆫ露國페델ᄲᅳᆯ그에齊會ᄒᆞ야交戰國의陸軍又ᄂᆞᆫ海軍이四百五以下重量되ᄂᆞᆫ彈으로爆發性及燃燒性이有ᄒᆞᆫ物質을包含ᄒᆞᆫ者를戰鬪에使用ᄒᆞᆷ을禁止云云이라宣言ᄒᆞᆫ지라此宣言은비록列國一般의加盟에不至ᄒᆞ얏스나現行文明國慣例上如此ᄒᆞᆫ彈丸을使用ᄒᆞ야敵國戰鬪者에게無益ᄒᆞᆫ苦痛及難治의負傷을加ᄒᆞᆷ을不爲ᄒᆞᆷ에至ᄒᆞᆫ故로同宣言에規定ᄒᆞᆫ바事項은自然國際公法의一部를成ᄒᆞ얏스며부릿셀宣言에在ᄒᆞ야도此를援用ᄒᆞ얏고陸戰法規慣例條約附屬規則第二三條第五號에在ᄒᆞ야도「無益ᄒᆞᆫ苦痛을與ᄒᆞᆯ兵器、彈丸其他의物質

사용을 한층 더 금지하고 있다. 왜냐하면 전술한 이유에 따라 적국 전투력을 감쇄하는데 불필요한 음흉한 행위로 될 뿐만 아니라, 때로 무고한 인민이 그 독에 당할 위험이 없지 않기 때문이다. 이와 동일한 이유로 1899년 제1차 평화회의 선언에서는 체약국은 질식시키는 가스 또는 유독물질의 가스 살포를 유일한 목적으로 삼는 투사물의 사용을 금지하기에 이른 것이다.

3. 무익한 고통을 줄 무기·탄환 그 밖의 물질

전쟁은 적의 병력 저항을 감쇄하므로써 그 목적을 달성하게 된다. 따라서 1868년 12월에 여러 유럽 강대국 대표자는 러시아 Petersburg에 함께 모여 교전국의 육군 또는 해군이 무게 400g 이하의 탄(彈)으로 폭발성 및 가연성이 있는 물질을 포함한 것을 전투에 사용하는 것을 금지한다고 선언하였다. 이 선언은 비록 각국 일반의 가입에 이르지 못했으나, 현행(역자 주: 1910년경 당시) 문명국 관례상 이와 같은 탄환을 사용하여 적국 전투자에게 무익한 고통과 난치의 부상을 가하는 것을 하지 않게 되었다. 따라서 동 선언에 규정된 사항은 자연 국제공법의 일부를 형성하였으며, Brussel 선언에서도 이를 채용하였다. 육전법규관례조약 부속 규칙 제23조 제5호에서도 「불필요한 고통을 주는 무기, 발사물 기타 물질의의使用을嚴止」云云ᄒᆞᄂᆞᆫ明文이有ᄒᆞᆷ에至ᄒᆞ얏스니是以로今日에在ᄒᆞ야四百瓦以下의爆發彈을使用ᄒᆞᆷ이不可ᄒᆞᆯᄲᅮᆫ아니라鐵片其他金屑、硝子等을大砲、小銃으로發射ᄒᆞᆷ과如ᄒᆞᆷ은一般히不許ᄒᆞᄂᆞᆫ바ㅣ라

尙且普通의彈丸이라도不規則ᄒᆞᆫ形狀으로製造ᄒᆞᆫ者ᄅᆞᆯ發射ᄒᆞᆷ은負傷者에게無益ᄒᆞᆫ苦痛을與ᄒᆞᄂᆞᆫ바ㅣ라ᄒᆞ야禁止ᄒᆞᄂᆞᆫ바ㅣ니是以로第一回平和會議宣言에在ᄒᆞ야「締盟國은外包가硬固ᄒᆞᆫ彈丸으로其外包中心의全部ᄅᆞᆯ包裹치아니ᄒᆞ거나其外包에截刻을施ᄒᆞᆷ과如히人体內에入ᄒᆞ야容易히開展ᄒᆞ며又ᄂᆞᆫ扁平ᄒᆞ게될彈丸의使用을各自禁止ᄒᆞᆷ」「締盟國은輕氣球上又ᄂᆞᆫ此와類似ᄒᆞᆫ新方法으로投射物及爆裂物을投下ᄒᆞᄂᆞᆫ事ᄅᆞᆯ五個年間禁止ᄒᆞᆯ事ᄅᆞᆯ約ᄒᆞᆷ」아라規定ᄒᆞ얏스니此等宣言은海牙條約締盟國間條約에止ᄒᆞᆯᄲᅮᆫ아니라締盟國間戰爭에限ᄒᆞ야各自遵守ᄒᆞᆷ에無過ᄒᆞᆯ바ㅣ오野蠻人에對ᄒᆞ거나又ᄂᆞᆫ締盟國以外國에對ᄒᆞᄂᆞᆫ戰爭에在ᄒᆞ야ᄂᆞᆫ반다시此ᄅᆞᆯ遵守ᄒᆞᆯ義務가無ᄒᆞ나然이나同宣言規定은學理上間然ᄒᆞᆫ点이毫無ᄒᆞᄂᆞ니不遠에國際法則을成ᄒᆞᆯ바ㅣ라

要컨ᄃᆡ現今에在ᄒᆞ야兵器、彈丸을使用ᄒᆞᆷ에對ᄒᆞ야適法與否ᄅᆞᆯ論ᄒᆞᆷ은其破

사용을 금지한다」라고 하는 명문이 있게 되기에 이르렀다. 이에 따라 오늘날(역자 주: 1910년경 당시) 400g 이하의 폭발탄을 사용할 수 없을 뿐만 아니라, 쇳조각 그 밖의 금속가루, 유리 등을 대포, 소총으로 발사하는 것 같은 경우는 일반적으로 허용되지 않는다.

그뿐만 아니라 보통의 탄환이라도 불규칙한 모습으로 제조한 것을 발사하는 것은 부상자에게 무익한 고통을 주는 것이라고 하여 금지하고 있다. 이에 따라 1899년 제1차 만국평화회의 선언에서 「체약국은 외피가 경고(硬固)한 탄환으로 그 외피 중심 전부를 둘러싸지 아니하거나, 그 외피에 절각(截刻)을 실시하는 것과 같이 인체 내에 들어가 쉽게 펼쳐지거나 또는 편평하게 될 탄환의 사용을 각자 금지한다」, 「체약국은 경기구(輕氣球)에서 또는 이와 유사한 새로운 방법으로 투사물과 폭발물을 투하하는 것을 5년 동안 금지할 것을 약정한다」고 규정하였다.[1] 이들 선언은 헤이그조약 체약국 사이의 조약에 그칠 뿐이므로, 체약국 사이의 전쟁에 한해 각자 준수하는 것에 지나지 않는다. 야만인에 대해서나 또는 체약국 이외의 나라에 대한 전쟁에서는 반드시 이를 준수할 의무가 없다. 그러나 동 선언의 규정은 학리상으로는 그렇게 여길 점이 전혀 없다. 머지않아 국제법칙을 형성하게 될 것이다. 요컨대 현재(역자 주: 1910년경 당시) 무기, 탄환을 사용하는 것에 대해 위법 여부를 논하는 것은, 그

1 1899년 제1차 헤이그 만국평화회의 최종의정서(Final act)에 언급된 세 개의 선언(declaration)은 다음과 같다. "1. To prohibit the launching of projectiles and explosives from balloons or by other similar new methods. 2. To prohibit the use of projectiles, the only object of which is the diffusion of asphyxiating or deleterious gases. 3. To prohibit the use of bullets which expand or flatten easily in the human body, such as bullets with a hard envelope, of which the envelope does not entirely cover the core or is pierced with incisions."

壞力大小에不在ᄒᆞ야敵國抵抗力을滅殺ᄒᆞᄂᆞᆫ程度에比ᄒᆞ야加ᄒᆞᄂᆞᆫ苦痛多少에在ᄒᆞᆫ바ㅣ니譬컨ᄃᆡ水雷와如ᄒᆞᆷ은一擊ᄒᆞᄂᆞᆫ下에軍艦全体를沈沒케ᄒᆞᄂᆞᆫ有力ᄒᆞᆫ兵器나然이나此를使用ᄒᆞᆷ은正當ᄒᆞᆫ바오此와反ᄒᆞ야彈丸에硫酸을附着ᄒᆞᆷ과如ᄒᆞᆷ은斯法上犯則이라云ᄒᆞᆷ과如ᄒᆞᆷ이是라

第四、掠奪及破壞　古昔戰爭에在ᄒᆞ야ᄂᆞᆫ敵國領土及人民에對ᄒᆞ야無制限의掠奪을行ᄒᆞ며其土地ᄂᆞᆫ破壞에歸ᄒᆞᆷ게ᄒᆞᆫ事가非無ᄒᆞ얏스나今日에在ᄒᆞ야ᄂᆞᆫ交戰者가敵地를侵入ᄒᆞᆷ에當ᄒᆞ야其地에在ᄒᆞᆫ住民의財産及商工業等을保護ᄒᆞᄂᆞᆫ責任을負ᄒᆞ나然이나今日에在ᄒᆞ야도絶對的으로破壞를禁止치아니ᄒᆞᆷ으로戰鬪進行中境遇를隨ᄒᆞ야不得已ᄒᆞᆫ時ᄂᆞᆫ此를行ᄒᆞᆯ바니陸戰法規慣例條約附屬規則第二三條七號에「戰爭의必要上萬不得已ᄒᆞᆫ外에ᄂᆞᆫ敵의財産을破壞又ᄂᆞᆫ押収ᄒᆞᆷ」을禁止ᄒᆞᆫ다規定ᄒᆞᆷ과如ᄒᆞᆷ이是라

玆에一言을更要ᄒᆞᆯ바ᄂᆞᆫ交戰者가戰鬪의必要上自國財産에加ᄒᆞᄂᆞᆫ破壞가是니譬컨ᄃᆡ千八百十三年에佛軍의進擊ᄒᆞᆯ防禦ᄒᆞ기爲ᄒᆞ야露國이莫斯古府를燒燬ᄒᆞᆷ과如히交戰者가自國財産에加ᄒᆞᄂᆞᆫ破壞ᄂᆞᆫ各自國自由行爲에屬ᄒᆞᆷ으

파괴력의 대소에 있지 않고, 적국 저항력을 감쇄하는 정도에 비해 가하는 고통의 다소에 있다. 예컨대 어뢰와 같은 것은 일격으로 군함 전체를 침몰하게 하는 강력한 무기이나, 이를 사용하는 것은 정당한 것이다. 이에 반해 탄환에 황산을 부착하는 것 같은 경우는 이 법상 위법하다고 하는 것과 같은 경우가 이것이다.

4. 약탈과 파괴

옛날 전쟁에서는 적국 영토와 인민에 대해 무제한 약탈을 하며, 그 토지는 파괴에 돌리게 하는 일이 없지 않았다. 그러나 오늘날(역자 주: 1910년경 당시)에는 교전자가 적지를 침입하는 경우에 그 곳에 있는 주민의 재산과 상공업 등을 보호할 책임을 진다. 그렇지만 오늘날(역자 주: 1910년경 당시)에도 절대적으로 파괴를 금지하지 아니하고, 전투 진행 중 경우에 따라 부득이한 때에는 이를 행하기도 한다. 육전법규관례조약 부속 규칙 제23조 제7호[1]에 「전쟁의 필요상 부득이한 경우를 제외하고 적의 재산의 파괴 또는 압류」를 금지한다고 규정한 것과 같은 경우가 이것이다.

이에 한마디 말을 더해야 할 바는, 교전자가 전투의 필요에서 자국 재산에 가하는 파괴가 이것이다. 예컨대 1813년에 프랑스군의 진격을 방어하기 위해 러시아가 모스크바를 불에 태워 없앤 것과 같이, 교전자가 자국 재산에 가하는 파괴는 각자 자국의 자위행위에 속하고,

1 1899년 헤이그 제2협약 부속서 육전법 및 관습에 관한 규칙 제23조 (g).

로國際公法上의問題를成치아니ᄒᆞ며唯敵國財産에加ᄒᆞᄂᆞᆫ破壞에對ᄒᆞ야國際의法則이存在ᄒᆞᄂᆞ니譬컨ᄃᆡ부릿셀宣言第一五條乃至一八條에此를規定ᄒᆞ고陸戰法規慣例條約附屬規則第二五條에「防守치아니ᄒᆞᆫ市府村落居宅又ᄂᆞᆫ建物을攻擊又ᄂᆞᆫ砲擊ᄒᆞᆷ을禁」ᄒᆞᆫ다規定ᄒᆞᆷ과又其第二六條에「攻擊軍隊의指揮官은强襲ᄒᆞᄂᆞᆫ境遇를除ᄒᆞᆫ外에ᄂᆞᆫ砲擊을始ᄒᆞ기前에其旨를官廳에通告ᄒᆞ기爲ᄒᆞ야凡其權內에屬ᄒᆞᆫ바摠手段을盡ᄒᆞᆷ이可ᄒᆞᆷ」이라規定ᄒᆞᆷ과其第二七條에「攻圍及砲擊을際ᄒᆞ야ᄂᆞᆫ宗教、技藝、學術及慈善을爲ᄒᆞ야建設ᄒᆞᆫ바建物、病院幷病傷者收容所ᄂᆞᆫ其軍事上目的에供用치아니ᄒᆞᄂᆞᆫ間은可成的此에加害치아니ᄒᆞᆯ必要의手段을施ᄒᆞᆷ이可ᄒᆞᆷ被圍者ᄂᆞᆫ敵의攻圍者에게通告ᄒᆞᆫ바看別ᄒᆞ기容易ᄒᆞᆫ徽章으로써此等建物又ᄂᆞᆫ收容所를表示ᄒᆞᄂᆞᆫ義務가有ᄒᆞᆷ」이라規定ᄒᆞᆷ과其二八條에「突擊으로써攻取ᄒᆞᆫ바市府又ᄂᆞᆫ其他의地域이라도掠奪을行ᄒᆞᆷ을禁ᄒᆞᆷ」이라規定ᄒᆞᆷ과如ᄒᆞᆷ이是라

第五、防守치아니ᄒᆞᆫ處所의攻擊及砲擊　戰鬪의目的은敵의戰鬪力을減殺ᄒᆞᆷ에在ᄒᆞᆷ으로軍隊를抵抗ᄒᆞᄂᆞᆫ能力이無ᄒᆞ거나又ᄂᆞᆫ兵器를執ᄒᆞ고抵抗치아니ᄒᆞ

국제공법상의 문제를 만들지 아니한다. 오직 적국 재산에 가하는 파괴에 대해 국제법칙이 존재하는 것이다. 예컨대 Brussel 선언 제15조부터 제18조[1]에 이를 규정하고, 육전법규관례조약 부속 규칙 제25조에 「방어되지 않은 도시, 촌락, 주택 또는 건물에 대한 공격 또는 포격은 금지된다」고 규정한 것, 그 제26조에 「공격군대의 지휘관은 습격하는 경우를 제외하고는 포격을 개시하기 전에 관계자에게 경고하기 위하여 가능한 한 모든 수단을 다하여야 한다」고 규정한 것, 제27조에 「포위공격 또는 포격시 종교, 예술, 학술 및 자선의 용도에 제공되는 건물, 병원과 상병자의 수용소는 그것이 동시에 군사상의 목적에 사용되지 아니하는 한 가급적 피해를 면하게 하기 위하여 필요한 모든 조치가 취하여져야 한다. 포위공격을 당한 자는 눈에 띄는 특별한 휘장으로써 그러한 건물 또는 수용소를 표시하여야하며, 그 휘장을 사전에 포위공격자에게 통보하여야 한다」라고 규정한 것, 그 제28조에 「습격에 의한 경우라도 도시, 기타 지역의 약탈은 금지된다」고 규정한 것 같은 경우가 이것이다.

5. 방어하지 아니하는 장소의 공격과 포격

전투의 목적은 적의 전투력을 감쇄하는 것에 있기 때문에, 군대에 저항할 능력이 없거나 또는 무기를 들고 저항하지 아니하는

1 1874년 Brussel 선언 제15조부터 제18조는 포위와 포격(Sieges and bombardments) 제목 하에 있다. 그 영문은 다음과 같다.
Article 15: "Fortified places are alone liable to be besieged. Open towns, agglomerations of dwellings, or villages which are not defended can neither be attacked nor bombarded."
Article 16: "But if a town or fortress, agglomeration of dwellings, or village, is defended, the officer in command of an attacking force must, before commencing a bombardment, except in assault, do all in his power to warn the authorities."
Article 17: "In such cases all necessary steps must be taken to spare, as far as possible, buildings dedicated to art, science, or charitable purposes, hospitals, and places where the sick and wounded are collected provided they are not being used at the time for military purposes. It is the duty of the besieged to indicate the presence of such buildings by distinctive and visible signs to be communicated to the enemy beforehand."
Article 18: "A town taken by assault ought not to be given over to pillage by the victorious troops."

ᄂᆞᆫ市町村居宅其他建物을攻擊ᄒᆞᆯ必要가無ᄒᆞᄂᆞ니從ᄒᆞ야如斯ᄒᆞᆫ攻擊은現行法上에禁止ᄒᆞᆷ은前述ᄒᆞᆷ과如ᄒᆞ며特히大砲와如ᄒᆞᆷ은非常ᄒᆞᆫ損害를惹起ᄒᆞᆷ으로最審愼ᄒᆞᄂᆞᆫ바ㅣ니敵國軍艦又ᄂᆞᆫ戰鬪員에게對ᄒᆞ야激烈ᄒᆞᆫ砲擊을加ᄒᆞᆷ은正當ᄒᆞᆫ行爲나此와反ᄒᆞ야兵力防禦가無ᄒᆞᆫ處所를合圍ᄒᆞ며又ᄂᆞᆫ攻擊、砲擊을加ᄒᆞᆷ은戰爭目的에必要치아니ᄒᆞᆫ損傷을非戰鬪員되ᄂᆞᆫ住民에게加ᄒᆞᆯ뿐이니是ᄂᆞᆫ現行法上에嚴禁ᄒᆞᄂᆞᆫ바ㅣ라然이나兵力으로防守ᄒᆞᄂᆞᆫ市府譬컨ᄃᆡ軍港等이有ᄒᆞᆫ市府를攻擊或砲擊ᄒᆞ야此를攻陷ᄒᆞᆷ은敵國의戰鬪力을減削ᄒᆞᆷ에必然의行爲며且如斯ᄒᆞᆫ處所를攻陷코져ᄒᆞᆯ時ᄂᆞᆫ반다시軍隊로써侵入ᄒᆞ거나砲擊ᄒᆞᆯ뿐아니라軍略上境遇를隨ᄒᆞ야單히此를合圍ᄒᆞ야其粮道를斷絶ᄒᆞ거나又或飮用水를涸渴ᄒᆞ야敵으로ᄒᆞ야곰飢渴에瀕ᄒᆞ게ᄒᆞ야攻陷ᄒᆞᆷ을得ᄒᆞᄂᆞ니往年普佛戰爭中에獨逸軍隊가巴里城을合圍ᄒᆞᆷ과日露戰役에日本軍이旅順을合圍ᄒᆞᆷ은全히此方法을取ᄒᆞᆫ바ㅣ라

防守치아니ᄒᆞᄂᆞᆫ海岸을海軍이砲擊ᄒᆞᆷ에對ᄒᆞ야도其理論이陸戰과無異ᄒᆞ나第二回平和會議에在ᄒᆞ야ᄂᆞᆫ港灣入口에水雷를敷設ᄒᆞᆫ境遇에其水雷敷設을

시·읍·면의 주택 그 밖의 건물을 공격할 필요는 없다. 따라서 이와 같은 공격은 현행법상 금지되고 있는 것은 전술한 바와 같다. 특히 대포와 같은 것은 예사롭지 않은 손해를 일으키기 때문에 가장 조심하고 삼가야 한다. 적국의 군함 또는 전투원에 대해 격렬한 포격을 가하는 것은 정당한 행위이다. 그러나 이에 반해 병력의 방어가 없는 장소를 포위하거나 또는 공격·포격을 가하는 것은 전쟁 목적에 필요하지 아니한 손상을 비전투원인 주민에게 가할 뿐이다. 이는 현행법상(역자 주: 1910년경 당시 법상) 엄격하게 금지된다. 그러나 병력으로 방어하는 도시 예컨대 군항 등이 있는 도시를 공격 또는 포격하여 이를 공격하여 함락하는 것은, 적국의 전투력을 삭감하는 것에 필연적인 행위이다. 또한 이와 같은 장소를 공격하여 함락하고자 할 때에는, 반드시 군대로 침입하거나 포격할 뿐만 아니라, 군략상의 경우에 따라 단지 이를 포위하고 그 양도(糧道)[1]를 차단하거나 또는 음용수를 고갈시켜 적으로 하여금 기갈(飢渴)에 빈사(瀕死)하게 하여 공격하여 함락할 수 있다. 지난 프러시아-프랑스 전쟁 중에 독일 군대가 파리 성을 포위하였던 경우와 일본-러시아 전쟁에서 일본군이 여순(旅順)항을 포위하였던 경우는 전적으로 이 방법을 취한 것이다.

방어하지 아니하는 해안을 해군이 포격하는 것에 대해서도 그 이론이 육전과 다름이 없다. 그러나 1907년 제2차 만국평화회의에서는 항만 입구에 어뢰를 부설한 경우에는, 그 어뢰 부설을

1 양도(糧道): 일정한 기간 먹고 살아갈 양식.

理由ᄒᆞ야海上으로브터此를砲擊홈은不可ᄒᆞ다云ᄒᆞᄂᆞᆫ決議로써條約文에此를規定ᄒᆞ얏스니同條約이批準될時ᄂᆞᆫ締約國은條約上義務로遵守홈은勿論이나此를國際法의法則이라云ᄒᆞ기不能ᄒᆞ며且交戰者ᄂᆞᆫ敵國의防守치아니ᄒᆞᆫ港灣에對ᄒᆞ야徵發、課金을命홈을得ᄒᆞᆯ가一個의疑問이나然이나陸戰에在ᄒᆞ야防守치아니ᄒᆞᆫ處所를占領ᄒᆞ며徵發及課金을行得홈은斯法上是認ᄒᆞᄂᆞᆫ바ㅣ니海軍에在ᄒᆞ야도敵國의防守치아니ᄒᆞᆫ港灣에對ᄒᆞ야徵發及課金을可히行得ᄒᆞᆫ다斷言ᄒᆞᆯ바ㅣ라

第六、助命치아니ᄒᆞᆯ宣言　第十七世紀以後로브터戰勝國은戰敗者에對ᄒᆞ야其生命을救助ᄒᆞᄂᆞᆫ義務가有홈이可홈을認홈에至ᄒᆞ얏스나寡小ᄒᆞᆫ城壘를據ᄒᆞ야到底敵對치못ᄒᆞᆯ大軍을頑拒홈은防守者本國에無益ᄒᆞᆯ뿐아라敵의進軍을妨害ᄒᆞ며不必要ᄒᆞᆫ殺傷을繼續홈에不過ᄒᆞ다云云ᄒᆞᄂᆞᆫ理由로써拿翁戰爭ᄭᆞ지此를嚴罰ᄒᆞ얏스나世運의進步와共히不完全ᄒᆞᆫ城壘를堅守홈을理由ᄒᆞ야其生命을救助치아니ᄒᆞᄂᆞᆫ行爲ᄂᆞᆫ人情에不忍ᄒᆞᆯ뿐아니라寧히賛歎ᄒᆞᆯ行爲됨으로브릿셀宣言幷陸戰法規慣例條約에在ᄒᆞ야도「兵器를捨ᄒᆞ며又ᄂᆞᆫ自

이유로 해상으로부터 이를 포격할 수 없다고 하는 결의를 하고, 조약문에 이를 규정하였다.[1] 동 조약이 비준될 때에는 체약국은 조약상 의무로 준수해야 하는 것은 물론이나, 이를 국제법의 법칙이라고 말할 수는 없다. 또한 교전자는 적국의 방어하지 아니하는 항만에 대해 징발, 과금을 명령할 수 있는가는 하나의 의문이다. 그러나 육전에서 방어하지 아니하는 장소를 점령하며 징발과 과금을 할 수 있는 것은 이 법상 시인되므로, 해군에서도 적국의 방어하지 아니하는 항만에 대해 징발과 과금을 할 수 있다고 단언한다.

6. 생명을 구하지 아니할 선언

17세기 이후부터 전승국은 전패자에 대해 그 생명을 구조할 의무가 있다고 인정되기에 이르렀다. 그러나 아주 작은 성루(城壘)를 근거지로 삼아 도저히 대적할 수 없는 대군에 완강하게 항거하는 것은, 방어자의 본국에 무익할 뿐만 아니라, 적의 진군을 방해하며 불필요한 살상을 계속하는 것에 불과하다고 하는 이유로, 나폴레옹 전쟁 시까지 이를 엄벌하였다. 그러나 시세의 변화의 진보와 함께, 불완전한 성루를 고수하는 것을 이유로 하여 그 생명을 구조하지 아니하는 행위는, 인정에 차마 하지 못할 뿐만 아니라 오히려 찬탄할 행위이므로, Brussel 선언[2]과 육전법규관례조약[3]에서도 「무기를 버리거나 또는

---

1 이에 해당하는 조항은 1907년 헤이그 제9조약 (Convention (IX) concerning Bombardment by Naval Forces in Time of War. The Hague, 18 October 1907) 제1조 후단이다. Article 1: "The bombardment by naval forces of undefended ports, towns, villages, dwellings, or buildings is forbidden. A place cannot be bombarded solely because automatic submarine contact mines are anchored off the harbour."

2 1874년 Brussel 선언의 관련 조항은 제13조 (c)와 (d)항이다. Article 13: "According to this principle are especially 'forbidden': (a) Employment of poison or poisoned weapons; (b) Murder by treachery of individuals belonging to the hostile nation or army; (c) Murder of an enemy who, having laid down his arms or having no longer means of defense, has surrendered at discretion; (d) The declaration that no quarter will be given; (이하 생략)"

3 1899년 헤이그 제2협약의 부속서 육전법 및 관습에 관한 규칙

衛의手段을盡ᄒᆞ고乞降ᄒᆞᄂᆞᆫ敵兵을殺傷」ᄒᆞᆷ과「助命치아니ᄒᆞᆯ宣言을行」ᄒᆞᄂᆞᆫ事를禁止ᄒᆞ얏스나然이나助命의恩典을拒絶치못ᄒᆞᆫ다云ᄒᆞᆷ은如何ᄒᆞᆫ境遇를不問ᄒᆞ고반다시行ᄒᆞᆫ다云ᄒᆞᆷ은아니니自國軍隊事情을因ᄒᆞ야此를救助ᄒᆞᆯ時ᄂᆞᆫ自國軍隊에危險을招ᄒᆞ며其危險은急遽且至大ᄒᆞ야此를救濟ᄒᆞᆷ에彼를殺傷ᄒᆞᄂᆞᆫ外에他道가無ᄒᆞᆯ時ᄂᆞᆫ軍隊의自衛上不得已取ᄒᆞᄂᆞᆫ바ㅣ니然則助命치아니ᄒᆞᄂᆞᆫ宣言을禁止ᄒᆞᆫ다ᄒᆞᄂᆞᆫ趣意ᄂᆞᆫ如斯非常ᄒᆞᆫ境遇及報仇에出ᄒᆞᄂᆞᆫ境遇를除外ᄒᆞᆷ에在ᄒᆞ다云ᄒᆞᆯ지로다

第七、背信의行爲　凡友誼國間에在ᄒᆞ야ᄂᆞᆫ一擧一動을互相誠實及信義로交際를敎睦히ᄒᆞᆯ지니平時關係에在ᄒᆞ야ᄂᆞᆫ政略以外詐欺手段을禁ᄒᆞ나戰時에在ᄒᆞ야ᄂᆞᆫ各自의國防과戰爭의成効를企圖ᄒᆞᄂᆞᆫ必要上敵軍의缺点과不幸을利用ᄒᆞᄂᆞᆫ不得已ᄒᆞᆫ事情이自有ᄒᆞᆷ으로戰鬪方法에詐略을用ᄒᆞᆷ을禁止치아니ᄒᆞᄂᆞ니陸戰法規慣例條約第二四條에在ᄒᆞ야도「奇計幷敵情、地形을探知ᄒᆞᆷ에必要ᄒᆞᆫ手段의行使ᄂᆞᆫ適法ᄒᆞᆷ으로看做ᄒᆞᆷ」이라規定ᄒᆞᆫ지라是以로戰爭을際ᄒᆞ야敵軍를詐欺ᄒᆞ야其發砲의方向을謬誤케ᄒᆞ거나其他其攻擊을無効

자위의 수단을 소진하고 항복하는 적병을 살상」하는 것과 「생명을 구하지 아니할 선언을 행」하는 것을 금지하였다. 그러나 생명을 구하는 은전(恩典)[1]을 거절할 수 없다고 하는 것이, 어떠한 경우를 불문하고 반드시 생명을 구해야 한다고 하는 말은 아니다. 자국 군대 사정에 따라 이를 구조할 때에는, 자국 군대에 위험을 초래하며 그 위험이 급속하고 또 지대하여, 이를 구제할 경우 그들을 살상하는 것 외에 다른 방도가 없을 때에는, 군대의 자위상 부득이 살상을 취하게 된다. 그러면 생명을 구하지 아니하는 선언을 금지한다고 하는 취지는, 이와 같이 비상한 경우와 보복에서 나오는 경우를 제외하는 것에 있다고 말할 수 있다.

7. 배신의 행위

무릇 우호국 사이에서는 사소한 움직임까지 서로 성실과 신의로 교제를 돈독히 해야 한다. 평시관계에서는 정략 이외의 사기수단을 금지한다. 그러나 전시에서는 각자의 국방과 전쟁의 성공적인 결과를 기도할 필요에서, 적군의 결점과 불행을 이용하는 부득이한 사정이 자연 있기 때문에, 전투방법에 사술적 전략을 사용하는 것을 금지하지 않는다. 육전법규관례조약 제24조에서도 「기묘한 계략과 적정(敵情)·지형을 탐지하는데 필요한 수단의 행사는 적법한 것으로 간주한다」고 규정하고 있다.[2] 이에 따라 전쟁을 할 때에 적군을 속여 그 발포의 방향을 그릇되게 하거나, 그밖에 공격을 무효로

---

1 은전(恩典): 예전에, 나라에서 은혜를 베풀어 내리던 특전.
2 외교부의 공식 한글번역은 다음과 같다. 제24조: “기계와 적정 및 지형탐지를 위하여 필요한 수단의 행사는 허용되는 것으로 본다.”

에歸케ᄒᆞ며且敵軍을誘引ᄒᆞ고不意의攻擊을加ᄒᆞ야進退를失ᄒᆞ게ᄒᆞ고此를坑殺或降服케홈은禁止홈이아니나戰鬪慣例上特種의行爲及徽號는特定의意義를有홈으로戰鬪中兩軍의交戰交通或은協議를因ᄒᆞ며且列國의條約으로써一定ᄒᆞᆫ人員又는物件은人類一般을爲ᄒᆞ야此를保護홈이有ᄒᆞᄂᆞ니軍使旗、軍隊旗、赤十字旗等이是라然而此等行爲를裝ᄒᆞ며徽章을用ᄒᆞ야敵軍을欺罔홈은禁止ᄒᆞᄂᆞᆫ바ㅣ니軍使旗又는休戰旗를濫用홈은間諜으로視ᄒᆞ며病院或附屬人員이아니고赤十字旗를軍隊의輸送、兵器彈藥等運搬用에供ᄒᆞ야攻擊을免코져ᄒᆞ거나又或此를病院、繃帶所以外建築物에濫用ᄒᆞ며赤十字臂章을病者、負傷者를救護홈에從事치아니ᄒᆞᄂᆞᆫ者가携帶홈과如홈은國際公法又는條約에違反됨으로犯罪者로嚴罰ᄒᆞᄂᆞᆫ바ㅣ라

第八、間諜　間諜은부릿셀宣言第一九條에定示홈과如히敵軍에게通報ᄒᆞᄂᆞᆫ意思로써交戰者의作戰地域內에在ᄒᆞ야隱密히行動ᄒᆞ거나又或虛妄의口實을構誣ᄒᆞ야各種의情報를收集或收集코져ᄒᆞᄂᆞᆫ行爲를意味홈이니從ᄒᆞ야偵察、斥候와如히戰爭에行ᄒᆞᄂᆞᆫ普通方法으로敵情을探知홈은間諜이아니니

돌리게 하며, 또 적군을 유인하여 불의의 공격을 가해 진퇴를 잃게 하고, 이를 갱살(坑殺)[1] 또는 항복하게 하는 것은 금지되지 아니한다. 그러나 전투 관례상 특별한 종류의 행위와 휘호(徽號)는 특정한 의의를 지니고, 전투 중 양군의 교전·교통 또는 협의에 필요하다. 또한 각국의 조약으로 일정한 인원이나 물건을 인류 일반을 위한 보호에 이바지하게 하는 것도 있다. 군사기(軍使旗), 군대기, 적십자기 등이 이것이다. 그러나 이들 행위를 가장하며, 휘장을 사용해 적군을 기망하는 것은 금지된다. 군사기 또는 휴전기를 남용하는 것은 간첩으로 본다. 병원 또는 부속 인원이 아니면서 적십자기를 군대의 수송, 무기·탄약 등의 운반용에 제공하여 공격을 면하고자 하거나, 이를 병원, 붕대소(繃帶所) 이외의 건축물에 남용하며, 적십자 견장을 병자, 부상자를 구호하는데 종사하지 아니하는 사람이 휴대하는 것 같은 경우는 국제공법 또는 조약에 위반되기 때문에 범죄자로 처벌하는 것이다.

8. 간첩

간첩은 Brussel 선언 제19조[2]에 규정되어 있는 바와 같이, 적군에게 통보할 의사를 가지고 교전자의 작전지역 내에서 은밀히 행동하거나 또는 거짓되고 망령된 명목을 꾸미고 모함하여 각종의 정보를 수집 또는 수집하고자 하는 행위를 의미한다. 따라서 정찰, 척후와 같이 전쟁에서 행하는 보통의 방법으로 적정을 탐지하는 것은 간첩이 아니다.

---

1 갱살(坑殺): 구덩이에 산 채로 넣고 묻어 죽임.

2 1874년 Brussel 선언 제19조의 영문은 다음과 같다. Article 19: "A person can only be considered a spy when acting clandestinely or on false pretenses he obtains or endeavours to obtain information in the districts occupied by the enemy, with the intention of communicating it to the hostile party."

是以로軍服을着ᄒᆞ야軍人된身分을隱秘치아니ᄒᆞ고敵軍의作戰地域에入ᄒᆞᆫ者及其他普通人으로敵軍에게信書를傳達ᄒᆞᄂᆞᆫ任務를公然執行ᄒᆞᄂᆞᆫ者와自國軍隊間의使者로敵軍에誤入ᄒᆞᆫ者等은間諜이아니라然而軍隊가間諜을使用ᄒᆞᆷ은作戰上多大ᄒᆞᆫ利益이有ᄒᆞᆷ으로써古來로此를使用ᄒᆞᆷ이不尠ᄒᆞᆫ바ㅣ며且間諜의使用이果然正當ᄒᆞᆫ與否에對ᄒᆞ야理論이頗有ᄒᆞᆫ바ㅣ니부델氏ᄂᆞᆫ間諜으로브터生ᄒᆞᄂᆞᆫ危險을防杜ᄒᆞᆯ必要上此를捕獲ᄒᆞᆯ時ᄂᆞᆫ死刑에處ᄒᆞᆷ이可ᄒᆞ며且間諜의任務ᄂᆞᆫ詐欺的됨으로名譽를尊重히認ᄒᆞᄂᆞᆫ者ᄂᆞᆫ此를承諾ᄒᆞᆯ事가아니며交戰國君主도特別境遇에不得已ᄒᆞᆷ이아니면其人民에對ᄒᆞ야間諜될事를請求ᄒᆞ기不能ᄒᆞᆫ事라云ᄒᆞ얏스나今日에在ᄒᆞ야交戰者가間諜을使用ᄒᆞᆷ은國際法上是認ᄒᆞᆷ과同時에敵對國은此를捕獲ᄒᆞᆫ時에處刑ᄒᆞᄂᆞᆫ權利가有ᄒᆞᆯ뿐이라

歐洲에在ᄒᆞ야ᄂᆞᆫ古來間諜은名譽的任務로認치아니ᄒᆞ얏스니即自國軍隊行動을記錄ᄒᆞ야其作戰計畫等을敵國에通報ᄒᆞᆷ은元來可憎可惡ᄒᆞᆫ行動이나一身의危險을不顧ᄒᆞ고敵의情況을探知ᄒᆞ야自國軍隊에多大ᄒᆞᆫ便益을與ᄒᆞᆷ과

이에 따라 군복을 입고 군인인 신분을 숨겨 비밀로 하지 아니하고, 적군의 작전지역에 들어간 사람과 그 밖의 보통 사람으로 적군에게 편지를 전달하는 임무를 공연히 집행하는 사람 및 자국 군대 사이의 사자(使者)로 적군에 잘못 들어간 사람 등은 간첩이 아니다. 그러나 군대가 간첩을 사용하는 것은 작전상 많은 이익이 있기 때문에, 옛날부터 이를 사용한 것이 적지 않다. 또한 간첩의 사용이 과연 정당한가의 여부에 대해 이론이 매우 많다. Vattel은 간첩으로부터 발생하는 위험을 방지할 필요에서 이를 포획할 때에는 사형에 처해야 하고, 또 간첩의 임무는 사기적인 것으로 명예를 중히 여기는 사람은 이를 승낙할 일이 아니며, 교전국 국왕도 특별한 경우에 부득이하지 아니하면 그 인민에 대해 간첩이 될 것을 청구할 수 없다고 하였다. 그러나 오늘날(역자 주: 1910년경 당시) 교전자가 간첩을 사용하는 것은 국제법상 시인되는 동시에 적대국은 이를 포획한 때에 처형하는 권리가 있을 뿐이다.

유럽에서는 옛날부터 간첩은 명예적 임무로 인정되지 않았다. 즉 자국 군대의 행동을 기록하여 그 작전계획서 등을 적국에 통보하는 것은 원래 가증스럽고 미워할 행동이다. 그러나 일신의 위험을 고려하지 않고 적의 정황을 탐지하여 자국 군대에게 많은 편익을 주는 것과

如ᄒᆞᆷ은勇敢ᄒᆞᆫ行爲라讚賞ᄒᆞᆯ바ㅣ며且今日國際法上에公認ᄒᆞᆯ바아니라拿破崙第一世가西班牙를侵擊ᄒᆞᆯ際에多數의間諜이佛國에入ᄒᆞ야敵情을探報ᄒᆞ야因ᄒᆞ야西班牙의國運을挽回ᄒᆞᆫ功績이著大ᄒᆞ다云云ᄒᆞᄂᆞᆫ歷史家의讚賞이非無ᄒᆞᄂᆞ니是以로間諜이敵軍에게捕獲될時ᄂᆞᆫ부럿셀宣言에規定ᄒᆞᆷ과如히軍法會議로써死刑에處ᄒᆞᆷ을免치못ᄒᆞ나國際公法上에犯罪가아니며且間諜을處分ᄒᆞᆷ에對ᄒᆞ야ᄂᆞᆫ반다시裁判을經ᄒᆞᆫ後에執行ᄒᆞᆷ이可ᄒᆞᆫ交戰國의義務가自有ᄒᆞᆷ으로陸戰法規慣例條約第三〇條에在ᄒᆞ야도「現行中에捕獲된間諜은裁判을經ᄒᆞᆫ後가아니면此를罰ᄒᆞᆷ을不得ᄒᆞᆷ」이라規定ᄒᆞᆫ지라是以로間諜을處刑ᄒᆞᆷ에ᄂᆞᆫ반다시現行中에捕獲ᄒᆞᆫ境遇에限ᄒᆞᆷ으로一朝本國軍際에復歸ᄒᆞᆫ後에更히敵에게捕獲됨이有ᄒᆞ야도俘虜의待遇를不失ᄒᆞᄂᆞᆫ바ㅣ라

輕氣球로써敵軍의情況을探知ᄒᆞᆷ은千七百九十四年에佛國及千八百十二年에露國이使用ᄒᆞᆷ으로브터以來戰爭에盛行ᄒᆞ얏스며千八百七十年普佛戰爭巴里被圍中에佛軍은多數의輕氣球를用ᄒᆞ야各地方을聯絡ᄒᆞᆯ식當時有名ᄒᆞᆫ간베다氏ᄂᆞᆫ此를乘ᄒᆞ고重圍를透出ᄒᆞ야各地의義勇兵을募集ᄒᆞᆫ事가有ᄒᆞᆫ바

같은 경우는 용감한 행위라고 찬상(讚賞)할 일이다. 또한 오늘날(역자 주: 1910년경 당시) 국제법상으로 공인되고 있다. 그뿐만 아니라 나폴레옹 1세가 스페인을 침입하여 공격할 때에 다수의 간첩이 프랑스에 들어와 적정을 탐지하여 보고하고. 이에 따라 스페인의 국운(國運)을 만회한 공적이 드러나게 크다고 주장하는 역사가의 칭찬도 없지 않다. 따라서 간첩이 적군에게 포획될 때에는, Brussel 선언에서 규정한 바와 같이, 군법회의로써 사형에 처해지는 것을 면할 수 없다.[1] 그러나 국제공법상 범죄가 아니며, 또 간첩을 처분하는 것에 대해서는 반드시 재판을 거친 후에 집행해야 할 교전국의 의무가 자연 있기 때문에, 육전법규관례조약 제30조에서도 「행위 중 체포된 간첩은 재판에 회부되지 아니하고서는 처벌될 수 없다」라고 규정한 것이다. 이에 따라 간첩을 처벌할 때에는 반드시 현행 중에 포획한 경우에 한하고, 일단 본국 군대로 복귀한 후에 다시 적에게 포획된 경우에도 포로의 대우를 상실하지 않게 된다.

경기구(輕氣球)로 적군의 정황을 탐지하는 것은, 1794년에 프랑스와 1812년에 러시아가 사용한 때부터 이래로 전쟁에 널리 행해졌다. 1870년 프러시아-프랑스 전쟁 중에 파리 성이 포위되었을 때에, 프랑스군은 다수의 경기구를 사용하여 각 지방을 연락한 바 있다. 당시 유명한 Leon Gambetta는 이를 타고 여러 겹의 포위를 뚫고 나와 각지의 의용병을 모집한 일이 있었다.

1 1874년 Brussel 선언의 관련 조항은 제20조이다. Article. 20: "A spy taken in the act shall be tried and treated according to the laws in force in the army which captures him."

ㅣ라然而軍人이軍人된身分을隱蔽치아니ᄒᆞ고此를依ᄒᆞ야敵의軍情을探知홈은果然間諜의行爲로論홀가一個疑問을成ᄒᆞ나然이나부릿셀宣言第二二條及陸戰法規慣例條約第二九條에此를明白히ᄒᆞ기爲ᄒᆞ야「信書를傳達ᄒᆞ거나軍隊와軍隊間及他地方間을聯絡ᄒᆞ기爲ᄒᆞ야輕氣球로派遣ᄒᆞᆫ者ᄂᆞᆫ間諜으로看做홈이不可」ᄒᆞ다規定ᄒᆞᆫ바ㅣ라

## 第三節　非敵意의交通

### 第一款　休戰及停戰

凡休戰이라云ᄒᆞᄂᆞᆫ名稱은廣狹의二義가有ᄒᆞ니交戰者雙方合意로써戰鬪를中止홈을摠稱ᄒᆞ야其戰鬪를中止ᄒᆞᄂᆞᆫ區域의大小、期間의長短을不問ᄒᆞ나此를狹義로解釋홀時ᄂᆞᆫ戰鬪中止의區域이小ᄒᆞ며期間이短ᄒᆞᆫ바戰鬪上便宜로從出ᄒᆞᄂᆞᆫ者ᄂᆞᆫ停戰이라稱ᄒᆞ며其區域이大ᄒᆞ고政治上理由로從出ᄒᆞᄂᆞᆫ者ᄂᆞᆫ休戰이라稱ᄒᆞᄂᆞ니凡休戰及停戰을際ᄒᆞ야戰鬪行爲를中止홈은交戰國雙方合意에出홈을要ᄒᆞ며其中止의範圍ᄂᆞᆫ軍隊全部에亘涉홈과一部에限홈이有ᄒᆞ니其全部에亘涉ᄒᆞᄂᆞᆫ休戰은交戰國間의戰鬪全部를一時中止홈이오一部에限ᄒᆞᄂᆞᆫ休戰은

그러나 군인이 군인인 신분을 은폐하지 아니하고 이에 의지해서 적의 군정을 탐지하는 것을 과연 간첩의 행위로 논할 수 있는가는 하나의 의문을 이룬다. 그러나 Brussel 선언 제22조[1]와 육전법규관례조약 제29조에 이를 명백하게 하기 위해 「편지를 전달하거나 군대와 군대 사이 및 밖의 지방 사이를 연락하기 위해 경기구로 파견한 사람은 간첩으로 간주할 수 없다」라고 규정한 것이다.[2]

## 제3절 비전의(非戰意)의 교통

### 제1관 휴전과 정전

무릇 휴전이라고 하는 명칭은 광의와 협의 두 가지가 있다. 교전자 쌍방 합의로 전투를 중지하는 것을 총칭하며, 그 전투를 중지하는 구역의 대소, 기간의 장단을 불문한다. 그러나 이를 협의로 해석할 때에는, 전투 중지의 구역이 작으며 기간이 짧은 것으로 전투상의 편의에서 나온 경우는 '정전'이라 일컫고, 그 구역이 크고 정치상의 이유에서 비롯하는 경우는 '휴전'이라 일컫는다. 무릇 휴전과 정전을 할 때에, 전투행위를 중지하는 것은 교전국 쌍방 합의에서 출발해야 하며, 그 중지의 범위는 군대 전부에 걸쳐 미치는 것과 일부에 한하는 것이 있다. 그 전부에 걸쳐 미치는 휴전은 교전국 사이의 전투를 전부 일시 중지하는 것이고, 일부에 한하는 휴전은

---

1 1874년 Brussel 선언 제22조 후단(밑줄 친 부분)이 교재의 내용과 관련된다. Article 22: "Soldiers not wearing a disguise who have penetrated into the zone of operations of the hostile army, for the purpose of obtaining information, are not considered spies. Similarly, the following should not be considered spies, if they are captured by the enemy: soldiers (and also civilians, carrying out their mission openly) entrusted with the delivery of dispatches intended either for their own army or for the enemy's army. To this class belong likewise, if they are captured, persons sent in balloons for the purpose of carrying dispatches and, generally, of maintaining communications between the different parts of an army or a territory." (밑줄은 역자에 의한 것임)

2 이 내용은 1899년 헤이그 제2협약 부속서 육전법 및 관습에 관한 규칙 제29조 말미에 명시되어 있다. "교전자의 작전지역내에서 상대 교전자에게 전달할 의사를 가지고 은밀히 또는 허위의 구실하에 행동하여 정보를 수집하거나, 수집하려는 자만이 간첩으로 인정될 수 있다. 그러므로 변장하지 않은 군인으로서 정보를 수집하기 위하여 적군의 작전지역 내에 진입한 자는 간첩으로 인정되지 아니한다. 또한 군인이건 민간인이건 자국군 또는 적군에 송부되는 전보를 전달하는 임무를 공공연히 이행하는 자도 간첩으로 인정되지 아니한다. 전보를 전달하기 위하여 또한 모든 군 또는 지방의 각 부대간의 연락을 유지하기 위하여 경기구로 파견된 자도 이와 같다."(밑줄은 역자에 의한 것임)

單히特定ᄒᆞᆫ地域에在ᄒᆞ야特定ᄒᆞᆫ部隊間에戰鬪를中止ᄒᆞᆷ을謂ᄒᆞᆷ이니就中其戰鬪中止가軍隊一部에限ᄒᆞ며雙方便宜에因ᄒᆞ야互相負傷者의運搬、死亡者의埋葬、俘虜의交換其他軍隊間의協議等을由ᄒᆞ야小時間一定ᄒᆞᆫ處所를限ᄒᆞ야戰鬪를中止ᄒᆞᆷ을停戰이라謂ᄒᆞᄂᆞᆫ바ㅣ라然而全軍에亘涉ᄒᆞᄂᆞᆫ休戰은國家의主權者가行ᄒᆞᄂᆞ니兩國政府로브터特命을受ᄒᆞᆫ者가此를協定ᄒᆞ며陸海軍司令官職權에不屬ᄒᆞᆫ바ㅣ니是以로陸海軍司令官이本國君主의特命을不受ᄒᆞ고如斯ᄒᆞᆫ約定이有ᄒᆞᆯ時ᄂᆞᆫ主權者의追認ᄒᆞᆷ을要ᄒᆞᆯ지나此와反ᄒᆞ야一地域一部隊에限ᄒᆞᄂᆞᆫ停戰은兩軍指揮官이協議로定ᄒᆞᆷ을得ᄒᆞ며且其効力에至ᄒᆞ야도單히其指揮下에在ᄒᆞᆫ兵士에限ᄒᆞ야拘束ᄒᆞᆷ으로其指揮下에不屬ᄒᆞᆫ他軍隊의行動은何等의影響이無ᄒᆞᆫ바ㅣ라

停戰及休戰은其約定에對ᄒᆞ야交戰國批準을不要ᄒᆞ고合意가有ᄒᆞᆫ時에効力을生ᄒᆞ며且戰鬪中止를約定ᄒᆞᆷ에當ᄒᆞ야ᄂᆞᆫ其中止期間에在ᄒᆞᆫ兩軍의行爲와戰鬪中止의實行及再戰鬪에關ᄒᆞᆫ時期等을明確히ᄒᆞᆷ을要ᄒᆞᆯ지며其休戰命令을各軍隊에게傳達ᄒᆞᆷ에ᄂᆞᆫ多少의時日을要ᄒᆞᆯ지니是以로休戰開始의時期ᄂᆞᆫ軍隊位

단지 특정한 지역에서 특정한 부대 사이에 전투를 중지하는 것을 가리킨다. 그 중 특히 그 전투 중지가 군대 일부에 한하며, 쌍방의 편의에 따라 서로 부상자의 운송, 사망자의 매장, 포로의 교환 그 밖의 군대 사이의 협의 등을 거쳐 짧은 시간, 일정한 장소에 한해 전투를 중지하는 것을 정전이라고 이른다. 그러나 전군에 걸친 휴전은 국가의 주권자가 행한다. 양국 정부로부터 특명을 받은 사람이 이를 협정하며 육·해군사령관 직권에 속하지 않는다. 이에 따라 육·해군사령관이 본국 국왕의 특명을 받지 않고 이와 같은 약정을 할 때에는 주권자의 추인이 있어야 한다. 이에 반해 한 지역 한 부대에 한하는 정전은 양군 지휘관이 협의로 정할 수 있다. 또 그 효력에 이르러서도 단지 그 지휘 하에 있는 병사에 한해 구속하고, 그 지휘 하에 속하지 아니한 다른 군대의 행동은 어떠한 영향도 받지 않는다.

정전과 휴전은 그 약정에 대해 교전국의 비준을 필요로 하지 않고, 합의가 있는 때에 효력을 발생한다. 또한 전투중지를 약정할 경우에는, 그 중지기간 동안 양군의 행위와 전투 중지의 실행 및 재전투에 관한 시기 등을 명확하게 해야 한다. 그 휴전 명령을 각 군대에게 전달하기에는 다소의 시일이 필요하다. 이에 따라 휴전개시의 시기는 군대

置를隨ᄒᆞ야各異히ᄒᆯ지며休戰停戰에對ᄒᆞ야終期를確定ᄒᆞᆫ時ᄂᆞᆫ其期限滿了와共히戰鬪를繼續ᄒᆯ지며終了期限을確定치아니ᄒᆞᆫ時ᄂᆞᆫ交戰者ᄂᆞᆫ何時든지戰鬪를繼續ᄒᆯ지니此를際ᄒᆞ야ᄂᆞᆫ其意를敵軍에게通知ᄒᆯ뿐이며其他交戰者一方이停戰及休戰의規約을違背ᄒᆞᆫ行爲가有ᄒᆯ時ᄂᆞᆫ他一方은其規約條件을履行치아니ᄒᆞᄂᆞᆫ權利가有ᄒᆯ뿐아니라戰鬪를開始ᄒᆞᆷ을得ᄒᆯ지나如斯히規約에違反ᄒᆞᄂᆞᆫ行爲ᄂᆞᆫ往往軍隊意思에不出ᄒᆞ고個人恣意에由ᄒᆞᄂᆞ니敵對者ᄂᆞᆫ其無信ᄒᆞᆷ을先責ᄒᆞ야相當ᄒᆞᆫ辯明及救濟의機會를與ᄒᆯ지오休戰又ᄂᆞᆫ停戰의規約을廢棄치아니ᄒᆞᆷ이普通이라

休戰又ᄂᆞᆫ停戰은交戰國間의平時的交通通商의關係를回復ᄒᆞᆷ이아니오單히戰場에在ᄒᆞ야戰鬪行爲를中止ᄒᆞᆷ에不過ᄒᆞᄂᆞ니是以로休戰又ᄂᆞᆫ停戰期限內에在ᄒᆞ야ᄂᆞᆫ各交戰者ᄂᆞᆫ其休戰又ᄂᆞᆫ停戰開始當時에在ᄒᆞᆫ戰鬪進行의狀態를保維ᄒᆞᆷ이普通이나然이나交戰者一方이他一方에對ᄒᆞ야强制ᄒᆞ기不能ᄒᆞᆫ行爲譬如包圍된城壘에在ᄒᆞ야砲擊破壞를受치아니ᄒᆞᆫ處所의修繕工事等의開始ᄂᆞᆫ無妨ᄒᆞ며且內國에在ᄒᆞ야軍艦其他戰爭用의船舶을製造修繕ᄒᆞᆷ과兵士의募集訓鍊及

위치에 따라 각각 다르다, 휴전·정전에 대한 종기(終期)를 확정한 때에는 그 기한 만료와 함께 전투를 계속하게 된다. 이때에는 그 뜻을 적군에게 통지할 뿐이다. 그 밖의 교전자 일방이 정전과 휴전의 규약을 위반하는 행위가 있을 때에는, 다른 일방은 그 규약 조건을 이행하지 않을 권리가 있을 뿐만 아니라 전투를 개시할 수 있다. 그러나 이와 같이 규약에 위반하는 행위는 때로 군대 의사에서 나오지 아니하고, 개인의 자의(恣意)에서 비롯하기도 한다. 적대자는 그 신의 없음을 먼저 책망하여 상당한 변명과 구제의 기회를 부여하고, 휴전 또는 정전의 규약을 폐기하지 않는 것이 보통이다.

휴전 또는 정전은 교전국 사이의 평시적 교통·통상의 관계를 회복하는 것은 아니다. 단지 전쟁터에서 전투행위를 중지하는 것에 불과하다. 이에 따라 휴전 또는 정전 기간 내에서는 각 교전자는 그 휴전 또는 정전 개시 당시에서의 전투 진행의 상태를 보존·유지하는 것이 보통이다. 그러나 교전자 일방이 다른 일방에 대해 강제할 수 없는 행위, 예컨대 포위된 성루에서 포격·파괴를 당하지 아니한 장소의 수선공사 등의 개시는 무방하다. 또한 내국에서의 군함 그 밖의 전쟁용의 선박을 제조·수선하는 것과 병사의 모집·훈련 및

戰地以外에在ᄒᆞ야海陸의軍備를籌辦ᄒᆞᆷ은無碍ᄒᆞᆫ바ㅣ라

休戰中交戰者行爲에關ᄒᆞ야議論이有ᄒᆞᆫ바ᄂᆞᆫ包圍를受ᄒᆞᆫ處所에對ᄒᆞ야外部로ᄇᆞ터糧食을運搬ᄒᆞᆷ을得ᄒᆞᆯ가云ᄒᆞᄂᆞᆫ問題가是라然이나此糧食은被圍者의地位로論ᄒᆞᆯ진ᄃᆡ武器와同一히戰爭을繼續ᄒᆞᄂᆞᆫ必要品될ᄲᅮᆫ아니라休戰은此를開始ᄒᆞᆫ當時에在ᄒᆞᆫ兩軍의狀態를休戰終了時ᄭᆞ지繼續ᄒᆞᆷ이本則됨으로休戰中消費ᄒᆞᆯ粮食은外部로ᄇᆞ터運搬ᄒᆞᆷ을許認ᄒᆞᆷ이理論上正當ᄒᆞ며且如斯ᄒᆞᆫ慣例가非無ᄒᆞ나然이나休戰의條件은交戰者雙方合意에出ᄒᆞᆷ으로若合圍者가城中兵士幷人民으로ᄒᆞ야곰饑餓에瀕케ᄒᆞ야其降服을催促ᄒᆞᆷ과如히攻擊軍軍略上으로立論ᄒᆞᆯ時ᄂᆞᆫ糧食의運搬을承諾ᄒᆞᆯ義務가無ᄒᆞ며其供給又ᄂᆞᆫ運搬에對ᄒᆞ야特別ᄒᆞᆫ約定이無ᄒᆞᆫ以上은合圍者가其運搬을妨害치못ᄒᆞᆯ義務가無ᄒᆞᆷ은現行法上에一毫의疑点이無ᄒᆞᄂᆞ니譬컨ᄃᆡ千八百七十年十一月에獨逸軍이巴里城을合圍ᄒᆞᆯ時를除ᄒᆞ야其休戰期間內에城中人民의所要糧食을外部로ᄇᆞ터運搬ᄒᆞᆷ을拒絕ᄒᆞᆷ이是其例라

### 第二款　降服其他軍隊間의規約

전지(戰地) 이외에서의 해군의 군비를 계획하고 갖추는 것은 장애가 없다.

휴전 중 교전자 행위에 관해 의론이 있는 것은, 포위를 당한 장소에 대해 외부로부터 식량을 운반할 수 있는가라는 문제가 이것이다. 그러나 이 식량은 포위된 사람의 지위로 논한다면, 무기와 마찬가지로 전쟁을 계속하는 필수품에 속한다. 그뿐만 아니라 휴전은 이를 개시한 당시에서의 양군의 상태를 휴전 종료시까지 계속하는 것이 본칙이기 때문에, 휴전 중 소비할 식량은 외부로부터 운반하는 것을 허락하는 것이 이론상 정당하다. 또한 이와 같은 관례가 없지 않다. 그러나 휴전의 조건은 교전자 쌍방의 합의에서 비롯되므로, 만약 포위한 사람이 성(城) 중의 병사와 인민으로 하여금 기아에 절박하게 하여 그 항복을 독촉하는 것과 같이, 공격군의 전사(戰事)와 전략상으로 입론할 때에는 식량의 운반을 승낙할 의무가 없다. 그 공급 또는 운반에 대해 특별한 약정이 없는 이상은 포위한 사람이 그 운반을 방해해서는 안 되는 의무가 없는 것은 현행법상 조금도 의문점이 없다. 예컨대 1870년 11월에 독일군이 파리 성을 포위하였을 때, 그 휴전기간 내에 성 중 인민의 소요 식량을 외부로부터 운반하는 것을 거절한 것이 그 예이다.

### 제2관 항복 그 밖의 군대 사이의 규약

凡戰爭中交戰者雙方은互相規約으로써俘虜의交換軍使의授受等一定ᄒᆞᆫ事項을締結ᄒᆞᆷ을得ᄒᆞ며且此等軍隊間의約定은性質上批準을不要ᄒᆞ고司令官의責任으로斷行ᄒᆞᆷ이本則이며特히戰爭中都市城砦잇ᄂᆞᆫ一定ᄒᆞᆫ地方에在ᄒᆞᆫ行政長官或陸海軍의本隊枝隊가敵軍을抵抗ᄒᆞᆯ能力이不足ᄒᆞ야無望ᄒᆞᆫ戰鬪를繼續ᄒᆞ며無益ᄒᆞᆫ殺傷을避코저ᄒᆞᆷ과同時에相對軍에在ᄒᆞ야其降服을許認ᄒᆞ고兵力을他方面에移ᄒᆞ야利益을收코저ᄒᆞᄂᆞᆫ必要上兩軍協議로써其降服을許ᄒᆞᆷ이有ᄒᆞ며其降服의條件은元來兩軍司令官의協議를從ᄒᆞᆯ지니降服地人民保護에關ᄒᆞᄂᆞᆫ約定將校兵士에對ᄒᆞᄂᆞᆫ條件等에至ᄒᆞ야ᄂᆞᆫ降服者及其相對軍의實力及事情을因ᄒᆞ야寬嚴이自有ᄒᆞ나然이나其條件에至ᄒᆞ야單히軍隊名譽에有關ᄒᆞᆫ事項은司令官職權上任意에屬ᄒᆞ나此와反ᄒᆞ야本國의憲法其他政治上에影響을及ᄒᆞᆯ條件譬如領土及人民에有關ᄒᆞᆯ事項에至ᄒᆞ야ᄂᆞᆫ司令官職權에不屬ᄒᆞᆫ바ㅣ니若如斯ᄒᆞᆫ約定이有ᄒᆞᆯ時ᄂᆞᆫ國家가追認ᄒᆞᆷ이아니면效力이本無ᄒᆞᆫ바ㅣ며且司令官職權內에在ᄒᆞᆫ事項이라도本國政府訓令에違反ᄒᆞᆫ時ᄂᆞᆫ또ᄒᆞᆫ其效가無ᄒᆞᆷ은勿論이라

무릇 전쟁 중 교전자 쌍방은 서로 규약으로 포로의 교환·군사(軍使)의 수수 등 일정한 사항을 체결할 수 있다. 또 이들 군대 사이의 약정은 성질상 비준을 필요로 하지 아니하고, 사령관의 책임으로 단행하는 것이 본칙이다. 특히 전쟁 중 도시 성채(城砦) 또는 일정한 지방에 있는 행정장관이나 육·해군의 본대·지대가 적군에 저항할 능력이 부족하여 가망 없는 전투를 계속하며, 무익한 살상을 피하고자 하는 동시에 상대군에서 그 항복을 허락하고 병력을 다른 방면으로 이동하여 이익을 거두고자 할 필요에서 양군 협의로 그 항복을 허락하는 경우가 있다. 그 항복의 조건은 원래 양군 사령관의 협의에 따르게 된다. 항복지의 인민 보호에 관한 약정, 장교·병사에 대한 조건 등에 대해서는 항복자와 그 상대군의 실력과 사정에 따라 너그러움과 관대함이 자연 있다. 그러나 그 조건 중 단지 군대의 명예와 관계있는 사항은 사령관 직권상 임의에 속한다. 이에 반해 본국의 헌법 그 밖의 정치상에 영향을 미칠 조건, 예컨대 영토와 인민과 관계있는 사항에 대해서는 사령관 직권에 속하지 아니한다. 만약 이와 같은 약정이 있을 때에는 국가가 추인하지 아니하면 처음부터 효력이 없다. 또한 사령관 직권 내에 있는 사항이라도 본국 정부의 훈령에 위반한 때에도 또한 그 효력이 없는 것은 물론이다.

## 第三欵 軍使旗、通行劵及警護

凡戰鬪中交戰者一方이相對軍에向ᄒᆞ야協議ᄅᆞᆯ求ᄒᆞᆯ必要가有ᄒᆞᆯ時ᄂᆞᆫ白旗ᄅᆞᆯ擧ᄒᆞ야其意ᄅᆞᆯ表示ᄒᆞᄂᆞ니是以로부릿셀宣言에在ᄒᆞ야도交戰者一方의命令을帶ᄒᆞ고白旗ᄅᆞᆯ立ᄒᆞ고喇叭、軍鼓、軍旗手通譯等을領率ᄒᆞᆫ者ᄂᆞᆫ軍使로認ᄒᆞ며此等人員은共히不可侵의特權을有ᄒᆞᆫ다ᄒᆞ얏스며其使者ᄂᆞᆫ敵軍으로브터身体上의危害又ᄂᆞᆫ俘虜의待遇ᄅᆞᆯ受ᄒᆞᆷ이無ᄒᆞᆫ바ㅣ라

如斯히交戰者一方이軍隊ᄅᆞᆯ派遣ᄒᆞᆯ時ᄂᆞᆫ其出發과共히戰鬪行爲ᄅᆞᆯ中止ᄒᆞ며相對軍은此에相應치아니치못ᄒᆞᆯ지니是以로其軍使의前進을許ᄒᆞᆯ時ᄂᆞᆫ卽地發砲ᄅᆞᆯ停止ᄒᆞᆯ지며若或不欲ᄒᆞᆯ時ᄂᆞᆫ拒絶ᄒᆞᄂᆞᆫ意思ᄅᆞᆯ表示ᄒᆞᆷ이常則이라然而軍使ᄅᆞᆯ派遣코져ᄒᆞᆯ際에相對軍은此ᄅᆞᆯ接受ᄒᆞᄂᆞᆫ義務가本無ᄒᆞᆷ으로戰鬪狀況을因ᄒᆞ야一定ᄒᆞᆫ時期內에此ᄅᆞᆯ不受ᄒᆞᆯ事ᄅᆞᆯ豫先通知ᄒᆞᆷ을得ᄒᆞᄂᆞ니如斯ᄒᆞᆫ通知가有ᄒᆞ거나軍使에게其退去ᄒᆞᆯ事ᄅᆞᆯ表示ᄒᆞᆷ을不拘ᄒᆞ고此ᄅᆞᆯ派遣ᄒᆞᆫ時ᄂᆞᆫ白旗ᄅᆞᆯ立ᄒᆞᆫ使者에對ᄒᆞ야도尙且擊退ᄒᆞᆷ을得ᄒᆞᄂᆞᆫ바ㅣ라

相對軍이設或軍使ᄅᆞᆯ接受ᄒᆞᆫ時라도自軍의形勢ᄅᆞᆯ探知ᄒᆞ야彼軍에通報케ᄒᆞᆯ事

## 제3관 군사기(軍使旗)[1], 통행권과 경호

무릇 전투 중 교전자 일방이 상대군에 대해 협의를 요구할 필요가 있을 때에는, 백기(白旗)를 들고 그 뜻을 표시한다. 이에 따라 Brussel 선언에서도 교전자 일방의 명령을 휴대하고 백기를 세우고 나팔, 군고(軍鼓), 군기수·통역 등을 통솔하는 사람은 군사(軍使)로 인정하며, 이들 인원은 모두 불가침의 특권을 가진다고 하였다. 그 사자(使者)는 적군으로부터 신체상의 위해(危害)나 포로의 대우를 받지 아니한다.

이와 같이 교전자 일방이 군사를 파견할 때에는 그 출발과 함께 전투행위를 중지하며 상대군은 이에 상응해야 한다. 이에 따라 그 군사의 전진을 허락한 때에는 곧바로 발포를 정지해야 한다. 만약 혹시 그렇지 아니할 때에는 거절하는 의사를 표시하는 것이 상규이다. 그러나 군사를 파견하고자 할 때에, 상대군은 본래 이를 접수할 의무가 없으므로, 전투 상황에 따라 일정한 시기 내에 이를 접수하지 않을 것을 미리 통지할 수 있다. 이와 같은 통지가 있거나 군사에게 그 퇴거할 것을 표시하였음에도 불구하고, 이를 파견한 때에는 백기를 세운 사자에 대해서도 또한 격퇴할 수 있는 것이다.

상대군이 설사 군사(軍使)를 접수한 때일지라도, 자군의 형세를 탐지하여 그들 군에 통보하게 할 것을

1 군사(軍使)는 전쟁 중에 군의 명령으로 교섭의 임무를 띠고 적군에 파견되는 사람이며, 군사기(軍使旗)는 그러한 이를 표식하는 깃발.

를不許홈으로써其談判處所를制限ᄒᆞ며又或兩眼을蔽홈과如히自國軍隊의事情을知치못ᄒᆞ게ᄒᆞᄂᆞᆫ必要手段을取홈은勿論이오軍使가其特權을濫用ᄒᆞᆯ時ᄂᆞᆫ司令官은一時此를拘留ᄒᆞ며又或欺罔의行爲를行ᄒᆞ거나行케ᄒᆞᆫ時ᄂᆞᆫ嚴罰ᄒᆞᄂᆞᆫ權이有ᄒᆞᆫ바ㅣ라

通行券은司令官이其統帥ᄒᆞᆫ軍隊가占領ᄒᆞᆫ바地域又ᄂᆞᆫ屯在所等에對ᄒᆞ야一定ᄒᆞᆫ個人으로無事通行케ᄒᆞᆯ事를許可ᄒᆞᄂᆞᆫ書類니如斯ᄒᆞᆫ通行券은敵人에對ᄒᆞ야도此를交付홈이有ᄒᆞ나然이나交戰國이一定ᄒᆞᆫ個人으로ᄒᆞ야곰自國版圖又或軍隊占領地를無事通過케홈에對ᄒᆞ야ᄂᆞᆫ其處所及期日等을制限홈이普通이며且自國管轄下에在ᄒᆞᆫ領土全体에關ᄒᆞᆫ許可ᄂᆞᆫ政府에셔此를交付ᄒᆞ며軍隊統轄下에在ᄒᆞᆫ土地를通行홈과如ᄒᆞᆫ特別境遇에限ᄒᆞ야政府又ᄂᆞᆫ軍隊司令官이許可ᄒᆞᄂᆞᆫ바ㅣ라然而凡通行券은其有効期間을定ᄒᆞᆫ與否를不問ᄒᆞ고此를携帶ᄒᆞᆫ者가善良ᄒᆞᆫ行爲가有ᄒᆞᆫ間其効力이有ᄒᆞᆯ條件을包含홈으로通行券에表示ᄒᆞᆫ바指名者가其携帶品幷通行目的、處所時日等에對ᄒᆞ야嚴重히其條件을遵守ᄒᆞᆯ지니若不然ᄒᆞᆫ時ᄂᆞᆫ相當ᄒᆞᆫ懲罰을受ᄒᆞᄂᆞᆫ바ㅣ라

허락하지 아니한다. 이에 따라 그 담판 장소를 제한하거나 또는 두 눈을 가리는 것과 같이 자국 군대의 사정을 알지 못하게 하는 필요수단을 취하는 것은 물론이고, 군사(軍使)가 그 특권을 남용할 때에는 사령관은 일시 이를 구류하거나, 또는 기망행위를 하거나 행하게 한 때에는 엄벌하는 권리를 가진다.

통행권은 사령관이 그 통솔하는 군대가 점령한 지역 또는 주둔지 등에 대해, 일정한 개인으로 하여금 무사 통행하게 할 것을 허가하는 서류이다. 이와 같은 통행권은 적인에 대해서도 이를 교부하는 경우가 있다. 그러나 교전국이 일정한 개인으로 하여금 자국의 국경 또는 군대 점령지를 무사 통과하게 하는 것에 대해서는, 그 장소와 기일 등을 제한하는 것이 보통이다. 또 자국 관할 하에 있는 영토 전체에 관한 허가는 정부에서 이를 교부한다. 군대 관할 하에 있는 토지를 통행하는 것과 같은 특별한 경우에 한해 정부 또는 군대 사령관이 허가하는 것이다. 그러나 무릇 통행권은 그 유효기간을 정하고 있는지의 여부를 불문하고, 이를 휴대한 사람의 선량한 행위가 있는 동안 그 효력을 가진다는 조건을 포함하기 때문에, 통행권에 표시된 지명자가 그 휴대품과 통행목적, 장소·일시 등에 대해 엄중히 그 조건을 준수해야 한다. 만약 그렇지 아니한 때에는 상당한 징벌을 받는다.

通行券은其交付ᄒᆞᆫ事情을依ᄒᆞ야解釋ᄒᆞᆯ지니譬컨ᄃᆡ敵人에게對ᄒᆞ야某地点에去ᄒᆞᆯ事를許ᄒᆞᆫ時ᄂᆞᆫ其還歸ᄒᆞᆯ事ᄭᆞ지許ᄒᆞᆫ바으로認ᄒᆞᆯ지며且其有効期間內에在ᄒᆞ야ᄂᆞᆫ相當ᄒᆞᆫ保護를與ᄒᆞᆯ지나然이나元來通行券의交付ᄂᆞᆫ一時好意에出ᄒᆞᆫ바ㅣ라故로此를與ᄒᆞᆫ政府或軍隊事情을因ᄒᆞ야不益利ᄒᆞᆷ으로認ᄒᆞᆯ時ᄂᆞᆫ何時든지此를繳消ᄒᆞᆷ을得ᄒᆞᄂᆞ니此境遇에在ᄒᆞ야ᄂᆞᆫ通行者ᄂᆞᆫ其出發地ᄭᆞ지安全히還歸ᄒᆞᆷ을得ᄒᆞᄂᆞᆫ바ㅣ며且通行券의効力은此를交付ᄒᆞᆫ者의權力이行及ᄒᆞᄂᆞᆫ處所에限ᄒᆞ야有効ᄒᆞ며個人的性質이有ᄒᆞᆫ바ㅣ라

警護ᄂᆞᆫ交戰者一方軍隊의司令官及其他將校가自己權力의行及ᄒᆞᄂᆞᆫ範圍內에在ᄒᆞᆫ特定人又ᄂᆞᆫ物에對ᄒᆞ야其安全保護를與ᄒᆞᄂᆞᆫ處分이니如斯히個人에對ᄒᆞ야戰鬪行爲를不及케ᄒᆞᆯ命令書를交付ᄒᆞ며一定ᄒᆞᆫ建築物에對ᄒᆞ야警護命令書를貼付ᄒᆞ거나兵士로써警護케ᄒᆞᆷ이有ᄒᆞᄂᆞ니寺院、博物館、圖書館其他公共建築物等이如斯ᄒᆞᆫ保護를受ᄒᆞᆷ이普通이며且警護命令을携帶케ᄒᆞ거나警備兵使를附與ᄒᆞᆷ은自國人又ᄂᆞᆫ中立國人에不止ᄒᆞ고敵人에對ᄒᆞ야도此를附ᄒᆞ야自國에送還ᄒᆞᆷ이有ᄒᆞᄂᆞ니其何境遇를不問ᄒᆞ고警護命令을下ᄒᆞᆫ官憲의指揮下에

통행권은 그 교부한 사정에 따라 해석해야 한다. 예컨대 적인(敵人)에 대해 모 지점에 갈 것을 허락한 때에는 그 복귀할 것까지 허락한 것으로 인정된다. 또 그 유효기간 내에서는 상당한 보호를 부여하게 된다. 그러나 원래 통행권의 교부는 일시적 호의에서 비롯되는 것이기 때문에, 이를 부여한 정부 또는 군대 사정에 따라 불이익한 것으로 인정할 때에는 언제든지 이를 취소할 수 있다. 이 경우에는 통행자는 그 출발지까지 안전하게 복귀할 수 있다. 또 통행권의 효력은 이를 교부한 사람의 권력이 미치는 장소에 한해 유효하며 개인적 성질을 가진다.

경호는 교전자 일방 군대의 사령관과 그 밖의 장교가 자기 권력이 미치는 범위 내에 있는 특정인 또는 물건에 대해 그 안전·보호를 부여하는 처분이다. 이와 같이 개인에 대해 전투행위를 미치지 않게 할 명령서를 교부하며, 일정한 건축물에 대해 경호명령서를 첨부하거나 병사로 경호하게 하는 경우가 있다. 사원, 박물관, 도서관 그 밖의 공공건축물 등이 이와 같은 보호를 받는 것이 보통이다. 또 경호명령을 휴대하게 하거나 경비병사를 부여하는 것은 자국인 또는 중립국인에 그치지 아니하고, 적인에 대해서도 이를 교부하여 자국으로 송환하는 경우가 있다. 그 어떤 경우를 불문하고 경호명령을 내린 관청의 지휘 하에

在ᄒᆞᆫ兵士ᄂᆞᆫ此를恪守ᄒᆞᄂᆞᆫ바ㅣ며敵人을警護ᄒᆞᄂᆞᆫ兵士ᄂᆞᆫ敵軍에게攻擊或俘虜의待遇를受ᄒᆞᆷ이無ᄒᆞᆫ바ㅣ라

### 第四欵　商業免許

戰爭中交戰國은自國人民或敵國人民及中立國人民에게對ᄒᆞ야一定ᄒᆞᆫ處所及物品에限ᄒᆞ야商業을免許ᄒᆞᆷ이有ᄒᆞ며其免許ᄂᆞᆫ一般的及個人的을不問ᄒᆞ고其免許狀에表示ᄒᆞᆫ趣旨를從ᄒᆞ야經營ᄒᆞᆷ을許ᄒᆞᄂᆞ니如斯히免許에基因ᄒᆞᆫ營業에從事ᄒᆞᄂᆞᆫ者ᄂᆞᆫ此를許ᄒᆞᆫ交戰者ᄂᆞᆫ敵意의行動으로認치아니ᄒᆞ며且其免許에基因ᄒᆞᆫ商業에關ᄒᆞ야ᄂᆞᆫ敵對國人民間에在ᄒᆞ야도契約을締結ᄒᆞᆷ은勿論이오其訴訟을法廷에提出ᄒᆞᆷ을得ᄒᆞ나然이나免許의効力은此를與ᄒᆞᆫ國에對ᄒᆞ야有ᄒᆞᆯ뿐이오相對國에對ᄒᆞ야ᄂᆞᆫ何等의効力이無ᄒᆞᆷ으로其商業에從事ᄒᆞᄂᆞᆫ船舶及其物品等은敵國에게捕獲되ᄂᆞᆫ危險을免ᄒᆞ기不能ᄒᆞᆷ은多言을不俟ᄒᆞᆯ바ㅣ라

戰爭中敵國과商業을免許ᄒᆞᄂᆞᆫ與否ᄂᆞᆫ各交戰國任意에專在ᄒᆞᄂᆞ니一般的通商을免許ᄒᆞᆷ은戰爭中交戰國이交通通商을遮斷ᄒᆞᄂᆞᆫ原則에基因ᄒᆞᆫ바權利의抛棄又ᄂᆞᆫ中止에不外ᄒᆞᆫ지라故로如斯ᄒᆞᆫ免許ᄂᆞᆫ交戰國主權者가必行ᄒᆞᆯ바ㅣ니勅令

있는 병사는 이를 삼가 지켜야 한다. 적인을 경호하는 병사는 적군에게 공격 또는 포로의 대우를 받지 아니한다.

### 제4관 상업면허

전쟁 중 교전국은 자국 인민 또는 적국 인민과 중립국 인민에게 일정한 장소와 물품에 한해 상업을 면허하는 경우가 있다. 그 면허는 일반적 및 개인적인 것을 불문하고, 그 면허장에 표시된 취지에 따라 경영하는 것을 허락한다. 이와 같이 면허에 따른 영업에 종사하는 사람에 대해서는 이를 허가한 교전자는 적의(敵意)의 행동으로 인정하지 아니한다. 또 그 면허에 따른 상업에 관해서는, 적대국 인민 사이에서도 계약을 체결하는 것은 물론이고, 그 소송을 법정에 제출할 수 있다. 그러나 면허의 효력은 이를 부여한 나라에 대해서만 있을 뿐이다. 상대국에 대해서는 어떠한 효력도 없기 때문에, 그 상업에 종사는 선박과 그 물품 등은 적국에게 포획되는 위험을 면할 수 없는 것은 많은 말을 기다리지 않는다.

전쟁 중 적국과의 상업을 면허할 것인지의 여부는 각 교전국 임의에 전적으로 맡겨져 있다. 일반적 통상을 면허하는 것은, 전쟁 중 교전국이 교통·통상을 차단하는 원칙에서 따르는 것으로, 권리의 포기 또는 중지에 지나지 아니한다. 때문에 이와 같은 면허는 교전국의 주권자가 반드시 행해야 한다. 칙령

又ᄂᆞᆫ軍隊一般에對ᄒᆞᄂᆞᆫ訓令으로써許與ᄒᆞᆯ바ㅣ나然이나一定ᄒᆞᆫ處所에限ᄒᆞ야特別事情이有ᄒᆞᆯ時ᄂᆞᆫ海陸軍司令官又ᄂᆞᆫ地方長官이軍隊의必要又或占領地等自已管轄下에在ᄒᆞᆫ地方의必要를依ᄒᆞ야免許를與ᄒᆞᆷ이有ᄒᆞᄂᆞ니此境遇에在ᄒᆞ야ᄂᆞᆫ其免許의効力은此를與ᄒᆞᆫ者의管轄地域以外에及치못ᄒᆞᆷ은勿論이니譬컨ᄃᆡ美西戰爭中에가리후오니야州에食物이缺乏ᄒᆞ고且當時其地方에美國商船이尠少ᄒᆞᆷ으로美國太平洋艦隊司令官은敵國人에게商品의輸入을免許ᄒᆞᆷ과如ᄒᆞᆷ이是라然而其何境遇를不問ᄒᆞ고免許ᄒᆞᆫ趣旨에基因ᄒᆞ야物品의種類、分量、品質幷運搬船舶、方法、處所、時間等規定이有ᄒᆞᆯ時ᄂᆞᆫ此를遵守ᄒᆞᆯ지며且特定人을指定ᄒᆞᆫ時ᄂᆞᆫ被指定者及其代理人이반다시此에從事ᄒᆞᆯ지며運搬時間에關ᄒᆞ야도天災又ᄂᆞᆫ敵國妨害를因ᄒᆞᆫ境遇가아니면此를遲延치못ᄒᆞᄂᆞᆫ바ㅣ라

## 第六章　戰爭의終了

### 第一節　總則

凡交戰國間에戰爭을終了ᄒᆞ야平和關係를回復ᄒᆞᆷ은媾和條約을依ᄒᆞᆷ이近世文明諸國間에行ᄒᆞᄂᆞᆫ普通의方法이나條約을依치아니ᄒᆞ고平和를回復ᄒᆞᆷ이非無

또는 군대 일반에 대한 훈령으로써 허여한다. 그러나 일정한 장소에 한해 특별사정이 있을 때에는, 해·육군사령관 또는 지방장관이 군대의 필요나 점령지 등 자기 관할하에 있는 지방의 필요에 따라 면허를 부여하는 경우가 있다. 이 경우에는 그 면허의 효력은 이를 부여한 사람의 관할 지역 이외에 미치지 못하는 것은 물론이다. 예컨대 미국-멕시코 전쟁 중에 캘리포니아주에 먹거리가 부족하고 또 당시 그 지방에 미국 상선이 매우 적었기 때문에, 미국 태평양 함대사령관은 적국인에게 상품의 수입을 면허한 것 같은 경우가 이것이다. 그러나 그 어떤 경우를 불문하고 면허한 취지에 따라 물품의 종류, 분량, 품질과 운반 선박, 방법, 장소, 시간 등의 규정이 있을 때에는 이를 준수해야 한다. 또 특정인을 지정한 때에는 지정된 사람과 그 대리인이 반드시 이에 종사해야 한다. 운반시간에 관해서도 천재(天災) 또는 적국 방해로 인한 경우가 아니면 이를 지연할 수 없다.

# 제5장 전쟁의 종료

## 제1절 총칙

무릇 교전국 사이에 전쟁을 종료하고 평화관계를 회복하는 것은 강화조약에 의하는 것이 여러 근세 문명국 사이에 행해지는 보통의 방법이다. 그러나 조약에 의하지 아니하고 평화를 회복하는 경우도 없지

ᄒᆞᄂᆞ니即交戰國이互相戰鬪行爲를全然廢止ᄒᆞ며又或一方이他一方을征服홈과如홈이是라然而交戰國이媾和條約을締結ᄒᆞ야平和關係를回復코져ᄒᆯ時ᄂᆞᆫ締結과同時에回復ᄒᆯ지니其調印이有ᄒᆫ同時에戰爭에附隨ᄒᆞᄂᆞᆫ行爲ᄂᆞᆫ一切繼續ᄒᆞ기不能ᄒᆫ지라因ᄒᆞ야交戰國間에在ᄒᆫ戰鬪行爲ᄂᆞᆫ條約調印同時에廢止ᄒᆯᄲᅮᆫ아니라占領軍은其地方에對ᄒᆞ야徵發、課金을徵收ᄒᆞ기不能ᄒᆞ며又其未納ᄒᆫ物品、金錢에對ᄒᆞ야도此를推尋ᄒᆞᄂᆞᆫ權利가無ᄒᆞ며俘虜도ᄯᅩᄒᆫ其資格이解除되나但便宜上其歸國에對ᄒᆞ야ᄂᆞᆫ兩國間交付에關ᄒᆫ協約이成立ᄒᆞ기ᄭᆞ지抑留國에셔此를保護留置홈이今日에慣行이며且戰爭中에中止ᄒᆫ바兩國人民間의私權行使ᄂᆞᆫ幷히回復ᄒᆞ며戰爭前에締結ᄒᆫ契約은法廷의保護를依ᄒᆞ야履行되나然이나戰爭을因ᄒᆞ야事實上履行不能에至ᄒᆫ者ᄂᆞᆫ此를强要ᄒᆞ기不能ᄒᆞᄂᆞ니凡戰爭은天災其他不可抗力과同一히看做ᄒᆞᄂᆞᆫ所以라玆에一言을更要ᄒᆯ바ᄂᆞᆫ所謂現有法의法則이니卽交戰者兩方이媾和條約을締結홈을際ᄒᆞ야明文으로反對規定을不置ᄒᆫ時ᄂᆞᆫ當時交戰國雙方이管轄ᄒᆫ바土地幷此에屬ᄒᆫ物件은互相自國所有로定홈이是라譬컨ᄃᆡ占領地處分에對ᄒᆞ야特別規定이無ᄒᆯ時ᄂᆞᆫ

않다. 즉 교전국이 서로 전투행위를 완전히 폐지하거나 또는 일방이 다른 일방을 정복하는 것 같은 경우가 이것이다. 그러나 교전국이 강화조약을 체결하여 평화관계를 회복하고자 할 때에는 체결과 동시에 회복하게 된다. 그 조인이 있는 동시에 전쟁에 부수하는 행위는 일체 계속할 수 없다. 따라서 교전국 사이에서의 전투행위는 조약의 조인과 동시에 폐지될 뿐만 아니라, 점령군은 그 지방에 대해 징발, 과금을 징수할 수 없다. 또 그 미납한 물품, 금전에 대해서도 이를 추심(推尋)[1]하는 권리가 없다. 포로도 또한 그 자격이 해제된다. 다만 편의상 그 귀국에 대해서는, 양국 사이에 인도에 관한 조약이 성립하기까지 억류국에서 이를 보호·유치하는 것이 오늘날(역자 주: 1910년경 당시)의 관행이다. 또 전쟁 중에 중지하였던 양국 인민 사이의 사권의 행사는 또한 회복되며, 전쟁 전에 체결한 계약은 법정(法廷)의 보호에 따라 이행된다. 그러나 전쟁에 따라 사실상 이행불능에 이른 것은 이를 강요할 수 없다. 무릇 전쟁은 천재 그 밖의 불가항력과 동일한 것으로 간주되기 때문이다. 이에 한마디 말을 다시 해야 할 바는 이른바 현행법의 원칙이다. 즉 교전자 쌍방이 강화조약을 체결하면서 명문으로 반대규정을 두지 않은 때에는, 당시 교전국 쌍방이 관할하던 토지와 이에 속한 물건은 서로 자국 소유로 정하는 것이 이것이다. 예컨대, 점령지 처분에 대해 특별규정이 없을 때에는

1 추심(推尋): 찾아가서 받아냄.

幷히占領國領有를作ᄒᆞ며動產에對ᄒᆞ야ᄂᆞᆫ占領軍이旣히沒收ᄒᆞᆫ物件은其所有로作ᄒᆞ며아즉沒收치아니ᄒᆞᆫ物件은原所有者에게歸ᄒᆞᄂᆞᆫ바ㅣ니理論上批難ᄒᆞᆯ点이雖有ᄒᆞ나實際上便宜ᄂᆞᆫ不少ᄒᆞᄂᆞ니即媾和條約에記載치아니ᄒᆞ거나又ᄂᆞᆫ其讓與를明言ᄒᆞ기不欲ᄒᆞᄂᆞᆫ物件의所有權을定ᄒᆞᆷ에最便宜ᄒᆞᆫ法則이라然이나交戰國은往往에復原法을取ᄒᆞ야平和回復과共히戰爭前狀態를回復코져ᄒᆞᆷ이有ᄒᆞᄂᆞ니即各自國意思에基因ᄒᆞ야明文으로써復原法을取用ᄒᆞᆯ時ᄂᆞᆫ設或條約文中에特別의規定이無ᄒᆞᆯ지라도占領ᄒᆞᆫ土地幷其附屬物件을原所有國에返還ᄒᆞ며但戰爭法則을依ᄒᆞ야行ᄒᆞᆫ바徵收其他損害等에對ᄒᆞ야ᄂᆞᆫ賠償치아니ᄒᆞᆷ이常則이니換言ᄒᆞ면即平和回復當時現況을依ᄒᆞ야舊國에返還ᄒᆞᄂᆞᆫ바ㅣ라

### 第二節　媾和條約의性質及其効力

凡媾和條約은交戰者雙方의互相讓步를因ᄒᆞ야戰爭을終了ᄒᆞᄂᆞᆫ行爲니即戰爭의原因을成ᄒᆞᆫ바問題ᄂᆞᆫ此를依ᄒᆞ야解決될뿐아니라戰爭中에行ᄒᆞᆫ바雙方行爲其他戰爭의費用及損害에對ᄒᆞ야도幷히條約規定으로써確定ᄒᆞᄂᆞᆫ바ㅣ라然而此를締結ᄒᆞᆷ에ᄂᆞᆫ交戰國雙方으로各全權委員을選定ᄒᆞ야執行케ᄒᆞ며其効力에

또한 점령국의 영유로 하며, 동산에 대해서는 점령군이 이미 몰수한 물건은 그 소유로 하고 아직 몰수하지 아니한 물건은 원 소유자에게 되돌려준다. 이론상 비난할 점이 비록 있지만 실제상 편의는 적지 아니하다. 즉 강화조약에 기재되지 아니하거나 또는 그 양도를 명언(明言)[1]하고자 하지 아니하는 물건의 소유권을 정하는데 가장 편리한 법칙이다. 그러나 교전국은 때로 원상회복법을 취하여 평화회복과 함께 전쟁 전 상태를 회복하고자 하는 경우가 있다. 즉 각기 자국의 의사에 따라 명문으로 원상회복법을 채용할 때에는, 설사 조약문 중에 특별한 규정이 없을지라도 점령한 토지와 그 부속물건을 원 소유국에 반환한다. 다만 전쟁법칙에 따라 한 징수 그 밖의 손해 등에 대해서는 배상하지 않는 것이 상규이다. 바꾸어 말하면 즉 평화회복 당시의 현황에 따라 구국(舊國)에 반환하는 것이다.

## 제2절 강화조약의 성질과 그 효력

무릇 강화조약은 교전자 쌍방의 상호 양보에 따라 전쟁을 종료하는 행위이다. 즉 전쟁의 원인으로 되었던 문제는 이에 따라 해결된다. 그뿐만 아니라 전쟁 중에 행해진 쌍방의 행위 그 밖의 전쟁의 비용과 손해에 대해서도 모두 조약규정으로 확정한다. 그러나 이를 체결할 경우에는 교전국 쌍방이 각각 전권위원을 선정하여 집행하게 한다. 그 효력에

1 명언(明言): 분명히 말함.

至ᄒᆞ야ᄂᆞᆫ普通의條約과如히兩國主權者의批準을經ᄒᆞᆫ後에始生ᄒᆞᆷ이常則이나但條約中戰爭行爲의終了時日을特揭치아니ᄒᆞᆫ時ᄂᆞᆫ調印同時에其行爲ᄅᆞᆯ廢棄ᄒᆞᄂᆞᆫ効力이生ᄒᆞᄂᆞᆫ바ㅣ니譬컨ᄃᆡ日淸及日露戰爭終了時와如히豫先休戰의約定이有ᄒᆞᆫ時ᄂᆞᆫ勿論ᄒᆞ고休戰의特約이雖無ᄒᆞᆯ時라도其調印과共히戰鬪行爲ᄂᆞᆫ當然休止ᄒᆞᆷ이可ᄒᆞᆫ지라何者오若其條約이批準될時ᄂᆞᆫ其効力은調印當時에溯及ᄒᆞᆷ이原則이니調印後戰爭을依然繼續ᄒᆞᆷ은戰鬪地方에對ᄒᆞ야不必要ᄒᆞᆫ損害ᄅᆞᆯ加ᄒᆞ며兵士에게無益ᄒᆞᆫ殺傷을與ᄒᆞᆯᄲᅮᆫ아니라往往에約條締結當時狀態ᄅᆞᆯ變更ᄒᆞ야條約의批準이困難ᄒᆞᆯ憂慮가有ᄒᆞᆫ所以며且交戰處所가廣濶ᄒᆞ거나軍隊又ᄂᆞᆫ軍艦의屯在所間에交通不便을因ᄒᆞ야媾和事情을迅速通知ᄒᆞ기不能ᄒᆞ야ᄂᆞᆫ各地의戰爭行爲廢止時期ᄅᆞᆯ各異히ᄒᆞᆫ時ᄅᆞᆯ際ᄒᆞ야遠隔地에在ᄒᆞᆫ軍隊又ᄂᆞᆫ軍艦은其約定時日以前에ᄂᆞᆫ平和回復의事實을不知ᄒᆞᆷ으로戰爭을繼續ᄒᆞᆷ이無妨ᄒᆞ나若其期日以前에在ᄒᆞ야平和回復의公然ᄒᆞᆫ通知書가有ᄒᆞᆫ時ᄂᆞᆫ約定期日을不待ᄒᆞ고其通知書ᄅᆞᆯ受領ᄒᆞᆫ同時에戰爭을廢止ᄒᆞᆷ이可ᄒᆞᆫ바ㅣ라玆에所謂公然ᄒᆞᆫ通知라云ᄒᆞᆷ은本國政府로브터軍隊又ᄂᆞᆫ艦隊의司令官에게公然히通知ᄒᆞᆷ

대해서는 보통의 조약과 같이 양국 주권자의 비준을 거친 후에 비로소 발생하는 것이 상규(常規)[1]이다. 다만 조약 중 전쟁행위의 종료시일을 특정하지 아니한 때에는, 조인과 동시에 그 행위를 폐기하는 효력이 발생한다. 예컨대 청일전쟁 및 일본-러시아 전쟁 종료 시와 같이 미리 휴전의 약정이 있는 때에는 물론이고, 휴전의 특약이 비록 없을 때라도 그 조인과 더불어 전투행위는 당연히 정지되어야 한다. 왜냐하면 만약 그 조약이 비준될 때에는 그 효력은 조인 당시에 소급하는 것이 원칙인데, 조인 후 전쟁을 전과 다름없이 계속하는 것은 전투지방에 대해 불필요한 손해를 가하며, 병사에게 무익한 살상을 줄 뿐만 아니라, 때로 조약체결 당시 상태를 변경하여 조약의 비준이 곤란하게 될 우려가 있기 때문이다. 또한 교전장소가 광활하거나 군대 또는 군함의 주둔지 사이에 교통 불편에 따라 강화 사정을 신속하게 통지할 수 없는 경우, 각지의 전쟁행위의 폐지시기를 각각 다르게 한 때에는, 원격지에 있는 군대 또는 군함은 그 약정시일 이전에는 평화회복의 사실을 알지 못하므로 전쟁을 계속하는 것도 무방하다. 그러나 만약 그 기일 이전에 평화회복의 공연한 통지서가 있는 때에는, 약정기일을 기다리지 아니하고 그 통지서를 수령하는 동시에 전쟁을 폐지해야 한다. 이에 이른바 공연한 통지라고 하는 것은 본국 정부로부터 군대 또는 함대의 사령관에게 공연히 통지하는 것을

1 상규(常規): 일반적인 규정 또는 규칙.

을指홈이니盖軍隊ᄂᆞᆫ自國政府以外關係國으로브터公然ᄒᆞᆫ通知가有ᄒᆞᄃᆡ此를依ᄒᆞ야行動ᄒᆞᄂᆞᆫ義務가本無ᄒᆞ며且如斯ᄒᆞᆫ通知를準信ᄒᆞ야行動홈은危險이不無ᄒᆞᆫ所以니譬컨ᄃᆡ千八百一年英佛戰爭이아미안約條를因ᄒᆞ야終了ᄒᆞᆯ시印度洋에在ᄒᆞᆫ戰爭行爲ᄂᆞᆫ五個月內에終了ᄒᆞ기로約定ᄒᆞᆫ지라然而其期限滿了前에英船「스와인하ㅣ또」號ᄂᆞᆫ印度洋에在ᄒᆞ야佛國에게捕獲되얏스며其捕獲者ᄂᆞᆫ英國及葡萄牙國으로브터戰爭의終了ᄒᆞᆫ事實을知得홈을不拘홈此를行홈은自國政府의公報가無홈을基因ᄒᆞᆫ바正當ᄒᆞᆫ行爲라云홈과如ᄒᆞᆫ바ㅣ라

媾和條約에在ᄒᆞ야ᄂᆞᆫ交戰國間의戰爭發生의原因된係爭問題를決定홈이普通이나有時乎其問題가多端ᄒᆞ야一時此를處理ᄒᆞ기困難ᄒᆞᆯ時ᄂᆞᆫ爲先平和回復에對ᄒᆞ야條約을締結ᄒᆞ고其詳細ᄒᆞᆫ決定은後日을俟ᄒᆞᄂᆞᆫ바條約이非無ᄒᆞ나니千八百十四年에英米兩國間젠도媾和條約은戰爭原因된問題ᄂᆞᆫ解決치아니ᄒᆞ고單히其戰爭을終了ᄒᆞᆯ事를規定홈이其一例라然이나通常으로係爭問題를解決ᄒᆞ고此와同時에戰爭結果로伴生ᄒᆞᄂᆞᆫ新狀態에附隨ᄒᆞᆫ바種種必要의條欵을定ᄒᆞ야其人民의私權을保證ᄒᆞ며通商及其他國際上關係ᄭᆞ지規定홈이有ᄒᆞᄂᆞ니

가리킨다. 대개 군대는 자국 정부 이외의 관계국으로부터 공연한 통지가 있어도 이에 따라 행동할 의무가 없다. 또 이와 같은 통지를 믿고 따라 행동하는 것은 위험이 없지 않기 때문이다. 예컨대 1801년 영국-프랑스 전쟁이 아미앙 조약(Treaty of Amiens)에 따라 종료될 때에 인도양에서의 전쟁행위는 5개월 내에 종료하기로 약정하였다. 그런데 그 기한 만료 전에 영국선 「Swineherd」호는 인도양에서 프랑스에 포획되었다. 그 포획자는 영국과 포르투갈로부터 전쟁이 종료된 사실을 알 수 있었음에도 불구하고. 이를 행한 것은 자국 정부의 공보(公報)가 없었던 데서 따르는 정당한 행위라고 말한 것 같은 경우이다.

강화조약에서는 교전국 사이의 전쟁 발생의 원인이었던 계쟁(係爭)문제를 결정하는 것이 보통이다. 그러나 때로는 그 문제가 복잡다단하여 일시에 이를 처리하기 곤란할 때에는, 먼저 평화회복에 대해 조약을 체결하고, 그 상세한 결정은 후일을 기다리기로 하는 조약도 없지 않다. 1814년에 영국과 미국 양국 사이의 강화조약(Treaty of Ghent)은 전쟁원인이었던 문제는 해결하지 아니하고 단지 그 전쟁을 종료할 것을 약정한 것이 그 한 예이다. 그러나 일상적으로는 계쟁문제를 해결하고, 이와 동시에 전쟁 결과에 수반하여 발생하는 새로운 상태에 부수하는 여러 종류의 필요한 조항을 정하여 그 인민의 사권을 보호하며, 통상과 그 밖의 국제상의 관계까지 규정한다.

譬컨딕往年日淸兩國馬關條約에在ᄒᆞ야其戰爭原因된○○의獨立을確定ᄒᆞ며臺灣의割讓及償金等을定ᄒᆞ고尙且兩國間新通商條約을締結ᄒᆞᆷ에關ᄒᆞ야其基礎될바標準을定ᄒᆞ얏스며又日露兩國포스마스條約에在ᄒᆞ야露國은日本國이○○에對ᄒᆞᆫ監督保護의權利를承認ᄒᆞ며滿洲의撤退를約定ᄒᆞ며關東州의租借地를淸國政府의承諾으로써日本國에讓ᄒᆞ며東淸鉄道에對ᄒᆞ야ᄂᆞᆫ長春以南線路及同鉄道附屬地幷該鉄道를爲ᄒᆞ야經紀ᄒᆞᆯ바工場、建物及炭礦等을日本國에讓與ᄒᆞ며樺太島ᄂᆞᆫ北緯五十度以南을割讓ᄒᆞ며航海及沿海洲의漁業權을日本國에讓與ᄒᆞ며尙且兩國間의新通商航海條約의締結等을約定ᄒᆞᆷ과如ᄒᆞᆷ이是라玆에更히媾和條約의效果에對ᄒᆞ야畧論코져ᄒᆞ노라

第一、戰爭前事項

(一)交戰國間에在ᄒᆞ야戰爭을惹起ᄒᆞᆷ에至ᄒᆞᆫ問題를絶對的으로解決ᄒᆞ며永久의平和를保維ᄒᆞᆯ事를明言ᄒᆞᆷ이普通이나但此永久의平和라云ᄒᆞᆷ은將來如何ᄒᆞᆫ原因에對ᄒᆞ든지戰爭을不爲ᄒᆞᆫ다約定ᄒᆞᆷ이아니오戰爭을開始ᄒᆞᆫ問題에對ᄒᆞ야再次戰爭을不爲ᄒᆞᆫ다ᄒᆞᆷ이며且媾和條約의效果ᄂᆞᆫ其戰爭을惹起

예컨대 지난 청일전쟁 양국의 시모노세키(馬關)조약에서 그 전쟁원인이었던 조선[1]의 독립을 확정하며, 대만의 할양과 배상금 등을 정하고, 또한 양국 사이의 신 통상조약을 체결하는 것에 관해 그 기초로 될 표준을 정하였다. 또한 일본-러시아 양국의 강화조약(Treaty of Portsmouth)에서 러시아는 일본의 조선[2]에 대한 감독·보호의 권리를 승인하고, 만주의 철수를 약정하며, 관동주(關東州)의 조차지(租借地)[3]를 청국 정부의 승낙에 따라 일본에 양도하고, 동청(東淸)철도에 대해서는 장춘(長春) 이남 노선과 동 철도 부속지 및 해당 철도를 위해 경영하는 공장, 건물과 탄광 등을 일본에 양도하며, 사할린(樺太島) 북위 50도 이남을 할양하고, 항해와 연해주의 어업권을 일본에 양도하며 또한 양국 사이의 신 통상항해조약의 체결 등을 약정한 것 같은 경우가 이것이다. 이에 다시 강화조약의 효과에 대해 간략하게 논하고자 한다.

1. 전쟁 전 사항

(1) 교전국 사이에 전쟁을 일으킨 것에 이른 문제를 절대적으로 해결하며, 영구적 평화를 보존·유지할 것을 명언하는 것이 보통이다. 다만 이 영구적 평화라고 함은 장래 어떠한 원인에 대해서든지 전쟁을 하지 않는다고 약정하는 것은 아니다. 전쟁을 개시한 문제에 대해 다시 전쟁을 하지 않는다고 하는 의미이다. 또한 강화 조약의 효과는 그 전쟁을

1 주정균 교재는 공란이나 일본『戰時國際法』266쪽에는 조선임.
2 바로 위 각주와 같음.
3 조차지(租借地): 특별한 합의에 따라 어떤 나라가 다른 나라 영토의 일부를 빌려 일정 기간 통치하는 지역.

ᄒᆞᆷ에至ᄒᆞᆫ特定의問題에對ᄒᆞ야有ᄒᆞᆷ으로써締盟國은此와同一或類似ᄒᆞᆫ事件에對ᄒᆞ야權利의侵害ᄅᆞᆯ受ᄒᆞᆯ時ᄂᆞᆫ更히開戰의理由ᄅᆞᆯ作ᄒᆞᆷ이無妨ᄒᆞ며戰爭前의損害其他國家間의問題로戰爭理由ᄅᆞᆯ不作ᄒᆞᆫ者ᄂᆞᆫ媾和條約과關係가無ᄒᆞᆷ으로戰爭終了ᄅᆞᆯ依ᄒᆞ야消滅치아니ᄒᆞᆷ은勿論이며

(二)由來兩國間에存在ᄒᆞᆫ바條約其他約定으로戰爭中其實行을中止ᄒᆞᆫ者ᄂᆞᆫ幷히回復ᄒᆞᄂᆞᆫ바ㅣ며

(三)兩國人民間의私權을回復ᄒᆞᄂᆞ니即其物質的으로實行ᄒᆞ기不能ᄒᆞᆫ者와又ᄂᆞᆫ無効된者等을除外ᄒᆞ고契約其他權利義務의一切關係ᄂᆞᆫ兩國法廷에서此ᄅᆞᆯ保護ᄒᆞᄂᆞᆫ바ㅣ라

## 第二、戰爭中事件

凡媾和條約은戰爭에關ᄒᆞᆫ事項에對ᄒᆞᄂᆞᆫ最終의解決이니故로交戰國一方行爲로戰爭權利ᄅᆞᆯ濫行ᄒᆞ거나且權利關係가無ᄒᆞ고行ᄒᆞᆫ바行爲에對ᄒᆞ야ᄂᆞᆫ媾和條約調印後에此ᄅᆞᆯ批難又ᄂᆞᆫ此에關ᄒᆞᆫ要求ᄅᆞᆯ提出ᄒᆞ기不能ᄒᆞ며又或戰爭中交戰國政府命令에不出ᄒᆞ고人民이戰爭行爲ᄅᆞᆯ濫行ᄒᆞᆫ者及其不正ᄒᆞᆫ行爲

야기하기에 이르렀던 특정 문제에 대해 미치고, 이에 따라 체약국은 동일 또는 유사한 사건에 대해 권리의 침해를 받을 때에는 다시 전쟁의 이유로 삼을 수 있다. 전쟁 전의 손해 그 밖의 국가 사이의 문제로 전쟁의 이유로 삼지 않았던 경우에는, 강화조약과 관계가 없으므로 전쟁 종료에 따라 소멸하지 않는 것은 물론이다.

(2) 원래 양국 사이에 존재하는 조약 그 밖의 약정으로 전쟁 중 그 실행을 중지하였던 것은 또한 회복된다.

(3) 양국 인민 사이의 사권을 회복한다. 즉 그 물질적으로 실행할 수 없는 것 또는 무효로 된 것 등을 제외하고, 계약 그 밖의 권리의무의 모든 관계는 양국 법정에서 이를 보호한다.

2. 전쟁 중 사건

무릇 강화조약은 전쟁에 관한 사항에 대한 최종적인 해결이다. 그러므로 교전국 일방행위로 전쟁권리를 남용하거나, 또 권리관계가 없이 행한 행위에 대해서는, 강화조약 조인 후에 이를 비난 또는 이에 관한 요구를 제출할 수 없다. 또 때로는 전쟁 중 교전국 정부의 명령에서 비롯되지 않고 인민이 전쟁행위를 남용한 경우와 그 부정(不正)한 행위가가有ᄒᆞ얏스나媾和條約의成立은摠히兩國間의惡感情을抹消케홈과共히戰爭의熱情으로從出ᄒᆞᆫ바不正의行爲를罰치아니홈이常則이니如斯히不正ᄒᆞᆫ行爲를赦免홈은媾和條約成立에伴生ᄒᆞ는結果나然이나條約中에此를明定홈이有ᄒᆞ니譬컨ᄃᆡ往年日清馬關條約第九條에日本臣民으로軍事上間諜又는犯罪者로認ᄒᆞᆫ者는清國이即地解放홈이可ᄒᆞ다規定홈과如홈이是라

第三、條約締結後行爲

締盟國은條約締結과共히平和를回復ᄒᆞ며批準이有ᄒᆞᆯ時는其效力은調印當時에溯及홈이原則이라然而兩國人民이條約締結後平和事實을不知ᄒᆞ고戰爭行爲를行ᄒᆞᆫ者는元來犯意가無ᄒᆞᆫ바로處判홈이無ᄒᆞ나國家는損害賠償의責任은難免ᄒᆞ니即加害國은被害國에對ᄒᆞ야可成的原狀에回復케ᄒᆞ는責任이有ᄒᆞᆫ바ㅣ라

## 第三節　戰爭行爲의廢止及征服

交戰國이戰爭行爲를單純히廢止ᄒᆞ야戰爭을終了ᄒᆞᆫ事는古來其例가甚少ᄒᆞ느니千七百十六年瑞西及波蘭國의戰爭과前世紀中中央亞米利加及南亞米利加

있었을 경우에도, 강화조약의 성립은 모두 양국 사이의 악감정을 말소하게 하는 동시에 전쟁의 열정에서 비롯되었던 부정행위를 처벌하지 않게 하는 것이 상규(常規)이다. 이와 같이 부정한 행위를 사면하는 것은 강화조약의 성립에 수반하여 발생하는 결과이다. 그러나 조약 중에 이를 명확하게 규정하는 경우도 있다. 예컨대 지난 청일전쟁 후 시모노세키조약 제9조에 일본신민으로 군사상 간첩 또는 범죄자로 인정되는 사람은 청국이 즉시 석방해야 한다고 규정한 것 같은 경우가 이것이다.

3. 조약체결 후의 행위

체약국은 조약체결과 함께 평화를 회복하며, 비준이 있을 때에는 그 효력은 조인(調印)[1] 당시에 소급하는 것이 원칙이다. 그러나 양국 인민이 조약체결 후 평화의 사실을 알지 못하고 전쟁행위를 한 사람은, 원래 범의(犯意)가 없었기 때문에 처벌하지 아니한다. 그러나 국가는 손해배상의 책임은 면하기 어렵다. 즉 가해국은 피해국에 대해 가급적 원상에 회복하게 하는 책임을 진다.

### 제3절 전쟁행위의 폐지와 정복

교전국이 전쟁행위를 단순히 폐지하고 전쟁을 종료하는 것은 옛날부터 그 예가 적지 않다. 1716년 스위스와 폴란드의 전쟁과 지난 세기 중 중앙아메리카와 남아메리카에서

1 조인(調印): 조약 당사국의 대표자가 조약의 공문서에 서명·날인하는 일.

에서獨立ᄒᆞᆫ殖民地와西班牙國間의戰爭이是其例라卽亞米利加洲에在ᄒᆞᆫ西班牙國의殖民地가同國을叛抗ᄒᆞ고獨立을企圖ᄒᆞᆷ에對ᄒᆞ야西班牙國은千八百二十五年以來戰爭行爲를廢止ᄒᆞ고中立國及其人民에對ᄒᆞ야도中立義務를强制ᄒᆞᆷ이無ᄒᆞ얏스나西班牙國은千八百四十年ᄭᆞ지墨西哥國을除ᄒᆞᆫ外에中央及南米諸國과平和的交通을行ᄒᆞᆷ이無ᄒᆞ얏스며同年에勅令으로ᄡᅥ에구와돌共和國船舶의入港ᄒᆞᆷ을始許ᄒᆞ며千八百四十四年에智利國의獨立을承認ᄒᆞ며千八百五十四年에베네쥬라國의獨立을承認ᄒᆞᆷ과如ᄒᆞᆷ이是라

如斯히戰爭行爲의廢止를因ᄒᆞ야戰爭이終了ᄒᆞᆫ時ᄂᆞᆫ其終了時期가確然치못ᄒᆞᆷ으로交戰國及其人民은永久的으로其相對國에對ᄒᆞ야戰爭關係를繼續ᄒᆞᄂᆞᆫ與否의疑問이非無ᄒᆞ며中立國及其人民도中立法則을準據ᄒᆞ야交戰國된國家에對ᄒᆞ야交通關係를有ᄒᆞᄂᆞᆫ與否의疑点이有ᄒᆞ나然이나時日이經過ᄒᆞᆯ時ᄂᆞᆫ交戰國이事實上平和의狀態를回復ᄒᆞᄂᆞ니結果媾和條約에依ᄒᆞᄂᆞᆫ戰爭終了와効力이同一ᄒᆞᆫ지라但平和關係가確立ᄒᆞ기ᄭᆞ지ᄂᆞᆫ兩國間의戰爭原因된問題를終決ᄒᆞᆷ이無ᄒᆞᄂᆞ니是以로同一問題에對ᄒᆞ야何時든지戰端을更起ᄒᆞᆷ을得ᄒᆞᆫ다云ᄒᆞᆫ

독립한 식민지와 스페인 사이의 전쟁이 그 예이다. 즉 아메리카주[1]에 있는 스페인의 식민지가 동국에 반항하고 독립을 기도하는 것에 대해, 스페인은 1825년 이래 전쟁행위를 폐지하고 중립국과 그 인민에 대해서도 중립의무를 강제하지 않았다. 그러나 스페인은 1840년까지 멕시코를 제외하고는 중앙 및 남미 여러 나라와 평화적 교통을 하지 않았다. 같은 해에 칙령으로 에콰도르 공화국 선박이 입항하는 것을 처음 허락하였으며, 1844년에 칠레의 독립을 승인하고. 1854년에 베네수엘라의 독립을 승인한 것 같은 경우가 이것이다.

이와 같이 전쟁행위의 폐지에 따라 전쟁이 종료한 때에는, 그 종료 시기가 확연하지 않고, 교전국과 그 인민이 영구적으로 그 상대국에 대해 전쟁관계를 계속하는지의 여부에 의문이 없지 않다. 중립국과 그 인민도 중립법칙에 준거해 교전국인 국가에 대해 교통관계를 유지하는지의 여부에도 의문점이 있다. 그러나 시일이 경과할 때에는 교전국이 사실상 평화의 상태를 회복하게 된다. 그 결과 강화조약에 따른 전쟁종료와 효력이 동일하다. 다만 평화관계가 확립되기까지는 양국 사이의 전쟁원인이었던 문제를 해결할 수 없다. 이에 따라 동일 문제에 대해 언제든지 전단(戰端)을 다시 일으킬 수 있다고 할

1 아메리카주: 현대적 표현으로는 중남미.

지로다

征服을因ᄒᆞ야戰爭을終了ᄒᆞᆷ은交戰國一方이亡滅ᄒᆞ야其領土及人民이戰勝國主權下에歸ᄒᆞ야其國의一部를成ᄒᆞᆷ이니是以로戰勝國은其土地에對ᄒᆞ야自國版圖를作ᄒᆞ는意思及實力으로써事實上領有를繼續ᄒᆞ는狀態가有ᄒᆞᆷ을要ᄒᆞ며其版圖를作ᄒᆞ는意思는合倂宣言을依ᄒᆞ며實力은警備의行爲를依ᄒᆞ야發表ᄒᆞ는바ㅣ니千八百六十年에伊國이시시리아、모데나島及其他同半島諸國을征服ᄒᆞᆷ과千八百三十年에佛國이알졔리아를征服ᄒᆞᆫ等이是라

## 第三編　局外中立의法則

### 第一章　中立의定義

局外中立은國家가交戰國間戰爭에對ᄒᆞ야其何方에든지助力치아니ᄒᆞ고平和的國交를繼續ᄒᆞ는狀態를謂ᄒᆞᆷ이니是以로局外中立의法則은交戰者一方에對ᄒᆞ야積極的又는消極的으로他一方의不利益될行爲를行치아니ᄒᆞ고雙方에對ᄒᆞ야戰爭前브터保有ᄒᆞᆫ바國交를繼續ᄒᆞᆷ이原則이나然이나局外中立의地位는戰時에限ᄒᆞ야存在ᄒᆞᆷ으로써平時의國際法則을全然適用ᄒᆞᆷ은아니니即交戰國

수 있다.

정복에 따라 전쟁을 종료하는 것은 교전국 일방이 멸망하여 그 영토와 인민이 전승국의 주권 하에 귀속되어 그 나라의 일부를 구성하게 되는 것이다. 이에 따라 전승국은 그 토지에 대해 자국 영토로 삼는 의사와 실력으로 사실상 영유(領有)를 계속하는 상태를 유지해야 한다. 그 영토로 삼으려는 의사는 합병선언에 의하며, 실력은 경비행위에 의해 발표된다. 1860년에 이탈리아가 시칠리아(Sicilia), 모데나(Modena)섬과 그 밖의 동 반도의 여러 나라를 정복한 경우와 1830년에 프랑스가 알제리(Algeria)를 정복한 경우 등이 이것이다.

# 제3편 국외중립[1]의 법칙

## 제1장 중립의 정의

국외중립은 국가가 교전국 사이의 전쟁에 대해 그 어느 쪽이든지 조력하지 아니하고 평화적 국교를 계속하는 상태를 말한다. 이에 따라 국외중립의 법칙은 교전자 일방에 대해 적극적 또는 소극적으로 다른 일방에 대해 불이익한 행위를 하지 아니하고, 쌍방에 대해 전쟁 전부터 보유하던 국교를 계속하는 것이 원칙이다. 그러나 국외중립의 지위는 전시에 한해 존재하고 이에 따라 평시의 국제법칙을 완전히 적용하는 것은 아니다. 즉 교전국과

---

1 전쟁법을 서술하는 현대 국내 교과서는 국외중립(局外中立)을 단순히 "중립(中立)으로 표기한다. 가령 김명기, 『국제법원론(하)』, (1996) 1354쪽 이하. 김정균 성재호 공저, 『국제법』 (2006), 771쪽 이하. 김정건, 『국제법』 (1998), 862쪽 이하. 유병화 외, 『국제법 II』 (2000), 794쪽 이하. 이병조 이중범 공저, 『국제법신강』(1993), 943쪽 이하.

과中立國權利義務에對ᄒᆞ야ᄂᆞᆫ交戰者가戰爭을遂行홈에必要不可缺ᄒᆞᆯ權利와中立國이中立을維持홈에必要ᄒᆞᆫ諸種法則이自有ᄒᆞᆯ뿐아니라平時關係에在ᄒᆞ야ᄂᆞᆫ國家ᄂᆞᆫ獨立의作用으로特定ᄒᆞᆫ國에對ᄒᆞ야他國보다親密ᄒᆞᆫ交際及特殊ᄒᆞᆫ待遇ᄅᆞᆯ與홈이自由에專屬ᄒᆞ나戰時에在ᄒᆞ야ᄂᆞᆫ交戰國雙方에對ᄒᆞ야無偏無黨의態度ᄅᆞᆯ取ᄒᆞ야其國交ᄅᆞᆯ完全히ᄒᆞᄂᆞᆫ바ㅣ라

凡獨立國은平時에在ᄒᆞ야條約으로써其行爲ᄅᆞᆯ制限홈이아니면他國間戰爭을際ᄒᆞ야局外中立의地位ᄅᆞᆯ保維ᄒᆞᆯ權利義務ᄅᆞᆯ有홈이常則이니是以로反對의宣言을不爲ᄒᆞᆫ以上은局外中立을守홈으로推測ᄒᆞᄂᆞᆫ바ㅣ라故로日、淸、戰爭時에英、米、伊、丁、葡及瑞典等諸國은中立의宣言을行ᄒᆞ얏스나佛、獨、露等各國은此ᄅᆞᆯ明言치아니ᄒᆞ얏스며日露戰爭에丁、和、獨、佛、英、淸等諸國은中立의宣言及通告ᄅᆞᆯ行ᄒᆞ얏스며其他諸國은何等의宣言及通告가無ᄒᆞ얏스나戰爭中第三國은中立宣言有無ᄅᆞᆯ不問ᄒᆞ고當然히局外中立地位ᄅᆞᆯ保維홈이原則이며且局外中立과永久的中立은此ᄅᆞᆯ適宜히區別ᄒᆞᆯ지니局外中立은國家가他國間戰爭을際ᄒᆞ야自國의獨立主權을因ᄒᆞ야其戰爭에干與홈을可得ᄒᆞᆯ自由가有홈을不

중립국 권리의무에 대해서는, 교전자가 전쟁 수행에 필요 불가결한 권리와 중립국이 중립을 유지하는데 필요한 여러 종류의 법칙이 자연 있다. 그뿐만 아니라 평시관계에서는 국가는 독립권의 작용으로 특정한 나라에 대해 다른 나라보다 친밀한 교제와 특수한 대우를 부여하는 것이 자유에 전속한다. 그러나 전시에는 교전국 쌍방에 대해 편들지 않고 치우치지 않는 태도를 취하여 그 국교를 완전하게 한다.

무릇 독립국은 평시에 조약으로 그 행위를 제한하지 아니하면, 다른 나라 사이에 전쟁이 있을 때 국외중립의 지위를 보전·유지할 권리의무를 가지는 것이 상규이다. 이에 따라 반대의 선언을 하지 않는 이상은 국외중립을 지키는 것으로 추측된다. 그러므로 청일전쟁 시에 영국,미국, 이탈리아, 덴마크, 포르투갈과 스웨덴 등 여러 나라는 중립의 선언을 하였으나, 프랑스, 독일, 러시아 등 각국은 이를 분명하게 선언하지 않았다. 일본-러시아 전쟁 시에 덴마크, 네덜란드, 독일, 프랑스, 영국, 청 등 여러 나라는 중립의 선언과 통고를 하였으며, 그 밖의 여러 나라는 어떠한 선언이나 통고도 없었다. 그러나 전쟁 중 제3국은 중립선언의 유무를 불문하고 당연히 국외중립의 지위를 보유하는 것이 원칙이다. 또 국외중립과 영구적 중립은 이를 적절히 구별해야 한다. 국외중립은 국가가 다른 나라 사이의 전쟁 시에 자국의 독립 주권에 따라 그 전쟁에 간여할 수 있는 자유가 있음에도

拘ᄒᆞ고第三國地位에立ᄒᆞᄂᆞᆫ바ㅣ나永久的中立은國家或一定ᄒᆞᆫ土地、物件及人員에對ᄒᆞ야列國間條約으로써交戰者가此를侵犯치아니ᄒᆞᄂᆞᆫ意味니歐洲의瑞西、白耳義、룩센부루이三國과亞弗利加의콩고國과如ᄒᆞᆷ은列國條約을依ᄒᆞ야他國이其領土ᄅᆞᆯ侵犯치아니ᄒᆞᄂᆞᆫ同時에此等諸國은戰時或平時ᄅᆞᆯ不問ᄒᆞ고自國의安全을爲ᄒᆞᄂᆞᆫ境遇ᄅᆞᆯ除ᄒᆞᆫ外에他國과戰爭行爲又ᄂᆞᆫ戰爭을成ᄒᆞᄂᆞᆫ行爲에干與치아니ᄒᆞᄂᆞᆫ바永世中立의地位ᄅᆞᆯ有ᄒᆞᆫ바ㅣ니要컨ᄃᆡ永世中立國은列國條約을依ᄒᆞ야獨立權行使ᄅᆞᆯ制限ᄒᆞᆫ바國際法上主權國의特例라云ᄒᆞᆯ바ㅣ라一定ᄒᆞᆫ處所又ᄂᆞᆫ物品及人員에對ᄒᆞ야戰爭行爲ᄅᆞᆯ及치아니ᄒᆞᆯ事ᄅᆞᆯ列國條約으로規定ᄒᆞᆫ者ᄅᆞᆯ中立地又ᄂᆞᆫ中立物、中立人이라謂ᄒᆞ야永久的中立地位ᄅᆞᆯ有ᄒᆞᄂᆞ니譬컨ᄃᆡ佛領사부이오州와希臘領아니오니얀島中의골후유及바기소兩島와如ᄒᆞᆷ이是나然이나此等地方은元來一國領土됨으로其政府ᄂᆞᆫ同地方에在ᄒᆞ야兵士의募集軍用品의徵發等行爲ᄅᆞᆯ行得ᄒᆞᆯ지니敵國은戰爭의必要上敵意의行爲ᄅᆞᆯ此에加치못ᄒᆞᆯ理由가無ᄒᆞᆷ으로其中立範圍ᄂᆞᆫ甚히明確치못ᄒᆞ나然이나此와反ᄒᆞ야단유부河及스예스運河의中立等은其性質이前者와相異ᄒᆞ야其水

불구하고 제3국 지위에 서는 것이다. 그러나 영구적 중립은 국가 또는 일정한 토지, 물건과 인원에 대해 각국 사이의 조약으로 교전자가 이를 침범해서는 안 된다고 정하는 것을 의미한다. 유럽의 스위스, 벨기에, 룩셈부르크 3국과 아프리카의 콩고[1]와 같은 나라는, 각국 조약에 따라 다른 나라가 그 영토를 침범하지 않는 동시에, 이들 여러 나라는 전시 또는 평시를 불문하고 자국의 안전을 위한 경우를 제외하고, 다른 나라와 전쟁행위 또는 전쟁을 이루는 행위에 간여하지 않는 영세중립의 지위를 갖는다. 요컨대 영세중립국은 각국 조약에 따라 독립권 행사를 제한하는 국제법상 주권국의 특례라 할 수 있다.

일정한 장소 또는 물품과 인원에 대해 전쟁행위를 미치지 않게 하는 것을 각국 조약으로 규정한 것을 중립지 또는 중립물, 중립인이라 하고, 영구적 중립 지위를 갖는다. 예컨대 프랑스령 Savoia주와 그리스령 Ionian Islands 중의 Corfu와 Paxos 두 섬과 같은 것이 이것이다. 그러나 이들 지방은 원래 한 나라의 영토이므로, 그 정부는 동 지방에서 병사의 모집·군용품의 징발 등의 행위를 할 수 있다. 적국은 전쟁의 필요에서 적의(敵意)의 행위를 이에 가하지 못할 이유가 없기 때문에 그 중립 범위는 극히 명확하지 않다. 그러나 이에 반해 Danube 강과 Suez 운하의 중립 등은 그 성질이 전자와 상이하여, 그

1 추측컨대 19세기 말 벨기에의 식민지였던 콩고.

面에在ᄒᆞ야戰爭의資料를得ᄒᆞ거나又는作戰用에供ᄒᆞ기不能ᄒᆞᄂᆞ니如斯ᄒᆞᆫ列國條約의規定은可히違越치못ᄒᆞᆯ義務가有ᄒᆞᆷ은無疑ᄒᆞᆫ바ㅣ며又列國條約에基因치아니ᄒᆞ고戰爭中交戰國一方이諸國에對ᄒᆞ야敵國領土中一定ᄒᆞᆫ處所를中立地로認ᄒᆞ야戰爭行爲를及치아니ᄒᆞ게ᄒᆞᆷ이有ᄒᆞ니日清戰爭中日本國이上海를清國이戰爭用에供치아니ᄒᆞᆯ條件으로써其中立을認ᄒᆞᆷ과如ᄒᆞᆷ이是라然이나如斯ᄒᆞᆫ列國條約을不由ᄒᆞ며且永久的性質이無ᄒᆞᆫ者는國際公法의法則上此를中立地로認ᄒᆞ기不能ᄒᆞ며但交戰國이他國에對ᄒᆞᄂᆞᆫ保證에不過ᄒᆞᆫ바ㅣ라

一定ᄒᆞᆫ人員又는物品에對ᄒᆞ야中立의文字를用ᄒᆞᆷ은舊赤十字條約을依ᄒᆞ야戰地假病院、陸軍病院幷其附屬人員等을指ᄒᆞᆷ이니其詳細ᄒᆞᆫ論議는前已講述ᄒᆞᆫ바ㅣ나然이나此中立의語義는明確치아니ᄒᆞᆯ분아니라誤解ᄒᆞᆯ憂慮가不無ᄒᆞᆷ으로第一平和會에서締結ᄒᆞᆫ바赤十字條約의原則을海戰에應用ᄒᆞᄂᆞᆫ條約에在ᄒᆞ야는中立의文字를改ᄒᆞ야不可侵이라云ᄒᆞ얏스나또ᄒᆞᆫ完全치못ᄒᆞᆷ으로改定赤十字條約及第二平和會議에서締結ᄒᆞᆫ바赤十字條約의原則을海戰에應用ᄒᆞᄂᆞᆫ條約에在ᄒᆞ야는尊重保護云云의文字를用ᄒᆞᆫ지라要ᄒᆞᆫ건ᄃᆡ中立의文字는諸種

수면에서 전쟁의 자료를 취득하거나 또는 작전용으로 제공할 수 없다. 이와 같은 각국 조약의 규정은 이를 위반해서는 안 되는 의무가 있는 것은 의문의 여지가 없다. 또 각국 조약에 따르지 않고 전쟁 중 교전국 일방이 여러 나라에 대해 적국 영토 중 일정한 장소를 중립지로 인정하고, 전쟁행위를 미치지 않게 하는 경우도 있다. 청일전쟁 중 일본이 상해(上海)를 청국이 전쟁용으로 이바지하지 아니할 조건으로 그 중립을 인정한 것 같은 경우가 이것이다. 그러나 이와 같은 각국 조약을 거치지 않고 또 영구적 성질을 갖지 아니할 경우에는, 국제공법의 법칙상 이를 중립지로 인정할 수 없다. 다만 교전국이 다른 나라에 대한 보증에 불과하다.

일정한 인원 또는 물품에 대해 중립의 문자를 사용하는 것은, 구 적십자조약[1]에 따라 전지야전병원, 육군병원과 그 부속 인원 등을 가리킨다. 그 상세한 논의는 앞에서 이미 설명하였다. 그러나 이 중립의 말뜻은 명확하지 아니할 뿐만 아니라, 오해할 우려가 없지 않았기 때문에, 1899년 제1차 만국평화회의에서 체결된 적십자조약의 원칙을 해전에 응용하는 조약[2]에서는 중립의 문자를 고쳐 불가침이라고 하였다. 그러나 또한 완전하지 못하여 개정 적십자조약[3]과 1907년 제2차 만국평화회의에서 체결된 적십자조약을 해전에 응용하는 조약[4]에서는 존중·보호라는 문자를 사용하였다. 요컨대 중립이라는 문자는 여러 가지

---

1 1864년 육전에 있어서의 군대의 부상자 및 병자의 상태 개선에 관한 제네바협약.

2 1899년 헤이그 제3협약. Convention (III) for the Adaptation to Maritime Warfare of the Principles of the Geneva Convention of 22 August 1864. The Hague, 29 July 1899.

3 1906년 육전에 있어서의 군대의 부상자 및 병자의 상태개선에 관한 제네바협약.

4 1907년 헤이그 제10협약. Convention (X) for the Adaptation to Maritime Warfare of the Principles of the Geneva Convention. The Hague, 18 October 1907.

境遇에供用홈이有ᄒᆞ나本書에云ᄒᆞᆫ바局外中立의意義ᄂᆞᆫ永久的中立其他中立을包含홈이아니오獨立國家가戰爭中交戰國을助勢홈을不得ᄒᆞᆯ能力이有홈을不拘ᄒᆞ고其戰爭에干與치아니ᄒᆞ며雙方에對ᄒᆞ야平和的國交ᄅᆞᆯ保維ᄒᆞᄂᆞᆫ地位에立ᄒᆞᄂᆞᆫ바ᄅᆞᆯ謂홈이라

交戰國間에在ᄒᆞ야戰時의權利義務關係가開始됨은前述홈과如히兩國間開戰의意思로써實際敵意의行動이有ᄒᆞᆫ時에成ᄒᆞ나中立國이交戰國에對ᄒᆞᄂᆞᆫ關係ᄂᆞᆫ不然ᄒᆞᄂᆞ니交戰國은友誼國에對ᄒᆞᄂᆞᆫ義務로開戰同時에此ᄅᆞᆯ第三國에通告홈이可홈과共히第三國은戰爭開始의事實을不知ᄒᆞ면局外中立의義務ᄅᆞᆯ負홈이無ᄒᆞᆫ지라是以로交戰國은開戰의事由ᄅᆞᆯ宣言其他의方法으로써諸國에通告홈이可ᄒᆞᄂᆞ니若其事實이明瞭치못ᄒᆞᆯ진ᄃᆡ中立國의不便、不利益이不尠ᄒᆞᄂᆞ니戰爭開始의通告ᄂᆞᆫ但德義上義務될뿐아니라國際法上義務라云ᄒᆞᆯ지라然이나若中立國政府又ᄂᆞᆫ人民이戰爭이方始ᄒᆞᆯ際에交戰國一方을爲ᄒᆞ야海陸의準備及補助ᄅᆞᆯ與홈이有ᄒᆞᆯ진ᄃᆡ交戰國은비록開戰의事實을公告치아니ᄒᆞ얏스나自衛上必要의行爲가無치못ᄒᆞᆯ지니中立國又ᄂᆞᆫ人民이損害ᄅᆞᆯ被ᄒᆞᆯ지라도何等

경우에 사용되나, 이 책에서 말하는 바의 국외중립의 의의는 영구적 중립 그 밖의 중립을 포함하는 것이 아니고, 독립국가가 전쟁 중 교전국을 조력할 수 있는 능력이 있음에도 불구하고, 그 전쟁에 간여하지 아니하며, 쌍방에 대해 평화적 국교를 보전·유지하는 지위에 서는 것을 말한다.

교전국 사이에 전시의 권리의무관계가 개시되는 것은, 전술한 바와 같이 양국 사이에 개전의 의사를 가지고 실제 적의(敵意)의 행동이 있는 때에 성립하지만, 중립국이 교전국에 대한 관계는 그렇지 않다. 교전국은 우호국에 대한 의무로 개전과 동시에 이를 제3국에 통고해야 하고, 또 제3국은 전쟁 개시의 사실을 알지 못하면 국외중립의 의무를 부담하지 않는다. 이에 따라 교전국은 개전의 사유를 선언하거나 그 밖의 방법으로 여러 나라에 통고해야 한다. 만약 그 사실이 명료하지 않을 경우에는 중립국의 불편, 불이익이 적지 않다. 전쟁 개시의 통고는 다만 도덕상의 의무일 뿐만 아니라, 국제법상 의무라고 할 수 있다. 그러나 만약 중립국 정부 또는 인민이 전쟁이 막 개시되었을 때에, 교전국 일방을 위해 바다와 육지에서 준비와 보조를 부여할 경우에는, 교전국은 비록 개전의 사실을 공고하지 않았더라도, 자위상 필요한 행위를 하지 않을 수 없다. 중립국 또는 인민이 손해를 입을지라도 어떠한

의責任이無ᄒᆞᆫ바ㅣ라

## 第二章　局外中立國의權利義務

### 第一節　中立國에對ᄒᆞᄂᆞᆫ交戰國의義務

凡中立國이局外中立의義務를違反치아니ᄒᆞᄂᆞᆫ以上은交戰國은其戰爭行爲를因ᄒᆞ야中立國의主權을侵害치못ᄒᆞᆯ嚴正ᄒᆞᆫ義務가自有ᄒᆞᄂᆞ니(一)中立國版圖內에在ᄒᆞ야戰鬪行爲를行ᄒᆞ기不能ᄒᆞ며(二)戰爭行爲의準備를中立國版圖內에在ᄒᆞ야行ᄒᆞ기不能ᄒᆞ며(三)局外中立을維持ᄒᆞ기爲ᄒᆞ야中立國이發佈ᄒᆞᆫ바相當ᄒᆞᆫ規定을遵奉ᄒᆞ며(四)中立國의權利를侵害ᄒᆞᆷ이有ᄒᆞᆯ時ᄂᆞᆫ此를救濟賠償ᄒᆞᆷ이可ᄒᆞᆫ等數種이有ᄒᆞᆫ지라以下逐次論述코져ᄒᆞ노라

#### 第一款　中立國版圖의不可侵

中立國領土及領海에在ᄒᆞ야戰鬪行爲를行ᄒᆞᆷ이不可ᄒᆞᆷ은第十八世紀以來多數學者의唱道ᄒᆞᆫ바로今日에至ᄒᆞ야ᄂᆞᆫ完全ᄒᆞᆫ一個의法則을成ᄒᆞ얏ᄉᆞ니凡交戰國軍隊及艦隊가中立國版圖內에在ᄒᆞ야ᄂᆞᆫ互相戰鬪行爲를行ᄒᆞ기不能ᄒᆞᆯ뿐아니라戰爭에有關ᄒᆞᆫ一切行爲를行ᄒᆞ기不能ᄒᆞᄂᆞ니譬컨ᄃᆡ交戰國一方軍艦이敵船

책임도 없다.

## 제2장 국외중립국의 권리의무[1]

### 제1절 중립국에 대한 교전국의 의무

무릇 중립국이 국외중립의 의무를 위반하지 않는 이상은, 교전국은 그 전쟁행위에 따라 중립국의 주권을 침해해서는 안 될 엄정한 의무를 부담한다.

① 중립국 영토 내에서 전투행위를 할 수 없다.
② 전쟁행위의 준비를 중립국 영토 내에서 할 수 없다.
③ 국외중립을 유지하기 위해 중립국이 공포한 상당한 규정을 준수한다.
④ 중립국의 권리를 침해하는 것이 있을 때에는 이를 구제·배상해야 한다.

는 등 여러 가지가 있다. 아래에서 차례차례 설명하고자 한다.

#### 제1관 중립국 영토의 불가침

중립국 영토와 영해에서 전투행위를 할 수 없는 것은 18세기 이래 다수학자가 주장한 바 있다. 오늘에는(역자 주: 1910년경 당시) 완전한 하나의 법칙을 형성하였다. 무릇 교전국 군대와 함대가 중립국 영토 내에서는 서로 전투행위를 할 수 없을 뿐만 아니라, 전쟁과 관련 있는 일체의 행위를 할 수 없다. 예컨대 교전국 일방의 군함이 적선을

1 일본『戰時國際法』교재의 제2장 "국외중립의 발달"은 주정균 교재에서는 누락되어 있다.

을公海로브터追躡ᄒᆞ야中立國領海에入ᄒᆞᆯ時는拿捕ᄒᆞ기不能ᄒᆞ며交戰國軍隊는中立國의許可가아니면其領土內를通行又는此에侵入ᄒᆞ기不能ᄒᆞ며且中立國에在ᄒᆞ야도交戰國軍隊에對ᄒᆞ야其版圖內를通行케ᄒᆞᆷ은中立義務에違反ᄒᆞᆫ바ㅣ나然이나平時國際上國家의自衛權을承認ᄒᆞᆷ과如히自國의防衛上危險이絶迫ᄒᆞ야他手段을取ᄒᆞ기無暇ᄒᆞ며且其行爲는被害國에對ᄒᆞ야敵意의行動이아닌範圍內에在ᄒᆞ야는中立國版圖의不可侵云云ᄒᆞ는義務를違背ᄒᆞᆯ지라도國際法上何等의責任이無ᄒᆞᆫ바ㅣ라

中立國版圖內에在ᄒᆞ야는陸上及水上를不問ᄒᆞ고交戰國은敵國을攻擊ᄒᆞ는準備를行치못ᄒᆞᄂᆞ니千八百七十三年英米兩國華盛頓條約第六條에도또ᄒᆞᆫ此를明言ᄒᆞᆫ바ㅣ며國際法上의一大原則이니交戰國은中立國版圖內에在ᄒᆞ야는陸軍及海軍의兵士를募集ᄒᆞ기不能ᄒᆞ며兵器彈藥其他戰鬪用의物品을取得ᄒᆞ기不能ᄒᆞ나然이나戰鬪에直接供用치아니ᄒᆞ는物品에關ᄒᆞ야는此를禁制치아니ᄒᆞᄂᆞ니譬컨듸航海에必要ᄒᆞᆫ石炭、糧食及器具等은交戰國艦船이此를購來ᄒᆞᆷ을得ᄒᆞ며船體의修繕을行得ᄒᆞᆯ지나但艦船의修繕은航海에堪用케ᄒᆞᆯ範圍內에

공해로부터 추적하여 중립국 영해로 진입하였을 때에는 이를 나포할 수 없다. 교전국 군대는 중립국의 허가가 없으면 그 영토 내를 통행 또는 이에 침입할 수 없다. 또 중립국에서도 교전국 군대에 대해 그 영토 내를 통행하게 하는 것은 중립의무에 위반하는 것이다. 그러나 평시 국제상 국가의 자위권을 승인하는 것과 같이, 자국의 방위상 위험이 절박하여 다른 수단을 취할 여가가 없으며, 또 그 행위가 피해국에 대해 적의(敵意)의 행동이 아닌 범위 내에서는, 중립국 영토의 불가침이라고 하는 의무를 위반할지라도 국제법상 어떠한 책임도 지지 않는다.

중립국 영토 내에서는 육상과 수상을 불문하고, 교전국은 적국을 공격하는 준비를 할 수 없다. 1873년 영국과 미국 양국의 워싱턴조약 제6조에서도 또한 이를 명시하였으며, 국제법상 하나의 큰 원칙이다. 교전국은 중립국 영토 내에서는 육군과 해군의 병사를 모집할 수 없으며, 무기·탄약 그 밖의 전투용 물품을 취득할 수 없다. 그러나 전투에 직접 제공되지 아니하는 물품에 관해서는 이를 금지하지 않는다. 예컨대 항해에 필요한 석탄, 식량과 기구 등은 교전국 함선이 이를 구입할 수 있으며, 함선을 수선(修繕)[1]할 수 있다. 다만 선박의 수선은 항해에 감당하여 사용할 수 있는 범위 내에

1 수선(修繕): 낡은 물건이나 기계를 고치는 일.

止ᄒᆞ고其購造ᄅᆞᆯ變更ᄒᆞ야敵國艦船에對ᄒᆞ야攻擊及防禦에關ᄒᆞᆫ戰鬪力의增長과如ᄒᆞᆷ은制限되ᄂᆞᆫ바ㅣ며又中立國은交戰國軍艦에對ᄒᆞ야航海用의物品을支給ᄒᆞᆷ에對ᄒᆞ야其分量을制限ᄒᆞᆷ이無妨ᄒᆞ니譬컨ᄃᆡ軍艦에게賣渡ᄒᆞᄂᆞᆫ石炭의分量에對ᄒᆞ야制限ᄒᆞᆷ과如ᄒᆞᆷ은交戰國雙方에對ᄒᆞ야同一히制限ᄒᆞᆷ은無碍ᄒᆞᆫ바ㅣ라要컨ᄃᆡ中立國版圖內에在ᄒᆞ야交戰國이戰爭準備ᄅᆞᆯ行ᄒᆞ기不能ᄒᆞ다云ᄒᆞᆷ은其版圖內ᄅᆞᆯ戰鬪根據地로作ᄒᆞ거나又ᄂᆞᆫ其版圖內로브터敵國에對ᄒᆞᄂᆞᆫ遠征을準備치못ᄒᆞᆫ다云ᄒᆞᆯ지로다

戰鬪行爲의根據地라云ᄒᆞᆷ은譬컨ᄃᆡ陸軍或海軍이中立國版圖內에在ᄒᆞ야戰鬪資料ᄅᆞᆯ依賴ᄒᆞ며兵員을募集ᄒᆞ며且此로브터敵國을進擊ᄒᆞ며必要ᄒᆞᆫ境遇에ᄂᆞᆫ退據ᄒᆞᆷ과如히其使用이繼續ᄒᆞᄂᆞᆫ與否ᄅᆞᆯ依ᄒᆞ야戰鬪行爲의根據地되ᄂᆞᆫ與否ᄅᆞᆯ決定ᄒᆞᆯ바며又敵國遠征의準備ᄅᆞᆯ行ᄒᆞ기不能ᄒᆞ다ᄒᆞᆷ은交戰國軍隊又軍艦이其地에在ᄒᆞ야組織或艤裝ᄒᆞ야써戰爭에赴ᄒᆞᄂᆞᆫ行爲ᄅᆞᆯ謂ᄒᆞᆷ이니千八百二十八年葡國內亂時에마리야王에게屬ᄒᆞᆫ兵士一隊가葡國에게追擊되야服裝을變ᄒᆞ며兵器ᄅᆞᆯ携帶치아니ᄒᆞ고英國에隱匿ᄒᆞ얏스나然이나同團体ᄂᆞᆫ依然히士官指揮

그치고, 그 구조를 변경하여 적국 함선에 대해 공격과 방어에 관한 전투력의 증강과 같은 것은 제한된다. 또한 중립국은 교전국 군함에 대해 항해용의 물품을 지급하는 것에 대해 그 분량을 제한해도 무방하다. 예컨대 군함에게 매도하는 석탄의 분량에 대해 제한하는 것 같은 경우는, 교전국 쌍방에 대해 동일하게 제한해도 장애가 없다. 요컨대 중립국 영토 내에서 교전국이 전쟁 준비를 할 수 없다고 하는 것은, 그 영토 내를 전투의 근거지로 만들거나 또는 그 영토 내로부터 적국에 대한 원정(遠征)을 준비하지 못한다고 하는 것이다.

전투행위의 근거지라고 함은, 예컨대 육군 또는 해군이 중립국 영토 내에서 전투자료를 의뢰하며 병사를 모집하고, 또 이로부터 적국으로 진격하며, 필요한 경우에는 후퇴하는 것과 같이, 그 사용이 계속되는지의 여부에 따라, 전투행위의 근거지로 되는지의 여부를 결정한다. 또 적국에 대한 원정 준비를 할 수 없다고 하는 것은, 교전국 군대나 군함이 그 곳에서 조직 또는 의장(艤裝)하여 이를 가지고 전쟁에 임하는 행위를 말한다. 1828년 포르투갈 내전 시에 Maria왕에 속한 병사 한 무리가 포르투갈의 추격을 받아 복장을 바꾸고 무기를 휴대하지 않고 영국으로 숨어들어 갔으나, 동 단체는 여전히 사관의 지휘

下에在ᄒᆞᆫ團体될뿐아니라其翌二十九年에四隻의商船을依ᄒᆞ야부라질國에航行ᄒᆞᆫ다聲言ᄒᆞ고出發ᄒᆞᆫ後葡國領地되ᄂᆞᆫ덜셰이라島에上陸코져ᄒᆞᆷ으로英國은同島에軍艦을派遣ᄒᆞ야其上陸을禁止ᄒᆞ며且其兵器ᄂᆞᆫ別로商品을作ᄒᆞ야輸送ᄒᆞᆫ바됨을不拘ᄒᆞ고其團体로ᄒᆞ야곰葡國에對ᄒᆞᄂᆞᆫ遠征[illegible]이라看做ᄒᆞ야此를執留ᄒᆞ얏스니盖此英國軍艦이葡國領海에在ᄒᆞ야如斯ᄒᆞᆫ行動이有ᄒᆞᆷ은不法됨을未免이나中立國된英國으로브터遠征을準備코져ᄒᆞᆷ을禁止은正當ᄒᆞᆫ바ㅣ며此와反ᄒᆞ야千八百七十年普佛戰爭初에米國에在留ᄒᆞᄂᆞᆫ佛國人及德逸人이各其國에對ᄒᆞᄂᆞᆫ兵役義務를盡코져ᄒᆞ야歸國ᄒᆞᆯ際에個個別別又ᄂᆞᆫ小團体로出發ᄒᆞᆫ者等은障碍가少無ᄒᆞ얏스나千二百人의佛國人이紐育으로브터二隻의商船을依ᄒᆞ야九萬餘挺의小銃及無數의彈丸을裝載ᄒᆞ고出發코져ᄒᆞᆷ으로米國政府ᄂᆞᆫ此를禁止ᄒᆞ얏스나同法廷은判決호ᄃᆡ佛國人은武器를携帶ᄒᆞᆫ者ㅣ아니며且士官監督下에在ᄒᆞᆫ者ㅣ아니니自國에上陸ᄒᆞᄂᆞᆫ同時에軍隊에編入됨이비록明白ᄒᆞ나此로써遠征的出發이라云ᄒᆞ기難ᄒᆞ며小銃及彈丸은其物自体ᄂᆞᆫ正當ᄒᆞᆫ商品되ᄂᆞᆫ理由로써此를放免ᄒᆞᆫ지라要컨ᄃᆡ敵國에對ᄒᆞᄂᆞᆫ遠征의準備를行ᄒᆞ기不

하에 있는 단체였다. 그뿐만 아니라 그다음 1829년에 4척의 상선에 의지해 브라질로 항해한다고 성명하고 출발한 후, 포르투갈 영지인 Terceira 섬에 상륙하고자 하므로, 영국은 그 섬에 군함을 파견하여 그 상륙을 금지하였다. 또 그 무기를 따로 상품으로 만들어 수송하였음에도 불구하고, 그 단체를 포르투갈에 대한 원정이라고 간주하여 이를 압류하였다. 대개 이 영국 군함이 포르투갈 영해에서 이와 같은 행동을 하였으면 불법인 것을 면할 수 없다. 그러나 중립국인 영국으로부터 원정을 준비하고자 한 것을 금지하는 것은 정당하다. 이에 반해 1870년 프러시아-프랑스 전쟁 초에 미국에 체류하는 프랑스인과 독일인이 각각 그 나라에 대한 병역의무를 다하고자 귀국할 때에, 개인별 또는 소 단체로 출발한 사람들은 장애가 없었다. 그러나 1,200명의 프랑스인이 뉴욕으로부터 2척의 상선을 이용해 9만여 정(挺)의 소총과 무수한 탄환을 준비해 싣고 출발하고자 하므로, 미국 정부는 이를 금지하였다. 그러나 미국 법정은 판결하면서, 프랑스인은 무기를 휴대한 사람이 아니며 또한 사관의 감독 하에 있는 사람도 아니고, 비록 자국에 상륙하는 동시에 군대에 편입될 것이 명백할지라도, 이를 가지고 원정적 출발이라 말하기 어려우며, 소총과 탄환은 그 물건 자체는 정당한 상품으로 된다는 이유로 이를 방면하였다. 요컨대 적국에 대한 원정의 준비를 할 수

能ᄒᆞ다ᄒᆞᆷ은戰鬪에直接從事ᄒᆞ기爲ᄒᆞ야中立國으로브터出發ᄒᆞᆷ을禁止ᄒᆞᆫ다云ᄒᆞᆯ지로다

### 第二欵 中立의規定及其違反

交戰國이中立國에對ᄒᆞᄂᆞᆫ義務履行을怠慢ᄒᆞ거나又或違背ᄒᆞᆫ時ᄂᆞᆫ中立國은其救濟賠償을要求ᄒᆞᆯ뿐아니라必要ᄒᆞᆫ境遇에在ᄒᆞ야ᄂᆞᆫ兵力으로써自國의有ᄒᆞᆫ바權利의侵害ᄅᆞᆯ防止ᄒᆞ며或侵犯者ᄅᆞᆯ逮捕ᄒᆞ며其物品을沒收ᄒᆞᆷ을得ᄒᆞ며加之中立國은他國戰爭中其中立을嚴正히維持ᄒᆞᄂᆞᆫ必要上交戰國戰鬪者가其版圖內에在ᄒᆞ야遵守ᄒᆞᆯ法律規則을實行ᄒᆞᆷ을得ᄒᆞ나然이나其中立에關ᄒᆞᄂᆞᆫ規定은專主히領海內에在ᄒᆞᆫ交戰國軍艦에對ᄒᆞᄂᆞᆫ바ㅣ니凡軍隊ᄂᆞᆫ中立國版圖內에入ᄒᆞ기不能ᄒᆞ나軍艦에至ᄒᆞ야ᄂᆞᆫ中立國이其入港을禁止ᄒᆞᆷ이아니면自由로其領海及港灣에入ᄒᆞᄂᆞ니此特權의由來ᄒᆞᆫ바ᄂᆞᆫ中立國默許로從出ᄒᆞᆫ바ㅣ라然而中立國이自己領海內에交戰國軍艦의出入을許ᄒᆞᆷ에對ᄒᆞ야自國의中立을保維ᄒᆞᆷ에必要ᄒᆞᆫ바條件을附得ᄒᆞ며交戰國은此ᄅᆞᆯ遵由ᄒᆞᄂᆞᆫ義務가有ᄒᆞ나但其規定은相當ᄒᆞᆫ範圍ᄅᆞᆯ超過ᄒᆞᆷ이不可ᄒᆞ며且交戰國一方에偏重ᄒᆞᆫ待遇ᄅᆞᆯ與치아니ᄒᆞᆯ뿐이

없다고 함은, 전투에 직접 종사하기 위해 중립국으로부터 출발하는 것을 금지한다고 하는 것을 말한다.

### 제2관 중립 규정과 그 위반

교전국이 중립국에 대한 의무이행을 게을리하거나 또는 위반한 때에는, 중립국은 그 구제·배상을 요구할 수 있다. 그뿐만 아니라 필요한 경우에는 병력으로 자국이 가지는 권리의 침해를 방지하거나 또는 침범자를 체포하며 그 물품을 몰수할 수 있다. 그 위에 중립국은 다른 나라 전쟁 중 그 중립을 엄정하게 유지할 필요에서, 교전국 전투자가 그 영토 내에서 준수할 법률·규칙을 실행할 수 있다. 그러나 그 중립에 관한 규정은 오로지 영해 내에 있는 교전국 군함에 대한 것이다. 무릇 군대는 중립국 영토 내로 진입할 수 없으나, 군함의 경우에는 중립국이 그 입항을 금지하지 아니하면 자유로이 그 영해와 항만에 진입할 수 있다. 이 특권의 유래는 중립국의 묵인에서 비롯한다. 그러나 중립국이 자기 영해 내에 교전국 군함의 출입을 허락하는 것에 대해, 자국의 중립을 유지·보존하는 데 필요한 조건을 붙일 수 있으며, 교전국은 이를 준수할 의무가 있다. 다만 그 규정은 상당한 범위를 초과할 수 없다. 또한 교전국 일방에 편중된 대우를 부여해서는 안 될 뿐이다.

라然이나天災其他航海不適當ᄒᆞᆫ狀態ᄅᆞᆯ因ᄒᆞᆯ時ᄂᆞᆫ交戰國艦船은中立規定如何ᄅᆞᆯ不拘ᄒᆞ고其版圖內如何ᄒᆞᆫ港灣에在ᄒᆞ든지難을避ᄒᆞᄂᆞᆫ바ㅣ라

現今中立國版圖內에在ᄒᆞᆫ交戰國軍艦에對ᄒᆞ야行ᄒᆞᄂᆞᆫ바文明國一般規定을據ᄒᆞᆫ건ᄃᆡ所謂二十四時間의法則이有ᄒᆞ니卽交戰國商船又ᄂᆞᆫ軍艦이中立國港灣에在ᄒᆞᆫ時에一方의艦船이其港을出發ᄒᆞᆫ後少ᄒᆞ야도二十四時間을經過ᄒᆞᆷ이아니면他一方의軍艦又ᄂᆞᆫ商船의出港을禁止ᄒᆞᆷ이普通이니是ᄂᆞᆫ自國領海或領海附近에在ᄒᆞ야戰鬪行爲ᄅᆞᆯ防杜ᄒᆞ야自國港灣에出入ᄒᆞᄂᆞᆫ船舶及自國領土의安寧을爲ᄒᆞᆷ에在ᄒᆞᆷ이나然이나軍艦司令官이如斯ᄒᆞᆫ行爲ᄅᆞᆯ行치아니ᄒᆞᆯ事ᄅᆞᆯ保證ᄒᆞᆫ時ᄂᆞᆫ비록二十四間以內라도出港ᄒᆞᆷ을得ᄒᆞᄂᆞᆫ바ㅣ라今에此則法의發生ᄒᆞᆫ淵源을暫述ᄒᆞᆫ건ᄃᆡ千八百六十一年으로乃至千八百六十四年間에米國의南軍軍艦「나슈빌」號가英領소산푸돈에在ᄒᆞ야修繕ᄒᆞᆯ식同港에在ᄒᆞᆫ北軍軍艦「다스가로라」號가「나슈빌」號의出港을待ᄒᆞ야擊破코져ᄒᆞᆷ으로써英國軍艦은右北軍軍艦을港內에留置ᄒᆞ고南軍軍艦을公海ᄭᆞ지護送ᄒᆞᆫ지라其後英國은前述ᄒᆞᆫ二十四時間의法則을規定ᄒᆞ야前述ᄒᆞᆫ境遇ᄂᆞᆫ勿論이오交戰國軍艦이其修繕ᄒᆞ

그러나 천재(天災)[1] 그 밖의 항해의 부적당한 상태가 원인일 때에는, 교전국 함선은 중립규정의 여하를 불문하고 그 영토 내의 어떠한 항만에서든지 피난할 수 있다.

현재(역자 주: 1910년경 당시) 중립국 영토 내에 있는 교전국 군함에 대해 행해지는 문명국 일반의 규정에 따를 경우, 이른바 24시간의 법칙이 있다. 즉 교전국 상선 또는 군함이 중립국 항만에 있는 때에, 일방의 함선이 그 항을 출발한 후 적어도 24시간을 경과하지 아니하면, 다른 일방의 군함 또는 상선의 출항을 금지하는 것이 보통이다. 이는 자국 영해 또는 영해 부근에서의 전투행위를 방지하여 자국 항만에 출입하는 선박과 자국 영토의 안녕을 위한 것이다. 그러나 군함사령관이 이와 같은 행위를 하지 않을 것을 보증한 때에는 24시간 이내라도 출항하게 할 수 있다. 지금 이 법칙이 발생한 연원을 잠시 서술해 보면, 1861년부터 1864년 사이에 미국의 남군 군함 「The Nashville」호가 영국령 Southampton에서 수선할 때 북군 군함 「Tuscarora」호가 「The Nashville」호의 출항을 기다려 격파하고자 하므로, 영국 군함은 위 북군 군함을 항 내에 유치하고 남군 군함을 공해까지 호송하였다. 그 후 영국은 전술한 24시간의 법칙을 규정하여 전술한 경우는 물론이고, 교전국 군함이 그 수선하는

1 천재(天災): 자연의 현상으로 일어나는 재난.

는境遇를除ᄒᆞᆫ外에入港後二十四時間內에出港ᄒᆞᆷ이可ᄒᆞᆯ事와修繕ᄒᆞᆯ境遇에는政府의許可를要ᄒᆞᆯ事와繕修終了後에는二十四時間以內에出去ᄒᆞᆯ事等을幷定ᄒᆞ얏스니此規定은今日文明諸國이擧皆承認實行ᄒᆞᆷ을不拘ᄒᆞ고千八百九十九年米、西戰爭及千九百四年日露戰爭時에佛國이發布ᄒᆞᆫ바中立規定에在ᄒᆞ야는交戰國軍艦이入港後二十四時間以內에出發云云ᄒᆞ는規則을採用치아니ᄒᆞ얏스며第二平和會議에締結ᄒᆞᆫ바海戰境遇에在ᄒᆞᆫ中立國權利義務에關ᄒᆞ는條約에在ᄒᆞ야도中立國은此点에對ᄒᆞ야例外를設ᄒᆞᆷ이可ᄒᆞ다ᄒᆞ고其第一二條에云中立國法規上特別ᄒᆞᆫ反對規定이無ᄒᆞᆯ時는交戰國軍艦은同中立國港灣、海岸又는領水에在ᄒᆞ야本條約規定以外事情으로써二十四時間以上의滯留를禁止ᄒᆞᆷ이可ᄒᆞ다規定ᄒᆞᆫ바ㅣ며且交戰國軍艦은航海用의糧食其他需用品을中立國港內에在ᄒᆞ야購求ᄒᆞᆷ을得ᄒᆞ나石炭과如ᄒᆞᆷ은軍艦運用上最必需의物品이나其多少를因ᄒᆞ야戰鬪力에影響을及ᄒᆞᆷ이兵器와無異ᄒᆞᆷ으로英國法規에在ᄒᆞ야는其賣渡分量에制限을設ᄒᆞ야其本國最近港에至ᄒᆞᆷ에必要ᄒᆞᆫ分量以外에一時積載ᄒᆞᆷ을不許ᄒᆞ며且此分量에至ᄒᆞ야도同一軍艦에對ᄒᆞ야三個月內에一度以

경우를 제외하고, 입항 후 24시간 내에 출항해야 하며, 수선할 경우에는 정부의 허가를 받아야 하고, 수선 종료 후에는 24시간 이내에 퇴거해야 할 것 등을 아울러 정하였다. 이 규정은 오늘날(역자 주: 1910년경 당시) 여러 문명국 대부분이 이를 승인·실행함에도 불구하고, 1899년 미국-스페인 전쟁과 1904년 일본-러시아 전쟁 시에 프랑스가 공포한 중립규정에서는, 교전국 군함이 입항 후 24시간 이내에 출발해야 한다고 하는 규칙을 채용하지 않았다. 1907년 제2차 만국평화회의에서 체결된 해전의 경우에서의 중립국 권리의무에 관한 조약에서도, 중립국은 이 점에 대해 예외를 둘 수 있다고 하고, 그 제12조[1]에서 중립국 법규상 특별한 반대규정이 없을 때에는, 교전국 군함은 동 중립국 항만, 해안 또는 영해에서 이 조약 규정 이외의 사정으로 24시간 이상의 체류를 금지할 수 있다고 규정하였다. 또한 교전국 군함은 항해용의 식량 그 밖의 군용품을 중립국 항 내에서 구매할 수 있다. 그러나 석탄과 같은 것은 군함 운용상 가장 필요한 물품이고, 그 많고 적음에 따라 전투력에 영향을 미치는 것이 무기와 차이가 없기 때문에, 영국법규에서는 그 매도 분량에 제한을 두고, 그 본국의 가장 가까운 항에 도착하는데 필요한 분량 이외의 것을 일시에 적재하는 것을 불허하였다. 또 이 분량에 대해서도 동일 군함에 대해 3개월 이내에 한 번

1 1907년 헤이그 제13협약 (Convention concerning the Rights and Duties of Neutral Powers in Naval War) 제12조의 영문은 다음과 같다. Article 12: "In the absence of special provisions to the contrary in the legislation of a neutral Power, belligerent war-ships are not permitted to remain in the ports, roadsteads, or territorial waters of the said Power for more than twenty-four hours, except in the cases covered by the present Convention."

上의賣渡를禁止혼지라然而此規定의全部又는一部는其後諸國이多數採用홈으로一個의國際法則이라云홀지나아즉確定혼바ㅣ아님으로第二平和會議에在ᄒᆞ야諸種의新問題와共히此에關혼規定을設코져혼바ㅣ라

交戰國軍艦이拿捕物을携帶ᄒᆞ고中立國港內에入홈은國際法則上禁止홈이아니나然이나第十九世紀半頃으로브터難破의危險을避ᄒᆞ는境遇外에는多數列國이此를禁止홈에至홈으로今後一般의法則을成홀傾向이有홈나아즉中立國의義務라云ᄒᆞ기不能ᄒᆞ며陸戰에在ᄒᆞ야交戰國軍隊가中立國領土內에入ᄒᆞ기不能ᄒᆞ나敵軍의追擊을因ᄒᆞ야不得已進入홀境遇가非無ᄒᆞ니此를際ᄒᆞ야中立國은此를逐出홀義務가無홈과同時에其兵士를本國에護送ᄒᆞ거나再次戰場에往赴케홈이不能홈으로自國領域內에入ᄒᆞ는卽時에兵器를奪ᄒᆞ고戰爭이終了ᄒᆞ기ᄭᆞ지留置홀지며其需用은本國政府로브터償還ᄒᆞ는義務가有혼바ㅣ니千八百七十一年에佛國兵士八萬五千人이德逸軍에게追擊되야瑞西國에入홈으로同國은其兵器를奪ᄒᆞ고仍히留置혼지라其後佛國政府는其費用을償還ᄒᆞ얏스며且부릿셀宣言第五三條에在ᄒᆞ야도交戰國軍隊에屬혼兵士를領域內에

이상의 매도를 금지하였다. 그러나 이 규정의 전부 또는 일부는 그 후 여러 나라가 다수 채용하여 하나의 국제법칙이라고 말할 수 있으나, 아직 확정된 것은 아니고, 1907년 제2차 만국평화회의에서 여러 가지 새로운 문제와 함께 이에 관한 규정을 두고자 하였다.

교전국 군함이 나포물을 휴대하고 중립국 항 내로 진입하는 것은 국제법칙상 금지되지 않는다. 그러나 19세기 중반부터 난파의 위험을 피하는 경우 외에는 다수의 나라가 이를 금지하기에 이르렀다. 앞으로 일반적 법칙을 형성할 경향이 있으나, 아직 중립국의 의무라고 말할 수 없다. 육전에서 교전국 군대가 중립국 영토 내로 진입할 수 없으나, 적군의 추격에 따라 부득이 진입할 경우가 없지 않다. 이때 중립국은 이를 축출할 의무가 없는 동시에 그 병사를 본국에 호송하거나 다시 전쟁터로 돌려보낼 수 없기 때문에, 자국 영역 내로 진입하는 즉시 무기를 빼앗고 전쟁이 종료되기까지 유치해야 하며, 그 비용은 본국 정부가 이를 상환하는 의무를 부담한다. 1871년에 프랑스 병사 85,000명이 독일군에게 추격당해 스위스에 진입하므로, 동국은 그 무기를 빼앗고 그대로 유치하였다. 그 후 프랑스 정부는 그 비용을 상환하였다. 또한 Brussel 선언 제53조[1]에서도 교전국 군대에 속한 병사를 영역 내로

1 1874년 Brussel 선언 제53조의 영문은 다음과 같다. Article 53: "A neutral State which receives on its territory troops belonging to the belligerent armies shall intern them, as far as possible, at a distance from the theatre of war. It may keep them in camps and even confine them in fortresses or in places set apart for this purpose. It shall decide whether officers can be left at liberty on giving their parole not to leave the neutral territory without permission."

避入케ᄒᆞᆯ時는兵器를奪ᄒᆞ며可成的戰地로브터隔遠ᄒᆞᆫ處所에留置ᄒᆞᆯ지니兵營城堡或一定ᄒᆞᆫ處所에留置ᄒᆞᆯ지며但士官은中立國政府의許可가無ᄒᆞ면國境을踰越치아니ᄒᆞᆯ條件으로써居住의自由를得ᄒᆞ게ᄒᆞᆷ과否ᄒᆞᆷ이幷히中立國任意에在ᄒᆞ다規定ᄒᆞ얏스며第五四條에中立國은如斯ᄒᆞᆫ兵士에게糧食、衣服及捴人情上可缺치못ᄒᆞᆯ物品을支給ᄒᆞᆷ이可ᄒᆞ며其費用은媾和時에本國으로브터償却ᄒᆞᆷ이可ᄒᆞ다規定ᄒᆞ얏스며第一平和會議에係ᄒᆞᆫ陸戰法規慣例에關ᄒᆞᆫ條約附屬規則第五七條乃第五八條에도同一히規ᄒᆞᆫ바ㅣ라

交戰國이其義務를違背ᄒᆞ야中立國主權을侵害ᄒᆞᆫ時는此를救濟賠償ᄒᆞᆷ이可ᄒᆞ나然이나其救濟方法에至ᄒᆞ야는國際法上一定ᄒᆞᆫ바ㅣ無ᄒᆞ고但中立國版圖에在ᄒᆞ야交戰國이海上捕獲을行ᄒᆞᆫ時는其船舶及載貨를幷히中立國에傳致ᄒᆞ야其國의法令或行政處分으로써原所有者에還給케ᄒᆞᆷ은殆히一致ᄒᆞᆫ바ㅣ며且如斯ᄒᆞᆫ不法行爲에就ᄒᆞ야交戰國이中立國에對ᄒᆞ는謝罪償金其他名譽에關ᄒᆞ는救濟形式等에至ᄒᆞ야一定ᄒᆞᆫ法則이無ᄒᆞ며各境遇를隨ᄒᆞ야當事者間의談判으로解決ᄒᆞ는바ㅣ니千八百六十四年十月에米國北軍軍艦이부라질國바이야港

피난시켜 들어오게 할 때에는, 무기를 빼앗고 가급적 전지로부터 멀리 떨어진 장소에 유치하며 병영·성루 또는 일정한 장소에 유치해야 한다. 다만 사관은 중립국 정부의 허가가 없으면, 국경을 넘어가지 아니할 조건을 붙여 거주의 자유를 취득하게 하고 또 이를 인정하지 않거나 모두 중립국 임의에 속한다고 규정하였다. 제54조[1]에 중립국은 이와 같은 병사에게 식량, 의복과 인정상 불가결한 모든 물품을 지급해야 하며, 그 비용은 강화 시에 본국으로부터 상환하게 할 수 있다고 규정하였다. 1899년 제1차 만국평화회의와 관계있는 육전법규관례에 관한 조약 부속 규칙 제57조와 제58조[2]에도 동일하게 규정하였다.

교전국이 그 의무를 위반하여 중립국의 주권을 침해한 때에는 이를 구제·배상해야 한다. 그러나 그 구제방법에 대해서는 국제법상 일정한 바가 없다. 다만 중립국 영토에서 교전국이 해상포획을 한 때에는 그 선박과 적재화물을 모두 중립국에 인도하여, 그 나라의 법령 또는 행정처분으로 원 소유자에게 반환해야 하는 것은 거의 일치된다. 또한 이와 같은 불법행위에 대해 교전국이 중립국에 대한 사죄·배상금 그 밖의 명예에 관한 구제형식 등에 대해서는 일정한 법칙이 없다. 각 경우에 따라 당사자 사이의 담판으로 해결한다. 1864년 10월에 미국 북군 군함이 브라질 Bahia항에서

1 1874년 Brussel 선언 제54조의 영문은 다음과 같다. Article 54: "In the absence of a special convention, the neutral State shall supply the interned with the food, clothing and relief required by humanity. At the conclusion of peace the expenses caused by the internment shall be made good."

2 1899년 헤이그 제2협약 부속서 육전법 및 관습에 관한 규칙 제57조: "그 영역내에 교전국군대에 속하는 군대를 접수한 중립국은 그 군대를 가능한 한 전지에서 멀리 떨어진 곳에 억류하여야 한다. 중립국은 교전국군대를 막사에 억류할 수 있고, 이러한 목적으로 지정된 요새나 장소에 감금할 수도 있다. 중립국은 장교에 대하여는 중립국의 허가없이는 중립국 영토를 떠나지 않겠다는 선서를 하게한 후 석방시킬 것인지 여부를 결정한다." 제58조: "특별한 협약이 없으면 중립국은 억류된 교전국군대에 대하여 식량, 피복 및 인도적으로 필요한 구제를 제공하여야 한다. 강화의 체결시 억류로 인한 경비는 보상되어야 한다."

에在ᄒᆞ야南軍軍艦「후로리다」號를捕獲홈으로因ᄒᆞ야부라질國의抗議를招ᄒᆞᆫ지라米國政府ᄂᆞᆫ拿捕를行ᄒᆞᆫ「와쥬셋도」號艦長을軍法으로處刑ᄒᆞ며바이야港在留美國領事ᄂᆞᆫ捕獲教唆者라ᄒᆞ야免職ᄒᆞ고拿捕를行ᄒᆞᆫ處에在ᄒᆞ야부라질國旗에對ᄒᆞ야禮砲를行ᄒᆞ며「후로리다」號ᄂᆞᆫ航海中에沉沒홈으로부라질國에傳致치못ᄒᆞ고其海員은揔히解放홈이一例라

然이나交戰國이戰鬪上不可避ᄒᆞᆯ必要를因ᄒᆞ야中立國의權利를侵犯홈은蹂躪치아니ᄒᆞᆯ바ㅣ니戰地에在ᄒᆞᆫ中立國의物件을戰鬪進行上破壞홈을得홈은一般히是認ᄒᆞᄂᆞᆫ바ㅣ나船舶其他財産으로其地를通過홈과如히戰地에固着치아니ᄒᆞᆫ바中立國의物件에對ᄒᆞ야ᄂᆞᆫ故意의損害를加치못ᄒᆞᄂᆞ니陸戰法規慣例條約附屬規則第五四條에도中立國으로브터來ᄒᆞᄂᆞᆫ鉄道材料ᄂᆞᆫ該國의國有됨과會社及個人所有됨을不問ᄒᆞ고可成的迅速히此를還送홈이可ᄒᆞ다規定ᄒᆞ얏스며第二平和會議條約에在ᄒᆞ야도如斯ᄒᆞᆫ物品에對ᄒᆞ야ᄂᆞᆫ交戰者ᄂᆞᆫ非常必要ᄒᆞᆫ境遇가아니면徵發及使用홈을不得ᄒᆞ며且中立國도必要ᄒᆞᆫ境遇에ᄂᆞᆫ交戰國으로브터來ᄒᆞᄂᆞᆫ材料를使用홈을得ᄒᆞ며其相互國은使用材料及使用期間에相應ᄒᆞᆯ

남군 군함「The Florida」호를 포획하므로 인해 브라질의 항의를 초래하였다. 미국 정부는 나포를 행한「Wachusett」호 함장을 군법으로 처형하고, Bahia항 주재 미국 영사는 포획의 교사자라고 하여 면직시켰다. 또 나포를 한 곳에서 브라질 국기에 대해 예포를 발사하고,「The Florida」호는 항해 중에 침몰시키고 브라질에 인도하지 않았으며, 그 해원은 모두 석방한 것이 한 예이다.

그러나 교전국이 전투상 불가피한 필요에 따라 중립국의 권리를 침범하는 것은 주저하지 않게 된다. 전지에 있는 중립국의 물건을 전투 진행상 파괴할 수 있는 것은 일반적으로 시인된다. 그러나 선박 그 밖의 재산으로 그 곳을 통과하는 것과 같이, 전지에 고착되지 아니한 중립국의 물건에 대해서는 고의의 손해를 가할 수 없다. 육전법규관례조약 부속 규칙 제54조[1]에도 중립국으로부터 오는 철도재료는 해당 국가의 국유로 되는 것과 회사와 개인 소유로 되는 것을 불문하고, 가급적 신속하게 이를 반환해야 한다고 규정하였다. 1907년 제2차 만국평화회의 조약에서도 이와 같은 물품에 대해서는 교전자는 예사롭지 않고 필요한 경우가 아니면, 징발 및 사용할 수 없으며, 또한 중립국도 필요한 경우에는 교전국으로부터 오는 재료를 사용할 수 있고, 또 상호국은 사용재료와 사용기간에 상응한

1 1899년 헤이그 제2협약 부속서 육전법 및 관습에 관한 규칙 제54조: "중립국에서 온 철도시설은 그 중립국 또는 회사 또는 사인의 재산인가에 관계없이 조속히 중립국에 환부되어야 한다."

賠償을行ᄒᆞᆷ이可ᄒᆞ다規定ᄒᆞᆫ지라然而交戰者ᄂᆞᆫ往往에如斯ᄒᆞᆫ物件을使用ᄒᆞᆯ뿐아니라此ᄅᆞᆯ破損ᄒᆞᆷ이有ᄒᆞᄂᆞ니千八百七十年에德逸軍이세인河上에航行ᄒᆞᄂᆞᆫ佛國砲艦을砲擊ᄒᆞᆯ際에六隻의英國商船이被害ᄒᆞ얏스며且알사스州에在ᄒᆞᆫ瑞西國鉄道會社所有物品及墺國鐵道等을收用ᄒᆞ얏스나如斯ᄒᆞᆫ行爲ᄂᆞᆫ元來正當ᄒᆞᆫ바ㅣ아니니此ᄅᆞᆯ賠償ᄒᆞᆷ이可ᄒᆞᆷ은勿論이라

### 第三節　交戰國에對ᄒᆞᄂᆞᆫ中立國의義務

戰爭中中立國이遵守ᄒᆞᆯ義務範圍에對ᄒᆞ야現今國際法上實例及學說이一定치아니ᄒᆞ야詳細立論ᄒᆞ기不能ᄒᆞ나揔括的으로其大体ᄅᆞᆯ立論ᄒᆞᆯ時ᄂᆞᆫ直接又ᄂᆞᆫ間接으로交戰國間戰鬪行爲에干與或妨碍치못ᄒᆞ며此와同時에交戰國政府又ᄂᆞᆫ個人으로ᄒᆞ야곰自國領土ᄅᆞᆯ戰爭에使用或戰爭準備에供치못ᄒᆞ게ᄒᆞᆷ에在ᄒᆞᄂᆞ니玆에其義務ᄅᆞᆯ類別ᄒᆞᆯ진ᄃᆡ

第一、交戰國雙方又ᄂᆞᆫ一方에對ᄒᆞ야兵力助勢ᄅᆞᆯ行ᄒᆞ기不能ᄒᆞ며其一方에許與ᄒᆞᆫ바權利ᄂᆞᆫ如何ᄒᆞᆫ者됨을不問ᄒᆞ고他一方에對ᄒᆞ야拒絕ᄒᆞ기不能ᄒᆞ며

第二、交戰國雙方或一方에對ᄒᆞ야兵器、金穀其他戰鬪力을助長ᄒᆞᆯ바物品을

배상을 해야 한다고 규정하였다.[1] 그러나 교전자는 때로 이와 같은 물건을 사용할 뿐만 아니라 이를 파괴하는 경우도 있다. 1870년에 프랑스의 Seine강 위를 항해하는 프랑스 포함을 포격할 때에 6척의 영국 상선이 피해를 입었으며, Alsace주에 있는 스위스 철도회사 소유물품과 오스트리아 철도 등을 수용하였다. 그러나 이와 같은 행위는 원래 정당한 것이 아니고 이를 배상해야 하는 것은 물론이다.

## 제2절[2] 교전국에 대한 중립국의 의무

전쟁 중 중립국이 준수할 의무 범위에 대해 현재(역자 주: 1910년경 당시) 국제법상 실례와 학설이 일정하지 아니하여 상세하게 입론할 수 없다. 그러나 총괄적으로 그 대강을 입론할 때에는, 직접 또는 간접으로 교전국 사이의 전투행위에 간여 또는 방해할 수 없으며, 이와 동시에 교전국 정부 또는 개인으로 하여금 자국 영토를 전쟁에 사용하거나 또는 전쟁 준비에 이바지하지 못하게 하는 것에 있다. 이에 그 의무를 유별(類別)[3]해 보면,

1. 교전국 쌍방 또는 일방에 대해 병력의 조력을 할 수 없다. 그 일방에 허여한 권리는 어떠한 것인가를 불문하고, 다른 일방에 대해 거절할 수 없다.
2. 교전국 쌍방 또는 일방에 대해 무기, 금전·양곡 그 밖의 전투력을 조장하는 물품을

1 1907년 헤이그 제4협약 부속서 육전법 및 관습에 관한 규칙.
2 주정균 교재 295쪽에 제3절로 되어 있으나, 목차 차례상 제2절이다. 이는 일본 교재『戰時國際法』의 관련 제1절 "총칙"을 누락하였지만 일본 교재 목차를 그대로 갖고 온 오류로 보인다.
3 유별(類別): 종류에 따라 나누어 구별함.

供給ᄒᆞᆷ이不可ᄒᆞ며

第三、交戰國軍隊로ᄒᆞ야곰其領土內를通行케ᄒᆞᆷ이不可ᄒᆞ며又ᄂᆞᆫ領土內에在ᄒᆞ야兵士를募集ᄒᆞᆷ을禁遏ᄒᆞᆷ이可ᄒᆞ며

第四、交戰國代表者或人民으로ᄒᆞ야곰中立國領土內에在ᄒᆞ야戰爭準備를行케ᄒᆞ거나軍艦其他戰爭에從事ᄒᆞᄂᆞᆫ船舶의戰鬪力을增長케ᄒᆞᆷ이不可ᄒᆞ며

第五、局外中立의義務違反으로從出ᄒᆞᆫ바直接의損害ᄂᆞᆫ被害國된交戰國에對ᄒᆞ야此를賠償ᄒᆞᆷ이可ᄒᆞᆫ等이是니以下次第論述코져ᄒᆞ노라

### 第一款　戰爭行爲에干與又ᄂᆞᆫ助力치못ᄒᆞᆯ義務

凡局外中立의性質上中立國은軍艦又ᄂᆞᆫ軍隊로써交戰國一方에助力치못ᄒᆞᆷ이無疑ᄒᆞᄂᆞ니是以로戰爭前에在ᄒᆞ야設或一方에對ᄒᆞ야特別ᄒᆞᆫ利益을與ᄒᆞᆯ條約을締結ᄒᆞᆷ이有ᄒᆞᆯ지라도此를履行ᄒᆞ기不能ᄒᆞ며戰爭中에如斯ᄒᆞᆫ條約을締結ᄒᆞᆷ은中立義務에違背된바ㅣ니千七百八十八年露、瑞戰爭에丁抹國은丁露條約을基因ᄒᆞ야戰爭中露國에一定ᄒᆞᆫ兵士를派遣ᄒᆞᆷ으로瑞典國의抗議를招ᄒᆞ야戰端을惹起ᄒᆞᆷ에殆至ᄒᆞᆫ지라以來列國間戰爭中은勿論ᄒᆞ고平時에在ᄒᆞ야도相對

공급할 수 없다.

3. 교전국 군대로 하여금 그 영토 내를 통행하게 할 수 없거나 또는 영토 내에서 병사를 모집하는 것을 금지할 수 있다.
4. 교전국 대표자 또는 인민으로 하여금 중립국 영토 내에서 전쟁 준비를 하게 하거나 군함 그 밖의 전쟁에 종사하는 선박의 전투력을 증강하게 할 수 없다.
5. 국외중립의 의무위반에서 비롯되는 직접의 손해는 피해국인 교전국에 대해 이를 배상해야 한다

등이 이것이다. 이하에 차례로 논술하고자 한다.

### 제1관 전쟁행위에 간여 또는 조력할 수 없는 의무

무릇 국외중립의 성질상 중립국은 군함 또는 군대로써 교전국 일방에 조력할 수 없다는 것은 의문의 여지가 없다. 이에 따라 전쟁 전에 설사 일방에 대해 특별한 이익을 부여할 조약을 채결한 것이 있다고 할지라도 이를 이행할 수 없다. 전쟁 중에 이와 같은 조약을 체결하는 것은 중립의무에 위반한다. 1788년 러시아-스웨덴 전쟁에서 덴마크는 덴마크-러시아조약에 따라 전쟁 중 러시아에 일정한 병사를 파견하였기 때문에, 스웨덴의 항의를 초래하여 거의 전단(戰端)[1]을 야기에 이르기도 하였다. 그 이후 각국 사이의 전쟁 중은 물론이고 평시에도

1 전단(戰端): 전쟁을 하게 된 실마리.

國이他國과戰鬪ᄒᆞᆯ時에一定ᄒᆞᆫ兵士ᄅᆞᆯ貸與ᄒᆞᄂᆞᆫ條約을締結ᄒᆞᆫ바ㅣ無ᄒᆞ얏스며千七百七十八年米佛條約에在ᄒᆞ야米國은他國의軍艦其他船舶에對ᄒᆞ야戰爭中拿捕物을携帶ᄒᆞ고自國港灣에入ᄒᆞ거나或其港內에在ᄒᆞ야如斯ᄒᆞᆫ船舶의艤裝又ᄂᆞᆫ拿捕物ᄅᆞᆯ賣却ᄒᆞᆷ을不許ᄒᆞ야其航海需用品은本國最近港에至ᄒᆞᆷ에必要ᄒᆞᆫ者以外에ᄂᆞᆫ購買ᄒᆞᆷ을禁止ᄒᆞᆷ을不拘ᄒᆞ고特히佛國船舶에對ᄒᆞ야優越ᄒᆞᆫ待遇ᄅᆞᆯ與ᄒᆞᆯ事ᄅᆞᆯ規定ᄒᆞᆫ지라然而千七百九十三年英佛戰爭中에米國이此條約을實行ᄒᆞᆷ에對ᄒᆞ야困難이莫甚ᄒᆞ며英國政府ᄂᆞᆫ此ᄅᆞᆯ嚴重히詰責ᄒᆞᆷ으로不得已千八百年米佛條約에在ᄒᆞ야ᄂᆞᆫ前條約을改正ᄒᆞ고如斯ᄒᆞᆫ偏厚ᄒᆞᆫ規定을削除ᄒᆞ얏스며今日에在ᄒᆞ야交戰國一方에待ᄒᆞ야偏重ᄒᆞᆫ待遇ᄅᆞᆯ與ᄒᆞᆯ바條約을締結ᄒᆞᆷ이殆無ᄒᆞᆷ에至ᄒᆞᆷ으로戰鬪用의船舶、兵器、彈薬其他戰鬪用의物品又ᄂᆞᆫ金錢을交戰國에給與或貸與ᄒᆞᆷ은中立義務에違背되며加之此等物品을賣却ᄒᆞᆷ도不能ᄒᆞᆫ바ㅣ라然이나此等物品을交戰國에供給ᄒᆞ기不能ᄒᆞ다ᄒᆞᆷ은中立國政府의義務될ᄲᅮᆫ이오中立國領內에在ᄒᆞᆫ人民이個人的으로如斯ᄒᆞᆫ物品을賣却ᄒᆞᆷ은無妨ᄒᆞ며且其行爲에對ᄒᆞ야政府ᄂᆞᆫ何等의責任을不負ᄒᆞᄂᆞᆫ바ㅣ며但國家가他國戰爭中

상대국이 다른 나라와 전투할 때에, 일정한 병사를 빌려주는 조약을 체결하는 경우가 없었다. 1778년 미국-프랑스 조약에서, 미국은 다른 나라의 군함 그 밖의 선박에 대해 전쟁 중 나포물을 휴대하고 자국 항만에 진입하거나 또는 그 항 내에서 이와 같은 선박의 의장(艤裝)[1] 또는 나포물을 매각하는 것을 허용하지 아니하고, 그 항해 필수품은 본국의 가장 가까운 항에 도착하기에 필요한 것 이외에는 구입하는 것을 금지하였음에도 불구하고, 특히 프랑스 선박에 대해 우월한 대우를 부여할 것을 규정하였다. 그러나 1793년 영국-프랑스 전쟁 중에 미국이 이 조약을 실행하는 것에 대해 곤란이 막심하였으며, 영국 정부가 이를 엄중히 힐책하므로, 부득이 1800년 미국-프랑스 조약에서는 앞의 조약을 개정하고, 이와 같은 편파적인 규정을 삭제하였다. 오늘날에는(역자 주: 1910년경 당시) 교전국 일방에 대해 편중된 대우를 부여하는 조약을 체결하는 경우는 거의 없고 전투용의 선박, 무기, 탄약 그 밖의 전투용의 물품 또는 금전을 교전국에 급여(給與)[2] 또는 대여하는 것은 중립의무에 위반된다. 그뿐만 아니라 이들 물품을 매각할 수도 없다. 그러나 이들 물품을 교전국에 공급할 수 없다고 하는 것은 중립국 정부의 의무일 뿐이다. 중립국 영내에 있는 인민이 개인적으로 이와 같은 물품을 매각하는 것은 무방하다. 또 그 행위에 대해 정부는 어떠한 책임도 지지 않는다. 다만 국가가 다른 나라의 전쟁 중에

1 의장(艤裝): 선박에 필요한 모든 선구(船具)나 기계 장비.
2 급여(給與): 돈이나 물건을 대어 주거나 베풀어 줌.

에自國에事情을因ᄒᆞ야兵器、船舶等을公賣코져ᄒᆞᆯ時를當ᄒᆞ야交戰國의代人이此를買収ᄒᆞ는疑慮가有ᄒᆞᆯ時에此를賣買ᄒᆞ는與否의問題가有ᄒᆞᆯ뿐이라千八百二十五年에瑞典政府는海軍을縮少ᄒᆞ기爲ᄒᆞ야六隻의軍艦을賣却ᄒᆞᆯ事로西班牙政府에申提ᄒᆞ얏더니此에不應ᄒᆞᆷ으로其中三隻을英國商人에게賣渡ᄒᆞ며同商人은墨西哥國에轉賣코져ᄒᆞᆫ바ㅣ라然而當時墨西哥國은西班牙國에對ᄒᆞ야戰鬪를繼續ᄒᆞ는時됨으로써西班牙政府의抗議를因ᄒᆞ야瑞典國은비록其轉賣의事實을不知ᄒᆞ고英國商人에게賣却ᄒᆞᆫ事ㅣ됨을不拘ᄒᆞ고其賣却을繳消ᄒᆞ얏스며千八百六十三年에英國政府는老朽ᄒᆞᆫ砲艦「비구돌」號를商會에賣却ᄒᆞ엿더니其砲艦이米國南軍에게歸ᄒᆞᆫ事實을知ᄒᆞ고因ᄒᆞ야南北戰爭中他軍艦의公賣를中止ᄒᆞ얏스며此와反ᄒᆞ야千八百六十八年에米國政府는舊式의兵器及彈藥을公賣ᄒᆞᆯ事를決定ᄒᆞ고千八百七十年에公賣를開始ᄒᆞᆫ지라然而當時普佛戰爭을因ᄒᆞ야此를中止치아니ᄒᆞᆷ으로佛國政府의代理人은五十五門의大砲와三十七萬八千挺의小銃을買入ᄒᆞ얏스니此米國政府의行爲는學者의批難이非無ᄒᆞ며且一定ᄒᆞᆫ法則이姑無ᄒᆞ나然이나中立國義務로論ᄒᆞᆯ진ᄃᆡ其公賣를

자국의 사정에 따라 무기, 선박 등을 공매(公賣)[1]하고자 할 경우, 교전국의 대리인이 이를 매수하려는 협의가 있을 때에, 이를 매매할 수 있는지의 여부의 문제가 있을 뿐이다.

1825년에 스웨덴 정부는 해군을 감축하기 위해 6척의 군함을 매각할 것을 스페인 정부에 제의하였으나, 이에 응하지 아니하므로 그 중 3척을 영국 상인에게 매도하고, 동 상인은 멕시코에 전매(轉賣)하고자 하였다. 그러나 당시 멕시코는 스페인에 대해 전투를 계속하던 때였기 때문에, 스페인 정부의 항의에 따라 스웨덴은 비록 그 전매의 사실을 알지 못하고 영국 상인에게 매각하였음에도 불구하고, 그 매각을 취소하였다. 1863년에 영국 정부는 노후한 포함(砲艦) 「The Victor」호를 상회(商會)[2]에 매각하였는데, 그 포함이 미국 남군에게 귀속된 사실을 알고 이에 따라 남북 전쟁 중 다른 군함의 공매(公賣)를 중지하였다. 이에 반해 1868년에 미국 정부는 구식 무기와 탄약을 공매하기로 결정하고, 1870년에 공매를 개시하였다. 그러나 당시 프러시아-프랑스 전쟁에 따라 이를 중지하지 아니하므로, 프랑스 정부의 대리인은 55문의 대포와 37만 7천 정의 소총을 매입하였다. 이 미국 정부의 행위에 대해서는 학자의 비난이 없지 않았다. 또 일정한 법칙이 짐짓 없으나 중립국 의무로 논해보면, 그 공매에

1 공매(公賣): 공공 기관이 압류한 재산이나 물건 따위를 경매나 입찰 등의 방법으로 일반에게 공개하여 팖.
2 상회(商會): 오늘날의 기업 또는 회사.

因ᄒᆞ야交戰國一方의戰鬪力을增長ᄒᆞᆯ事實을知ᄒᆞᆫ以上은英國及瑞典과如히此ᄅᆞᆯ中止ᄒᆞᆷ이妥當ᄒᆞᆫ바ㅣ라

中立國政府ᄂᆞᆫ交戰國一方에對ᄒᆞ야金錢을貸與ᄒᆞ기不能ᄒᆞ면且此ᄅᆞᆯ保證ᄒᆞᆷ도不可ᄒᆞ나然이나中立國義務와中立國人民의義務ᄂᆞᆫ元來不同ᄒᆞᆷ으로中立國人民이交戰國에게金錢을貸與ᄒᆞ며又或公債에應募ᄒᆞᆷ은無妨ᄒᆞ니何者오金錢은商業上物品의代用될뿐아니라戰爭中이라도交戰國雙方과商業을繼續ᄒᆞᆷ이正當ᄒᆞᆫ以上은金錢의流出流入은免치못ᄒᆞᆯ事이며且交戰國의公債가一次市場에現出ᄒᆞᆯ진ᄃᆡ此ᄅᆞᆯ賣買ᄒᆞᆷ이諸國人民의自由니設或中立國政府에셔此ᄅᆞᆯ禁止코져ᄒᆞ나不能에須屬ᄒᆞᆷ으로中立國은如斯ᄒᆞᆫ人民行爲에對ᄒᆞ야責務ᄅᆞᆯ負ᄒᆞᆷ이不可ᄒᆞᆫ所以며但交戰國의戰爭費用을補助ᄒᆞ기爲ᄒᆞ야中立國人民이交戰國에金錢或物品을輸入ᄒᆞᆷ은戰時禁制品의一種됨으로敵對國에게捕獲되ᄂᆞᆫ危險이伴隨ᄒᆞᆯ뿐이며且中立國政府ᄂᆞᆫ其賣買或讓與에關ᄒᆞᄂᆞᆫ公認節次ᄅᆞᆯ不行ᄒᆞᆯ뿐이라千八百八十五年阿片戰爭時에米國政府ᄂᆞᆫ上海駐在自國領事에게訓令ᄒᆞ되米國商船을淸國에讓渡ᄒᆞᆷ은戰鬪力을助長케ᄒᆞᆷ이니此ᄅᆞᆯ公認ᄒᆞᆷ이不可ᄒᆞ다ᄒᆞᆯ

따라, 교전국 일방의 전투력을 증강하게 될 사실을 안 이상은 영국과 스웨덴과 마찬가지로 이를 중지해야 하는 것이 타당하다.

중립국 정부는 교전국 일방에 대해 금전을 대여할 수 없다. 또한 이를 보증할 수도 없다. 그러나 중립국 의무와 중립국 인민의 의무는 원래 동일하지 않기 때문에, 중립국 인민이 교전국에게 금전을 대여하거나 또는 공채(公債)에 응모하는 것은 무방하다. 왜냐하면 금전은 상업상 물품 대용으로 될 뿐만 아니라, 전쟁 중이라도 교전국 쌍방과 상업을 계속하는 것이 정당한 이상은, 금전의 유출·유입은 피할 수 없는 일이기 때문이다. 또한 교전국의 공채가 한번 시장에 현출(現出)[1]하면, 이를 매매하는 것은 여러 나라 인민의 자유이다. 설사 중립국 정부에서 이를 금지하고자 하더라도 거의 할 수 없기 때문에, 중립국은 이와 같은 인민의 행위에 대해 책무를 부담할 수 없는 까닭이다. 다만 교전국의 전쟁비용을 보조하기 위해 중립국 인민이 교전국으로부터 금전이나 물품을 수입하는 것이 전시금제품의 한 종류가 되어 적대국에게 포획될 수 있는 위험이 수반될 뿐이다. 또 중립국 정부는 그 매매나 양도에 관한 공인절차를 하지 않을 뿐이다. 1985년 아편 전쟁 시에 미국 정부는 상해 주재 자국 영사에게 훈령하기를, 미국 상선을 청국에 양도하는 것은 전투력을 조장하게 하는 것으로 이를 공인할 수 없다고 하였을

1 현출(現出): 나타나다, 나오다.

뿐이오米國人民의賣買를禁止치아니ᄒᆞᆷ을見ᄒᆞ야도中立國人民이個人的行爲로交戰國에對ᄒᆞᄂᆞᆫ바行爲의如何ᄒᆞᆷ을可知ᄒᆞᆯ지로다

第二欵　中立國版圖를戰爭行爲에供用케아니ᄒᆞᄂᆞᆫ義務

交戰國이中立國領土에在ᄒᆞ야兵士를募集ᄒᆞ며又或通過ᄒᆞᆷ에對ᄒᆞ야學說並實例가一定치아니ᄒᆞ얏스나第十八世紀以來局外中立의發達ᄒᆞᆷ을隨ᄒᆞ야諸國의否認ᄒᆞᆫ바ㅣ될ᄲᅮᆫ아니라今日에至ᄒᆞ야ᄂᆞᆫ可動치못ᄒᆞᆯ法則을成ᄒᆞᆫ지라凡中立國의行動如何ᄂᆞᆫ交戰國雙方에利害가相反ᄒᆞᄂᆞ니一方의軍隊로ᄒᆞ야곰自國領土를通過케ᄒᆞᆷ은其戰鬪를助長케ᄒᆞᆷ이며間接으로戰鬪에加擔ᄒᆞᆷ이니中立性質에違反ᄒᆞᆫ바ㅣ라千八百七十年에알사스州에在ᄒᆞᆫ佛國兵士가其陸軍本隊에合倂코져ᄒᆞ야瑞西國에向ᄒᆞ야其途를假ᄒᆞᆷ과셰단戰役後獨逸軍負傷者의運搬을白耳義國鐵道에依賴코져ᄒᆞᆫ事等은右兩國의拒絕을因ᄒᆞ야未果ᄒᆞᆫ바ㅣ며但中立國이交戰國負傷者에對ᄒᆞ야其通過ᄒᆞᆷ을許認ᄒᆞᄂᆞᆫ與否에至ᄒᆞ야ᄂᆞᆫ其後學者間의問題를成ᄒᆞ야因ᄒᆞ야千八百七十四年부릿셀宣言第五五條及第一平和會議陸戰法規慣例條約附屬規則第五九條에此를許認ᄒᆞ얏시니如斯히交戰國軍隊

뿐이고, 미국 인민의 매매를 금지하지 않았던 것을 보더라도, 중립국 인민이 개인적 행위로 교전국에 대해 행하는 행위가 어떠한가를 알 수 있다.

### 제2관 중립국 영토를 전쟁행위에 제공하지 아니할 의무

교전국이 중립국 영토에서 병사를 모집하거나 또는 통과하는 것에 대해 학설과 실례가 일정하지 아니하다. 그러나 18세기 이래 국외중립의 발달에 따라 여러 나라가 부인하고 있을 뿐만 아니라, 오늘날에는(역자 주: 1910년경 당시) 움직일 수 없는 법칙으로 되었다. 무릇 중립국의 행동 여하는 교전국 쌍방에 이해가 상반된다. 일방의 군대로 하여금 자국 영토를 통과하게 하는 것은 그 전투를 조장하게 하는 것이며, 간접적으로 전투에 가담하는 것이기 때문에 중립의 성질에 위반한다. 1870년 Alsace 주에 있는 프랑스 병사가 그 육군 본대에 합류하고자 하여 스위스에 대해 그 길을 빌리려고 한 경우와 Sedan전쟁 후 독일군 부상자의 운반을 벨기에 철도에 의뢰하고자 한 경우 등은 위 양국의 거절로 인해 실현되지 못했다. 다만 중립국이 교전국 부상자에 대해 그 통과하는 것을 허락할 것인지의 여부에 대해서는 그 후 학자 사이의 문제가 되었다. 이에 따라 1874년 Brussel 선언 제55조[1]와 1899년 제1차 만국평화회의 육전법규관례조약 부속 규칙 제59조[2]에 이를 허용하였다. 이와 같이 교전국 군대가

---

1 1874년 Brussel 선언 제55조의 영문은 다음과 같다. Article 55: “A neutral State may authorize the passage through its territory of the wounded or sick belonging to the belligerent armies, on condition that the trains bringing them shall carry neither personnel nor material of war. In such a case, the neutral State is bound to take whatever measures of safety and control are necessary for the purpose.”

2 1899년 헤이그 제2협약 부속서 육전법 및 관습에 관한 규칙 제59조: “중립국은 교전국에 속하는 상병자의 자국영토 통과에 있어서 상병자를 실은 기차가 전투원 또는 전쟁물자를 수송하지 아니한다는 조건으로 이를 허가할 수 있다. 그러한 경우, 중립국은 이를 위하여 필요한 안전 및 통제조치를 취한다. 중립국은 이와 같은 조건으로 일방 교전자에 의하여 중립국에 수송되는, 적국에 속하는 상병자들이 다시 군사작전에 참가하지 못하도록 이들을 감시하여야 한다. 중립국은 보호를 약속한 타방 교전자의 상병자에 대하여도 동일한 의무를 진다.”

가中立國을通過ᄒᆞᆷ은病者或負傷者를運搬ᄒᆞᄂᆞᆫ境遇가아니면不能ᄒᆞᆫ事이라千八百七十七年에墨西哥軍隊가其反亂者를追擊ᄒᆞ야데기사스州에入ᄒᆞᆷ으로米國의抗議를成ᄒᆞ얏스며同年露土戰爭時에露國軍隊ᄂᆞᆫ루마니야國은經ᄒᆞ야불가리야에侵入ᄒᆞ얏스나是ᄂᆞᆫ歐洲東方에在ᄒᆞᆫ變例될ᄲᅮᆫ아니라且루마니야國은當時土國의屬國으로露國의協助를依ᄒᆞ야獨立을計圖ᄒᆞᆫ者됨으로露國兵士의通過ᄂᆞᆫ名義上敵國或同盟國의領土를通過ᄒᆞᆷ과無異ᄒᆞ며往年日淸及日露戰役에日本軍隊가我國을通過ᄒᆞᆷ과如ᄒᆞᆷ도此와類似ᄒᆞ나如斯ᄒᆞᆫ例外事實로써中立國에關ᄒᆞᆫ法則이라云ᄒᆞ기不能ᄒᆞᆫ바ㅣ라

交戰國은中立國領土或領海에在ᄒᆞ야武裝의遠徑을準備치못ᄒᆞ며且中立國이此를禁止ᄒᆞᄂᆞᆫ義務가有ᄒᆞᆷ으로交戰國軍隊或艦隊가其領土에在ᄒᆞ야兵器를增加ᄒᆞᆷ을禁止ᄒᆞᆷ은勿論이오兵士의募集等行爲를防止ᄒᆞᆷ에相當ᄒᆞᆫ方法을講求ᄒᆞ야嚴定히中立을維持ᄒᆞᆯ지니千八百十八年에米國은法律로써其版圖內의人民이領海에在ᄒᆞᆫ交戰國艦船에對ᄒᆞ야戰鬪力을助長케ᄒᆞᆯ行爲를禁止ᄒᆞ며且軍艦本國人民을除ᄒᆞᆫ外에其他人民은兵士募集에應치못ᄒᆞᆯ事를規定ᄒᆞ얏스며千八

중립국을 통과하는 것은, 병자나 부상자를 운반하는 경우가 아니면 할 수 없다. 1877년에 멕시코 군대가 그 반란자를 추격하여 미국 텍사스주에 진입하므로 미국의 항의를 받았다. 같은 해 러시아-터키 전쟁 시에 러시아 군대는 루마니아를 거처 불가리아에 침입하였으나, 이는 유럽 동쪽에서의 변칙이었을 뿐만 아니라, 루마니아는 당시 터키의 속국으로 러시아의 협조에 의지해 독립을 기도하고 있었기 때문에, 러시아 병사의 통과는 명목상의 적국 또는 동맹국의 영토를 통과하는 것과 다름이 없었다. 지난 청일전쟁 및 일본-러시아 전쟁에서 일본 군대가 조선을 통과한 것 같은 경우도 유사하다. 그러나 이와 같은 예외 사실을 가지고 중립국에 관한 법칙이라고 말할 수는 없는 것이다.

교전국은 중립국 영토나 영해에서 무장 원정을 준비할 수 없다. 또 중립국이 이를 금지해야 할 의무가 있다. 또한 교전국 군대나 함대가 그 영토에서 무기를 증강하는 것을 금지해야 하는 것은 물론이고, 병사 모집 등의 행위를 방지하기에 상당한 방법을 강구하고 엄정 중립을 유지해야 한다. 1858년에 미국은 법률로 그 영토 내의 인민이 영해에 있는 교전국 함선에 대해 전투력을 조장하게 할 행위를 금지하며, 또한 군함의 본국 인민을 제외하고 그 밖의 인민은 병사 모집에 응할 수 없게 할 것을 규정하였다.

百十九年에英國도此와同一ᄒᆞᆫ規定을設ᄒᆞᆷ과同時에兵士募集에對ᄒᆞ야米國과如ᄒᆞᆫ例外를不設ᄒᆞᆫ지라凡交戰國軍艦이中立國에在ᄒᆞ야其戰鬪力을補充或增加ᄒᆞ기不能ᄒᆞ며中立國도또ᄒᆞᆫ此를禁止ᄒᆞᄂᆞᆫ義務가有ᄒᆞᆫ以上은其版圖內에在ᄒᆞ야設或軍艦本國人民이라도兵士募集에應ᄒᆞᆷ을禁止ᄒᆞᆷ이妥當ᄒᆞᄂᆞ니右英國規定은實로適當ᄒᆞᆯ뿐아니라中立國義務에關ᄒᆞᆫ法則의模範이라謂ᄒᆞᆯ바ㅣ라然而中立國은國法으로써其中立의權利義務를履行ᄒᆞᆷ에必要ᄒᆞᆫ法令을規定ᄒᆞᆷ이任意에在ᄒᆞᆷ으로國際法上其規定의同一ᄒᆞᆷ을要치아니ᄒᆞ나其國內法規定如何를不拘ᄒᆞ고國際公法上義務를免ᄒᆞ기不能ᄒᆞᄂᆞ니是以로國內法規定이國際法則보다嚴重ᄒᆞᆫ時라도交戰國은其規定을利用ᄒᆞ야中立國行爲를詰責ᄒᆞ기不能ᄒᆞ며且中立國은寬大ᄒᆞᆫ內國法의規定으로써國際法上中立義務履行에關ᄒᆞᄂᆞᆫ準則을作ᄒᆞ기不能ᄒᆞᆫ바ㅣ라

中立國은其人民이交戰國一方으로브터免許를受ᄒᆞ야海上捕獲에從事ᄒᆞᆷ을禁止ᄒᆞᄂᆞᆫ義務가有ᄒᆞᄂᆞ니是ᄂᆞᆫ中立國人民되ᄂᆞᆫ資格으로戰爭行爲에從事ᄒᆞᄂᆞᆫ嫌疑가有ᄒᆞᆫ所以라然이나千八百五十六年巴里宣言을因ᄒᆞ야私有船舶을捕拿用

1859년에 영국도 이와 동일한 규정을 설정하는 동시에, 병사 모집에 대해 미국과 같은 예외를 두지 않았다. 무릇 교전국 군함이 중립국에서 그 전투력을 보충 또는 증강할 수 없으며, 중립국도 또한 이를 금지해야 할 의무가 있는 이상은, 그 영토 내에서 설사 군함의 본국 인민일지라도 병사 모집에 응하는 것을 금지하는 것이 타당하다. 위 영국 규정은 실로 적당할 뿐만 아니라, 중립국 의무에 관한 법칙의 모범이라고 이를만하다. 그러나 중립국이 국법으로 그 중립의 권리의무를 이행하는데 필요한 법령을 규정하는 것은 임의에 속하고, 국제법상 그 규정이 동일해야 할 것을 요구하지 아니한다. 그러나 그 국내법 규정이 어떠한가를 불문하고 국제공법상의 의무를 면할 수 없다. 이에 따라 국내법 규정이 국제법칙보다 엄중한 때일지라도, 교전국은 그 규정을 이용해 중립국 행위를 질책할 수 없다. 또한 중립국은 관대한 국내법의 규정을 가지고 국제법상 중립의무 이행에 관한 준칙을 만들 수 없는 것이다.

중립국은 그 인민이 교전국 일방으로부터 면허를 받고 해상포획에 종사하는 것을 금지해야 할 의무가 있다. 이는 중립국 인민인 자격으로 전쟁행위에 종사할 혐의가 있기 때문이다. 그러나 1856년의 파리선언에 따라 사유선박을 나포용에에供ᄒᆞᆷ을禁止ᄒᆞᆫ以後로其免許를受ᄒᆞᆯ者ㅣ無ᄒᆞ며且締盟國은此를許ᄒᆞᆯ理由가無ᄒᆞᄂᆞ니今日에在ᄒᆞ야ᄂᆞᆫ中立國義務로論述ᄒᆞᆯ價値가無ᄒᆞᆫ바ㅣ나歐洲中世에在ᄒᆞ야ᄂᆞᆫ中立國人民이交戰國의免許를受ᄒᆞ야捕獲에從事ᄒᆞᆷ이多有ᄒᆞᆫ바ㅣ며且中立國은其人民이交戰國海陸軍에入ᄒᆞ거나入ᄒᆞᆯ目的으로自國版圖를出發ᄒᆞᆷ을廢止ᄒᆞᄂᆞᆫ義務가有ᄒᆞ나但人民各個의行動에對ᄒᆞ야一一히此를監督ᄒᆞ기不能ᄒᆞᆷ과共히如斯ᄒᆞᆫ個人은中立國人民되ᄂᆞᆫ特權을喪失ᄒᆞ고交戰國戰鬪員과同一ᄒᆞᆫ地位에立ᄒᆞᄂᆞ니從ᄒᆞ야中立國은何等의責任이無ᄒᆞ나然이나中立國版圖內에在ᄒᆞ야軍隊를組織ᄒᆞ며或軍隊에加入ᄒᆞᆯ目的으로多數人民이連續出發ᄒᆞ야交戰國으로向ᄒᆞᆷ과如ᄒᆞᆷ은中立國이此를知得ᄒᆞ기容易ᄒᆞᆷ으로禁止ᄒᆞᄂᆞᆫ義務가有ᄒᆞᆷ은勿論이라千八百七十六年土耳其及세루부야戰役에數千의露國人團体가세루부야軍隊에加入ᄒᆞᆯ目的으로써露國南部로브터出發ᄒᆞᆷ을禁止치아니ᄒᆞᆷ은中立義務를履行치아니ᄒᆞᆫ바로一般의批難을招ᄒᆞᆫ바ㅣ며蓋中立國人民이交戰國一方에對ᄒᆞ야同情을表ᄒᆞᆯ時를當ᄒᆞ야其意向을抑制ᄒᆞᆷ은困難ᄒᆞᆫ事이니千七百九十三年英佛戰爭에米國人民이佛國에對ᄒᆞ야同情을表ᄒᆞ며千八百

제공하는 것을 금지한 이후로 그 면허를 받은 경우가 없다. 또 체약국은 이를 허가할 이유가 없다. 오늘날에는(역자 주: 1910년경 당시) 중립국 의무로 논술할 가치가 없다. 그러나 유럽 중세에서는 중립국 인민이 교전국의 면허를 받고 포획에 종사한 경우가 많았다. 또 중립국은 그 인민이 교전국 해·육군에 입대하거나 입대할 목적으로 자국 영토를 출발하는 것을 금지해야 할 의무가 있으나, 다만 인민 개개의 행동에 대해 하나하나 이를 감독할 수 없으며, 또한 이와 같은 개인은 중립국 인민인 특권을 상실하고 교전국 전투원과 동일한 지위에 서게 된다. 따라서 중립국은 어떠한 책임도 지지 않는다. 그러나 중립국 영토 내에서 군대를 조직하거나 또는 군대에 입대할 목적으로 다수 인민이 연속 출발하여 교전국으로 향하는 것 같은 경우는, 중립국이 이를 쉽게 알 수 있기 때문에 금지해야 할 의무가 있는 것은 물론이다. 1876년 터키와 세르비아 전쟁에서 수천 명의 러시아인 단체가 세르비아 군대에 입대할 목적으로 러시아 남부로부터 출발하는 것을 금지하지 아니한 것은 중립의무를 이행하지 아니한 것으로 일반의 비난을 초래하였다. 대개 중립국 인민이 교전국 일방에 대해 동정(同情)을 표시한 때에 그 의향을 억제하기는 곤란한 일이다. 1793년 영국-프랑스 전쟁 시에 미국 인민이 프랑스에 대해 동정을 표시하였으며,

三十八年加奈太內亂時에米國人民이此에加擔ᄒᆞ며南北戰爭에英國人民이南軍에同情을表ᄒᆞᆷ과如히國民熱情에對ᄒᆞ야其行爲를禁遏ᄒᆞ고嚴正ᄒᆞᆫ中立을維持ᄒᆞᆷ은何國政府에在ᄒᆞ든지困難ᄒᆞ다云ᄒᆞᆯ지나其困難ᄒᆞᆷ을理由ᄒᆞ야中立義務를免ᄒᆞ기不能ᄒᆞᆷ은多言을不待ᄒᆞᆯ바ㅣ라

### 第三欵　中立義務不履行으로브터生ᄒᆞᄂᆞᆫ損害

中立國이義務를履行치아니ᄒᆞ야交戰國一方에損害가生ᄒᆞᆫ時ᄂᆞᆫ此를賠償ᄒᆞᄂᆞᆫ義務가有ᄒᆞᄂᆞ니혜후델、색룬쥬리、갈ㅣ부等諸學者로브터一般히是認ᄒᆞ며且實例가非無ᄒᆞ나一派學者ᄂᆞᆫ此를否認ᄒᆞ야云ᄒᆞ되交戰國이中立國版圖內에在ᄒᆞ야戰鬪又ᄂᆞᆫ海上捕獲等行爲를行ᄒᆞᆷ은中立國主權을侵害ᄒᆞᆷ과共히中立國이此를防止ᄒᆞᆯ義務를盡치아니ᄒᆞᆷ이나然이나凡交戰當事國은兵力으로爭雄ᄒᆞᆯ뿐이니中立國義務不履行의結果ᄂᆞᆫ비록其一方兵力을强壯케ᄒᆞᆷ이나此로因ᄒᆞ야他一方의戰爭權利上何等의直接侵害를加ᄒᆞᆷ이無ᄒᆞ다ᄒᆞ얏스나是ᄂᆞᆫ謬論됨을未免ᄒᆞᆯ지니國際公法上國家의權利義務를定ᄒᆞᆫ以上은其國際關係上一國의義務不履行은即他國의權利를侵害ᄒᆞᆫ바ㅣ라云치아니치못ᄒᆞᆯ지며且權利侵害의

1838년 캐나다 내전 시에 미국 인민이 이에 가담하고, 남북전쟁 시에 영국 인민이 남군에 동정을 표시한 경우와 같이, 국민의 열정에 대해 그 행위를 금지하고 엄정한 중립을 유지하는 것은 어떤 정부에서든지 곤란하다고 할 수 있다. 그러나 그 곤란을 이유로 중립의무를 면할 수 없다는 것은 많은 말을 기다릴 바가 아니다.

### 제3관 중립의무 불이행으로부터 발생하는 손해

중립국이 의무를 이행하지 아니하여 교전국 일방에 손해가 발생한 때에는 이를 배상할 의무가 있다. Heffter, Bluntschli, Calvo 등 여러 학자로부터 일반적으로 인정하며 또 실례가 없지 않다. 그러나 일부 학자는 이를 부인하여 말하기를, 교전국이 중립국 영토 내에서 전투 또는 해상포획 등의 행위를 하는 것은, 중립국의 주권을 침해하는 것이므로 또한 중립국이 이를 방지할 의무를 다해야 한다. 그러나 무릇 교전 당사국은 병력으로 자웅을 다툴 뿐이고, 중립국 의무 불이행의 결과는 비록 그 일방의 병력을 강력하게 하나, 이에 따라 다른 일방의 전쟁 권리상 어떠한 직접적 침해를 가하는 것은 없다고 하였다. 그러나 이는 그릇된 주장인 것을 면할 수 없다. 국제공법상 국가의 권리의무를 정한 이상은, 그 국제관계상 한 나라의 의무불이행은 곧 다른 나라의 권리를 침해하는 것이라고 하지 않을 수 없다. 또 권리침해의

結果되는損害를賠償ᄒᆞ는責任이無ᄒᆞ다ᄒᆞᆯ진ᄃᆡ國際法의基礎를打破ᄒᆞ는바ㅣ라云ᄒᆞᆯ지니中立國이其義務履行을怠慢히ᄒᆞ거나或不履行ᄒᆞᆷ으로從出ᄒᆞᆫ交戰國의損害는此를賠償ᄒᆞᆷ이當然ᄒᆞᆫ바ㅣ니千八百六十二年南北戰爭時에「아라바마」「죠ㅣ쟈」「후로리다」等南軍軍用에供ᄒᆞ는船舶을英國에在ᄒᆞ야製造艤裝ᄒᆞᆫ事는쥬네부仲裁判决을因ᄒᆞ야英國으로브터千五百五十萬弗의償金을米國에支給ᄒᆞᆷ과如ᄒᆞᆷ이是其例라

玆에有名ᄒᆞᆫ「아라바마」事件을擧ᄒᆞ야中立國義務의一般을略述ᄒᆞ노니千八百六十二年에英國류ㅣ불港에在ᄒᆞ야「레야ㅣ도」商會의注文으로「아라바마」號를製造ᄒᆞ야同年五月十五日에進水式을行ᄒᆞᆫ지라然而同國駐在米國領事는同船舶이南軍의巡洋艦으로製造된事를探知ᄒᆞ고倫敦駐箚米國公使아담스氏에게報告ᄒᆞᆷ으로同六月二十三日에同公使는英國外部大臣에게迫請ᄒᆞ되該船舶은戰爭行爲를爲ᄒᆞ야製造됨이明白ᄒᆞ니卽其注文者는南軍代表者됨이無疑ᄒᆞ며且船舶指揮者等이英國에渡來ᄒᆞᆫ事等은一毫의疑点이無ᄒᆞ니請컨ᄃᆡ同船舶의出港을抑留ᄒᆞᆷ이可ᄒᆞ다ᄒᆞᆫ지라英國政府는류ㅣ불稅關長으로ᄒᆞ야곰其事

결과인 손해를 배상할 책임이 없다고 한다면, 국제법의 기초를 타파하는 것이라고 할 수 있다. 중립국이 그 의무이행을 게을리하거나 또는 불이행하여 비롯된 교전국의 손해는 이를 배상하게 하는 것이 당연하다. 1862년 남북전쟁 시에 「The Alabama」, 「The Georgia」, 「The Florida」 등 남군 군용에 이바지하는 선박을 영국에서 제조·의장(艤裝)한 에 대해 Geneva 중재재판에 따라 영국이 1,500만 달러의 배상금을 미국에 지급한 것 같은 경우가 그 예이다.

이에 유명한 「The Alabama」호 사건을 들어 중립의무의 일반을 약술한다. 1862년에 영국 리버풀 항에서 「Messrs. Laird & Co」상회의 주문으로 「The Alabama」호를 제조하여 같은 해 5월 15일에 진수식을 거행하였다. 그러나 동국 주재 미국 영사는 동 선박이 남군의 순양함으로 제조된 사실을 탐지하고, 런던 주재 미국 공사 Adams에게 보고하였다. 같은 해 6월 23일에 동 공사는 영국 외무부 장관에게 추궁하기를, 해당 선박은 전쟁행위를 위해 제조된 것이 명백하다. 즉 그 주문자는 남군 대표자인 것이 의심의 여지가 없고, 또 선박 지휘자 등이 영국에 건너온 사실 등은 조금도 의문점이 없다. 청컨대 동 선박의 출항을 억류해야 한다고 하였다. 영국 정부는 리버풀 세관장으로 하여금 그

情을探報케ᄒᆞ얏더니同七月一日에稅關長及度支大臣의意見書에ᄂᆞᆫ「아라바마」號가戰爭用으로製造됨은明白ᄒᆞ나大砲、彈藥等을裝載치아니ᄒᆞ얏스니法律上抑留홈에可足ᄒᆞᆫ證據가充分치못ᄒᆞ다홈으로米國領事로ᄒᆞ야곰相當ᄒᆞᆫ證憑을提出홈이可ᄒᆞᆯ意로回答ᄒᆞ얏더니同領事ᄂᆞᆫ七月二十二日에其證據書類를同公使에게提出ᄒᆞ며二十四日에公使ᄂᆞᆫ證據書類와辯護士의意見書를外部大臣에게提出ᄒᆞ고抑留의請求를再申홈으로英國政府ᄂᆞᆫ此를政府法律顧問委員會에委托硏究케ᄒᆞ얏더니二十八日에至ᄒᆞ야同委員會로브터外部大臣에게同船舶의出港을抑留홈이可ᄒᆞᆯ意로荅復ᄒᆞ얏스나同「아라바마」號ᄂᆞᆫ同二十八日早朝에航海試驗의行裝으로出帆ᄒᆞ야英領양구레시灣에到着ᄒᆞᆫ後류ㅣ불로브터別船으로送來ᄒᆞᆫ四十名의水夫를乘組ᄒᆞ고三十一日에亞弗利加아솔島데셰이라港에航行ᄒᆞ야更히倫敦及류ㅣ불로브터武器彈藥을購來ᄒᆞ고其他艤裝을整頓ᄒᆞ야써南軍巡洋의職務로海上捕獲에從事ᄒᆞ야北軍의商船七十隻을捕獲ᄒᆞ며且南軍軍艦의資格으로屢屢히英國港灣에出入ᄒᆞᆫ지라要컨ᄃᆡ右船舶及兵器를個個別別히英國製造所에注文ᄒᆞᆫ者ㅣ됨으로表面上普通의賣買와無異ᄒᆞ

사정을 탐지·보고하게 하였다. 같은 해 7월 1일에 세관장과 재무장관의 의견서에는 「The Alabama」호가 전쟁용으로 제조된 것은 명백하나 대포, 탄약 등을 장착하지 아니하여 법률상 억류할만한 증거가 충분하지 아니하므로, 미국 영사로 하여금 상당한 증빙을 하게 해야 할 의사로 회답하였다. 동 영사는 증거서류와 변호사의 의견서를 외무장관에게 제출하고 억류의 청구를 다시 신청하였다. 영국 정부는 이를 정부 법률 고문위원회에 위탁·연구하게 하였다. 28일에 이르러 동 위원회는 외무장관에게 동 선박의 출항을 억류해야 한다는 뜻으로 회답하였다. 그러나 동 「The Alabama」호는 28일 아침에 항해 시험의 행장(行裝)으로 출항하여 영국령 Anglesey만에 도착한 후 리버풀로부터 다른 선박을 타고 온 40명의 선원을 승선하게 하고, 31일에 아프리카 Azores섬 Terceira항으로 항해하여, 다시 런던과 리버풀로부터 무기·탄약을 구입하고 그 밖의 의장을 정돈하였다. 이후 남군 순양함의 직무로 해상포획에 종사하여 북군의 상선 70척을 포획하였다. 또한 남군 군함의 자격으로 여러 번 영국 항만에 출입하였다. 요컨대 위 선박과 무기를 개별적으로 영국 제조소에 주문한 것이었으므로, 표면상 보통의 매매와 다름이 없었으나,

나各個의注文을綜合ᄒᆞ야觀察ᄒᆞᆯ時ᄂᆞᆫ中立國에在ᄒᆞ야交戰國에對ᄒᆞᄂᆞᆫ遠征的準備ᄅᆞᆯ許ᄒᆞᆫ嫌疑에가不無ᄒᆞᆷ으로因ᄒᆞ야英米兩國間問題ᄅᆞᆯ成ᄒᆞ야千八百七十一年華盛頓條約을依ᄒᆞ야英米兩國代表者及伊太利、瑞西、부라질三國代表者로成立ᄒᆞᆫ仲裁裁判에附ᄒᆞ야翌七十二年九月十四日에쥬네부仲裁裁判으로前記ᄒᆞᆷ과如ᄒᆞᆫ判決을下ᄒᆞᆫ바ㅣ라然而英米兩國은此問題ᄅᆞᆯ仲裁法廷에提出ᄒᆞ기以前에在ᄒᆞ야同事件審判의基礎될法則으로華盛頓條約第六條에左의法則을定ᄒᆞ얏스니

中立國政府ᄂᆞᆫ(一)其版圖內에在ᄒᆞ야平和關係ᄅᆞᆯ保維ᄒᆞᄂᆞᆫ國家에對ᄒᆞ야巡洋又ᄂᆞᆫ戰鬪行爲ᄅᆞᆯ爲ᄒᆞᆯ目的을有ᄒᆞᆫ者로認定ᄒᆞᆯ바船舶의製造、艤裝又ᄂᆞᆫ出發等行爲ᄅᆞᆯ防遏ᄒᆞᆷ에相當ᄒᆞᆫ注意ᄅᆞᆯ加ᄒᆞᆯ事(二)其港灣又ᄂᆞᆫ領海ᄅᆞᆯ交戰國一方에對ᄒᆞ야海軍使用의根據地ᄅᆞᆯ作ᄒᆞ며又或軍事上需用品及其他兵器의改新、增加、兵士의募集等目的으로使用ᄒᆞᆷ을禁止ᄒᆞᆯ事(三)港灣又ᄂᆞᆫ領海其他版圖內에在ᄒᆞᆫ總人民으로前記義務ᄅᆞᆯ違背케아니ᄒᆞᆷ에對ᄒᆞ야相當ᄒᆞᆫ注意ᄅᆞᆯ加ᄒᆞᆯ事

각각의 주문을 종합해 관찰할 때에는, 중립국에서 교전국에 대한 원정적 준비를 허용한 혐의가 없지 않다. 이에 따라 영미 양국 사이의 문제로 되어 1871년 워싱턴조약에 따라 영미 양국 대표와 이탈리아, 스위스, 브라질 3국 대표자로 구성된 중재재판에 회부하여, 다음 해 1872년 9월 14일에 Geneva 중재재판으로 전술한 바와 같은 판결이 내려진 것이다. 그러나 영미 양국은 이 문제를 중재법정에 제출하기 이전에, 이 사건 심판의 기초가 될 법칙으로 워싱턴조약 제6조에 다음의 법칙을 정하였다.

「중립국 정부는

① 그 영토 내에서 평화관계를 유지·보전하는 국가에 대해 순양 또는 전투행위를 위할 목적을 가지는 것으로 인정되는 선박의 제조, 의장 또는 출발 등의 행위를 방지하는데 상당한 주의를 해야 한다.

② 그 항만 또는 영해를 교전국 일방에 대해 해군 사용의 근거지로 삼거나 또는 군사상 필수품과 그 밖의 무기의 개신(改新), 증가, 병사의 모집 등의 목적으로 사용하는 것을 금지해야 한다.

③ 항만 또는 영해 그 밖의 영토 내에 있는 모든 인민이 앞에 규정된 의무를 위반하지 않게 할 것에 대해 상당한 주의를 해야 한다.」

等이라要컨ᄃᆡ此法則은英米兩國締約當時의國際法則이아닐ᄲᅮᆫ아니라且英米兩國에在ᄒᆞ야도兩國의友誼ᄅᆞᆯ敦睦ᄒᆞ며右問題ᄅᆞᆯ解決ᄒᆞᆷ에當ᄒᆞ야同規定을依據ᄒᆞ며海上諸國으로ᄒᆞ야곰此에同意ᄒᆞᆯ事ᄅᆞᆯ勸誘ᄒᆞᆷ이可ᄒᆞᆯ意로約定ᄒᆞᆷ에不過ᄒᆞᆫ지라然而쥬네부仲裁裁判官은英國代表者ᄅᆞᆯ除ᄒᆞᆫ外에多數ᄂᆞᆫ英國이前記規定中相當ᄒᆞᆫ注意ᄅᆞᆯ缺ᄒᆞᆫ理由로써米國이勝訴ᄒᆞᆷ이可ᄒᆞᆯ旨의判決을下ᄒᆞ얏스나此判決의當否並華盛頓條約三法則에對ᄒᆞ야其後議論이百出ᄒᆞ얏스니갈부其他大陸公法學者等은此로써現行國際法의明瞭ᄒᆞᆫ規定이라ᄒᆞ며英米及其他大陸學者等은若此法則이實行될時ᄂᆞᆫ從來國際法上에無ᄒᆞᆫ바壓制並實行치못ᄒᆞᆯ義務ᄅᆞᆯ中立國이負擔ᄒᆞᄂᆞᆫ結果가生ᄒᆞᆯ虞慮가不無ᄒᆞ다云ᄒᆞ며千八百七十三年三月에英國宰相구랏도스돈氏ᄂᆞᆫ議會에在ᄒᆞ야公言ᄒᆞᄃᆡ英國政府가此法則에對ᄒᆞ야諸國의同意ᄅᆞᆯ求ᄒᆞᆯ時ᄂᆞᆫ쥬네부仲裁裁判所判決은비록其一部分에不過ᄒᆞ나其法則에附隨ᄒᆞᄂᆞᆫ法規로看做ᄒᆞ기不能ᄒᆞ다ᄒᆞ며且千八百七十一年乃至七十四年間에英米兩國政府ᄂᆞᆫ華盛頓條約을基因ᄒᆞ야右法則을列國에通知ᄒᆞ고同意ᄒᆞᆷ을請求ᄒᆞᆷ에當ᄒᆞ야墺國及獨逸政府ᄂᆞᆫ全然拒絶ᄒᆞ며其餘諸國도此ᄅᆞᆯ

등이다. 요컨대 이 법칙은 영국과 미국 양국이 체약할 당시의 국제법칙이 아니었을 뿐만 아니라, 또 영미 양국에서도 양국의 우의를 돈독하게 하며, 위 문제를 해결할 때에 동 규정에 따라 해상의 여러 나라로 하여금 이에 동의할 것을 권유하는 것이 좋겠다는 뜻으로 약정한 것에 불과하다. 그러나 Geneva 중재재판관 중 영국 대표자를 제외하고 다수는, 영국이 앞에 앞의 규정 중 상당한 주의를 결여하였다는 이유로 미국이 승소해야 한다는 취지의 판결을 내렸다. 그러나 이 판결의 당부와 워싱턴조약의 세 가지 법칙에 대해 그 후 의론(議論)[1]이 여럿 나왔다. Calvo와 그 밖의 대륙공법학자들은 이를 가지고 현행(역자 주: 1910년경 당시) 국제법의 명료한 규정이라 하였다. 영미와 그 밖의 대륙학자들은 만약 이 법칙이 실행될 때에는, 종래 국제법상에 없는 압제(壓制)[2]와 실행할 수 없는 의무를 중립국이 부담하는 결과가 발생할 우려가 없지 않다고 주장하였다. 1873년 3월에 영국 수상 William Ewart Gladstone은 의회에서 공언하기를, 영국 정부가 이 법칙에 대해 여러 나라의 동의를 구할 때에는, Geneva 중재재판소 판결은 비록 그 일부분에 불과하나, 그 법칙에 부수하는 선례로 간주할 수 없다고 하였다. 또 1871년부터 1874년 사이에 영국과 미국 양국 정부가 워싱턴조약에 따라 위 법칙을 각국에 통지하고 동의할 것을 청구하였을 때에, 오스트리아와 독일 정부는 전부 거절하였고, 그 나머지 나라도 이를

1 의론(議論): 각자의 의견, 주장, 논의.
2 압제(壓制): 권력이나 폭력으로 남을 꼼짝 못하게 누름.

實行홀意思를表示치아니ᄒᆞ얏스며且同七十六年以後는更히同意의要求를行치아니ᄒᆞ얏스니今日에在ᄒᆞ야는右三法則이英米兩國間에在ᄒᆞ야도其効가尙有ᄒᆞᆫ與否는一個의疑問을作홈에至ᄒᆞᆫ바ㅣ라

此를案ᄒᆞ건ᄃᆡ華盛頓條約三法則을쥬네부仲裁法廷에셔解釋適用홀時를當ᄒᆞ야英國政府는果然其所謂相當ᄒᆞᆫ注意를行ᄒᆞᆫ與否論点에歸着ᄒᆞ얏스나然이나前記홈과如히「아라바마」出航當時事情을顧察ᄒᆞ야英國이相當ᄒᆞᆫ注意를缺ᄒᆞᆫ與否는姑舍ᄒᆞ고果然如何ᄒᆞᆫ程度의注意로써相當ᄒᆞ다云홀지니此에關ᄒᆞ야右쥬네부仲裁裁判所에提出된바米國政府의議論을據ᄒᆞ건ᄃᆡ中立國義務履行上相當ᄒᆞᆫ注意를缺ᄒᆞᆫ與否는其危險程度를依홀진니卽其義務를怠慢히홈으로브터生ᄒᆞᆫ交戰國의損害大小를依ᄒᆞ야酌量홀바ㅣ라ᄒᆞ얏스며此와反ᄒᆞ야英國政府는際慣例又는條約上國家가各個境遇에就ᄒᆞ야履行홀義務程度를準據ᄒᆞ야中立義務履行에關ᄒᆞᆫ注意의程度를定홀지며若或慣例及條約上에其程度가明白치아니홀時는正義、平等等國際法의基礎되는道理를依ᄒᆞ야判定홈이可ᄒᆞ다ᄒᆞ얏스나然이나右英國의議論은中立國의義務履行의程度는國際公法上

실행할 의사를 표시하지 않았다. 또 1876년 이후에는 다시 동의의 요구를 하지 않았다. 오늘날(역자 주: 1910년경 당시)에는 위 세 가지 법칙이 영미 양국 사이에서도 그 효력이 아직도 있는지의 여부는 하나의 의문을 낳게 한다.

이를 살펴보면, 워싱턴조약 세 가지 법칙을 Geneva 중재법정에서 해석·적용할 때에, 영국 정부는 과연 그 이른바 상당한 주의를 하였는지의 여부의 논점에 귀착되었다. 그러나 전술한 바와 같이 「The Alabama」호 출항 당시 사정을 관찰하여 영국이 상당한 주의를 결여하였는지의 여부는 짐짓 그대로 두고, 과연 어떠한 정도의 주의를 가지고 상당하다고 말할 것인가. 이에 관해 위 Geneva 중재재판소에 제출된 미국 정부의 의론에 따를 경우, 중립국 의무이행상 상당한 주의를 결여하였는지의 여부는 그 위험 정도에 따르게 된다. 즉 그 의무를 게을리하여 발생한 교전국의 손해의 대소에 따라 짐작하여 헤아려야 한다고 하였다. 이에 반해 영국 정부는, 국제관례 또는 조약상 국가가 각각의 경우에 대해 이행해야 할 의무의 정도를 준거해 중립의무이행에 관한 주의의 정도를 정해야 한다. 만약 혹시 관례나 조약상에 그 정도가 명백하지 아니할 때에는 정의, 평등 등 국제법의 기초인 도리에 따라 판정해야 한다고 하였다. 그러나 위 영국의 의론은, 중립국의 의무이행의 정도에 대해 국제공법상의

義務自体를依ᄒᆞ야判定ᄒᆞᆯ者ㅣ라云ᄒᆞ야要領이無有ᄒᆞᆫ바循環論됨을未免ᄒᆞᆯ지며米國政府의議論에在ᄒᆞ야도中立國義務의如何를知ᄒᆞᆷ에當ᄒᆞ야其解怠의結果되ᄂᆞᆫ不確定의損害大小로써判定코져ᄒᆞᆷ이니同一事件에對ᄒᆞ야若其結果損害가寡少ᄒᆞᆯ時ᄂᆞᆫ中立國責任도輕微ᄒᆞ고損害가多大ᄒᆞᆯ時ᄂᆞᆫ事前에溯及ᄒᆞ야此를防止ᄒᆞᆯ注意程度도多大ᄒᆞ야畢竟實行ᄒᆞ기不能ᄒᆞᆷ에至ᄒᆞᆯ지며且仲裁裁判者ᄂᆞᆫ更히特異ᄒᆞᆫ議論을立ᄒᆞ야云相當ᄒᆞᆫ注意라ᄒᆞᆷ은中立國義務不履行으로브터生ᄒᆞᆯ危險에對ᄒᆞ야比例로定ᄒᆞᆷ이可ᄒᆞ다ᄒᆞ얏스니表面上正當ᄒᆞᆫ듯ᄒᆞ나또ᄒᆞᆫ無理ᄒᆞᆫ論議됨과共히中立國의義務程度ᄂᆞᆫ益益不明ᄒᆞᆷ에至ᄒᆞᆯ지라何者오同一戰爭에在ᄒᆞ야도中立國의地位及其他事情을因ᄒᆞ야其義務不履行으로從出ᄒᆞᄂᆞᆫ交戰國의損害程度가相異ᄒᆞᆯ지며且同一交戰國에在ᄒᆞ야도戰鬪進行의狀態를因ᄒᆞ야其義務不履行으로從出ᄒᆞᄂᆞᆫ危險의程度ᄂᆞᆫ時刻으로變化될ᄲᅮᆫ아니라中立國은交戰國雙方에對ᄒᆞ야平和關係를保續ᄒᆞ며其戰爭問題及進行上에何等의關涉이無ᄒᆞᆷ을不拘ᄒᆞ고其義務를履行ᄒᆞᆯ注意의程度ᄂᆞᆫ國家의位寘及其他事情을因ᄒᆞ야變動ᄒᆞᆫ다ᄒᆞᆯ時ᄂᆞᆫ國際公法上中立國義務ᄂᆞᆫ到底히一定ᄒᆞ기不能ᄒᆞᆷ

의무 자체에 따라 판정할 것이라고 하여 요령(要領)[1]이 없지 않으나, 순환론으로 되는 것을 면할 수 없다. 미국 정부의 의론에서도 중립국 의무가 어떠한가를 알고자 할 때에, 그 게으름의 결과에 따르게 되는 불확정한 손해의 대소로 판정하고자 하기 때문에, 동일 사건에 대해 만약 그 결과 손해가 아주 적을 때에는 중립국 책임도 경미하고, 손해가 많을 때에는 사전에 소급하여 이를 방지해야 할 주의(注意) 정도도 많아 끝내 실행할 수 없게 될 것이다. 또한 중재재판자는 다시 특이한 의론을 세워 말하기를, 중립국의 의무불이행으로부터 발생할 위험에 대해 비례로 정해야 한다고 하였다. 표면상 정당한 듯하나 또한 무리한 논의이고 또한 중립국의 의무 정도는 더욱 불명확하게 될 것이다. 왜냐하면 동일 전쟁에서도 중립국의 지위와 그 밖의 사정에 따라 그 의무불이행에서 비롯되는 교전국의 손해 정도는 상이하며, 또 동일 교전국에서도 전투 진행의 상태에 따라 그 의무불이행에서 비롯되는 위험의 정도는 시시각각 변화한다. 그뿐만 아니라 중립국은 교전국 쌍방에 대해 평화관계를 지속하며, 그 전쟁 문제와 진행상에 어떠한 간섭도 없었음에도 불구하고, 그 의무를 이행할 주의의 정도는 국가의 위치와 그 밖의 사정에 따라 변동된다고 할 때에는, 국제공법상 중립국 의무는 도저히 일정할 수 없게

1 요령(要領): 경험으로 터득한 일을 하는 묘한 이치. 주정균 교재의 "요령이 없지 않으나"는 "일리가 없는 것은 아니나"로 읽음.

에至홀所以라
交戰國에對ᄒᆞ는戰爭行爲의準備를中立國版圖內에在ᄒᆞ야行ᄒᆞ기不能ᄒᆞ며且中立國이禁止홀義務가有ᄒᆞ나然이나中立國은其戰爭에使用홀目的이有ᄒᆞᆫ船船其他物品의製造、搬出等行爲에對ᄒᆞ야絕對的禁止홀義務가無ᄒᆞᄂᆞ니蓋此等物件은戰時禁制品으로써交戰國은其敵國에入코져홀時에此를捕獲沒收홀뿐이며中立國은其出港홈에就ᄒᆞ야何等의義務가無ᄒᆞᆫ바ㅣ라但軍艦其他船舶으로現에戰爭에供用홀目的이有ᄒᆞᆫ者는其出港홈을防止홈이可ᄒᆞᄂᆞ니若中立國의怠慢或不公平홈을因ᄒᆞ야出港ᄒᆞᆫ時는其結果에對ᄒᆞ는責任을免ᄒᆞ기不能ᄒᆞᆫ바ㅣ라然이나此法則을實際適用홈에當ᄒᆞ야困難이莫甚ᄒᆞᄂᆞ니千八百六十三年「아력산도라」事件에對ᄒᆞᆫ英國法廷의判決을觀ᄒᆞ야도當時英國學者의意見을推測홀지니卽交戰國船舶이中立國領海를出發홀際에戰鬪行爲를行홀狀態로出帆홈이아니면中立國은此를防止홀義務가無ᄒᆞ다홈이니前述ᄒᆞᆫ「아라바마」事件과對照홀時는中立國義務如何를區別홈에不完全ᄒᆞᆫ譏議를未免홀지며且米國學者의所論은船舶이戰爭行爲에供用될明白ᄒᆞᆫ事情이有홀時는其

되기 때문이다.

교전국에 대한 전쟁행위의 준비는 중립국 영토 내에서 이를 할 수 없으며, 또한 중립국이 금지해야 할 의무가 있다. 그러나 중립국은 그 전쟁에 사용할 목적이 있는 선박 그 밖의 물품의 제조, 반출 등의 행위에 대해 절대적으로 금지해야 할 의무는 없다. 대개 이들 물품은 전시금제품으로, 교전국은 그 적국에 반입하고자 할 때에 이를 포획·침몰시킬 수 있을 뿐이고, 중립국은 그 출항하는 것에 대해 어떠한 의무도 부담하지 아니한다. 다만 군함 그 밖의 선박으로 현재 전쟁에 이바지할 목적이 있는 것은 그 출항을 방지할 수 있다. 만약 중립국의 게으름 또는 불공평에 따라 출항한 때에는, 그 결과에 대한 책임을 면할 수 없다. 그러나 이 법칙을 실제 적용할 때에는 곤란이 막심하다. 1863년 「The Alexandria」 사건에 대한 영국 법정의 판결을 살펴보아도 당시 영국학자의 의견을 추측할 수 있다. 즉 교전국 선박이 중립국 영해를 출발할 때에 전투행위를 할 상태로 출항한 것이 아니면, 중립국은 이를 방지할 의무가 없다는 것이다. 전술한 「The Alabama」호 사건과 대조할 때에, 중립국의 의무 여하를 구별하는데 불완전한 의론인 것을 면할 수 없다. 또 미국 학자의 소론(所論)[1]은 선박이 전쟁행위에 이바지할 명백한 사정이 있을 때에는 그

1 소론(所論): 논하는 바. 주정균 교재 관련 내용은 "미국 학자의 일부 주장은"으로 읽음.

出帆을防止홀바ㅣ라ᄒᆞ얏스나如斯히未定ᄒᆞᆫ問題에對ᄒᆞ야各中立國任意로써定홈이今日一般의傾向을成ᄒᆞᆫ지라今에米國法廷의意見을附述ᄒᆞ건ᄃᆡ軍艦、兵器를賣買ᄒᆞᄂᆞᆫ意思로써中立國으로브터出帆홈은禁止홀바ㅣ아니며但戰鬪行爲를行홀意思로出帆홈을禁止홀바ㅣ라云云ᄒᆞᆫ지라即同國學者ᄯᅡ나氏와如홈은中立國版圖內에在ᄒᆞ야戰時禁制品을制造ᄒᆞ야交戰國市場에輸出홈은不法이아니오交戰國이此를捕獲ᄒᆞᄂᆞᆫ權利가有홀ᄲᅮᆫ이며但交戰國一方에對ᄒᆞ야戰爭上直接의防害를加ᄒᆞ며又ᄂᆞᆫ加코져ᄒᆞᄂᆞᆫ目的으로出港ᄒᆞᄂᆞᆫ等은禁止홀義務가有ᄒᆞ다云ᄒᆞ얏스며且千八百三十二年ᄯᅡ인시事件에對ᄒᆞ야米國法廷은事實上戰爭行爲를行홀確定의意思와附條件意思를區別ᄒᆞ야判決ᄒᆞ얏스니即ᄯᅡ인시의所有船「포리바」號가米國에서製造되야西印度로航行ᄒᆞᆫ後부라질王을爲ᄒᆞ야戰爭에供用코져홀意思로出港ᄒᆞᆫ者所謂附條件의行爲된理由로써無罪의判決을下ᄒᆞ얏스나如斯히賣買意思와戰爭意思를區別ᄒᆞ야中立國義務를判定홈은實行ᄒᆞ기困難ᄒᆞᆫ바ㅣ며홀ㅣ氏ᄂᆞᆫ云船舶構造上專主히戰鬪用에供홀者ᄂᆞᆫ其出帆을禁止홀바ㅣ며商業上에供用홀者ᄂᆞᆫ戰爭中交戰國에傳授홈을禁止

출항을 방지해야 한다고 하였다. 그러나 이와 같이 미정인 문제에 대해 각 중립국이 임의로 정하는 것이 오늘날(역자 주: 1910년경 당시) 일반적 경향을 이룬다. 현재(역자 주: 1910년경 당시) 미국 법정의 의견을 덧붙여 기술해보면, 군함, 무기를 매매할 의사로 중립국으로부터 출항하는 것은 금지되지 아니한다. 다만 전투행위를 할 의사로 출항하는 것을 금지하는 것이라고 주장한다. 즉 미국 학자 Dana[1]와 같은 사람은, 중립국 영토 내에서 전시금제품을 제조해 교전국 시장에 수출하는 것은 불법이 아니고, 교전국이 이를 포획하는 권리가 있을 뿐이다. 다만 교전국 일방에 대해 전쟁상 직접 방해를 하거나 또는 방해하고자 할 목적으로 출항하는 경우 등은 금지해야 할 의무가 있다고 주장하였다. 1832년「The United States vs. Quincy」사건에 대해 미국 법정은 사실상 전쟁행위를 할 확정적 의사와 조건부 의사를 구별하여 판결하였다. 즉 Quincy의 소유선「The Boliver」호가 미국에서 제조되어 서인도로 항해한 후, 브라질 왕을 위해 전쟁에 이바지하고자 할 의사로 출항한 것에 관해서 이른바 조건부의 행위에 해당한다는 이유로 무죄의 판결을 내렸다. 그러나 이와 같이 매매의사와 전쟁의사를 구별하여 중립국의 의무를 판정하는 것은 실행하기 곤란하다. William Edward Hall은 말하기를, 선박구조상 오로지 전투용으로 제공되는 것은 그 출항하는 것을 금지하며, 상업상에 이바지하는 것은 전쟁 중 교전국에 전수되는 것을 금지

1 Richard Henry Dana Jr (1815-1882) 미국 학자.

ᄒᆞᆯ바ㅣ아니라ᄒᆞ얏스나上에云ᄒᆞᆫ바意思如何를區別ᄒᆞ기困難ᄒᆞᆷ과同時에商船으로傳授ᄒᆞᆫ船舶은軍艦其他戰鬪行爲에供用되지아니ᄒᆞᆯ事도絶對的으로確定ᄒᆞ기不能ᄒᆞᆫ바ㅣ니然則此点에關ᄒᆞ야아즉一定ᄒᆞᆫ法則이無ᄒᆞᆫ바ㅣ라

中立國版圖內에在ᄒᆞ야交戰國一方의艦船이敵國艦船에게攻擊을受ᄒᆞᆫ境遇에其船舶으로브터敵對行爲를先行ᄒᆞᆫ時ᄂᆞᆫ中立國의保護가充分치못ᄒᆞᆷ을理由ᄒᆞ야其所受ᄒᆞᆫ損害를中立國에對ᄒᆞ야賠償ᄒᆞᆷ을請求ᄒᆞ기不能ᄒᆞᄂᆞ니千八百十四年英米戰爭中에米國拿捕用私船「암스도롱구」號가葡萄牙領海에在ᄒᆞ야英國軍艦에게破壞됨으로米國政府ᄂᆞᆫ葡國에對ᄒᆞ야損害賠償을請求ᄒᆞ야因ᄒᆞ야佛國大統領루이、나파륜의仲裁로써米國請求ᄂᆞᆫ其理由가無ᄒᆞᆷ에歸ᄒᆞᆫ지라玆에其理由를附述ᄒᆞ건ᄃᆡ「암스도롱구」號ᄂᆞᆫ葡國政府의保護를請求치아니ᄒᆞ고英國軍艦에對ᄒᆞ야自先發砲ᄒᆞ야葡國의主權을侵害ᄒᆞ얏스니葡國은此를保護ᄒᆞᆯ義務가無ᄒᆞ다ᄒᆞᆫ바ㅣ니此에對ᄒᆞ야英國의多數學者ᄂᆞᆫ其正當ᄒᆞᆷ을承認ᄒᆞ고米國學者ᄂᆞᆫ此를否認ᄒᆞ얏스나米國國會ᄂᆞᆫ「암스도롱구」號所有者에게對ᄒᆞ야國庫로브터此를賠償ᄒᆞᆫ지라然이나此事件에對ᄒᆞ야詳密히論究ᄒᆞᆯ時ᄂᆞᆫ右判決은

해서는 안 된다고 하였다. 그러나 위에서 말한 의사 여하를 구별하기 곤란한 것과 동시에 상선으로 전수될 선박이 군함 그 밖의 전투행위에 제공되지 않을 것인가도 절대적으로 확정할 수 없다. 그러면 이 점에 관해 아직 일정한 법칙은 없는 것이다.

중립국 영토 내에서 교전국 일방의 함선이 적국 함선에게 공격을 받은 경우에, 그 선박이 적대행위를 선행(先行)한 때에는, 중립국의 보호가 충분하지 못한 것을 이유로 그 받은 손해를 중립국에 대해 배상할 것을 청구할 수 없다. 1814년 영국-미국 전쟁 중에 미국 나포용 사선 「The Armstrong」호가 포르투갈 영해에서 영국 군함에게 파괴되므로, 미국 정부는 포르투갈에 대해 손해배상을 청구하였고, 이에 따라 프랑스 대통령 루이 나폴레옹의 중재로 미국의 청구는 이유가 없는 것으로 귀결되었다. 이에 그 이유를 덧붙여 설명해보면, 「The Armstrong」호는 포르투갈 정부의 보호를 청구하지 아니하고, 영국 군함에 대해 자기가 먼저 공포하여 포르투갈의 주권을 침해하였기 때문에, 포르투갈은 이를 보호할 의무가 없다고 한 것이다. 이에 대해 영국의 다수학자는 그 정당성을 승인하고 미국학자는 이를 부인하였다. 그러나 미국 정부는 「The Armstrong」호 소유자에 대해 국고로부터 이를 배상하였다. 그러나 이 사건에 대해 상세히 연구할 때에는 위 판결은 비록正當ᄒᆞ나其理由ᄂᆞᆫ充分치못ᄒᆞᄂᆞ니當時英國軍艦의意思如何ᄅᆞᆯ不問ᄒᆞ고米國船으로브터砲火ᄅᆞᆯ先發ᄒᆞᆷ이無疑ᄒᆞ며且英米兩國이共히葡國의主權을侵害ᄒᆞᆫ바不法行爲의結果ᄅᆞᆯ救濟ᄒᆞᆯ道가無ᄒᆞᆷ은勿論이나右判決理由와如히單히敵艦을先擊ᄒᆞᆫ事實로써中立國義務免除의條件이未成ᄒᆞᄂᆞ니何者오交戰國一方軍艦이中立國領海에在ᄒᆞ야敵船의攻擊을受ᄒᆞᆯ時에自衛上此ᄅᆞᆯ抵抗ᄒᆞᆷ은決코中立國主權을侵犯ᄒᆞᄂᆞᆫ犯意의行動이라謂치못ᄒᆞᆯ所以라故로交戰國艦船이中立國版圖內에在ᄒᆞ야敵의攻擊을受ᄒᆞᆯ時에中立國政府에對ᄒᆞ야其保護ᄅᆞᆯ請求ᄒᆞᆷ이原則이나然이나中立國이若此에應ᄒᆞᆯ意思가無ᄒᆞ거나又或保護ᄒᆞᆯ能力이無ᄒᆞᆫ時ᄂᆞᆫ自衛上의行動이有ᄒᆞ되不法이라云치아니ᄒᆞᄂᆞᆫ바ㅣ라

## 第四章 交戰國이中立國人民에對ᄒᆞᄂᆞᆫ權利

凡國際公法이法律되ᄂᆞᆫ與否에對ᄒᆞ야議論이頗有ᄒᆞ나是ᄂᆞᆫ別個問題로硏究ᄒᆞᆯ바ㅣ오若法律이라云ᄒᆞᆯ時ᄂᆞᆫ此에違反ᄒᆞᆫ者에게制裁ᄅᆞᆯ加ᄒᆞᆷ이當然ᄒᆞᆫ바ㅣ며且國際公法은國家間의權利義務關係ᄅᆞᆯ規定ᄒᆞᆫ法則이오國家와個人間의關係ᄅᆞᆯ規定치아니ᄒᆞᆷ이通則될ᄲᅮᆫ아니라戰時法의主体ᄂᆞᆫ國家又ᄂᆞᆫ交戰團体에限ᄒᆞᆷ을

비록 정당하나, 그 이유는 충분하지 못하다. 당시 영국 군함의 의사 여하를 불문하고 미국 선박이 먼저 포화를 발사한 것은 의심의 여지가 없다. 또 영미 양국이 모두 포르투갈의 주권을 침해한 불법행위의 결과를 구제할 방법이 없는 것은 물론이나, 위 판결 이유와 같이 단지 적함을 먼저 포격한 사실만 가지고 중립국의 의무면제의 조건이 완성되지는 않는다. 왜냐하면 교전국 일방의 군함이 중립국 영해 내에서 적선의 공격을 받을 때에, 자위상 이를 저항하는 것은 결코 중립국의 주권을 침범하는 범의(犯意)의 행동이라고 말할 수 없기 때문이다. 따라서 교전국 함선이 중립국 영토 내에서 적의 공격을 받을 때에는, 중립국 정부에 대해 그 보호를 청구하는 것이 원칙이다. 그러나 중립국이 만약 이에 응할 의사가 없거나 또는 보호할 능력이 없는 때에는 자위상의 행동이 있어도 불법이라고 말할 수 없는 것이다.

## 제3장[1] 교전국의 중립국 인민에 대한 권리

무릇 국제공법이 법률인가의 여부에 대해 의론이 매우 많다. 이는 별개의 문제로 연구해야 할 것이다. 만약 법률이라도 말할 때에는, 이에 위반한 것에 대해 제재를 가하는 것이 당연하다. 또 국제공법은 국가 사이의 권리의무 관계를 규정한 법칙이고 국가와 개인 사이의 관계를 규정하지 않는 것이 통칙이다. 그뿐만 아니라 전시법의 주체는 국가 또는 교전단체에 한정됨에도

1 주정균 교재 323쪽과 일본 『戰時國際法』에 제4장으로 되어 있으나 목차 차례상 제3장이다. 이러한 오류가 발생한 이유의 설명은 245쪽 각주 2 참조. 또한 제3장 전후 내용과 편제는 일본 『戰時國際法』의 원래 분량을 축약한 것으로 보인다.

不拘ᄒᆞ고本章에在ᄒᆞ야交戰國이中立國個人에關ᄒᆞᄂᆞᆫ法則을說明ᄒᆞᆷ은不當ᄒᆞᆫ譏議를未免ᄒᆞᆯ지나封鎖、戰時禁制品等에關ᄒᆞ야交戰國이中立國個人에對ᄒᆞᄂᆞᆫ行動은全혀戰爭이라云ᄒᆞᄂᆞᆫ國家間關係에附隨ᄒᆞᄂᆞᆫ바權利로列國의明示或默示의承認을得ᄒᆞ야國際法의一部를構成ᄒᆞᆫ바됨으로玆에其大要를立論코져ᄒᆞᄂᆞᆫ바ㅣ라

## 第一節　中立國人民의商業及財產

凡交戰國領土內에在ᄒᆞᆫ中立國人民의財產은敵國人民財產과共히一般原則을依ᄒᆞ야其保護를受ᄒᆞᆯ지나海上에在ᄒᆞᆫ中立國人民商業에至ᄒᆞ야ᄂᆞᆫ中立國人民의財產이敵國船舶中에在ᄒᆞᆯ者와敵國財產이中立國船舶中에在ᄒᆞᆫ者等이有ᄒᆞᄂᆞ니是以로交戰國及中立國의利害關係ᄂᆞᆫ往往에此等船舶並積載物管理에對ᄒᆞ야衝突됨이容易ᄒᆞᆷ으로中立國利益을侵害치아니ᄒᆞ고敵國人及其財產을攻擊ᄒᆞᆷ은困難ᄒᆞᆫ바ㅣ라然而玆에所謂中立國人民의商業及財產이라云ᄒᆞᆷ은中立國私人의船舶及搭載物品으로戰時法上에禁制된바用途에供用치아니ᄒᆞ며且其到達地ᄂᆞᆫ戰時法上禁制치아니ᄒᆞᆫ處에運送ᄒᆞᄂᆞᆫ바商業을謂ᄒᆞᆷ이나此에關ᄒᆞ야

불구하고, 이 장에서 교전국의 중립국 개인에 관한 법칙을 설명하는 것은 부당한 강의를 면할 수 없다. 그러나 봉쇄, 전시금제품 등에 관해 교전국이 중립국 개인에 대해 취하는 행동은 전적으로 전쟁이라고 하는 국가 사이의 관계에 부수하는 권리이고, 각국의 명시 또는 묵시의 승인을 얻어 국제법의 일부를 구성하므로, 이에 그 대요(大要)를 입론하고자 한다.

## 제1절 중립국 인민의 상업과 재산

무릇 교전국 영토 내에 있는 중립국 인민의 재산은 적국 인민의 재산과 함께 일반원칙에 따라 그 보호를 받는다. 그러나 해상에 있는 중립국 인민의 상업에 대해서는 중립국 인민의 재산이 적국 선박 중에 있는 경우와 적국 재산이 중립국 선박에 있는 경우 등이 있다. 이에 따라 교전국과 중립국의 이해관계는 때로 이들 선박과 적재물 관리에 대해 충돌되기 쉽기 때문에, 중립국 이익을 침해하지 아니하고 적국인과 그 재산을 공격하는 것은 곤란하다. 그러나 여기서 이른바 중립국 인민의 상업과 재산이라 함은 중립국 사인의 선박과 탑재 물품으로, 전시법상으로 금제(禁制)된 용도로 제공되지 아니하며, 또 그 도착지는 전시법상 금제되지 아니한 곳으로 운송되는 상업을 말한다. 이에 관해

歐洲中古以來「콘소라도델말」法典으로始ᄒᆞ야諸國의法令及條約은並히船舶及載貨의所有者國性如何를依ᄒᆞ야沒收ᄒᆞᄂᆞᆫ標準을作ᄒᆞ얏스나千八百五十六年巴里宣言으로써戰時海上에在ᄒᆞᆫ敵國及中立國財產에對ᄒᆞ야明白히規定ᄒᆞ야今日에實行되ᄂᆞᆫ바ㅣ니即其第二條及第三條의規定은交戰國이海上捕獲을行ᄒᆞᆷ에必遵ᄒᆞᆯ準則이라別로說明ᄒᆞᆯ必要가無ᄒᆞ되但同宣言에加盟ᄒᆞᆫ交戰國이同宣言에加盟치아니ᄒᆞᆫ中立國에對ᄒᆞ야其第二條의規定을遵守ᄒᆞᆷ이可ᄒᆞᆯ가又交戰國一方은此에加盟ᄒᆞ고其一方은加盟치아니ᄒᆞᆫ境遇에加盟國은敵國에對ᄒᆞ야同宣言規定을實行ᄒᆞᄂᆞᆫ義務가有ᄒᆞᆫ與否에關ᄒᆞ야疑点이不無ᄒᆞ나若中立國又ᄂᆞᆫ交戰國이同宣言에加盟치아니ᄒᆞᆫ時ᄂᆞᆫ其權利를享有ᄒᆞ기不能ᄒᆞᄂᆞ니何者오凡條約은締盟國互相間에限ᄒᆞ야拘束力이有ᄒᆞᆯᄲᅮᆫ아니라同宣言末條에在ᄒᆞ야同條約은締盟國又ᄂᆞᆫ加盟國家間을除ᄒᆞᆫ外에ᄂᆞᆫ其拘束力이無ᄒᆞ다明定ᄒᆞᆫ所以라然이나巴里宣言에加盟치아니ᄒᆞᆫ國家가戰爭을行ᄒᆞᆯ時에中立國旗章下에在ᄒᆞᆫ搭載物을保護치아니치못ᄒᆞᆯ事情에存在ᄒᆞ야此를保護ᄒᆞᆷ이今日의大勢니如斯히加盟치아니ᄒᆞᆫ國家가自進ᄒᆞ야同宣言規定을實行ᄒᆞᆷ을不拘ᄒᆞ고宣言

유럽 중세 이래 「Consolato del mare」법전으로부터 시작하여 여러 나라의 법령과 조약은 모두 선박과 적재화물의 소유자 국성(國性) 여하에 따라 몰수하는 표준을 만들었다. 그러나 1856년 파리선언으로 전시 해상에 있는 적국과 중립국 재산에 대해 명백히 규정하여 오늘날 (역자 주: 1910년경 당시) 실행되고 있다. 즉 그 제2조와 제3조[1]의 규정은 교전국이 해상포획을 할 때에, 반드시 준수해야 할 준칙으로 따로 설명할 필요가 없다. 다만 동 선언에 가입한 교전국이 동 선언에 가입하지 아니한 중립국에 대해 그 제2조의 규정을 준수해야 하는가, 또 교전국 일방은 이에 가입하고 다른 일방은 가입하지 아니한 경우에, 가입국은 적국에 대해 동 선언의 규정을 실행할 의무가 있는지의 여부에 관해 의문점이 없지 않다. 그러나 만약 중립국 또는 교전국이 동 선언에 가입하지 아니한 때에는 그 권리를 향유할 수 없다. 왜냐하면 무릇 조약은 체약국 서로 사이에 한해 구속력이 있을 뿐이고, 동 선언의 마지막 조에 동 조약은 체약국 또는 가입국가 사이를 제외하고는 그 구속력이 없다고 명백하게 규정하고 있기 때문이다.[2] 그러나 파리선언에 가입하지 아니한 국가가 전쟁을 할 때에, 중립국 기장(旗章)[3] 하에 있는 탑재물을 보호해야 할 사정이 존재하면 이를 보호하는 것이 오늘날(역자 주: 1910년경 당시)의 대세이다. 이와 같이 가입하지 아니한 국가가 자진하여 동 선언의 규정을 실행하고 있음에도 불구하고,

1 1856년 파리 선언의 관련 내용은 다음과 같다. "2. The neutral flag covers enemy's goods, with the exception of contraband of war. 3. Neutral goods, with the exception of contraband of war, are not liable to capture under enemy's flag."

2 주정균 교재에 언급된 1856년 파리 선언 마지막 문장은 다음과 같다. "The present Declaration is not and shall not be binding, except between those Powers who have acceded, or shall accede, to it."

3 기장(旗章): 국기·군기·깃발·교기 따위의 총칭.

에加盟ᄒᆞᆫ國家가戰時ᄅᆞᆯ際ᄒᆞ야其加盟치아니ᄒᆞᆫ國家에對ᄒᆞ야其加盟치아니ᄒᆞᆫ理由로써其權利ᄅᆞᆯ許與치아니ᄒᆞ면中立國에對ᄒᆞᄂᆞᆫ友誼ᄅᆞᆯ損傷ᄒᆞᆷ에至ᄒᆞᆯ지라是以로千八百七十年普佛戰爭中에右兩國은右宣言에加盟치아니ᄒᆞᆫ米國及西班牙船舶에對ᄒᆞ야右規定을依ᄒᆞ야行動ᄒᆞ얏스며千八百六十年阿片戰爭時에英佛兩國이淸國에對ᄒᆞ며千八百九十四年日淸戰爭中에日本國이淸國에對ᄒᆞ야其一方은비록右宣言에加盟치아니ᄒᆞ얏스나同宣言規定을實行ᄒᆞ얏스며淸國이또ᄒᆞᆫ中立國船舶內에在ᄒᆞᆫ敵國物品又ᄂᆞᆫ敵國船舶內에在ᄒᆞᆫ中立國物品에對ᄒᆞ야捕獲ᄒᆞᆷ이無ᄒᆞᆫ바ㅣ라

## 第二節　戰時禁制品

### 第一款　戰時禁制品의性質及種類

凡交戰國은中立國版圖以外에在ᄒᆞ야敵國으로輸入되ᄂᆞᆫ바戰爭에直接供用ᄒᆞᄂᆞᆫ物品即戰時禁制品을捕獲沒收ᄒᆞᄂᆞᆫ權利가有ᄒᆞᆷ과同時에中立國人民은平時와如히交戰國雙方에對ᄒᆞ야兵器彈藥其他戰鬪用에供ᄒᆞᄂᆞᆫ物品의供給을行치못ᄒᆞᆯ義務가無ᄒᆞᆯᄲᅮᆫ아니라中立國政府도人民의此等行爲ᄅᆞᆯ禁止ᄒᆞᄂᆞᆫ責任을負

선언에 가입한 국가가 전시에 그 가입하지 아니한 국가에 대해 그 가입하지 않았다는 이유로, 그 권리를 허여하지 아니하면 중립국에 대한 우의를 손상하게 될 것이다. 이에 따라 1870년 프러시아-프랑스 전쟁 중에 위 양국은 위 선언에 가입하지 아니한 미국과 스페인 선박에 대해 위 규정에 따라 행동하였다. 1860년 아편전쟁 시에 영국·프랑스 양국이 청국에 대해, 1894년 청일전쟁 중에 일본이 청국에 대해, 그 일방은 비록 위 선언에 가입하지 않았으나 동 선언의 규정을 실행하였다. 청국도 또한 중립국 선박 내에 있는 적국물품 또는 적국 선박 내에 있는 중립국 물품에 대해 포획하지 않았다.

## 제2절 전시금제품(戰時禁制品)

### 제1관 전시금제품의 성질과 종류

무릇 교전국은 중립국 영토 이외에서 적국으로 수입되어 전쟁에 직접 제공될 물품 즉 전시금제품을 포획·몰수하는 권리를 가진다. 동시에 중립국 인민은 평시와 같이 교전국 쌍방에 대해 무기·탄약 그 밖의 전투용으로 이바지 되는 물품을 공급해서는 안 될 의무를 부담하지 아니한다. 그뿐만 아니라 중립국 정부도 인민의 이들 행위를 금지할 책임을 지지

ᄒᆞᆷ이無ᄒᆞ며又其輸入코저ᄒᆞᄂᆞᆫ바物品이敵國에게捕獲될時라도交戰國에向ᄒᆞ야抗議ᄅᆞᆯ提出ᄒᆞ기不能ᄒᆞᄂᆞ니要컨ᄃᆡ中立國의義務ᄂᆞᆫ其版圖로브터武裝的遠征의出發을禁止ᄒᆞ며又其港內에在ᄒᆞ야交戰國船舶의戰鬪力을增加ᄒᆞᆷ을防止ᄒᆞᆷ에在ᄒᆞ고決코其人民의兵器彈藥等을賣買ᄒᆞᄂᆞᆫ行爲ᄅᆞᆯ禁止ᄒᆞᆷ이아니니千七百九十三年英、佛戰爭中에米國商人은佛國政府代理人에게兵器ᄅᆞᆯ賣却ᄒᆞᆷ에對ᄒᆞ야비록英國政府의抗議ᄅᆞᆯ招ᄒᆞ얏스나米國政府ᄂᆞᆫ此에荅辨호ᄃᆡ米國人民은兵器의製造販賣等行爲로써恒業을作ᄒᆞᄂᆞ니自國에無關ᄒᆞᆫ바遠隔ᄒᆞᆫ他國間戰鬪ᄅᆞᆯ因ᄒᆞ야生業을廢止ᄒᆞ기不能ᄒᆞ며且政府로브터禁止ᄒᆞᆯ理由가無ᄒᆞ다ᄒᆞᆫ지라然而千八百七十二年쥬네부仲裁法廷에在ᄒᆞ야ᄂᆞᆫ英國政府ᄂᆞᆫ또ᄒᆞᆫ此理由써「아라바마」事件及其他賠償問題에對ᄒᆞ야抗辨ᄒᆞᆯ뿐아니라仲裁者도此ᄅᆞᆯ是認ᄒᆞ야以爲호ᄃᆡ南軍政府의代理人으로英國에在ᄒᆞᆫ兵器의購買卽英國人民이南軍政府代理人에게賣却ᄒᆞᆫ바兵器에對ᄒᆞ야ᄂᆞᆫ英國으로브터米國에對ᄒᆞ야何等의賠償을支撥ᄒᆞᆯ理由가無ᄒᆞ나但「아라바마」의製造等其他行爲ᄅᆞᆯ綜合ᄒᆞᆯ時ᄂᆞᆫ中立國의義務違反이라ᄒᆞ야前述ᄒᆞᆷ과如ᄒᆞᆫ判決을下ᄒᆞᆯ뿐이라然而歐洲諸國

않는다. 또한 그 수입하고자 하는 물품이 적국에게 포획될 때라도 교전국에 대해 항의를 제출할 수 없다. 요컨대 중립국의 의무는 그 영토로부터 무장적(武裝的)[1] 원정의 출발을 금지하며, 또 항 내에서의 교전국 선박의 전투력이 증강되는 것을 방지하는 데 있다. 결코 그 인민의 무기·탄약 등을 매매하는 행위를 금지하는 것은 아니다. 1793년 영국-프랑스 전쟁 중에 미국 상인은 프랑스 정부 대리인에게 무기를 매각하였고 이에 대해 비록 영국 정부의 항의를 초래하였으나, 미국 정부는 이에 답변하기를, 미국 인민은 무기의 제조·판매 등의 행위로 항업(恒業)[2]으로 삼는데, 자국과 무관한 멀리 떨어진 다른 나라 사이의 전투로 인해 생업을 폐지할 수 없으며, 또 정부가 금지할 이유가 없다고 하였다. 그러나 1872년 Geneva 중재법정에서는 영국 정부는 또한 이 이유를 들어 「The Alabama」호 사건과 그 밖의 배상문제에 대해 항변하였다. 그뿐만 아니라 중재자도 이를 시인하여 생각하기를, 남군 정부의 대리인으로 영국에서의 무기 구매 즉 영국 인민이 남군 정부 대리인에게 매각한 무기에 대해서는 영국으로부터 미국에 대해 어떠한 배상을 지급할 이유가 없으나, 다만 「The Alabama」호의 제조 등 그 밖의 행위를 종합할 때에는 중립국의 의무위반이라 하여 전술한 바와 같은 판결을 내렸을 뿐이다. 그러나 유럽 여러 나라 중

1 무장적(武裝的): 전투에 필요한 장비를 갖춘.
2 항업(恒業): 늘 일정하게 가지고 있는 직업.

中特히商業國은他國間戰爭을際ᄒᆞ야其人民이戰時禁制品ᄭᆞ지交戰國에輸入ᄒᆞᆷ이自由라主張ᄒᆞᆷ을不拘ᄒᆞ고自國이戰爭에從事ᄒᆞᆯ時ᄂᆞᆫ他國人民이敵國에向ᄒᆞ야戰時禁制品의輸入을否認ᄒᆞᆫ事가不尠ᄒᆞᄂᆞ니크리미야戰爭中普國은其人民이東方國境으로브터戰時禁制品을露國에輸入ᄒᆞᆷ을禁制치아니ᄒᆞ며英國政府의抗議를反駁ᄒᆞ얏스나千八百七十年戰爭中에英國이其人民이兵器其他物品을佛國에賣却輸入ᄒᆞᆷ을禁止치아니ᄒᆞᆷ을嚴重히攻擊ᄒᆞᆷ이其一例며且交戰國도中立國人民이戰時禁制品을賣却ᄒᆞᆷ을利用ᄒᆞ야兵器、彈藥을購入ᄒᆞᆷ을不拘ᄒᆞ고敵國이中立國으로브터此等物品을購入ᄒᆞᆯ時ᄂᆞᆫ中立國에向ᄒᆞ야詰責ᄒᆞᆷ이非無ᄒᆞᄂᆞ니米國內亂當時二個年間은北軍政府ᄂᆞᆫ英國으로브터諸種의戰時禁制品을購求ᄒᆞ고一便으로「아라바마」事件으로써英國을攻擊ᄒᆞ얏스니如斯히諸國의意見이一致치아니ᄒᆞ나然이나中立國은其人民이交戰國政府代理人에게兵器其他戰爭用의物品을賣却ᄒᆞᆷ을禁遏ᄒᆞᄂᆞᆫ義務가無ᄒᆞ며交戰國은中立國市場에在ᄒᆞ야如斯ᄒᆞᆫ物品을購入ᄒᆞᆯ自由가有ᄒᆞᆷ과共히敵對國은其物品이敵國所有됨과中立國所有됨을不問ᄒᆞ고此를捕獲ᄒᆞ며且中立國도反抗ᄒᆞ기不能ᄒᆞᆫ

특히 상업국은 다른 나라 사이의 전쟁 시에 그 인민이 전시금제품까지 교전국에 수입하는 것이 자유라고 주장하였음에도 불구하고, 자국이 전쟁에 종사할 때에는 다른 나라 인민이 적국에 대해 전시금제품의 수입을 부인한 경우가 적지 않다. 크리미아 전쟁 중 프러시아는 그 인민이 동쪽 국경으로부터 전시금제품을 러시아에서 수입하는 것을 금제(禁制)[1]하지 않았으며, 영국 정부의 항의를 반박하였다. 그러나 1870년 전쟁 중에 영국이 그 인민이 무기 그 밖의 물품을 프랑스에 매각·수입하는 것을 금지하지 아니한 것에 엄중히 공격하였던 것이 그 한 예이다. 또 교전국도 중립국 인민이 전시금제품을 매각하는 것을 이용해 무기, 탄약을 구입함에도 불구하고, 적국이 중립국으로부터 이들 물품을 구입할 때에는, 중립국에 대해 질책한 경우가 없지 않다. 미국 내란 당시 2년 동안, 북군 정부는 영국으로부터 여러 종류의 전시금제품을 구입하고, 한편으로 「Tha Alabama」호 사건으로 영국을 공격하였다. 이와 같이 여러 나라의 의견이 일치되지 아니한다. 그러나 중립국은 그 인민이 교전국 정부 대리인에게 무기 그 밖의 전쟁용 물품을 매각하는 것을 금지해야 할 의무가 없다. 교전국은 중립국 시장에서 이와 같은 물품을 구입할 자유가 있으며 또한 적대국은 그 물품이 적국 소유로 되는 것과 중립국 소유로 되는 것을 불문하고 이를 포획하며, 또 중립국도 이에 반항할 수 없는

1 금제(禁制): 어떤 행위를 하지 못하게 말림.

바ㅣ니設或如斯ᄒᆞᆫ物品의賣買輸送에關ᄒᆞ야中立國으로ᄒᆞ야곰此ᄅᆞᆯ禁止ᄒᆞᄂᆞᆫ責任을負ᄒᆞ게ᄒᆞ나是ᄂᆞᆫ單히其國民利益上賣却輸入은交戰國對手者에게捕獲될危險이有ᄒᆞᆯ事ᄅᆞᆯ自國人民에게周知케ᄒᆞᆷ에無遏ᄒᆞᆫ지라然而부룬쥬리氏ᄂᆞᆫ云中立國은其人民이戰時禁制品을交戰國에賣却輸送ᄒᆞᆷ에對ᄒᆞ야其分量이寡少ᄒᆞᆯ時ᄂᆞᆫ平時의商業繼續으로看做ᄒᆞᆯ지나多量의賣買ᄂᆞᆫ戰爭을爲ᄒᆞ야行ᄒᆞᄂᆞᆫ行爲니此ᄅᆞᆯ禁止ᄒᆞᆯ手段을取ᄒᆞᆷ이可ᄒᆞ며又ᄂᆞᆫ義務된다ᄒᆞ얏스나其分量에對ᄒᆞ야果然平時商業의繼續으로看做ᄒᆞᄂᆞᆫ與否ᄅᆞᆯ區別ᄒᆞ기不能ᄒᆞ며且平時商業이라도반다시少量의物品뿐賣買ᄒᆞᆫ다斷言ᄒᆞ기不能ᄒᆞᄂᆞ니此等學說은現行國際法上中立國의義務라云ᄒᆞ기不能ᄒᆞᆫ바ㅣ라

上述ᄒᆞᆷ과如히交戰國은海上에在ᄒᆞ야戰時禁制品을捕獲沒收ᄒᆞᄂᆞᆫ權利가有ᄒᆞᄂᆞ니果然如何ᄒᆞᆫ物品이禁制品되ᄂᆞᆫ區別을確立ᄒᆞᆷ은最必要의問題라然而此에關ᄒᆞ야學說幷實例가一致치아니ᄒᆞ야兵器彈藥에至ᄒᆞ야ᄂᆞᆫ一般으로是認ᄒᆞ며其外物品에對ᄒᆞ야ᄂᆞᆫ議論이頗有ᄒᆞ야火藥、爆發藥其他破壞的物品의原料ᄭᆞ지兵器彈藥名稱中에包含ᄒᆞᄂᆞᆫ立法例가非無ᄒᆞ나然이나總物品의性質로브터

것이다. 설사 이와 같은 물품의 매매·수송에 관해 중립국으로 하여금 이를 금지할 책임을 부담하게 하더라도, 이는 단지 그 국민의 이익상 매각·수입은 교전국 상대방에게 포획될 수 있는 위험이 발생할 사실을 자국 인민에게 주지시키는 것에 불과하다. 그러나 Bluntschli는 말하기를, 중립국은 그 인민이 전시금제품을 교전국에 매각·수송하는 것에 대해 그 분량이 매우 적을 때에는, 평시의 상업 계속으로 간주할 것이나, 다량의 매매는 전쟁을 위해 행하는 행위이기 때문에 이를 금지할 수단을 취할 수 있거나 또는 의무가 된다고 하였다. 그러나 그 분량에 대해 과연 평시 상업의 계속으로 간주할 수 있는지의 여부를 구별할 수 없다. 또 평시 상업이라도 반드시 소량의 물품만 매매한다고 단언할 수 없다. 이들 학설은 현행(역자 주: 1910년경 당시) 국제법상 중립국의 의무라고 말할 수 없다.

상술한 바와 같이 교전국은 해상에서 전시금제품을 포획·몰수하는 권리를 가진다. 과연 어떠한 물품이 금제품으로 되는지의 구별을 확립하는 것은 가장 필요한 문제이다. 그러나 이에 관해 학설과 실례가 일치하지 않는다. 무기·탄약에 대해서는 일반적으로 시인된다. 그 외의 물품에 대해서는 의론이 매우 많다. 화약, 폭발물 그 밖의 파괴적 물품의 원료까지 무기·탄약 명칭 중에 포함시키는 입법례도 없지 않다. 그러나 모든 물품의 성질로부터

戰時禁制品되ᄂᆞᆫ與否ᄅᆞᆯ論ᄒᆞᆷ에對ᄒᆞ야學說並實例가岐貳ᄒᆞᄂᆞ니구로슈스氏ᄂᆞᆫ凡商品을三種에分ᄒᆞ야第一、兵器와如ᄒᆞᆷ은其性質上直接으로戰鬪에供用되ᄂᆞᆫ바ㅣ며第二、書籍美術品等은戰鬪에無關ᄒᆞᆫ바ㅣ며第三、糧食과如ᄒᆞᆷ은戰時及平時ᄅᆞᆯ勿論ᄒᆞ고共히必要ᄒᆞᆫ바ㅣ니戰爭中第一種의物品은如何ᄒᆞᆫ境遇든지禁制品될지며第二種은決코禁制될바ㅣ아니며第三種에關ᄒᆞ야ᄂᆞᆫ其使用程度ᄅᆞᆯ依ᄒᆞ야禁制品되ᄂᆞᆫ與否ᄅᆞᆯ決ᄒᆞᆯ지니即戰鬪에供用ᄒᆞᄂᆞᆫ狀況을依ᄒᆞ야決定ᄒᆞᆯ者ㅣ라云ᄒᆞᆫ지라

此分類ᄂᆞᆫ大体上異論이無ᄒᆞᆫ바ㅣ나各物品自体에對ᄒᆞ야觀察ᄒᆞᆯ時ᄂᆞᆫ此分類中其何種에可入ᄒᆞᆯ가判然치못ᄒᆞᆯ者ㅣ多有ᄒᆞ야學者及國家ᄅᆞᆯ隨ᄒᆞ야見解가相異ᄒᆞᆯ뿐아니라同一國家에在ᄒᆞ야도境遇ᄅᆞᆯ因ᄒᆞ야意見이一定치아니ᄒᆞᄂᆞ니英米兩國實例ᄅᆞᆯ據ᄒᆞ야此ᄅᆞᆯ論ᄒᆞᆫ건ᄃᆡ航海用具에對ᄒᆞ야千七百九十四年英米條約에禁制品으로定ᄒᆞ엿스며其翌年米、西兩國條約에在ᄒᆞ야ᄂᆞᆫ禁制品種目中에此ᄅᆞᆯ削除ᄒᆞᆷ을明言ᄒᆞ얏스며千七百七十八年米、佛條約、千七百八十二年米、和條約、千七百八十三年米瑞條約에在ᄒᆞ야ᄂᆞᆫ航海用具ᄅᆞᆯ戰時禁制品으로不

전시금제품으로 되는지의 여부를 논하는 것에 대해 학설과 실례가 둘로 나뉜다. Grotius는 무릇 상품을 세 가지 종류로 구분하여, 첫째 무기와 같은 것은 그 성질상 직접 전투에 제공되는 것이며, 둘째 서적·미술품 등은 전투와 무관한 것이고, 셋째 식량과 같은 것은 전시와 평시를 막론하고 모두 필요한 것이다. 전쟁 중 첫째 종류의 물품은 어떠한 경우든지 금제품으로 될 것이다. 둘째 종류는 결코 금제될 것이 아니다. 셋째 종류에 관해서는 그 사용 정도에 따라 금제품으로 되는지의 여부를 결정할 것이다. 즉 전투에 제공되는 상황에 따라 결정할 것이라고 하였다.

이 분류는 대체로 이론(異論)[1]이 없다. 그러나 각 물품 자체에 대해 관찰할 때에는, 이 분류 중 그 어떤 종류에 들어갈 수 있는지가 아주 명백하게 드러나지 않는 것도 많이 있다. 학자와 국가에 따라 견해가 서로 다를 뿐만 아니라, 동일 국가에서도 경우에 따라 의견이 일정하지 않다. 영미 양국의 실례에 따라 이를 논해보면, 항해 용구(用具)[2]에 대해 1794년 영국-미국 조약에서는 금제품으로 정하였으며, 그 다음해 미국-스페인 양국 조약에서는 금제품 종목 중에서 이를 삭제할 것을 명언하였다. 또 1778년 미국-프랑스 조약, 1782년 미국-네덜란드 조약, 1783년 미국-스웨덴 조약에서는 항해 용구를 전시금제품으로

1 이론(異論): 다른 의견.
2 용구(用具): 무엇을 하는데 필요한 도구.

認ᄒᆞ얏스며馬匹에至ᄒᆞ야ᄂᆞᆫ千七百九十四年英米條約에此를禁制치아니ᄒᆞ얏스나千七百八十二年英、蘭條約에ᄂᆞᆫ此를禁制ᄒᆞ고航海用器具ᄂᆞᆫ禁制치아니ᄒᆞᆯ事를明言ᄒᆞ얏스며千七百七十八年米佛條約에ᄂᆞᆫ此를禁制ᄒᆞ며千八百年條約에ᄂᆞᆫ此를削除ᄒᆞ얏스며千七百八十三年米、瑞條約과千七百九十五年米西條約에ᄂᆞᆫ此를禁制ᄒᆞ며千七百八十五年及千七百九十九年米普條約에在ᄒᆞ야ᄂᆞᆫ此를禁制치아니ᄒᆞ엿스니如斯히同一國家에在ᄒᆞ야도其見解가一定치아니ᄒᆞ나但馬匹에關ᄒᆞ야ᄂᆞᆫ第十九世의美國見解ᄂᆞᆫ此를禁制ᄒᆞ고航海用器具ᄂᆞᆫ禁制치아니ᄒᆞ며英國은此에關ᄒᆞ야特殊ᄒᆞᆫ方針을不取ᄒᆞ얏스며其他歐洲諸國에在ᄒᆞ야도禁制品種目에關ᄒᆞ야一定ᄒᆞᆫ바ㅣ無ᄒᆞ고學說이또ᄒᆞᆫ抵觸ᄒᆞ나一般的으로其大要를云ᄒᆞᆯ진ᄃᆡ二派의學說及實例가有ᄒᆞ니一은英國派니英國에在ᄒᆞ야ᄂᆞᆫ政治家幷學者等戰時禁制品의範圍를廣大히ᄒᆞ며且捕獲을嚴截히ᄒᆞᆷ이可ᄒᆞ다ᄒᆞ며佛、獨、伊三國學者ᄂᆞᆫ其數를減少ᄒᆞ고事情이明白치못ᄒᆞᆯ時ᄂᆞᆫ寬大ᄒᆞᆫ處置를行ᄒᆞᆷ이可ᄒᆞ다ᄒᆞᄂᆞ니此를大陸主義라云ᄒᆞ며一은米國派니米國에在ᄒᆞ야ᄂᆞᆫ其中間에立ᄒᆞ야條約其他法令에在ᄒᆞ야大陸主義特히佛國主義를依ᄒᆞ야

인정하지 않았다. 말(馬)에 대해서는 1794년 영국-미국 조약에서 이를 금제하지 아니할 것을 명언하였으며, 1778년 미국-프랑스조약에서는 이를 금제하였다가 1800년 조약에서는 이를 삭제하였다. 또 1778년 미국-프랑스 조약과 1795년 미국-스페인 조약에서는 이를 금제하였으며, 1785년과 1799년 미국-프러시아 조약에서는 이를 금제하지 않았다. 이와 같이 동일 국가에서도 그 견해가 일정하지 않다. 그러나 말에 관해서는 19세기의 미국 견해는 이를 금제하고 항해용 기구는 금제하지 않았다. 영국은 이에 관해 특수한 방침을 취하지 않았다. 그 밖의 유럽 여러 나라에서도 금제품 종목에 관해 일정한 것이 없고 학설도 또한 저촉된다. 그러나 일반적으로 그 대요를 말해보면, 두 가지 부류의 학설과 실례가 있다. 하나는 영국파이다. 영국에서는 정치가와 학자들이 전시금제품의 범위를 확대하며 또 포획을 엄중히 차단해야 한다고 한다. 프랑스, 독일, 이탈리아 세 나라 학자는 그 숫자를 축소하고 사정이 명백하지 않을 때에는 관대한 조치를 취해야 한다고 한다. 이를 대륙주의라 한다. 다른 하나는 미국파이다. 미국에서는 그 중간에 서서 조약 그 밖의 법령에서 대륙주의 특히 프랑스주의에 따라

禁制品數를可及的減少ᄒᆞ며法廷及學說은英國主義를採用ᄒᆞᄂᆞᆫ바ㅣ니今에英國主義를附述ᄒᆞ건ᄃᆡ千八百八十八年에홀란드氏가編纂ᄒᆞᆫ바同國海軍捕獲法에戰時禁制品을絶對的及條件的으로分ᄒᆞ야第一種은一切兵器並兵器製造의器械、彈丸、彈藥及其原料、爆發物、兵士의衣服ᄭᆞ지包含ᄒᆞᆯ뿐아니라陸海軍用도ᄯᅩᄒᆞᆫ絶對的禁制品이니航海用機具가此에包含됨은勿論이며且如斯ᄒᆞᆫ禁制品이敵國으로向ᄒᆞᆯ時ᄂᆞᆫ恒常沒收ᄒᆞᆷ이可ᄒᆞ다ᄒᆞ며第二種은其性質上戰時禁制品이라速斷ᄒᆞ기不能ᄒᆞ고戰鬪使用을爲ᄒᆞ야敵國에輸入ᄒᆞᆷ이明白ᄒᆞᆫ境遇에限ᄒᆞ야捕獲ᄒᆞᆯ者ㅣ라ᄒᆞ얏스니卽糧食、金錢、石炭、馬匹並鉄道、電信用의材料等이是라因ᄒᆞ야此等條件的戰時禁制品은其到達地가敵國의軍港或陸軍屯營地의一部될時ᄂᆞᆫ捕獲沒收ᄒᆞᆷ이明白ᄒᆞᆫ바ㅣ라

此英國主義에對ᄒᆞ야反對의學說이多有ᄒᆞ며就中리자드、구런氏ᄂᆞᆫ戰鬪에直接使用ᄒᆞᄂᆞᆫ物品外에ᄂᆞᆫ戰時禁制品으로認定ᄒᆞ기不能ᄒᆞ다主張ᄒᆞ야云物品의全部又ᄂᆞᆫ一部에其性質을變更ᄒᆞᆷ이無ᄒᆞ며戰鬪에直接使用코져ᄒᆞᆯ目的으로敵國에運送ᄒᆞᆷ이아니면禁制ᄒᆞ기不能ᄒᆞ다ᄒᆞ얏스나大陸學者中에도如斯ᄒᆞᆫ極端

금제품의 수를 가급적 축소하며, 법정(法廷)과 학설은 영국주의를 채용하였다. 이제 영국주의를 부연 설명해보면, 1888년에 Holland가 편찬한 영국 해군포획법에서는 전시금제품을 절대적인 것과 조건적인 것으로 구분하고 있다. 제1종은 일체의 무기와 무기제조의 기계, 탄환, 탄약과 그 원료, 폭발물, 병사의 의복까지 포함한다. 그뿐만 아니라 육·해군 용구도 또한 절대적 금제품이고 항해용 기구가 이에 포함되는 것을 물론이다. 또한 이와 같은 금제품이 적국으로 향할 때에는 항상 몰수해야 한다고 하였다. 제2종은 그 성질상 전시금제품이라고 속단할 수 없고, 전투사용을 위해 적국으로 수입되는 것이 명백한 경우에 한해 포획할 것이라고 하였다. 즉 식량, 금전, 석탄, 말과 철도, 전신용 재료 등이 이것이다. 이에 따라 이들 조건적 전시금제품은 그 도착지가 적국의 군항 또는 육군 주둔지의 일부로 될 때에는 포획·몰수하는 것이 명백하다.

이 영국주의에 대해 반대의 학설이 많이 있다. 그 중 특히 Richard, Green은 전투에 직접 사용하는 물품 외에는 전시금제품으로 인정할 수 없다고 주장하면서 말하기를, 물품의 전부 또는 일부에 대해 그 성질을 변경하는 것 없이 전투에 직접 사용하고자 할 목적으로 적국에 운송되는 것이 아니면 금제할 수 없다고 하였다. 그러나 대륙학자 중에도 이와 같은 극단의의說을採用ᄒᆞᆫ者ㅣ甚少ᄒᆞ며부룬쥬리氏ᄂᆞᆫ蒸汽機罐、馬匹、石炭等은戰鬪使用을爲ᄒᆞ야輸入ᄒᆞᆷ이明白ᄒᆞᆯ時에限ᄒᆞ야禁制ᄒᆞᆯ바ㅣ라云ᄒᆞ며올드란氏ᄂᆞᆫ普通物品이라도戰鬪에使用ᄒᆞᄂᆞᆫ目的이有ᄒᆞᆯ時ᄂᆞᆫ禁制ᄒᆞᆷ이可ᄒᆞ다云ᄒᆞ나但糧食其他生活에不可缺ᄒᆞᆯ物品은禁制ᄒᆞ기不能ᄒᆞ다ᄒᆞ며구리유뻴氏ᄂᆞᆫ戰時禁制品되ᄂᆞᆫ與否가明白치못ᄒᆞᆯ時ᄂᆞᆫ此에伴ᄒᆞᄂᆞᆫ事情을依ᄒᆞ야判定ᄒᆞᆯ者ㅣ라云ᄒᆞ얏스니此等學說은理論上英國主義의所謂條件的禁制品을絶對的으로批難ᄒᆞᆷ이아니며但今日에在ᄒᆞ야事實上其戰時禁制品되ᄂᆞᆫ與否를決定ᄒᆞᄂᆞᆫ事情에對ᄒᆞ야學說並實例가相異ᄒᆞᆯ뿐이라然이나英國主義ᄂᆞᆫ物品의性質上其使用目的如何를依ᄒᆞ야禁制品되ᄂᆞᆫ與否를決ᄒᆞᆯ物品을其絶對禁制品種目中에包含ᄒᆞᆷ이多有ᄒᆞᄂᆞ니航海用器具와如ᄒᆞᆷ이是其一이라右器具ᄂᆞᆫ性質上軍艦及商船이共히使用ᄒᆞᄂᆞᆫ바ㅣ됨을不拘ᄒᆞ고海軍法令中에兵器彈藥과同一히敵國에輸入될時ᄂᆞᆫ此를沒收케ᄒᆞᆷ은大陸主義의不認ᄒᆞᄂᆞᆫ바ㅣ라

如斯히戰時禁制品에對ᄒᆞ야一定ᄒᆞᆷ이無ᄒᆞᆫ今日現狀에在ᄒᆞ야一大戰爭이有ᄒᆞᆯ時ᄂᆞᆫ中立國과交戰國間에其商品에對ᄒᆞ야爭議를未免ᄒᆞᆯ뿐아니라此로因ᄒᆞ야

학설을 취하는 사람은 매우 적다. Bluntschli는 증기기관, 말, 석탄 등은 전투 사용을 위해 수입하는 것이 명백할 때에 한해 금제해야 한다고 말한다. Ortolan[1]은 보통 물품이라도 전투에 사용할 목적이 있을 때에는 금제할 수 있다고 하나, 다만 식량 그 밖의 생활에 불가결한 물품은 금제할 수 없다고 한다. Klüber[2]은 전시금제품으로 되는지의 여부가 명백하지 않을 때에는, 이에 수반하는 사정에 따라 판정할 것이라고 하였다. 이들 학설은 이론상 영국주의의 이른바 조건적 금제품을 절대적으로 비난하지 아니한다. 다만 오늘날(역자 주: 1910년경 당시) 사실상 그 전시금제품으로 되는지의 여부를 결정하는 사정에 대해 학설과 실례가 상이할 뿐이다. 그러나 영국주의는 물품의 성질상 그 사용 목적 여하에 따라 금제품으로 되는지의 여부를 결정해야 할 물품을 절대적 금제품 종목 중에 포함하는 것이 많다. 항해용 기구와 같은 것이 그 하나이다. 위 기구는 성질상 군함과 상선이 같이 사용하는 것임에도 불구하고, 해군 법령 중에 무기·탄약과 동일하게 적국으로 수입될 때에는 이를 몰수하게 한 것은 대륙주의에서는 이를 인정하지 아니한다.

이와 같이 전시금제품에 대해 일정한 것이 없는 오늘날(역자 주: 1910년경 당시)의 현상에서, 아주 큰 전쟁이 있을 때에는, 중립국과 교전국 사이에 그 상품에 대해 분쟁을 면할 수 없다. 그뿐만 아니라 이에 따라

1 Joseph Louis Elzéar Ortolan(1802-1873) 프랑스의 법학자.
2 Johann Ludwig Klüber(1786-1804) 독일의 법학자.

戰端을惹起ᄒᆞᆯ虞慮가不無ᄒᆞᄂᆞ니戰時禁制品種類에對ᄒᆞ야列國會議로써斯速一定ᄒᆞᆷ이急務되나然이나其種類ᄂᆞᆫ元來列國間에永久的確定ᄒᆞᆯ바ㅣ아니오學術의進步ᄅᆞᆯ隨ᄒᆞ야隨時修正ᄒᆞᆷ이可ᄒᆞᆯ지니石炭과如ᄒᆞᆷ은크리미야戰爭時에비로소軍艦에使用ᄒᆞᆫ以後此ᄅᆞᆯ戰時禁制品으로認ᄒᆞᄂᆞᆫ與否의問題가生ᄒᆞ야英米兩國은條件的禁制品이라云ᄒᆞ며佛國은普佛戰爭中에禁制品으로認치아니ᄒᆞᆷ을不拘ᄒᆞ고獨逸國은此ᄅᆞᆯ禁制ᄒᆞ얏스며露國은千八百八十四年에亞弗利加西部問題에關ᄒᆞᄂᆞᆫ부릿셀府列國會議에在ᄒᆞ야공고河ᄅᆞᆯ自由航海로認ᄒᆞᆷ과共히石炭을絶對的으로禁制치아니ᄒᆞᆷ을不拘ᄒᆞ고日露戰爭에在ᄒᆞ야ᄂᆞᆫ此ᄅᆞᆯ禁制ᄒᆞ얏스며日本國은日淸及日露戰爭中에英國과同一ᄒᆞᆫ見解ᄅᆞᆯ取ᄒᆞ야條件的禁制品으로認ᄒᆞᆫ바ㅣ라

此ᄅᆞᆯ案ᄒᆞ건ᄃᆡ諸國의實例가一定치아니ᄒᆞ나列國의實例並學說의大体ᄅᆞᆯ依ᄒᆞ야論ᄒᆞᆯ진ᄃᆡ구로슈스氏의云ᄒᆞᆫ바物品種類ᄅᆞᆯ依ᄒᆞ야其性質上直接으로戰鬪에供用ᄒᆞᆯ者ᄂᆞᆫ禁制ᄒᆞᆷ이無疑ᄒᆞᄂᆞ니敵國又ᄂᆞᆫ敵軍에向ᄒᆞ야運送ᄒᆞᄂᆞᆫ中에交戰國에게拿捕될時ᄂᆞᆫ沒收됨이可ᄒᆞᆫ바ㅣ라然而其物品種類에至ᄒᆞ야ᄂᆞᆫ兵器又ᄂᆞᆫ其

전단(戰端)을 일으킬 우려도 없지 않다. 전시금제품의 종류에 대해 각국 회의를 통해 신속하게 특정하는 것이 급선무이다. 그러나 그 종류는 원래 각국 사이에 영구적으로 확정될 바가 아니다. 학술의 진보에 따라 수시로 수정해야 한다. 석탄과 같은 것은 크리미아 전쟁 시에 비로소 군함에 사용된 이후 이를 전시금제품으로 인정할 것인지의 여부의 문제가 발생하였고, 영미 양국은 조건적 금제품이라 하였다. 프랑스는 프러시아-프랑스 전쟁 중에 금제품으로 인정하지 않았음에도 불구하고, 독일국은 이를 금제하였다. 러시아는 1884년에 아프리카 서부 문제에 관한 Brussel 회의 당시 각국 회의에서 콩고강을 자유항해로 인정하는 동시에 석탄을 절대적으로 금제하지 않았음에도 불구하고, 일본-러시아 전쟁에서는 이를 금제하였다. 일본은 청일전쟁 및 일본-러시아 전쟁 중에 영국과 동일한 견해를 취하여 조건적 금제품으로 인정하였다.

이를 살펴보면, 여러 나라의 사례가 일정하지 않다. 그러나 각국의 실례와 학설의 대체에 따라 논해보면, Grotius가 말하는 물품의 종류에 따라, 그 성질상 직접 전투에 사용되는 것을 금제하는 것은 의심할 여지가 없다. 적국 또는 적군을 향해 운송되는 중에 교전국에게 나포될 때에는 이를 몰수해야 한다. 그러나 그 물품 종류에 대해서는, 무기 또는 그

一部幷彈丸、彈藥及其材料를成ᄒᆞᆯ者以外에ᄂᆞᆫ戰鬪使用을爲ᄒᆞ야輸入ᄒᆞᄂᆞᆫ與否를由ᄒᆞ야相對國이捕獲ᄒᆞᄂᆞᆫ與否의標準을作ᄒᆞᄂᆞᆫ外에他道가無ᄒᆞ며馬匹、石炭、航海用器具와如ᄒᆞᆷ은其使用目的을依ᄒᆞ야若戰鬪에供用코져ᄒᆞᆯ時ᄂᆞᆫ禁制ᄒᆞᆷ이可ᄒᆞ며糧食、衣服、貨幣와如ᄒᆞᆷ도此와同一히其輸入目的이平和的人民需用을供給ᄒᆞᆷ이아니오軍用에供ᄒᆞᆷ이明白ᄒᆞᆯ時ᄂᆞᆫ捕獲沒收ᄒᆞᆷ이可ᄒᆞᆫ바ㅣ니今에日本國捕獲規定第十三條를據ᄒᆞᆫ건ᄃᆡ兵器彈藥及其材料其他單히戰用에供ᄒᆞᆯ一切의物品은敵地或敵軍에到達ᄒᆞᆯ事를禁制ᄒᆞᆫ다規定ᄒᆞ얏스니此種物品은敵國或敵國의陸軍及軍艦等處에輸送ᄒᆞᆯ時ᄂᆞᆫ戰時禁制品됨을得ᄒᆞᆯ지며又其第十四條를據ᄒᆞᆫ건ᄃᆡ糧養及飮用品、被服又其材料、馬匹、馬具、馬糧、車輛、石炭其他燃料、木材、貨幣、金銀塊、電信、電話及鉄道材料等은敵의陸海軍의到達ᄒᆞ거나又ᄂᆞᆫ敵地에到達ᄒᆞᆯ境遇에其到達地如何를依ᄒᆞ야敵의海陸軍에供用될者로被認ᄒᆞᆯ時에限ᄒᆞ야禁制ᄒᆞᆯ바ㅣ라規定ᄒᆞ얏스니此等物品은單히敵國에輸入ᄒᆞᄂᆞᆫ事實로써禁品이라斷定치아니ᄒᆞ고반다시其到達地가敵의海陸軍됨을要ᄒᆞᄂᆞ니從ᄒᆞ야戰鬪使用에供ᄒᆞᆷ이明白ᄒᆞ거나又ᄂᆞᆫ供ᄒᆞᆯ者로認ᄒᆞᆯ時에限ᄒᆞ야

일부와 탄약 및 그 재료를 구성하는 것 이외에는, 전투 사용을 위해 수입하는지의 여부에 따라 상대국이 포획할 것인지의 여부의 표준으로 삼는 외에 다른 방법이 없다. 말, 석탄, 항해용 기구와 같은 것은 그 사용 목적에 따라 만약 전투에 사용하고자 할 때에는 금제할 수 있다. 식량, 의복, 화폐와 같은 것도 이와 동일하게 그 수입 목적이 평화적 민수용에 공급하는 것이 아니라 군용에 제공하는 것이 명백할 때에는 이를 포획·몰수해야 한다. 현재(역자 주: 1910년경 당시) 일본포획규정 제13조에 따를 경우, 무기·탄약과 그 재료 그밖에 단지 전쟁용으로 제공할 일체의 물품은 적지 또는 적군에 도달할 것을 금제한다고 규정하였다. 이 종류의 물품은 적국 또는 적군의 육군과 군함 등의 장소에 수송할 때에는 전시금제품으로 될 수 있다. 또 그 제14조에 따르면 식량과 음용품, 의복과 그 재료, 말, 마구, 말먹이, 차량, 석탄 그 밖의 연료, 목재, 화폐, 금·은괴, 전신, 전화와 철도재료 등은 적의 육·해군에 사용될 것으로 인정될 때에 한해 금제한다고 규정하였다. 이들 물품은 단지 적국으로 수입되는 사실만 가지고 금제품이라 단정하지 않고, 반드시 그 도착지가 적의 해·육군이어야 한다. 따라서 전투사용에 제공되는 것이 명백하거나 또는 제공될 것으로 인정할 때에 한하여

捕獲沒收홈을得ᄒᆞᄂᆞᆫ바ㅣ라

### 第二欵　戰時禁制品에對ᄒᆞᄂᆞᆫ制裁

中立國船舶은自國又ᄂᆞᆫ他中立國領海以外에在ᄒᆞ야交戰國軍艦에게臨檢搜索을受ᄒᆞᄂᆞᆫ事ᄂᆞᆫ前已略述ᄒᆞᆫ바ㅣ며其臨檢搜索을依ᄒᆞ야船舶內에搭載ᄒᆞᆫ바物品이戰時禁制品으로敵國或敵軍에게輸送코져ᄒᆞᄂᆞᆫ情節이發見될時ᄂᆞᆫ其物品所有者ᄂᆞᆫ中立國人됨과敵國人됨과又或自國人됨을不問ᄒᆞ고軍艦에게捕獲되며捕獲審檢所判決을因ᄒᆞ야沒收되ᄂᆞᆫ바ㅣ라然而中立國船舶內에在ᄒᆞᆫ敵國物品及敵國船舶內에在ᄒᆞᆫ中立國物品은戰時禁制品을除ᄒᆞᆫ外에巴里宣言第二條、第三條를因ᄒᆞ야捕獲됨이無ᄒᆞ나苟其戰時禁制品되ᄂᆞᆫ以上은此를搭載ᄒᆞᆫ船舶並其物品所有者의何人됨을不拘ᄒᆞ고幷히沒收ᄒᆞᄂᆞᆫ바ㅣ라

戰時禁制品規定을適用홈에當ᄒᆞ야注意를頗要홀지니第一、中立國人民은其自國版圖內에在ᄒᆞ야交戰國政府代人에게禁制品을賣却傳致홈이自由되며但版圖로브터運送홀時에비로소犯則者되ᄂᆞ니換言ᄒᆞ면此를賣却홈은不可홈이無ᄒᆞ나積極的으로此를運搬홈은不可ᄒᆞᆫ바ㅣ라然이나戰時禁制品이라도中

포획·몰수할 수 있는 것이다.

### 제2관 전시금제품에 대한 제재

중립국 선박은 자국 또는 다른 중립국 영해 이외에서 교전국 군함에게 임검·수색을 받는 것은 앞에서 이미 약술하였다.[1] 그 임검·수색에 따라 선박 내에 탑재한 물품이 전시금제품으로 적국 또는 적군에게 수송하고자 하는 정황이 발견될 때에는, 그 물품소유자는 중립국인, 적국인 또는 자국 국민인가를 불문하고, 군함에게 포획되며 포획심검소의 판결에 따라 몰수된다. 그러나 중립국 선박 내의 적국 물품과 적국 선박 내의 중립국 물품은, 전시금제품을 제외하고 파리선언 제2조와 제3조[2]에 따라 포획되지 아니한다. 그러나 진실로 전시금제품으로 되는 이상은 이를 탑재한 선박과 그 물품소유자가 누구인가를 불문하고 모두 몰수한다.

전시금제품에 관한 규정을 적용할 경우에는 주의를 약간 필요로 한다. 첫째, 중립국 인민이 그 자국 영토 내에서 교전국 정부 대리인에게 금제품을 매각·인도하는 것은 자유이다. 다만 영토로부터 운송할 때에 비로소 범칙자가 된다. 바꾸어 말하면 이를 매각하는 것은 할 수 있으나, 적극적으로 이를 운반할 수 없는 것이다. 그러나 전시금제품이라도

1 일본『戰時國際法』331-341쪽에서는 임검·수색에 대해 설명하고 있으나, 주정균 교재에서는 이를 언급하고 있지 않다.

2 1856년 파리 선언의 관련 내용은 다음과 같다. "2. The neutral flag covers enemy's goods, with the exception of contraband of war. 3. Neutral goods, with the exception of contraband of war, are not liable to capture under enemy's flag."

立國船舶이其必要ᄒᆞᆫ程度에限ᄒᆞ야搭載ᄒᆞᆷ을得ᄒᆞᄂᆞ니即海賊을防禦ᄒᆞ거나其
他船舶自用에必要ᄒᆞᆫ分量의物品될時ᄂᆞᆫ沒收ᄒᆞᆷ이不可ᄒᆞᆫ바ㅣ니譬컨ᄃᆡ日本國
捕獲規定第十八條에第十三條及第十四條에揭ᄒᆞᆫ物品中에其分量及性質을依
ᄒᆞ야特히當該船舶自用에供ᄒᆞᆷ이明白ᄒᆞᆷ으로認ᄒᆞᆯ時ᄂᆞᆫ戰時禁制品으로看做ᄒᆞᆷ
이不可ᄒᆞ다規定ᄒᆞᆷ과如ᄒᆞᆷ이是며第二、其物品이敵國又ᄂᆞᆫ敵軍에入ᄒᆞᆷ을必要
ᄒᆞᄂᆞ니千七百九十八年英、蘭戰爭時에「미이나」號ᄂᆞᆫ木材를搭載ᄒᆞ고암스델담
으로航行ᄒᆞᄂᆞᆫ中에同港의封鎖됨을知ᄒᆞ고엠부덴에入港코져ᄒᆞ다가英國軍艦
에게捕獲된지라然而스도우엘判事ᄂᆞᆫ中立港되ᄂᆞᆫ엠부덴에對ᄒᆞ야ᄂᆞᆫ如何ᄒᆞᆫ商
業이던지行ᄒᆞᆷ이自由되ᄂᆞᆫ理由로解放ᄒᆞ얏스나是ᄂᆞᆫ其到達地가中立港되며且
物品이中立國市場에入코져ᄒᆞᄂᆞᆫ者ㅣ됨으로解放ᄒᆞᆫ바ㅣ니若中立國에入ᄒᆞ나
敵軍艦隊의需要品을供給ᄒᆞᆯ目的될時ᄂᆞᆫ捕獲ᄒᆞᆷ이可지라千八百十四年英、米
戰爭時에瑞典國船舶「곰멜산」號ᄂᆞᆫ愛蘭으로브터穀物을搭載ᄒᆞ고西班牙國
필포아港에入코져ᄒᆞ얏스나其目的은當時同港에在ᄒᆞᆫ英國海軍에게此를傳致
코져ᄒᆞᆷ에在ᄒᆞᆷ으로米國船舶에게捕獲沒收되얏스니要ᄒᆞ건ᄃᆡ海上에航行ᄒᆞᄂᆞᆫ

중립국 선박이 그 필요한 정도에 한해서는 이를 탑재할 수 있다. 즉 해적을 방어하거나 그 밖의 선박 자용(自用)[1]에 필요한 분량의 물품일 때에는 몰수할 수 없다. 예컨대 일본포획규정 제18조에 제13조와 제14조에 규정한 물품 중 그 분량과 성질에 따라 특히 당해 선박 자용(自用)에 제공하는 것이 명백한 것으로 인정할 때에는, 전시금제품으로 간주할 수 없다고 규정한 것 같은 경우가 이것이다. 둘째, 그 물품이 적국 또는 적군에 들어갈 것을 필요로 한다. 1798년 영국-네덜란드 전쟁 시에 「The Imina」호는 목재를 탑재하고 암스테르담으로 항해하던 중에 그 항구가 봉쇄된 것을 알고 Emden에 입항하려고 하다가 영국 군함에게 포획되었다. 그러나 Stowell 판사는 중립항인 Emden에 대해서는 어떠한 상업이든지 행하는 것이 자유라는 이유로 석방하였다. 그러나 이는 그 도착지가 중립항으로 되며 또한 물품이 중립국 시장에 반입하고자 하는 것이었기 때문에 석방된 것이다. 만약 중립국에 반입되나 적군 함대의 필수품을 공급할 목적일 때에는 포획할 수 있는 것이다. 1814년 영국-미국 전쟁 시에 스웨덴 선박 「Commercen」호[2]는 아일랜드로부터 곡물을 탑재하고 스페인 Bilboa항에 입항하고자 하였다. 그러나 그 목적은 당시 동항에 있는 영국 해군에게 이를 인도하고자 하는 것에 있었으므로 미국 선박에게 포획·몰수되었다. 요컨대 해상에 항행하는

1 자용(自用): 자기 스스로 사용할 용도.
2 영문 표기 출처는 Henry Wheaton, U.S. Report, vol.14 (1816), pp.382-407.

物品을捕獲ᄒᆞ는與否의標準은敵國又는敵軍에게入用될바事實을依ᄒᆞ야決定ᄒᆞᆯ바ㅣ며第三、戰時禁制品에關ᄒᆞ는犯則은現行犯됨을要ᄒᆞᄂᆞ니故로其物品을搭載ᄒᆞ고敵國又는敵軍에向ᄒᆞ야出航ᄒᆞ는當時에成立ᄒᆞ며其目的地에到着ᄒᆞ야積卜을傳致ᄒᆞ는同時에終了ᄒᆞ는바ㅣ니如斯ᄒᆞᆫ船舶은其歸航中에拿捕됨이無ᄒᆞᆫ바ㅣ라然而其物品을搭載ᄒᆞ고航行ᄒᆞ는中에其到達地가自由港으로變ᄒᆞ거나降服又는割讓을因ᄒᆞ야中立地되는時는其犯則도此와共히消滅ᄒᆞᆯ바ㅣ니何者오元來交戰國一方이戰時禁制品을捕獲沒收ᄒᆞᆷ은戰地에在ᄒᆞᆫ敵軍의戰鬪力을減殺케ᄒᆞᆷ에在ᄒᆞᆷ이니戰鬪와無關ᄒᆞᆫ地方에對ᄒᆞᆫ中立國의商業을防害ᄒᆞᆯ理由가無ᄒᆞᆫ所以라

戰時禁制品에對ᄒᆞ는制裁는其物品을沒收ᄒᆞᆷ에在ᄒᆞᄂᆞ니千七百八十五年米露條約에在ᄒᆞ야는單히此를抑留ᄒᆞ기로規定ᄒᆞ얏스나諸國이擧皆倣倣치아니ᄒᆞᆯ뿐아니라右兩國에在ᄒᆞ야도其後廢棄ᄒᆞᆷ에至ᄒᆞᆫ바ㅣ며又中世에在ᄒᆞ야는禁制品을搭載ᄒᆞᆫ中立國船舶은其不法되는理由로沒收ᄒᆞ얏스나第十七世紀以來商業의發達을隨ᄒᆞ야其法則이또ᄒᆞᆫ寬大ᄒᆞ야今日에在ᄒᆞ야는船舶은沒收치아니

물품을 포획할 수 있는지의 여부의 표준은 적국 또는 적군에게 반입되어 사용될 사실에 따라 결정하는 것이다. 셋째, 전시금제품에 관한 범칙은 현행범이어야 한다. 따라서 그 물품을 탑재하고 적국 또는 적군으로 향해 출범할 당시에 성립하며, 그 목적지에 도착하여 적하(積荷)[1]를 인도하는 동시에 종료한다. 이와 같은 선박은 그 귀항 중에 나포되지 아니한다. 그러나 그 물품을 탑재하고 항행하는 중에 그 도착지가 자유항으로 변경되거나, 항복 또는 할양에 따라 중립지로 된 때에는 그 범칙도 또한 이와 함께 소멸한다. 왜냐하면 원래 교전국 일방이 전시금제품을 포획·몰수하는 것은, 전지에 있는 적군의 전투력을 감쇄하기 위한 것이고, 전투와 무관한 지방에 대한 중립국의 상업을 방해할 이유가 없기 때문이다.

전시금제품에 대한 제재는 그 물품을 몰수하는 것이다. 1785년 미국-러시아 조약에서는 단지 이를 억류하기로 규정하였으나, 여러 나라 대부분이 이를 모방하지 아니하였다. 그뿐만 아니라 위 양국에서도 그 후 폐기하기에 이르렀다. 또한 중세에서는 금제품을 탑재한 중립국 선박은 그 불법이라는 이유로 몰수되었다. 그러나 17세기 이래 상업의 발달에 따라 그 법칙이 또한 관대해져 오늘날 (역자 주: 1910년경 당시)에는 선박은 몰수하지

1 적하(積荷): 실은 화물.

ᄒᆞ나戰時禁制品所有者와船舶所有者가同一人될時ᄂᆞᆫ船舶도ᄯᅩᄒᆞᆫ沒收ᄒᆞ며若物品所有者가船舶一部의所有者될時ᄂᆞᆫ其部分及搭載物을沒收ᄒᆞᄂᆞᆫ바ㅣ니是ᄂᆞᆫ若一個人이不法으로賣買에從事ᄒᆞᆯ時ᄂᆞᆫ其去來에有關ᄒᆞᆫ財産全体를沒收홈이常則됨으로船舶所有者가他人의戰時禁制品을搭載ᄒᆞᆫ時ᄂᆞᆫ船舶은解放ᄒᆞ고單히運賃을失ᄒᆞᆯᄲᅮᆫ이며自己의戰時禁制品을搭載ᄒᆞᆫ時ᄂᆞᆫ物品並船舶이沒收되ᄂᆞ니其一部의所有者될時ᄂᆞᆫ其部分에對ᄒᆞ야도沒收홈이可ᄒᆞᆫ所以며且千七百七十八年에佛國은載貨의價格四分三이戰時禁制品될時ᄂᆞᆫ其船舶全体가犯則의性質을有ᄒᆞ다ᄒᆞ야船舶並戰時禁制品이아닌殘餘의物品ᄭᆞ지沒收ᄒᆞ얏스나此에對ᄒᆞ야一般의批難이非無ᄒᆞ며且國際의法則이라云ᄒᆞ기不能ᄒᆞ나然이나中立國船舶이臨檢搜索을免ᄒᆞ기爲ᄒᆞ야詐欺의行爲가有ᄒᆞ거나其船舶本國과交戰國一方間에條約을因ᄒᆞ야敵國에輸入홈을禁止ᄒᆞᆫ바物品을輸入코져ᄒᆞᆯ時ᄂᆞᆫ禁制品以外船舶ᄭᆞ지沒收홈은今日一般히是認ᄒᆞᄂᆞᆫ바ㅣ라

玆에一言을更要ᄒᆞᆯ바ᄂᆞᆫ千八百年間에締結ᄒᆞᆫ바米佛條約이是라同條約에云中立國船舶內에戰時禁制品을搭載ᄒᆞᆫ境遇에其物品容積이不大ᄒᆞ고且船長이此

아니한다. 그러나 전시금제품의 소유자와 선박소유자가 동일인일 때에는 선박도 또한 몰수한다. 만약 물품소유자가 선박 일부의 소유자일 때에는 그 부분과 탑재물을 몰수한다. 이는 만약 한 개인이 불법으로 매매에 종사할 때에는, 그 거래와 관련 있는 재산 전체를 몰수하는 것이 상규이며, 선박소유자가 타인의 전시금제품을 탑재할 때에는, 선박은 이를 석방하고 단지 운임을 상실할 뿐이고, 자기의 전시금제품을 탑재한 때에는, 물품과 선박이 몰수되므로 그 일부의 소유자일 때에는 그 부분에 대해서도 몰수해야 하기 때문이다. 또한 1778년에 프랑스는 적재화물의 가격 4분의 3이 전시금제품일 때에는, 그 선박 전체가 범칙의 성질을 갖는다고 하여, 선박과 전시금제품이 아닌 나머지의 물품까지 몰수하였다. 그러나 이에 대해 일반의 비난이 없지 않다. 또한 국제법칙이라 말할 수 없다. 그러나 중립국 선박이 임검·수색을 면하기 위해 사기의 행위가 있거나, 그 선박의 본국과 교전국 일방 사이의 조약에 따라 적국에 수입하는 것을 금지한 물품을 수입하고자 할 때에는, 금제품 이외에 선박까지 몰수하는 것은 오늘날(역자 주: 1910년경 당시) 일반적으로 시인된다.

여기서 한마디 말을 덧붙여야 할 것은, 1800년경에 체결된 미국-프랑스 조약이 이것이다. 동 조약에서 말하기를, 중립국 선박 내에 전시금제품을 탑재한 경우에 그 물품 용적이 크지 아니하고, 또 선장이를交戰國軍艦에게傳致홈을拒絶치아니홀時는軍艦은其船舶을拿捕치아니ᄒᆞ고單히其物品을軍艦中에移載홈이可ᄒᆞ다ᄒᆞ얏스니如斯ᄒᆞᆫ規定은米國과南米乃中央亞米利加諸國間條約中에도記載홈이多홀뿐아니라中立國船舶에對ᄒᆞ야航海上障碍를除滅ᄒᆞ며且國際法協會에셔도또ᄒᆞᆫ此를贊成ᄒᆞ얏스나實際捕獲審檢所審判上非常ᄒᆞᆫ困難이非無ᄒᆞᄂᆞ니即其證據가充分치못홈을因ᄒᆞ야杜撰의裁判을下홀弊害가有ᄒᆞᆫ所以라是以로右와如ᄒᆞᆫ條約規定은一般으로行치아니홀뿐아니라國際法上에與論홀價値가無ᄒᆞᆫ바ㅣ라

歐洲中世以來强買라云ᄒᆞᄂᆞᆫ一種의慣例가有ᄒᆞ야交戰國은敵國으로運搬ᄒᆞᄂᆞᆫ普通物品에對ᄒᆞ야需用홀必要가有홀時는中立國船舶으로브터强制的으로買收홈이有ᄒᆞ며其代價에關ᄒᆞ야ᄂᆞᆫ諸國의實例가不同ᄒᆞ야英國은其物品輸出當時元價以外運賃並其到達港에在ᄒᆞ야得홀利益을所有者에게支給호ᄃᆡ元價의十分一로써限度를定ᄒᆞᆫ바ㅣ라然而强買에對ᄒᆞ야學者의批難이多有ᄒᆞᄂᆞ니을드란以外近世學者는此로써交戰國의權利라不云ᄒᆞ고暴行이라云ᄒᆞ얏스나現今國際公法上交戰國이中立國船舶으로브터戰時禁制品을捕獲ᄒᆞᄂᆞᆫ權이有홈

이를 교전국 군함에게 인도할 것을 거절하지 아니할 때에는, 군함은 그 선박을 나포하지 아니하고, 단지 그 물품을 군함 중에 옮겨 탑재할 수 있다고 하였다. 이와 같은 규정은 미국과 남미 및 중앙아메리카 여러 나라 사이의 조약 중에도 기재된 것이 많다. 그뿐만 아니라 이는 중립국 선박에 대해 항해상 장애를 제거하며, 또한 국제법협회[1]에서도 또한 이에 찬성하였다. 그러나 실제 포획심검소 심판상 비상한 곤란이 없지 않다. 즉 그 증거가 충분하지 못함에 따라 오류가 많은 재판을 할 수 있는 폐해가 있는 까닭이다. 이에 따라 위와 같은 조약의 규정은 일반적으로 행해지지 아니할 뿐만 아니라 국제법상에 여론에 붙일 가치가 없다.

유럽 중세 이래 강매(强買)라고 하는 일종의 관례가 있다. 교전국은 적국으로 운반하는 보통 물품을 사용할 필요가 있을 때에는, 중립국 선박으로부터 강제적으로 매수하는 경우가 있으며, 그 대가에 관해서는 여러 나라의 실례가 같지 아니하다. 영국은 그 물품 수출 당시의 원가 이외에 운임과 그 도착항에서 얻을 이익을 소유자에게 지급하나, 원가의 10분의 1로 한도를 정하였다. 그러나 강매에 대해 학자의 비난이 많다. Ortolan을 비롯해 근세 학자는 이를 가지고 교전국의 권리라고 말하지 않고 폭행이라고 하였다. 그러나 현재(역자 주: 1910년경 당시) 국제공법상 교전국이 중립국 선박으로부터 전시금제품을 포획하는 권리를 가지는 것과

1 국제법협회는 국제법학회(Institute of International Law)로 읽어야 한다. 이에 대해서는 교재 301쪽의 각주1 참조.

과共히強買를行得홈에對ᄒᆞ야理論이無ᄒᆞ며且交戰國과中立國間에一定ᄒᆞᆫ物品에對ᄒᆞ야戰時禁制品으로看做ᄒᆞᄂᆞᆫ與否에至ᄒᆞ야其見解가不同ᄒᆞᄂᆞ니條約으로써其紛爭을避ᄒᆞ기爲ᄒᆞ야其種類를一定ᄒᆞ며一定ᄒᆞᆫ바結果普通物品에對ᄒᆞ야強買를行得ᄒᆞᆯ與否에關ᄒᆞ야議論ᄒᆞᆯ餘地가無ᄒᆞ나然이나中立國人民商業으로苟其戰時禁制品이아닌以上은交戰國이封鎖치아니ᄒᆞᆫ地方에對ᄒᆞ야運搬홈이自由되ᄂᆞ니強買와如홈은不法이라云치아니치못ᄒᆞᆯ바ㅣ라

### 第三節　非中立의船舶使用

中立國船舶으로써交戰一方의戰鬪를援助코져ᄒᆞ야使用ᄒᆞᆯ時ᄂᆞᆫ他一方敵對國은此를捕獲沒収홈을得ᄒᆞᄂᆞ니如斯ᄒᆞᆫ非中立의船舶使用을戰時禁制品中에並合說明ᄒᆞᄂᆞᆫ者ㅣ非無ᄒᆞ나然이나戰時禁制品에對ᄒᆞᄂᆞᆫ制裁와性質이全異ᄒᆞᄂᆞ니卽中立國船舶이非中立의事業을行ᄒᆞᄂᆞᆫ時ᄂᆞᆫ其到達地가敵軍又ᄂᆞᆫ敵國됨을不問ᄒᆞ고此를沒收ᄒᆞ며此에搭載ᄒᆞᆫ物品도其所有者가其使用홈을知ᄒᆞ며又ᄂᆞᆫ關係가有ᄒᆞᆫ時ᄂᆞᆫ또ᄒᆞᆫ沒收되ᄂᆞᆫ바ㅣ니所謂非中立의船舶使用은第一、交戰者를爲ᄒᆞ야一定ᄒᆞᆫ信號又ᄂᆞᆫ使者를運搬ᄒᆞ거나一定ᄒᆞᆫ信書를傳達ᄒᆞᄂᆞᆫ事第二、戰

더불어 강매를 할 수 있는 것에 대해 이론이 없다. 또한 교전국과 중립국 사이에 일정한 물품에 대해 전시금제품으로 간주하는지의 여부에 대해 그 견해가 같지 않고, 조약으로 그 분쟁을 피하기 위해 그 종류를 특정한다. 특정한 결과 보통 물품에 대해 강매를 할 수 있는지의 여부에 관해 의론할 여지가 없게 된 것이다. 그러나 중립국 인민의 상업으로 진실로 그 전시금제품이 아닌 이상은, 교전국이 봉쇄하지 아니한 지방에 대해 운반하는 것은 자유이다. 강매와 같은 것은 불법이라고 말하지 않을 수 없다.

### 제3절 비중립의 선박 사용

중립국 선박이 교전국 일방의 전투를 원조하고자 하여 사용될 때에는, 다른 일방 적대국은 이를 포획·침몰시킬 수 있다. 이와 같은 비중립의 선박 사용을 전시금제품 중에 병합 설명하는 경우도 없지 않다. 그러나 전시금제품에 대한 제재와 성질이 전혀 다르다. 즉 중립국 선박이 비중립의 사업을 할 때에는, 그 도착지가 적군 또는 적국인가를 불문하고 이를 몰수하며, 이에 탑재된 물품도 그 소유자가 그 사용을 알았거나 또는 관계가 있는 때에는 또한 이를 몰수한다. 이른바 비중립의 선박 사용은 첫째, 교전자를 위해 일정한 신호 또는 사자(使者)[1]를 운반하거나 일정한 서신을 전달하는 경우, 둘째,

1 사자(使者): 명령이나 부탁을 받고 심부름하는 사람.

爭用에供ᄒᆞᆯ一定ᄒᆞᆫ人員을運搬ᄒᆞ는事等이是라今에日本國捕獲規定을據ᄒᆞ건ᄃᆡ其第十二條第一項에戰時禁制書라云ᄒᆞᆷ은敵國의官吏가其公務上으로往復ᄒᆞ는一切의公文書類를指ᄒᆞᆷ이라ᄒᆞ고其第二項에敵國政府와中立國에駐在ᄒᆞ는敵國의外交官及領事官間並敵國政府와中立國政府間에往復ᄒᆞ는公文書類는此限에不在ᄒᆞ다規定ᄒᆞ얏스며又其第十一條에戰時禁制人이라云ᄒᆞᆷ은敵兵其他者로敵國軍務에從事ᄒᆞ기爲ᄒᆞ야輸送되는者를指ᄒᆞᆷ이라規定ᄒᆞ얏스니所謂戰時禁制書又는禁制人은其書類及人員의自体를指ᄒᆞᆷ이아니오其運搬을中立國船舶이行ᄒᆞ는行爲를禁制ᄒᆞᆷ에不外ᄒᆞᆫ지라然而外交官及領事官과本國政府間에往復ᄒᆞ는公文書類를除外ᄒᆞ는理由는戰爭中이라도中立國은交戰國과平和的關係를維持ᄒᆞᆷ이常則이니其國際關係上本國政府로브터外交官及領事官에게送付ᄒᆞ는公文書는반다시相對國된敵國에有關ᄒᆞᆫ바ㅣ라云치못ᄒᆞᆯ바ㅣ며加之近世慣例上郵便의運搬을抑留치아니ᄒᆞᆯ뿐아니라檢閱ᄭᆞ지免除ᄒᆞ는所以며且戰時禁制人이라도普通郵船에普通船客으로運搬ᄒᆞᆷ을禁止ᄒᆞᆫ다ᄒᆞᆷ이아니오陸軍或海軍軍人의資格으로써中立國船舶에依賴ᄒᆞ야運搬ᄒᆞᆯ時는捕獲沒

전쟁용에 이바지할 인원을 운반하는 경우 등이 이것이다. 현재(역자 주: 1910년경 당시) 일본포획규정에 따를 경우, 그 제12조 제1항에 전시금제서류라고 함은, 적국의 관리가 그 공무상으로 왕복하는 일체의 공문서류를 가리킨다고 하고, 그 제2항에 적국 정부와 중립국에 주재하는 적국의 외교관과 영사관 사이 및 적국 정부와 중립국 정부 사이에 왕복하는 공문서류는 그러하지 아니하다고 규정하였다. 또 그 제11조에 전시금제인이라 함은 적병(敵兵) 그 밖의 사람으로 적국 군무에 종사하기 위해 수송되는 사람을 가리킨다고 규정하였다. 이른바 전시금제서류 또는 금제인은 그 서류와 인원 자체를 가리키는 것이 아니라, 그 운반을 중립국 선박이 하는 행위를 금제하는 것에 지나지 않는다. 그러나 외교관 및 영사관과 본국 정부 사이에 왕복하는 공문서류를 제외하는 이유는, 전쟁 중이라도 중립국은 교전국과 평화적 관계를 유지하는 것이 상규이며, 그 국제관계상 본국 정부로부터 외교관과 영사관에게 송부하는 공문서는 반드시 상대국인 적국과 관계있는 것이라고 말할 수 없기 때문이다. 그 위에 근세 관례상 우편의 운반을 억류하지 아니할 뿐만 아니라 검열까지 면제하기 때문이다. 또한 전시금제인이라도 보통 우편선에 보통 승객으로 운반되는 것을 금지한다고 하는 것이다. 육군 또는 해군 군인 자격으로 중립국 선박에 의뢰하여 운반될 때에는

收됨에無過ᄒᆞᆫ바ㅣ며其他中立船舶의使用은以上二種에不止ᄒᆞ고交戰國軍艦及陸軍間에信號를行ᄒᆞ며使者를運搬ᄒᆞ며交戰國戰爭用의海底電線을布設ᄒᆞᆷ과如ᄒᆞᆫ等摠戰爭中에在ᄒᆞ야中立國船舶이政府名義로交戰國一方戰鬪行爲를便利케ᄒᆞᆷ을爲ᄒᆞ야行ᄒᆞ는行爲를包含ᄒᆞᆫ바ㅣ며其行爲는現行ᄒᆞᆷ에限ᄒᆞ야犯則者로看做ᄒᆞ는바ㅣ라

要ᄒᆞᆫ건ᄃᆡ非中立의船舶使用과戰時禁制品을區別ᄒᆞ는表準은行爲自体에在ᄒᆞᄂᆞ니戰時禁制品은性質上普通의商品賣買나但敵國或敵軍에輸入ᄒᆞ는條件으로禁制ᄒᆞ는바ㅣ오非中立의船舶使用은交戰國一方의戰鬪를助援ᄒᆞᆷ이니其一은航海自体가正當ᄒᆞ며其一은航海自体를處罰ᄒᆞᆷ이니是以로其到達港如何를問ᄒᆞᆯ바ㅣ아니며且戰時禁制品에對ᄒᆞ야는但其物品을沒收ᄒᆞ고特別ᄒᆞᆫ境遇以外에는船舶을處罰치아니ᄒᆞ나非中立的使用에對ᄒᆞ야는爲先船舶을沒收ᄒᆞ고載貨所有者와船舶所有者가同一人될時에詐欺或隱匿의行爲가有ᄒᆞᆷ이아니면物品을沒收치아니ᄒᆞ는바ㅣ라千八百六十一年十一月七日에米國軍艦이하바나及낫소兩中立港間에航行ᄒᆞ는英國郵船「도렌도」號를停留ᄒᆞ고南軍政府로

포획·몰수되는 것에 불과하다. 그 밖의 중립국 선박의 사용은 이상 두 가지 종류에 그치지 않는다. 교전국 군함과 육군 사이에 신호를 하며, 사자(使者)를 운반하며 교전국의 전쟁용 해저전선을 설치하는 것 같은 경우 등, 전쟁 중에 중립국 선박이 정부 명의로 교전국 일방의 전투행위를 편리하게 하기 위해 하는 모든 행위를 포함한다. 그 행위는 현행하는 것에 한해 범칙자로 간주된다.

요컨대 비중립의 선박 사용과 전시금제품을 구별하는 표준은 행위 자체에 있다. 전시금제품은 성질상 보통의 매매이나, 다만 적국이나 적군에게 수입되는 조건으로 금제된다. 비중립의 선박 사용은 교전국 일방의 전투를 원조하는 것이다. 그 하나는 항해 자체가 정당하며, 다른 하나는 항해 자체를 처벌하는 것이다. 이에 따라 그 도착항 여하를 묻지 아니한다. 또한 전시금제품에 대해서는, 다만 그 물품을 몰수하고 특별한 경우 이외에는 선박을 처벌하지 아니한다. 그러나 비중립적 사용에 대해서는, 먼저 선박을 몰수하고 적재화물 소유자와 선박소유자가 동일인일 때에는, 사기 또는 은닉의 행위가 있지 아니하면 물품을 몰수하지 아니한다. 1861년 11월 7일에 미국 군함이 Havanna와 Nassau[1] 양 중립국 항 사이를 항행하는 영국 우편선 「The Trent」호를 정류(停留)[2]하게 하고, 남군 정부가

1 Nassau 관련해서는 교재 300쪽 참조.
2 정류(停留): 일정한 장소에 머물러 섬.

브터英、佛兩國에特派ᄒᆞᄂᆞᆫ使節을捕獲ᄒᆞᆫ後其外書記官二人을倂히俘虜로作ᄒᆞ야포스돈府에拘寘ᄒᆞ얏더니英國政府ᄂᆞᆫ同月三十日에米國政府에對ᄒᆞ야嚴重ᄒᆞᆫ言辭로其解放ᄒᆞᆷ을要請ᄒᆞ고加奈太에出兵ᄒᆞ야兩國의爭議를成ᄒᆞ야因ᄒᆞ야米國은同使節等을解放ᄒᆞᆫ지라然而此事件은有名ᄒᆞᆫ同時에議論이頗有ᄒᆞᄂᆞ니英米兩國의議論이一致치아니ᄒᆞᆫ바ᄂᆞᆫ其到達地가中立地되ᄂᆞᆫ與否를依ᄒᆞ야犯則되ᄂᆞᆫ與否를決ᄒᆞᆯ바ㅣ라ᄒᆞ야因兩國의讓步로써無事終局ᄒᆞᆫ바ㅣ나然이나元來「도렌도」號ᄂᆞᆫ南軍政府의使節을歐洲에運送ᄒᆞᆫ者ㅣ됨으로써果然非中立의船舶使用이되ᄂᆞᆫ與否를依ᄒᆞ야米國軍艦의行動이不法되ᄂᆞᆫ與否를決ᄒᆞᆯ바ㅣ오其到達地의中立地되ᄂᆞᆫ與否를問ᄒᆞᆯ바아니며且南軍政府로써國家로假定ᄒᆞ고其使節을外交官으로看做ᄒᆞᆯ지라도中立國船舶이交戰國一方의費用으로써使用됨이아니오單히郵船의船客으로써其使節을搭載ᄒᆞᆷ에無過ᄒᆞᄂᆞ니決코犯則이라云ᄒᆞ기不能ᄒᆞ며若又南軍政府ᄂᆞᆫ國家의承認을未經ᄒᆞᆫ理由로써其使節은外交官이아니라云ᄒᆞᆯ時ᄂᆞᆫ北軍政府ᄂᆞᆫ中立國船舶이南軍一私人을搭載ᄒᆞᆫ事로써「도렌도」號를處分ᄒᆞᆯ理由가亦無ᄒᆞᆫ바ㅣ라

영국-프랑스 양국에 특파하는 사절(使節)을 포획한 후 그 밖의 서기관 두 명을 함께 포로로 잡아 Boston시에 구금하였다. 영국 정부는 같은 달 30일에 미국 정부에 대해 엄중한 말로 그 석방을 요청하고, 캐나다에 출병하여 양국의 분쟁을 일으켰다. 이에 따라 미국은 동 사절 등을 석방하였다. 그러나 이 사건은 유명한 동시에 의론(議論)[1]이 많다. 영미 양국의 의론이 일치되지 아니한 것은, 그 도착지가 중립지로 되는가의 여부에 따라 범칙으로 되는지의 여부를 결정하는 것이었다. 이에 따라 양국의 양보로 무사히 마무리되었다. 그러나 원래 「The Trent」호는 남군 정부의 사절을 유럽에 운송하는 것이었으므로, 과연 비중립의 선박 사용이 되는지의 여부에 따라 미국 군함의 행동이 불법으로 되는지의 여부를 결정해야 하고, 그 도착지가 중립지로 되는지의 여부를 묻지 않아야 한다. 또한 남군 정부를 국가로 가정하고 그 사절을 외교관으로 간주할지라도, 중립국 선박이 교전국 일방의 비용으로 사용되는 것이 아니고, 단지 우편선의 승객으로 그 사절을 탑승한 것에 불과하므로, 결코 범칙(犯則)이라고 말할 수 없다. 만약 또 남군 정부가 국가 승인을 거치지 않았다는 이유로 그 사절은 외교관이 아니라고 할 때에는, 북군 정부는 중립국 선박이 남군 사인을 승선시킨 일을 가지고 「The Trent」호를 처분할 이유가 또한 없는 것이다.

1 의론(議論): 의견. 본문은 "논의가 많다"로 읽음.

## 第四節 封鎖

### 第一欵 封鎖의性質、沿革及其効力

封鎖ᄂᆞᆫ交戰國이海上에在ᄒᆞ야行得ᄒᆞᆯ特權이나然이나此로因ᄒᆞ야中立國商業上에多大ᄒᆞᆫ影響을及ᄒᆞᄂᆞᆫ바ㅣ라凡陸戰에在ᄒᆞ야許可가無ᄒᆞ고軍隊의駐在所ᄅᆞᆯ通過ᄒᆞᆷ은犯則되며特히敵의城堡ᄅᆞᆯ包圍ᄒᆞᆯ時ᄂᆞᆫ城中及其以外의交通을遮斷ᄒᆞᆷ이常則이나海上에在ᄒᆞ야軍艦의在所ᄅᆞᆯ普通商船이通過ᄒᆞᆷ은禁制ᄒᆞᆯ바ㅣ아니며且中立國船舶은戰爭中이라도交戰國에對ᄒᆞ야平和的交通을繼續ᄒᆞᄂᆞᆫ權利가有ᄒᆞᆷ과同時에交戰國은戰爭權利上軍艦을敵國港灣에逼近케ᄒᆞ야其港內及一定ᄒᆞᆫ處所에對ᄒᆞ야諸國船舶의出入을一切禁止ᄒᆞᆷ을得ᄒᆞᄂᆞ니此ᄅᆞᆯ封鎖라稱ᄒᆞ며封鎖의目的은軍略上被封鎖地로ᄒᆞ야곰降服을催促ᄒᆞ며且商業政略上敵國의商業을遮斷ᄒᆞ야財源을涸渴ᄒᆞ며戰鬪力을減殺케ᄒᆞᆷ에在ᄒᆞ며且此로因ᄒᆞ야生ᄒᆞᄂᆞᆫ損害ᄂᆞᆫ敵國ᄲᅮᆫ아니라中立國商業에至ᄒᆞ야도ᄯᅩᄒᆞᆫ多大ᄒᆞ나然이나是ᄂᆞᆫ交戰國이戰爭에關ᄒᆞ야有ᄒᆞᆫ바特權이니立中國並其人民은此에對ᄒᆞ야異議ᄅᆞᆯ提出ᄒᆞ기不ᄒᆞ能ᄒᆞᆯᄲᅮᆫ아니라其理由當否에對ᄒᆞ야도容喙ᄒᆞᆯ權이無ᄒᆞᆫ바ㅣ

## 제4절 봉쇄

### 제1관 봉쇄의 성질, 연혁과 그 효력

봉쇄는 교전국이 해상에서 할 수 있는 특권이다. 그러나 이에 따라 중립국 상업상에 많은 영향을 미친다. 무릇 육전(陸戰)에서 허가 없이 군대의 주둔 장소를 통과하는 것은 범칙으로 된다. 특히 적의 성루를 포위할 때에는 성 안 및 그 이외의 교통을 차단하는 것이 상규(常規)이다. 그러나 해상에서 군함 정박장을 보통 상선이 통과하는 것은 금제(禁制)되지 아니한다. 또한 중립국 선박은 전쟁 중이라도 교전국에 대해 평화적 교통을 계속하는 권리를 가지는 동시에, 교전국은 전쟁 권리상 군함을 적국 항만에 매우 가까이 근접시켜 그 항 내와 일정한 장소에 대해 여러 나라의 선박의 출입을 일체 금지할 수 있다. 이를 봉쇄라 일컫는다. 봉쇄의 목적은 군략상 봉쇄된 장소로 하여금 항복을 촉진하며, 또 상업 정략상 적국의 상업을 차단하여 재원을 고갈시켜 전투력을 감쇄하는 데 있다. 또 이에 따라 발생하는 손해는 적국뿐만 아니라 중립국 상업에서도 또한 다대(多大)[1]하다. 그러나 이는 교전국이 전쟁에 관해 가지는 특권이기 때문에, 중립국과 그 인민은 이에 대해 이의를 제출할 수 없다. 그뿐만 아니라 그 이유의 당부에 대해서도 용훼(容喙)[2]할 권리가 없다.

---

1 다대(多大): 많고 크다.
2 용훼(容喙): 간섭.

라

然而中立國及交戰國은其利害가自異ᄒᆞᆷ으로써古來交戰者는往往에敵國에在ᄒᆞᆫ一定의港灣을封鎖ᄒᆞᆷ을宣言ᄒᆞᆯ뿐이며又或其封鎖ᄅᆞᆯ維持ᄒᆞᆷ에不充分ᄒᆞᆫ兵力을設寘ᄒᆞ야功効ᄅᆞᆯ奏코져ᄒᆞᆷ으로中立國은其利益上如斯ᄒᆞᆫ宣言的又는不完全封鎖ᄅᆞᆯ因ᄒᆞ야商業繼續치못ᄒᆞᆯ理由가無ᄒᆞ다ᄒᆞ야第十八世紀中葉以來國際의問題ᄅᆞᆯ屢起ᄒᆞ얏스니千七百八十年발특沿岸諸國의第一武裝中立에在ᄒᆞ야는封鎖는港口에軍艦을碇泊ᄒᆞ고其距里는充分히接近케ᄒᆞᆯ지며且入港코져ᄒᆞ는船舶에對ᄒᆞ야其危險을與ᄒᆞᆷ이明白ᄒᆞᆯ境遇以外에는封鎖로看做아니ᄒᆞᆫ다ᄒᆞ얏스며千八百年露國及其他발특諸國이第二武裝中立의條約을締結ᄒᆞᆷ에當ᄒᆞ야封鎖의條件으로第一武裝中立과同一ᄒᆞᆫ宣言을行ᄒᆞ며尙且中立船舶은總히封鎖ᄅᆞᆯ行ᄒᆞᆫ바交戰國軍艦司令官으로브터其封鎖事實을通告ᄒᆞᆫ後에更히其港口에入코져ᄒᆞ는境遇가아니면拿捕될바ㅣ아니라ᄒᆞ얏스나此第二武裝中立은露國皇帝쌀ㅣ第一世의崩去와共히消滅ᄒᆞᆫ바ㅣ며千八百六年及七年에英國政府는樞密院令으로써英國商船의入港을拒絕ᄒᆞᆫ바大陸諸港灣을幷히封鎖ᄒᆞᆯ旨로

그렇지만 중립국과 교전국은 그 이해가 자연 다르기 때문에, 옛날부터 교전자는 때로 적국의 일정 항만을 봉쇄할 것을 선언하였을 뿐이다. 또는 그 봉쇄를 유지하기에 충분하지 않은 병력을 설치하고 효과를 얻고자 하므로, 중립국은 그 이익상 이와 같은 선언적 또는 불완전한 봉쇄에 따라 상업을 계속할 수 없는 이유가 없다고 하여, 18세기 중엽 이래 국제적 문제를 여러 번 일으켰다. 1780년 발틱(Baltic) 연안의 여러 나라의 제1차 무장중립에서는, 봉쇄는 항구에 군함을 정박시키고 그 거리는 충분히 근접하게 할 것이며, 또 입항하고자 하는 선박에 대해 그 위험을 줄 것이 명백한 경우 이외에는, 봉쇄로 간주하지 않는다고 하였다. 1800년 러시아와 그 밖의 발틱 여러 나라가 제2차 무장중립의 조약을 체결할 때에, 봉쇄의 조건으로 제1차 무장중립과 동일한 선언을 하였다. 오히려 또한 중립국 선박은, 모두 봉쇄를 한 교전국 군함사령관이 그 봉쇄 사실을 통고한 후에 다시 그 항구에 진입하고자 하는 경우가 아니면 나포되지 아니한다고 하였다. 그러나 이 제2차 무장중립은 러시아 황제 Paul 제1세의 서거와 함께 소멸하였다. 1806년과 1807년에 영국 정부는 추밀원령으로 영국 상선의 입항을 거절하는 대륙의 여러 항만을 모두 봉쇄할 취지를

宣言ᄒᆞ며此에對ᄒᆞ야拿翁第一世의伯林宣言에在ᄒᆞ야ᄂᆞᆫ實際佛國艦隊가猛勢ᄒᆞᆫ英國海軍의攻擊을憂慮ᄒᆞ야公海에不出홈을不拘ᄒᆞ고英國全島ᄅᆞᆯ封鎖ᄒᆞᆯ意의宣言을發ᄒᆞ얏스니此等封鎖ᄂᆞᆫ其不法됨은勿論이니中立諸國이非常ᄒᆞᆫ損害ᄅᆞᆯ受ᄒᆞᆯ지며特히北米合衆國은英國에對ᄒᆞ야其封鎖의無法됨을抗議ᄒᆞ야因ᄒᆞ야千八百十二年英、米戰爭을成ᄒᆞᆫ바ㅣ라然而其後拿翁第一世가敗北ᄒᆞ고且諸國學者가孜孜研鑽ᄒᆞᆫ結果千八百五十四年크리미야戰爭에在ᄒᆞ야英佛兩國이封鎖에充分ᄒᆞᆫ兵力을要ᄒᆞᆯ事ᄅᆞᆯ首唱ᄒᆞ야因ᄒᆞ야千八百五十六年巴里宣言에在ᄒᆞ야決定ᄒᆞ얏스니卽同宣言第四條에云云이라規定ᄒᆞ야今日에實行되ᄂᆞᆫ바ㅣ라

然而同宣言規定에對ᄒᆞ야大陸學者中에此ᄅᆞᆯ附會ᄒᆞ야云호ᄃᆡ封鎖ᄂᆞᆫ其處所에對ᄒᆞᄂᆞᆫ敵國領土權을剝奪홈에無過ᄒᆞᄂᆞ니敵國領海以外에對ᄒᆞ야行及ᄒᆞᆯ權이無ᄒᆞ다ᄒᆞᆫ者ㅣ不無ᄒᆞ나然이나自來의實例幷法理上封鎖ᄂᆞᆫ交戰國이行得ᄒᆞᆯ戰爭行爲의一種이니此에關ᄒᆞᆫ交戰者의權利ᄂᆞᆫ領海以內에限ᄒᆞᆯ理由가無ᄒᆞ며特히海戰은公海에在ᄒᆞ야實行홈이居多ᄒᆞᄂᆞ니中立國船舶이其戰場에接近홈은

선언하였다. 이에 대해 나폴레옹 제1세의 베를린 선언에서는, 실제 프랑스 함대가 맹렬한 영국 해군의 공격을 우려하여 공해에 나가지 않았음에도 불구하고, 영국 전체 섬을 봉쇄할 뜻의 선언을 발표하였다. 이들 봉쇄는 그 불법인 것은 물론이다. 중립의 여러 나라가 비상한 손해를 입었다. 특히 북미합중국은 영국에 대해 그 봉쇄의 무법(無法)을 항의하였고, 이에 따라 1812년 영국-미국 전쟁이 일어났던 것이다. 그러나 그 후 나폴레옹 제1세가 패배하고 또 여러 나라 학자가 부지런히 연구한 결과, 1854년 크리미아 전쟁에서 영국-프랑스 양국이 봉쇄에는 충분한 병력을 필요로 한다고 주장하였다. 이에 따라 1856년 파리선언에서 결정되었다. 즉 동선언 제4조[1]에 「봉쇄를 유효하게 하기 위해서는 실력을 사용해야 한다. 즉 적국의 해안에 근접하는 것을 방지하기에 충분한 병력·설비를 필요로 한다.」고 규정하여 오늘날(역자 주: 1910년경 당시) 실행되고 있는 것이다.

그러나 동 선언의 규정에 대해 대륙학자 중에 이를 견강부회(牽强附會)하여 말하기를, 봉쇄는 그 장소에 대한 적국 영토권을 박탈하는 것에 지나지 않고, 적국 영해 이외에 대해 행사할 권리가 없다고 하는 사람이 없지 않다. 그러나 지금까지의 실례와 법리상, 봉쇄는 교전국이 할 수 있는 전쟁행위의 일종이고, 이에 관한 교전자의 권리를 영해 이내로 한정할 이유가 없다. 특히 해전은 공해에서 실행되는 경우가 대부분이므로, 중립국 선박이 그 전쟁터에 접근하는 것은

1 1856년 파리 선언의 관련 내용은 다음과 같다. "4. Blockades, in order to be binding, must be effective, that is to say, maintained by a force sufficient really to prevent access to the coast of the enemy."

危險이不無ᄒᆞ나然이나敵國領海에在ᄒᆞ야中立國船舶의航海를妨止ᄒᆞᆯ理由가無ᄒᆞ며妨止ᄒᆞᆯ理由가無ᄒᆞ다ᄒᆞ야封鎖의權利를敵國領海以外에不及케ᄒᆞᆯ理由가無ᄒᆞᄂᆞ니如斯ᄒᆞᆫ學說은今日國際法上에是認ᄒᆞᆫ바ㅣ아니라然則巴里宣言第四條에實力을要ᄒᆞᆫ다云ᄒᆞᆷ은其封鎖處所를通過코져ᄒᆞᆷ에實際危險ᄒᆞᆫ兵力이有ᄒᆞᆷ을要ᄒᆞᆫ다解釋ᄒᆞᆯ바ㅣ라

上述ᄒᆞᆷ과如히宣言的封鎖ᄂᆞᆫ今日에認치아니ᄒᆞ며實力的封鎖ᄂᆞᆫ其目的으로브터分類ᄒᆞᆯ진ᄃᆡ數種이有ᄒᆞᄂᆞ니其地方의降服을催促코져ᄒᆞ야行ᄒᆞᄂᆞᆫ바軍略上封鎖다ᄒᆞ며其地에在ᄒᆞᆫ敵國의商業을妨遏ᄒᆞ며財源을涸渴코져ᄒᆞ야行ᄒᆞᄂᆞᆫ바를商業上封鎖라稱ᄒᆞᄂᆞ니就中商業上封鎖에對ᄒᆞ야反對論者가不無ᄒᆞ며近世商業의發達을隨ᄒᆞ야中立國交通通商을妨害ᄒᆞᆷ이至大ᄒᆞ나古來各國實例上商業上封鎖가不尠ᄒᆞᆯ뿐아니라國際法上에是認ᄒᆞᄂᆞᆫ바ㅣ며又其通告有無로브터分類ᄒᆞᆯ진ᄃᆡ單히實力으로行ᄒᆞᄂᆞᆫ封鎖와他國에通告ᄒᆞᆫ바實力上의封鎖가有ᄒᆞᄂᆞ니凡封鎖ᄂᆞᆫ其地方에對ᄒᆞ야中立國商船은勿論ᄒᆞ고軍艦에至ᄒᆞ야도其出入을禁止ᄒᆞᄂᆞᆫ바ㅣ됨으로써此를行ᄒᆞᆷ은交戰國主權의行動되지아니ᄒᆞᆷ이不可ᄒᆞᆫ

없을 수 없다. 그러나 적국 영해에서 중립국 선박의 항해를 방지할 이유가 없으며, 방지할 이유가 없다고 해서 봉쇄의 권리를 적국 영해 이외에 미치지 않게 할 이유도 없다. 이와 같은 학설은 오늘날(역자 주: 1910년경 당시) 국제법상에 시인되지 아니한다. 그러나 파리선언 제4조[1]에 실력을 필요로 한다고 함은, 그 봉쇄 장소를 통과하고자 하는 것에 실제 위험한 병력이 있을 것을 필요로 한다고 해석해야 할 것이다.

위에서 설명한 바와 같이 선언적 봉쇄는 오늘날(역자 주: 1910년경 당시) 인정하지 아니한다. 실력적 봉쇄는 그 목적으로부터 분류해보면 몇 종류가 있다. 그 지방의 항복을 독촉하고자 하는 것은 군략상의 봉쇄라 한다. 그 곳에 있는 적국의 상업을 방지하며 재원을 고갈시키고자 하는 것을 상업상 봉쇄라 일컫는다. 그 중 특히 상업상 봉쇄에 대해 반대론자가 없지 않다. 근세 상업의 발달에 따라 중립국의 교통·통상을 방해하는 것이 매우 크다. 그러나 옛날부터 각국의 실례상 상업상 봉쇄가 적지 않다. 그뿐만 아니라 국제법상으로도 시인된다. 또 그 통고 유무로부터 분류해보면, 단지 실력으로 하는 봉쇄와 다른 나라에 통고하는 실력상의 봉쇄가 있다. 무릇 봉쇄는 그 지방에 대해 중립국 상선은 물론이고, 군함에 대해서도 그 출입을 금지하는 것으로 이를 행하는 것은 교전국의 주권 행동이 되지 아니할 수 없다.

---

1 288쪽 각주 1 참조.

지라即其政府의命令에出ᄒᆞ거나又或明示、默示로委任된者에限ᄒᆞ야行ᄒᆞᆯ바ㅣ니陸軍將帥가敵國都市에對ᄒᆞ야職權上交通을遮斷ᄒᆞᆷ을得ᄒᆞᆷ과同一히海軍將帥도또ᄒᆞᆫ其職權上敵國의港灣을封鎖ᄒᆞᄂᆞᆫ權이有ᄒᆞ나然ᄒᆞ나本國과遠隔치아니ᄒᆞᆫ地点에在ᄒᆞ야其政府의特別訓令을待ᄒᆞᆯ餘地가有ᄒᆞᆯ時ᄂᆞᆫ政府命令이有ᄒᆞᆫ後에始行ᄒᆞᆯ바ㅣ며又或戰鬪必要上命令을待치못ᄒᆞᆯ時ᄂᆞᆫ政府로브터追認ᄒᆞᆷ이可ᄒᆞᆫ바ㅣ라然而如何ᄒᆞᆫ境遇를不問ᄒᆞ고封鎖를有効케ᄒᆞᆯ진ᄃᆡ實力으로以ᄒᆞᆷ이必要ᄒᆞᆷ으로兵力이充分치못ᄒᆞᆯ時ᄂᆞᆫ中立國은此ᄅᆞᆯ否認ᄒᆞ며自國船舶의捕獲沒收에對ᄒᆞ야賠償을請求ᄒᆞᆷ을得ᄒᆞᄂᆞ니果然如何ᄒᆞᆫ程度의兵力으로써充分ᄒᆞ다ᄒᆞᆷ은事實論에屬ᄒᆞ야一般的으로論述ᄒᆞ기不能ᄒᆞ나其港內를出入코져ᄒᆞᆯ際에明白且直接에危險이有ᄒᆞᆯ程度의兵力을要ᄒᆞᆫ다云ᄒᆞᆯ지로다

天候其他敵艦의追擊等을因ᄒᆞ야封鎖ᄅᆞᆯ行ᄒᆞᆫ바艦隊의兵力이一時充分치못ᄒᆞᆷ과如ᄒᆞᆷ은封鎖의効力이中絶ᄒᆞᆫ바ㅣ아니며加之艦隊ᄂᆞᆫ반다시其港口에屯在ᄒᆞᆷ을不要ᄒᆞ고海岸及潮流事情又ᄂᆞᆫ近傍領土가敵地되ᄂᆞᆫ與否ᄅᆞᆯ依ᄒᆞ야隨時變更ᄒᆞᄂᆞᆫ바ㅣ라크리미야戰爭中리가港의封鎖와如ᄒᆞᆷ은一隻의英國軍艦으로써右

즉 그 정부의 명령에서 비롯하거나 또는 명시·묵시로 위임된 경우에 한해 하게 된다. 육군 장수가 적국 도시에 대해 직권상 교통을 차단할 수 있는 것과 마찬가지로, 해군 장수도 또한 그 직권상 적국의 항만을 봉쇄하는 권리를 가진다. 그러나 본국과 멀리 떨어지지 아니한 지점에서 그 정부의 특별훈령을 기다릴 여지가 있을 때에는, 정부 명령이 있은 후에 비로소 행한다. 또 때로 전투의 필요에서 명령을 기다릴 수 없는 때에는 정부가 추인할 수 있다. 그러나 어떠한 경우를 불문하고, 봉쇄를 유효하게 하려면 실력으로 해야 할 것이 필요하기 때문에, 병력이 충분하지 않을 때에는 중립국은 이를 부인하고, 자국 선박의 포획·몰수에 대해 배상을 청구할 수 있다. 과연 어느 정도의 병력을 가지고 충분하다고 할 것인가는 사실론에 속하여 일반적으로 논술할 수 없다. 그러나 그 항 내를 출입하고자 할 때에 명백하고도 직접적인 위험이 있을 정도의 병력을 필요로 한다고 할 수 있다.

기후(氣候)[1] 그 밖의 적함의 추격 등에 따라 봉쇄를 한 함대의 병력이 일시 충분하지 못한 경우와 같은 것은 봉쇄의 효력을 중단시키지 아니한다. 그뿐만 아니라 함대는 반드시 그 항구에 정박할 필요가 없고, 해안과 조류 사정 또는 인근 영토가 적지로 되는지의 여부에 따라 수시로 변경된다. 크리미아 전쟁 중에 Riga항의 봉쇄와 같은 경우에는 1척의 영국 군함으로

1 기후(氣候): 날씨, 일기. 교재는 일본식 덴키(天候)라고 표기하였으나 이를 "기후"라고 바꾸었다.

港과百二十浬를隔ᄒᆞᆫ라이셀올드海峽에屯在ᄒᆞ야行ᄒᆞ얏스니是ᄂᆞᆫ右港에出入코저ᄒᆞᄂᆞᆫ船舶은반다시其海峽을通過ᄒᆞᄂᆞᆫ所以라然이나若右海峽을通過ᄒᆞᄂᆞᆫ船舶이敵國港灣並他中立國의港灣을出入ᄒᆞᆯ時될진ᄃᆡ此에艦隊를寘ᄒᆞ야敵國港灣을封鎖ᄒᆞ기不能ᄒᆞᆫ바ㅣ며且封鎖의効力은艦隊의兵力으로써實行ᄒᆞᄂᆞᆫ範圍를超越ᄒᆞ기不能ᄒᆞᄂᆞ니是以로封鎖를行ᄒᆞᆫ地方에對ᄒᆞ야內地運河를從ᄒᆞ야船舶이出入ᄒᆞ며其運河口ᄂᆞᆫ封鎖치아니ᄒᆞᆫ時ᄂᆞᆫ處罰ᄒᆞ기不能ᄒᆞ며其他封鎖ᄂᆞᆫ單히軍艦으로써行ᄒᆞᆯ뿐아니라軍艦의行動을補助ᄒᆞ기爲ᄒᆞ야砂石、船舶、木材、水雷等을沈入ᄒᆞᆷ도無妨ᄒᆞᆫ지라然而千八百六十一年에米國北軍이南軍에屬ᄒᆞᆫ자레스돈及사반나港을封鎖ᄒᆞᆯ時에船舶으로써行ᄒᆞᆷ으로英國은此로써中立國商業에對ᄒᆞᄂᆞᆫ永遠의妨害라ᄒᆞ야抗議를提出ᄒᆞᆷ에米國은如斯ᄒᆞᆫ船舶으로港口를塡塞ᄒᆞᆷ은一時的妨害에無過ᄒᆞᄂᆞ니卽戰爭終了와共히掘去ᄒᆞᆯ事로答辯ᄒᆞ얏스니是ᄂᆞᆫ一時戰爭中에限ᄒᆞ야港口를塡塞ᄒᆞᆫ바ㅣ됨으로元來議論ᄒᆞᆯ餘地가無ᄒᆞ며若永久히中立國의商業을妨害ᄒᆞᆯ時ᄂᆞᆫ反對의理由를成ᄒᆞᆯ지나然이나交戰國은敵國의港灣、都市等에對ᄒᆞ야軍略上此를破壞ᄒᆞᄂᆞᆫ權利가既有ᄒᆞᆯ진ᄃᆡ

위 항구와 120해리 떨어진 Lyser Ort 해협[1]에 정박하여 행하였다. 이는 위 항구에 출입하고자 하는 선박은 반드시 그 해협을 통과하는 까닭이다. 그러나 만약 위 해협을 통과하는 선박이 적국 항만과 다른 중립국 항만을 출입할 때라면, 이에 함대를 두고 적국 항만을 봉쇄할 수 없다. 또한 봉쇄의 효력은 함대의 병력으로 실행하는 범위를 넘을 수 없다. 이에 따라 봉쇄를 한 지방에 대해 내지(內地)[2] 운하를 따라 선박이 출입하며, 그 운하 입구는 봉쇄되지 아니한 때에는 처벌할 수 없다. 그 밖의 봉쇄는 단지 군함으로 한다. 그뿐만 아니라 군함의 행동을 보조하기 위해 모래와 돌, 선박, 목재, 어뢰 등을 가라앉히는 것도 무방하다. 그러나 1861년에 미국 북군이 남군에 속한 Charleston항과 Savanna항을 봉쇄할 때에, 선박을 침몰시켜서 하므로 영국은 이를 가지고 중립국 상업에 대한 영원한 방해라 하여 항의를 제출한 것에 대해, 미국은 이와 같은 선박으로 항구를 메워서 막는 것은 일시적 방해에 불과하다, 즉 전쟁 종료와 함께 파낼 것으로 답변하였다. 이는 일시 전쟁 중에 한하여 항구를 메워 막는 것이기 때문에 원래 의론할 여지가 없다. 만약 영구히 중립국의 상업을 방해할 때에는 반대의 이유를 형성할 것이다. 그러나 교전국은 적국의 항만, 도시 등에 대해 군략상 이를 파괴하는 권리를 이미 갖고 있다면,

1 일본『戰時國際法』349쪽에 언급된 "라이셀올드(ライセルヲルト)"해협은 라트비아 수도 Riga에서 발트해로 나가는 수역이며 Irbe 해협이라고 불리기도 한다. Riga 봉쇄 관해서는 E.Hall, A Treatise on International Law (1890), p.704, l.15.

2 내지(內地): 해안이나 변두리에서 깊숙이 들어간 안쪽 지역, 영토 내.

封鎖에對ᄒᆞ야中立國商業上永久的妨害되ᄂᆞᆫ理由로써如斯ᄒᆞᆫ行爲ᄅᆞᆯ行치못ᄒᆞᆯ理由가無ᄒᆞ며今日國際公法上에一毫의疑点이無ᄒᆞᆫ바ㅣ라

凡封鎖ᄂᆞᆫ敵地에對ᄒᆞ야此ᄅᆞᆯ行ᄒᆞᆯ바오自國領土又ᄂᆞᆫ自國主權이行及ᄒᆞᄂᆞᆫ土地에對ᄒᆞ야ᄂᆞᆫ封鎖의手段으로써其地의海上交通을遮斷ᄒᆞᄂᆞᆫ바ㅣ아니니若如斯ᄒᆞᆫ處所에對ᄒᆞ야內外船舶의出入을遮斷코져ᄒᆞᆯ진ᄃᆡ國內法으로以ᄒᆞᆯ지오自國領土라도主權이行及치못ᄒᆞᄂᆞᆫ處所에對ᄒᆞ야其地의海上交通을遮斷코져ᄒᆞᆯ진ᄃᆡ封鎖의手斷으로以ᄒᆞᆷ이可ᄒᆞᆫ바ㅣ니千八百六十一年米國內亂時에米國政府가南軍에屬ᄒᆞᆫ諸港灣에對ᄒᆞ야法律로써他國船舶의出入을遮斷코져ᄒᆞᆷ으로英國政府ᄂᆞᆫ抗議ᄅᆞᆯ提出호ᄃᆡ凡國家의主權이行及ᄒᆞᄂᆞᆫ處所에對ᄒᆞ야ᄂᆞᆫ自國의法律、命令으로써內外船舶의出入을遮斷ᄒᆞᆷ이自由에屬ᄒᆞ나反亂者의權力或敵軍占領下에在ᄒᆞᆫ地方에對ᄒᆞ야ᄂᆞᆫ封鎖의手段以外에交通을遮斷ᄒᆞ기不能ᄒᆞ다ᄒᆞᆫ以來一般히是認ᄒᆞᄂᆞᆫ바ㅣ며此와同一ᄒᆞᆫ理由로封鎖의効力은戰爭의終局又ᄂᆞᆫ軍隊의占領地됨을因ᄒᆞ야直地消滅ᄒᆞᄂᆞᆫ바ㅣ니何者오戰爭이終了ᄒᆞᆫ後ᄂᆞᆫ敵地되ᄂᆞᆫ性質을變ᄒᆞ며軍隊占領地될時ᄂᆞᆫ自國主權이行及ᄒᆞᄂᆞᆫ所以며其外封鎖

봉쇄에 대해 중립국 상업상 영구적 방해가 된다는 이유로 이와 같은 행위를 하지 못할 이유는 없다. 오늘날(역자 주: 1910년경 당시) 국제공법상에 조금도 의문점이 없다.

무릇 봉쇄는 적지에 대해 이를 하는 것이다. 자국 영토 또는 자국의 주권이 미치는 토지에 대해서는 봉쇄의 수단으로 그 곳의 해상교통을 차단하지 못한다. 만약 이와 같은 장소에 대해 내외의 선박 출입을 차단하고자 하려면 국내법으로 해야 한다. 자국 영토라도 주권이 미치지 못하는 장소에 대해 그 곳의 해상교통을 차단하고자 하려면 봉쇄의 수단으로 해야 한다. 1861년 미국 내란 시에 미국 정부가 남군에 속한 여러 항만에 대해 법률로 다른 나라 선박의 출입을 차단하고자 하였기 때문에, 영국 정부는 항의를 제출하면서, 무릇 국가의 주권이 미치는 장소에 대해서는 자국의 법률, 명령으로 내외의 선박 출입을 차단하는 것이 자유에 속한다. 그러나 반란자의 권력 또는 적군 점령 하에 있는 지방에 대해서는, 봉쇄의 수단 이외에는 교통을 차단할 수 없다고 한 이래 일반적으로 시인되고 있다. 이와 동일한 이유로 봉쇄의 효력은 전쟁의 마무리 또는 군대의 점령지로 됨에 따라 곧바로 소멸한다. 왜냐하면 전쟁이 종료된 후에는 적지로 되는 성질이 변하고, 군대 점령지로 될 때에는 자국의 주권이 미치기 때문이다. 그 밖의 봉쇄는

ᄂᆞᆫ此를行ᄒᆞᆫ政府의命令으로艦隊를撤還ᄒᆞ거나又或敵國에게破壞、驅逐됨과知ᄒᆞᆫ等其實力이斷絶ᄒᆞᄂᆞᆫ同時에終了ᄒᆞᄂᆞᆫ바ㅣ라

### 第二欵 封鎖犯

封鎖犯이成立ᄒᆞᆷ에ᄂᆞᆫ一、其封鎖의實力이有ᄒᆞᆫ事二、其船舶이封鎖의事實을了知ᄒᆞᆫ事三、其封鎖를破ᄒᆞ며又ᄂᆞᆫ破코져ᄒᆞᄂᆞᆫ行爲가有ᄒᆞᆷ을要ᄒᆞᄂᆞ니凡封鎖ᄂᆞᆫ戰爭에必件ᄒᆞᄂᆞᆫ結果가아니오交戰國의任意로行得ᄒᆞᄂᆞᆫ바ㅣ됨으로封鎖犯이成立ᄒᆞᆷ에ᄂᆞᆫ封鎖의事實을了知ᄒᆞᆷ을要ᄒᆞᄂᆞᆫ所以라然而其港內에在ᄒᆞᆫ船舶及人民은封鎖의事實을了知ᄒᆞᆷ으로看做ᄒᆞ고反證을不許호ᄃᆡ港外로브터入코져ᄒᆞᄂᆞᆫ者에對ᄒᆞ야英、米兩國의慣例를據ᄒᆞᆫᄃᆡ事實上了知와推測上了知를區別ᄒᆞ야前者ᄂᆞᆫ船舶이封鎖地에屯在ᄒᆞᆫ艦隊로브터通告를受ᄒᆞ야此를破壞ᄒᆞᆷ이不可ᄒᆞᆯ事를航海日誌에記入된後에尙且破壞코져ᄒᆞᄂᆞᆫ者를處罰ᄒᆞᄂᆞᆫ바ㅣ며後者ᄂᆞᆫ封鎖의事實이顯著ᄒᆞ야商業及航海者社會가一般으로認知된時又ᄂᆞᆫ交戰國으로브터封鎖의事實을中立國政府에通告ᄒᆞᆫ時ᄂᆞᆫ其人民은一般了知ᄒᆞᆷ으로看做ᄒᆞᄂᆞᆫ바ㅣ니是ᄂᆞᆫ「네부쥬나스」號事件에對ᄒᆞᄂᆞᆫ英國스도우엘判事判決에依

이를 행한 정부의 명령으로 함대를 철수하거나 또는 적국에게 파괴·구축(驅逐)[1]되는 것 같은 경우 등 실력이 단절되는 동시에 종료된다.

### 제2관 봉쇄범

봉쇄범의 성립에는 ① 그 봉쇄의 실력이 있을 것, ② 그 선박이 봉쇄의 사실을 알고 있을 것, ③ 그 봉쇄를 깨뜨리거나 또는 깨뜨리고자 하는 행위가 있어야 한다. 무릇 봉쇄는 전쟁에 반드시 수반되는 결과가 아니고, 교전국이 임의로 할 수 있는 것이므로, 봉쇄범의 성립에는 봉쇄의 사실을 알고 있어야 하는 것이 필요한 까닭이다. 그러나 그 항 내에 있는 선박과 인민은 봉쇄의 사실을 알고 있는 것으로 간주되고 반증을 허용하지 않는다. 항 외로부터 들어오고자 하는 것에 대해 영국, 미국 양국의 관례에 의거해 보면, 사실상 요지(了知)[2]와 추측상 요지를 구별한다. 전자는 선박이 봉쇄지에 정박한 함대로부터 통고를 받고, 이를 깨뜨릴 수 없는 사실을 항해일지에 기재한 후에 오히려 또한 깨뜨리려고 하는 자를 처벌하는 경우이다. 후자는 봉쇄의 사실이 현저하여 상업과 항해자 사회가 일반적으로 인지한 때 또는 교전국으로부터 봉쇄의 사실을 중립국 정부에 통고한 때에는 그 인민은 일반적으로 요지한 것으로 간주하는 경우이다. 이는 「The Neptunus」호 사건에 대한 영국 Stowell 판사 판결에 의해

1 구축(驅逐): 패배하여 쫓겨나는.
2 요지(了知): 확인, 앎, 인지(認知).

ᄒᆞ야明白ᄒᆞ며米國도南北戰爭中에또ᄒᆞᆫ此主義를採用ᄒᆞ얏스나其後華盛頓政府ᄂᆞᆫ此点에對ᄒᆞ야主義를一定치아니ᄒᆞ고諸國과締結ᄒᆞᆫ條約에在ᄒᆞ야ᄂᆞᆫ封鎖를破코저ᄒᆞᄂᆞᆫ者ᄂᆞᆫ其封鎖된바通告를受ᄒᆞᆫ者ㅣ아니면處罰ᄒᆞᆯ바ㅣ아니라規定ᄒᆞᆷ이多ᄒᆞ니千八百七十一年米、伊條約에在ᄒᆞ야도此를規定ᄒᆞᆷ과如ᄒᆞᆷ이是라佛國及西班牙ᄂᆞᆫ但事實上了知를認ᄒᆞ고推測上了知를不認ᄒᆞ며普國及丁抹等은英米主義를採ᄒᆞᆫ지라然而佛國主義를據ᄒᆞ건ᄃᆡ凡封鎖ᄂᆞᆫ諸種原因을依ᄒᆞ야何時든지解除ᄒᆞᄂᆞᆫ바ㅣ니中立國船舶이其港灣에入코저ᄒᆞᆯ時에封鎖의現存ᄒᆞᆫ事實의通告를受ᄒᆞ야此를船舶日誌에記入ᄒᆞᆫ後에尙其封鎖를破壞코저ᄒᆞᄂᆞᆫ者를處罰ᄒᆞᆷ에無過ᄒᆞ며且交戰國政府로브터封鎖의事實을通告ᄒᆞᄂᆞᆫ境遇에在ᄒᆞ야도此ᄂᆞᆫ友誼上의手段에出ᄒᆞᄂᆞᆫ바ㅣ며入港코저ᄒᆞᄂᆞᆫ船舶에對ᄒᆞ야犯罪有無를決定ᄒᆞᆷ에何等의法律上効果를及ᄒᆞᆷ이無ᄒᆞ다ᄒᆞᆫ지라此英國主義와佛國主義間에其當否의議論이自有ᄒᆞ나國際公法上封鎖에對ᄒᆞᄂᆞᆫ犯罪를組成ᄒᆞᆷ에ᄂᆞᆫ其船舶이封鎖의事實을了知ᄒᆞᆫ一点에在ᄒᆞ고其如何히知得ᄒᆞᆫ者됨은問치아니ᄒᆞᄂᆞᆫ바ㅣ니從ᄒᆞ야佛國主義ᄂᆞᆫ其實行上簡明ᄒᆞᆫ바ㅣ며英國主義ᄂᆞᆫ複雜ᄒᆞᆫ議議를

명백하다. 미국도 남북 전쟁 중에 또한 이 주의를 채용하였다. 그러나 그 후 워싱턴 정부는 이 점에 대해 주의를 특정하지 않았다. 여러 나라와 체결한 조약에서는, 봉쇄를 깨뜨리고자 하는 자는 그 봉쇄된 사실을 통고받은 자가 아니면 처벌하지 않는다고 규정한 경우가 많다. 1871년 미국-이탈리아 조약에서도 이를 규정하였던 것 같은 경우가 이것이다. 프랑스와 스페인은 다만 사실상 요지를 인정하고, 추측상 요지를 인정하지 않았다. 프러시아와 덴마크 등은 영미주의를 채택하였다. 그러나 프랑스주의에 따를 경우, 무릇 봉쇄는 여러 종류의 원인에 따라 언제든지 해제될 수 있다. 중립국 선박이 그 항만에 들어오고자 할 때에 봉쇄의 현존 사실의 통고를 받고 이를 항해일지에 기재한 후에 그 봉쇄를 깨뜨리려고 하는 것을 처벌한 것에 불과하다. 또 교전국 정부가 봉쇄의 사실을 통고한 경우에도 이는 우호상의 수단에서 나온 것이며, 입항하고자 하는 선박에 대해 범죄 유무를 결정하는 것에 어떠한 법률상 효과도 미치지 않는다고 하였다. 이 영국주의와 프랑스주의 사이에 그 당부의 의론(議論)[1]이 자연 있다. 그러나 국제공법상 봉쇄에 대한 범죄를 조성하는가는 그 선박이 봉쇄의 사실을 요지한 것 하나에 있고, 그 어떻게 알 수 있게 되었는가를 묻지 않는다. 따라서 프랑스주의는 그 실행상 간명하다. 영국주의는 복잡한 논의를

1 의론(議論): 교재 본문은 "옳고 그름에 관한 논의가 있다"로 읽음.

未免홀지나今日交通通信이迅速ᄒᆞ며頻繁且容易ᄒᆞᆫ社會에在ᄒᆞ야ᄂᆞᆫ封鎖의事實을반다시其任에當ᄒᆞᆫ軍艦으로브터每度通告치아니ᄒᆞ야도其成立을容易히知得홀바ㅣ니理論上英國主義가優勝홈과如ᄒᆞᆫ지라然而英國主義를詳論홀진ᄃᆡ若交戰國으로브터封鎖를中立國에通告ᄒᆞᆫ時ᄂᆞᆫ其事實을不知ᄒᆞᆫ證據ᄂᆞᆫ船舶으로브터提供치아니치못ᄒᆞ며又或通告가無ᄒᆞ거나其以前에出航ᄒᆞᆫ境遇에在ᄒᆞ야ᄂᆞᆫ封鎖를了知ᄒᆞᆫ事實을捕獲者로브터擧證케ᄒᆞ얏스니設或通告가無ᄒᆞᆫ境遇에在ᄒᆞ야도封鎖의事實이一般商業航海社會에了知된時ᄂᆞᆫ此를不知ᄒᆞᆫ擧證의責任은船舶에게負케ᄒᆞᆫ바ㅣ라

又英國主義에在ᄒᆞ야ᄂᆞᆫ中立國에對ᄒᆞ야封鎖의通告有無에關ᄒᆞ야多大ᄒᆞᆫ法律上影響을及ᄒᆞᄂᆞ니即中立國에對ᄒᆞ야通告ᄒᆞᆫ時ᄂᆞᆫ其人民은一般了知홈으로推測홈으로其船舶이封鎖ᄒᆞᆫ港灣에向ᄒᆞ야出發ᄒᆞᆫ即時에封鎖犯이成立ᄒᆞ며반다시封鎖處所에入來홀時에拿捕되ᄂᆞᆫ바ㅣ아니며且交戰國으로브터其封鎖의解除된通告가無ᄒᆞᆫ間은事實上繼續홈으로推測ᄒᆞᄂᆞᆫ바ㅣ오此와反ᄒᆞ야封鎖의通告가無ᄒᆞᆫ境遇에ᄂᆞᆫ設或封鎖與否에關ᄒᆞ야明確치못ᄒᆞᆫ바冒險的으로出發ᄒᆞ

면할 수 없다. 오늘날(역자 주: 1910년경 당시) 교통·통신이 신속하며 번잡하고 용이한 사회에서는, 봉쇄의 사실을 반드시 그 임무를 담당한 군함이 매번 통고하지 않아도 그 성립을 쉽게 알 수 있다. 이론상 영국주의가 우월한 것 같다. 그러나 영국주의를 상론(詳論)[1]해보면, 만약 교전국이 봉쇄를 중립국에 통고한 때에는, 그 사실을 알지 못한 증거는 선박이 제공해야 한다. 또 때로 통고가 없거나 그 이전에 출항한 경우에는, 봉쇄를 요지한 사실을 포획자가 증명해야 하는 것이다. 설사 통고가 없었던 경우에도, 봉쇄의 사실이 일반 상업·항해 사회에 요지된 때에는, 이를 알지 못한 증명책임은 선박이 부담해야 한다.

또 영국주의에서는 중립국에 대해 봉쇄의 통고 유무에 관해 많은 법률상 영향을 받는다. 즉 중립국에 대해 통고한 때에는 그 인민은 일반적으로 요지한 것으로 추측된다. 그러므로 그 선박이 봉쇄된 항만을 향해 출발한 즉시 봉쇄범이 성립한다. 반드시 봉쇄장소에 입항한 때에 나포되는 것은 아니다. 또 교전국이 그 봉쇄의 해제 사실의 통고가 없는 동안은 사실상 계속하는 것으로 추측된다. 이에 반해 봉쇄의 통고가 없는 경우에는, 설사 봉쇄 여부에 관해 명확하지 아니하여 모험적으로 출발하는

1 상론(詳論): 상세히 검토해보면.

ᄂᆞᆫ船舶이라도即時封鎖犯이成立치아니ᄒᆞᄂᆞ니從ᄒᆞ야其港灣에接近ᄒᆞ야封鎖事實을知得ᄒᆞᆫ後直地退去ᄒᆞᆯ時ᄂᆞᆫ處罰됨이無ᄒᆞᆫ바ㅣ라要컨ᄃᆡ凡封鎖에對ᄒᆞᄂᆞᆫ犯罪ᄂᆞᆫ其事實을知得ᄒᆞᆫ後尙且此를破壞코져ᄒᆞᆯ時에始成ᄒᆞ며封鎖中其港灣으로브터出發ᄒᆞᆷ도犯則되나然이나封鎖을行ᄒᆞᆷ에當ᄒᆞ야ᄂᆞᆫ一定ᄒᆞᆫ時間을限ᄒᆞ야其港內로브터中立國船舶에게退去를命ᄒᆞᄂᆞᆫ近世의慣例가有ᄒᆞᄂᆞ니千八百四十八年及六十四年에丁抹國과크리미아戰爭中에英佛兩國과南北戰爭中에米國과千八百七十四年에佛國은幷히十五日間의猶豫期間을與ᄒᆞ며尙且船舶의修繕其他不得已ᄒᆞᆫ事情을因ᄒᆞ야右期限을遵守ᄒᆞ기不能ᄒᆞᆯ時ᄂᆞᆫ延長ᄒᆞᆷ이非無ᄒᆞ나然이나出港ᄒᆞᄂᆞᆫ船舶이其封鎖以前에貨物을搭載ᄒᆞᆫ者ㅣ될時ᄂᆞᆫ出港ᄒᆞᆷ을得ᄒᆞ나其封鎖以後에搭載ᄒᆞᆫ者ㅣ될時ᄂᆞᆫ出港ᄒᆞᆷ을不得ᄒᆞᄂᆞ니若此에違反ᄒᆞᆯ時ᄂᆞᆫ沒收ᄒᆞᄂᆞᆫ바ㅣ라

封鎖犯은此를破코져企圖ᄒᆞᆫ時에成立ᄒᆞ야同一航海中은其行爲가繼續ᄒᆞᆷ으로看做ᄒᆞᆷ으로船舶이一次封鎖를破ᄒᆞᆫ時ᄂᆞᆫ歸航中途에在ᄒᆞ야도處罰되나然이나歸航中에在ᄒᆞ야封鎖가解除될時ᄂᆞᆫ此와同時에犯罪가消滅ᄒᆞᆯ뿐아니라封鎖를

선박이라도 즉시 봉쇄범이 성립하지 않는다. 따라서 그 항만에 접근하여 봉쇄 사실을 안 후 곧바로 퇴거할 때에는 처벌되지 않는다. 요컨대 무릇 봉쇄에 대한 범죄는 그 사실을 안 후 이를 깨뜨리고자 할 때에 비로소 성립하며, 봉쇄 중 그 항만으로부터 출발하는 것도 범칙으로 된다. 그러나 봉쇄를 할 경우에는 일정한 시간을 한정하여, 그 항만으로부터 중립국 선박에게 퇴거를 명령하는 근세의 관례가 있다. 1804년과 1864년에 덴마크-크리미아 전쟁 중에 영국-프랑스 양국, 남북전쟁 중에 미국 및 1874년에 프랑스는 모두 15일간의 유예기간을 부여하였다. 또한 선박의 수선 그 밖의 부득이한 사정에 따라 위 기한을 준수할 수 없을 때에는 연장하는 경우가 없지 않았다. 그러나 출항하는 선박이 그 봉쇄 이전에 화물을 탑재한 경우일 때에는 출항할 수 있으나, 그 봉쇄 이후에 탑재한 경우일 때에는 출항할 수 없다. 만약 이에 위반할 때에는 몰수된다.

봉쇄범은 이를 깨뜨리고자 한 때에 성립한다. 동일 항해 중은 그 행위가 계속되는 것으로 간주되므로, 선박이 한번 봉쇄를 깨뜨린 때에는 귀항 도중에도 처벌된다. 그러나 귀항 중에 봉쇄가 해제될 때에는 이와 동시에 범죄가 소멸한다. 그뿐만 아니라 봉쇄를

破ᄒᆞᆯ目的으로出航ᄒᆞᆫ船舶이라도航海中本國軍艦其他顯著ᄒᆞᆫ報道로브터封鎖의解除된事實의通告를得ᄒᆞᆫ時는此와同時에封鎖犯이解除되며其他難、破의危難을避ᄒᆞ며糧食缺乏等原因을因ᄒᆞ야封鎖港內에入ᄒᆞᆫ時에其搭載物에變更이無ᄒᆞᆯ時는更히出港ᄒᆞᆷ을得ᄒᆞ되若變更이有ᄒᆞᆯ時는處罰되는바ㅣ며且中立國軍艦이封鎖港에出入ᄒᆞᆷ은交戰國이비록禁制치아니ᄒᆞ나是는全히好誼에出ᄒᆞᆷ이오權利가아니며郵便船의出入은其港內에在ᄒᆞ야商業에從事치아니ᄒᆞᆯ條件으로許認ᄒᆞᆷ이今世戰爭의常例를作ᄒᆞᆫ바ㅣ라

封鎖犯에對ᄒᆞ야昔時에在ᄒᆞ야는其海員을拘囚或死刑에處ᄒᆞᆷ이有ᄒᆞ얏스나第十八世紀以來今日에至ᄒᆞ야는其例가大變ᄒᆞ야船舶及載貨를沒收ᄒᆞᆯ뿐이나然이나此를處罰ᄒᆞᆷ에關ᄒᆞ야法則이自有ᄒᆞ니船舶에對ᄒᆞ야船長은船舶所有者의代理人으로看做ᄒᆞ며貨主의委任이無ᄒᆞᆫ間은貨主의代理人으로看做치아니ᄒᆞᆷ으로若貨主及船舶所有者가同一人이아니며且其船舶到達地가封鎖地됨을貨主가不知ᄒᆞᆫ時又或船長이航路를中途에變更ᄒᆞ야封鎖處所로向ᄒᆞᆫ時는但船舶을沒收ᄒᆞ고搭載物은解放ᄒᆞ며船舶所有者와貨物所有者가同一人될時는物品

깨뜨릴 목적으로 출항한 선박이라도, 항해 중에 본국 군함 그 밖의 현저한 보도로부터 봉쇄가 해제된 사실의 통고를 알게 된 때에는, 이와 동시에 봉쇄범이 해제된다. 그 밖의 난파의 위난을 피하며 식량 결핍 등의 원인에 따라 봉쇄항 내에 들어간 경우, 그 탑재물에 변경이 없을 때에는 다시 출항할 수 있으나, 만약 변경이 있을 때에는 처벌된다. 또 중립국 군함이 봉쇄항에 출입하는 것은 교전국이 비록 금제하지 아니하나, 이는 전적으로 우의(友誼)[1]에서 비롯하는 것이고 권리가 아니다. 우편선의 출입은 그 항 내에서 상업에 종사하지 아니할 조건으로 허락하는 것이 현재 전쟁의 상례를 이룬다.

봉쇄범에 대해 지난날에는 그 해원(海員)[2]을 구금 또는 사형에 처하는 경우도 있었다. 그러나 18세기 이래 오늘날(역자 주: 1910년경 당시)에는 그 예가 크게 변하여 선박과 적재화물을 몰수할 뿐이다. 그러나 이를 처벌하는 것에 관해 법칙이 자연 있다. 선박에 대해 선장은 선박소유자의 대리인으로 간주된다. 화주(貨主)의 위임이 없는 동안은 화주의 대리인으로 간주되지 아니한다. 따라서 만약 화주와 선박소유자가 동일인이 아니며 또 그 선박도착지가 봉쇄지로 된 것을 화주가 알지 못한 때, 또는 선장이 항로를 중도에서 변경하여 봉쇄장소로 향할 때에는, 다만 선박은 몰수하고 탑재물은 해방한다. 선박소유자와 화물소유자가 동일인일 때에는 물품까지

1 우의(友誼): 우호적 대우.
2 해원(海員): 선박에서 일하는, 선장 이외의 승무원. 선원.

ᄭᆞ지沒收ᄒᆞ며船舶所有者와貨物所有者가相異ᄒᆞᆫ境遇에在ᄒᆞ야其船舶到達地가封鎖地됨을出帆前에知得ᄒᆞᆫ時ᄂᆞᆫ設或船長이航海中에航路ᄅᆞᆯ變更ᄒᆞ야此에向ᄒᆞᆫ바ㅣ된時라도其行爲ᄂᆞᆫ貨物을爲ᄒᆞ야行ᄒᆞᆫ바ㅣ니貨物所有者도其責을任ᄎᆞ지아니치못ᄒᆞᆯ지며且封鎖의事實을不知ᄒᆞᆫ바擧證의責任이尙有ᄒᆞᆫ바ㅣ라

最終에一言을更要ᄒᆞᆯ바ᄂᆞᆫ連續航海의法則이是라此法則은佛國革命戰爭中에生ᄒᆞᆫ바法則이니元來佛國은平時에在ᄒᆞ야南米殖民地와本國間의貿易을他國民에게許치아니ᄒᆞᆷ을不拘ᄒᆞ고戰爭中此ᄅᆞᆯ中立國人民에許可ᄒᆞᆷ으로써千七百五十六年에英國軍艦은中立國商船이佛國殖民地貿易에從事ᄒᆞᄂᆞᆫ者ᄅᆞᆯ捕獲ᄒᆞ야敵國固有商業에從事ᄒᆞᆷ이不法이라ᄒᆞᄂᆞᆫ理由로沒收ᄒᆞ얏ᄉᆞ니此法則을千七百五十六年戰爭法則이라謂ᄒᆞ나然이나此法則當否에對ᄒᆞ야ᄂᆞᆫ玆에論述ᄒᆞᆯ必要가無ᄒᆞᄂᆞ니何者오近世歐洲諸國은其殖民地貿易에對ᄒᆞ야平時에在ᄒᆞ야도他國船舶에게一般으로許可ᄒᆞ며加之千八百五十六年巴里宣言을依ᄒᆞ야中立國船舶은戰時禁制品을除ᄒᆞᆫ外에敵國商品을搭載ᄒᆞᆷ을得ᄒᆞᆷ에至ᄒᆞᆫ所以라然而千七百九十九年「예마니유엘」事件에在ᄒᆞ야英國은和蘭商船으로西班牙國沿海

몰수한다. 선박소유자와 화물소유자가 상이한 경우에 그 선박 도착지가 봉쇄지로 된 것을 출범 전에 안 때에는, 설사 선장이 행해 중에 항로를 변경하여 이곳으로 향하게 된 때라도 그 행위는 화물을 위해 한 것이기 때문에 화물소유자도 그 책임을 지지 않을 수 없다. 또 봉쇄의 사실을 알지 못한 것에 대한 증명책임도 여전히 지게 된다.

끝으로 한마디 말을 덧붙여야 할 바는 연속 항해의 법칙이 이것이다. 이 법칙은 프랑스혁명 전쟁 중에 발생한 법칙이다. 원래 프랑스는 평시에 남미 식민지와 본국 사이의 무역을 다른 나라 인민에게 하락하지 않았음에도 불구하고, 전쟁 중 이를 중립국 인민에게 허락하였다. 이에 따라 1756년에 영국 군함은, 중립국 상선이 프랑스 식민지 무역에 종사하는 것을 포획하고, 적국 고유의 상업에 종사하는 것은 불법이라는 이유로 몰수하였다. 이 법칙을 1756년 전쟁법칙이라 한다. 그러나 이 법칙의 당부에 대해서는 여기에서 논술할 필요가 없다. 왜냐하면 근세 유럽 여러 나라는 그 식민지 무역에 대해 평시에도 다른 나라 선박에게 일반적으로 허가하며, 더욱이 1856년 파리선언에 따라 중립국 선박은 전시금제품을 제외하고는, 적국 상품을 탑재할 수 있기 때문이다. 그러나 1799년에 「The Immanuel」호 사건에서 영국은 네덜란드 상선으로 스페인

貿易에從事ᄒᆞᆫ者ᄅᆞᆯ處罰ᄒᆞ얏스나크리미야戰爭에在ᄒᆞ야ᄂᆞᆫ同國樞密院令으로써中立國人民及船舶은其戰爭中封鎖치아니ᄒᆞᆫ諸港其他處所에對ᄒᆞ야自由로商業에從事ᄒᆞᆷ을得ᄒᆞ게ᄒᆞ얏스니所謂千七百五十六年의法則은今日에在ᄒᆞ야其効ᄅᆞᆯ失ᄒᆞᆷ에至ᄒᆞᆫ바ㅣ라

千七百九十三年英佛戰爭中에米國商船이佛國과其殖民地間商業에從事ᄒᆞᆯ時ᄅᆞᆯ當ᄒᆞ야直接으로從事치못ᄒᆞ고殖民地의物品을佛國에運搬코져ᄒᆞᆯ時에몬져米國港灣에寄航ᄒᆞ야關稅ᄅᆞᆯ支撥ᄒᆞ며又或積載物의幾部分을上陸ᄒᆞᆫ後佛國으로向ᄒᆞ며佛國으로브터米國에寄港ᄒᆞᆫ後殖民地에向ᄒᆞᆷ과如히交戰國과中立國間及中立國과交戰國殖民地間의二個航海의名義로行ᄒᆞ야英國의捕獲을免코져ᄒᆞᆫ지라然而英國法廷은此로써連續航海라ᄒᆞ야處罰ᄒᆞ얏스나今日에在ᄒᆞ야ᄂᆞᆫ前述ᄒᆞᆷ과如히中立國船舶은自由로敵國의普通貨物을搭載ᄒᆞᆷ을得ᄒᆞᆷ은巴里宣言第二條ᄅᆞᆯ依ᄒᆞ야確定될ᄲᅮᆫ아니라且今日歐洲大陸諸國은其殖民地에對ᄒᆞᄂᆞᆫ貿易을自國人民의專有ᄅᆞᆯ不作ᄒᆞᆯ事ᄅᆞᆯ法律로定ᄒᆞᆷ에至ᄒᆞ얏스니連續航海의法則은適用ᄒᆞᆯ餘地가無ᄒᆞ나然이나封鎖에對ᄒᆞᄂᆞᆫ犯罪幷戰時禁制品犯則境遇에

연해무역에 종사하는 것을 처벌하였다. 크리미아 전쟁에서는 동국 추밀원령으로 중립국 인민과 선박은 그 전쟁 중 봉쇄되지 아니한 여러 항 그 밖의 장소에 대해 자유로이 상업에 종사할 수 있게 하였다. 이른바 1756년의 법칙은 오늘날(역자 주: 1910년경 당시) 그 효력을 상실하게 된 것이다.

1793년 영국-프랑스 전쟁 중에 미국 상선이 프랑스와 그 식민지 사이의 상업에 종사할 때에 직접 종사하지 못하고, 식민지 물품을 프랑스로 운반하고자 할 때에, 먼저 미국 항만에 기항(寄港)하여 관세를 납부하거나 또는 적재물의 몇몇 부분을 상륙한 후 프랑스로 향하게 하며, 프랑스로부터 미국에 기항한 후 식민지로 향하게 했던 경우와 같이, 교전국과 중립국 사이 및 중립국과 교전국 식민지 사이의 2개의 항해의 명의로 행하여 영국의 포획을 면하고자 하였다. 그러나 영국 법정은 이를 가지고 연속 항해라 하여 처벌하였다. 그러나 오늘날(역자 주: 1910년경 당시)에는 전술한 바와 같이, 중립국 선박이 자유로이 적국의 보통화물을 탑재할 수 있는 것은 파리선언 제2조[1]에 따라 확정되었다. 그뿐만 아니라 또 오늘날(역자 주: 1910년경 당시) 유럽 대륙의 여러 나라는 그 식민지에 대한 무역을 자국 인민의 전유(專有)로 하지 아니할 것을 법률로 정하기에 이르렀다. 연속 항해의 법칙은 적용될 여지가 없다. 그러나 봉쇄에 대한 범죄와 전시금제품 범칙의 경우에는

1 1856년 파리 선언의 관련 내용은 다음과 같다. "2. The neutral flag covers enemy's goods, with the exception of contraband of war."

在ᄒᆞ야ᄂᆞᆫ此ᄅᆞᆯ適用ᄒᆞᆯ지니卽戰時禁制品을交戰國에輸入코져ᄒᆞᆯ時ᄅᆞᆯ當ᄒᆞ야第三國에寄港ᄒᆞᆫ後敵國으로向ᄒᆞᆯ時ᄂᆞᆫ其第三國으로브터敵國에赴ᄒᆞᄂᆞᆫ航海中에限ᄒᆞ야此ᄅᆞᆯ捕獲ᄒᆞᆯ뿐아니라第三國에航行ᄒᆞᄂᆞᆫ途中에在ᄒᆞ야도連續航海의理由로써捕獲ᄒᆞᆷ을得ᄒᆞ며封鎖ᄅᆞᆯ破코져ᄒᆞᄂᆞᆫ船舶으로第三國又ᄂᆞᆫ交戰國의封鎖치아니ᄒᆞᆫ港灣에寄航ᄒᆞ야捕獲의危險을減輕ᄒᆞᆫ後에更히封鎖地로向ᄒᆞᆯ時ᄂᆞᆫ其船舶到達地卽其目的이封鎖ᄅᆞᆯ破코져ᄒᆞᆷ에在ᄒᆞᆫ者됨으로ᄯᅩᄒᆞᆫ捕獲ᄒᆞᄂᆞᆫ바ㅣ라此連續航海에對ᄒᆞ야議論이頗有ᄒᆞᄂᆞ니米國內亂中에北軍政府ᄂᆞᆫ英國商船이南軍權力下에在ᄒᆞᆫ地에接隣되ᄂᆞᆫ푸로피덴스島及其他港海中에在ᄒᆞᆫ者ᄅᆞᆯ拿捕ᄒᆞᆫ지라就中千八百六十三年「스푸링포스구」事件에在ᄒᆞ야ᄂᆞᆫ英國商船이리바불로브터英領낫소港에航海ᄒᆞᄂᆞᆫ中에捕獲되얏스나其眞正ᄒᆞᆫ目的은낫소港에不在ᄒᆞ고同港으로브터他船舶에移積ᄒᆞ야北軍의封鎖ᄅᆞᆯ破코져ᄒᆞᆷ에在ᄒᆞᆫ者되ᄂᆞᆫ理由로써米國地方裁判所ᄂᆞᆫ右船舶及載貨ᄅᆞᆯ沒收ᄒᆞᆷ이可ᄒᆞ다ᄒᆞ며高等裁判所ᄂᆞᆫ船舶은其到達地가中立地되며且航海證書가無違ᄒᆞᆫ理由로써解放ᄒᆞᄂᆞᆫ載貨에對ᄒᆞ야ᄂᆞᆫ낫소港으로브터他船舶을依賴ᄒᆞ야封鎖處所에輸送코져ᄒᆞᄂᆞᆫ證

이를 적용한다. 즉 전시금제품을 교전국에 수입하고자 할 때에 제3국에 기항한 후 적국으로 향할 때에는, 그 제3국으로부터 적국으로 향하는 항해 중에 한해 이를 나포할 수 있다. 그뿐만 아니라 제3국으로 항행하는 도중에도 연속 항해의 이유로 포획할 수 있다. 봉쇄를 깨뜨리고자 하는 선박으로 제3국 또는 교전국이 봉쇄하지 아니한 항만에 기항하여 포획의 위험을 경감한 후에 다시 봉쇄지로 향할 때에는, 그 선박도착지 즉 그 목적이 봉쇄를 깨뜨리고자 하는 데 있는 것이다. 그러므로 또한 포획되는 것이다. 이 연속 항해에 대해 의론(議論)이 매우 많다. 미국 내란 중에 북군 정부는 영국 상선이 남군 권력 하에 있는 곳과 접촉하고 있는 Providence섬[1]과 그 밖의 항해 중에 있는 것을 나포하였다. 그 중 특히 1863년「The Springbok」호 사건에서는 영국 상선이 리버풀로부터 영국령 낫소 항으로 항해하는 중에 나포되었다. 그러나 그 진정한 목적은 낫소 항에 있지 아니하고, 동항에서 다른 선박으로 이적하여 북군의 봉쇄를 깨뜨리고자 하는 데 있었다는 이유로, 미국 지방법원은 위 선박과 적재화물을 몰수할 수 있다고 하였다. 고등법원은 선박은 그 도착지가 중립지이며 또 항해증서가 틀림없다는 이유로 석방하고, 적재화물에 대해서는 낫소 항에서 다른 선박에 의뢰하여 봉쇄장소로 수송하고자 하는

1 일본『戰時國際法』은 "영국령 프로비던스섬"으로 표기하고 있는데 현재의 바하마의 뉴프로비던스섬으로 추측된다. 뉴프로비던스섬의 수도가 낫소인 점과 앞뒤 문맥상 '프로비던스'은 예전 명칭이고 현재는 '뉴프로비던스'로 바뀐 것으로 보인다.

據가明白ᄒᆞᆫ理由로써沒收ᄒᆞᄂᆞᆫ判決을下ᄒᆞ얏스니此判決에對ᄒᆞ야ᄂᆞᆫ異論이頗有ᄒᆞ야英國은此를否認호ᄃᆡ載貨에對ᄒᆞ야不定ᄒᆞᆫ船舶을依ᄒᆞ야不定ᄒᆞᆫ處所에不法으로輸送치아니ᄒᆞᄂᆞᆫ漫然ᄒᆞᆫ嫌疑로써處罰ᄒᆞᆷ이不法이라ᄒᆞ얏스며千八百八十二年萬國國際法協會委員도全員一致로써否認ᄒᆞ얏스나戰時禁制品에關ᄒᆞ야ᄂᆞᆫ設或中立港에下陸ᄒᆞ며又ᄂᆞᆫ海上에在ᄒᆞ야他船舶에移載ᄒᆞ야敵地에向ᄒᆞᄂᆞᆫ者ㅣ될時라도米國主義로써適法ᄒᆞ다云치아니치못ᄒᆞᆯ바ㅣ라

戰時國際公法　完

증거가 명백하다는 이유로 몰수하는 판결을 내렸다. 이 판결에 대해서는 이론(異論)이 많다. 영국은 이를 부인하였다. 적재화물에 대해 불특정한 선박으로 불특정한 장소에 불법으로 수송해서는 안 된다는 막연한 혐의로 처벌하는 것은 불법이라고 하였다. 1882년 만국국제법협회[1] 위원도 전원일치로 부인하였다. 그러나 전시금제품에 관해서는 설사 중립항에 하역하거나 또는 해상에서 다른 선박으로 이적하여 적지로 향하는 것일지라도, 미국주의에 따라 적법하다고 하지 않을 수 없다.

전시국제공법 (끝)

1 "만국국제법협회"는 "국제법학회(Institute of International Law)"이다. 왜냐하면 국제법학회가 1882-1883년 Turin 회기에서 선박 나포에 관한 국제규칙(International regulations concerning prizes)을 검토하였기 때문이다. 주정균 교재 191쪽에는 이를 "국제법협회 포획규정"이라고 칭하고 있다.

# 전시국제공법

초판 발행 1쇄 2021년 2월 26일

지은이 주정균
옮긴이 박기갑
www.kupress.com
kupress@korea.ac.kr
(02841) 서울특별시 성북구 안암로 145
Tel 02-3290-4230, 4232
Fax 02-923-6311
찍은곳 네오프린텍(주)

ISBN 979-11-91161-07-6 93360

값 43,000원